2013年（总21期）

佛山年鉴

FOSHAN YEARBOOK

《佛山年鉴》编纂委员会
佛　山　年　鉴　社　编

廣東省出版集團
广东人民出版社
·广州·

图书在版编目（CIP）数据

佛山年鉴.2013 / 《佛山年鉴》编纂委员会，佛山年鉴社编. —广州：广东人民出版社，2013.10

ISBN 978-7-218-07899-1

Ⅰ. ①佛… Ⅱ. ①佛… Ⅲ. ①佛山市—2013—年鉴 Ⅳ. ①Z526.53

中国版本图书馆 CIP 数据核字（2013）第 252852 号

佛山年鉴. 2013

《佛山年鉴》编纂委员会　佛山年鉴社　编

出 版 人： 曾　莹

责任编辑： 卢　卫　吴小荃　柏　峰　张贤明　严耀峰

封面设计： 卢　卫

出版发行： 广东人民出版社

地　　址： 广州市大沙头四马路 10 号（邮政编码：510102）

电　　话：（020）83798714（总编室）

传　　真：（020）83780199

网　　址： http://www.gdpph.com

印　　刷： 佛山市华彩印刷有限公司

书　　号： ISBN 978-7-218-07899-1

开　　本： 850mm × 1168mm　1/16

印　　张： 28　　**插　页：** 56　　**字　数：** 900 千字

版　　次： 2013 年 10 月第 1 版　2013 年 10 月第 1 次印刷

定　　价： 260.00 元

如发现印装质量问题影响阅读，请与出版社（020-83795749）联系调换。

编辑说明

一、《佛山年鉴》是由中共佛山市委员会、佛山市人民政府主持出版的一部地方性综合年鉴。每年更新资料出版一次，国内外公开发行。

二、《佛山年鉴》旨在全面、系统、准确地反映每个年度佛山市政治经济和社会各项事业的基本情况，为读者了解和研究佛山提供基本资料。

三、《佛山年鉴》采用分类编辑法。主体内容以篇目、类目、分目、条目四个结构层次的体例设置框架，以条目为表现内容的基本形式。全书条目标题统一采用黑体字加【 】表示。

四、本年鉴按常规以出版年份作卷次名称，《佛山年鉴·2013》着重反映2012年佛山市政治、经济、文化、教育等各项事业的发展情况。全书设《特载》、《佛山大事记》、《佛山概况》、《政治》、《法制》、《经济》、《科教文》、《社会生活》、《各区、镇街建设》、《社会统计资料》、《文件·法规选编》等11个篇目。为突显出版当年的新闻时效性，特设《新的一页》和《创新发展实现新跨越》图片专辑，以图片形式反映2012年和2013年发生的要事和大事。

五、本年鉴统计数据采用法定计量单位，主要统计数据，均经撰稿单位与统计部门核对。全书所载录内容均由各撰稿单位审定提供。由于统计口径不一，个别数字可能不一致，使用时以佛山市统计局提供的数据为准。

六、本年鉴的编辑出版工作得到全市各级党委、政府的大力支持和统计部门、各有关单位以及广东人民出版社的通力合作，谨此致谢。本刊疏漏之处，敬请批评指正。

《佛山年鉴》编纂委员会

《佛山年鉴》编委会办公室

佛 山 年 鉴 社

目　　录

第四篇　政　治

第五篇　法　制

第六篇　经　济

第九篇　各区、镇街建设

第十篇　社会统计资料

第十一篇　文件·法规选编

2013

FOSHAN YEARBOOK

创新发展实现新跨越

2012年12月9日，中共中央总书记、中央军委主席习近平视察顺德区黄龙村老人活动中心，与老人们亲切交谈。

中共中央总书记、中央军委主席习近平在顺德区黄龙村给学生赠送工具书和学习用具。

中共中央总书记、中央军委主席习近平深入顺德区黄龙村老百姓家中，了解老百姓的生活情况。

2012年5月14日，中共中央政治局委员、广东省委书记胡春华视察广东工业设计城，对工业设计对提升企业尤其是中小企业的价值创造能力方面所发挥的重要作用给予充分肯定。

2012年12月28日，中共中央政治局委员、广东省委书记胡春华到佛山调研，勉励佛山坚定不移推进民营经济发展，切实采取措施做大做强民营企业。图为胡春华在佛山市委书记李贻伟、市长刘悦伦等陪同下，在佛山一汽大众车间调研。

创新发展实现新跨越

以党的十八大精神为指导，认真贯彻落实中共中央总书记、中央军委主席习近平视察广东提出的“三个定位、两个率先”指示和广东省委十一届二次全会、佛山市委十一届四次全会精神，以提高经济增长质量和效益为中心，深化改革开放，坚持创新驱动，高效推进产业转型升级，抓住机遇推动美丽佛山建设，务实有为推进以改善民生为重点的社会建设，从容引领全面建成小康社会事业等四大目标，全面增强城市综合实力和核心竞争力，进一步推进“民富市强、幸福佛山”建设。

2013年1月21日，中国共产党佛山市第十一届委员会第四次全体会议举行。会议提出，佛山要切实增强加快发展的紧迫感，牢牢抓住发展这个第一要务，不动摇、不观望、不等待，坚定信心、攻克困难，抢抓新机遇、再创新优势，务实高效地创造全面建成小康社会的新成就。

2013 年 2 月 4 日，佛山市十四届人大三次会议隆重开幕。

2013 年 2 月 4 日，佛山市市长刘悦伦用 PPT 作政府工作报告。

创新发展实现新跨越

2013年1月25日，在广东省十二届人大一次会议佛山代表团分组审议中，省长朱小丹、副省长陈云贤以及佛山市领导李贻伟等在倾听省人大代表的发言。

2013年2月5日，佛山市市长刘悦伦做客传媒集团直播室，参与微访谈，就佛山民营企业的发展，空气污染的治理、儿童医院的建设等问题和网友进行了互动。

2013 年 2 月 5 日，佛山市政协十一届二次会议胜利闭幕，市领导李贻伟、刘悦伦、杨晓光等出席。

2012 年 11 月 29 日，佛山市政府召开创建国家创新型城市动员大会。

创新发展实现新跨越

2012年2月13日，佛山市纪委十一届二次全会召开。会议提出要以改革创新为主线，着眼于优化发展环境、促进民生事业、建设和谐社会，着力在确保政令畅通、促进廉洁从政、严惩腐败分子、建设惩防体系、狠抓专项治理、加强队伍建设六个方面下工夫、见成效，营造清明、廉洁、公证、公平的发展环境，为佛山市经济社会又好又快发展提供坚强有力的保证。

2012年7月25日，佛山市副处级以上领导干部纪律教育学习班暨第一期“双集班”动员大会举行。

2012 年 6 月 27 日，广东省委常委、省纪委书记黄先耀（右二），省纪委副书记钟世坚（左一）与佛山市委书记李贻伟（左二）、市长刘悦伦（右一）共同为佛山市预防腐败局揭牌。

2012 年 7 月 11 日，佛山市国资委在佛山监狱举办 300 余人参加的“廉洁国资”警示教育现场会，会上分析了佛山市国资系统 70 多个违法犯罪案例，用身边人、身边事教育领导干部。

创新发展实现新跨越

▲2012 年 6 月 29 日，佛山市举行庆祝中国共产党成立 91 周年暨“创先争优”表彰大会，表彰了 100 个“创先争优”先进基层组织、100 名“创先争优”优秀共产党员。图为佛山市委书记、市人大常委会主任李贻伟为优秀共产党员代表颁奖。

▲“2011 年度佛山科学技术奖”获奖单位代表领奖。

◀2012 年 6 月 20 日，佛山市国资委党工委举行 2010~2012 年市国资系统“创先争优”活动总结表彰大会，全面、系统地总结了市国资系统两年来“创先争优”活动的开展情况，并对活动中涌现的 30 个先进基层党组织、20 个党员志愿服务先进组织和 100 名优秀共产党员进行表彰。

2012 年 11 月 7 日，佛山市与德国因戈尔斯塔特市签订建立友好城市意向书。

2012 年 12 月 4 日，佛山市与加拿大万锦市签署两市友好交往合作备忘录。

（一）积极应对经济下行压力，经济保持平稳发展

1. 开展“暖春活动”帮助企业走出困境

2012 年，佛山市认真贯彻落实国家和广东省稳增长的政策措施，切实做好对企业的扶持服务工作，把“暖春行动”持续升级为“暖企行动”，全市经济保持平稳增长。全市地区生产总值完成 6709.02 亿元，增长 8.2%，三次产业占国民生产总值（GDP）比重之比为 1.9 ∶ 62.5 ∶ 35.6。全社会固定资产投资 2128.33 亿元，增长 10.1%。社会消费品零售总额 2019.5 亿元，增长 11.6%。居民消费价格总指数（CPI）趋于稳定，上涨 2.6%。进出口总值 610.6 亿美元，增长 0.3%。其中出口 401.5 亿美元，增长 2.7%；进口 209.1 亿美元，下降 4.1%。合同利用外资 33.05 亿美元，增长 1.46%；实际利用外资 23.5 亿美元，增长 9.07%。地方财政公共预算收入 384.08 亿元，增长 12.39%；公共财政预算支出 432.96 亿元，增长 11.39%。金融机构本外币存、贷款余额分别为 10167.55 亿元、6391.47 亿元，分别比年初增长 11.5%、13.8%。

2012 年 2 月 16 日，国家级装备工业“两化”深度融合暨智能制造试点授牌仪式在佛山市顺德区举行。图为佛山市委书记李贻伟（右）给企业代表颁发奖牌。

获得 2012 佛山“最具成长性中小企业”的企业家代表上台领奖。

在中国邮政储蓄银行创富大赛中获得融资支持的优胜者。

2012 年“服务企业暖春行动”青年企业家座谈会。

“服务企业 · 税暖沧江工业园”税费政策入企业活动。

2012 年 3 月 6 日，佛山地税正式启动地税“暖春”活动，市地税局党组带队到企业实地调研，了解纳税人需求。图为佛山市地税局副局长林少雄在佳美达自行车有限公司调研。

（一）积极应对经济下行压力，经济保持平稳发展

2. 产业链招商成效明显

2012年，佛山市大力开展产业链招商，着力推动产业“建链”“补链”“强链”，调整产业结构成效显著。制定实施机械装备、陶瓷、纺织服装、铝型材等4个行业“质量提升、效益提升”行动计划。先进制造业和战略性新兴产业发展迅速，一汽大众主机厂建设基本完成，海尔（三水）产业园物流中心投入运营，全市省市共建战略性新兴产业基地达到9个。

2013年5月15日，佛山市市长刘悦伦在佛塑科技集团股份有限公司调研，对佛塑科技以专注于高新技术研发为发展立足点表示认可。

2012年4月，佛山市组团赴欧洲参加推介活动。

位于三水区的中国西南水都饮料（食品）基地，目前已有多家大型饮料、食品企业进驻。

招商引资成效显著，成功举办与上海、深圳的产业链对接合作洽谈会，签约项目 34 个，投资总额达 437.29 亿元。引进了佛山苏宁广场、绿地集团（佛山）城市综合体、华强电子产业总部基地等一批大项目。引进世界 500 强项目 14 个，签约超千万美元外资项目 56 个。产业科技金融融合发展。建立佛山中科院产业技术研究院，与中科院累计达成合作项目 700 余项，带动产值超 500 亿元。辖区内 16 家小额贷款公司累计投放贷款逾 160 亿元，49 家融资性担保公司预计累计为中小企业融资 625 亿元，累计担保户数 12109 户。

深圳 · 佛山产业链对接合作洽谈会签约仪式。

2012 年 4 月 17 日，亨氏中国与佛山市三水区签署了投资协议。

2012 年 8 月 2 日，台湾旺旺集团华南生产基地在佛山市高明区签约。

（一）积极应对经济下行压力，经济保持平稳发展

2. 产业链招商成效明显

2012年，佛山实际利用外资23.5亿美元，同比增长9.07%。国药集团中药产业基地、台湾旺旺集团华南生产基地、亨氏集团、安德里茨设备制造中心、广东富华工程机械制造等一批优质项目落户。

佛山一汽大众工厂车间。

佛山安德里茨技术有限公司。

广东坚美铝型材厂（集团）有限公司的氧化电泳生产线具有国际领先水平。

（一）积极应对经济下行压力，经济保持平稳发展

3. 产业链接招商成效显著

实施“质量效益双提升”计划，机械装备、陶瓷等四大行业70个技改重点项目推进顺利。推动“两化”深度融合，46个项目被认定为省级示范项目，顺德区成功申报国家级装备工业“两化”深度融合暨智能制造试点。扎实推进“双转移”，产业转移工作在全省考核中获“优秀”等次。先进制造业和新兴产业发展态势良好。一汽大众主机厂基本建成，广东新光源产业基地新增企业36家。现代服务业发展有新突破。引进华强电子信息高端服务业基地、绿地集团城市综合体等一批重大项目，海尔（三水）产业园物流中心投入运营，广东物联天下物联网信息产业园顺利开园。国家旅游产业集聚实验区落户南海，广东省现代服务业集聚区在三水新城正式挂牌。

2012年12月28日，广东省现代服务业集聚区在佛山市三水区三水新城正式挂牌。

2012 年 11 月 22 日，佛山市工商联启动的“执常委企业五区行”活动来到了高明区，近百名企业家考察了高明区投资环境。

2013 年 1 月 22 日，华南电源创新科技园招商推介会上，举行了入园服务平台和园区合作项目签约仪式。

（一）积极应对经济下行压力，经济保持平稳发展

3. 产业链接招商成效显著

佛山国际家居博览城。

华南（国际）电光源灯饰城。

南海区西樵轻纺城。

瓷海国际陶瓷城。

（一）积极应对经济下行压力，经济保持平稳发展

4. 高端产业载体建设实现新突破

中德工业服务区被列入广东省六大重点发展平台之一，并上升到中德两国国家级合作层面。佛山高新区实施“一区五园”新体制，核心园区落户南海区狮山镇和三水区乐平镇。广东金融高新区致力发展产业金融，引进各类机构和项目 104 个。中国南方智谷被认定为国家现代服务业科技服务产业化基地，入驻创新团队 13 个。广东工业设计城入选粤港澳科技创新合作示范区服务贸易自由化重点项目。智慧新城核心区完成总投资的 91%，格力电器、日立电梯等一批大型企业落户。

中德工业服务区挂牌。

顺德南方智谷美的创业园。

佛山市与中国医药集团总公司战略合作框架协议签订仪式。

粤港金融科技园。

（一）积极应对经济下行压力，经济保持平稳发展

4. 高端产业载体建设实现新突破

佛山市国星光电股份有限公司工人在组装车间生产线上检测产品。

佛山市利迅达机器人系统公司自主研发的机器人。

广东爱康太阳能科技有限公司员工在车间内生产太阳能电池。

广东省新光源产业基地。

（一）积极应对经济下行压力，经济保持平稳发展

5. 现代农业加快发展

佛山素有“鱼米之乡”美誉，历史形成的桑基、蕉基、蔗基鱼塘闻名于世。佛山现代农业以花卉、水产、畜牧为主，是中国最大的蝴蝶兰生产基地、广东省最大的优质百合花生产基地，是“中国鳗鱼之乡”“中国淡水鱼苗之乡”和“中国花木之乡”，被评定为首批国家农业产业化示范基地市。现代农业加快发展，现代农业园区增至28个，省级以上农业龙头企业达14家。

三水大塘现代农业园区。

工厂化养鱼。

农业园区菜篮子种子种苗基地。

2012 佛山市农业良种展示会。

省级草鱼良种场验收会。

工厂化养鸡。

南海百容水产良种有限公司培养的草鱼。

阡陌交通的鱼米之乡。

标准农田。

（二）推动科技金融产业融合发展，产业核心竞争力得到增强

1. 科技引领发展作用日益凸显

持续开展以企业为主体的科技创新活动，全年组织企业申报各类科技项目1300多项，全市新增国家级企业技术中心2家、省级工程技术研究开发中心5家，新建产业技术创新联盟6个。产学研合作成效显著，共获得省部产学研结合项目52项、省院战略合作项目28项、院市合作项目70项。与中科院合作3年多来，引入创新团队41个、育成企业41家，佛山中科院产业技术研究院进驻佛山新城。与德国弗劳恩霍夫协会签署框架协议，共建中德工业服务区。品牌、标准、专利战略有效推进，新增各类标准92项；专利授权17839件，增长9.1%，其中发明专利授权1161件，增长19.4%。

2012年12月21日，广东省科技厅、佛山市政府、佛山市南海区政府和广东工业大学共同签约，共建佛山数控装备协同创新研究院。

2012 年 11 月 30 日，佛山市高新技术产业协会揭牌成立。

2012 年 5 月 21 日，广东生物医药产业基地授牌暨动工仪式在南海区大沥镇举行。

（二）推动科技金融产业融合发展，产业核心竞争力得到增强

1. 科技引领发展作用日益凸显

2013年2月18日，广东省产业金融研究院在南海区正式成立，民建中央副主席、研究院院长宋海（左）为研究院专家学者发放聘书。

2012年6月12日，华南师范大学南海高新技术产业开发区博士后创新实践基地合作签约仪式暨成立揭牌仪式在南海区狮山镇举行。

2013 年 6 月 24 日，佛山市南海区政府代表与新加坡科学技术交流促进协会代表签署合作备忘录。

2012 年 10 月 24~26 日，佛山市举办第四期陶瓷高层次人才培训班。

（二）推动科技金融产业融合发展，产业核心竞争力得到增强

1. 科技引领发展作用日益凸显

2012年3月10日，在中国科学院与广东省全面战略合作重大项目签约仪式上，佛山市与中科院正式签订合作共建佛山中科院产业技术研究院意向书。图为佛山市市长刘悦伦（前右）与中科院副院长施尔畏（前左）签约。

美的集团总部。

2012 年 12 月 20 日，广东西安交通大学研究院举行动工仪式。

广东顺德中山大学－卡内基梅隆大学国际联合研究院。

（二）推动科技金融产业融合发展，产业核心竞争力得到增强

2.金融创新发展不断深化

出台促进金融服务实体经济的若干意见，提出试点设立科技金融机构、推广“商圈”融资模式等创新举措服务实体经济。全市新增上市公司5家，总数达37家；新增股权投资基金65支，总数达125支。外资银行在佛山设立分支机构11家。探索民间金融创新发展新路径，市民营企业投资商会成立，佛商壹号投资基金启动。南海区成为全国首个通过知识产权质押融资验收的试点城市，佛山市成为广东省首个实现行政村金融服务全覆盖的地级市。

佛商壹号投资基金启动仪式。

佛山农商银行。

广州银行佛山分行。

千灯湖金融商贸区。

金融广场效果图。

广东集成创投公司。

汇丰银行。

（三）全力推进城市建设和管理，城市品质稳步提升

1. 城市升级引领城市蜕变

2013 年 2 月 6 日，佛山市委书记李贻伟接受中央电视台记者专访，畅谈佛山城镇化发展的经验和思考。

2012 年 5 月 28 日，佛山市政府召开全市加强城市管理动员大会。

2012 年，随着城市升级工作不断推进和深入，佛山市“三旧”改造工作以推进佛山岭南特色新型城市化、提高城市化发展水平为目标有序推进，全市实施“三旧”改造启动项目共 737 个，总用地面积 7.6 万亩，投入资金 1476.09 亿元。其中，已完成前期筹备改造项目 74 个，占地面积 7292.56 亩；在建的改造项目 446 个，占地面积 66597.16 亩；已完成改造项目 224 个，占地面积 9055.99 亩。

2013 年 1 月 22 日，佛山市市长刘悦伦一行视察升级改造后的佛山火车站广场。

2012 年 7 月 16 日，禅城区委副书记、区长刘东豪向城市升级巡查组介绍禅城区总体规划情况。

（三）全力推进城市建设和管理，城市品质稳步提升

1.城市升级引领城市蜕变

佛山新城东平河畔美景。

佛山新城滨河景观带美景。

绿岛湖片区。

2012年，佛山市积极推进生态市创建和总量减排工作，强化环境综合整治，环境质量明显改善。环境整治不断推进，建成15个PM2.5监测站点，汾江河综合整治和内河涌整治分别完成年度投资目标6.17亿元和8.42亿元，生态环境不断改善，启动生态市创建工作，5个镇（街道）被命名为国家生态乡镇，创建“全国绿化模范城市”通过国家核查组检查验收。全市城市绿道慢行道已贯通736公里，生态景观林带累计完成建设142.6公里，营造主题林54个，完成造林更新1.95万亩，完成林业生态文明示范村建设108个。

治理后的汾江河。

风景如画的水乡逢简村。

鲜花灿烂的堤岸公园。

（三）全力推进城市建设和管理，城市品质稳步提升

1. 城市升级引领城市蜕变

2012年，国务院批准佛山市土地利用总体规划，明确中心城区规划控制土地总面积为361.66平方公里。实施城市升级三年行动计划，开工67个项目，建成15个项目。落实“强中心”战略，“一老三新”（一老指禅城老城区，三新指佛山新城、桂城千灯湖片区、禅西新城）中心城区及其他组团城区升级步伐加快。

“彩虹”飞跃连新城。

南国桃园月亮湖。

顺德区德胜广场。

顺德新城43个重点项目全面铺开。西江新城完成5亿元建设量，君御温德姆至尊酒店如期封顶。三水新城规划编制基本完成。禅城区加大城市道路“五位一体”改造（指对城市重点路段的建筑立面、人行道、路面、路灯、绿化等五个方面进行统一规划和改造）力度，祖庙路、锦华路等道路改造完工。

“五彩梯田”现佛山新城。

亚洲艺术公园碧水蓝天。

建设中的高明区新城。

三水区北江新城。

（三）全力推进城市建设和管理，城市品质稳步提升

1. 城市升级引领城市蜕变

广三、佛开高速扩建任务完成，碧桂路改造、魁奇路东延线一期主线、一环南延线等建成通车，汾江路及岭南大道南延线、广佛轨道二期动工。

佛开高速扩建。

广佛高速生态景观林带立体绿化。

广珠西线生态景观林带北滘顺德服务区。

创建“全国绿化模范城市”通过国家核查组认定达标，生态景观林带建设取得阶段性成果。佛山大道改造工程进展顺利，佛山火车站区域提升成效明显，广佛轨道出入口绿化景观提升全面完成。南海区大沥镇广佛路改造、广佛新干线（一期）绿化工程、佛山水道沥桂新城区段滨河景观提升等顺利完成，一环东路美化绿化成为样板工程。交通基础设施建设加强。城市轴线和节点景观改造亮点纷呈。

佛山一环平胜大桥。

祖庙路商业街。

改造提升后的佛山火车站区域。

（三）全力推进城市建设和管理，城市品质稳步提升

1.城市升级引领城市蜕变

璀璨的千灯湖夜景。

苏宁电器商城入驻祖庙商业街。

平洲玉器城特色步行街。

禅城老城区改造提升成效明显。岭南天地二期基本建成，中山公园升级工程启动，升平路、永安路、南堤路商业街主体工程完工。佛山新城建设加速提质。佛山新地标苏宁广场等中央商务区八大项目同步奠基，滨江景观带初步建成。桂城千灯湖片区建设进展顺利。海八路金融隧道建成通车，平洲玉器城特色步行街区一期完工。禅西新区建设稳步推进。南庄岭南生态园中心湖河网工程全面完工，东片区主要道路工程基本建成。

环境优美的文华公园。

禅西新区智慧新城建设如火如荼。

改造后的祖庙东华里片区。

（三）全力推进城市建设和管理，城市品质稳步提升

2. 城市管理开创新局面

2012年，佛山市坚持以改革创新驱动城市发展，体制机制改革持续深化，改革创新成果丰硕。

2013年6月3日，中共中央政治局委员、广东省委书记胡春华在佛山市南海区里水镇行政服务中心考察，了解基层行政组织架构设置和治理情况。

2012年11月1日，"营改增"首日，佛山市第一张代开发票。

2012年8月22日，佛山市举行深化行政管理体制改革，大力推进网上审批服务工作动员会。

佛山市行政管理体制改革深入推进，在广东省地级市率先启动以加快转变政府职能为核心的新一轮行政体制改革，启动实行新的企业注册登记制度，全市可网上申报办理审批事项达 50%。农村集体资产管理交易和财务网上监控平台（简称“两个平台”）建设全面完成，全市进入平台交易的农村集体资产成交价年标的总额达 13.9 亿元。南海区村（居）一级已全面完成“政经分离”。社会管理体制改革有序推进，新增登记社会组织 338 家，总数达 3549 家。

2012 年 4 月 9 日，广东省纪委副书记钟世坚一行到佛山市行政服务中心调研考察。

2012 年 9 月 28 日，佛山市工商局在市行政服务中心工商登记注册窗口向佛山易法客网络技术有限公司发出佛山市企业注册登记改革后的首张营业执照。

2012 年 12 月 2 日，佛山市举办“城市管理大家谈”论坛活动。

（三）全力推进城市建设和管理，城市品质稳步提升

2. 城市管理开创新局面

佛山市数字城管指挥大厅。

2012 年 4 月 20 日，佛山市商标战略办、工商局联合举办“深化商标战略，助推城市发展”系列宣传活动。

2012 年 8 月 24 日，南海区狮山镇举行向社会组织转移部分政府职能启动仪式，标志着南海区政府向社会组织放权迈出了实质性的一步。

2012年9月20日，佛山市举办“质量强市合作协议签署系列活动”，佛山市质监局与武汉大学质量发展战略研究院正式签署了全面战略合作协议，并共同为佛山市宏观质量观测与创新基地揭牌。

2012年11月17日，在禅城区东方广场举办“城市管理靠大家，管好城市为大家”户外宣传活动。

2012年9月18日，佛山市城市管理委员会举行城市管理考评监督员聘任仪式。

（三）全力推进城市建设和管理，城市品质稳步提升

2. 城市管理开创新局面

2012年6月28日，佛山市召开纪念爱国卫生运动60周年暨健康村（居）创建工作动员会。

南海区里水镇“梦里水乡”美景。

碧水莲池，佛山公园一角。

出台加强城市管理的政策文件，设立市城管委，开展以市政环卫、户外广告、建筑工地、农贸市场等为重点的专项整治，城市重点区域和路段“脏乱差”现象明显改观。启动137个农贸市场升级改造，完工109个。

整洁规范的禅城区惠景市场。

执法人员依法对户外违章广告牌进行整治。

开展灭蚊消杀行动，应急消杀支援人员在领取消杀药物。

（三）全力推进城市建设和管理，城市品质稳步提升

3. 城市文化品质稳步提升，营造社会文明风尚

2012 年，佛山市文化工作围绕建设“岭南文化名城，美丽富裕家园”目标，结合城市升级三年行动计划部署，把握中心、突出重点、服务民生、兼顾全面，提升了城市品质、改善了市民文化福利、服务了城市转型升级，也为党的十八大召开营造出良好的文化环境。

2012 年 6 月 28 日，佛山市委副书记、市长刘悦伦出席由中央人民广播电台华夏之声、香港之声和佛山电台、香港电台普通话台联合举办的直播节目《城市新跨越——佛山城市的传奇》，就佛港澳关系、政府职责、城市升级等问题接受采访。

2012 佛山岭南文化艺术节开幕式晚会结束后，广东省委宣传部、省文联和佛山市领导嘉宾上台祝贺演出成功。

春暖家园粤剧专场。

（三）全力推进城市建设和管理，城市品质稳步提升

3. 城市文化品质稳步提升，营造社会文明风尚

创建“全国文明城市”2012年国检中，佛山“创文”取得明显成效。佛山建立起城乡统一的公共文化服务体系，全国文化信息资源共享工程基层服务点覆盖全市所有镇街，农家书屋实现行政村全覆盖，秋色欢乐节、“寻梦佛山”异地务工人员夏令营等文化活动精彩纷呈。

2012年7月28日至8月10日，第一届中国 · 佛山国际城市雕塑展在佛山隆重举行。

2012年8月23日，佛山市民政局组织召开《中华人民共和国政区大典 · 佛山篇》评审会。

第28届佛山市青少年科技创新大赛现场。

农历三月三，祖庙庙会举行盛大的祭祀、巡游活动。

2012 年 2 月 7 日，2012 佛山元宵民族交响音乐会在佛山琼花大剧院举行。

2012 年佛山秋色欢乐节新闻发布会。

“共享蓝天 · 爱在佛山”2012 佛山市庆祝“六一”国际儿童节联欢活动。

（三）全力推进城市建设和管理，城市品质稳步提升

3. 城市文化品质稳步提升，营造社会文明风尚

2013年2月19日，佛山市市长刘悦伦（右一），佛山市委常委、南海区委书记邓伟根（左一）等为西樵山国家级AAAAA旅游景区揭牌。

位于佛山新城的市图书馆和市档案中心。

位于佛山新城的市科技馆和市青少年宫。

2012年，佛山市文化产业工作着力于优化产业发展环境，强化产业公共服务职能，重点开展文化产业项目招商工作，全力推动文化产业壮大发展。加强对重点文化企业和园区的扶持。大力扶持佛山民间艺术研究社、佛山传媒集团、1506创意城、达力创意动漫有限公司等重点企业园区发展壮大，为新媒体产业园、39° 空间艺术创意社区、创越时代创意产业园、高明岭南民间艺术文化产业园、三水杜马禅园等新兴产业园区建设发展提供指导。

2012年2月24日，佛山市委宣传部、佛山传媒集团和佛山电视台举行了大型系列电视纪录片《看佛山》DVD首发仪式。

南海39° 空间艺术创意社区。

顺德区北滘文化中心。

（三）全力推进城市建设和管理，城市品质稳步提升

3．城市文化品质稳步提升，营造社会文明风尚

2013年2月24日，首届佛山公益慈善高端论坛举行。图为各界人士在论坛上开展主题对话。

2012年10月16日，南海区《罗村社区报》市民议事厅启用。

2013 年 2 月 24 日，佛山第二届公益慈善盛典上，市委书记李贻伟为获得“传媒推崇爱心企业奖”的企业代表颁奖。

佛山老年合唱队参加“魅力佛山 · 缤纷乐龄”佛山市老年文艺展演。

（三）全力推进城市建设和管理，城市品质稳步提升

4. 积极融入区域一体化发展

2012 年 3 月 20 日，广佛肇经济圈第三次市长联席会议在肇庆召开，会议主题为“绿色崛起 · 产业兴圈”。

2013 年 6 月 4 日，广州市党政代表团到佛山考察交流。图为广佛两地领导座谈会结束后，广东省委常委、广州市委书记万庆良（左）与佛山市委书记李贻伟、佛山市市长刘悦伦在交流。

佛山积极推动广佛同城化、广佛肇经济圈建设，深化佛港澳合作发展。其中，广佛同城成果丰硕，两市在交通对接、交通年票互通、金融同城、通信同城、环境共治共享、教育城域网联通、医疗检验结果异地互认等方面取得重大进展。佛港澳在科技业、现代服务业、先进制造业和社会事业等方面合作顺利，一批港资银行、港资私人诊所、港澳个体工商户进驻佛山。

2013 年 6 月 26 日，2013 佛山城市可经营项目投资推介洽谈会上，项目总投资 956.1 亿元的 58 项重点项目向 300 多位海内外投资者抛出绣球，另有投资额达 495 亿元的 42 个项目成功签约。佛山越来越多领域向民间资本敞开大门。

2012 年 6 月 5 日，佛山市召开粤港知识产权与中小企业发展研讨会。

2012 年 9 月 14 日，在广州召开粤港合作联席会议第十五次会议。

（三）全力推进城市建设和管理，城市品质稳步提升

4. 积极融入区域一体化发展

2012年8月23~24日，广佛船舶配套产业横向协作与发展论坛在佛山举行。

佛山市女干部合唱团赴港参加“香港佛山工商联会年会”表演活动。

2012 年 12 月 18 日，广佛两地商会及企业家齐聚佛山，探讨两地合作交流，并签署了合作联盟框架协议书。

广佛智城水道绿化建设。

贯穿广州市、佛山市和珠海市的广珠轻轨。

（四）着力加强社会民生事业，民生福祉持续改善

1. 省市民生实事圆满完成

2012年，佛山市以民生实事为重要抓手，着力推动各项社会事业发展，市民幸福感不断增强。城镇新增就业91056人，城镇登记失业率2.42%，连续两年获得广东省就业工作目标责任制考评“优秀”等次。全市参加城镇职工基本养老、城镇职工基本医疗、失业、工伤和生育保险的人数分别达到292.9万人、242.4万人、194.1万人、210.9万人和209.8万人。企业退休职工月人均养老金从1570元调整至1940元。完成开工建设保障性住房7694套，竣工3920套，分别达到省下达任务数量的102.5%、108%。教育事业持续发展，率先通过广东省推进教育现代化先进市督导验收，佛山一中获得参加清华大学“新百年领军计划”、中国人民大学“校长直通车计划”资格。医疗卫生事业深入推进，与广州市12家定点医疗实现联网即时结算。新建115家平价商店，总数达217家。适时启动基本生活费用价格上涨与低收入居民临时生活补助联动机制，共发放补助626.04万元。

2012年3月1日，卫生部居民健康卡首批试点地区发卡仪式在佛山市启动，卫生部副部长刘谦、广东省卫生厅党组书记陈元胜、佛山市市长刘悦伦等领导启动发卡。

打造智能社保 · 描绘幸福佛山——佛山市社会保障卡现场服务宣传活动。

社会保障性住房。

清晨的中山公园，市民们正跳着整齐的健身舞。

人才招聘会引来众多求职者。

（四）着力加强社会民生事业，民生福祉持续改善

1. 省市民生实事圆满完成

2012年11月6日，佛山市市长刘悦伦到佛山市首个生活垃圾分类示范小区——南海区万科金御华府进行调研，表示要探索一个垃圾减量与分类处理的佛山模式。

2012年10月12日，佛山市社会保险基金管理局做客佛山市政府网《对话民生》网络互动交流栏目，与网友就新社保卡、生育津贴、延迟退休等问题进行探讨。

2012年4月27日，住房和城乡建设部副部长仇保兴代表住建部在北京向珠三角绿道网授予了2011年“中国人居环境范例奖”，广州、佛山等珠三角城市分享了这一奖项。

外来工参加一年一度的行通济慈善活动。外来工成为佛山经济发展的主力军。

佛山市住房和城乡管理工作暨创建宜居城乡表彰大会。

2012 年 4 月 25 日，佛山市住房和城乡建设管理局召开全市保障性住房需求调查动员大会，对开展全市保障性住房需求调查工作进行了动员和部署。

（四）着力加强社会民生事业，民生福祉持续改善

1. 省市民生实事圆满完成

佛山市市长刘悦伦在花市购买年花，并向市民拜年，送上新春祝福。

始于清初、盛于乾隆年间的正月十六“行通济”这一传统习俗完好地延续至今。图为市民拿着风车和生菜行通济。

一年一度的南海区罗村街道乐安花灯会上，市民正在挑选花灯。

南海区罗村街道的长者们在“千叟宴”上举杯共贺。

（四）着力加强社会民生事业，民生福祉持续改善

1. 省市民生实事圆满完成

2012 首届广东（佛山）安全食用农产品博览会在顺德区陈村花卉世界举办。

2012“寻梦佛山”异地务工人员子女夏令营。

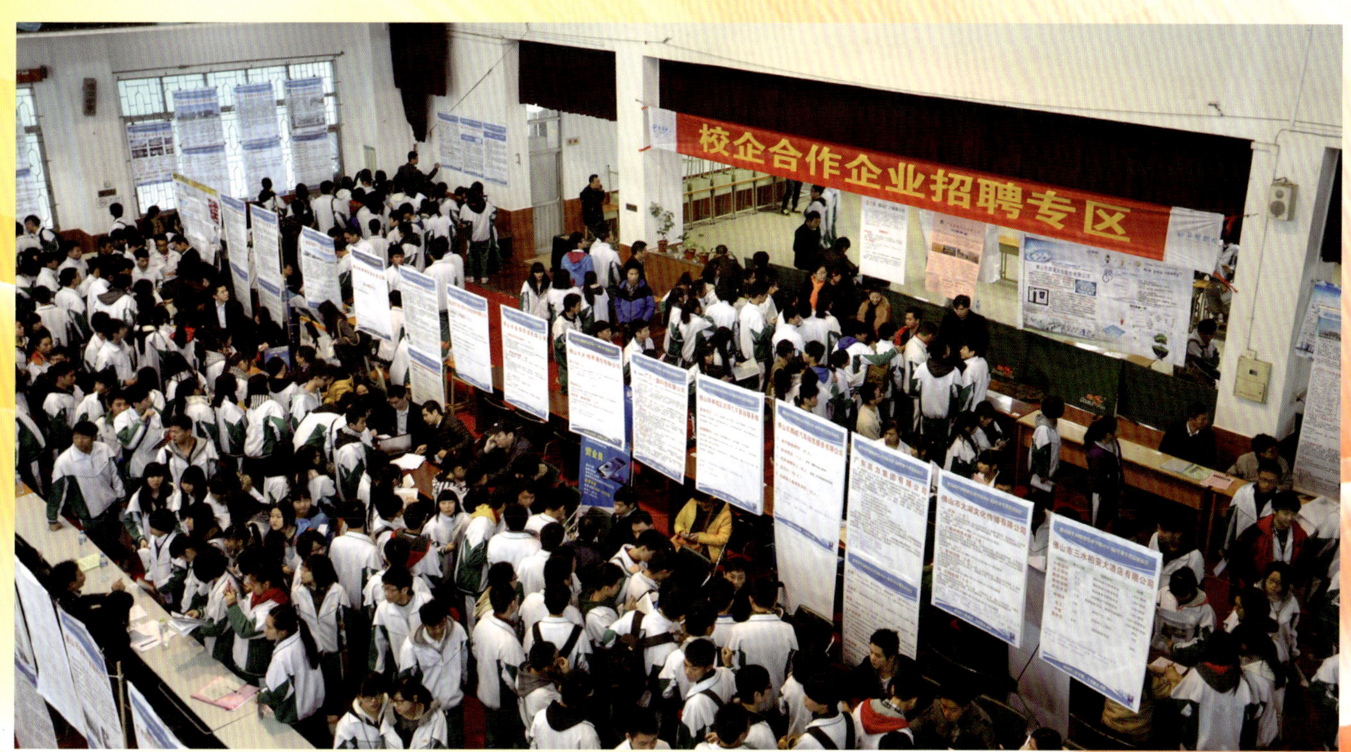

人才招聘会促进就业。图为招聘现场特设合作企业招聘专区。

2012 年 5 月 12 日，佛山新城露天泳场正式对外开放，该泳场可容纳 2000 人同时畅游，并设成人区、儿童区、嬉水区，以及建有长 270 米的人造沙滩和绿化景观。

（四）着力加强社会民生事业，民生福祉持续改善

2. 社会事业全面进步

佛山是广东省行政管理体制改革试点市。2012 年，系统推进政府职能清理、审批模式创新和审批流程再造等工作，市级部门共压减审批和管理事项 536 项，精简率达 48.3%；审批时限整体压缩 50% 以上，基本实现“三天上报、五天办结”。全市各级建立 767 个行政服务中心，80% 以上审批可在区、镇（街道）办理；广东省网上办事大厅佛山分厅开通运营，全市网上办理业务量达 30% 以上。启动了佛山市民融合服务平台，实现 24 大类 307 项个人行政事项在线申报，市民办事可享受一站式便捷服务。

2013 年 4 月 20 日，顺德区召开体制改革工作会议，会议强调，要培育更多社会治理主体，着力构建大社会、好社会。

智慧城市项目启动。

佛山市社会组织孵化基地揭牌仪式。

2013 年 6 月 24 日，佛山市南海区集体经济组织成员股权（股份）管理交易中心揭牌。

（四）着力加强社会民生事业，民生福祉持续改善

2. 社会事业全面进步

2013 年 6 月 16 日，国土资源部部长姜大明（左三）在广东省副省长许瑞生（左一）、佛山市委书记李贻伟（左二）和市长刘悦伦（左四）的陪同下视察佛山家居博览城。佛山家博城作为广东众多“三旧”改造项目的典范和缩影，得到了充分肯定。

2012 年 10 月 17 日，刘悦伦到市行政服务中心实地视察广东省网上办事大厅佛山分厅建设情况。

2012年6月28日，禅城区祖庙街道举行创建“全国安全社区”启动仪式。

2012年5月20日，佛山市住建管理局在石湾镇街道举行“安全用气，家家平安”宣传活动。

（四）着力加强社会民生事业，民生福祉持续改善

2. 社会事业全面进步

2012 年 12 月 12 日，佛山市 12320 卫生热线正式启动，国家 12320 卫生热线管理中心副主任崔颖、省卫生厅副书记亓玉台、佛山市副市长王玲参加开通仪式。

2012 年 6 月 19 日，广东省委第七巡视督导组到佛山市质量技术监督局检查“三打两建”工作，巡视组一行参观了全市质监系统“三打”成果展和打假专项行动成果展，检查了打击制假售假专项行动小组办公室，了解工作内容和运作程序，查阅了“三打”工作台账，重点抽查了线索的处理、领导包案情况、重点区域整治等工作台账。

佛山市委书记李贻伟（左一）、市长刘悦伦（右一）与获得“传媒推崇爱心企业奖”的企业代表合影留念。

社工进社区启动仪式暨“欢乐和谐，伴你同行”社工服务宣传活动。

（四）着力加强社会民生事业，民生福祉持续改善

2. 社会事业全面进步

南海区农村社区建设实验全覆盖项目获 2011 年“广东省宜居环境范例奖”。图为南海区大沥镇行政服务中心。

南海区农村社区建设实验全覆盖项目获 2011 年“广东省宜居环境范例奖”。图为南海区南桂社区卫生服务站。

佛山市以推进社会主义新农村建设为目标，实施村级公益事业建设一事一议财政奖补工作。图为三水区白坭镇祠巷村举行公益性活动。

南海区大沥镇广泛建立“街坊会”，并以此为平台大力发展社区自治和自我服务。

（四）着力加强社会民生事业，民生福祉持续改善

2．社会事业全面进步

市民体验网上办事自助终端，体现了政府服务的便利性和高效率。

2012年9月28日，在佛山市人民政府行政服务中心举办佛山市企业注册登记改革启动仪式上，市工商局采用新办法核发了第一张营业执照，标志着佛山市在顺德区率先实施企业商事登记制度改革后，全市范围内全面启动了企业注册登记改革。

“温爱佛山，通济天下——元宵慈善文化万人行”活动。

“创文”主题活动在校园展开。

（四）着力加强社会民生事业，民生福祉持续改善

3.“三打两建”成效显著

全力开展“三打”工作，进一步优化了市场和社会环境。“三打两建”成果丰硕，全市共查处案件14481宗，涉案价值7.05亿元。深入推进社会治安综合治理，实施重大事项社会稳定风险评估机制，建立动态、高效应急处置机制，健全大调解机制，有效防止重大安全事故和重大突发事件发生，确保社会大局稳定。

2012年3月30日，佛山市首场“三打”集中统一行动新闻发布会在市质监局举办，行动组组长、市质监局局长梁志光通报了3月29日开展的以“打击制假售假”为主题的全市集中统一行动情况，并向媒体披露了在3月29日行动中各级、各部门破获的一批有影响力的大案要案。

2012 年 4 月 26 日，广东省省长朱小丹到佛山市检查调研“三打”工作，充分肯定了佛山在“三打”行动中跨区域多部门联合办案的做法。

朱小丹在制假现场强调，“三打”行动要抓源头、拔祸根，利用“三打”契机全链条全流程加强检查，及时发现市场监管中的薄弱环节。

（四）着力加强社会民生事业，民生福祉持续改善

3.“三打两建”成效显著

2012年12月27~28日，国家质检总局党组成员、国家标准委主任陈钢一行到佛山市开展调研，调研组围绕标准化工作，深入到广东昭信企业集团有限公司、广东省半导体照明产业联合创新中心和广东蒙娜丽莎新型材料集团公司考察调研。

2012年2月23日，佛山市“三打两建”行动领导小组组长、市委副书记、市政法委书记周天明带领市政府和市“三打两建”行动领导小组办公室的领导一行深入行动执法一线，现场部署指导打击制假售假专项行动。

以“统一行动”为载体，着力查处民生热点案件，坚持追根溯源，严厉打击利益链、保护伞。将“三打”打击重点放在“食品”“民生”“高危”和“重害”四个领域。工商系统调集精干力量大力开展打击制假售假、打击商业贿赂、打击欺行霸市等工作，取得一定成效。全系统共立案查处“三打”案件2986宗，案值约1.1亿元。其中，打欺案件1430宗，打假案件1476宗，打贿案件80宗，大要案94宗，移送公安机关60宗，捣毁制假售假窝点50个，挖掘利益链18条。

2012年10月18日，《佛山市食品监管风险点和食品安全生产关键控制点防控体系》项目实施启动仪式。该“体系”创新运用“HACCP”等国际先进管理理论，构建食品安全监管体系，既帮助企业了解生产过程的关键控制点，指导企业规范生产，又理清监管人员与履职风险的关系，提高了监管的主动性和前瞻性，增强了监管的针对性和有效性，降低了行政风险。

2012年7月24日，市公安局、质监局联合执法办公室举行挂牌仪式，建立了佛山市公安与质监打假长效机制。

（四）着力加强社会民生事业，民生福祉持续改善

3．“三打两建”成效显著

2012 年 7 月 6 日，佛山市“三打”联合执法总队打假大队成立，精选 9 个部门 100 名执法骨干，加强部门间协同作战的能力。

2012 年 3 月 11 日，市食品药品监管局开展统一打假行动。

2012 年 5 月 11 日，市食品药品监管局检查餐饮食品“三打两建”重点单位南海区全景休闲农庄。

“三打”工作中，佛山市食品药品监督管理局与公安局联合成立全省地级市首个公安、药监联合执法办公室，建立信息沟通、联席会议、联合执法等三项制度。这一搭建两法衔接平台、推动部门联合执法常态化的做法得到省、市领导多次肯定。为保证“三打两建”工作有效推进，构建以信息互通、资源共享、工作互动为基础，以市局督导、区局组织、镇街落实为主要方式的“三级联动”机制，为大要案件的成功破获打下了坚实的组织基础。

2012 年 6 月 17 日，市人大代表、政协委员、市消协代表、媒体记者以及消费者代表等一行四十余人开展以“共建诚信家园，共铸食品安全”为主题的“实验室开放日”和“质监邀您看企业，食品安全大家行”活动。

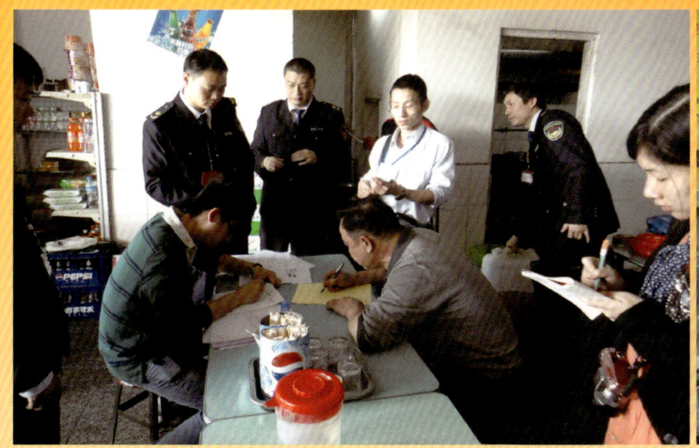

2012 年 3 月 29 日，市食品药品监管局在佛山火车站周边开展餐饮食品监督检查工作。

2012 年 3 月 29 日，市食品药品监管局开展统一打假行动。

（四）着力加强社会民生事业，民生福祉持续改善

3."三打两建"成效显著

2012年8月2日，佛山市实施技术标准战略专题报告会暨成果展活动在佛山宾馆举行，总结、宣传近年佛山市实施技术标准战略工作在产业转型升级和提升企业竞争力方面的作用。邀请国内标准化泰斗作《实施技术标准战略，提升企业核心竞争力》专题报告。

2013年1月29日，佛山市质量强市工作领导小组办公室会同佛山传媒集团举行了2012年佛山质量30强新闻发布会，会议向由市民评选出的"2012年佛山质量30强"企业颁发了牌匾。

2012 年 9 月 20 日，佛山市举办“质量强市合作协议签署系列活动”，市质监局与武汉大学质量发展战略研究院正式签署了全面战略合作协议，并共同为佛山市宏观质量观测与创新基地揭牌。

2012 年 9 月 21 日，佛山市工商局和市公安局签订《佛山市公安局、佛山市工商行政管理局建立联合执法机制协议书》。

（四）着力加强社会民生事业，民生福祉持续改善

4. 社会大局稳定和谐

2012年9月26日，佛山市委书记李贻伟一行深入企业进行节前安全生产检查。图为李贻伟一行检查佛塑东方分公司电工膜生产车间监控室。

2012年9月26日，佛山市住房和城乡建设管理局组织举办了一次全市燃气突发事故应急演练行动，进一步检验《佛山城镇燃气安全事故应急预案》的适用性和可操作性。

佛山是“全国社会治安综合治理优秀单位”和“全国科技强警示范城市”。近年来，佛山实施专业化精确打击战略，深入开展严打整治行动，加强社会治安综合治理，群众安全感稳步提高。

2012 年 10 月 18 日，禅城区公安分局在祖庙路丽园广场举行联勤警务平台启动仪式。

2013 年 3 月 28 日，佛山市召开三防水务工作会议暨防汛行政责任人培训。

（四）着力加强社会民生事业，民生福祉持续改善

4．社会大局稳定和谐

2012 年 6 月 14 日，国家防汛抗旱督查专员姚文广慰问防洪抢险的轻舟队员。

全副武装的特警加强治安巡逻。

奉献平安“110”宣传日活动。

佛山市公安局表彰全市十佳社区民警和十佳社区警务工作者。

特警队作战演练。

2012 年 9 月 25 日，佛山市公安机关第二届十佳卫士表彰典礼在岭南明珠体育馆举行。

（四）着力加强社会民生事业，民生福祉持续改善

4. 社会大局稳定和谐

禅城交警开展“微文明进校园”活动。

2012 年 9 月 21 日，顺德警方在北滘广场举办了“创平安幸福顺德，喜迎党的十八大”顺德区治安“大巡防”启动仪式。

民警与群众亲如一家。

社区民警为群众讲解安全防范知识。

2013武警佛山支队反恐演练。

民警开展水上巡逻。

抢险救援。

消防战士在火灾现场奋力扑救。

佛山，正以其独特的城市魅力，传承历史，开创未来

2013年是全面贯彻落实党的十八大精神的开局之年。为实现生产总值增长9%的目标，佛山认真贯彻落实中共中央总书记习近平视察广东时提出“广东要努力成为发展中国特色社会主义的排头兵、深化改革开放的先行地、探索科学发展的实验区，为率先全面建成小康社会、率先基本实现社会主义现代化而奋斗”的指示，大力实施“产城人融合”和“科技金融产业融合”战略，全面推进城市、科技、金融、人才四位一体协调发展，持续增强佛山综合竞争力，不断开创科学发展新局面。

顺德新城北城规划效果图。

南海三山新城片区效果图。

高明西江新城公共服务中心效果图。

城市中轴线——佛山岭南大道佛山公园效果图。

三水新城效果图。

佛山，正以其独特的城市魅力，传承历史，开创未来

华灯初上的禅城区文华公园。

佛山之门效果图。

佛山西站效果图。

佛山公园北园效果图。

仁寿寺扩建项目效果图。

金融广场效果图。

王府井项目效果图。

城市升级显成效

中共佛山市禅城区委、佛山市禅城区人民政府

2012 年是佛山市委、市政府实施城市升级三年行动计划的开局之年。作为佛山的中心城区，禅城区以建设“民富国强、幸福禅城”为核心，以“强中心”战略为指导，制定了《禅城区城市升级三年行动计划》，明确了以城市价值提升为目标，以产城互动为形式，以交通建设为抓手，以“政府引领、政策导向、市场推动、多方共赢”为原则，充分发挥财政资金和公有资产的组合作用，灵活运用“大国资、全覆盖”政策，带动社会资金投入，并通过强化规划引领，完善交通路网，优化产业布局，美化城市环境，拉开城市发展空间，增强城市竞争力和辐射力，最终提升整个城市的价值。一年来，禅城区紧密围绕中心城区建设、产业布局优化、交通基础设施、轴线节点改造、城乡环境整治等五大核心内容做文章，启动城市升级项目 68 个（其中经区人大审议项目 24 个，市统筹及区增项目 44 个），已立项 55 个，动工 47 个，完工 14 个。全年投入资金约 130 亿元，其中财政投入约 30 亿元，融资约 10 亿元，主要投入到基础设施、公共环境建设中，以此带动社会资金投入约 90 亿元，超额完成任务。

2012 年 7 月 16 日，佛山市委副书记、市长刘悦伦点评禅城区城市升级情况。

组团中心提升工程持续推进，城市功能布局不断优化，承载能力有效提升

大祖庙商圈初具规模，商业文化核心区逐渐形成。祖庙－东华里片区完成总投资额的 66%，其中岭南天地商业一期开门迎客，二期即将开业；C 地块的临时商铺和停车场相继投入使用；祖庙路、泥模岗改造提升相继完工。随着祖庙－东华里片区改造工程的推进，祖庙商圈不断拓展，环境不断优化，软实力持续增强。同时，随着莲升片区完成总投资额的 45%，其中升平路老字号商业街等临街商铺建成开业，永安路现代商业街、南堤路滨水风情商业街对外营业的筹备工作加快推进，再加上锦华路、建新路、人民路等老城区道路改造提升相继完成，形成了以祖庙商圈为核心、以东方广场为基点、以特色街区为延伸的大祖庙商圈格局，并成为佛山市初具规模的商业文化核心区。

2012 年 3 月 14 日，佛山市委常委、禅城区委书记区邦敏向市长刘悦伦等市领导介绍欧洲工业园（张槎）规划情况。

组团中心交通得到改善，集聚力和辐射力持续增强。以路网改造为重点，组团中心交通在调整优化中不断提速。继祖庙路、建新路在 5 月份完成改造提升后，锦华路、永安路、佛平路、市东路改造工程已部分路段通车。老城区全年改造提升道路 16 条，新建人行天桥 3 座，实施路口渠化 7 处，建设港湾式公交站点 14 处，制约老城区道路通行的因素基本消除，老城区的内循环基本打通，交通的承载力大大提升，拥堵现象有效缓解，组团中心的集聚力和辐射力持续增强。

2012 年 9 月 9 日，桂澜路南延线动工。

2012 年 9 月 4 日，禅城区举行重点产业项目签约仪式。

农贸市场改造取得实效，组团中心形象明显提升。按照“先易后难、样板示范、稳步推进”的工作思路，分3阶段对全区57家农贸市场进行升级改造。第一阶段，对同济、南堤、惠景、玫瑰园、利南等11个农贸市场作为样板市场实行先行先试，于6月全部通过了验收。在样板市场的带动下，第二阶段22个农贸市场改造提升工作已基本完成。实现了市场环境向“超市”环境的转变，经营、购物环境和食品安全得到有效改善，人流量明显增多，效益明显增强，组团中心的形象进一步提升。

交通基础设施工程稳步实施，路网结构进一步完善，发展空间逐步拉开

改善东西交通要道，促进东西两翼共同发展。佛平路、市东路春节前完成改造，有效缓解东方广场商圈周边交通拥堵，加强禅桂之间的联系；绿景路东延线于8月建成并投入使用，绿景路与南海大道的交通节点完全打通，禅桂一体化进一步加速；东平路拉通工程已完成80%，2013年春节前全线贯通后对禅桂新经济圈发展的意义重大。

贯通南北路网，助力禅西发展。桂澜路南延线主体工程基本完成，季华北路已完成实体工程的50%；雾岗路北段至东鄱路、南庄二桥北延线的前期工作已完成，并开展征拆工作；汾江路南延线（石湾段）征地拆迁工作全部完成；佛陈大桥扩建工程（石湾段）的征拆工作已着手准备，南北向路网结构完善后，进一步加强与周边区域的联系，带动禅西片区发展。

拓展对外路网，抢占发展先机。按照内优外拓的思路，大力推进对外路网的建设，为禅城融入大珠三角、抢占发展先机创造有利条件。广佛地铁南延线（石湾段）、佛开高速（南庄段）、禅城至高明快速路（南庄段）的征拆任务已经全部完成，为施工建设奠定了基础。

景观绿化提升工程有效落实，岭南文化进一步显现，城市品质逐步优化

祖庙路采取文化传承与开拓创新相结合的方式，融入了大量佛山传统文化元素，使整个祖庙商圈在商业氛围、历史文化、地域特色上都有了提高；佛山大道通过采用“以文化注入绿化、以绿化承载文化”的形式，实行“五位一体”整体提升；岭南大道、魁奇路沿线在原基础上，在道路节点种植花色艳丽的乔木。随着同济东路、金鱼街、福贤路、庆宁路等路段的路面改造及景观提升工程相继完成，禅城区城市道路景观有了新的突破。

禅西产业载体建设快速推进，聚集效应进一步加强，产城融合逐步提速

以绿岛湖片区建设、欧洲工业园建设、智慧新城建设等三个项目为重点，努力构筑符合禅城发展要求和与中心城区相匹配的都市型现代产业体系和优势产业集群，逐步形成“三带、八园”齐头并进的良好局面。

改造后的祖庙—东华里片区。

改造后的锦华路。

整齐有序的同济市场蔬菜区。

祖庙路商业街。

季华路商业街。

增创新优势 再饮“头啖汤”

中共佛山市南海区委、佛山市南海区人民政府

2012年，南海区深入实施“中枢两翼，核心带动”发展战略，全面启动东部金融高新区、中部国家高新区、西部旅游集聚区三大国家级平台建设，推动区镇联动、片区协同、园镇融合，搭建起南海发展新平台。大力实施“雄鹰计划”和“选种育苗计划”，力推产业链招商，强化龙头项目带动，深化企业服务，传统产业活力迸发，新产业集群初具规模。全面启动城市升级三年行动计划，完善城市公共配套，积极创建国家生态示范区，城市品位不断提升，生态环境更加优美。着力增进民生福祉，学前教育公益性不断提高，创业就业体系不断健全，社保覆盖面进一步扩大，“家·南海”社会建设品牌加快创建，“三打两建”取得重要成效，城市管理和“创文”工作不断进步，社会保障更加有力，群众生活更加幸福。深入推进农村体制综合改革，改革经验在全省推广，启动新一轮行政管理体制改革，积极向商协会转移政府职能，推动行政服务向村居延伸，推进网络问政、网络行政、网络监督“三网融合”，政府施政效能有效提升。

2013年是南海区赶超发展的关键年、决胜年，南海将重点抓好九个方面的工作：坚持平台项目引领，增强发展带动力；强化创新服务支撑，增强产业竞争力；建设美丽宜居家园，增强城市吸引力；长效推进生态工程，增强环境承载力；传承创新文化发展，增强文化影响力；倾力保障改善民生，增强市民幸福力；不断创新社会管理，增强社会凝聚力；充分释放改革红利，增强改革推动力；全面推进自身建设，增强政府执行力。以倒逼行动增创新优势，以改革创新再饮“头啖汤”，奋力开创“富民强区、幸福南海”建设的新局面。

2012年8月24日，南海区狮山镇举行向社会组织转移部分政府职能启动仪式，标志着南海区政府向社会组织放权迈出了实质性的一步。

2012年1月12日，全国首个国家旅游产业（实验）区在南海区西樵镇挂牌成立。

2012年9月11日，中共中央政治局委员、广东省委书记汪洋，广东省省长朱小丹等在南海区大沥镇凤池社区考察农村综合改革和社区理事会制度建设情况，对南海的改革给予充分肯定。

沥桂一体化进程中的大沥新貌。

灯火璀璨的千灯湖夜景。

2012 年 12 月 19 日，南海区西樵镇松塘村获“广东省十大最美古村落”称号。

完成扩建后的佛开扩建工程九江互通至大雁山互通路段。

2012 年 12 月 15 ~ 16 日，中华龙舟大赛总决赛在南海区丹灶镇举办。

顺天明德 幸福之城

中共佛山市顺德区委、佛山市顺德区人民政府

2012年，在珠三角地区经济结构转型和发展方式转变的关键时期，顺德区把握城市升级、产业转型、改革创新三条工作主线，在应对新挑战中保持经济平稳健康发展，推动各项重点工作取得新突破，成为全国唯一"国家级装备工业两化深度融合暨智能制造试点"，在全国市辖区综合实力百强中排名第一。

顺德区科学制定城市升级五年行动计划，规划发展三大功能片区，各镇街建设特色产业和特色公共服务并存的魅力卫星小城，建设富有岭南水乡特色和独特人文风情的宜居城乡，打造兼容大城市产业效率和小城镇生态环境的网络型城市。坚持"市场导向、创新驱动、高端延伸、载体先行"四大理念，紧紧把握产业升级主体、方向、载体三大关键点，加快资本、创新、人才三大核心要素优化配置。完善"龙腾计划"，率先在全国县域出台"星光工程"，实现产业政策对大中小微企业的全覆盖和系统支持。深化行政体制改革、社会体制改革和基层治理改革，在全省率先开展商事登记制度改革试点，进一步释放体制机制优势。开展"三打两建"行动，成为全省"两建"工作试点。以改善民生为重点，建立立体式社会保障体系，让广大人民群众共享改革发展成果。

顺德正处于全面转型发展的关键时期，面临的机遇和挑战都前所未有。顺德将围绕"城市升级引领转型发展，共建共享幸福顺德"的战略目标，围绕城市升级、产业转型、改革创新三大重点工作，致力打造"宜居顺德、智慧顺德、和谐顺德、文明顺德"，共绘顺德人民的幸福蓝图。

2012年9月10日，顺德区首批4个法定机构正式投入运营，顺德区区长黄喜忠向40多位理事颁发聘书。

2013年4月20日，顺德区召开体制改革工作会议。

顺德区顺峰山公园。

美的总部大楼全景。

2012 年 10 月 26 日，顺德区文化创意产业促进会揭牌成立。

2013 年 6 月 28 日，顺德区举行中国南方智谷美的创业园开园典礼。

2012 年 11 月 12 日，中山大学－卡内基梅隆大学国际联合研究院暨中山大学－卡内基梅隆大学联合工程学院在顺德区“中国南方智谷”奠基。

顺德新城北城规划效果图。

全面提升区域价值 增创科学发展新优势

中共佛山市高明区委、佛山市高明区人民政府

2012年，高明区紧扣“重点突破、加快转型”工作方针，积极应对各种复杂形势，经济社会发展实现持续快速发展。产业转型步伐加快，一批重点项目被纳入广东省现代产业500强，新兴产业发展获广东省“一区三基地”政策扶持。城市发展焕发新活力，全面启动城市升级三年行动计划，西江新城核心区等重点工程建设加快推进。民生事业得到新发展，完成“十大惠民工程”，社会保障不断完善，文化、教育、医疗等各项事业取得新进展，革命老区扶贫开发完成阶段性目标。

2013年，高明区将围绕全面提升区域价值、打造面向未来核心竞争力的发展思路，以转型促提升、以提升促发展，努力开创“绿色崛起示范区”新局面。加快产业转型升级步伐，按照“精一强二进三”总体思路，注重产业发展质量效益，推动传统产业高新化，新兴产业规模化，增创产业发展新优势；加快城市转型升级步伐，围绕“岭南山林水都”发展定位，坚持城市环境升级与提升城市管理水平双管齐下，加快建设宜游宜商宜居之城，增创城市空间新优势；加强社会建设和管理创新，以保障和改善民生为重点，加强和创新社会管理，办好一批民生实事，切实解决好群众最关心最直接最现实的利益问题，增创社会和谐新优势；着力建设生态高明，加大环境综合治理力度，努力将优良的生态资源转化为可持续发展的不竭动力，增创区域生态新优势；深入推进改革创新，深化行政管理体制改革，提升行政审批效率，加大向市场和社会放权力度，增创体制机制新优势。

2012年3月24日，中共中央政治局委员、广东省委书记汪洋到高明区视察。图为汪洋参观“三谭”革命纪念馆。

荷城街道沿江路立交夜景。

汪洋考察佛山海天（高明）调味食品公司。

2012 年 9 月 29 日，高明区举行南粤幸福活动周启动仪式，太极爱好者进行千人太极表演。

高明区中心城区新貌。

2012 年 5 月 11 日，高明区举行新能源汽车推广应用综合示范试点启动仪式。高明区新兴产业发展成效明显，初步形成“一区三基地”的“三新”（新能源、新能源汽车、新材料）产业集聚发展格局。

凭借优良山水优势，高明区生态旅游获得迅速发展。图为高明区盈香九寨水城。

油菜花基地。近年来，高明区推出“四季花海”农业观光项目，油菜花观赏已经成为高明区特色旅游品牌之一。

改革攻坚　创新实干

中共佛山市三水区委、佛山市三水区人民政府

2012年，面对严峻复杂的发展形势，三水区以干事创业的朝气、迎难而上的勇气、开拓创新的锐气，在竞争中求发展、在创新中促跨越，“产业新城、南国水都、广佛肇绿芯”建设开局良好。

坚持把发展作为第一要务，全面提高经济发展质量和效益。新建成企业工程中心13家，发明专利申请量和授权量实现翻番，新增中国驰名商标3件、广东省著名商标7件、广东省名牌产品4个，申报国家新能源示范城市取得重大突破，加快农业产业化进程，全省首创“政银保一卡通”业务。

坚持把建管并重作为重要路径，不断增强城市竞争力，获得“广东省现代服务业集聚区”称号。

坚持把顶层设计作为创新手段，有效激发可持续发展内在动力。设立南部、中部、北部规划直属局，使规划决策更加科学高效，强化“区园联动”，促进“园镇融合”，并在事权、财权等方面尽最大可能给予倾斜，全面释放三水工业园区和乐平镇发展活力。

坚持把民生幸福作为根本追求，让群众在发展中得到更多实惠。“民生十件实事”得到较好落实，成立全省首个县级企业文化促进会，深入开展“三打两建”，破获一批大案要案，完成食品、农资、信贷等7个重点行业和西南街道“两建”试点建设。

坚持把提高群众和基层满意度作为最高标准，以高效清廉促进发展、服务人民。建设区、镇、村三级行政服务体系，探索“一镇一策”事权下放模式，推进企业商事登记制度改革。成立区重点工程决策委员会，建立城乡规划重大事项决策联席会议制度，政府决策的科学性、民主性进一步提高，获得“全国村务公开民主管理示范单位”称号。

2012年6月28日，三水区为上半年的39个重点项目举行集体动（竣）工仪式。图为佛山市委书记李贻伟和三水区委书记苏伟波在仪式现场交谈。

广东爱康太阳能科技有限公司车间。

如诗如画的三水城区。

三水荷花世界景区。

三水区左岸公园。

改造后的大棉涌。

改造升级后的城市出入口。

三水北江新城俯视图。

“强中心”构筑理想城市

佛山新城建设管理委员会

2012 年是佛山新城的“项目年、落实年、服务年”，在市委、市政府“强中心”战略和“城市升级三年行动计划”的有力推动下，佛山新城建设全面提速，平台建设、项目推进、农村征地、制度建设、队伍活化等各项工作亮点纷呈，产、城、人“三位一体”的发展理念日渐清晰，“强中心”地位日益凸显，社会各界对新城的认同感越来越强。

2012 年，佛山新城的工作具体体现在“五个抓”：一抓平台搭建。中德工业服务区平台建设是 2012 年新城工作的重中之重，在省、市的支持下，成功使中德工业服务区发展成为全省、中德国家间合作平台，成为佛山新城产业发展最明晰的方向。二抓项目落实。CBD 一期共引进 9 大项目，总投资额超 150 亿元；CBD 二期正式推出，项目招商开局良好；文化中心、商务中心、交通枢纽中心等项目建设加速推进；露天泳场、滨河景观带等项目建设顺利完成。三抓农村征地。重点推进“三大战役”，其中岳步村征地圆满完成了征地补偿协议签订工作，取得阶段性胜利；大墩村整村改造促成与保利签订初步合作意向；麦家沙搬迁安置区全面封顶。四抓制度建设。认真落实民主评议制度、党务公开制度；坚持重大事项集体研究、集体决策，凡属新城建设的重大事项、人力资源调配和大额经费开支等重要问题，均交由班子集体讨论决定，严格落实民主集中制。五抓队伍活化。通过公开选拔、一线提拔干部、招聘人才、积极向上级推荐人才等方式，活化干部队伍，全年共吸收员工 35 名，选拔任用中层干部一批。

2013 年是“中德工业服务区项目落实年”，佛山新城要以党的十八大精神为指针，紧紧围绕市委、市政府“强中心”战略和“城市升级三年行动计划”，在抓好已有项目开工、建设的同时，力求中德工业服务区各项工作落实，力推中央商务区九大项目全面建设，力促文化中心加快建设陆续投用，力争“三大战役”取得突破性进展，再引一批大项目夯实工业服务基础，将佛山新城和中德工业服务区建设推向前进。

佛山新城绿道。

滨河景观带。

佛山新城文化中心。

佛山新城九村龙舟赛。

2012 年 7 月 6 日，佛山中德工业服务区和佛山新城中央商务区的项目奠基仪式在佛山新城举行。

2012 年 11 月 3 日，中德工业服务区国际文化体育休闲区启动暨亚洲龙舟联合会总部奠基。

2013 年 5 月 29～30 日，国家发展改革委城市和小城镇改革发展中心与欧盟科盟科研与创新总公司在佛山市举办“中欧城市创新国际研讨会”。

佛山新城露天泳场入口处。

佛山公园一角。

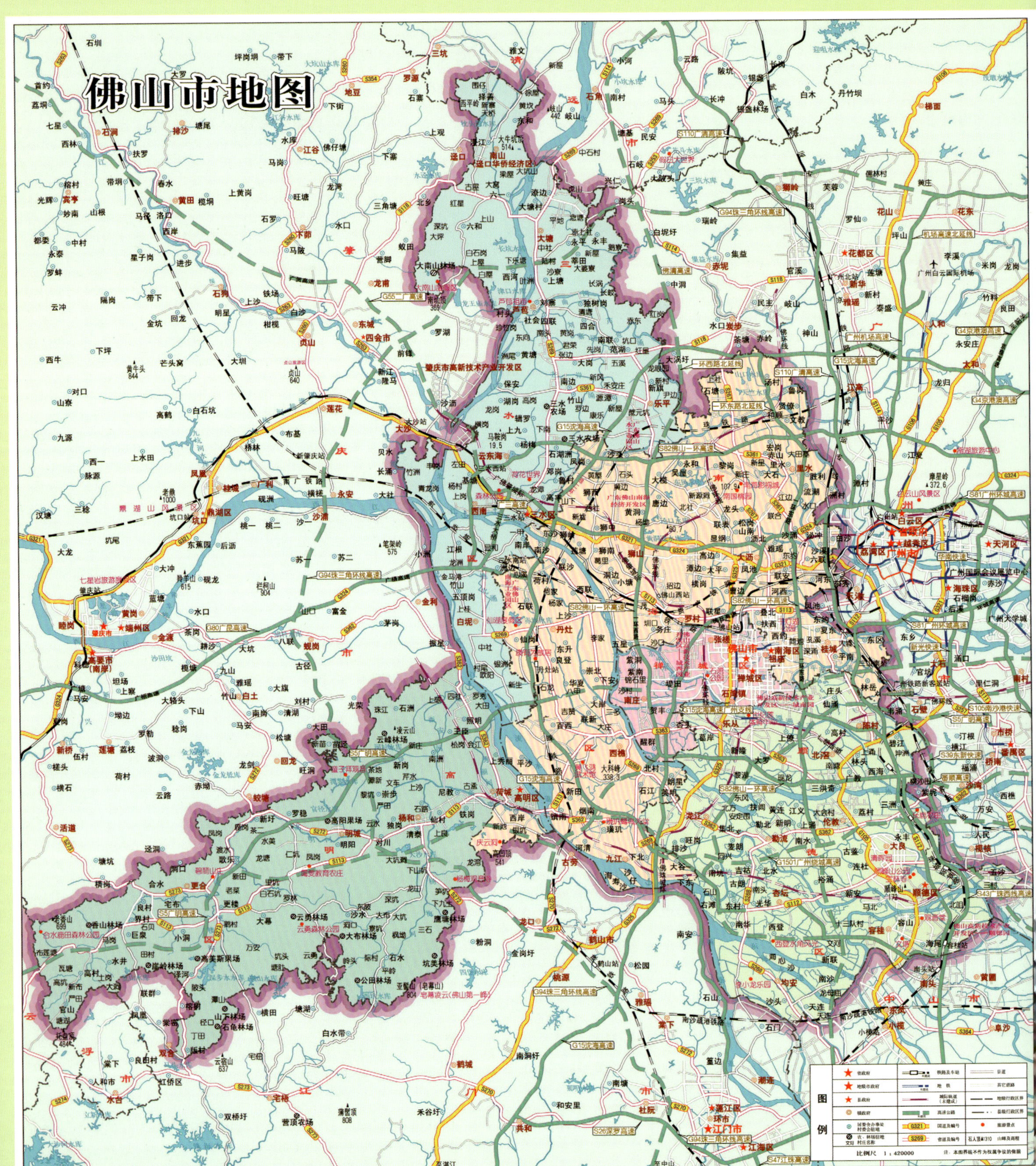
佛山市地图
禅城区
南海区
顺德区
高明区
三水区
佛山市
广州市
肇庆市
江门市
鹤山市
四会市
高要市
图例
比例尺 1：420000

第一篇

特　　载

站得更高　想得更远　更加务实　更加高效

——在中共佛山市委十一届四次全会上的报告

（2013年1月21日）

中共佛山市委书记　李贻伟

同志们：

现在我代表市委常委会，向大会报告一年来的工作，并就经济社会发展和干部队伍建设讲几点意见。

一、开拓创新，共克时艰，辛勤汗水浇灌出美丽的鲜花

过去一年，是新一届市委、市政府的开局之年，也是我们迎难而上，奋力谱写科学发展新篇章的重要一年。一年来，围绕贯彻落实市第十一次党代会精神，面对经济下行的困难与压力，我们不悲观、不埋怨，直面困难、迎接挑战，在别人观望的时候我们寻找机会，在别人发牢骚的时候我们埋头苦干，在别人等待的时候我们勇往直前，转型升级、民生改善、体制改革等领域取得新突破，全市上下呈现令人鼓舞的新变化。

产业升级见成效。继续推动“三旧”改造，着力破解土地指标等“硬约束”。大力打造高端发展平台，佛山国家高新区、广东金融高新区、南方智谷、智慧新城等产业载体建设取得新进展，中德工业服务区列入省重大发展平台。强势推进招商引资，“建链”“补链”和“强链”成效显著，产业的造血功能得到强化。深入开展“暖春行动”，主动为企业雪中送炭，助推企业走出困境。传统优势行业升级加速，战略性新兴产业进一步发展。尤为重要的是，全市上下打破了佛山发展没有空间的思想桎梏，达成了升级发展天地广阔的共识。

城市升级展新颜。实施城市升级三年行动计划促进城市面貌改变，创建全国文明城市带动城市管理水平提升。“强中心”战略快速推进，中心城区的划定获得国务院批准实施，佛山新城开发取得突破性进展。各组团核心区基础设施建设全面铺开，城市服务功能和承载能力不断提升。佛山变化日新月异，旧的建筑改貌换颜，新的建筑不断涌现，路更宽敞，街更养眼，百姓切切实实感受和分享到城市品质的提升。

改革创新增优势。一如既往大胆改革，勇于突破，构建领先一步的体制竞争力。深入推进省行政管理体制改革试点工作，全面清理规范审批事项，降低企业注册登记门槛，行政服务效率进一步提高。社会建设逐步加强，社会管理不断创新，公共事业领域改革取得初步进展，农村综合改革开创基层治理新格局，社会活力有效激发。改革的效能逐步释放，法制化、国际化的营商环境赢得称赞。

民生工程暖人心。坚持以人为本、执政为民，以务实的态度帮群众办实事、谋利益，不好高骛远，不大张旗鼓，实实在在温暖人心，真正让老百姓受惠。组织、引领、协调社会力量参与社会管理与服务，教育、卫生等基本公共服务均等化水平稳步提升，社保体系覆盖城乡更加完善，困难群体得到帮扶，平安建设扎实推进。各项民生实事全部落实，市民幸福感进一步增强。

社会和谐风气正。干部群众对待问题不再那么浮躁，对待矛盾不再那么冲动，进入了更加理性、更加法治的新阶段。将矛盾第一时间有效解决在基层、解决在身边，不必撕破脸皮、反目成仇才解决纠纷，不必辛苦上访、动用关系才处理问题。“三打两建”成效明显，社会信用和市场秩序好转。反腐倡廉建设注重中心工作监督落实，注重社会领域防腐，注重廉洁高效政府和防控机制建设，成效突出。党代表工作室、非公党建等工作深入推进。得益于佛山深厚的文化、朴素的民风和良好的党风政风，虽经济形势严峻，但佛山大地风清气正，社会和谐。

干部队伍添活力。换届后，干部队伍快速成长。区、镇街的同志迅速进入角色，施展才干，新亮点、新成绩不断呈现；机关焕发新的青春，展现新的气象，创新型、服务型、先导型机关建设有效推进。统筹协调，系统指挥，市、区、镇街关系更畅顺，分工更明确，效率更高，上级全力为下级排忧解难、挡风遮雨，下级积极支持上级，局部服从于整体，全市一盘棋。干部队伍整体崇尚实干、注重实绩，生机勃发。

过去一年，上级领导的支持和佛山人民的期望，给了我们勇气和力量。成绩属于全市团结拼搏的党员干部和人民群众，丰收的喜悦将鼓舞我们继续奋勇前行。

二、居高思远，坚定信心，务实高效创造全面建成小康社会新成就

党的十八大为全面建成小康社会指明了方向，明确了目标。我们要认真贯彻落实党的十八大、中央经济工作会议、省委十一届二次全会精神和习近平总书记视察佛山的指示，更宏观看形势，更辩证看问题，更自信找出路，更高效出新招，加快推进“先进制造基地、产业服务中心、岭南文化名城、美丽幸福家园”建设，为率先全面建成小康社会和基本实现社会主义现代化打下坚实基础。

（一）统筹兼顾激发政府和市场强大正能量，高效推进产业转型升级。

在市场总体供大于求、国内外经济进入深度调整时期，寄望市场突然好转或者重大利好政策出台，都是不现实的。等待时机并非良策，视复杂多变为常态，沉下心，静下来，树远虑解近忧，积极进取，才能走出困境，开辟发展的新天地。实际上，人们不是不需要商品，而是需要更加美好、更加优质的商品，更加追求能够改善生活品质或者符合个人口味的产品。好的商品仍然受青睐和追捧，而且这种市场需求日渐旺盛，内需增加就是产业发展的新机遇。因此，我们工作的重中之重，就是要积极推动国家创新型城市建设，加快产业升级，将低成本要素驱动为主的增长逐步转变为创新驱动为主的增长，全力打造广东最大先进制造基地。

正确处理政府与市场的关系。充分利用政府和市场两种力量，更多地发挥市场配置资源的基础性作用，把应该由市场发挥作用的交给市场，支持各类市场主体在经济发展舞台上尽情施展才华和力量。同时，政府在维护社会秩序、创造发展环境、引导创新创造等方面具有强大的作用，如果撒手不管、放任自流，市场就会趋向垄断、低效，甚至更多负面效应，必须发挥好经济调节、市场监管、社会管理和公共服务等职能。

发挥企业家在转型升级中的主体作用。产业的兴盛，竞争力的提升，关键在于市场主体的企业家。优胜劣汰，企业要蒸蒸日上，基业长青，甚至成为百年老店，不能等，只能干。要继续发挥佛山企业家勇于变通、勇于尝试“头啖汤”、不甘落后等精神，会变招，先变招，出新招。只要我们的产业像美国那样创造，像德国那样制造，生产出高质量、有品位的新产品，必有市场。改革创新，转型升级，就像寓言故事《小马过河》描述的那样，前方的河水既不像松鼠说的那么深，也不像老牛说的那么浅，不要被困难吓倒，也不要低估困难。佛山的企业家在市场中出生，在竞争中成长，我们相信，也必定能在竞争中做大做强！

构建现代化产业体系。招商引资仍然是我们加快发展的重要手段，要继续大力实施产业链招商行动计划，不断提升“建链”“补链”和“强链”的工作成效，继续深挖河广引水，重点引进战略性新兴产业龙头企业、重大项目和研发机构，加快形成战略性新兴产业集群。同时，大力促进传统产业向先进制造转变，向高端化、数字化、品牌化方向发展，实现佛山制造向佛山创造、佛山智造提升。畅通民间资本服务实体经济的渠道，做大总部经济、工业设计和中介服务，提高第三产业水平。加快发展现代农业，强化科技农业、休闲农业和品牌农业的招商引资，以农业专业合作组织和龙头企业带动农业产业化、农民职业化。

加强科技创新服务平台建设。要按照建设国家创新型城市的部署，抓好各项工作落实。集中力量加快中德工业服务区、广东金融高新区、佛山国家高新区和南方智谷等重大发展平台建设，打造高端产业和高端人才聚集的优质载体。建立政府与行业协会和企业家对接系统，挖掘创新服务需求，充分利用高校科教资源和基础条件，搭建为中小微企业提供研发设计、新技术新产品推广应用、检验检测、高技能人才培养等服务的公共平台。完善市场化的科技中介服务体系，切实有效地深化产学研合作，广泛地将国内外的创新成果凝聚到佛山来，迅速地转化为生产力。尤其要在创新风险服务上取得突破，鼓励探索金融服务科技创新的新方式新途径，形成多元化的创新投入体系，培育起发达的创新风险服务市场，促进金融、科技与产业融合发展。

加快引进和培育高端人才。转型升级必须依靠人才来实现。要继续把改革开放初期不拘一格用人才的精神发扬光大，针对佛山产业转型升级中高级人才不足的问题，进一步落实好人才入户政策，为人才提供工作生活便利。探索国内外先进技术和高端人才与我市产业链、制造业有机嫁接的新途径。尤其对杰出人才，要敢于突破平均主义限制，给予特殊的政策照顾，全力支持他们创业发展。实施“产业社区聚才，提升服务留才”的“产城人融合”战略，通过一片片社区聚集人才，聚集高端产业，逐步实现佛山产业的全面提升。高素质的技能型人才是企业的脊梁，要积极探索创新劳动力培训模式，鼓励各方参与，壮大技能型人才队伍，为佛山发展先进制造业打下人才基础。

做大做强民营企业。省委书记胡春华在佛山调研时，要求我市坚定不移发展民营经济，培育一批具有国际竞争力的民营大企业。佛山民营企业生于斯、长于斯，形成了扎根本土的企业文化特质，是拉动佛山经济发展的中坚力量。民营经济质量高效益好，佛山整体经济质量效益就提高。要加快改变我市民营大企业不多、竞争力不强的状况，在鼓励企业依靠自身努力在市场竞争中发展壮大的同时，加大“雄鹰计划”“龙腾计划”和“星光工程”“产业培优工程”等战略的实施力度，对一批符合产业发展方向、市场潜力大、经营管理先进的企业，在政策允许的条件下，实行更大的资源倾斜，在建设用地、能源供应、人才服务和金融等方面给予优先支持，使这类企业获取更多的营养，迅速成长壮大，发挥强大的龙头带动作用。

再创促进产业转型升级的体制机制新优势。改革创新仍是佛山发展的最大法宝。要坚持把行政审批制度改革作为改革的龙头和突破口，从更好地服务市民和服务企业两个层面出发，分门别类地深入研究符合百姓生活需要和企业发展需要的改革内容，不断尝试，继续优化，使政府服务更高效、更透明、更规范、更便企便民。同时，抓住市场监管这个关键，进一步创新机制，有力维护正常市场秩序和公平竞争环境。

（二）抓住机遇推动美丽佛山建设，构筑更加宜居宜业的家园。

城市是产业的载体，也是人们美好生活的依归。城市结构、生态、面貌和管理等方面的水平直接影响城市对资本、人才等重要资源要素的集聚能力。要紧紧抓住国家推动城镇化质量提升的重大战略机遇，将我市建设得更美丽。

以落实好城市升级三年行动计划为重点提升城市建设水平。推进各城市组团建设，突出“强中心”效果，打造特色鲜明、内涵丰富、功能先进的中心城区。研究发展城市轨道交通和公共交通体系，形成各组团之间快速通道，实现各组团核心区更为紧密的连接。深化广佛合作，积极融入珠三角一体化发展。加强生态工程建设和环境监管，促进机动车、河涌、建筑工地等“绿色转身”，创建全国绿化模范城市和国家生态城市，让佛山在环境优化中实现发展。

以强化城市管理及文化融合营造美好生活环境。美丽的城市一半靠建，一半靠管，如果管理跟不上，再好的建设也体现不出城市的光彩。一时的塞车、一时的脏乱市民或许可以忍受，长期的“脏乱差堵”没人能忍受。要投入更多的人力物力，探索城市管理新机制，创新管理方式，提升城市管理水平。同时，将岭南文化、现代文化元素注入城市改造建设的各个项目，以城市文化特色的展示，增强城市魅力。

*以美丽镇街村居建设统筹城乡一体化发展。*佛山大量人才和产业工人居住在镇街村居，要把美丽宜居打造成佛山镇街村居的一大特色，使人才和工人愿意留在镇街村居，同心协力建设好镇街村居。加强对镇街村居规划的支持和帮助，推进公共服务均等化，加快公共设施和服务向镇街村居延伸，将“智慧城市”覆盖到村镇，提升镇街村居居民生活品质。

（三）务实有为推进以改善民生为重点的社会建设，努力实现人民群众对美好生活的向往。

全面小康是富裕的社会，也是和谐的社会。要坚定地将人民对美好生活的向往，作为我们的奋斗目标，在坚持不断做大“蛋糕”的同时，科学地分好“蛋糕”。从敬民、保民、利民入手，从小事做起，从身边做起，“弱者扶之、屈者伸之、危者援之”，建设一个公平正义、和谐温暖的社会。

*始终敬重民意，紧紧依靠民众的力量促进社会和谐。*民心所向，力不可挡。社会建设的关键在于尊重民意，顺应民心。要为多元社会民意搭建表达渠道和平台，把充分征求民意贯穿到决策的全过程，将民意整合成推动社会文明进步的强大力量。人民群众中蕴藏着巨大的积极向上能量，要善于发掘、发扬，扩大示范效应，引导群众自我教育、自我提高。始终信任群众的智慧，尊重群众为社会建设贡献力量的愿望，加快培育发展社会组织，有效激发社会活力，放手让群众自我服务、自我管理、自得其乐。不断完善群众诉求、问政回应机制，做实信访工作，切实保证司法公正，将利益协调和权益保障工作提高到新水平。

*努力保障民生，让发展成果更多更公平惠及全体人民。*民生需求不断发展，诉求多种多样，政府还做不到伸手即给、有求即应。因此，保障民生要坚持“守住底线、突出重点、完善制度、引导舆论”的原则，在提高困难群体基本生活保障的基础上，集中力量重点解决公共服务领域中影响人们生活幸福的共性问题；以化解百姓心头之患、后顾之忧、危难之需和社会焦虑情绪为目标，切实完善社会保障，鼓励支持社会救助，进一步加强平安建设，筑牢安全生产监督和企业安全生产基础，使群众生产生活安全更有保障，生存发展能力得到进一步提升。

*着力培育社会文明，营造和睦共处的社会氛围。*良好的人文生态，是老百姓幸福生活的土壤，是社会和谐的基础。要继续创建“全国文明城市”，建设“信用佛山”，不因事难而不为，不因事繁而不为。加强社区建设，进一步做好异地务工人员的服务和管理工作。发挥崇德向善、公序良俗和法治的力量，更大力度探索创新，构建有利于群众互动沟通、加深了解、增进感情的平台，倡导助人为乐、助人光荣，大力营造团结友爱、守望相助的人文氛围。更加注重网络虚拟社会的文明建设，把自由表达与守住理性、法治约束底线统一起来，促进网络世界健康发展。

（四）持之以恒打造高素质干部队伍，从容引领全面建成小康社会事业。

坚强有力的干部队伍，是各项事业的保证。各级党组织一定要坚持党要管党，从严治党，把干部队伍建设作为第一责任，不断改进工作方法，让想干事的有舞台、能干事的有机会、会干事的有成就。

*相信干部，为干部成长创造良好环境。*每个干部都是人才，每个干部都渴望建功立业。要把握人才成长规律，为人才成长创造良好的土壤和条件。坚持在实践中选人，选有本事的干部，选有专业才干的干部，选准用好每一个干部。注重培育社会、党群、城建、经济、科技等各个领域的行家里手，创造更多的条件和机会，选择适宜的时机，开展多种方式的干部交流，使干部队伍动静相宜，保持创新活力和开拓精神。注重研究队伍集体协作能力提升，运筹全局，系统思考，科学配置单位内部各岗位之间、单位之间、上下级之间的职责和分工，减少重叠和交叉，使整体生产力和战斗力大增。

*鼓励干部，勇当促进改革发展的尖兵。*广大干部是一个地方发展的基石，全体干部都要有强烈的光荣感、使命感和责任感，始终保持高昂的斗志。社会日益多元化，发展形势、社情民意复杂多变，我们的干部刻舟求剑不行，故步自封不行，鸵鸟思维也不行。要像暴风雨中的海燕一样，无惧

于任何困难，不为无所作为找借口，不因挫折打击而气馁，不因风雨险阻而动摇，心无旁骛地把事情做好；吃苦耐劳，多方面增强本领，逢山开路，遇河架桥，为全面建成小康社会事业做贡献。一天不干，自己知道；两天不干，百姓知道；三天不干，对手知道。实干兴邦，甜美的果实要用辛勤汗水来换取。

发扬民主，不断提高执政水平。按照十八大的要求，健全协商民主制度，加强统一战线工作，以更加开放的胸怀，肝胆相照，荣辱与共，携手推动佛山加快发展。探索人大、政协参与决策、实施监督的新形式，充分发挥民主党派、工商联和人大代表、政协委员的作用，不断完善党的领导方式和执政方式。强化基层组织建设和民主建设，选准配强村居基层党组织领导班子，发挥党组织在构建基层治理新格局的领导作用，让党旗高高飘扬。

改进作风，干干净净干事。要认真贯彻落实中央关于改进工作作风、密切联系群众的各项规定和要求，坚决反对形式主义，以务实的作风抓好工作落实，赢得群众信赖。要坚守底线，干净干事，时刻自重、自省、自警、自律，清清白白做人。网络信息时代，更是“天网恢恢，疏而不漏”，每一位同志都不能存有侥幸心理，要守住自己的心灵城墙，不因一失足而成千古恨。

同志们，改革开放三十多年来，佛山走出了一条率先发展的道路，在未来的发展中，我们要积极响应习近平总书记视察佛山时提出的要求，在新一轮改革发展中继续走在前面。这既是上级领导的期望，也是百姓的重托，让我们咬住目标不放松，不怕苦心志、劳筋骨，排除万难，争取2013年是个丰收年！

政 府 工 作 报 告

——佛山市第十四届人民代表大会第三次会议

（2013 年 2 月 4 日）

佛山市市长　刘悦伦

各位代表：

现在，我代表佛山市人民政府向大会报告政府工作，请予审议，并请政协各位委员和其他列席人员提出意见。

2012 年工作回顾

2012 年，是本届政府任期的第一年，也是佛山经济面临复杂形势、发展遇到较大困难的一年。市政府在省委、省政府和市委的正确领导下，在市人大和市政协的监督支持下，坚持以科学发展观为指导，提振信心、团结奋进，扎实推动经济社会发展，各项工作取得新成绩。全市实现生产总值 6709.02 亿元，增长 8.2%；财政总收入 1261.7 亿元，增长 13.55%，其中地方公共财政预算收入 384.08 亿元，增长 12.39%；城镇居民人均可支配收入 34580 元，农村居民人均纯收入 15684 元，分别增长 12.6% 和 13.1%；居民消费价格涨幅 2.6%；人口自然增长率 5.78‰。

一年来，我们主要做了以下工作：

一、积极应对经济下行压力，经济保持平稳发展

开展“暖春活动”帮助企业走出困境。初步统计，全年为企业减免税费超过 35 亿元。争取中央、省专项资金 18.15 亿元，累计向中小企业融资 452 亿元、投放贷款 161 亿元。组织企业开拓内、外需市场。实施民营企业家素质提升工程，培训企业经营管理者 400 多人。

产业链招商成效明显。实施产业链招商三年行动计划，成功在上海、深圳举办产业链对接合作洽谈会，共达成签约项目 34 个。在东盟、欧洲等国家及中国台湾地区开展招商推介活动，全年实际利用外资 23.5 亿美元，同比增长 9.07%；签约超千万美元外资项目 56 个，引进世界 500 强项目 14 个。国药集团中药产业基地、台湾旺旺集团华南生产基地、亨氏集团、安德里茨设备制造中心、广东富华工程机械制造等一批优质项目落户。

产业结构调整取得实效。传统产业调整升级力度加大。实施“质量效益双提升”计划，机械装备、陶瓷等四大行业 70 个技改重点项目推进顺利。推动“两化”深度融合，46 个项目被认定为省级示范项目，顺德区成功申报国家级装备工业两化深度融合暨智能制造试点。扎实推进“双转移”，产业转移工作在全省考核中获优秀等次。先进制造业和新兴产业发展态势良好。一汽大众主机厂基本建成，广东新光源产业基地新增企业 36 家。现代服务业发展有新突破。引进华强电子信息高端服务业基地、绿地集团城市综合体等一批重大项目，海尔（三水）产业园物流中心投入运营，广东物联天下物联网信息产业园顺利开园。国家旅游产业集聚实验区落户南海，广东现代服务业集聚区在三水新城正式挂牌，西樵山、皂幕山分别创建为国家 AAAAA、AAAA 级景区。现代农业加快发展，现代农业园区增至 28 个，省级以上农业龙头企业达 14 家。

高端产业载体建设实现新突破。中德工业服务区被列入省六大重点发展平台之一，并上升到中德两国国家级合作层面。佛山高新区实施“一区五园”新体制，核心园区落户南海狮山和三水乐平。广东金融高新区致力发展产业金融，引进各类机构和项目 104 个。中国南方智谷被认定为国家现代服务业科技服务产业化基地，入驻创新团队 13 个。广东工业设计城入选粤港澳科技创新合作示范区服务贸易自由化重点项目。智慧新城核心区完成总投资的 91%，格力电器、日立电梯等一批大型企业落户。

二、推动科技金融产业融合发展，产业核心竞争力得到增强

科技引领发展作用日益凸显。创建国家创新型城市工作全面启动。以企业为主体的科技创新活动持续开展，全年组织企业申报各类科技项目 1300 多项，全市新增国家级企业技术中心 2 家、省级工程技术研究开发中心 5 家，新建产业技术创新联盟 6 个。产学研合作成效显著，共获得省部产学研结合项目 52 项、省院战略合作项目 28 项、院市合作项目 70 项。与中科院合作 3 年多来，引入创新团队 41 个、育成企业 41 家，佛山中科院产业技术研究院进驻佛山新城。与德国弗劳恩霍夫协会签署框架协议，共建中德工业服务区。品牌、标准、专利战略有效推进，新增各类标准 92 项；专利授权 17839 件，增长 9.1%，其中发明专利授权 1161 件，增长 19.4%。

金融创新发展不断深化。出台促进金融服务实体经济的若干意见，提出试点设立科技金融机构、推广“商圈”融资模式等创新举措服务实体经济。全市新增上市公司 5 家，总数达 37 家；新增股权投资基金 65 只，总数达 125 只。外资银行在佛山设立分支机构 11 家。探索民间金融创新发展新路径，市民营企业投资商会成立，佛商壹号投资基金启动。南海区成为全国首个通过知识产权质押融资验收的试点城市，佛山成为全省首个实现行政村金融服务全覆盖的地级市。

三、全力推进城市建设和管理，城市品质稳步提升

城市升级引领城市蜕变。国务院批准我市土地利用总体规划，明确中心城区规划控制土地总面积为 361.66 平方公里。实施城市升级三年行动计划，开工 67 个项目，建成 15 个项目。落实“强中心”战略，“一老三新”[1] 中心城区及其他组团城区升级步伐加快。禅城老城区改造提升成效明显。岭南天地二期基本建成，中山公园升级工程启动，升平路、永安路、南堤路商业街主体工程完工。佛山新城建设加速提质。佛山新地标苏宁广场等中央商务区八大项目同步奠基，滨江景观带初步建成。桂城千灯湖片区建设进展顺利。海八路金融隧道建成通车，平洲玉器城特色步行街区一期完工。禅西新区建设稳步推进。南庄岭南生态园中心湖河网工程全面完工，东片区主要道路工程基本建成。顺德新城 43 个重点项目全面铺开。西江新城完成 5 亿元建设量，君御温德姆至尊酒店如期封顶。三水新城规划编制基本完成。城市轴线和节点景观改造亮点纷呈。创建“全国绿化模范城市”通过国家核查组认定达标，生态景观林带建设取得阶段性成果。禅城区加大城市道路“五位一体”改造 [2] 力度，祖庙路、锦华路等道路改造完工，佛山大道改造工程进展顺利，佛山火车站区域提升成效明显，广佛轨道出入口绿化景观提升全面完成。南海区大沥镇广佛路改造、广佛新干线（一期）绿化工程、佛山水道沥桂新城区段滨河景观提升等顺利完成，里水河一河三岸景观塑造日见成效，华南电光源灯饰城外立面改造成为样板。顺德区对外主要道路衔接口、广珠西线及顺德站绿化景观提升完工，乐从新桂路及杏坛城市道路改造成效显现。高明区丽江水廊、秀丽河堤围景观综合整治初见成效，沧江路改造成为示范。三水区广三高速城区段两旁美化亮化、西南城区重点地段亮化等工程完成，一环东路美化绿化成为样板工程。交通基础设施建设加强。广三、佛开高速扩建任务完成，碧桂路改造、魁奇路东延线一期主线、一环南延线等建成通车，汾江路及岭南大道南延线、广佛轨道二期动工。大气和水环境治理力度加大，小燃煤锅炉、VOC[3]、黄标车、黑烟车进一步整治，节能降耗成效明显。佛山获全国城市供电可靠性 [4]A 级金牌，三水区成功申报国家新能源示范城市，禅城区低碳发展经验入选第 18 届全球气候大会。“三旧”改造深入推进。广佛国际商贸城、国际家居博览城、高明三洲旧区等项目改造成效显著。

城市管理开创新局面。出台加强城市管理的政策文件，设立市城管委，开展以市政环卫、户外广告、建筑工地、农贸市场等为重点的专项整治，城市重点区域和路段“脏乱差”现象明显改观。禅城区清理卫生死角800多个，华远东路乱堆放、惠景路占道经营等得到治理，佛山火车站、粤运汽车站、城北批发市场等周边市容明显好转。南海区开展违章广告牌和建筑工地整治，广佛高速两侧违章广告牌已清拆，建筑工地乱洒漏现象得到治理。顺德区开展“美城行动”，建筑工地周边环境得到整治。高明区沧江路等路段户外广告、高明影院门前乱搭建治理取得成效。三水区西南市场、德保市场等乱摆卖得到整治，中心城区车辆乱停放问题有效缓解。佛山新城河堤路乱洒漏现象得到控制，新乐路车辆乱停放得到治理。启动137个农贸市场升级改造，完工109个。采取“管建引限”[5]措施，推动中心城区治堵取得初步成效。公共交通加快发展，全市城区公交分担率提高到20%。智慧城市建设不断加强，市民融合服务平台正式启动，市民办事可享受一站式便捷服务。

城市文化品质稳步提升。佛山新城图书馆、档案中心、科技馆、青少年宫以及艺术村基本建成。全国文化信息资源共享工程基层服务点覆盖全市所有镇街，农家书屋实现行政村全覆盖，城乡四级公共文化服务网络日益完善。佛山粤剧《小凤仙》进入国家舞台艺术精品30强并进京展演，秋色欢乐节、“寻梦佛山”异地务工人员夏令营等文化活动精彩纷呈。大力扶持文化产业发展，西樵山梦工场一期、岭南文化苑等项目投入使用。

“创文”营造文明风尚。针对“两个测评体系”中存在的薄弱环节，积极开展文明创建活动，尤其是通过开展具有佛山特色的“微文明”系列品牌活动，倡导市民从细节、小事做起，实现城市“大文明”，国检中“创文”取得明显成果。

《珠江三角洲地区改革发展规划纲要(2008～2020年)》四年大发展任务基本完成。“四年大发展”涉及我市的重要指标、重大项目年度任务基本完成。广佛同城化建设取得新进展，两市完成重点交界地区规划整合，黄榄干线接番顺公路、五沙大桥扩建有序推进，19家商业银行实现广佛间行内通存通兑免手续费。广佛肇经济圈建设取得突破，经济合作区总体规划通过专家评审，通信资费实现一体化，广佛肇城际轨道、三花公路改造一期等项目推进顺利。佛港澳合作进一步深化。

四、着力加强社会民生事业，民生福祉持续改善

省市民生实事圆满完成。2012年全市财政投入民生方面资金262.58亿元，占地方公共财政预算支出的60.65%。两次提高企业退休人员养老金标准，月人均养老金从1570元提高到1940元。城乡最低生活保障标准全市统一提高为430元/人·月。新建平价商店115家。保障性住房开工7694套，竣工3920套，完成华侨农场职工危房改造200户。省级饮用水源保护标准化建设基本完成。中心城区垃圾分类试点初见成效，城镇生活垃圾无害化处理率达92%。建设64家“健康e园”。免费为市民发放佛山健康卡166.5万张。率先实现残疾儿童少年15年免费教育，启聪学校建设基本完成。免费孕前优生健康检查目标人群覆盖率达80%以上。首次将职工生育津贴纳入保障范围。实施流动人口计划生育节育奖励。基本实现户外体育健身设施行政村（社区）全覆盖。佛山新城露天泳场免费向市民开放。

社会事业全面进步。实施积极就业政策，全市新增城镇就业人数9.1万人，城镇登记失业率2.42%。合并实施新农保与城镇居民社会养老保险制度，提前实现两项社保全覆盖。启动社会养老服务体系建设年活动，居家养老服务工作力度加大。教育综合改革试点取得阶段性成果。学前教育三年计划积极实施，非户籍人口子女读书问题得到妥善解决，“数码学习港”全面启动，顺利通过广东省“推进教育现代化先进市”督导验收。公立医院综合改革试点稳步推进，基层医疗卫生服务网络进一步完善，“三平价”[6]医疗服务探索创新，全科医生制度顺利实施，“看病难、看病贵”问题得到缓解。成功举办国际龙舟邀请赛，亚洲龙舟联合会总部落户佛山。成功举办佛山首届公益慈善盛典暨“温爱佛山”慈善万人行活动。实施妇女儿童发展规划，稳步推进民族宗教工作，启动仁寿寺提升前期工作。援藏援疆、对口帮扶和革命老区“双

到”工作任务成绩突出。

“三打两建”[7]成效显著。针对群众反映最强烈、问题最突出、社会危害最大的黑恶势力、保护伞和食品、药品等重点问题，采取有效措施，落实领导包案，狠打利益链，深挖保护伞，“三打”行动不断向纵深开展。坚持边打边建，启动“信用佛山”建设，强化市场监管，顺德区、南海区“两建”综合试点推进顺利。成功举办首届广东（佛山）安全食用农产品博览会，展示了“三打两建”中我省食品、农产品质量安全监管取得的成效。

社会大局稳定和谐。实施专业化精确打击战略，深入开展严打整治行动，加强社会治安综合治理，群众安全感稳步提高。安全生产“一岗双责”和“双基工作”走在全省前列，消防“网格化”管理模式全面推行，信访和公共安全等应急机制进一步健全，全年无重大安全事故发生。组织民兵预备役人员参与抢险救灾等活动，军政军民团结局面进一步巩固。

五、不断深化各项改革，发展环境日益优化

行政管理体制改革走在全省前列。在全省率先启动行政管理体制改革试点，系统推进政府职能清理、商事登记制度改革、审批模式创新和审批流程再造等工作。市级部门通过取消、转移、下放、购买服务和优化调整等方式，共压减审批和管理事项536项，精简率达48.3%。全市逾550家企业完成商事注册登记。广东省网上办事大厅佛山分厅正式运营，全市网上办理业务量达30%以上，其中南海区达50%以上。跨部门并联审批使企业准入、工程验收审批时间均比改革前压缩50%以上，行政效能显著提升。

社会管理改革取得进展。完善社会建设相关政策体系。通过降低社会组织准入门槛、推行直接登记、建设社会组织孵化基地，促进社会组织蓬勃发展，全市共登记备案社会组织3549个。政府购买服务制度进一步健全，社工人才队伍建设得到加强。禅城区加快教育、医疗等重点领域公共事业体制改革，构建新型公共事业发展格局。顺德区社会创新园正式开园，全部镇街建立了枢纽型社会服务综合体。

农村体制改革开创基层治理新格局。顺德区推动政府公共服务延伸村居，启动法定机构试点改革，建立健全决策咨询机构，推进政社协同共治。南海区加快“政经分离”[8]农村综合改革步伐，明确基层组织权责边界，创新集体资产监管方式，引导村居回归自治。全市农村“两个平台”[9]建设圆满完成，农村“三资”管理[10]走向规范化。

财政国资改革取得实效。完善财政预算管理和绩效管理制度，强化预算执行刚性，扩大专项经费竞争性分配范围，财政管理科学化、精细化水平进一步提高。落实“大国资、全覆盖”总体工作方案，93家市属国有企业实现资产整合重组。建立市级土地储备财力保障机制，优化国有企业债务，国有企业可持续发展能力得到增强。

六、大力加强政府自身建设，公务员素质和能力明显提高

法治政府建设得到加强。坚持向人大报告工作和向政协通报工作制度，自觉接受人大和政协的监督。认真办理人大代表议案、建议和政协提案。全面开展普法宣传和规范性文件清理，依法行政水平得到提高。开通佛山微博发布厅平台，政务信息公开更加透明。信访服务实现一站式接待、一条龙办理、一揽子解决。

公务员选用和考核机制进一步完善。面向全市公选处级领导干部，从优秀异地务工人员中选拔基层公务员，市直与区、镇街公务员实行双向交流挂职。开展绩效管理试点，打造阳光政府和效能政府。

政府廉政建设成绩明显。成立市预防腐败局，强化廉政风险防控。建立重大决策部署效能监察联动机制、重点项目专责及责任倒逼机制，公共资源交易平台建设和监管进一步加强。开展公共服务行业民主评议政风行风工作，政风行风进一步好转。加强对重点企事业单位巡查，监管制度进一步完善。加大查办案件工作力度，坚决查处了一批违纪违法案件。

与此同时，审计、统计、粮食储备、外事侨务、台湾事务、档案、方志、人防、气象等工作都取得了新成绩。

各位代表！过去一年，我们与全市人民风雨同舟、携手共进，成绩来之不易。在此，我代表市政府向全市广大干部群众，外来务工人员，中央、省驻佛山单位，驻佛山的人民解放军指战员、武警官兵表示崇高的敬意！向长期关心支持佛山建设的港澳台同胞、海外侨胞、国际友人表示衷心的感谢！

总结过去的工作，我们也清醒地看到，我市经济社会发展仍然存在一些问题，主要表现在：一是受外部环境和自身经济结构影响，去年地区生产总值增速未达到10%预期目标；二是产业结构调整任务艰巨，传统产业比重依然过大，战略性新兴产业尚未成长为经济发展重要支撑；三是创新能力不强，科技研发投入力度不足，人才短板成为发展掣肘；四是“城市病”仍待破解，交通拥堵、环境污染、土地资源紧缺、局部电网薄弱等问题依然突出，节能减排、治水治气任重道远；五是和谐社会仍然存在局部隐患，社会建设有待加强；六是政府执行力和公信力有待进一步提高。对于存在的问题，我们必须在今后工作中切实加以解决。

2013年面临的形势和目标任务

2013年是全面贯彻落实党的十八大精神的开局之年，也是本届政府科学施政、创新发展实现新跨越的重要一年。

今年发展形势仍然复杂，面临的不利因素和挑战较多。但我们也应该看到，今年有利于发展的因素也在增多。纵观国际国内大势，我国发展仍处于可以大有作为的重要战略机遇期，新型工业化、城镇化、信息化和农业现代化为经济社会发展提供了长期充足的动力。党的十八大胜利召开，进一步激发了全国各地加快发展、科学发展的热情，为我们抢抓机遇、克难前进注入了强大信心。近年来我市围绕转变经济发展方式，推出了一系列创新性举措：一是引领改革潮流，深入推进行政、经济、社会等全方位改革，充分释放了体制机制活力，将逐步收获改革红利；二是多年来积累了雄厚的经济基础和众多产业投资项目，将逐步加大投资力度和释放产能，进一步增强实体经济竞争力；三是我市推出城市升级三年行动计划，实施“强中心”战略，推进智慧佛山建设，以工业化、城镇化、信息化、农业现代化共同驱动经济发展；四是我市提出建设国家创新型城市，以创新驱动支撑和引领佛山产业和城市升级，将推动佛山在科学发展轨道上阔步前行。对此，我们应对未来发展充满信心，以高度的责任感和只争朝夕的紧迫感推进各项工作，确保经济和社会平稳健康发展。

2013年政府工作的总体要求是：以党的十八大精神为指导，认真贯彻落实习近平总书记视察广东提出的“三个定位、两个率先”指示和省委十一届二次全会、市委十一届四次全会精神，以提高经济增长质量和效益为中心，深化改革开放，坚持创新驱动，着力推进国家创新型城市建设，着力推进经济结构战略性调整，着力推进城市建设和管理，着力推进文化强市建设，着力推进生态文明建设，着力保障和改善民生，努力实现经济持续健康发展和社会和谐稳定，不断开创科学发展新局面。

2013年经济社会发展主要预期目标是：全市生产总值增长9%；地方公共财政预算收入增长10%；城镇居民人均可支配收入增长10%；农村居民人均纯收入增长11%；居民消费价格总水平涨幅控制在3.5%左右；城镇登记失业率控制在3.5%以内；人口自然增长率控制在7.64‰以内。

实现上述目标任务，我们要重点抓好以下八方面工作：

一、着力推动国家创新型城市建设，增强可持续发展竞争力

科技创新是增强佛山核心竞争力的战略支撑。我们要大力实施创新驱动发展战略，把全市的智慧和力量凝聚到建设国家创新型城市上来。

明确创新型城市发展定位。通过创建，把佛山建设成为：国际高端制造业基地，国家产业技术创新高地，全国科技、金融、产业“三融合”示范区，国家创新驱动发展示范城市。

实施八项行动计划。一是投入百亿创新资金。从今年起，五年市区财政投入超过100亿元，带动企业和社会投入超过1000亿元。二是构建一流创新体系。包括一流的技术创新、现代产业、创新服务、创新人才、环境支撑体系。三是实施十大创新工程。包括企业创新主体提升、传统制造业创新升级、新兴产业培育提升、创新人才建设、科技金融产业融合、知识产权战略推进工程等。四是建设十大创新园区。高标准建设好创新创业的优质载体，打造佛山高新区、广东金融高新区、佛山国家火炬创新创业园、中国南方智谷、国家环境服务业华南集聚区、华南电源创新科技园等。五是打造十大创新平台。包括佛山中科院产业技术研究院和育成中心、广东西安交通大学研究院、顺德中山大学—卡内基梅隆大学国际联合研究院、广东半导体照明产业技术联合创新中心、华南精密研究院等。六是建设十大创新联盟。精选战略性新兴产业和优势传统产业，联合产业链上下游的企业与高校、科研院所共同组建十大产业技术创新战略联盟。七是开展一批项目全球招标。在优势传统产业和战略性新兴产业领域，遴选十大领域开展全球项目招标，重点突破一批产业发展重大关键共性技术，提升行业技术创新能力和产业竞争力。八是培育百强创新企业。从今年起，每年不少于20家，五年内精心培育100家综合实力较强的本土创新型企业。

营造良好创新创业环境。树立创新驱动核心理念，弘扬“和谐、开放、包容”的城市人文精神和“敢为人先、宽容失败”的创新创业文化。实施专利、科技创新团队、重大科技项目管理、科技创新平台资助等配套政策，加快形成完善的自主创新政策体系。强化创新成果保护，重拳打击知识产权侵权行为，提高知识产权保护和市场监管水平。

二、着力推动产业转型升级，增强实体经济核心竞争力

实体经济是佛山经济发展的命脉。我们要继续加强产业转型升级，努力把佛山经济核心竞争力提高到新水平。

全力推动传统产业升级。通过行业准入标准或调整提升标准、节能减排、环境保护等倒逼机制，促进传统产业进行技术创新，推动产业从价值链低端向高端延伸。继续推动“两化”深度融合，积极探索云制造[11]模式，建设“云制造”服务平台，推动百家规模企业实施生产设备、流程、能力的数字化改造，做大做强数字产业。支持传统产业开展科技创新和商业模式创新。加大品牌、标准、专利战略实施力度，推动佛山制造向佛山创造、智造转变。

大力发展战略性新兴产业。继续实施产业链招商行动计划，瞄准重点区域、重点领域、重点项目开展有针对性的招商，着力引进光电、新材料、生物医药、新能源汽车等一批新兴产业龙头企业、重大项目和研发机构，形成战略性新兴产业集群竞争优势和技术领先优势。加快一汽大众佛山工厂、国星半导体、陆地方舟新能源汽车等一批重大项目建设。全面加强与国药集团的战略合作，推动佛山中医药产业转型升级，打造中国中药产业基地。

加快发展现代服务业。重点发展金融业、现代物流、工业设计、信息服务、商务服务等生产性服务业，推动现代服务业加速提效、集聚发展。积极申报省级服务外包示范城市。抓住“营改增”机遇促进现代服务业快速发展。围绕陶瓷、家具、家电、铝型材等优势支柱产业，加快培育建设一批商品国际采购中心。结合城市升级大力发展生活性服务业，加紧一批城市综合体和城市商圈建设，推动现代商贸业集聚发展。

优化发展现代农业。以科技创新推动现代农业发展，加大农业投入，增强农业综合生产能力和可持续发展能力。继续推进农业园区扩面提质工程，重点扶持发展“智慧菜篮子”基地，抓好农产品流通体系建设，保障农产品有效供给和质量安全。加强农业招商引资，培育发展农业龙头企业、新型农民合作组织和多元服务主体。实行最严格的耕地保护制度，妥善解决农村集体留用地遗留问题。

发展壮大民营企业。积极营造公平公正的民营经济发展环境，拓宽民营企业发展空间。制定和实施民营企业培育成长行动计划，加大引导扶持力度，培育一批具有国际竞争力、产值超百亿、超千亿的大公司、大企业集团和产业集群。鼓励有条件的民营企业通过兼并、收购、联合等方式做大做强。继续组织民企参加“北上西拓”“广货网上行”等活动，引导民企积极开拓内需市场。推进服务企业活动常态化，帮助企业解决发展难题。扶持、引导企业加大技改投入，开展自主创新。建立健全企业家培育机制，打造一支庞大的、高素质的企业家队伍。

全面提高开放型经济水平。加大企业培育力度，逐步形成以技术、品牌、质量、服务为核心的出口竞争新优势，促进加工贸易转型升级。加快“走出去”步伐，积极组织企业参加各类国际展会，开拓国际新兴市场。推广国际商标有效注册，积极稳妥应对各类国际贸易摩擦。加强口岸和“大通关”建设，推动口岸改革和查验模式便利化。

以金融创新促进产业转型升级。实行“九个一”工程：一是建设一个广东省金融科技产业融合创新试验区，打造“一个核心区、若干辐射区”的融合发展平台。二是办好一个会议，把“金洽会”打造成为金融资本与科技、产业对接的高端平台。三是打造民间金融一条街，引进设立一批小额贷款、融资租赁公司等新型金融机构，推动PE和VC集聚发展。四是做好一个市场，积极申请区域性场外交易市场落户佛山。五是建好一张网，建设金融、科技、产业对接的网上金融超市，为企业提供全方位金融服务。六是吸引一批商业银行、担保公司、风险投资、私募股权、基金信托等创新型金融机构进驻佛山。七是搭建一个融资平台，包括区域集优债、中小企业私募债等融资创新平台。八是完善一套制度，包括企业上市“绿色通道证”制度、小额贷款、融资性担保公司评级制度等，构建具有佛山特色的金融体系。九是引进一批高端科技、金融人才。

打造优质载体集聚高端产业。制定佛山高新区产业发展规划及相关扶持政策，五区联动推进高新区实现跨越式发展，力争5年内进入全国国家高新区20强。加强广东金融高新区建设，推动走“金融后援基地+产业金融中心”新路子，力争打造成为国家级产业金融试验区。全力推进中德工业服务区建设，力争总体规划获国家、省批复通过。加紧申请制定《中德工业服务区条例》，建立与德国工业服务对接的政策制度体系，完善德国人才进驻的配套服务。狠抓重大项目实施，着力吸引优质项目进驻，打造中德两国高层次项目合作集聚区。加强中国南方生物医药城、广东工业设计城、高明新材料产业基地、欧洲工业园、新能源汽车产业基地、新媒体产业园、中国西南水都饮料（食品）基地等建设，为先进制造业和战略性新兴产业提供优质载体。

三、着力推动城市内强外优，营造高品质城市生活空间

城市是区域经济发展的增长极。我们要大力实施“强中心”战略，推动区域融合互动发展，把城市打造成为高端产业和高端人才集聚的优质载体。

加强“一老三新”建设。加快魁奇路东西延线、季华路快速化改造、汾江路南延线、桂澜路南延线、海五路连接汾江路等路网建设，促进“一老三新”畅顺连接和一体化发展。加大中心城区规划及其管理市级统筹力度，促进中心城区一体化发展。佛山新城要加快核心区开发，着力推进苏宁广场、亚洲龙舟联合会总部、欧浦总部基地、企业家大厦、公共文化中心等项目建设。禅西新区要加强基础设施投入和公共资源配置，加快产业服务中心、专业人才生活园区、佛山市外国语（国际）学校等项目建设，推动新兴产业、社会资源和创新人才向西部集聚。桂城千灯湖片区要向更高品质发展，加快金融高新区C区、千灯湖公园等项目改造建设，树立城市东部门户新形象。

深化组团城市发展。加强全市规划统筹和土地储备，促进五区协调联动发展。推动区域之间资源整合和各领域合作。支持禅城“一老一新”核心区建设，提升中心城区城市品质和岭南文化独特魅力；支持南海东、中、西三大片区建设，形成同城异质、错位发展新格局；支持顺德新城高标准建设德胜河“一河两岸”、德胜总部商务区等重点工程，打造“阳光智城、岭南水乡、宜居家园”；支持高明西江新城“一心三轴线”建设，打造独具韵味的生态特色城区；支持三水新城加快建设，打造新城市中心、新产业服务中心、新生态宜居中心。

以“三旧”改造促进中心城区扩容提质。加大“三旧”改造实施力度，结合“三旧”改造推动历史街区建设和中心城区优化提升。打造城市北部门户，启动东货场功能改造提升，建设广佛商贸会展新中心，与桂城千灯湖片区联动发展。加强老城区保护和开发，推进祖庙－东华里、莲花路－升平路－筷子路、仁寿寺、梁园历史街区资源整合，重点对绿地、水系等生态环境进行恢复和整治。将市政府东侧和北侧地块打造成文化性地标节点，营造岭南文化集中展示空间。加快深村－两园（文华公园、亚艺公园）区段改造提升，促进季华路商圈提升能级和增强特色。加强佛山公园北园区段改造，启动东平路连接线工程，科学布局岭南大道开敞空间，开展地标项目规划设计，提升空间识别度。加快佛山新城区段开发建设，通过利益平衡引导周边村落积极参与改造，为新城建设和发展腾出空间。

打好城市升级攻坚战。推动城市升级由点到面、扩面提质，形成整体效应。加快广佛、广三、广珠西线等高速公路生态景观林带建设。抓好禅桂中心片区道路沿街建筑景观综合整治。继续推进城市道路“五位一体”改造，今年各区要建设 1 ~ 2 条改造示范路。加快农贸市场改造步伐，力争完成 82 个升级改造任务。各区要紧跟项目进度，狠抓项目落实。禅城区力争完成朝安路、卫国路等项目改造提升，推进佛山大道改造工程、佛山水道老城段滨河景观带、周尾围生态公园等项目建设。南海区力争完成怡海公园、听音湖片区水利及相关工程、南海博物馆、国道 G321 南海段改造等项目建设，推进平洲玉器街改造二期等项目建设。顺德区力争完成德胜河南岸滨水景观提升、德胜总部商务区景观改造、广东乐从钢铁世界现货区等项目建设，推进中国南方智谷 B 区、陈村花卉世界特色步行街区等项目建设。高明区力争完成秀丽河堤围景观综合整治、君御温德姆至尊酒店等项目建设，推进高明江滩滨河景观改造提升、中心城区四化工程等项目建设。三水区力争完成北江新区、北江体育休闲公园、城市休闲公园等项目建设，推进广海大道沿线景观改造提升等项目建设。

加强交通能源基础设施建设。把轨道交通建设作为城市可持续发展的重点，加快广佛轨道二期、广佛肇城际轨道及南海区新型轨道交通建设，积极探索 TOD 开发模式，开展轨道交通 2、3 号线 TOD 研究。抓紧推进佛山西站，广佛环线、佛肇城际轨道 7 个站点的“站场 + 社区”建设。加快高速公路项目建设，力争完成广明高速西延线建设任务，抓紧推进广明高速陈村至西樵段、肇花高速三水段、佛清从高速南段、江罗高速高明段等工程建设。加强能源、水利、通信等建设，推进气象现代化建设与考评，显著提升城市保障能力。重点补强佛山南部、北部电网，全面推进国家重点项目 500 千伏“西电东送”换顺线工程和东坡输变电工程建设。

着力提高城市管理水平。进一步加强城市管理考核工作，指导各区开展对镇街的考核，推动城市管理考核实现全覆盖。对城市管理中的难点、黑点，泥头车撒漏、乱搭乱建、违规广告、占道经营等问题开展专项整治。禅城区重点规范夜间大排档管理，严厉打击非法营运，全面整治忠义路、普君市场等周边市容管理黑点。南海区重点加强桂城、罗村市容环卫景观整治提升，推进户外广告标准化建设。顺德区重点加强大良兴顺大道、德胜中路等路面养护及排水设施改造，对城市公园市政设施进行更新和绿化亮化提升。高明区重点对中心城区（A 区）、高明大道沿线破损路面及公共设施进行修复，规范公路控制区范围内广告牌设置。三水区重点开展违章户外广告整治，提升中心城区公园、住宅小区保洁和绿化水平。佛山新城重点加强建筑工地周边环境和泥头车管理。拓宽数字城管覆盖范围，推动数字城管向镇街延伸。加强公交站及换乘枢纽配建和公交港湾式停靠站建设，基本建成城市公交专用道网络。整合中心城区公交资源，优化提升中心城区交通环境。推进中心城区公交“六个一体化”[12]，有效提升公交管理和服务水平。

推动区域一体化发展。科学制定《实施〈珠三角规划纲要〉“九年大跨越”工作方案》。积极推动广佛同城化建设，重点加强金沙洲地区路桥对接、佛陈路东延线接番禺新桂路（海华大桥）、龙溪大道接海八路快速化改造、三善大桥扩建、魁奇路东延线衔接番禺区南大路等项目建设。做好与南沙开发的有效对接。推进广佛肇经济圈建设。继续加强佛港澳合作，提升合作质量和水平。

四、着力推动生态文明建设，建设美丽佛山

建设生态文明，是关系人民福祉、实现佛山永续发展的长远大计，必须放在更加突出的位置，全力推进和落实。

探索低碳城市发展新模式。大力推广绿色建筑，建立建筑节能发展专项资金激励体系，研发与推广绿色建筑技术和材料。抓好禅城、顺德区低碳示范区建设，支持佛山新城开展绿色低碳城区建设技术集成与示范项目。大力推进节能降耗工作，通过推广应用先进节能技术、开展重点节能工程、发展循环经济、推行清洁生产，落实节能目标责任制、规范节能监管制度等措施，努力完成省下达的节能降耗目标任务。以全国电力需求侧管理[13]示范城市为契机，细化实施方案，深化天然气、可再生能源利用等分布式电源的规划发展。支持三水区建设国家新能源示范城市。

加强环境综合治理。加快使用传统能源小锅炉淘汰工作，鼓励使用天然气、液化石油气等清洁能源，逐步改善能源结构。强化电力行业脱硫脱硝设施建设，加强重点监管企业 VOC 防治，加快淘汰黄标车，铁腕整治黑烟车，逐步净化空气环境。落

实汾江河等内河涌综合整治项目，加快污水处理厂及配套管网建设，实施最严格水资源管理及考核制度，推进饮用水源保护区标准化建设，持续改善水环境。开展畜禽养殖业污染治理，鼓励和支持规模化畜禽养殖场建设沼气池和废水处理系统。加强土壤重金属防治工作，强化管理危险物产生和经营单位，规范管理列入省严控废物管理污泥产生企业。深入开展环保专项执法行动，坚决打击各类环境违法行为。

提升生态绿化建设水平。积极创建国家生态市，全面启动国家环保模范城市复核工作。加强林业生态建设，继续推进生态景观林带、森林碳汇[14]、森林进城围城[15]工程建设，构筑生态安全体系。统筹整合全市绿道网资源，推动绿道文化建设。强化城乡园林绿化建设和管理工作，加大公园建设力度，逐步提高人均公园绿地面积。建设植物园、地质公园等专题园，提高城市品质。

统筹推动城乡生活垃圾处理。从源头分类、中转运输、终端减量“三管齐下”推进生活垃圾处理，加快建立和完善“村收集、镇中转、市区处理”的生活垃圾收集处理系统，力争形成垃圾分类处理的佛山模式。今年要全面完成生活垃圾压缩中转站的升级改造，实现“一镇一站”目标。制定餐厨垃圾处置实施方案，引进垃圾机械分选技术，推动终端处理设施改造提升，力争年底前禅城、南海、顺德区餐厨垃圾终端处理设施投入使用。加强宣传和政策引导，让市民养成生活垃圾分类处置的良好习惯。

五、着力实施文化强市战略，增强城市文化软实力

文化是城市的魂和人民的精神家园。我们要大力推动社会主义文化大发展大繁荣，全面提高城市文化软实力。

提高全民道德和文化素质。深入开展社会主义核心价值体系宣传教育，弘扬中华优秀传统文化、岭南特色文化和新时期佛山人精神，营造积极向上的社会氛围。加强公民道德建设，积极开展全市文明礼仪标兵、道德模范、美德少年等评选活动，以及“微文明”等群众性精神文明创建活动，着力提升市民文明素质。

着力加强传统文化开发和保护。认真研究仁寿寺提升的定位、内涵和建筑形态，高标准、高质量做好寺院整体规划、配套建设、文物保护、管理提升工作，深入挖掘、整理佛山“佛文化”资源，致力打造佛教文化高地。全面启动祖庙古建筑群复建工程。支持祖庙、仁寿寺、岭南天地、梁园、南风古灶携手创建国家AAAAA级景区。积极推动专题和行业博物馆建设。大力推进历史文化名镇、名村建设，坚持在改造中最大程度保护文物古迹。

进一步丰富人民精神文化生活。深入实施文化惠民工程，推动文化进园区、进社区，重点实施“魅力佛山·四季情韵”艺术惠民工程，办好佛山秋色欢乐节、龙舟文化节、佛山美食节、南风讲坛、“书香佛山”全民阅读系列活动等文化品牌。完善公益性文化、科普场馆面向社会免费开放机制，积极推行政府购买公共文化服务，合力打造市民喜闻乐见的“文化大观园”。

大力提高文化综合实力。深入实施文化产业发展规划，促进文化产业与城市升级、体育健身、旅游休闲相融合，打造特色文体旅游品牌。加大对工艺美术、创意设计、传媒影视、动漫游戏等重点产业扶持力度，依托特色文化产业园区，打造一批文化龙头企业和知名品牌。完善非物质文化遗产保护措施，加强传承人保护和培养，推动非遗项目走产业化发展道路。引导和鼓励社会资本以多种形式参与重大文化产业项目和文化产业园区建设。

深入推进“全国文明城市”创建。今年是创建全国文明城市的攻坚年，要针对未达标的重点指标、易反弹的重点工作、仍未解决的突出问题，确保有效投入，强化考评督办，推动常态管理，合力整改克难，力争年底全面达标，年后国检取得优异成绩。

六、着力保障和改善民生，建设幸福佛山

坚持人民主体地位，以实现共同富裕、共享改革发展成果为导向，用心为民谋利，真心为民解忧，促进市民幸福感持续增强。

促进社会事业大发展。加强就业技能培训，深入推进创业带动就业，突出做好高校毕业生、城镇就业困难人员的就业工作。加强养老保险扩面征缴，完善居民医保市级统筹制度，建立职工医保与城乡居民医保制度衔接转换机制。继续稳步开展市、区两级教育综合改革试点，抓好学前教育三年计划攻坚，推进各级各类教育优质均衡发展，今年起在全省率先开展“中高职衔接”和“高职本科一体化”现代职教体系建设试点。认真实施医疗卫生服务体系建设三年提升计划，提高全市医疗卫生服务能力和水平。稳步推进公立医院改革，引导扶持民营医疗机构加快发展。启动佛山新城妇女儿童医院建设。广泛开展全民健身运动，加快公共体育设施建设。全面实施流动人口居住证“一证通”制度，完善积分入户政策。健全社会救助体系和社会福利制度，大力发展志愿服务事业，充分发挥红十字会在人道领域的助手作用。继续做好对口援建和扶贫开发“双到”工作。

扎实办好一批民生实事。加大保障性住房建设力度，今年新开工建设4350套，基本建成5883套。实施学前教育三年补贴制度及学前生均公用经费拨款制度，实施九年免费义务教育全覆盖。开展健康村居创建工作。推行城乡居民大病保险，逐步缓解因病致贫、因病返贫问题。建立我市未就业残疾人社会保险费用补贴制度。实施独生子女困难家庭特别扶助，解决独生子女伤残死亡家庭生活困难。对低保、五保、优抚、领取失业保险金人员实行联动机制补贴，减轻物价上涨对困难群众的影响。继续落实社区居家养老服务，推进家庭服务中心建设。全面落实职工生育保险办法，开展流动人口免费孕前优生健康检查。免除户籍人口基本殡葬服务费用，减轻群众殡葬负担。

全力建设平安和谐佛山。深入开展平安创建活动，加快智能警务建设，建立“三打”长效机制，加大对各类违法犯罪的打击力度，加强流动人口管理服务，大力推进社区民警进村居“两委”，确保维稳大局。深化普法工作，推进法治佛山建设。全面推进“国际安全社区”“全国安全社区”试点创建和企业安全标准化建设，努力遏制重特大事故发生。严格农产品、食品、药品质量监管，推动安全食用农产品博览会升格为省部联办。健全信访工作机制，妥善化解社会矛盾纠纷。推进和谐劳动关系创建活动，逐步建立规范有序、公正合理、互利共赢、和谐稳定的劳动关系。

力争“两建”全省领先。按照统筹规划、重点突出、分步实施原则，全面推进社会信用体系和市场监管体系建设。着力加强对重点领域、重点人群和社会组织信用信息的记录、整合和应用，建设覆盖全市的公共联合征信系统，培育发展信用服务市场，逐步建立守信激励和失信惩戒机制。完善市场监管制度措施，推进市场监管综合执法体系改革，建立从源头到餐桌全链条、全过程、全覆盖的食品安全监管体系，在全省率先创建食品安全示范市。

七、着力深化改革创新，增强发展活力与动力

改革创新是佛山永葆活力的关键。只有不断深化改革、锐意创新，佛山才能勇立发展潮头。

深化行政管理体制改革。深化完善大部门制改革，健全部门职责体系。科学理顺市、区事权关系，强化市级在重大规划、重大决策、重大项目布局等方面统筹力度。切实做好取消、转移、调整事项的衔接工作，加强对下放、转移职能事项的指导和监管。扎实推进中德工业服务区、佛山高新区、广东金融高新区三个综合改革试点。以“三个集中到位”[16]、“五个联合审批”[17]改革为核心，再造行政审批流程。全面推进行政审批标准化建设，实现无差别审批。全力推行网上办事服务，今年可网上审批事项申报率达到90%，网上办理业务量达到70%。

加强社会管理服务创新。加强行业协会商会、枢纽型社会组织、异地务工人员互助组织以及社会服务类、公益慈善类机构等社会组织建设，做好社会组织孵化培育、等级评估和向社会组织授权工作，确保政府职能“转得出、接得住、管得好”。加强城乡社区建设，努力将“小社区”打造成为加强社会建设、创新社会服务管理的“大舞台”。培育壮大专业化社工队伍。

深化经济领域改革。强化国资监管，整合国有资产，着力优化债务，提高国有企业的创利能力。加强市、区国资联动，推动市属国有企业土地盘活利用。深化财政综合管理改革，强化财政支出绩效管理，着力构建持续稳健、保障有力的财政体系。

深化农村综合改革。稳步推进村居“政经分离”“政社分离”[18]改革，强化村居自治功能。支持南海区探索推动农村集体经济组织市场化、公司化改造。加强农村集体“三资”管理，夯实“两个平台”基础，有效保障和发展村民利益。支持顺德区理顺基层组织关系，构建自治有序、长治久安的基层治理格局。积极探索农村公共产品多元化供给机制，按照“谁投资、谁受益”原则，引进社会资源兴办农村公益事业，推动农村公共服务全覆盖。

八、着力提升理政水平，努力建设人民满意政府

面对人民群众的新期盼和历史赋予的新使命，我们要不断加强政府自身建设，切实提高理政能力和水平。

提高依法行政能力。开展依法行政工作考评，加快法治政府建设。规范行政执法行为，健全与大部门制相适应的行政执法运行机制。认真做好行政应诉工作，今年全市行政机关负责人出庭应诉率力争达到95%。完善行政复议委员会制度，进一步提升化解行政争议的能力。加强政府信息公开，通过政府网、政务微博等途径，及时准确向社会公开政府信息。

加强科学民主决策。自觉接受人大、政协、公众和舆论监督，坚持专家咨询、社会听证、决策评估和集体决策机制，落实重大决策合法性审查制度。推行重大决策跟踪反馈和责任追究，确保民主决策的科学性和准确性。

提升政府行政执行力。加强市、区、镇街三级管理有效衔接，促进各项政策落实到位。实施重大产业项目落实推进联席会议制度，切实帮助项目解决各种难题，促进项目早日落户、开工和投产。完善督查督办机制，加大考评和问责力度，推动重点工作项目化、检查监督常态化。切实加强作风建设，坚持说实话、办实事、求实效。全面实施政府绩效管理，提升工作效能。

加强廉洁佛山建设。加强重点领域、重点环节和重点岗位廉政风险防控，以水利工程为试点，继续推进公共资源交易平台和监管体系建设。探索建立商业贿赂“黑名单”制度，推进社会领域防治腐败工作，构建反腐新格局。加强党员干部廉洁文化教育，增强崇廉尚洁意识。大力推进网上办事和电子监察，严肃查处损害群众利益的违纪违法案件，让权力在法定轨道运行。

各位代表！佛山正处在转型升级和创新发展的关键时期，面对新的目标任务，我们深感责任重大，使命光荣。让我们在党的十八大精神指引下，在省委、省政府和市委的正确领导下，紧紧依靠全市人民，创新改革，砥砺奋进，为加快转型升级、建设幸福佛山而努力奋斗！

注释：

[1] **一老三新**：一老是指禅城老城区，三新是指佛山新城、桂城千灯湖片区、禅西新区。

[2] **“五位一体”改造**：对城市重点路段的建筑立面、人行道、路面、路灯、绿化等五个方面进行统一规划和改造提升。

[3] **VOC**：即挥发性有机物。

[4] **城市供电可靠性**：是城市供电设备在规定的条件、规定的时间内完成其可靠供电的能力，是对城市供电设备持续供电能力的反映，也是体现城市供电服务质量的重要指标。

[5] **管建引限**：“管”即管理，通过优化交通组织、交通管理和控制，加强交通执法和完善智能交通设施建设，规范交通秩序管理，完善交通管理体制等四个方面，提高道路的通畅性。“限”即通过限行、限摩、限货限黄（标车）等三个方面，减少中心城区交通流量，净化交通环境。“引”即引导，通过加快产业转移，加强政府在规划、政策和文化方面引领，倡导文明交通出行。“建”即建设，通过完善公共交通、道路网络、停车设施、慢行设施等基础设施建设，提高城市交通供给能力。

[6] **三平价**：即平价医院、平价诊室、平价药包。

[7] **三打两建**：“三打”是打击欺行霸市、打击制假售假、打击商业贿赂；“两建”是建设社会信用体系、建设市场监管体系。

[8] **政经分离**：将村居自治功能（含社会管理职能）和集体经济管理职能进行分离，具体表现为“五分离”，即选民资格分离、组织功能分离、干部管理分离、账目资产分离和议事决策分离。

[9] **两个平台**：农村财务网上监控平台和农村集体资产交易平台。

[10] **“三资”管理**：农村资金、资产、资源管理。

[11] **云制造**：在“制造即服务”理念的基础上，打造先进信息技术、制造技术以及新兴物联网技术等交叉融合的产品，支持制造业在广泛的网络资源环境下，为产品提供高附加值、低成本和全球化制造服务。

[12] **六个一体化**：从智能公交系统、站场建设管理、线网规划优化、票价优惠政策、TC管理体制和财政投入等六个方面，按“先易后难、分步实施”的原则，对中心城区的公交体系进一步优化和提升。

[13] **电力需求侧管理**：对终端用户进行负荷管理，使用电负荷平均化，提高终端能源使用效率及实现综合资源规划，实现低成本电力服务所进行的用电管理活动。

[14] **森林碳汇**：指森林植物通过光合作用将大气中的二氧化碳吸收并固定在植被与土壤当中，从而减少大气中二氧化碳浓度的过程。林业碳汇是指利用森林的储碳功能，通过植树造林、加强森林经营管理、减少毁林、保护和恢复森林植被等活动，吸收和固定大气中的二氧化碳，并按照相关规则与碳汇交易相结合的过程、活动或机制。

[15] **森林进城围城**：森林进城指以城市的中心区为核心，通过大幅增加和提升城市的公园绿地、生产绿地、防护绿地、附属绿地和其他绿地等绿化斑块以及廊道系统的绿量，构建以乔木为主的城市绿色开敞空间。森林围城是指以城市周边的近郊、远郊为中心，通过构建多层次、多类型、多功能的防护林带和城郊森林，形成物种多样、生态稳定、结构合理的城市森林生态系统、园林绿地体系和湿地保护体系。

[16] **三个集中到位**：行政审批职能向一个科室集中到位、行政审批权向首席代表授权到位、行政审批事项进驻中心到位。

[17] **五个联合审批**：在企业注册登记、建设工程验收、工程报建、房地产登记、投资立项等五个方面实行联合审批。

[18] **政社分离**：是将政府基本公共服务延伸村居的办法，实施村居行政职能和自治功能剥离，所涉及的农村集体财产等问题在村民自治框架内解决，从而打破城乡二元结构。

第二篇

佛山大事记

2012年佛山大事记

1月

△4～5日，中共佛山市委书记李贻伟，副书记、代市长刘悦伦在中共广东省委十届十一次全会分组讨论时均提出：佛山市将着力推进转型升级，加强社会、民生和城市建设。

△5日，广东省政府印发《关于给予我省参加全国第八届残疾人运动会获奖运动员教练员表彰奖励的通报》，佛山市廖乐诗、林福荣、林萍等20人分别获记一等功、二等功和三等功。

位于顺德区北滘镇的广东银河摩托车集团有限公司，总投资额2亿元，年产20万台机车制造项目在佛山市签约，正式落户新疆维吾尔自治区伽师县。至此，佛山市对口支援伽师已投入援疆资金3.63亿元，用于安居富民房建设、劳动就业、棚户区改造、安全饮水、教育卫生、劳动就业等民生项目。

△6日，中共佛山市委召开十一届二次全会，传达贯彻落实省委十届十一次全会精神。会上，市委书记李贻伟就转型升级、社会管理和人才队伍建设三个方面作了讲话。

△8日，零时起，佛山市丰岗大桥丰岗收费站、G321线新沙收费站、S113线五丫口收费站同时停止收费。

△8～10日，佛山市政协十一届一次会议召开。杨晓光当选为政协主席，黄炳、杨军辉、袁毅桦、谭家驹、杨锡基、陈道明、廖东明、马亮照当选为副主席，张奋发当选为秘书长。

△9～11日，佛山市十四届人大一次会议召开。会议通过《政府工作报告》等6个报告及各项决议。李贻伟当选为市人大常委会主任，杨建华、徐海祥、黄建丰、刘耀淳、霍伙、卢立湃当选为副主任，霍锡淮当选为秘书长；刘悦伦当选为市长，李子甫、许国、麦洁华、王玲、宋德平、彭会当选为副市长；陈陟云当选为市中级人民法院院长，金波当选为市人民检察院检察长。

△12日，佛山国家高新区核心园区和国家旅游产业集聚（实验）区分别在南海区狮山镇和西樵镇挂牌。

△14～15日，由南海区文体旅游局承办的2012年“叶问·长信杯”世界咏春拳邀请赛在南海区罗村街道举行。来自俄罗斯、英国、瑞士等国以及中国香港、澳门和中国内地的415名咏春教练和运动员参加了专业组的比赛。共决出52块金牌，其中佛山本土选手获27块金牌。

△16日，全市经信、科技和外经贸工作会议公布佛山市2011年经济发展总体情况。市规模以上工业总产值达17396亿元，多个主要支柱行业增速均超过20%，拥有中国驰名商标65件，中国名牌产品65个。

△17日，国家住房和城乡建设管理部、民政部、中国残联、全国老龄办联合发文，表彰“十一五”全国无障碍建设（无障碍设施建设、无障碍信息交流、无障碍社区服务）先进城市，佛山市成为广东省三个获此称号的城市之一。

△18日，在中共广东省委宣传部主办的“共铸和谐广东十大和谐企业”颁奖典礼上，佛山本土企业广东省九江酒厂有限公司获广东十大和谐企业提名奖。

佛山市苏美颜等4名工艺美术师参加中国驻泰国大使馆“开门过大年”迎春活动，向泰国人民展示石湾悠久陶瓷艺术，并将作品《渔歌晚唱》赠给泰国总理英拉。

△ 20 日，佛山市机构编制委员会办公室获国家人力资源社会保障部、中央机构编制委员会办公室授予“全国机构编制工作先进集体”称号。这是广东省唯一获此殊荣的单位。

△ 27 日，全国人大常委会副委员长路甬祥到佛山市考察中国科学院与佛山院市合作项目。

△ 6 日，佛山公益慈善联盟成立。旨在全面动员各界力量参与慈善活动，弘扬佛山“行通济”慈善文化传统。

首届“温爱佛山——元宵慈善文化万人行”在佛山市机关大礼堂举行启动仪式。晚上，“行通济”慈善活动约 60 万人参加，中央电视台《东方时空》栏目现场连线报道。

△ 10 日，中共佛山市委、市政府召开城市升级三年行动计划实施暨 2012 年“创建全国文明城市”工作动员大会。提出今后三年城市升级总体目标，实施 103 个项目，推进城市绿化、亮化、美化、文化的“四化”建设，将佛山打造成为一座品质优良、品格优秀、品位优雅的文明幸福之城。

△ 13 日，由中国教育科学研究院专家组成的教育部重点课题调研组到佛山调研。调研组在听取佛山教育发展的总体情况和考察南海信息技术学校后，对佛山推进教育现代化进程中走在全国前列给予充分肯定。

△ 14 日，中共中央、国务院在北京召开国家科学技术奖励大会。佛山市的广东一方制药有限公司和顺德北滘万红磨具有限公司均获 2011 年度国家科技进步二等奖。

佛山市政府常务会议审议通过《佛山市中心区特色步行街区规划研究》《佛山市一环高速公路管理办法》等文件。

△ 15 日，佛山市人力资源社会保障工作会议召开，首次表彰 50 位“佛山市创新领军人才”、10 位“佛山市创业领军人才”和 50 名“突出贡献高技能人才”。

△ 16 日，广西壮族自治区贺州市党政代表团到佛山市考察产业发展情况，双方签订《粤桂“十二五”战略合作框架协议》，促进佛山—贺州开发实验区规划建设。

国家级装备工业两化深度融合暨智能制造试点授牌仪式大会在顺德区乐从镇举行。会上，工业和信息化部授予顺德区“装备工业两化深度融合暨智能制造试点”牌匾，成为全国唯一的国家级智能制造试点。

△ 19 日，由中国电视艺术家协会等联合主办的首届中国电视满意度博雅榜评奖在云南省揭晓。佛山电视台在城市电视台满意度中排名第三，《小强热线》获评生活服务类栏目第二名，成为全国唯一入围的地级电视台栏目。

△ 21 日，佛山市十四届人大常委会一次会议召开。会议任命市人大常委会法制、教育科学文化卫生、华侨民族外事三个工作委员会主任，以及市政府秘书长等 30 名新一届市政府组成人员。

△ 24 日，由佛山市委宣传部、佛山传媒集团主办，佛山电视台策划的影视纪录片《看佛山》DVD 在佛山新华书店举行首发式。此片共收录《佛山听禅》《康有为——变》《他乡故乡》《食色声乡》《潘玉书》等 10 部纪录片作品，由周兵、张以庆、孙增田等 10 位中国著名纪录片导演拍摄，旨在通过独特的视角与表达，展现佛山深厚的文化资源与时代脉搏。

△ 26 日，由市经济贸易局、市信息产业局职责整合的佛山市经济和信息化局揭牌。

△ 27 日，全国双拥城（县）命名暨双拥模范单位和个人表彰大会在北京召开。佛山市连续七次获“全国双拥模范城”称号。

△ 1 日，全国居民健康卡在佛山市首发，并在佛山市第一人民医院举行首发仪式。市民凭居民健康卡可在全国各地联网医院就医。

△ 8 日，国家发展改革委办公厅发文公布第三批全国发展改革试点城镇名单，佛山市的南庄镇、西樵镇和大沥镇榜上有名。

△ 9 日，佛山中德工业服务区与广州南沙、深圳前海、珠海横琴跻身为全省高水平打造的重大合作平台被写入广东省第十一次党代会报告。

△ 10 日，佛山市政府与德国“中科院”签署《共建佛山中国科学院产业技术研究院意向书》，在佛山新城共建佛山中科院产业技术研究院。省委书

记汪洋、省长朱小丹参加签约仪式。

△ 13 日，一条误入南海区罗村内河涌的白海豚，被运送到珠海保护基地救治。这是国内首次在淡水河涌成功救治中华白海豚。

△ 14 日，由市长刘悦伦率领的调研组到佛山国际家居博览城、智慧新城、欧洲工业园及南庄绿岛湖调研禅城区产业发展。刘悦伦表示南庄镇和张槎街道将成为佛山“强中心”的一大支撑。

广东省拍卖协会佛山办事处成立，旨在为本地拍卖公司提供行业自律、信息交流的服务平台。至此，佛山五区共有省拍卖协会会员 45 家。

△ 15 日，佛山市消防协会成立。旨在推动消防科学技术进步，普及消防技术知识，引导和规范行业消防行为，组织开展消防教育、培训等。

△ 19 日，继陈村花卉世界、国通物流后，佛山中南农业科技公司被农业部等八部委评定为国家农业产业化重点龙头企业。

△ 20 日，由公安部组织、在郑州召开的全国“清剿火患”战役总结表彰现场会上，禅城区公安分局和禅城区消防大队分别被评为全国“清剿火患”战役成绩突出县级公安局和全国“清剿火患”战役成绩突出公安消防大队，原祖庙派出所治安中队指导员张广新被评为全国“清剿火患”战役公安机关成绩突出个人。

广东省妇联举办的第七届“南粤巾帼十杰”评选揭晓，南海区里水镇北沙村委会书记、主任沈小琴获此称号。

广州、佛山、肇庆经济圈第三次市长联席会议在肇庆市召开，重点研究《广佛肇经济合作区建设前期工作方案（送审稿）》，推动广佛肇经济圈向纵深发展。

南海区西樵镇举行“全国文明镇”揭牌仪式。该镇于 2011 年被中央文明委评为第三批“全国文明镇”称号，成为全市继北滘镇后第二个“全国文明镇”。

△ 22 日，“南海盐步内衣”集体商标通过国家商标局审定，成为南海区第 5 件集体商标。

△ 24 日，“神五”飞船航天员杨利伟、“神六”飞船航天员费俊龙、“神七”飞船航天员刘伯明以及著名航天军事专家孙锦云（佛山人）教授，参加在佛山市第一中学举办的“功勋航天员进校园”活动。

△ 26 日，佛山市通过网上交易系统成功出让首宗国有建设用地使用权，由佛山市顺德区欧陆投资有限公司以 1.4 亿元竞得。

△ 31 日，佛山市政府与苏宁电器集团在南京签订战略合作框架协议，苏宁电器集团将在佛山新城投资 50 亿元建设集甲级写字楼、顶级购物中心等于一体的高端商业中心。

4月

△ 11 日，历时 2 年建设，总投资为 2950 万美元的富士通华南数据中心在南海区启用。该项目被列入广东省现代产业 500 强。

△ 12 日，由新华社、中央电视台等 10 多家中央媒体组成的联合采访团对佛山与中国科学院合作的情况进行全方位采访。经过 3 年的发展，院市合作项目已为佛山带来 300 多亿元的产值，成为佛山新的经济增长点。

△ 15 日，2011 年广东镇域经济综合发展力研究报告在中共广东省委党校发布，佛山市的南海区大沥、狮山和顺德区北滘、乐从 4 镇街入选广东镇域经济综合发展力十强。

△ 18 日，由佛山市地方志办牵头，联合市教育局、市文广新局、佛山传媒集团、市陶瓷协会在市机关小礼堂举行赠书仪式。自 2011 年 12 月至 2012 年 12 月，市地方志办向有关单位、学校、企业及镇街等，赠送地情书籍共 1.73 万册，价值约 463 万元。

△ 19 日，阿根廷科尔多瓦省安森诺莎地区的米尔玛市、巴尼亚市、马鲁市三市市长一行 8 人到佛山市访问，就如何加强经贸、文化、教育培训等领域合作进行了交流。

△ 20 日，佛山地区商标统计分析与预警保护软件启用，成为国内首个地区性商标预警系统，为佛山市商标战略实施保驾护航。

△ 24 日，佛山市政府常务会议审议通过《落实城市升级三年行动计划，加快建设“智慧佛山”实施方案》和《佛山市国有建设用地使用权和矿业权网上挂牌交易规则》等一批文件。

△ 25 日，广东省庆祝“五一”国际劳动节暨劳动模范表彰大会在中共广东省委礼堂召开。佛

山市夏可庆、倪少武、杜满权和邵艳4名先进工作者获全国五一劳动奖章，陈国海、冯文秀（女）等12名先进工作者获省劳动模范称号。

△27日，首届“广东好人”在全国道德模范与身边好人现场交流会上颁出。佛山市陈贤妹被评为“见义勇为广东好人”。值此，佛山市创建全国文明城市办公室联合佛山日报社启动“发现好人，温暖你我”主题活动，旨在动员广大市民积极推荐身边好人。

广东省红十字会器官捐献办公室佛山工作站在佛山市第一人民医院成立，成为广东省首个地级市器官捐献工作站。

5月

△2～5日，2012年中华龙舟大赛（鄱阳站）在江西省鄱阳湖国家湿地公园举行。顺德区乐从男队和南海区九江女队囊括本站比赛200米和500米直道竞速金牌。乐从男队还在200米决赛中打破了中华龙舟大赛200米直道竞速赛41秒的赛会纪录。

△8～18日，全国羽毛球冠军赛在佛山市岭南明珠体育馆举行。代表广东队出战的佛山籍选手夏静云在女单决赛中夺得冠军。

△11日，在亚洲田径大奖赛第二站泰国北碧站的赛事争夺中，中国队共获6项冠军。其中在男子4×100米接力赛中，佛山籍运动员梁嘉鸿与队友一起夺得冠军，并以38秒65再次打破全国纪录。

△13日，中共广东省委十一届一次全会在广州市举行。佛山市委书记李贻伟，市委常委、顺德区委书记梁维东，南海区里水镇北沙村党总支部书记沈小琴当选为中共十八大代表；市委书记李贻伟、市长刘悦伦当选为十一届省委委员。

△15日，佛山市政府常务会议审议通过《佛山市食品安全举报奖励办法》和《佛山市突发地质灾害应急预案》，其中举报问题食品最高奖10万元。

△18日，广东纺织职业技术学院更名为“广东职业技术学院”在高明新校区揭牌成立。

△21日，中国社会科学院财经战略研究院、中国社科院城市与竞争力研究中心和社会科学文献出版社共同在北京举办“2012年城市竞争力蓝皮书”发布会。对港澳台地区及中国内地294个城市竞争力进行分析和对比，佛山市综合竞争力排名第12位，为地级市首位。

△24日，上海—佛山产业链对接合作座谈会在上海浦东新区举行，吸引了200家企业参加。佛山中德工业服务区高技术产业服务平台、佛山国家高新技术产业开发区等携带63个项目进行推介，现场签约项目13个，投资总额达205亿元。

《岭南百花开》——岭南音乐新作品征集颁奖音乐会在广州举行。佛山市创作的歌曲《行通济》和《啊　咸水歌》同获铜奖。

是月，珠江三角洲首个免费大型露天泳场——位于东平大桥东面的佛山新城露天泳场正式启用。该泳场首个泳季接待泳客共38万人次，办卡数量达10.3万张，可容纳2000人同时畅游。

6月

△1日，中国国家博物馆收藏冯少协油画《任仲夷》仪式在北京举行。冯少协系佛山籍画家，这是继他的作品《隔离墙》《朱德1937》分别被中国美术馆、中国人民革命军事博物馆收藏后，再次被国家级博物馆收藏。

△6日，中国轻工业联合会首次发布轻工业百强企业名单。新明珠陶瓷集团排名第78位，是陶瓷行业唯一上榜的企业。

△7日，广东省省长朱小丹率领省调研组到佛山市调研，了解佛山的经济运行以及产业转型升级情况。

△9日，广东省经济和信息委员会公布2010年度广东省民营经济工作考核情况，佛山市及顺德区均获优秀。至此，佛山市已连续三年获此称号。

△10日，乐从钢铁世界举行现货区招商会，吸引1000多位本地钢铁商户参与，600多个商铺在两个多小时内被抢购一空。

△15日，第二届广东省陶瓷艺术大师颁奖大会在广州市举行。全省68人当选，其中陈沛津、李义鹏等22名为佛山陶艺家。

△15～17日，世界女排大奖赛佛山赛区站比赛中，中国女排以三战全胜获佛山站冠军。

△19日，广东省可持续发展实验区工作会议

在禅城区召开，科技部向禅城区颁发“国家可持续发展实验区”牌匾。

△ 26 日，2012 佛山城市可经营项目投资推介洽谈会暨签约仪式在佛山假日皇冠酒店举行，共签约 59 项，投资总额 340.2 亿元。

△ 27 日，佛山市预防腐败局挂牌成立，该局负责全市预防腐败工作的组织协调、综合规划、政策制定和检查指导。

△ 28 日，中共佛山市纪委、监察局组织召开全市纪检监察机关打击商业贿赂专项工作会议。市纪委副书记曹小华通报全市打击商业贿赂专项行动工作情况。自 2 月 9 日全省部署开展“三打两建”专项行动以来，佛山市共收到商业贿赂案件线索 150 条，涉案总金额 4900 多万元。

总部设在美国纽约，由诺贝尔经济学奖得主、“欧元之父”罗伯特 · 蒙代尔担任主席的世界品牌实验室在北京发布了 2012 年《中国 500 最具价值品牌排行榜》名单，佛山市共 16 个品牌榜上有名。

△ 29 日，佛山市举行庆祝中国共产党成立 91 周年暨“创先争优”表彰大会。会上，禅城区南庄镇罗南村党委等 100 个党委和陆桥带等 100 名个人分别被授予“先进基层党组织”和“优秀共产党员”称号。

广佛汽车城在南海区里水镇启用。项目由广东物资集团汽车贸易股份有限公司斥资超 3 亿元建设。

7月

△ 3 日，《人民日报》头版刊登题为《攀登基层人生——记佛山市社区民警梁志毅》的报道，称赞梁志毅为“新时代的马天民”。8 月 28 日，梁志毅先进事迹报告团在市机关大礼堂举行了首场报告会。

△ 4 日，新加坡科技代表团到佛山市访问，与佛山企业洽谈对接，签订了《合作备忘录》，涉及 43 个高科技项目。

△ 6 日，广东省首个牵手欧洲的重大科技合作平台——佛山中德工业服务区在佛山新城挂牌。同日，包括中德高技术产业服务平台、佛山苏宁广场、企业家大厦、佛山移动信息大厦、欧浦中国金属交易总部基地、中信银行大厦、中盈盛达国际金融中心、集成金融广场八大项目也同步奠基，总投资额超 150 亿元。

△ 10 日，佛山市运动员陈锦燕（女）、梁嘉鸿和周鹏入选伦敦奥运会中国体育代表团名单。将分别参加伦敦奥运会女子花剑、男子 4 × 100 米接力和男子篮球三个项目的比赛。

△ 10 ~ 12 日，在宁夏银川举行的全国工商系统推进诚信市场创建工作座谈会上，佛山市石湾意美家卫浴陶瓷世界、佛山（国际）车城、南海区东方机械市场、新雄洲市场被国家工商行政管理总局认定为“2011 年度全国诚信示范市场”，数量位居全省首位。

△ 13 日，佛山市农业行政综合执法队、广东省渔政总队佛山支队成立，开始从事农业行政综合执法。

△ 20 日，在广东省政府公布的“2012 年广东省知识产权示范企业名单”中，广东联邦家私集团有限公司、广东好帮手电子科技股份有限公司、佛山市海天调味食品股份有限公司、广东万家乐燃气具有限公司榜上有名。

△ 24 日，佛山市法学会成立，选举产生了市法学会的组织领导机构，徐南（原市委政法委副书记）当选为首届会长。

凌晨，受台风“韦森特”影响，佛山市普降大暴雨。截至 25 日下午 3 时，全市共 15 个镇街受灾，直接经济损失约 2132 万元（其中农业牧渔业损失约 1841 万元）。

△ 25 日，佛山市召开副处级以上领导干部纪律教育学习班暨第一期“双集班”（权力集中部门和资金密集领域领导干部培训班）动员大会。会议确定建设“廉洁佛山”的五大廉洁（高效政府、公正司法、干部队伍、城市文化和诚信社会）目标任务。

佛山市中级法院对禅城区祖庙街道原党工委书记郑年胜腐败案一审宣判。郑在任职期间，共挪用人民币 1 亿元和受贿 2510 万元。法院以挪用资金罪、受贿罪判处其死刑，缓期二年执行。

△ 31 日，由南海区委、区政府主办的官方微博“服务无微不至——微南海新发布”举行启动仪式，这是南海区从网络问政到网络行政的新举措。

△1日，珠三角国际科技园在佛山国家高新技术开发区揭牌。同时，中国科学院佛山产业技术创新科技园、深圳清华大学研究院力合（佛山）科技园等十大项目同步启动。

△3日，经国务院批复，同意实施《广东省佛山市土地利用总体规划（2006～2020年）》。该规划划定佛山市中心城区为361.66平方公里，包括禅城区行政辖区范围、南海区桂城街道、罗村街道和顺德区乐从镇行政辖区范围。

佛山市政府常务会议审议通过《佛山市住房保障制度改革创新实施方案》《佛山市医疗卫生服务升级行动计划（2012～2015年）》等一批文件，着力解决医院停车难，规范和完善餐厨垃圾处置制度。

△6日，广东省政府发布《广东顺德清远（英德）经济合作区管理服务规定》，"两德"合作区享地级市经济管理权限。

中国商标网发布商标公布，"澜石不锈钢"集体商标获国家工商总局批准成功注册，成为禅城区继"张槎针织"后的第2件集体商标。

△13日，华南（国际）装饰材料城、富弘广场、新光立创产业园、长信银湾、罗村街道新行政服务中心等7大项目在南海区罗村街道同时奠基或开放，投资总额达88亿元。

△14日，中国社会科学院城市发展与环境研究所在北京发布2011年度城市科学发展指数综合排名，佛山市名列第6位。

△15日，"佛山微博发布厅"平台在腾讯网开通，"佛山发布"官方微博同步正式上线。

△16日，广东省"三打两建"工作会议确定顺德区为全省开展市场监管体系建设试点之一。29日，佛山市召开"三打两建"工作会议，市长刘悦伦对佛山"两建"工作作具体部署，市委副书记周天明对全市"三打"工作进行阶段性总结。

佛山市雕塑家梁汝南的"人民万岁鼎"青铜铸被陈列在人民大会堂全国人大常委会会议厅。

△20日，佛山市十四届人大常委会第四次会议召开，任命刘炜为市人民政府副市长。

顺德区人大常委会公布《佛山市顺德区法定机构管理规定》和首批4个法定机构各自的管理规定。4个法定机构分别为区社会创新中心、区文化艺术发展中心、区人才发展服务中心和区产业服务创新中心。主要职能是承担政府、企业及其他组织不能做或做不好的公共服务。

△22日，佛山飞驰客车整车投资项目签约，成为首个落户三水工业园区的整车生产项目。首期总投资5.5亿元，计划两年内投产。

△24～25日，国务院总理温家宝视察广州、佛山、东莞等地，就当前经济走势特别是稳定外需、加快外贸转型升级进行调研。

△24～26日，由中国国标舞总会主办的全国青少年国标舞锦标赛在河南省郑州市举行，来自全国1640多对选手参加角逐。佛山市青少年获9个冠军的好成绩。

△25日，全市较大民营企业美的集团创始人何享健向职业经理人交棒，首开中国民企老板向职业经理人交棒的先河。

△28日，《中国青年报》头版头条刊登《捍卫基层——佛山南海改革破题记》，详细报道南海改革实践，认为南海区改革具有普遍性的样板意义。

△8月29日～9月9日，在伦敦残奥会上，佛山籍运动员林福荣、林萍、曹远航3名运动员共参加12个项目比赛，共获2块金牌、2块银牌和2块铜牌，其中林萍打破2项亚洲纪录。

△30日，禅城区祖庙东华里片区改造工程丝绸大街安置小区，经过4年建设后交楼。丝绸大街安置小区绿嘉芳居共有住宅2341套，其中用于安置祖庙东华里拆迁户1400套。

△3日，《佛山市城市轨道交通建设规划（2011～2018年）》获国务院批准。佛山地铁2号线和3号线总长约102.2公里，计划总投资约500亿元。

△4日，禅城区重点产业项目启动暨金融合作签约仪式在佛山皇冠假日酒店举行，共有30个重点产业项目，投资总额300多亿元，计划3～5年内完成。

△6～9日，首届广东（佛山）安全食用农产品博览会在陈村花卉世界举行，展示了全省食用农产品安全保障体系和食品"三打两建"的成果，参

观人数达36万。

△8日，佛山首家精子开放式实验室在佛山市中山医院成立，标志着佛山精子检验过程正式进入图文并茂的时代。

△11日，佛山市人民来访接待厅揭牌运行，主要负责处理群众来信来电来访、网上信访、手机短信信访工作。

△12日，由《中国企业家》杂志社和中国企业家研究院联合主办的“2012年中国企业国际化指数排行榜”在天津发布，美的、格兰仕2家顺德企业入选“中国新兴跨国公司50强”。

△16日，佛山市政府主办的第二届岭南文化艺术节在琼花大剧院举行启动仪式。市委书记李贻伟、暨南大学党委书记蒋述卓以及市领导冯德良、徐海祥、麦洁华、谭家驹等出席开幕式。艺术节期间，有汉剧、粤剧、客家山歌、精品书画、摄影、陶艺、邮品等节目活动。29日，在佛山电视塔广场举行“幸福主题”的闭幕式。

△16～22日，在河南省南阳市举行的第七届全国农运会上，顺德女子龙舟队夺得2个项目冠军。

△17～25日，在云南省昆明市举行的2012年全国体操冠军赛上，佛山选手周施雄获男子单杠和双杠2块金牌，并获全能亚军。

△18日，佛山市政府印发《高技能人才入户城镇工作实施方案》，2012年度有7.4万人受惠。

由省属国企和商务部等8部委选定的全国15家重点培育的流通大集团之一的广东物资集团九江金属物流服务基地在南海区九江镇动工。

△19日，佛山市杨秀华等5人被司法部评为全国人民调解能手。

△20日，第五届中国品牌媒体高峰论坛在广西桂林召开，《佛山日报》再度获地市党报品牌十强称号。

△21日，中国有色金属加工工业协会在贵州省贵阳市对2012年度中国建筑铝型材20强企业举行授牌仪式。佛山铝型材企业占据8个席位，其中兴发铝业、凤铝铝业并列综合实力首位。

△23日，由南海九江酒厂投资的“南国酒镇”产业基地项目举行启动仪式。该项目总投资为4.7亿元，将九江镇打造成岭南白酒文化品牌之都。

△24日，佛山市民兵应急大队成立，主要担负佛山地区抢险救灾机动救援任务。

广佛肇通信一体化启动仪式在广州市举行。10月1日，广州、佛山、肇庆通信开始实施保留各市现有长途区号，通过资费、服务、网络一体化的方式实现区域通信一体化。

第14届伦敦残奥会南海区运动员表彰大会在南海迎宾馆举行，西樵林福荣、九江林萍代表中国参赛，共获2块金牌、1块银牌和1块铜牌，并打破2项残奥会纪录。9月13日，两人还被省政府记一等功和中华全国总工会授予“全国五一劳动奖章”。

△25日，广佛环线获广东省政府和铁道部批复兴建。该线路全长34.97公里，其中佛山段为31.07公里，全线设有张槎站、新城站、北滘站、陈村站和城际广州南站，总投资为151.24亿元。计划2016年底建成运营。

△26日，深圳—佛山产业链对接合作洽谈会在深圳市举行。佛山市推出的85个项目中，现场签约21个，投资总额231亿元。

△27日，中国科学院与佛山市合作工作会议在佛山市召开。会议总结了3年来佛山院市合作取得的成效。至此，双方已开展合作项目700余项，其中有30多个项目产业化，带动产值500多亿元。

△28日，由佛山铁路投资建设集团有限公司承建的广佛地铁南延线工程动工兴建。该项目线路从禅城区魁奇路延至佛山新城，总长为6.68公里，投资总额约40.78亿元。计划于2015年底建成通车。

是月，佛山新城东平河堤路景观和湿地公园全面对外开放。

△1日，《佛山市保障性住房管理办法》开始实施。该《办法》对保障房用地模式、资金筹集、建设方式、准入退出机制等做了明确规范。

△1～2日，“黄飞鸿杯”第八届世界华人狮王争霸赛在南海西樵山举行。加拿大邓肇伦龙狮团、南海岳鸿龙狮团分别夺得本届高桩南狮和水上飞狮狮王。该次狮王争霸赛从世界各地210队狮队

中选出16路狮王，参加高桩南狮、水上飞狮两大项目的比赛。

△8日，广东省首家行贿档案查询中心——佛山市检察院行贿犯罪档案查询中心成立。

△10日，禅城区在全省率先实施大额医疗费用补贴政策，10人成为首批享受补贴的居民。

△12日，顺德区勒流街道办被中国建筑装饰协会授予“中国商业照明产业基地”称号，这在国内尚属首个。

△17～20日，创建全国绿化模范城市国家检查组一行实地考察佛山城市绿化建设情况及听取工作汇报后，认为佛山已达到全国绿化模范城市评比标准，将提交全国绿化委员会审定。

△18日，《中国经济时报》在“迎接十八大，科学发展看广东”系列报道中，报道佛山的改革历程，佛山改革经验引起全国关注。

△19日，南海区九江大道全线通车。该大道全长约10.5公里，项目总投资约10亿元，按一级公路兼城市主干道标准设计。

△22日，佛山市十四届人大常委会五次会议审议通过市政府《关于佛山市生态市建设规划(2012～2020年)的报告)》和《关于我市公安机关开展“三打两建”工作情况的报告》。

佛山市竞争选拔市直处级领导干部名单揭晓，唐磊晶等11人拟提拔任用。此次竞争选拔共有109人报名，采取“三五选拔法”竞争选拔干部，同时在素质考察环节首次设立群众考官。

△23日，已有350年历史的仁寿寺提升项目启动，涉及居民近400户，住宅最高补偿7000元/平方米。扩建后将与祖庙东华里片区连成一体，形成佛山特色文化街区。计划含安置房建设3年内完成。

△24日，曾为全国最大旧城改造项目的佛山祖庙东华里改造片区的安置工作全部结束。自2008年开始，禅城区启动改造面积超100万平方米、规模创全国之最的祖庙东华里片区改造。选择产权置换的2809户居民，于2012年住进普君新城、丝绸大街和佛山公园3处安置小区，居住条件明显改善。

在第四批国家级“非遗”项目代表性传承人推荐名单中，黄松坚、廖洪标、杨玉榕3位艺术大师上榜。佛山市的国家级非遗传承人将增加到11位(其中3位已故)。

位于顺德区乐从镇的佛山第一高楼罗浮宫国际家具总部大厦封顶。该大厦总投资16亿元，共43层，高236米，是全球最高、面积最大的家居主题城市地标。

△25日，由中国寓言文学研究会主办的中国寓言文学“第五届金骆驼奖”获奖名单揭晓。禅城区南庄作家晓雷凭借论文《寓言的简单分类》获金骆驼奖论文奖，成为全国仅有两人获此项奖的其中之一。

△29日，佛山市交通运输局网站公布《广佛肇交通基础设施衔接规划(2011～2020年)》。该规划范围包括三地总面积2.6万平方公里，涵盖广佛肇区域内的铁路、公路、水路、城际轨道、民航等基础设施，以及承担市际交通功能的地铁、城市道路等城市交通基础设施。

广东省第八届精神文明建设“五个一工程”表彰大会在广州珠岛宾馆举行。佛山市送评的粤剧《小凤仙》、人偶剧《喜羊羊与灰太狼之三个愿望》等5件文艺作品入围获奖作品。这是佛山市在历届省“五个一工程”奖评选活动中取得的最好成绩。

△31日，由国务院新闻办与美国国家地理频道、新加坡公司联合制作的《中华文化之旅》纪录片在南海区桂城街道叠北村进行拍摄。这部反映佛山龙狮文化的纪录片将在美国国家地理频道和中央电视台纪录片频道播出。

△1日，佛山传媒集团启动“喜迎十八大·蓝天下的佛山——大型电视航拍系列活动”，以全新立体的视角，拍摄103个城市升级重点项目，以影像记录佛山城市蝶变。

△2日，佛山市禅城区南庄高中更名为佛山市实验中学。

△3日，中德工业服务区国际文化体育休闲区启动暨亚洲龙舟联合会总部奠基仪式在佛山新城举行。亚洲龙舟联合会主席胡建国、市委书记李贻伟等出席奠基仪式。4日，由亚洲龙舟联合会主办的国际龙舟邀请赛在佛山新城东平河水道举行。

由中国微型小说学会等主办的“第10届全国微型小说（小小说）年度评选颁奖暨创作研讨会”在江苏省举行。佛山市作家何百源《最后的根雕》、韩英《老人对弈》分别获二等奖和三等奖。

△3～12日，2012年全国保龄球锦标赛在内蒙古呼和浩特举行，佛山市保龄球队获男子双人和男女混双2块铜牌。

△5日，顺德美的集团与中国游泳协会在美的集团顺德总部签约，成为中国泳协官方战略合作伙伴。同时，美的集团还向中国泳协颁发300万元奖励基金，以激励中国游泳运动健儿再创佳绩。

△6日，禅城区发展规划和统计局发布季华路升级改造项目立项审批前公示，禅城区东西向主干道季华路的升级改造，总投资为24.2亿元。其中建安费13.4亿元，采用BT模式融资，其余多为征拆和管线迁移费用。

△7日，佛山市环境保护委员会正式成立，成为全省首个率先成立环境保护委员会的城市。

佛山市和德国因戈尔施塔特市在佛山签订两市建立友好城市意向书，缔结友好关系。

△16日，佛山广播电视大学被国家教育部验收同意挂牌为“全国示范性基层电视大学”。在全省121所基层电大中，获此称号的地级市电大仅有5家。

△20日，由佛山市创建全国文明城市办公室、市精神文明办、佛山传媒集团联合举办的“佛山好人”评选活动中，首批20名“佛山好人”吕锦泉、梁志毅等典型向社会公示。此活动计划每半年举行一次。

△21日，瑞安房地产有限公司投资200万港币聘请国际团队制作的《咏春拳法纪录片》，在佛山岭南天地举行首映典礼。该片致力将佛山咏春拳法哲理文化推向国际舞台，推广佛山的岭南武术文化。

△22日，佛山市政府常务会议审议通过《佛山市中心城区公交一体化实施方案》等多个文件，以切实改善市民出行环境和扶持民企发展。

佛山市政府与中国医药集团总公司签订战略合作框架协议，开展医药领域的合作共建，共同把佛山中药产业打造成中国中药百亿元产业基地，推动佛山中医药产业发展。

△23日，中宣部、中央精神文明办主办的“全国道德模范与身边好人现场交流活动”在广东省惠州市举行，佛山高明区民警梁志毅、三水区退休职工冼玉转被授予“广东好人”荣誉证书。

中国第一历史档案馆馆长胡旺林、广东省档案局局长莫震一行考察佛山新城佛山市档案馆新馆建设工程，对佛山近年档案工作给予充分肯定，称赞佛山的档案工作走在全省的前头。

△24日，佛山祖庙、高明皂幕山景区被广东省旅游局授予国家AAAA级景区称号。至此，佛山市共有11个国家AAAA级景区。

△26日，广东省召开贯彻落实国务院批准广东行政审批制度改革先行先试动员电视电话会议，市长刘悦伦代表佛山市向大会作佛山行政审批制度改革的经验报告，受到省委、省政府的充分肯定。

△26～28日，佛山市十四届人大二次会议选出40名省十二届人大代表。

△28日，由国家体育总局棋牌运动管理中心主办的2012年首届全国网络智力运动会颁奖仪式上，佛山市被授予“全国网络象棋之乡”称号。

佛山海天调味食品股份有限公司诉被告高明威极调味食品有限公司侵害商标权案，市中级法院终审判决，勒令高明威极公司停止使用“威极”侵权商标和字号，并向佛山海天赔偿655万元。

△29日，佛山市召开创建国家创新型城市动员大会，提出加强自主创新，走创新驱动发展战略，增强佛山核心竞争力。佛山市将在5年内投入超过100亿元资金，带动企业和社会投入超过1000亿元，全面投入到科技创新工作中。大会还表彰2011年获科学技术奖的企业。

△30日，由国家知识产权局和世界知识产权组织共同主办的第十四届中国专利奖颁奖大会在北京举行。佛山市黄文铮等7位发明人榜上有名，4项目获国家专利奖，其中，广东美涂士建材股份有限公司的发明专利“水性单组分聚氨酯木器漆及其制造方法”、佛山市工程承包总公司的发明专利“古建筑木结构原位修复方法”，获“中国专利优秀奖”；顺德美的和海信科龙的“分体落地式空调器室内机”“分体落地式房间空调机”两项外观专利，获“中国外观设计优秀奖”。

由团省委、省青年联合会联合举办的第七届“广东省十大杰出青年”评选结果揭晓。佛山好民警梁志毅和省青年产业工人作家协会主席周崇贤等10人当选广东省十佳青年。

12月

△3日，中国文明网公布2011年全国城市文明程度指数和未成年人思想道德建设工作测评成绩。佛山市的全国城市文明程度指数在地级市文明城市提名资格城市中排名第五，未成年人思想道德建设工作也排在前列。

△3~8日，市长刘悦伦率领市国土规划、农业、外经贸等相关部门领导赴台湾进行考察。期间，刘悦伦一行参观了台北北投焚化厂、台北内湖再生家具展示场、台北农产运销公司等知名企业，为佛山的城市建设和环境保护提供借鉴。

△5日，由中国社会科学院信息化研究中心等联合主办的2012年度中国智慧城市发展年会在北京举行。会上发布了《2012年中国智慧城市发展水平评估报告》，佛山市与江苏省无锡市、上海市浦东新区同获“智慧城市建设领先奖”。

佛山农商银行挂牌开业，其下辖的原禅城农村信用社网点更名为“佛山农商银行”。

△6日，由市纪律检查委员会、市教育局、团市委等单位联合开展的“廉洁佛山薪火行”主题教育活动在佛山市实验学校举行启动仪式。期间，通过讲廉洁故事、绘画、手抄报、动漫展等学生喜闻乐见的形式，进一步在校园传播清廉理念，弘扬廉洁文化。

上午，最高人民法院核准“809佛山邮政储蓄案”主犯何丽琼执行死刑。何犯伙同他人以邮政储蓄名义，非法吸收侵吞储户存款13.25亿元，并雇凶伤人，毁坏他人财物，给群众财产造成严重损失，情节特别严重。

△7日，由中国社会科学院信息化研究中心等主办的2012中国政府网站绩效评估结果发布会在北京召开，佛山市政府网站排名在全国296个地市级政府网站之首。

佛山市安置帮教综合管理平台正式开通，成为省内率先实现安置帮教工作网络管理进村居的地级市。

△7~11日，中共中央总书记习近平到广东省调研。9日上午，习近平来到顺德区北滘的广东工业设计城、黄龙村视察，关注工业设计发展，了解经济结构调整和农村基层工作情况。他表示，佛山是中国改革开放中得风气之先的地方，必须以敢于啃硬骨头，敢于涉险滩的精神，大胆探索、勇于开拓，推动改革开放和现代化建设事业迈上新台阶。

△11日，国家动画产业基地在南海39°空间艺术创意社区举行揭牌仪式，这是继“国家文化产业基地”之后，南海文化产业又获新的国家级发展平台。

△12日，全球知名财经媒体《福布斯》中文版在湖南长沙发布2012中国大陆最佳商业城市排行榜，佛山市排名第12位。同时，佛山市还被评为中国25个最具创新能力的城市之一。

位于禅城区石湾镇街道的广东石湾酒厂被广东老字号工作委员会评定为“广东老字号”。该酒厂创立于清朝道光十年（1830年），以善酿纯正粮食酒而饮誉中外。

△14日，佛山市政府常务会议审议通过《关于加快推进社会体制改革建设服务型政府的实施意见》等一批文件，逐步实现公共服务从政府单一提供为主向多元参与转变，健全政府购买社会服务制度，确保政府职能转移的可持续发展。

广（州）佛（山）同城化第五次市长联席会议在佛山召开。双方就同城重点项目的轨道交通对接，治理大气、水、垃圾等方面进行协商和沟通。

△15日，佛山市被教育部确定为全国首批教育信息化试点单位。

△15~17日，由中视体育娱乐有限公司、南海区文体旅游局（体育）、丹灶镇政府承办的2012年中华龙舟赛总决赛在南海区丹灶仙湖度假区举行，来自全国16支龙舟队，共432名运动员参赛。顺德区顺德队、贵州省麻江队、南海区丹灶队分获前三名。期间，国家体育总局社会体育指导中心和中国龙舟协会授予丹灶镇仙湖度假区“中国龙舟示范基地”牌匾。

△18日，珠三角国际科技园海外高层次人才项目对接会在南海区举行。来自美国、新加坡和香港特区等海内外的56个人才项目参加展示推介，

共有 19 个项目达成合作意向。

△ 19 日，佛山市政府和佛山中德工业服务区共同与宗申产业集团有限公司签订战略合作协议和项目合作意向书，联手打造中德经济交流合作平台。

广东十大最美古村落颁奖典礼在南海区西樵镇松塘村举行。西樵上金瓯松塘村入选其中，这是佛山市唯一入选的古村。

△ 21 日，由广东省政府主办的“2012 中国（广东）金融・科技・产业融合创新洽谈会”在南海千灯湖举行。省科技厅、佛山市政府、南海区政府和广东工业大学联合签订共同推进佛山广东工业大学数控装备协同创新研究院建设合作协议。

△ 23 日，由中国法学会、清华大学等专家和学者评选的第二届“中国法治政府奖”评选暨颁奖典礼在北京市举行。佛山市政府获“中国法治政府奖提名奖”。

禅城区政府公布季华路升级方案，首期工程预计投入 13 亿元。项目有汾江路、江湾路和华宝路 3 路口上跨下穿工程等。

△ 25 日，佛山市联合图书馆首批自助图书馆向市民免费开放。同日，禅城、南海、高明自助图书馆正式进驻街道社区。

顺德均安冰玉堂“自梳女”博物馆挂牌成立，成为省级文物保护单位。

△ 28 日，中共中央政治局委员、广东省委书记胡春华到佛山市调研。他在考察佛山中德工业服务区并听取情况汇报后，强调重大平台力争每年都有新变化、新进展，勉励佛山坚定不移推进民营经济发展，切实采取措施做大做强民营企业。

香港民主建港协进联盟访问团到佛山访问。市领导周天明向访问团介绍佛山经济社会发展情况，在陪同参观岭南天地后，民建联副主席李慧琼称赞佛山在产业发展和城市建设方面的创新思维，是一个宜居、宜商、宜游的城市。

三水区启动全省首个国家新能源城市示范市建设，挂牌省现代服务业集聚区，与承兴国际、佛山城际轨道等公司合作，打造主题公园，开发建设佛肇城轨三水站 TOD 项目。

△ 29 日，佛山市召开副处级以上领导干部大会，传达学习贯彻中央政治局关于改进工作作风、密切联系群众的八项规定及其实施细则，以及省委书记胡春华调研佛山的重要讲话精神。

纵贯广州、佛山、江门、珠海四市的全线电气化广珠铁路通车。该铁路历时 4 年建设，全长 189.37 公里。

△ 31 日，有 10 件作品被评为 2012“佛山十大新闻”作品，分别是:《总书记来顺德，寄望佛山改革向前》《三年千亿元提升佛山城市品位》《假货少了楼霸跑了，三打两建见功效》《简政放权下狠心，顺德南海树标杆》《起高楼上项目，佛山新城阔步前行》《佛山造大众车下线了！》《威极造假，海天蒙冤维权》《媒体担纲，万人行通济弘扬公益》《女村官沈小琴当选十八大代表》《一心为街坊，志毅好样！救人不留名，锦泉好棒！》。

（市地方志办）

第三篇

佛山概况

基本概况

地理位置和范围

佛山市位于广东省中南部，珠江三角洲腹地。东倚广州，邻近深港澳。全境于北纬22° 38′ ~23° 34′ ，东经112° 22′ ~113° 23′之间。佛山市域东距西、南距北均约103公里，大致呈“人”字形，总面积为 3848.48平方公里，辖禅城、南海、顺德、高明、三水五区。

佛山市东傍广州、西接肇庆、南邻江门、中山，陆运、水运、空运交通基础设施齐备，交通便捷。佛山市距广州新白云国际机场、广州南沙港、广州新火车站车程均在 1 小时之内，佛山市毗邻港澳，与香港、澳门分别相距 231 公里和 143 公里，车程均在 2 小时左右。广湛铁路横穿全市东西，广珠铁路纵贯佛山市南海区西部，广佛肇城际铁路、贵广高铁、南广铁路均途经佛山市西部。沈海高速、广昆高速等主要公路干线穿越境内，广佛、佛开高速公路和广深珠高速公路等交通干线经佛山而过，佛山一环、珠二环等环城高速环绕穿越佛山市各区。广佛地铁建成开通，佛山机场开通民用航线，佛山市民出行更加便捷。珠江水系中的西江、北江贯穿全境。佛山市现有通航河流 70 多条，可通航里程 1000 多公里，20 多个口岸使水上运输四通八达，为经济发展提供了良好的条件。

地质地貌

佛山市地势总体有北高南低、西高东低的特征，大部分地区较为低平，地势起伏较小，以平原为主，为珠江水系之北江、西江三角洲平原，海拔一般小于 5 米，多在 1.2 ~ 4.8 米，河汊众多，桑基鱼塘密布，其间零星分布有丘陵残丘和残留台地，丘陵残丘海拔小于 100 米，坡度 15° 以下；残留台地海拔一般小于 50 米，浑圆低平；佛山市西部的高明、北部的三水地区有连绵的山体，为丘陵—低山地貌，地势陡峻，相对高差大，山谷纵横，植被茂密。佛山市最高山峰为高明区杨梅镇的皂幕山，海拔 805 米，三水大塱涡地势低洼，高程 -1.7 米，为全市最低点。

在中国大地构造分区中，佛山市位于二级构造单元武夷—云开—台湾造山系，经历了各构造旋回的地质演化，形成了佛山市极具特征的地质背景。距今 8 亿至 2300 万年的岩石构成了佛山市的坚硬基底，沉积岩、岩浆岩和变质岩三大岩类均有发育，但是以各地质时期的沉积岩为主体。

佛山市各地质时代的地层发育较为齐全、分布广泛，发育的地层有南华系、寒武系、泥盆系、石炭系、二叠系、三叠系、侏罗系、白垩系、古近系和第四系，以古近系和第四系分布最广。南华系为一套以片岩为主的浅变质岩系，岩性以石英云母片岩、云母片岩、千枚岩、炭质千枚岩、变砂岩与变粉砂岩为主；寒武系为一套类复理石碎屑岩系，由浅变质的长石石英砂岩、细砂岩、粉砂岩、粉砂质板岩、炭质板岩等组成；泥盆系—二叠系发育较齐全，主要分布于高明、三水和南海区，自泥盆纪至二叠纪经历了一个完整的海侵—海退的沉积旋回，岩性组合由陆相（海陆交互相）碎屑岩—海相碳酸盐岩—海陆交互相含煤碎屑岩；三叠系仅发育上三叠统，为一套海陆交互相碎屑岩系，岩性主要有复成分砾岩、砂砾岩、砂岩、粉砂岩、粉砂质泥岩、炭质泥岩夹煤层；侏罗系发育不全，仅发育下侏罗统，以海相、海陆交互相碎屑岩系为主，岩性以砂岩、粉砂岩、粉砂质泥岩、泥岩为主，夹少量砾岩、煤线或煤层；白垩系为一套陆相红色碎屑岩系，构成了三水盆地的早期充填沉积物，岩性有紫红色复成分砾岩、砂砾岩、砂岩、粉砂岩、泥岩，夹少量的英安岩、凝灰岩等火山岩和石膏层等蒸发岩类；古近系也是一套陆相红色碎屑岩系，构成了三水盆地的晚期充填沉积物，岩性为紫红色复成分砾岩、砂砾岩、砂岩、粉砂岩、泥岩、钙质泥岩、泥灰岩，夹少量的油页岩和石膏层，以及大量的粗面岩、石英粗面岩、粗面质凝灰岩、粗面质火山角砾熔岩、火山角砾岩、火山集块岩、角砾凝灰岩等火山岩和火山碎屑岩。

佛山市位于珠江三角洲平原，属于浅覆盖区，基岩上覆盖着5万年以来形成的松散堆积层，即第四纪地层，厚度一般小于50米，最厚70米，是珠江水系与中国南海共同作用形成的，其沉积中心沿北东向和北西向呈现出有规律的展布，与区域断裂构造的展布较一致，显示了断裂构造对第四纪沉积的控制作用。

侵入岩在佛山市分布面积较大，主要分布于三水区六和，高明区南部的更合至杨梅一带，南海区的陈村西淋岗，顺德区顺峰、马岗等地，侵入时代有早奥陶世、晚志留世、晚三叠世、早侏罗世、早白垩世，以晚三叠世和早侏罗世为主侵入期。侵入岩的岩性有二长花岗岩、黑云母花岗岩、花岗闪长岩等，其中以二长花岗岩为主。佛山市侵入岩以晚三叠世、早侏罗世二长花岗岩为主体。

火山岩主要分布于三水盆地内的三水农场、狮山、丹灶、西樵山等地，为白垩纪—古近纪的中基性—碱性的火山岩系。火山活动大约发生于9000万年前，到4800万年至3600万年前火山活动达到顶峰，形成了西樵山、王借岗、紫洞等地的火山岩，岩性主要为粗面岩、玄武岩等，经过后来的风化、剥蚀，造就了今日的西樵山火山地貌景观和王借岗、紫洞等地的火山岩柱状节理地质遗迹。

经历了漫长的地质历史演化，佛山市范围内地质构造复杂，主要的构造形迹包括褶皱、断裂等，以一组多条断裂构成断裂构造带为特征。断裂构造总体以北东向广州—从化断裂带（南段）、北西向白坭—沙湾断裂带和西江断裂带为主，它们相互切割、复合，构成了本区构造的基本格架。佛山市断裂构造具有多期活动的特征，主要形成期为加里东期至燕山期。佛山市新构造运动主要表现为基底断块的差异升降。

佛山市地下水资源较为丰富，地下水类型主要有松散岩类孔隙水、碳酸盐岩类裂隙溶洞水、红层孔隙裂隙水和基岩裂隙水等，不同地区含水量有所差异，总体含水量为中等至丰富。以松散岩类孔隙水为主，地下水位高，一般埋深1～2米，连续含水层分布有1～3层，以微承压至承压水为主，以顺德区陈村、伦教、勒流、杏坛和均安一线的东南部为咸水区，佛山市其余地区为淡水区，过渡带为上淡下咸区。2009年在南庄经勘探发现了大型应急水源地。

（贝永辉）

水　文

佛山市多年平均径流量27.93亿立方米（统计年限1956～2000年，下同），多年本地水资源总量为29.45亿立方米。近年平均（1999～2010年）入境水量2625.7亿立方米，出境水量2646.7亿立方米，由于有西、北江丰富的过境客水，总体而言，佛山的水资源量是丰富的。

2012年是佛山市降水属偏丰年，年平均降水量1878.8毫米，比多年平均偏多20.7%；本地地表水资源量33.74亿立方米，比多年平均偏多20.8%；地下水资源量7.3亿立方米，比多年平均偏多23.5%；水资源总量34.82亿立方米，比多年平均偏多18.2%。全市入境水量2644.1亿立方米，出境水量2663.1亿立方米。

2012年，马口、三水（二）水文站均未达到7.5米的警戒水位，6月受西、北江上游来水影响，发生1场中高洪水。另外，4～8月马口站还发生6场中低洪水，3～9月三水站发生8场中低洪水。马口站年最高水位5.31米，出现在6月25日；三水（二）站年最高水位5.67米，出现在6月26日。马口、三水（二）站全年最大流量分别为2.98万立方米／秒、1.06万立方米／秒，均发生在6月

25日；马口站年最小流量-7220立方米／秒，小于历年最小流量，三水（二）站最小流量-1300立方米／秒，与历史最小值持平；两个流量站年最大流量和年平均流量均接近多年平均值。

2012年，受上游来水影响，佛山市有6个水文站的年最高水位出现在6月；受台风“韦森特”影响，有4个水文站年最高水位出现在7月24日；全年最低水位均出现在非汛期。

（佛山水文局）

人　口

至2012年底，全市总户数约为114.06万户，比上年增加0.7万户，增加0.61%；全市总人口为377.65万人（包括未落常住户口），比上年增长0.77%。（注：根据公安部调整统计口径后的标准，全市常住人口均统计为非农业人口）其中禅城区总人口约为60.76万人，南海区总人口约为122.51万人，顺德区总人口约为124.79万人，高明区总人口约为29.68万人，三水区总人口约为39.91万人。全市总人口中，男性约187.88万人，女性约189.77万人。全年人口自然增长率为5.98‰，同比减少0.09‰；人口机械增长率为1.89‰，其中迁入24039人，迁出16913人。

至2012年底，全市共有外来人口299.25万人，同比增加了4.86%；禅城、南海、顺德、高明、三水五区的外来人口分别为50.64万人、100.81万人、121.72万人、12.38万人和13.71万人。

（温威威）

行政区划

佛山市下辖禅城、南海、顺德、高明、三水5个区。至2012年底，全市共有21个镇（361个行政村）、12个街道（389个社区）。其中，禅城区1个镇（54个行政村）、3个街道（89个社区）；南海区6个镇（100个行政村）、2个街道（164个社区）；顺德区6个镇（108个行政村）、4个街道（93个社区）；高明区3个镇（51个行政村）、1个街道（21个社区）；三水区5个镇（48个行政村）、2个街道（22个社区）。

2012年，开展了“佛山—清远”线和“佛山—江门”线的行政区域界线联检工作；积极推进平安边界创建活动，及时调解边界纠纷；完成了《政区大典·佛山篇》的编纂工作；组织各区开展了《中国地名故事·广东卷》佛山部分的拍摄工作；认真开展地名清理整顿，积极推进地名标准化建设。

（杨　俊）

民族宗教

【综述】 据2010年第六次人口普查，佛山市有少数民族52个，常住人口25.97万人，占全市总人口3.6%，与第五次人口普查相比，少数民族人口增长了75.5%，其中1000人以上的少数民族有14个，分别是壮族13.23万人、土家族3.74万人、苗族2.77万人、瑶族2.21万人、布依族9463人、侗族8946人、彝族3801人、回族2889人、白族1967人、土族1772人、满族1343人、黎族1275人、仫佬族1218人和仡佬族1006人。少数民族人口来自全国各地，分布在全市各镇街。

至2012年底，佛山市有佛教、道教、天主教、基督教4个宗教。市一级宗教团体有5个，分别是：佛山市佛教协会、佛山市道教协会、佛山市天主教爱国会、佛山市基督教三自会和佛山市基督教协会。区一级宗教团体有8个，分别是：禅城区佛教协会、禅城区基督教三自会、南海区道教协会、顺德区佛教协会、顺德区天主教爱国会、顺德区基督教三自会、顺德区基督教协会、三水区基督教三自会。全市有宗教活动场所54个，其中佛教寺院17个、道教宫观6个、天主教堂12个、基督教堂点19个；教职人员262人，其中佛教185人、道教42人、天主教5人、基督教30人；信教群众9.6万人。少数民族人士担任区人大代表4人、区政协委员10人。宗教人士担任市、区两级人大代表6人、政协委员19人，其中市人大代表4人、市政协委员4人，区人大代表2人、区政协委员15人。

【出台城市民族工作意见】 2012年11月，市委、市政府出台了关于进一步做好城市民族工作意见，对佛山城市民族工作提出明确要求和指引，以提升工作水平。

【广东省委、省政府调研组到佛山调研】 2012年7月，以省委统战部副部长、省民族宗教委主任陈小山为组长的省委、省政府城市民族工作督查组到佛山督查城市民族工作开展情况。佛山市市长刘悦伦会见了督查组一行。督查组听取了市委、市政府城市民族工作情况汇报，召开了相关工作部门座谈会，实地考察了仁寿寺并到广东志高空调有限公司了解企业贯彻落实民族政策法规的做法。省调研督查组对佛山的城市民族工作措施、工作机制以及稳定和谐局面给予肯定。

【开展创建和谐寺观教堂活动】 2012年，佛山市创建和谐寺观教堂达标场所共5个，分别是禅城区基督教金沙堂、南海区平洲法源庵、南海区南海观音寺、南海区西樵西岸茶山庆云洞、南海基督教里水堂。

【禅城区金沙堂房产问题圆满解决】 在市政府的重视支持下，经各方积极协调，圆满解决了禅城区基督教金沙堂房产证的遗留问题。

【组织宗教政策法规知识竞赛】 佛山市组织宗教界全体教职人员、宗教团体负责人和工作人员、重点寺观教堂信教群众代表近300人参加广东省民族宗教委举办的宗教政策法规知识竞赛活动，还将竞赛相关信息及网址通过报纸向全社会公布，发动社会各界参与。

【开展宣传和培训教育】 在《佛山日报》开辟民族宗教政策法规宣传专栏，将中国共产党的民族宗教工作基本方针政策和法规编写成问答的形式在报纸上刊登，向社会广泛宣传，普及民族宗教政策法规知识。6月21日，市民族宗教事务局组织市、区、镇街宗教工作干部60多人在市委党校举办了1期佛山市宗教干部培训班，学习宗教政策法规和宗教基本知识。9月13日，三水区民族宗教局举办基层民族宗教干部培训班，普及民族宗教基本知识，提升涉及民族宗教事件的处理能力。

【启动仁寿寺提升前期工作】 市委、市政府对仁寿寺提升高度重视，专门成立了仁寿寺重建协调领导小组，推动相关工作落实。协调领导小组多次召开会议，就仁寿寺重新规划问题进行研究。佛山市佛教协会分别组织国内知名专家学者和市各界代表举办了“佛山仁寿寺重建提升项目研讨会”，广泛听取仁寿寺总体规划意见和建议。

【开展佛山佛教文化研究】 委托广东省禅宗文化研究基地组织国内有关专家开展佛山佛教文化研究，挖掘佛山传统文化，寻找佛山之根，探讨岭南佛教之源。

【开展公益慈善活动】 2012年，佛山市宗教界支持社会各项公益事业款物合计200多万元。

【成功举办广东禅宗六祖文化节佛山分会场活动】 11月20～21日，南海区西樵山宝峰寺成功举办2012广东禅宗六祖文化节佛山（南海西樵）分会场活动，积极弘扬佛教优秀文化。

（梁礼臻）

经济和社会发展概况

【综述】 2012年是实施“十二五”规划的关键之年和实施《珠江三角洲地区改革发展规划纲要（2008～2020年）》实现“四年大发展”的收官之年，也是国内外经济形势极为复杂的一年。在新一届市委、市政府的正确领导下，全市上下认真贯彻落实国家“稳中求进”工作总基调和各项宏观调控政策，积极抓住国家和省稳增长、调结构、惠民生的政策机遇，努力克服经济环境复杂多变、要素制约不断加剧等不利影响，全市经济保持平稳发展、产业转型升级取得实效、民生福祉持续改善，较好地完成了市十四届人大一次会议提出的目标任务。

【经济保持平稳增长，暖春行动持续升温】 佛山市认真贯彻落实国家和省稳增长的政策措施，切实做好对企业的扶持服务工作，把“暖春行动”持续升级为“暖企行动”，全市经济保持平稳增长。一是经济总量继续扩张。全市地区生产总值完成6709.02亿元，增长8.2%。第一、二、三产业分别增长3.8%、9.2%、6.4%；三次产业占GDP比重之比为1.9：62.5：35.6。二是投资规模不断扩大。全市完成固定资产投资2128.33亿元，增长10.1%。制造业投资保持较快增速，增长16.7%。三是消费市场稳定发展。全社会消费品零售总额2019.5亿元，增长11.6%。居民消费价格总指数（CPI）趋于稳定，上涨2.6%。四是对外贸易有升有降。全市完成进出口总值610.6亿美元，增长0.3%。其中出口401.5亿美元，增长2.7%；进口209.1亿美元，下降4.1%。合同利用外资33.05亿美元，增长1.46%；实际利用外资23.5亿美元，增长9.07%。五是财政金融稳健运行。全市地方公共财政预算收入384.08亿元，增长12.39%；地方公共财政预算支出432.96亿元，增长11.39%。金融机构本外币存、贷款余额分别为10167.55亿元、6391.47亿元，分别比年初增长11.5%、13.8%。

【产业转型升级成效显著，产业链招商成果丰硕】 佛山市大力开展产业链招商，着力推动产业“建链”“补链”“强链”，调整产业结构成效显著。一是优势传统产业提升优化。制定实施机械装备、陶瓷、纺织服装、铝型材等4个行业“质量提升、效益提升”行动计划，推动行业建立产业联盟。二是先进制造业和战略性新兴产业发展迅速。一汽大众主机厂建设基本完成，海尔（三水）产业园物流中心投入运营。全市省市级共建战略性新兴产业基地达9个。南海生物医药产业基地被评为“广东省生物医药产业化基地”和“广东省生物医药科技企业孵化器”。三是现代服务业发展有新突破。佛山中德工业服务区被列入省重大合作平台。广东金融高新区累计引进104个大型机构和项目，总投资额超280亿元。广东物联天下物联网信息产业园正式开园。西樵山、皂幕山景区分别获得国家AAAAA、AAAA级旅游景区授牌。四是现代农业发展不断加快。全市现代农业园区数量达到28个，市级以上龙头企业总数达到46家（新增8家），农民专业合作社71家（新增26家）。全市农业招商引资项目38个，合同投资额22亿元，实际投资额达9.8亿元。五是招商引资成效显著。成功举办与上海、深圳的产业链对接合作洽谈会，签约项目34个，投资总额达437.29亿元。引进了佛山苏宁广场、绿地集团（佛山）城市综合体、华强电子产业总部基地等一批大项目。引进世界500强项目14个，其中新批7个、增资7个，签约超千万美元外资项

目 56 个。六是产业科技金融融合发展。建立佛山中科院产业技术研究院。与中科院累计达成合作项目 700 余项，带动产值超 500 亿元。引进国外科技创新资源，与澳大利亚联邦科技与工业研究组织合作共建中澳产业技术中心，与德国弗劳恩霍夫协会签署框架合作协议。大力推进金融对接产业，出台《关于促进金融服务实体经济的若干意见》。辖区内 16 家小额贷款公司全数开业，累计投放贷款逾 160 亿元；49 家融资性担保公司累计为中小企业融资 625 亿元，累计担保户数 1.21 万户。

【城市建设持续加强，城市升级效果显著】 佛山市大力实施城市升级三年行动计划，城市基础设施建设全面提速，城市生活品质不断提升。一是城市升级扎实推进。以市政府 1 号文印发《佛山市城市升级三年行动计划》，提出 3 年内用千亿元实施 4 大工程 103 个项目，推动城市形象大转变、城市功能大提升。截至 2012 年底，103 个项目已完工 15 个。二是"强中心"加快建设。佛山新城中央商务区一期八大项目同步奠基，佛山苏宁广场正式动工，佛山新城图书馆、档案中心、科技馆、青少年宫以及艺术村基本建成，滨江景观带 65 万平方米的建设基本完成，佛山首个湿地公园如期建成。三是基础设施建设不断完善。广佛地铁二期开工建设，佛肇城轨佛山段征地拆迁工作基本完成。佛开高速、广三高速扩建任务完成，魁奇路东延线一期工程主线、G325 国道龙洲路口下沉隧道工程主线建成通车。了哥山港区本港作业区通用码头全面开工，东平水道航道整治主体工程已通过交工验收。截至 2012 年底，全市合计启动"三旧"改造项目 1023 个，总占地约 14.05 万亩，预算投入资金 2360 亿元，其中已完成项目 262 个，占地 8974.86 亩。四是城市管理水平稳步提升。出台《关于加强城市管理的实施意见》，设立市城市管理委员会。积极创建全国文明城市，打造"微文明"市民行动系列活动品牌，顺利通过一年一度的"国检"。

【改革创新深化发展，行政体制改革争创优先】 佛山市坚持以改革创新驱动城市发展，体制机制改革持续深化，改革创新成果丰硕。一是行政管理体制改革深入推进。在全省地级市率先启动以加快转变政府职能为核心的新一轮行政体制改革，启动实行新的企业注册登记制度。网上办事大厅正式运行，全市可网上申报办理审批事项达 50%。二是统筹城乡综合改革积极推进。农村集体资产管理交易和财务网上监控平台（简称"两个平台"）建设全面完成，全市进入平台交易的农村集体资产成交价年标的总额达 13.9 亿元。南海区村居一级已全面完成"政经分离"。三是经济管理体制改革稳步推进。渣打银行佛山分行和南洋银行佛山支行正式开业。截至 2012 年底，已有 6 家外资银行在佛山设立 11 家分支机构。新增上市公司 5 家，总数达到 37 家，累计融资额超 600 亿元；新增股权投资基金 65 只，总数达 125 只，总规模约 180 亿元。深化财政绩效管理改革，加快向社会放权。推行"大国资、全覆盖"国资改革，全面完成市属国有企业整合重组。成功举办 2012 佛山城市可经营项目投资推介洽谈会暨签约仪式，签约项目 59 个，投资总额 340.18 亿元。四是社会管理体制改革有序推进。出台《关于加强社会建设的意见》和 6 个配套文件。降低社会组织登记门槛，新增登记社会组织 338 家，总数达 3549 家。市级、顺德、禅城和南海已建成社会组织培育孵化基地。

【区域合作深入推进，《珠三角规划纲要》"四年大发展"圆满收官】 佛山市以实施《珠江三角洲地区改革发展规划纲要（2008 ~ 2020 年）》（简称《珠三角规划纲要》）实现"四年大发展"为工作重心，加快推动广佛同城化、广佛肇经济圈建设，区域合作开创新局面。一是《珠三角规划纲要》"四年大发展"任务基本完成。"四年大发展" 37 项重要指标和 21 项重大项目全部完成或超额完成任务。佛山大堤加固工程、南海发电二厂等 3 项工程全部完成，贵广铁路、南广铁路、佛山城市轨道交通、广东金融高新区、恒益电厂"上大压小"等 18 个项目完成年度任务。二是广佛同城化建设积极推进。顺利召开广佛同城化第五次市长联席会议。53 个合作项目已完成 9 个，海八路快速化改造、沿江东路与彩滨南路对接、广佛河江尾段堤防整治等项目顺利完成。金融同城取得阶段性成果，19 家商业银行实现广佛间行内通存通兑免手续费，9 家股份制银行的广州分行实现跨行通存通兑。三是广佛肇经济圈建设进展顺利。顺利召开广佛肇经济圈第三次市长联席会议。《广佛肇经济合作区总体发展规划》通过专家评审。39个合作项目已完工3个，广佛肇城际轨道、三花公路改造一期等其他项目按计划顺利推进。广佛肇通讯资费一体化正式实现。四是佛港澳台合作深入开展。举办2012年粤港知识产权与中小企业发展佛山研讨会。广东金融高新技术服务区被纳入“粤港澳服务贸易自由化”的重点合作区域。在台北成功举办“佛山光电产业推介活动”，吸引台湾光电产业龙头企业来佛山投资。

【环境质量日益提升，生态文明不断进步】 佛山市积极推进生态市创建和总量减排工作，强化环境综合整治，环境质量明显改善。一是节能减排不断加强。加快推进电力行业降氮脱硝工程和小锅炉淘汰工作，锅炉治理淘汰工作完成率达53%，列入重点工业挥发性有机物（VOCs）治理任务完成率接近2/3。二是环境整治不断推进。建成15个PM2.5监测站点，空气质量评价体系进一步完善。大力推进汾江河综合整治和内河涌整治，分别完成年度投资目标6.17亿元和8.42亿元。南海垃圾焚烧发电厂及三水白泥坑生活垃圾填埋场正式投入运营。三是生态环境不断改善。启动生态市创建工作，5个镇街被命名为国家生态乡镇。禅城区入选国家可持续发展实验区。创建“全国绿化模范城市”通过国家核查组检查验收。大力推进绿道网建设，全市城市绿道慢行道已贯通736公里。生态景观林带累计完成建设142.6公里；营造主题林54个；完成造林更新1.95万亩；完成林业生态文明示范村建设108个。

【民生社会和谐进步，“三打两建”卓有成效】 佛山市以民生实事为重要抓手，着力推动各项社会事业发展，市民幸福感不断增强。一是就业形势继续向好。城镇新增就业人数9.11万人，失业人员实现再就业人数5.01万人，分别完成省下达全年任务的113.82%和151.92%；城镇登记失业率控制在2.42%以内，低于省下达佛山市3%的控制目标。佛山市连续两年获得全省就业工作目标责任制考评“优秀”等次。二是民生保障不断进步。全市参加城镇职工基本养老、城镇职工基本医疗、失业、工伤和生育保险的人数分别达到292.9万人、242.4万人、194.1万人、210.9万人和209.8万人。企业退休职工月人均养老金从1570元调整至1940元。完成开工建设保障性住房7694套，竣工3920套，分别达到省下达任务数量的102.5%、108%。三是教育事业持续发展。率先通过广东省推进教育现代化先进市督导验收。实施非户籍学生义务教育“积分入学”机制，努力扩大政策性借读生范围。佛山一中获得参加清华大学“新百年领军计划”、中国人民大学“校长直通车计划”的资格。四是医疗卫生事业深入推进。启动公立医院改革试点和公立医院联网运营试点。稳步推进异地就医结算工作，与广州市12家定点医院实现联网即时结算。加快智能卫生体系建设，发放佛山健康卡160多万张。五是保供稳价工作稳步开展。新粮库建设稳步推进，军粮供应管理有序，粮食市场价格稳定。新建115家平价商店，总数达217家。适时启动基本生活费用价格上涨与低收入居民临时生活补助联动机制，共发放补助626.04万元。六是文化体育事业异彩纷呈。佛山新城图书馆、科技馆等4个公建场馆基本建成。“魅力佛山·四季情韵”艺术惠民工程持续开展。成功承办世界女排大奖赛（佛山站）、第十届粤桂港澳台狮王争霸赛、世界咏春拳邀请赛等精彩赛事。佛山新城露天泳场全面对外开放。七是“三打两建”成果丰硕。全市共查处案件1.45万宗，查处人员1.32万名，打掉欺行霸市团伙507个，捣毁制假售假窝点1281个，涉案价值约7.05亿元。启动“信用佛山”建设，营造法制化、国际化营商环境。八是扶贫开发成效明显。落实对口帮扶贫困村帮扶资金4.28亿元（含中央、省、市各项资金），帮扶项目442个。落实高明革命老区项目资金4.44亿元，建设重点项目599个。

（陈永婷）

政治文明建设

依法治市

【市委依法治市领导小组召开第十七次会议】 4月25日，中共佛山市委依法治市领导小组召开第十七次全体会议。市委书记、市人大常委会主任、市委依法治市领导小组组长李贻伟，市委副书记、市委政法委书记、市委依法治市领导小组第一副组长周天明，副市长、市公安局长、市委依法治市领导小组副组长彭会，市政协副主席、市委依法治市领导小组副组长廖东明及领导小组全体成员出席会议。市人大常委会常务副主任、市委依法治市领导小组常务副组长杨建华主持会议。会议传达了省委书记汪洋在省依法治省工作领导小组第十八次会议和省人大常委会副主任陈小川在全省各市依法治市办公室主任会议上的重要讲话精神，审议并原则通过了《佛山市2011年依法治市工作总结》《佛山市2012年依法治市工作要点》；会议还审议通过了《佛山市依法治市2012～2016年工作规划》，要求经过五年的努力，真正做到“以人为本、以法为纲、良法善治”，将佛山市初步建成执法严格高效、司法公正权威、法治氛围良好、社会和谐稳定的法治城市。

【法治广东网时评员座谈会在佛山市召开】 5月9日，法治广东网时评员座谈会在佛山召开，省依法治省办、佛山市依法治市办相关领导和部分法治广东网时评员参加了会议。会议由省依法治省办专职副主任黄慧彪主持，佛山市人大常委会副主任、市委依法治市领导小组副组长兼办公室主任卢立湃在会上致辞，省人大常委会委员、省依法治省办常务副主任张宇航出席并讲话。

【区域合作深入推进，《珠三角规划纲要》“四年大发展”圆满收官】 从6月上旬至8月，由市人大常委会副主任卢立湃带队，市人大常委会有关委员和市依法治市办、市司法局、市检察院、市公安局、市民政局、市人社局、市财政局、市国税局、市地税局、市工商局、市总工会等有关单位人员参加，对全市社区矫正及安置帮教工作情况进行了深入调研，形成了有分析、有见解、有深度、有对策的调研报告，受到李贻伟的充分肯定，以市委依法治市领导小组的文件印发全市，并在“法治广东网”全文转载。

【省调研组在佛山市进行开展打造珠三角法治创建示范区工作调研】 7月19日，由省人大常委会委员、依法治省办常务副主任张宇航带队的省调研组在全市进行开展打造珠三角法治创建示范区工作调研。市检察院、市中级法院，市司法局、市法制局和市、区依法治区办公室常务副主任参加了调研座谈会，佛山市提出建设“社会主义法治文明示范城市”的设想。省调研组还在市、区两级相关领导和人员陪同下参观了南海行政服务中心。

（蔡光发）

依法行政

【综述】 2012年是实施“十二五”规划承上启下的重要一年，也是加快推进法治政府建设的关键年。佛山市紧紧围绕党委、政府中心工作，坚持以科学发展观为指导，深入贯彻国务院、省政府、市政府廉政工作会议精神，按照保证政令畅通，维护行政纪律，促进廉政建设，改善行政管理，提高行政效能的要求，认真履行行政监察职责，深入推进依法行政和法治政府建设，依法行政工作取得明显成效，为加快转变经济发展方式，保障和改善民生，维护社会和谐稳定，提供了有力的法治保障。2012年，佛山市政府荣获“中国法治政府提名奖”。

【强化监督检查，推动重大决策部署的贯彻落实】

2012年，佛山市紧紧围绕落实“十二五”规划和珠三角规划纲要、“加快转型升级、建设幸福佛山”、“三打两建”、援疆援藏、环境保护、改善民生等重大决策部署的落实情况开展监督检查。建立效能监察联动机制、重点项目专责机制和责任倒逼机制，成立督查考核组，重点对城市升级三年行动计划、佛山新城建设、重大项目建设开展督查和考评，促进了各项中心工作的落实。

【强化改革创新，加强对权力运行的监督制约】 2012年，佛山市积极开展绩效管理试点工作，探索切合佛山实际的绩效评价模式，把依法行政相关指标纳入绩效管理考评指标体系，推动全市依法行政工作的有序规范开展。扎实推进行政处罚自由裁量权规范和行政处罚电子监察系统建设，全面梳理细化行政处罚自由裁量权执行标准，全市33个行政执法部门的行政处罚自由裁量权细化标准已全部纳入佛山市行政处罚电子监察系统。深化行政审批制度改革，进一步实现事权精简和流程优化，提高审批时效，减少权力寻租空间。加快推进佛山网上办事大厅建设，加强网上办事效能监察。统筹推进市政府12345热线统一话务平台建设，形成“统一受理平台、统一处理流程、统一监督管理”的工作新机制，并纳入电子监察平台进行监管。探索建设公共资源网上交易系统和重大事项督办系统，将工程招投标、土地交易、政府采购等公共资源交易和重大事项督办纳入电子监察综合平台，实现全天候留痕监控。

【强化纠风治乱，维护群众合法权益】 2012年，佛山市积极探索纠风工作社会化新路子，成立全省第一支纠风工作志愿服务总队，打造政府部门主导、社会力量参与、案件联合查办、媒体全程跟踪的“全民纠风”新模式。推进镇街、村居两级纠风工作网络试点建设。深化政风行风热线工作，播出“民生直通车”38期、“对话民生”网络直播10期，促进民生问题的解决。在殡葬、城市公共交通、银行、电信、供电、供水、供气和有线电视等8个公共服务行业扎实开展民主评议政风行风工作，有效促进了行业作风的好转。认真开展教育乱收费、环境污染、虚假广告、拖欠农民工工资问题等专项治理，纠正中小学乱收费、医药购销和医疗服务中的不正之风，查处损害群众利益案件34件。加强行政投诉处理，全市共受理有效投诉1.71万件，办结1.7万件，涉及行政效能投诉的233件全部办结。加强明察暗访，拍摄纠风暗访片，跟踪督办发现的问题，对16名党员干部进行了问责。

【强化执法监察，严肃行政纪律】 2012年，佛山市围绕“三打”（打击商业贿赂、打击制假售假、打击欺行霸市）、工程建设、土地交易、医疗、司法等重点领域，深挖保护伞，斩断利益链，严肃查处了一批违纪违法案件，为国家和集体挽回经济损失9496万多元；为425名党员干部澄清了是非，保护了党员干部干事创业的积极性。围绕国土资源、交通运输、水利等重点领域工程建设项目，深入推进工程建设领域突出问题专项治理，发现问题2482个，纠正2288个。改革和强化水利工程建设项目招投标工作，出台《进一步加强水利工程建设项目招标投标工作意见》《佛山市公共资源交易活动投诉处理办法》《佛山市违反公共资源交易规定责任追究办法》等一系列制度，进一步规范工程建设领域招投标活动，完善和提升公共资源交易平台建设和深化监管体系，力求从源头上解决权力失控问题。

（何晓红）

基层政权建设

【综述】 2012年，佛山市各级民政部门认真履行基层政权和社区建设工作的行政管理职能，较好地完

成各项工作任务，并取得了明显成效。

【开展一系列创新基层管理的调研活动】 到五区就基层政权和社区建设的现状进行了调研，对全市2011年村居换届选举工作、各区开展“村（居）务公开民主管理示范创建”活动、推进省“六好”平安和谐社区创建工作情况以及基层管理体制改革情况做了调研。就“如何进一步加强社区党组织的建设”“如何使社区的群众更好地实现民主自治”“如何促进外来人员更好地融入社区”“如何建设智慧社区”等4个课题开展了调研，结合佛山实际，起草了《关于进一步加强城乡社区建设的实施办法》并颁布实施。

【建立起城乡社区建设联络员制度】 5月，建立起了城乡社区建设联络员制度。联络员主要由从事并熟悉城乡社区建设工作的各区民政部门、镇人民政府（街道办事处）、村（居）民委员会工作人员组成。原则上每个区、镇街本级各确定1名联络员，每个镇街另选择具有代表性的社区、村各1个，确定其联络员各1名。通过建立全市社区建设工作联络员制度，建立上情下达、下情上报的有效沟通渠道，以便于及时全面了解掌握全市经济社会发展过程中城乡社区发展建设过程中普遍存在的问题和矛盾体现突出的问题，相互交流社区建设中好的成功做法和有效经验，充分汇集关于加强和创新佛山市社区建设、管理和服务的意见和建议，从而指导全市城乡社区建设更加切合本地本区域社会建设和发展的实际情况，进一步提高城乡社区管理和服务水平。

【开展社区规范化建设市级示范点建设活动】 在禅城区和南海区各选择一个社区居委会作为全市社区居民委员会规范化建设示范点，从四个方面开展创建工作：一是配合民政部推广应用全国城乡社区标识，清理和规范社区各类街牌；二是要规范工作制度，做到服务内容、办事程序、申报材料、办理依据、办理期限、收费标准等“六公开”，进一步规范居务记录和档案管理；三是规范经费保障，按每年每千户不少于6万元的标准落实社区居委会工作经费；四是要按照省村（居）务公开民主管理示范村（社区）考评标准、省村（居）务公开栏统一模板样式开展居务公开民主管理示范活动。

【开展村（居）务公开民主管理市级示范点创建活动】 2012年，佛山市各区继续按照省村（居）务公开民主管理示范村（社区）考评标准和省村（居）务公开栏统一模板样式，全面推进村（居）务公开民主管理示范创建工作。高明区和三水区各选取1个村（居）作为全市村居务公开示范点进行重点创建。

【开展治理村、社区组织牌子过多过滥问题专项工作】 市民政局会同市纪委、市委组织部认真开展村、社区组织牌子过多过滥问题专项治理。市、区纪委、组织和民政部门对各镇街的落实情况进行了抽查，结果显示，586个村居完成了对1.17万块牌子的清理，办公场所门口只悬挂村党组织、村委会或社区党组织、居委会的牌子，清理率达到了100%。

（杨　俊）

党风廉政建设概况

【综述】 2012年，在广东省纪委和佛山市委、市政府的坚强领导下，全市各级纪检监察机关认真学习贯彻党的十八大精神，紧紧围绕市第十一次党代会提出的工作任务和奋斗目标，以“廉洁佛山”建设统领反腐倡廉工作大局，更加注重围绕中心、服务大局，更加注重因地制宜、突出特色，更加注重预警防控、制度创新，更加注重以人为本、执纪为民，不断推进惩治和预防腐败体系建设，党风廉政建设和反腐败工作取得新进展新成效。

【领导干部廉洁自律工作】 落实领导干部报告个人有关事项、谈话和诫勉、廉情提醒等制度以及严禁公款大吃大喝“六项规定”，深入开展治理收送“红包”治理工作，开设全市廉政账户35539（谐音“送我我上缴”）。开展领导干部假身份证、假年龄、假计划生育证明和村（社区）“牌子”过多过滥等问题专项治理。严格落实评比达标表彰活动、党政干部因公出国（境）、楼堂馆所建设、小汽车定编等各项管理规定。认真开展清理规范庆典、研讨会、论坛活动和公务用车问题专项治理。巩固加强“小金库”治理工作，回顾总结3年来的治理工作。推进农村集体资产管理交易平台和财务网上监控平台建设，抓好《农村基层干部廉洁履行职责若干规定（试行）》贯彻落实情况专项检查。落实《国有企业领导人员廉洁从业若干规定》和《广东省高等学校领导干部廉洁自律暂行办法》，推进“廉洁国资”和高校反腐倡廉建设。

【党风廉政宣传教育】 围绕“加强思想道德建设，保持党的纯洁性”的教育主题，以“廉洁佛山”建设为引领，在全市党员干部中开展了以党性教育、党风教育、反腐倡廉教育和从政道德教育为主要内容的纪律教育学习月活动。成功举办全市副处级以上领导干部纪律教育学习班和第一期权力集中部门、资金密集领域领导干部培训班。加强“廉洁佛山”建设宣传，通过报纸、电视、电台和重点路段大型广告牌等形式进行全方位、立体式宣传。深度挖掘岭南文化中的廉洁元素，打造市、区、镇三级教育基地网络，推动廉洁文化进社区、进校园等活动。搭建平台，提升素质，加大干部教育培训力度。

【查案工作】 全市各级纪检监察机关共受理群众信访举报2500件，立案223件，结案248件（含往年遗留案件），给予党纪政纪处分243人，涉及县处级干部7人，乡科级干部52人，被司法机关追究刑事责任88人，为国家和集体挽回经济损失9496万多元。按照“三打两建”工作部署，加强组织协调，共立案查处商业贿赂案件311件，涉案金额8696.64万元，重点查办了南海区大沥公路“三乱”案、顺德区容桂派出所部分民警充当赌博团伙“保护伞”案等。加强和改进信访举报工作，全市各级纪检监察机关信访约谈40人，函询9人，为425名党员干部澄清了是非。出台案件审理工作若干规定和行政复议行政应诉工作办法，进一步规范案件审理工作。改造提升办案场所工程顺利推进，加强案件监督管理，促进了依纪依法、安全文明办案。

【纠正群众反映强烈的不正之风】 佛山市成立纠风工作志愿者服务总队，开展镇街、村居两级纠风网络建设试点，引入社会力量参与纠风工作。深化政风行风热线工作，播出“民生直通车”45期、“对话民生”网络直播10期。在8个公共服务行业开展民主评议政风行风工作。认真开展教育乱收费、环境污染、虚假广告、拖欠农民工工资问题等专项治理，纠正中小学乱收费、医药购销和医疗服务中的不正之风，查处了南海大沥汽车站公路“三乱”案、西樵售卖假农药及有关监管部门行政不作为案、盐步环球水产市场欺行霸市案、顺德机动车检测站违规收费案、禅城区市场监督管理局涉嫌包庇放纵网吧容留未成年人上网案等损害群众利益案件34件。

【监督检查工作】 加强对落实“十二五”规划和《珠江三角洲地区改革发展规划纲要（2008～2020年）》、“加快转型升级、建设幸福佛山”、“三打两建”、环境保护、改善民生等重大决策部署的监督检查；建立效能监察联动机制、重点项目专责机制和责任倒逼机制，重点对城市升级三年行动计划、佛山新城建设、援疆援藏等重大项目开展督查和考评，促进了各项中心工作落实。

【行政监察工作】 积极开展绩效管理试点，探索切合佛山实际的绩效评价模式。深化电子监察工作，全面推进佛山市电子纪检监察综合平台建设。深化行政审批制度改革，全面推进行政审批电子网络一体化和行政服务标准化建设。改革和强化水利工程建设项目招投标工作，完善提升公共资源交易平台和监管体系，探索建设公共资源网上交易系统。加强明察暗访和督办问责，共问责党政领导干部16人次。加强行政投诉处理，全市受理的233件行政效能投诉全部办结。围绕国土资源、交通运输、水利等重点领域工程建设项目，深入推进工程建设领域突出问题专项治理，发现问题2482个，纠正2288个。

【源头治理腐败工作】 组建市预防腐败局，加强对预防腐败工作的统筹协调。研究制订《关于推进廉洁佛山建设的若干意见》，全面部署“廉洁佛山”建设。重点抓好机关、国企、民企、街道、村居五类单位试点，推进廉政风险防控工作深入开展。健全和完善农村集体资产交易、财务网上监控“两个平台”建设，加强对农村“三资”监管。完成了第二批市直单位公务用车制度改革。建立健全市直重点企（事）业单位党风廉政建设工作巡查制度，对5家单位完成了巡查。确定28家行业协会和民营企业为首批民营企业投诉中心效能监察联系点。开展非公有制经济组织防治腐败试点，探索推进社会领域防治腐败工作。完成市政府特约监察员换届工作，改善了结构，增强了力量。

（廖复初）

精神文明建设概况

【综述】 2012年，佛山市精神文明建设工作坚持以科学发展观为统领，紧紧围绕中央和省的部署，以创建全国文明城市工作为总抓手，以提升城市文明形象和市民文明素质为目标，以全面开展群众性文明创建活动为载体，扎实做好精神文明建设各项工作。在2012年度全国城市文明程度指数测评和全国未成年人思想道德建设工作测评中，分别获得全国地级提名资格城市第5名和全国地级市第12名的好成绩，在省内全国提名资格城市中均位列第一，向市委、市政府和市民交了一份合格的答卷。

【完善机制，以测促评，推进“创文”工作常态化】 加强队伍建设，队伍素质与“创文”成绩同步提升。市委、市政府高度重视，同意市创建全国文明城市工作办公室增设人员编制，实行市创建办与市文明办合署办公，同时从原抽调人员中留用部分骨干；市创建办调整架构，职能定位和分工更加明确清晰，同时及时指导各区、市直责任单位完善机构和队伍。利用“请进来”和“走出去”的方式对全市“创文”队伍培训，工作业务能力不断增强，为全年“创文”取得较好成绩夯实了基础。

加强机制建设，考评与督查形成强大推动力。年初制定“创文”工作规划，明确未来三年工作目标。年内完善了责任分工机制、季度测评机制、督查督办机制、点评会议机制、年度考评评优机制等。实行每季度开展一次“城市文明程度指数”和“未成年人思想道德建设工作”测评，公布排名；推行周巡查、月检查、季度考评逐期推进的办法，加强督查督办工作。重点推进了市场升级改造、校园周边整治、文明餐桌、乡村学校少年宫、公民道德修养课堂建设等重点项目，成效明显。

坚持“创建为民、创建惠民”，市民认同度和支持率保持高位。佛山市始终坚持“创建为民，创建惠民”的宗旨，将创建工作作为建设“民富市强、幸福佛山”的重大民生工程，将“改善城市品质、彰显城市品格、提升城市品位”作为引领全市创建工作的灵魂，以“创文”为平台，开展城市升级、城市管理考核、“三打两建”、专项治堵、集贸市场改造、社会诚信体系建设等一系列惠民行动，不断增强广大市民的认同感、归宿感和幸福感。市民对创建全国文明城市的认同度和支持率分别为94.19%和97.19%，全市“创文”工作深入人心。

大力宣传动员，舆论氛围和社会氛围得到不断强化。制定并印发《佛山市2012年创建全国文明城市宣传教育活动工作总体方案》，指导各区、各部门广泛开展媒体宣传、公共场所宣传、入户宣传和网络等新媒体宣传。定期制定新闻宣传报道重点内容指引，引导媒体加强对“创文”日常工作动态的报道。指导督促媒体开辟“创文”的新闻宣传专栏共超过30个，全年播发关于“创文”的动态新闻报道超过1000篇（条）。指导媒体加大刊播公益广告的力度，市内各媒体均拿出重要版面和时段，按要求刊播“创文”公益广告，全年播发不少于2万次。定期编印《佛山创文》和《创文工作简报》，设计并制作了上万份宣传海报，在全市免费派发，督导各区、各部门做好“创文”的户外公益广告，提高“创文”的社会知晓率。

【立足实际，创新品牌，以“微文明”行动推进市民实践社会主义核心价值观】 2012年，佛山市在全市开展“微文明”市民行动，倡导市民从身边做起，从小事做起，从细节做起，以身边“微文明”

推动城市大文明。全市各级机关、学校、窗口行业、社区对“微文明”理念普遍认同，响应及时，活动取得了初步成效。

“微文明在社区”行动深入开展，邻里关系、社区秩序持续改善。在行动中，社区把“微文明”要求具体化、生活化，使得社区传统管理模式在“微文明”理念下焕发新的生机。一是组织居民共商《文明的约定》，共同约定居民身边的文明准则，成为居民自行商定、自我认同、自我实践的实际行动。二是举办丰富多彩的文体活动。组织社区各类表演队、兴趣组、亲子团共同展示“微文明”的活动，把《文明的约定》融入到邻里交往的细节之中，融洽邻里之间的关系。一些社区志同道合的爱心人士，组成“志愿服务队”，关爱社区空巢老人、残疾人和留守儿童，在居民之间传递“微文明”的关爱力量。三是“微文明”融入社区秩序管理。由社区牵头，发动物业管理人员、热心居民和志愿者共同梳理社区的不文明行为，每一段时间解决一个突出问题；以硬件促管理，如建设隔离护栏、石墩，实行车位画线标向，规范居民车辆停放，社区公共秩序得到不断改善。四是“微文明在社区”示范点突出引领效应。全市已经选取15个基础条件好的社区，将其打造为“微文明在社区”示范社区，各示范点全面完成硬件建设，精心设计开展了大量的“微文明”实践活动，文明创建工作水平普遍得到提高，为下一步在全市各社区全面推广经验奠定了基础。

“微文明由我创”行动特色明显，文明准则与管理制度有机融合。各行各业结合自身特点和实际情况，将“微文明”行动与加强内部管理、提高服务质量、提升工作效率等相结合。部分窗口单位、学校、机关、企业先行一步，做出了具有鲜明特色的探索。一是在单位管理细则中体现文明准则，“微文明”行动实现常态化。一些单位把文明行为准则纳入到单位管理细则中，成为常态化培养员工文明习惯的良好途径。顺德区公交运输公司把公交司机的礼仪着装、文明语言、文明待客等具体要求，纳入到企业“4R”管理体系中，形成一套完整的、融行业规范和文明要求于一体的优质服务体系。二是在各类活动中突出文明教育，“微文明”理念得到不断强化。许多单位把“微文明”理念自觉地与“创文”活动有机结合，开展了一批丰富多彩的活动，让员工接受文明的熏陶。南海区制订《微文明倡议100条》，设计了包括内容、示范、传播、推广、保障在内的一整套行动推进体系。高明区沛明小学开展“弯腰工程”，发动学生自觉清理校园垃圾；许多单位制定了本单位“微文明”工作方案，指定专人负责跟进；在单位办公场所、食堂、员工宿舍等地点，张贴“微文明”宣传标识，运用各类阵地、载体宣传“微文明”。市文明办分别在机关、企业、学校、窗口行业确立了4个类别8个示范点，下一步将动员这些示范点单位按要求推进行动，取得经验后，向全市同行业推广。三是在评价和激励中考察文明行为，“微文明”推进得到有效保障。把员工文明行为纳入考评、激励体系，能有效地保障“微文明”行动持续开展。高明区英皇卫浴陶瓷有限公司规定员工在厂区的行为表现占总评100分中的15～25分，得分直接影响个人奖金。

佛山市在全国首先推出了“微志愿”服务理念，倡导人人从细微的小事做起，像做志愿者一样做好事；倡导广大注册志愿者，从身边小事做起，随时随地参与志愿服务。2012年，“微志愿”服务得到更深入的开展。一是以学雷锋志愿服务为引领，开展学雷锋活动。制订下发学雷锋活动总体方案，组织全市围绕“学雷锋，树新风”主题开展各种学雷锋活动。佛山日报社组织学雷锋系列座谈会，在全市形成新时期下学雷锋的良好舆论氛围；顺德区深入开展志愿服务，组织中小学生深入社区开展“小小志愿者”服务行动。二是为推广“微志愿”搭建便于参与的服务平台。由团市委牵头，建立起“微志愿”圆梦公益互助的信息平台，通过这个信息平台，收集有需要帮助的市民的“小梦想”，同时征集爱心企业、热心市民的捐助，使得求助与救助的意愿能够及时实现对接，为市民百姓参与“微志愿”提供了一个十分便捷的平台。此外，还结合佛山市“10分钟社区志愿服务圈”建设，组建社区志愿服务工作站159个，并在建成区主要公共场所设立便民利民服务站点43个。三是为培育“微志愿”组织开辟社会化参与新路径。成立佛山青年社会组织培育发展中心，通过项目招标、宣传培训等方式，挖掘、培育一批有较强运作和承接能力的民间“微志愿”组织。四是为壮大志愿者队伍健全管理和组织方式。由市委、市政府牵头，成立佛山市志愿服务活动协调小组，办公室设在文明办，统筹全市各类志愿服务资源。网络文明传播志愿服务队和文明礼仪普及志愿服务队等各类专业志愿服务队伍在全市先后成立。

“微文明一家亲”实现多赢，员工素质、权益和企业文化不断得到加强。一是开展宣传教育，帮助“新佛山人”融入城市。各级政府职能部门在全市300多万“新佛山人”中开展一系列公民道德、文明礼仪、政策法规宣传教育等活动，引导、鼓励和支持他们“走进新生活、结识新朋友、融入新环境、树立新形象”。各级工会组织和政府部门利用节假日，举办了外来工专场歌友会、外来工慰问演出板报设计比赛、幸福家书寄送等文化活动，搭建亲情纽带。二是关心支持员工发展，解决员工实际困难。对因伤致残、因病致贫、丧失劳动能力等生活有困难的新佛山人，开展送温暖、金秋助学、工伤探视等主题帮扶活动。特别是以全国人大代表、外来工胡小燕命名的“小燕暑期乐园”，在帮助外来务工人员家庭融入本地社区，使他们共享城市文明发展成果方面取得巨大社会效益，在广大外来务工人员群体中产生广泛而深远的影响。三是企业文化得到提升，企业形象和经济效益得到共同促进。部分企业将“微文明”市民行动纳入企业文化范畴，将“微文明”主题融入到开展员工职业心态教育和企业文化建设中，有效地提高了服务质量和企业竞争力。这种多赢的活动局面，使得企业有动力和积极性，持之以恒地践行“微文明”。

【突出重点，统筹引领，深入推进公民道德建设】
树立道德标杆，宣扬社会正能量。开展全国道德模范赵广军与身边好人交流论坛、“发现好人”——佛山道德领域典型事迹评议会、群众“推评选学”佛山好人暨模范事迹巡讲巡演等活动，充分发挥典型人物的带动引领作用，宣扬社会的正能量。特别是群众“推评选学”佛山好人活动，走进基层市民中间，发动群众推、群众评、群众选、群众学，推出近40名佛山好人，并从中产生新一届“佛山十佳美德之星”，形式新、接地气，深受群众喜爱。在这项活动的引领下，禅城区开展“感动禅城道德人物”“石湾好市民”“祖庙好人”等评选活动；南海区开展“善美的星空”感动南海道德人物评选活动影响广泛；顺德区继续打造顺德好人品牌；高明区充分利用“佛山好警”梁志毅的先进典型，深入开展道德模范事迹巡讲活动，深受基层群众欢迎；三水区继续推进“三水好人”“三水精英”推荐宣传活动，以道德模范的力量引领社会风尚。2012年，佛山市先后有1人被评为“中国好人”、3人被评为“广东好人”。

建设公民道德修养课堂，提高市民道德修养。在全市深入开展“微文明 · 公民道德修养课堂”活动，针对不同对象、依托不同的阵地，分别设立“机关干部道德修养课堂”“职工道德修养课堂”“社区道德修养课堂”“青少年道德修养课堂”以及“网上道德修养课堂”等五类课堂共122个；编制并印发了《佛山市公民道德修养课堂管理制度》《佛山市公民道德修养课堂基本流程》《道德格言》等。活动开展以来，成效显著，全市五区各选定了一批示范点，各社区、各单位纷纷开设相关的道德修养课堂，通过听故事、做评议、表善心等形式，共享好人故事，用身边人教育身边人，着力提高市民的品德修养和综合素质。

推进“文明餐桌”行动，提升服务水平。佛山市以全市二星级以上酒店和各区街道所属中心建成区食品安全B级以上餐饮店为重点，以餐饮企业及其消费者为主要对象，大力普及“文明餐桌”知识，提升行业服务品位。全市共有1000多家餐饮企业，首批参与“文明餐桌”行动的餐饮企业共计400多家餐饮企业（包括A级和B级餐饮企业）。南海区为落实“文明餐桌”行动制定了《南海区“文明餐桌”评选办法》，评选了“文明餐桌示范店”10个和“微文明服务之星”100名。“文明餐桌”活动开展收到显著成效，各餐饮单位普遍反映顾客用餐浪费的现象减少，餐饮企业的卫生环境进一步提升，餐饮业服务整体质量得到有力提升。

专项教育治理，推进社会诚信体系建设。一是健全机构。成立专项教育治理活动协调小组。印发《佛山市道德领域突出问题专项教育治理活动方案》。二是切实开展专项教育治理活动。5～12月，结合正在开展的“三打两建”工作，紧紧抓住食品安全、窗口服务、公共场所等方面存在的道德问题开展专项教育和治理活动。三是开展道德评议活动。召开全市公共场所道德领域突出问题自查自纠与道德评议座谈会，对全市公共场所市民行为及文明服务进行自查自纠与道德评议，加强道德建设的正面舆论引导，进一步提升城市的文明形象。

净化社会环境，推进未成年人思想道德建设。围绕“创文”中心工作任务，大力创新未成年人思想道德建设工作内容、形式、方法和载体。一是积极开展主题实践活动。通过组织开展美德少年推荐命名活动、“童心向党”歌咏活动、“做一个有道德的人”主题活动和“六一”“十一”期间开展“向雷锋学习、做美德少年”网上签名寄语等活动，大力提升未成年人思想道德素质。2012年全市共推荐命名30名“美德少年”，为广大未成年人提供了学习的榜样。二是推进阵地建设。进一步规范和加强中央专项彩票公益金支持乡村学校少年宫项目管理工作，已经落实5所学校的资金到位；全市共建设乡村学校少年宫17个、城市学校少年宫5个。继续推进“做一个有道德的人”主题活动联系点建设工作，至年底全市五区共建立“做一个有道德的人”主题活动联系点43个。三是净化社会文化环境。调整了净化社会文化环境工作领导协调小组，召开佛山市净化社会文化环境工作会议，对佛山市打击“黑网吧”、加强网吧管理和校园周边环境综合治理等工作进行部署，切实加强净化社会文化环境工作力度，为未成年人健康成长营造良好的社会环境和氛围。

深化“我们的节日”主题活动，弘扬传统文化。佛山市利用春节、元宵、清明、中秋等重要传统节日，继续组织开展形式多样的群众性“我们的节日”活动。春节期间，举办千副春联禅城墙暨“幸福广东”2012年新春联进万家、书法进校园活动；清明节期间，在铁军公园举办佛山市2012年清明祭奠革命先烈大会，来自社会各界的1500多名代表共同缅怀革命先烈。端午节期间开展“我们的节日”活动，在三水区开展“弘扬广东精神共建幸福家园”2012年佛山市“我们的节日·端午”文艺晚会，弘扬端午文化传统。中秋节期间开展“我们的节日——岭南文化艺术节开幕式晚会”，市民通过媒体观赏，影响广泛。各区、各镇街、各单位结合实际，纷纷开展活动，在全市营造出浓厚的传统文化氛围。

推进“崇文佛山”全民阅读活动，共筑“智慧佛山”。启动2012“崇文佛山”全民阅读暨“书香顺德”系列活动。确定该活动主题为“悦读城市·升级文明”。陆续开展包括2012佛山旅游·读书文化节、“崇文机关”读书活动等18大类共26项活动，范围覆盖全市五区的机关、学校、社区、镇村、家庭、企事业单位，形成浓厚而广泛的阅读氛围；举行2012南国书香节佛山书展暨第三届东方广场书香文化节、2012南国书香节·顺德书展等活动，推动佛山市城市升级和文明城市创建活动。

【抓榜样队伍，促结对共建，群众性文明创建工作纵深拓展】 一是做好“十好”和谐文明村居、文明社区、文明窗口单位、文明单位的创建活动。年初对获得全国、省、市级精神文明创建工作先进称号的单位进行了表彰和授牌，同时对2000年以来全市400多个获得市级以上精神文明表彰的单位进行复核，首次召开全市精神文明建设先进单位“创文”动员大会，调动全市文明建设先进单位的力量，树“创文”榜样，把他们打造成骨干队伍、文明阵地和创建先锋。二是开展结对共建工作。召开文明单位与“十好”和谐文明村居结对共建现场经验交流会，促进首批65对文明单位与村居签订结对共建协议，双方优势互补，推行文化共建、阵地共建、党团组织共建、志愿服务共建等，推进城乡精神文明建设水平共同提高。三是做好“百城万店无假货”创建活动，年初高明区荷城街道文昌路商业街获第六批“广东省‘百城万店无假货’示范街”称号，2个经营店获第六批“广东省‘百城万店无假货’示范店”称号，同时禅城区季华五路示范街和3家示范店顺利通过省的复检。四是做好“千个窗口展形象”活动，命名佛山市兴华商场有限公司等67家窗口单位为创建全国文明城市“千个窗口展形象”示范点。

（胡定南）

第四篇

政　　治

FOSHAN YEARBOOK

佛山市领导机关

中共佛山市委

【综述】 2012年是新一届市委的开局之年，中共佛山市委以邓小平理论、“三个代表”重要思想、科学发展观为指导，认真学习贯彻党的十八大精神、省第十一次党代会精神，紧紧围绕贯彻落实市第十一次党代会精神，提振信心、勇往直前，积极应对经济下行压力，推动科技金融产业融合发展，全力推进城市建设和管理，着力加强社会民生事业，不断深化各项改革，全市在转型升级、民生改善、体制改革等领域都取得新突破，全市上下呈现令人鼓舞的新变化。

【中共佛山市委十一届二次全会】 2012年1月6日，中共佛山市委召开十一届二次全会，全会传达贯彻广东省委十届十一次全会精神。会议强调，各级领导干部要创新思维，加强学习，敢于担当，为佛山转型升级、社会管理找出好路径。全会总结了上年主要工作：全面完成“十一五”规划各项指标，实现了“十二五”良好开局，全市经济发展持续跨越，综合实力大幅提升，预计全市地区生产总值、工业总产值、财政总收入分别达6600亿元、1.78万亿元、1111亿元。生产总值五年跨4个千亿元大关，年均增长14.8%；人均生产总值91500元，年均增长10.4%。全会结合广东省委全会精神对下阶段佛山市转型升级、社会管理和人才队伍建设三个方面工作进行了部署：深刻把握转型升级的重大问题，认真研究分析佛山转型升级之路，抢时间抓好企业服务和招商引资；深刻理解加强社会管理重大问题，以块为主、以条为辅抓好社会管理，减少经济指标考核，让镇街和村居腾出空间抓社会管理；深刻把握人才建设的重大问题，花大力气加强干部培训，团结班子带动队伍；根据新的形势、新的任务变化，运用新的理论成果，承前启后推进制度创新、科技创新、文化创新和其他方面的创新。

【中共佛山市委十一届三次全会】 2012年5月18日，中共佛山市委召开十一届三次全体（扩大）会议，就佛山市如何结合实际贯彻落实广东省第十一次党代会精神，进一步增强竞争力和群众幸福感进行了部署安排。除全市副处级以上干部外，为了使广大干部更加准确理解省第十一次党代会精神，自觉把具体贯彻措施落实到一线工作中去，首次特别安排了近500名市委、市政府主要工作部门科长列席了全会。全会围绕贯彻落实省第十一次党代会精神，对下阶段工作进行了全面部署：一是加快推进行政管理体制改革，再造竞争新优势。要实行市区联动，坚决取消一批、下放一批、向社会转移一批行政审批职能，努力构建政府、市场、社会三者相互协调、良性互动的格局。二是加强产业链招商，全力推进产业转型升级。从构建产业链的需要出发，确定目标企业，加强产业链招商，完善和提升佛山市的产业链条，打造具有佛山特色和优势的产业集群；加快佛山高新技术产业园、中德工业服务区、广东金融高新区等平台建设。三是实施城市建设和城市管理升级计划，全面提升城市建设和管理水平。实施城市升级三年行动计划，将用3年投资千亿元推进103个项目，努力推动佛山城市化发展水平上新台阶；加强城市管理，实施城市洁净工程。四是加快幸福佛山建设。围绕充分就业、居住环境、文化、安全感、医疗卫生和教育等影响群众幸福感的关键因素，采取有力措施解决多数人的共同需求和可持续的民生问题。五是推进廉洁佛山建设，进一步提升管党治党水平。以实现“廉洁佛山”为目的，继续进行反腐倡廉，强化廉政监督，进一步提升管党治党水平和执政能力。

【经济发展保持稳步增长】 2012年，全市实现生产总值6709.02亿元，增长8.2%，人均生产总值9.26万元。规模以上工业总产值1.47万亿元，增长11.9%。财政总收入1261.62亿元，增长13.6%，其中地方公共财政预算收入384.08亿元，增长12.4%。固定资产投资2128.33亿元，增长10.1%；社会消费品零售总额2019.5亿元，增长11.6%；金融机构本外币存款余额10167.55亿元，比年初增长11.5%。全市进出口贸易总值610.6亿美元，增长0.3%，其中出口401.5亿美元，增长2.7%；全年实际利用外资23.5亿美元，同比增长9.07%；签约超千万美元外资项目56个，引进世界500强项目14个。城镇居民人均可支配收入34580元，农村居民人均纯收入15684元，分别增长12.6%和13.1%；居民消费价格涨幅2.6%。

【产业转型升级成效明显】 2012年，佛山市大力打造高端发展平台，佛山高新区、广东金融高新区、南方智谷、智慧新城等产业载体建设取得新进展，中德工业服务区被列入省六大重点发展平台之一，并上升到中德两国国家级合作层面。佛山高新区实施“一区五园”新体制，核心园区落户南海区狮山镇和三水区乐平镇。广东金融高新区致力发展产业金融，引进各类机构和项目104个。中国南方智谷被认定为国家现代服务业科技服务产业化基地，入驻创新团队13个。广东工业设计城入选粤港澳科技创新合作示范区服务贸易自由化重点项目。智慧新城核心区完成总投资的91%，格力电器、日立电梯等一批大型企业落户。强势推进招商引资，“建链”“补链”和“强链”成效显著，产业的造血功能得到强化。在东盟、欧洲等国家和台湾地区开展招商推介活动，全年实际利用外资23.5亿美元，同比增长9.07%；签约超千万美元外资项目56个，引进世界500强项目14个。国药集团中药产业基地、台湾旺旺集团华南生产基地、亨氏集团、安德里茨设备制造中心、广东富华工程机械制造等一批优质项目落户。深入开展“暖春行动”，主动为企业雪中送炭，助推企业走出困境。全年为企业减免税费超过35亿元。争取中央、省专项资金18.15亿元，累计向中小企业融资452亿元、投放贷款161亿元。组织企业开拓内、外需市场。实施民营企业家素质提升工程，培训企业经营管理者400多人。传统优势行业升级加速，战略性新兴产业进一步发展。实施“质量效益双提升”计划，机械装备、陶瓷等四大行业70个技改重点项目推进顺利。推动两化深度融合，46个项目被认定为省级示范项目，顺德区成功申报国家级装备工业两化深度融合暨智能制造试点。

【科技金融产业融合发展作用凸显】 2012年，佛山市推动科技金融产业融合发展，产业核心竞争力得到增强。创建国家创新型城市工作全面启动，全年组织企业申报各类科技项目1300多项，全市新增国家级企业技术中心2家、省级工程技术研究开发中心5家，新建产业技术创新联盟6个。产学研合作成效显著，共获得省部产学研结合项目52项、省院战略合作项目28项、院市合作项目70项。与中科院合作3年多来，引入创新团队41个、育成企业41家，佛山中科院产业技术研究院进驻佛山新城。佛山市与德国弗劳恩霍夫协会签署框架协议，共建中德工业服务区。品牌、标准、专利战略有效推进，新增各类标准92项；专利授权1.78万件，增长9.1%，其中发明专利授权1161件，增长19.4%。金融创新发展不断深化，出台促进金融服务实体经济的若干意见，提出试点设立科技金融机构、推广“商圈”融资模式等创新举措服务实体经济。2012年，全市新增上市公司5家，总数达37家；新增股权投资基金65只，总数达125只。外资银行在佛山设立分支机构11家。探索民间金融创新发展新路径，市民营企业投资商会成立，佛商壹号投资基金启动。南海区成为全国首个通过知识产权质押融资验收的试点城市，佛山市成为广东省首个实现行政村金融服务全覆盖的地级市。

【城市品质稳步提升】 2012年，佛山市实施城市升级三年行动计划，开工67个项目，建成15个项

目。“强中心”战略快速推进，中心城区的划定获得国务院批准实施，中心城区及其他组团城区升级步伐加快。禅城老城区改造提升成效明显。岭南天地二期基本建成，中山公园升级工程启动，升平路、永安路、南堤路商业街主体工程完工。佛山新城建设加速提质。佛山新地标苏宁广场等中央商务区八大项目同步奠基，滨江景观带初步建成。桂城千灯湖片区建设进展顺利。海八路金融隧道建成通车，平洲玉器城特色步行街区一期完工。禅西新区建设稳步推进。南庄岭南生态园中心湖河网工程全面完工，东片区主要道路工程基本建成。顺德新城43个重点项目全面铺开。西江新城完成5亿元建设量，君御温德姆至尊酒店如期封顶。三水新城规划编制基本完成。城市轴线和节点景观改造亮点纷呈。创建“全国绿化模范城市”通过国家核查组认定达标，生态景观林带建设取得阶段性成果。禅城区加大城市道路“五位一体”改造力度，祖庙路、锦华路等道路改造完工，佛山大道改造工程进展顺利，佛山火车站区域提升成效明显，广佛轨道出入口绿化景观提升全面完成。南海区大沥镇广佛路改造、广佛新干线（一期）绿化工程、佛山水道沥桂新城区段滨河景观提升等顺利完成，里水河一河三岸景观塑造日见成效，华南电光源灯饰城外立面改造成为样板。顺德区对外主要道路衔接口、广珠西线及顺德站绿化景观提升完工，乐从新桂路及杏坛城市道路改造成效显现。高明区丽江水廊、秀丽河堤围景观综合整治初见成效，沧江路改造成为示范。三水区广三高速城区段两旁美化亮化、西南城区重点地段亮化等工程完成，一环东路美化绿化成为样板工程。交通基础设施建设加强。广三、佛开高速扩建任务完成，碧桂路改造、魁奇路东延线一期主线、一环南延线等建成通车，汾江路及岭南大道南延线、广佛轨道二期动工。大气和水环境治理力度加大，小燃煤锅炉、VOC、黄标车、黑烟车进一步整治，节能降耗成效明显。佛山获全国城市供电可靠性A级金牌，三水区成功申报国家新能源示范城市，禅城区低碳发展经验入选第18届全球气候大会。“三旧”改造深入推进，广佛国际商贸城、国际家居博览城、高明三洲旧区等项目改造成效显著。各组团核心区基础设施建设全面铺开，城市服务功能和承载能力不断提升。城市管理开创新局面，设立市城管委，开展以市政环卫、户外广告、建筑工地、农贸市场等为重点的专项整治，城市重点区域和路段“脏乱差”现象明显改观。启动137个农贸市场升级改造，完工109个。采取“管建引限”措施，推动中心城区治堵取得初步成效。公共交通加快发展，全市城区公交分担率提高到20%。智慧城市建设不断加强，市民融合服务平台正式启动，市民办事可享受一站式便捷服务。

【文化事业加快发展】 2012年，佛山新城图书馆、档案中心、科技馆、青少年宫以及艺术村基本建成。全国文化信息资源共享工程基层服务点覆盖全市所有镇街，农家书屋实现行政村全覆盖，城乡四级公共文化服务网络日益完善。佛山粤剧《小凤仙》进入国家舞台艺术精品30强并进京展演，秋色欢乐节、“寻梦佛山”异地务工人员夏令营等文化活动精彩纷呈。大力扶持文化产业发展，西樵山梦工场一期、岭南文化苑等项目投入使用。创建全国文明城市带动城市管理水平提升，开展具有佛山特色的“微文明”系列品牌活动，倡导市民从细节、小事做起，实现城市“大文明”，国检中“创文”取得明显成果。

【改革创新取得新成效】 2012年，佛山市在广东省率先启动行政管理体制改革试点，系统推进政府职能清理、商事登记制度改革、审批模式创新和审批流程再造等工作。市级部门通过取消、转移、下放、购买服务和优化调整等方式，共压减审批和管理事项536项，精简率达48.3%。全市逾550家企业完成商事注册登记。广东省网上办事大厅佛山分厅正式运营，全市网上办理业务量达30%以上，其中南海区达50%以上。跨部门并联审批使企业准入、工程验收审批时间均比改革前压缩50%以上，行政效能显著提升。完善社会建设相关政策体系。通过降低社会组织准入门槛、推行直接登记、建设社会组织孵化基地，促进社会组织蓬勃发展，全市共登记备案社会组织3549个。政府购买服务制度进一步健全，社工人才队伍建设得到加强。财政国资改革取得实效，完善财政预算管理和绩效管理制度，强化预算执行刚性，扩大专项经费竞争性分配范围，财政管理科学化、精细化水平进一步提高。落实“大国资、全覆盖”总体工作方案，93

家市属国有企业实现资产整合重组。建立市级土地储备财力保障机制，优化国有企业债务，国有企业可持续发展能力得到增强。农村体制改革开创基层治理新格局，顺德区推动政府公共服务延伸村居，启动法定机构试点改革，建立健全决策咨询机构，推进政社协同共治。南海区加快“政经分离”农村综合改革步伐，明确基层组织权责边界，创新集体资产监管方式，引导村居回归自治。

【民生事业取得新进展】 2012年，佛山市财政投入民生方面资金262.58亿元，占地方公共财政预算支出的60.65%，圆满完成省市民生实事。两次提高企业退休人员养老金标准，月人均养老金从1570元提高到1940元。城乡最低生活保障标准全市统一提高为430元／人・月。新建平价商店115家。保障性住房开工7694套，竣工3920套，完成华侨农场职工危房改造200户。省级饮用水源保护标准化建设基本完成。中心城区垃圾分类试点初见成效，城镇生活垃圾无害化处理率达92%。建设64家“健康e园”。免费为市民发放佛山健康卡166.5万张。率先实现残疾儿童少年15年免费教育，启聪学校建设基本完成。实施积极就业政策，全市新增城镇就业人数9.1万人，城镇登记失业率2.42%。在广东省率先合并实施“新农保”与城镇居民社会养老保险制度，提前实现两项社保全覆盖。启动社会养老服务体系建设年活动，居家养老服务工作力度加大。教育综合改革试点取得阶段性成果。学前教育三年计划积极实施，非户籍人口子女读书问题得到妥善解决，“数码学习港”全面启动，顺利通过广东省“推进教育现代化先进市”督导验收。公立医院综合改革试点稳步推进，基层医疗卫生服务网络进一步完善。“三打两建”成效显著，切实解决了群众反映最强烈、问题最突出、社会危害最大的黑恶势力、保护伞和食品、药品等重点问题。实施专业化精确打击战略，开展严打整治行动，加强社会治安综合治理，群众安全感稳步提高。安全生产“一岗双责”和“双基工作”走在全省前列，消防“网格化”管理模式全面推行，信访和公共安全等应急机制进一步健全，全年无重大安全事故发生。

【党的建设取得新发展】 2012年，中共佛山市委全面动员部署各级机关部门、广大党员带头深入学习贯彻党的十八大精神，精读报告原文、领会精神实质、撰写心得体会，开展心得体会评奖活动，多形式、多途径开展学习贯彻活动，在全市掀起了学习贯彻党的十八大精神的热潮。反腐倡廉建设注重中心工作监督落实，加强对中央、省、市、区重大决策部署落实情况的监督检查。注重社会领域防腐，加强对医院、学校、国企等市直重点企事业单位进行监督检查，建立健全市、区、镇街、村居四级联动机制，推动纪检监察监督向基层延伸。注重廉洁高效政府和防控机制建设，成立市预防腐败局，突出廉政风险防控、宣传教育两项职能，拓展了工作领域。选择在机关、国企、民企、街道、村居五类单位开展廉政风险防控标准化试点，取得初步成效。加强换届后领导班子建设，稳妥推进领导班子调整配备工作，深入开展市、区党政领导干部基层驻点调研工作。加强基层组织建设，推进基层组织建设年活动，全面开展基层党组织分类定级和晋位升级工作，对全市6701个基层党组织进行了分类定级。抓平台和机制建设发挥党代表工作室作用，共建设完成党代表工作室829个，投入资金800多万元，92%的工作室设置在村居、企业一线，实现了村居全覆盖，定期开放接待群众。加强干部人才培养选拔方式创新，实施优秀年轻干部挂职锻炼“双百工程”，共安排了100名左右市直单位35岁以下优秀科级干部以及100名左右区、镇街、企业以及垂管单位年轻干部挂职锻炼。

（田小强　潘金科）

附：2012年中共佛山市委领导名单

书　记：李贻伟

副书记：刘悦伦　周天明

常　委：张子兴　冯德良　吴卫华　邓伟根　梁维东　魏　辉　李子甫　区邦敏

现任中共佛山市委领导名单

书　记：李贻伟

副书记：刘悦伦　周天明

常　委：张子兴　冯德良　吴卫华　邓伟根　梁维东　魏　辉　李子甫　区邦敏

（2013年8月市委供稿）

佛山市人大

【综述】 2012年是新一届佛山市人大常委会继往开来、开拓进取、取得实效的开局之年。在中共佛山市委的正确领导下，市人大常委会以邓小平理论、“三个代表”重要思想、科学发展观为指导，认真贯彻落实党的十七大、十八大精神和市委的决策部署，坚持党的领导、人民当家做主、依法治国有机统一，围绕中心，服务大局，依法履职，扎实工作，全面推进佛山市民主法治建设取得新成效，为“民富市强、幸福佛山”建设作出了积极贡献。

【召开市第十四届人民代表大会第一次会议】 2012年1月9～11日，召开了佛山市第十四届人民代表大会第一次会议。会议听取和审议了市人大常委会代理主任卢汉超所作的《佛山市人民代表大会常务委员会工作报告》、市人民政府代理市长刘悦伦所作的《政府工作报告》、市中级人民法院院长陈陟云所作的《佛山市中级人民法院工作报告》、市人民检察院代理检察长金波所作的《佛山市人民检察院工作报告》，审议了市发展和改革局局长周文受市人民政府委托所作的《佛山市2011年国民经济和社会发展计划执行情况与2012年计划草案的报告》、市财政局局长黄福洪受市人民政府委托所作的《佛山市2011年预算执行情况和2012年预算草案的报告》，并通过了相应的决议。大会依法选出李贻伟为市第十四届人大常委会主任，杨建华、徐海祥、黄建丰、刘耀淳、霍伙、卢立湃为市第十四届人大常委会副主任，霍锡淮为市第十四届人大常委会秘书长，王光护等21人为市第十四届人大常委会委员；刘悦伦为市人民政府市长，李子甫、许国、麦洁华、王玲、宋德平、彭会为市人民政府副市长；陈陟云为市中级人民法院院长，金波为市人民检察院检察长。

【召开市第十四届人民代表大会第二次会议】 2012年11月26～28日，召开了佛山市第十四届人民代表大会第二次会议。会议依法选举朱小丹等40人为广东省第十二届人民代表大会代表。

【召开市第十四届人大常委会第一至第七次会议】

2012年，市第十四届人大常委会召开了第一次至第七次会议。听取和审议了市人民政府《关于佛山市落实支持中小微企业发展政策措施情况的报告》《关于佛山市2012年上半年国民经济和社会发展计划执行情况的报告》《关于佛山市2012年上半年财政预算收支执行情况的报告》《关于佛山市本级2011年度财政决算草案的报告》《关于2011年度佛山市本级预算执行和其他财政收支情况的审计工作报告》《关于我市公安机关“三打两建”工作情况的报告》《关于我市〈大气污染防治法〉贯彻实施情况的报告》《关于佛山市发展现代农业情况的报告》《关于佛山市级2012年财政预算调整的报告》《关于市第十四届人大第一次会议代表建议办理情况的报告》以及《佛山市中级人民法院关于民商事审判工作情况的报告》《佛山市人民检察机关镇街职务犯罪预防工作情况报告》等12项报告；作出了《关于召开佛山市第十四届人民代表大会第二次会议的决定》《关于召开佛山市第十四届人民代表大会第三次会议的决定》《关于列席和邀请列席佛山市第十四届人民代表大会第三次会议人员的决定》《关于佛山市第十四届人民代表大会第三次会议设旁听席的决定》等4项决定以及《关于批准佛山市2011年市本级决算的决议》《关于〈佛山生态市建设规划（2012～2020年）〉的决议》《关于促进我市现代农业发展的决议》等3项决议；审议通过了《佛山市第十四届人大常委会代表资格审查委员会成员名单》《佛山市人大常委会2012年工作要点》《佛山市人大常委会决议决定及审议意见交办督办办法》和《佛山市第十四届人民代表大会常务委员会代表资格审查委员会关于代表资格审查的报告》。2012年，常委会依法任免市人大常委会工作机构负责人16人次；决定任免市人民政府组成人员31人次；任免市中级人民法院法官41人次；任免市人民检察院检察官8人次。

【围绕市委中心工作，依法履行职责，积极推进佛山市产业转型、城市升级和生态建设】 2012年，佛山市人大常委会认真贯彻落实市第十一次党代会精神，紧紧围绕市委中心工作和全市工作大局，积极推进市委决策部署正确落实。

努力推进中小微企业转型升级。常委会认真贯彻落实市委加快产业转型、开展“企业服务年”活动的部署，及时抓住中小微企业发展的问题，深入调研，与企业和行业协会代表进行座谈，实地走访中小微企业，听取和审议了市政府落实国家、省、市支持中小微企业政策情况的报告，针对佛山市中小微企业数量多、比重大，但企业规模小、抗风险能力弱的特点，提出佛山市要大力发展实体经济，将支持中小微企业发展摆上更加重要位置，分类指导，集中力量，加大引导扶持力度，努力培育一批有发展潜力的中小微企业转型升级、做大做强，形成一批具有国际竞争力的大公司、大企业集团，增强佛山市产业核心竞争力。

积极推进城市升级三年行动计划的落实。为促进城市升级“一年见成效、三年大变样”目标的实现，常委会主任会议听取了市政府关于佛山市城市升级三年行动计划编制和启动情况的报告，并组织调研组深入有关职能部门，了解实施计划的进展情况以及存在的困难和问题，跟踪重点项目的进展情况，监督和推进各阶段目标、任务如期完成。

支持和推进“三打两建”工作。常委会围绕“三打两建”工作，组织40名市人大代表，深入各区、有关部门进行视察，现场了解“三打两建”工作开展情况，要求继续加大“三打”工作力度，扎实推进“两建”工作，加快构建国际化、法治化的营商环境。常委会还听取和审议了市政府以及全市公安机关“三打两建”工作情况报告，要求政府及有关部门继续深入打击欺行霸市、制假售假、商业贿赂等行为，为“两建”工作打好基础。

推进经济稳中求进、科学发展。常委会听取和审议了市政府关于佛山市2012年上半年计划、预算执行情况以及2011年财政决算、审计报告，要求市政府要按照稳中求进的工作总基调，进一步加大产业链招商和固定资产投资力度，提升经济发展的质量和效益，力推产业转型和城市升级；继续深化财政改革，改进预算管理，不断提高财政绩效，确保稳增长、促转型、惠民生。常委会主任会议还听取了市政府2011年度审计查出问题的整改情况报告，继续加强跟踪监督，促进财政资金依法、规范、高效使用。

依法审议通过佛山生态市建设规划。为支持和推进佛山市形成生态环境持续改善的长效机制，常委会深入开展调查研究，依法履行重大事项决定权，审议通过了《佛山生态市建设规划（2012～2020年）》，并作出决议，要求市政府要维护规划的权威性，保障资金投入，加快产业结构优化调整，大力推进污染整治，全力推动生态市建设早见成效、惠及于民。

【围绕推进民主法治建设的工作主线，扎实开展工作，促进佛山市法治工作再上新水平】 2012年，佛山市人大常委会牢牢把握推进民主法治建设的工作主线，从高处着眼，结合实际，扎实推进，促进工作取得新成效。常委会主任会议听取了市政府2011年度推进依法行政工作报告，充分肯定工作成效，支持和促进市政府全面、深入推进依法行政工作，提升社会管理法治化水平，建设法治文明政府。支持和推进佛山市申报“较大的市”工作，常委会组成调研组，赴部分“较大的市”和正在申报的城市开展调研，形成调研报告上报市委，建议继续加强申报工作，夯实工作基础，为佛山市改革发展提供法律支撑。大力推进法治佛山建设，组织调研组对佛山市社区矫正及安置帮教工作进行了调研，形成有深度的调研报告，受到市委的充分肯定。听取和审议了市中级法院民商事审判工作报告、市检察院镇街职务犯罪预防工作报告，要求市中级法院要牢固树立公正、廉洁、为民的司法理念，进一步提高审判质量，维护司法公正，为社会筑牢公平正义防线；市检察院要进一步抓好镇街职务犯罪预防工作，督促镇街建立健全相关规章制度，进一步提高廉政水平。认真依法开展规范性文件备案审查工作，维护国家法制统一。

【围绕保障和改善民生，加强监督力度，推进佛山市社会民生事业协调发展】 抓准民生难点，加强工作监督。2012年，为推进佛山市公共交通发展，解决市民出行难问题，常委会组织人大代表对佛山市公共交通发展情况进行视察，并结合代表议案督办，组织对禅城、桂城、佛山新城交通建设情况进行调研。通过视察和调研，查找影响佛山市公共交通发展的主要问题，要求市政府要强化市级统筹力度，加快推进禅桂新交通一体化发展；继续加大财政补贴力度，加快发展便利快捷的现代立体公交系统，引导市民绿色出行，逐步提高公交的市民出行分担率。为推进解决医疗纠纷难题，常委会组织调研组，对佛山市医疗纠纷调解工作进行调研，分析佛山市医疗纠纷及“医闹”的成因，提出有关意见和建议，交由市政府研究处理。常委会还组织对佛山市城镇居民社会养老保险、已征土地使用及闲置情况、民族宗教等民生社会工作进行调研和监督，推进民生社会事业与经济建设同步发展。

针对热点工作，强化执法检查力度。常委会紧紧抓住珠江三角洲城市开展PM2.5指标检测的契机，组织对佛山市实施大气污染防治法情况进行执法检查，并听取和审议了市政府关于佛山市实施大气污染防治法情况的报告，针对检查中发现的问题，要求市政府要以生态市创建为抓手，提高认识，突出整改重点，强化责任，把大气污染防治向更高层次推进，确保大气污染防治目标全面落实。常委会还对佛山市实施宗教事务条例情况进行调研，督促市政府及有关部门进一步落实法律、法规规定和国家宗教政策，依法保障宗教界人士的合法权益。

把握“三农”工作重点，力推现代农业发展。常委会高度重视“三农”工作，着眼长远，着力推进现代农业发展。在深入调查研究基础上，听取和审议了市政府发展现代农业情况的报告，作出了《关于促进我市现代农业发展的决议》，要求市政府进一步提高农业的科技化和组织化水平，加大财政资金投入，引导信贷资金向现代农业倾斜，大力发展现代休闲农业、生态农业、设施农业。常委会还深入对农村社会保障情况进行调研，针对存在问题，建议市政府及有关部门继续完善农村社会保障方面的政策措施，进一步提高保障水平，让更多的发展成果惠及农村居民。

【围绕提升代表履职实效，发挥代表作用，代表工作水平再上新台阶】 市人大常委会始终把激发代表履职积极性、发挥代表作用摆在重要位置，支持和保障代表依法行使职权，努力提高代表工作实效。

大力督办代表议案、建议。市第十四届人大第一次会议召开后，常委会及时召开代表建议办理工作会议，提出办理工作新要求，强化议案、建议办理工作责任制，加强跟踪督办力度，及时掌握办理进度，通过走访、座谈等方式，了解代表对办理工作的意见，推动议案、建议办理从“答复型”向“落实型”转变。在常委会的重点督办下，《关于政府标本兼治，切实提高食品安全监管效果》等议案、建议得到较好的办理，代表通过议案、建议反映的一批问题得到解决，促进了民生改善和社会和谐稳定。

精心组织代表闭会期间的活动。常委会不断改进代表活动方式，丰富内容，拓宽领域，增强实效。围绕“三打两建”、交通发展、科技创新、文化设施建设、陶瓷行业发展、消防工作等，组织代表以集中视察或代表专业小组活动等形式开展代表履职活动，推动全市中心工作和常委会决议、决定的贯彻落实。积极组织代表参加常委会开展的监督、调研、视察等活动，邀请代表列席常委会会议等，扩大代表对常委会工作的参与面。积极组织代表参加政府部门开展的活动，拓宽代表知情知政渠道，丰富代表活动形式，更好地发挥代表作用。2012年，代表参加常委会组织的视察、执法检查、调研等活动48次，共472人次。

努力为代表履职提供良好服务。常委会加强与代表的沟通和联系，定期给代表寄发文件、政情资料等，及时通报有关工作情况；举办代表培训班，组织代表学习有关法律法规、履职知识和城市升级三年行动计划等，不断提高代表的履职素质和能力。

严格依法做好选举和人事任免工作。常委会认真组织对新一届全国人大代表、省人大代表人选的考察、提名、推荐工作，广泛听取各方面意见，确保佛山市提名和推荐的代表人选具有广泛的代表性和较高的履职素质和能力。圆满组织召开市第十四届人大第二次会议，依法选举了40名广东省第十二届人大代表。坚持党管干部原则，正确处理党管干部与人大常委会依法任免的关系，及时决定任命新一届市政府组成人员，举行颁发新一届市政府组成人员任命书大会，强化政府组成人员的责任意识、公仆意识、法治意识和群众意识。2012年，常委会依法任免市人大常委会工作机构负责人16人次；决定任免市人民政府组成人员31人次；任免市中级人民法院法官41人次；任免市人民检察院检察官8人次。

【围绕提升素质能力，加强自身建设，常委会及其机关工作水平明显提升】 2012年，佛山市人大常委会努力加强常委会及其机关的思想、作风、制度、能力建设。组织学习贯彻党的十八大以及省委、市委全会精神，举办常委会组成人员培训班，引导新一届常委会组成人员及时调整角色，增强使命感和责任感，积极主动开展工作。改进工作作风，坚持把调查研究贯穿人大工作全过程，深入基层，深入群众，听取意见，吸纳民智，在依法履职中体现和维护人民群众的根本利益，一批高质量的调研报告引起市委的重视，并转交市政府研究落实。推进常委会工作的制度化、规范化和程序化，出台了《佛山市人大常委会决议决定及审议意见交办督办办法》，力促常委会审议意见得到有效落实。加强机关作风建设，打造学习型、干事型、服务型机关，加强对机关干部的培养和使用，活化干部队伍，多岗位、下沉基层一线锻炼干部。重视人大宣传工作，拓展宣传广度，一批人大宣传文章在国家、省、市级媒体重要版面刊登。重视群众来信来访，进一步规范信访程序。全年共受理群众来信422件，接待群众来访154批、351人次，一些群众反映的困难和问题得到有效解决。建设常委会会议数字化系统，推进机关“无纸化”办公，努力创建和谐机关、活力机关、有为机关。

（洪普清　谢巍诗）

附：2012年市人大常委会主任、副主任名单

主　任： 李贻伟

副主任： 杨建华（常务副主任）　徐海祥　黄建丰（女）　刘耀淳　霍　伙　卢立湃

现任市人大常委会主任、副主任名单

主　任： 李贻伟

副主任： 杨建华（常务副主任）　徐海祥　黄建丰（女）　刘耀淳　霍　伙　卢立湃

（2013年5月市人大供稿）

佛山市人民政府

【综述】 2012年，佛山市政府在广东省委、省政府和市委的正确领导下，在市人大和市政协的监督支持下，坚持以科学发展观为指导，提振信心、团结奋进，紧紧围绕“加快转型升级，建设幸福佛山”目标，以产业转型为主线，以城市转型为重点，以改革创新为突破，以民生改善为根本，扎实推动经济社会发展，各项工作取得新成绩。

【经济保持平稳发展】 2012年，佛山市实现国内生产总值6709.02亿元，比上年增长8.2%；财政总收入1261.7亿元，增长13.55%，其中地方公共财政预算收入384.08亿元，增长12.39%；城镇居民人均可支配收入34580元，农村居民人均纯收入15684元，分别增长12.6%和13.1%；居民消费价格涨幅2.6%；人口自然增长率5.78‰。根据中国社科院发布的《城市竞争力蓝皮书》，佛山市综合经济竞争力在中国港澳台地区及中国内地293个城市中排名第八，可持续竞争力则排在全国287个城市中的第22位。

【经济发展质量和效益不断提升】 一是传统产业调整升级力度加大。通过推动信息化与工业化深度融合、“双转移”、技术改造等方式，引导传统优势产业转型升级，全市46家企业项目被认定为省级两化深度融合示范项目，佛山市产业转移工作在全省考核中获优秀等次；机械装备、陶瓷、纺织服装、铝型材等4个行业实施“质量效益双提升”计划，70个技改重点项目推进顺利。2012年，全市传统产业实现规模以上工业总产值5844.41亿元，同比增长12.3%。

二是先进制造业和新兴产业加快发展。光电、环保、新材料、新医药、新能源汽车等新兴产业发展迅速，一汽大众主机厂建设基本完成，汽配产业成为重要经济增长点，机械装备第一支柱产业的地位更加稳固。首批23个广东省战略性新兴产业基地佛山占5个，数量居全省之最。2012年，全市先进制造业和高技术制造业分别占全市规模以上工业总产值的32%、5.8%。

三是现代服务业发展实现新突破。现代物流、电子商务、商贸、总部经济、文化创意、旅游等加快发展。华强电子信息高端服务业基地、苏宁华南地区电子商务运营中心、美国毕马威大中华区后援中心、绿地集团城市综合体等一批项目签约落户；广东物联天下物联网信息产业园、海尔（三水）产业园物流中心等一批项目投入运营；南海万达广场等一批城市综合体开工建设；各区重点文化创意园区集聚化、专业化、特色化水平明显提升；西樵山、皂幕山分别创建为国家AAAAA、AAAA级景区。

四是高端产业载体建设全面加强。中德工业服务区CBD首期已引进中德高技术产业服务平台、佛山苏宁广场等九大项目，总投资额约150亿元；二期拟规划建设“中欧合作示范区”，主要吸引具有欧洲尤其是德国元素的金融、科技服务、中介咨询、德国酒店、国际NBA文化体育休闲、德国中心、德国社区以及欧洲风情街等项目入驻。佛山国家高新区发展势头良好，一汽大众主机厂基本建成，南海日本中小企业园正式启用，罗村华南（国际）口腔医疗器材产业城和广东省生物医药产业基地正式奠基，光明新城建设启动，顺德园龙腾计划产业发展平台、欧洲工业园总部、新媒体产业园等一批重点项目动工建设。广东金融高新区确立“亚太金融后援基地+广东产业金融中心”思路，致力建设国家级金融产业试验区以及珠三角重要的资本聚集平台，已引进中国银监会南方国际培训中心、友邦保险亚太后援中心等涵盖了银行、保险、证券、服务外包的各类机构和项目104个。此外，中国南方智谷被认定为国家现代服务业科技服务产业化基地，入驻创新团队36个；智慧新城吸引格力电器、日立电梯等一批大企业落户；广东工业设计城入选粤港澳科技创新合作示范区服务贸易自由化重点项目；中国南方生物医药城被认定为“广东省生物医药产业化基地”等。

五是外贸保持稳定。2012年，受国际市场持续萎靡影响，佛山市企业进出口贸易受到较大影响，但在政府和企业的共同努力下，佛山市外贸主要市场保住份额，新兴市场增长较快。2012年，除欧洲外，对中国香港、台湾和东盟等主要贸易伙伴进出口增长均相对平稳，其中对香港进出口102.1亿美元，增长22.7%。对新兴市场的出口增长较快，对拉丁美洲及非洲的出口分别增长18.7%和16.6%，其中对墨西哥出口增长高达73.8%，在一定程度上缓解了欧盟市场严重萎缩对佛山企业的冲击。

【产业、科技、金融融合发展】 佛山市政府将科技金融作为产业发展的“核动力”，力促三者融合发展，增强产业核心竞争力。

产业与科技融合方面，大力推进以企业为主体的科技创新、产学研合作、国际科技合作、实施国家商标战略和知识产权工作示范城市建设等工作。2012年，佛山市与德国弗劳恩霍夫协会签署框架协议共建中德工业服务区，佛山中科院产业技术研究院进驻佛山新城，全市新增国家级企业技术中心2家、省级工程技术研究开发中心5家，共获得省部产学研结合项目52项、省院战略合作项目28项、院市合作项目70项，新增中国驰名商标13件，新建4个省级产业技术创新联盟，实现专利授权1.78万件，其中发明专利授权1161件，均比上年有较大增长。

产业与金融融合方面，佛山市出台促进金融服务实体经济的若干意见，提出试点设立科技金融机构、推广“商圈”融资模式等创新举措服务实体经济，设立专项扶持基金，引入金融机构合作，对重点扶持企业在贷款、发债、上市等方面给予有效扶持。2012年，全市新增上市公司5家，总数达37家；新增股权投资基金65只，总数达125只；外资银行在佛山设立分支机构11家；市民营企业投资商会成立，佛商壹号投资基金启动；南海区成为全国首个通过知识产权质押融资验收的试点城市，佛山市成为广东省首个实现行政村金融服务全覆盖的地级市。

【城市建设步伐加快】 一是“强中心”战略加快实施。佛山市土地利用总体规划获国务院批准，明确中心城区规划控制土地总面积为361.66平方公里。实施城市升级三年行动计划，禅城老城区和佛山新城、桂城千灯湖片区、禅西新城片区等的“一老三新”中心城区及其他组团城区升级建设步伐加快。东华里历史文化街区保护开发成效明显，岭南风韵不断展现，桂城千灯湖、南庄绿岛湖建设持续发力。佛山新城公共文化综合体等重点工程推进顺利，露天游泳场如期开放，滨江景观带如画卷般展现。德胜新城、西江新城、三水新城建设加快，名镇名村建设深入推进，“1 + 2 + 5 + X”城市发展格局初步形成。

二是城市综合管理开创新局面。2012 年，为强化对城市建设管理的统筹力度，制定了《中共佛山市委　佛山市人民政府关于加强城市管理的实施意见》及考评配套政策文件，在全市范围开展以市政环卫、户外广告、建筑工地、农贸市场等为重点的专项整治，城市重点区域和路段“脏乱差”现象明显改观。启动 137 个农贸市场升级改造，完工 109 个。采取“管限引建”36 条措施，开展中心城区治堵取得初步成效。公共交通加快发展，全市城区公交分担率提高到 20%。智慧城市建设不断加强，市民融合服务平台正式启动，市民办事、缴费、出行可享受一站式便捷服务。数字城管、智能交通、智能警务、智慧菜篮子、智能安监等建设取得实效。

三是交通基础设施建设进一步加强。广三、佛开高速扩建任务完成，杨西大道、魁奇路东延线一期主线等建成通车，广佛轨道二期正式动工。

四是大气和水环境治理力度加大。小燃煤锅炉、挥发性有机物（VOC）、黄标车、黑烟车进一步整治，汾江河主河道截污基本完成，一批内河涌水质得到改善。中心城区垃圾分类试点推进顺利。创建“全国绿化模范城市”通过国家核查组认定达标，生态景观林带建设取得阶段性成果。2012 年，佛山获全国城市供电可靠性 A 级金牌，三水区成功申报国家新能源示范城市，禅城区低碳发展经验入选第 18 届全球气候大会。“三旧”改造深入推进，启动改造面积 7.4 万亩，为城市升级腾出空间。

五是城市文化品质稳步提升。城乡四级公共文化服务网络日益完善。佛山新城图书馆、档案中心、科技馆、青少年宫以及艺术村基本建成，全国文化信息资源共享工程基层服务点覆盖全市所有镇街，农家书屋实现行政村全覆盖，“魅力佛山 · 四季情韵”艺术惠民工程以及秋色欢乐节、“寻梦佛山”异地务工人员夏令营等文化活动深入开展、广受市民好评。启动仁寿寺扩建提升前期工作，挖掘、整理佛山“佛文化”资源，致力打造中国佛教文化高地。公共体育设施得到完善，全市基本实现户外健身设施行政村和社区全覆盖。针对“创文”指数测评存在的薄弱环节，积极组织一系列旨在提高市民文明素质的创建活动，着力构建“创文”长效机制，2012 年国检中“创文”取得明显成果。

六是《珠江三角洲地区改革发展规划纲要（2008 ~ 2020 年）》四年大发展任务基本完成。2012 年是“规划纲要”实施第四年，“规划纲要”“四年大发展”中的 37 项重要指标全面完成（按原口径算），涉及佛山市的 21 个重大项目全部完成年度任务。广佛同城化建设取得新进展，广佛重点交界地区规划整合工作全面完成，黄榄干线接番顺公路、五沙大桥扩建有序推进；金融同城进展顺利，19 家商业银行实现广佛间行内通存通兑免手续费，9 家股份制银行广州分行实现跨行通存通兑。广佛肇经济圈建设取得突破，三市实现通信资费一体化，广佛肇城际轨道、三花公路改造一期等项目有序推进。

【改革创新取得突破】 一是行政管理体制改革走在全省前列。佛山市在广东省率先启动行政管理体制改革试点，按照有利于社会生产力的发展、有利于社会主义市场经济的发展、有利于满足人民群众不断增长的物质生活需要的“三个有利于”和“转职能、减环节、提效率、优环境”的改革路径，以前所未有的力度，在全市上下系统推进政府职能清理、商事登记制度改革、审批模式创新和审批流程再造等工作，走在了全省前列。

二是社会管理创新取得突破。通过制定社会建设相关政策、降低社会组织准入门槛、推行直接登记、建设社会组织孵化基地等，促进社会组织蓬勃发展，2012 年全市共有登记备案社会组织 3549 个。政府购买服务制度进一步健全，社工人才队伍建设得到加强，全市登记在册民办社工机构超过 30 家。禅城区加快教育、医疗等重点领域公共事业体制改革，构建新型公共事业发展格局。顺德区社会创新园正式开园，全部镇街建立了枢纽型社会服务综合体。

三是基层改革成为全省示范。2012 年 9 月，广东推广顺德、南海综合改革试点工作现场会在佛山举行，顺德推动政府公共服务延伸村居，推进政社协同共治，南海推动农村“政经分离”，创新集体资产监管方式的改革经验，获省高度肯定，成为全省农村综合改革示范。全市农村财务网上监控平台、农村集体资产交易平台的“两个平台”建设圆满完成，农村资金、资产、资源的“三资”管理走向规范化。

四是财政国资改革切实推进。完善财政预算管理和绩效管理制度，强化预算执行刚性，扩大专项经费竞争性分配范围，财政管理科学化、精细化水平进一步提高。实施“大国资、全覆盖”总体工作方案，93家市属国有企业实现资产整合重组。建立市级土地储备财力保障机制，积极落实国有企业债务优化工作，国有企业可持续发展能力得到增强。

【市民幸福感持续提升】 一是就业服务和社会保障不断加强。实施积极就业政策，2012年全市新增城镇就业人数9.1万人，城镇登记失业率2.42%。在全省率先合并实施新农保与城镇居民社会养老保险制度，提前实现两项社保全覆盖。出台职工生育保险新政策，首次将生育津贴纳入保障范围。两次提高企业退休人员养老金标准，月人均养老金从1570元提高到1940元。城乡最低生活保障标准全市统一提高为430元／人·月。启动“社会养老服务体系建设年”活动，加大居家养老服务实施力度。保障性住房开工7694套、竣工3850套，完成华侨农场危房改造203户。

二是教育现代化建设加快。全市各级各类义务教育均衡发展，非户籍人口子女读书问题得到妥善解决。学前教育三年计划顺利推进，职业教育、特殊教育加快发展，启聪学校建设基本完成，在全省率先实现残疾儿童少年15年免费教育全覆盖。教育综合改革试点工作取得阶段性成果，“数码学习港”全面启动，教育现代化水平不断提高。2012年底，佛山市成为广东省首个顺利通过“广东省推进教育现代化先进市”督导验收的城市。

三是卫生计生事业发展扎实推进。2012年，佛山市基层医疗卫生服务网络和体制机制进一步完善，公立医院综合改革试点稳步推进，平价医院、平价诊室、平价药包“三平价”医疗服务探索创新，全科医生制度顺利实施，“看病难、看病贵”问题进一步缓解。智能卫生先试先行，免费为市民发放佛山健康卡165万张。在全省率先实现免费孕前优生健康检查全覆盖。实施流动人口计划生育节育奖励。

四是社会大局稳定和谐。深入开展严打整治行动，各类违法犯罪打击指标显著提升，群众安全感稳步提高。安全生产“一岗双责”和“双基工作”走在全省前列，消防“网格化”管理模式全面推行，信访和公共安全等突发事件应急机制进一步健全，全年无重大安全事故发生。援藏援疆工作成绩突出，对口帮扶和革命老区“双到”工作任务全面完成。

五是省市民生实事全面完成。2012年全市财政投入民生方面资金260亿元，占地方公共财政预算支出的60%。市政府向市民承诺的省市民生实事全面完成。人民生活持续改善，城镇居民可支配收入、农村居民纯收入均较上年有较大提高。城乡居民储蓄存款余额5215.16亿元，比年初增长10.8%。

【开展“暖春活动”帮助企业走出困境】 2012年3月起，市、区、镇街三级联动，以召开座谈会、深入企业调研、开设专门邮箱、向企业发放调查问卷表等形式收集企业意见，深入了解企业当前生产经营方面的情况，倾听企业诉求和建议，主动帮助企业解决在生产经营中遇到的实际困难和问题，切实为企业排忧解难。佛山市委书记李贻伟、市长刘悦伦等市主要领导高度重视，率先垂范，先后深入企业一线走访调研和约谈企业负责人，主动为企业解决实际困难。全年为企业减免税费超过35亿元，争取中央、省专项资金18.15亿元，累计向中小企业融资452亿元、投放贷款161亿元，多次组织企业“北上西拓”“走出去”开拓内外需市场，培训企业经营管理者400多人，较好缓解了企业反映强烈的办事难、融资难、负担重、空间紧缺、营销难、用工难、创新动力和能力不足等问题，促进了企业转型升级和快速发展。

【实施城市升级三年行动计划】 2012年2月10日，

佛山市政府召开城市升级三年行动计划实施和2012年创建全国文明城市工作动员大会，提出实施城市升级三年行动计划，以组团中心提升、交通基础设施建设、主要轴线和节点更新改造及城乡环境整治等4个方面项目为重点，紧紧围绕城市核心区、城市主干道、重要道路节点、重要滨水地区及门户等最需先期突破，且具控制性的区域，实施103个改造项目，总投资约1115亿元。禅城老城区和佛山新城、桂城千灯湖片区、禅西新城片区“一老三新”中心城区升级建设全面提速，一批项目或建成对外开放，或加紧开工建设，“强中心”战略实施取得突破。全市城市道路、节点、临街建筑外立面等景观改造、美化绿化如火如荼、亮点纷呈，涌现出一批“五位一体”改造的示范路和景观改造的样板工程。至年底，市统一部署的103个城市升级项目启动率为100%，开工67个项目，建成15个项目，城市环境面貌发生深刻变化，城市品质得到较大提升。

【实施产业链招商三年行动计划】 2012年3月9日，佛山市政府召开全市产业链招商三年行动计划动员大会，提出实施产业链招商三年行动计划，以构建强大而完整的产业链和产业集群为目标，针对产业链的薄弱环节和缺失环节，确定重点目标企业，有目的、有针对性地进行招商。通过产业链招商，对新一代信息技术、新能源和生物医药等重点发展的战略性新兴产业进行“建链”，对平板显示、汽车制造和LED等现有产业链条缺失的高附加值环节进行“补链”，对装备制造、家用电器等传统优势产业链的薄弱环节进行“强链”，引进一批经济效益好、带动能力强、投资强度高的龙头大项目和上下游产业配套项目，力争三年大发展，在“十二五”期间形成9个产值均超千亿元，总规模超万亿元的产业链，增强佛山产业的核心竞争力。2012年，佛山市成功在上海、深圳举办产业链对接合作洽谈会，共达成签约项目34个。在东盟、欧洲等国家和中国台湾地区开展产业链招商系列推介活动，佛山市全年实际利用外资23.5亿美元，同比增长9.07%；签约超千万美元外资项目56个，引进世界500强项目14个，国药集团中药产业基地、村田制作纳米材料工厂、台湾旺旺集团华南生产基地、亨氏集团、安德里茨设备制造中心、广东富华工程机械制造、华必大半导体激光、北滘慧聪家电电子商务采购中心等一批优质项目相继落户佛山。

【深化行政管理体制改革】 2012年5月29日，佛山市政府召开全市行政管理体制改革试点工作动员大会，部署全市深化行政管理体制改革工作，动员全市力量，以改革试点为契机，掀起了新一轮改革热潮。经过改革，市级部门共压减管理事项536项，精简率达48.3%；广东省网上办事大厅佛山分厅正式运营，全市可网上申报审批事项达50%；跨部门并联审批使企业准入、工程验收审批时间均比改革前压缩50%以上，行政效能大幅提升。

【深入开展“三打两建”】 2012年，在广东省的统一部署下，佛山市发动组织全市上下严厉打击群众反映最强烈、社会危害最大的黑恶势力、保护伞和食品、药品等重点问题，取得阶段性成果，有效规范了市场秩序，有力维护了群众利益和社会公平正义。坚持边打边建，启动“信用佛山”建设。成功举办首届广东（佛山）安全食用农产品博览会，展示了“三打两建”中广东省食品、农产品质量安全监管取得的成效。

【全面启动国家创新型城市建设】 2012年11月29日，佛山市政府召开全市建设国家创新型城市动员大会，并印发《佛山市建设国家创新型城市总体规划（2013～2020年）》及《佛山市建设国家创新型城市实施方案（2013～2020年）》，积极推动国家创新型城市建设，以创新促转型，以转型促发展，以发展促和谐，全面提升城市综合竞争力，努力把佛山建设成为国际高端制造业基地，国家产业技术创新高地，全国科技、金融、产业“三融合”示范区，国家创新驱动发展示范城市。为确保完成“到2017年建立较为完备的技术创新体系，到2020年全面建成国家创新型城市”目标，市政府决定实施八项行动计划：一是投入百亿创新资金，从2013年起，5年市、区财政投入超过100亿元，带动企业和社会投入超过1000亿元；二是构建一流创新体系，包括一流的技术创新、现代产业、创新服务、创新人才、环境支撑体系；三是实施十大创新工程，包括企业创新主体提升、传统制造业创新升级、新兴产业培育提升、创新人才建设、科技金融产业融合、知识产权战略推进工程等；四是建设十大创新园区，高标准建设好创新创业的优质载体，打造佛山高新区、广东金融高新区、佛山国家火炬创新创业园、中国南方智谷、国家环境服务业华南集聚区、华南电源创新科技园等；五是打造十大创新平台，包括佛山中科院产业技术研究院和育成中心、广东西安交通大学研究院、中山大学—卡内基梅隆大学国际联合研究院、广东半导体照明产业技术联合创新中心、华南精密研究院等；六是建设十大创新联盟，精选战略性新兴产业和优势传统产业，联合产业链上下游的企业与高校、科研院所共同组建十大产业技术创新战略联盟等；七是开展一批项目全球招标，在优势传统产业和战略性新兴产业领域，遴选十大领域开展全球项目招标，重点突破一批产业发展重大关键共性技术，提升行业技术创新能力和产业竞争力；八是培育百强创新企业，从2013年起，每年不少于20家，5年内精心培育100家综合实力较强的本土创新型企业。

（林　征　张朝志　李生春）

附：2012年佛山市人民政府市长、副市长名单

市　长： 刘悦伦

副市长： 李子甫（常务副市长）　许　国
麦洁华（女）　王　玲（女）
宋德平　彭　会
冼瑞伦（市政府党组成员）

现任佛山市人民政府市长、副市长名单

市　长： 刘悦伦

副市长： 李子甫（常务副市长）　许　国
麦洁华（女）　王　玲（女）
刘　炜　宋德平　彭　会

（2013年7月市政府供稿）

【佛山市人民政府行政服务中心】 2012年，佛山市行政服务中心围绕市委、市政府城市升级三年行动计划、“企业服务年”和“三打两建”等工作重点，按照省政府赋予的“行政管理体制改革试点市”和“创新审批方式试点市”要求，加快落实“规范、效能、服务”目标，加快推进行政审批制度改革和政务服务创新，逐步实现行政服务透明化、标准化、电子化和便捷化，进一步转变政府职能，成为佛山市推进行政管理机制改革试点的重要组成部分，更为全市经济社会发展创造了良好的政务环境。

深入开展行政管理体制改革试点工作，促进政府职能转变。一是配合市编办开展市直机关职能清理工作。抽调业务骨干到市行政体制改革试点工作领导小组办公室，组织市各有关部门清理职能事项，清理的广度和深度前所未有。经过相关工作程序，公布2批共536项事项进行清理。二是制订《佛山市行政审批业务流程再造和运行模式创新实施方案》。提出“三个集中到位”改革、跨部门联合审批改革、行政审批标准化建设、网上审批、行政服务体系化建设等改革内容，实现行政审批集中运行、网上运行、标准运行的新模式。2012年11月6日，该方案经市政府审定印发实施。12月，以佛山市政府名义上报的“简政强镇事权改革”在北京获得“中国法治政府提名奖”。

全面实施企业注册登记改革，完善市场监管体系。牵头组织市工商局和其他21个许可审批部门完成企业注册登记改革，改革范围包括企业登记事项、经营许可事项、场地许可事项及其他后续登记事项，涉及市、区、镇街三级审批部门100多个行政审批事项。通过改革，实现企业准入事项“一窗式”综合服务、“一站式”集中审批、“一网式”运行反馈、“一表式”登记共享、“一程式”同步并联，初步构建起符合国际惯例的企业登记注册制度。9月28日，在市级和禅城区、南海区、高明区、三水区全面启动该项改革。至年底，推进企业登记联合审批改革的各项准备工作基本完成。

大力推进跨部门联合审批改革，加强部门间工作协同。一是推广实施建设工程项目联合验收改革。2012年，总结南海区改革经验，草拟出台《佛山市工程建设项目竣工联合验收改革推广实施工作意见》，在全市范围内全面铺开联合验收改革。通过改革，验收时限从原来的最少半年左右压缩到13个工作日内。至年底，各区（含南海区的镇和街道一级）共受理验收项目626宗，受理总建筑面积为1360万平方米。共办结项目576宗，办结总建筑面积为1290万平方米，平均办结时间为7.95天。二是启动工程报建和房地产登记联合审批优化提升工作。5月，全面启动了工程报建和房地产登记联合审批优化提升工作，组织调研小组对市、区的工程报建和房地产登记联合审批改革工作开展了专题调研，分析存在问题，初步形成改革方案，拟进一步论证完善后征求各有关部门意见。

推进“网上审批改革”，创建审批服务新模式。广东省网上办事大厅佛山分厅与省厅同时于2012年10月19日正式运行。组织完善行政审批办事要素基础配置，大力推行网上政务服务，积极推进“网上大厅办事为主，自助终端办事为辅，实体大厅办事为补”的创新服务模式。至年底，市级884个审批服务事项中，有487个可实现网上申办。市级48个审批部门中，有14个部门的审批事项全部实现了可网上申办。全市50%事项可实现网上咨询、申报，网上办理业务量达到30%。

积极开展行政审批事项评估研究工作，创新行政审批清理方式。2012年完成“佛山市行政审批事项动态评估方案和指标体系设计”课题研究，形成了《佛山市行政审批事项动态评估指标研究报告》，并提出以成本效益分析为基础的指标估值原理，以系统动力学、条件估值法（CVM）、灰色系统关联分析、多阶段分层抽样技术为基础的指标体系应用方案，在全省乃至全国有首创意义。组织第三方专家评估团队对佛山市下放事权实施情况开展综合评估，建立了下放事权评估指标体系，撰写了佛山市事权下放工作总体评估报告和单项评估报告，为下一步调整下放事项提供了参考。

加快建设GIS地理信息系统，促进群众办事便利。2012年，全市四级行政服务中心网点体系已经成功搭建起来，建设了行政服务中心网点分布GIS地理信息系统，将全市行政服务中心体系建设工作情况及成果展现出来，一方面中心可详细掌握体系建设工作有关数据及各级中心建设发展情况，为下一步工作开展及完善提供决策参考，另一方面让市民足不出户即可享受到该项工作带来的便利，清晰了解各级行政服务中心分布及就近配套服务信息，办事更省时省心。

构建三位一体的全市综合政务服务渠道，促进信息资源有机整合。2012年，对佛山市12345行政服务热线进行扩充，开通佛山12345综合政务服务门户，以全市遍布村居的767个行政服务网点为实体服务窗口，以广东省网上办事大厅佛山分厅为统一的网上服务窗口，以扩容后的12345热线为全天候人工服务窗口，构建起“门”“网”“线”三位一体的全市综合政务服务渠道，为企业和市民提供各类行政服务、行政投诉、社区服务、便民服务。

推进交易中心开展各项业务，建设公共资源交易一体化服务平台。佛山市公共资源交易中心在内部管理工作中引入了ISO质量管理体系，通过标准化的质量管理，实现交易业务工作的程序合法化、服务标准化；严格遵守法律法规，做好每一项公共资源交易服务工作。2012年，一体化公共服务交易平台各业务系统及子系统完成开发，全部业务系统及综合管理子系统进行上线试运行。至12月底，该交易中心共发布各类公共资源交易信息1652条，完成各类公共资源交易项目614项，交易总金额达110.24亿元。

【禅城区人民政府行政服务中心】 2012年，禅城区行政服务中心在“强中心”战略引领下，着力深化行政审批制度改革和行政服务体系建设，大力提升行政服务品质，有力推进“一按灵”禅城区睿智城市服务平台应用、电子政务资源整合和网上审批大厅建设，全力保障全区无线电及通信安全，行政服务效能得到了有效提升，先后被评为佛山市文明窗口单位、“千个窗口展形象主题实践活动”示范单位。至10月，魁奇路服务大厅、季华路服务大厅共受理办件26.63万件，按时办结率100%、群众满意率99.48%。5月，正式实施联合验收工作机制，区联合验收办共受理联合验收报验业务51宗，办结50宗，平均办结时间为7.5天。最大程度精减审批事项，进一步压缩审批时限和精简审批环节，审核并形成了禅城区提请上级政府下放行政管理类事项共61项。着力推进“一按灵”睿智城市服务平台的深化应用，不断提高平台知晓度和使用率。2012年“一按灵”业务量1.74万件，其中，即时回复1.55万件，限时回复1906件。大力推进服务大厅窗口办事预约新举措。6月1日起，推出结婚预约登记服务。9月21日起，“一按灵”预约服务推广到区行政服务中心魁奇路大厅和季华路大厅的538项行政审批事项办事预约服务，包括房地产权交易、工商登记、出入境审批等业务。

【南海区人民政府行政服务中心】 2012年，南海区行政服务中心先后获得了全国“工人先锋号”、佛山市“先进基层党组织”、南海区“学习型党组织先进单位”等称号。该中心通过开展大胆深入的改革工作，实现了区、镇、村三级网上办事的全覆盖。采取“网络倒逼”行动，使全区政务公开、网络问政、网络行政、网络监督的工作走上了快车道。2012年，全区行政审批办件量共计264.59万件，按时办结率为99.99%，群众评议满意度达99.98%。全区大力推动行政体制改革的试点工作，通过成立镇街总商会，建立承接机制，大胆尝试政府职能转移的工作。全年南海区8个镇街均已成立总商会，成为佛山首个镇街总商会全覆盖的区。全区总商会试行承接政府职能转移事项的总数为94项，全区各镇街平均转移事项超过30项。作为市企业注册登记改革的试点单位，该中心积极开发企业登记联合电子审批平台，完成开发工作。全区273个社区行政服务中心完成高标准规范化建设，并实现了镇街80%以上的事项可在村居办理。关系民生和办件量较大的项目如南海供电营业窗口、出入境窗口、印章审批业务窗口等进驻镇街中心，大大方便群众就近办理相关业务。区镇村三级网上办事大厅全面开通，并全部设置网上办事自助终端，已实现90%的事项可以在网上审批服务大厅进行申报。全区的视频监控网络延伸到273个社区行政服务中心，建立了对行政审批及服务行为进行立体化、全方位的实时监控、跟踪监管和预警纠错。

【顺德区人民政府行政服务中心】 2012年，顺德区行政服务中心在区委、区政府的正确领导下，全面推进以“简政放权、转变职能”为核心的行政审批制度改革，扎实推进行政审批电子网络一体化工程，加强窗口服务管理效能，抓好一批跨部门资源共享项目，稳步推进政府机关软件正版化等工作，取得一定成效。2012年，顺德区被正式批准成为全国依托电子政务平台开展政务公开和政务服务试点县（区），全国共有100个试点地区，按照试点文件要求，该中心全力推进试点工作的开展。2012年，基本完成审改基础性工作，政府职能转移取得突破性进展。9月，《顺德区政府职能向社会转移暂行办法》正式发布。该办法明确了职能转移工作的操作程序和工作细则，标志着政府职能转移工作进入实操阶段。除公安部门外，所有有审批权的大部门均设立了审批服务科并委派了首席代表，“三集中三到位”工作全面落实。商事登记制度改革于5月1日正式实施，在全区10个镇街全面铺开，该项改革创新实施“双轨制”运作，提供“证明”或“特别登记”服务。着手建设覆盖区、镇街、村居三级的行政审批电子网络一体化系统，全区1528项审批事项中有513项审批事项使用了省属部门下发审批系统；使用区部门自建审批系统的审批事项263项，完成对接239项，完成比例达90.8%。

【高明区人民政府行政服务中心】 2012年，高明区行政服务中心按照区委、区政府“全面加快建设绿色崛起示范区”工作部署，推进深化行政审批制度改革和创新、“三项重点工作”、简政放权和做好“企业服务年”等工作。至年底，该中心进驻部门18个，进驻工作人员142人，设立对外服务窗口57个，进驻审批事项共526项，占全区审批事项的43.36%。1～12月，中心共受理各类审批、办证等业务25.68万件，比上年同期增加9.13万件，增长率为55.2%；办结数25.35万件，比上年同期增加8.98万件，办结率98.7%，增长率为54.9%。作为行政审批制度改革主要牵头单位，中心印发改革实施方案，协调和指导全区审改部门严格按审改总体要求开展审改工作。9月，该区启动了新版企业登记注册改革。成立了工程竣工联合验收办公室，并于5月正式启动及推进工程建设项目竣工联合验收。区审改办加大对区级行政审批（管理）事项的全面清理，加快行政审批电子网络一体化步伐。2012年，高明区可实现网络审批的事项总数为698宗，占事项总数的55.75%，完成占比50%的要求。作为“行政审批服务组”牵头单位，该中心成立了“企业服务年活动”领导小组，在区分管领导带领下多次深入企业开展调研、走访人大代表，周密部署工作。制订“企业服务年”活动实施方案和企业服务首问责任制，解决企业反映的共性问题。

【三水区人民政府行政服务中心】 2012年，三水区行政服务中心承前启后，大胆创新，不断深化行政审批制度改革，优化营商环境，以更加开阔的思路、更加有力的措施按期完成了各项工作。三水区行政服务中心大厅全年共受理业务38.32万件，总业务量比上年增加9.83万件。业务按期办结率为97.3%，其中提前办结率为71.26%，同比增长21.68%。12345热线共处理各类投诉和咨询来电2942例，答复率为100%，群众满意率达96.17%。该中心出台了《三水区深化行政审批制度改革实施方案》，大力推行“三集中三到位”行政审批制度改革。3月19日，“三集中三到位”试点单位整体进驻该中心，正式对外办公。5月，成立全省首个行政审批业务受理（督办）中心，重点解决群众反映的行政审批“入件难”等突出问题。6月27日，成立了三水区公共资源交易中心，归口区行政服务中心管理。制定了《三水工程建设项目竣工联合验收改革方案》，推动工程建设竣工验收程序改革，优化调整事权下放，全力支持简政强镇。制定了《关于进一步加强佛山市三水区行政服务中心体系建设的实施意见》，进一步加强该区各级行政服务中心体系建设，大力推行网上审批，创建有区域特色的行政服务体系。有效地评估和审查新建的政府投资信息化建设项目，规范该区电子政务建设。

（郭明君）

佛山市政协

【综述】 中国人民政治协商会议佛山市委员会于2012年1月进行换届。换届后的政协第十一届佛山市委员会由中共、民革、民盟、民建、民进、农工党、致公党、九三学社、无党派、共青团、总工会、妇联、青联、工商联、科协、台联、侨联、文化艺术、科学技术、社会科学、经济、农业、教育、体育、新闻出版、医药卫生、社会福利、宗教、特邀等29个界别组成，有委员402名，其中中共党员148名，占36.8%；非中共人士254名，占63.2%；新委员204名，占50.7%；女性委员68名，占16.9%；具有高级职称的委员97名，占24.1%；大专学历以上的委员359名，占89.3%，其中研究生139名、硕士82名、博士23名；港澳地区特邀委员41名，占10.2%。2012年期间，增补委员2名，辞免委员2名，撤销委员资格1名，增减后实有委员401名。经市政协十一届一次全体委员会议选举产生市政协第十一届委员会常务委员会，常务委员总数74名，其中主席1名，副主席8名，秘书长1名。新一届市政协设提案、经济科技、城建资源环境、文教体卫、社会和法制、港澳台侨联络等6个专门委员会。2012年，新一届市政协在中共佛山市委的领导下，坚持团结、民主两大主题，按照科学发展观的要求谋划政协工作，围绕中心履行政治协商、民主监督、参政议政职能，圆满完成市政协十一届一次会议确定的工作任务，为建设“民富市强、幸福佛山”作出了积极贡献。

【召开市政协十一届一次全会】 2012年1月8～10日，中国人民政治协商会议第十一届佛山市委员会第一次会议在禅城区隆重召开。代表佛山市各党派、人民团体、社会各界及港澳地区特邀人士等29个界别的市政协第十一届委员会委员382人出席了会议。全会按照政协章程规定，以无记名投票方式选举产生了新一届市政协领导班子：主席杨晓光，副主席黄炳、杨军辉、袁毅桦、谭家驹、杨锡基、陈道明、廖东明、马亮照，秘书长张奋发，常务委员74名，完成了换届工作。全会审议通过了第十届市政协五年来的常委会工作报告和提案工作情况的报告；列席了市十四届人大一次会议，听取并讨论了市政府工作报告及其他报告；通过了市政协十一届一次会议决议。中共佛山市委书记李贻伟在开幕会上作重要讲话。新当选的第十一届市政协主席杨晓光在闭幕会上讲话。会议还对市政协十届五次会议以来的15件优秀提案进行了表彰。

【市政协召开常委会议】 2012年，市政协召开了第一至第二次常委会议。第一次常委会议主要传达广东省政协十届五次会议精神，审议通过《政协佛山市委员会常务委员会议事若干规则》、副秘书长和专门委员会正副主任的人事任命。第二次常委会议围绕“加快行业协会发展，助推制造业转型升级”问题进行专题议政、审议通过调整增补委员及有关人事任免。

【加强调研协商议政，助推佛山科学发展】 加强对经济社会发展中带有全局性、前瞻性问题的调研协商议政，助推佛山科学发展。

一是扎实推进政治协商。2012年，充分发挥政协全体会议整体协商功能，十一届一次会议期间，委员们围绕佛山市经济、政治、文化、社会和生态文明建设问题进行广泛深入的协商讨论，提出意见建议。积极发挥政协专门委员会的对口协商功能，组织召开“建设国家创新型城市总体规划”“妇女儿童发展规划”等协商座谈会，对佛山市贯彻落实《珠江三角洲地区改革发展规划纲要（2008～2020年）》提出建议，为科学合理规划建言谋策。围绕《佛山市平安创建工作三年行动计划（2013～2015年）》《佛山市区级领导班子和领导干部落实科学发展评价指标体系及考核评价试行办法》等40余项工作进行专项协商，对推动相关工作的顺利实施起到了积极作用。

二是深入开展专题调研议政。2012年，佛山市政协重点抓住“加快行业协会发展，助推制造业转型升级”“民营医院建设与发展”两课题开展专题调研，形成较高质量的调研报告。分别召开常委会议、主席会议进行专题议政，形成政协常委会议和主席会议建议案，报市委、市政府作决策参考。市委、市政府高度重视有关建议案，列入市委常委会议的专题进行审议。不少意见和建议在党委决策和政府施政中得到采纳和体现。积极参与市委、市政府开展的“服务企业暖春活动”，对委员企业进行深入调研，将委员企业在发展过程中遇到的困难和提出的意见建议整理送市委、市政府，有关部门就一些重要问题进行了研究落实。组织开展“村居维稳”专题调研，形成调研报告送有关部门参考。

三是认真做好政协提案工作。2012年，共收到以政协提案形式提出的意见建议341件，其中立案221件，立案率64.8%，经合并处理后，实际交办173件。通过加强沟通联系、完善落实制度、创新工作方式、深化督办考评，许多意见建议被转化为党委政府和有关部门的决策和政策措施。佛山市委书记、市长、政协主席分别牵头督办《关于加强我市社会组织建设的建议》《关于进一步培育和扶持我市小微企业发展的建议》《关于加强水产品质量安全管理的建议》等5件重点提案，有力推动了提案办理工作上新水平。提案者反馈意见显示，对办理表示满意的占86.5%，基本满意的占13.5%。

【为民履职，推进幸福和谐社会建设】 把维护群众利益、促进民生发展作为政协工作的出发点和落脚点，认真履行职能，推进幸福和谐社会建设。

一是开展专题视察和监督评议工作。2012年，佛山市政协组织委员开展“饮用水源保护”“三打两建”“历史文化资源保护与开发”“台资企业发展”“‘双转移’产业园区建设”等5项专题视察，提出建设性意见建议，促使群众反映的一些问题得到有效解决。关注“三打两建”工作，在该项工作深入开展期间，再次组织委员分成4个视察组深入各区、镇街视察，将相关意见建议送市“三打两建”办，得到肯定和重视。市政协还推荐委员9批59人次参加政风行风评议、食品安全监督、城市管理考评监督、省民生实事检查等有关监督评议和检查活动；推荐委员20多批次参加新闻媒体民生直通车栏目；推荐委员4批70多人次参加全市领导干部公推选拔工作，充分履行民主监督权力。

二是做好社情民意信息工作。把社会发展中带有普遍性、预见性的问题和群众急需解决的困难情况，如《国务院特殊津贴获得者不能成为“三无”人员》《必须立即终止以奥赛名义圈钱的行为》等一大批社情民意信息，及时准确地反映给党委、政府。全年共收集社情民意信息1400篇，编报《佛山政协信息》368期，其中，被全国政协、中纪委、中央办公厅、省委、省政协、省纪委和市委、市纪委采用136篇，12篇信息得到国家及省市领导批示，5篇信息分别获全国政协、中纪委、中央办公厅单篇采用，佛山市政协信息被国家层面采用有了数量和质量的新突破，为促进党政科学决策、构建和谐社会发挥了积极作用，也为普通百姓表达愿望诉求提供了良好渠道。

三是为佛山文化建设献计出力。2012年，召开佛山文化艺术界代表座谈会，探讨佛山市各门类文化艺术的发展，针对遇到的困难和问题提出对策和建议。组织书法、绘画、陶艺、剪纸、民乐演奏艺术家赴东南亚开展文化交流，深化佛山文化的对外交流和传播。组织委员视察佛山仁寿寺，助推这一重要宗教文化旅游项目的建设。组织参观考察佛山市新型文化旅游产业园区建设，为提升文化软实力献计谋策。修缮启用政协书画室，为政协开展文化交流联谊活动、推动佛山书画创作搭建新的平台。

四是帮扶老少边穷地区发展。组织政协委员考察新疆维吾尔自治区伽师县发展环境，协助伽师县在佛山、香港两地成功举办招商推介会，取得较好成效。认真做好清远市大洛村和高明区官山村“规划到户、责任到人”的扶贫“双到”工作，帮助建设完成一批项目，使当地贫困户稳定脱贫，村容村貌明显改善，村集体经济得到发展。组织港澳政协委员和社会各界人士资助新疆伽师县双语幼儿园57万港元，为高明革命老区举行捐资助学及慈善拍卖活动，筹集善款165万元。2012年，市政协委员为佛山市各级光彩慈善事业捐款捐物折合人民币超过1000万元。

【坚持团结民主主题，巩固发展统一战线】 佛山市政协密切与各方面的联系沟通，团结汇聚各方面力量，促进爱国统一战线的巩固和发展。

一是全力支持各民主党派、工商联、人民团体在政协工作中发挥重要作用。积极支持和保障他们通过政协全体会议、常委会议和专题协商会议等平台履行职责，邀请他们共同参与政协组织的重要协商议政、专题调研、专项视察、考察等活动。认真督办党派、团体提出的集体提案和采编他们反映的社情民意信息。巩固完善政协党组成员与各民主党派、工商联、人民团体负责人沟通联系制度，坚持政协秘书长与各民主党派、工商联、人民团体秘书长（办公室主任）联席会议制度，协商安排民主党派、工商联、人民团体成员担任政协专门委员会兼职领导职务。2012年各民主党派、工商联、人民团体提交集体提案38件，反映社情民意信息800多篇，在政协履职过程中发挥了重要作用。

二是密切与港澳台同胞和海外侨胞的联系交流。积极组织港澳委员视察佛山市政建设以及台资企业情况、赴云南和新疆考察，增进港澳与内地多方面的互动交流。支持港澳委员利用政协提案和社情民意信息，反映港澳各阶层人士的意见和建议。组织有关人员赴香港和澳门拜访有关社团，应邀出席港澳社团各种联谊活动，热情接待港澳社团参观访问，及时向港澳社团和港澳政协委员通报内地经济社会发展情况和重要会议精神。组织考察团前往台湾学习考察，推进对台经济、科技和文化深度交流。首次组团参加广东省公共外交协会出访东南亚，与当地政府以及华侨华人社团互动交流，拓展人民政协对外交流合作平台。

三是加强与各级政协组织的合作交往。2012年，佛山市政协积极配合参与全国政协、广东省政协就“中国海外权益保护”“深化科研体制改革”“城市民族工作”等问题在佛山市进行专题调研、视察，及时反映佛山市的做法、经验以及面临的困难和问题，助推相关问题的解决。协助广东省政协在佛山市举办广东省十届政协工作经验交流会、广东省公共外交协会首次出访经验总结交流会。热情接待全国各地政协组织和政协委员到佛山市调研、考察、参观共93批1216人次。组团到兄弟省市政协学习取经，加强横向联系，宣传佛山经济社会发展成就，推动佛山与有关城市的合作发展。坚持市、区两级政协主席、秘书长联席会议制度和提案、信息工作会议制度，联合五区政协开展调研视察和培训，促进市、区政协工作的双向交流和整体发展。承办广东省第十五届“政协杯”台球友谊赛、广东省政协第九届“四洲杯”粤港澳粤曲大赛分赛区比赛以及“粤澳同庆”高尔夫联谊赛，组织“历届政协委员书画展”并出版作品集，举办摄影知识专题讲座、摄影作品展，开展民主大院“民主团结、和谐共进”联谊活动和市政协统战系统“和谐杯”羽毛球比赛，活跃政协文化氛围。

【加强工作机制创新，提升科学履职效能】 2012年，不断推动政协机制和实践创新，努力提高政协履职的效率和水平。

一是创新工作理念。召开“主席务虚会议”“专委会主任工作会议”“委员代表座谈会”和“机关作风建设会议”等不同层面会议，举办新委员培训班，着力推行委员履职常态化、履职形式多样化和机关服务高效化的工作理念。这些理念在履职实践中不断深化，有效促进政协工作开展。

二是创新工作制度。制定《政协佛山市委员会常务委员会议事若干规则》、拟订《政协佛山市委员会委员履职管理暂行办法》，进一步调动委员履职的自觉性和积极性。实施《佛山市政协提案办理工作规程（试行）》《佛山市政协提案工作评价考核暂行办法》，修订《政协佛山市委员会提案工作条例》，进一步提升提案工作的水平和实效。整理完善政协宣传工作、网站管理、政务微博等一系列工作制度，进一步提升机关工作效能。

三是创新工作平台。创建佛山市政协委员网上互动交流平台，开通启用政协官方微博，邀请政协委员参加微博上线访谈，对政协会刊《佛山政协》进行改版扩容，对门户网站栏目优化重组，开辟了委员参政议政新渠道。改造升级社情民意信息管理系统，实现社情民意信息的在线收集、编报、管理、查询、统计、反馈、交流等功能，较大提高了工作效率。

四是创新工作方式。市政府主要领导带领班子成员及政府组成部门负责人听取政协全会期间的大会发言并现场回应，使政协全会民主协商更加务实有效。优化专题调研队伍的专业知识和界别组成结构，为协商议政提出更具专业性和可操作性的对策建议。对提案办理工作进行量化考核，邀请市民全程参与提案办理，组织提案人开展“回头看”活动，进一步提升了提案办理的质量和实效。

（冼伟明）

附：2012 年市政协主席、副主席名单

主　席：杨晓光

副主席：黄　炳　杨军辉　袁毅桦（女）
谭家驹　杨锡基　陈道明
廖东明　马亮照

现任市政协主席、副主席名单

主　席：杨晓光

副主席：黄　炳　杨军辉　袁毅桦（女）
谭家驹　杨锡基　陈道明
廖东明　马亮照

（2013 年 5 月市政协供稿）

佛山市纪委

【综述】 2012 年，在上级纪检监察机关和市委、市政府的坚强领导下，佛山市反腐倡廉工作呈现良好的工作局面，以“廉洁佛山”建设统领全市反腐倡廉工作大局，以改革创新为主线，着眼于优化发展环境、促进民生事业、建设和谐社会，围绕中心、服务大局，因地制宜、突出特色，预警防控、制度反腐，以人为本、执纪为民，反腐倡廉建设取得了新的明显成效。

【市纪委十一届二次全会】 中国共产党佛山市第十一届纪律检查委员会第二次全体会议于 2012 年 2 月 13 日召开。全会学习了十七届中纪委七次全会和省纪委十届六次全会精神，听取了市委书记李贻伟的讲话，审议并通过了张子兴代表市纪委常委会所作的《深入推进反腐倡廉建设，为建设“民富市强、幸福佛山”提供有力保障》的工作报告。市纪委委员，各区纪委书记、政务监察和审计局局长，市直副局以上单位纪委书记（纪检组长），市纪委全体人员和特邀监察员参加了会议，市几套班子党员领导干部、全市副处级以上现职党员干部听取了李贻伟的讲话。李贻伟的讲话站在保持党的纯洁性的高度，结合佛山实际和自身思考，提出了深入推进党风廉政建设和反腐败斗争的总体要求和工作思路，要求各级领导干部要正确认识和对待市场经济带来的落差与诱惑，降低欲望；要切实做到自律和他律相结合，提高廉洁从政的自觉性；要正确对待亲人和朋友，踩好底线，净化生活圈；要深刻理解“种瓜得瓜，种豆得豆”的“人生黄金定律”，树立恶有恶报、善有善报的理念；要学会融会贯通，利用自身能力提高自我修养。“讲话”要求明确，针对性强，充分体现了市委对反腐倡廉建设的高度重视和坚定决心。

【党内监督工作】 落实领导干部报告个人有关事项、谈话和诫勉、廉情提醒等制度以及严禁公款大吃大喝“六项规定”，深入开展治理收送“红包”和公务用车问题专项治理工作。开展领导干部假身份证、假年龄、假计划生育证明和村（社区）“牌子”过多过滥等问题专项治理。落实《国有企业领导人员廉洁从业若干规定》和《广东省高等学校领导干部廉洁自律暂行办法》，推进“廉洁国资”和高校反腐倡廉建设。组织全市镇街领导干部、基层站所负责人、村居两委成员围绕遵守廉洁履职方面

进行了自查自纠，对医院、学校、国企等市直重点企事业单位进行巡查。在全市村居建立纪委委员工作室，推动纪检监察监督向基层延伸。制订和出台基层组织党务公开制度，确定22个基层组织党务公开联系点。

【党风廉政宣传教育】 举办全市副处级以上领导干部纪律教育学习班和第一期权力集中部门、资金密集领域领导干部培训班，效果明显。开展“廉洁佛山走基层”专题系列报道，通过报纸、电视、电台和重点路段大型广告牌等形式进行全方位、立体式宣传，声势大、氛围浓。建设一批村居廉洁文化宣传教育联系点，开展“廉洁佛山薪火行”校园廉洁文化活动，推进廉洁文化进社区、进校园等活动；拓展廉洁教育领域，探索非公企业廉洁文化建设。

【调研工作】 围绕预防腐败机构设置、“廉洁佛山”建设、绩效管理试点和社会领域防治腐败等纪检监察工作重点难点问题，深入基层开展调查研究，及时总结经验、探索机制制度创新，提高纪检监察工作科学化、制度化水平。制定《关于推进廉洁佛山建设的若干意见》，全面部署“廉洁佛山”建设。制定出台了《关于进一步发挥纪委委员作用的意见》《关于纪委委员工作室管理办法》以及工作规程。深入调查并起草《佛山市基层纪检监察组织建设情况调研报告》，全面掌握全市基层纪检监察组织建设及其职能作用发挥情况。

【纪检监察队伍自身建设】 2012年，进一步优化队伍结构，在全市和纪检监察系统公开选拔9名副处级领导干部，调整交流和推荐选拔22名副科职（级）以上干部。组织开展“树立和践行社会主义核心价值体系”主题实践活动和贯彻党的十八大精神专题学习活动，举办演讲比赛和知识竞赛。制定《佛山市纪检监察干部行为规范（试行）》，修订市纪委监察局（预防腐败局）工作规则，加强内部管理。选送60多人参加中纪委培训班，举办佛山市纪检监察干部培训班。建立纪委委员工作室，搭建充分发挥纪委委员作用的新平台。扎实推进扶贫开发“双到”工作，组织开展“一对一”帮扶活动。

（*廖复初*）

附：2012年市纪委书记、副书记名单

书　记：张子兴

副书记：曹小华　朱娅丽　裴广明

现任市纪委书记、副书记名单

书　记：张子兴

副书记：曹小华　朱娅丽　裴广明

（2013年6月市纪委供稿）

民主党派 · 工商联

民主党派

【综述】 2012年，佛山市各民主党派共有成员2775人，平均年龄52岁。分布在教育界、科技界、医卫界、经济界、文化出版界2087人，大学以上文化2109人，高、中级职称2280人。民主党派工作围绕“同心”思想，着力在创新方面下功夫，充分发挥民主党派参政议政和社会服务的职能作用，创新开展民主党派“同心”系列行动。以“同心引领、和谐共进”为主线，着力打造具有民主党派特色的“同心”品牌。

【中国国民党革命委员会佛山市委员会】 2012年，市民革发展新党员16人，全市共有党员241人，平均年龄54岁，大学以上文化174人，高、中级职称204人。设有4个总支和15个支部。

全年市民革向市政协提交提案54件，其中获优秀提案5件。《佛山市各民主党派对中共十八大的反响》《佛山市民革党员对全国“两会”的几点期盼》《关于制定强制性环保牙刷国家标准的建议》等3篇信息被全国政协综合采用，民革市委会被民革省委会授予2012年度参政议政工作先进集体二等奖、社情民意信息工作先进集体三等奖、《团结报》工作一等奖。党员唐冬生、刘建萍、辛焕平、李蕾被评为民革广东省委会参政议政工作先进个人。市民革组织党员参加“何香凝生平事迹研讨会暨民革前辈纪念场馆联谊会第一次年会”等活动，学习宣传民革前辈，继承爱国革命的优良传统。

【中国民主同盟佛山市委员会】 2012年，市民盟发展新盟员31位，全市盟员共有768人，其中分布在教育界440人，平均年龄54岁，大学以上文化613人，高、中级职称681人。设有1个区委会（民盟顺德区委会）、7个总支和42个支部。

全年市民盟向市政协提交提案47件，其中优秀提案2件。《建议发行黄岩岛邮票进一步宣示主权》《我国蜂蜜新国标存在的重大遗漏亟待调整》等2篇信息被全国政协采用。民盟市委会被民盟广东省委评为“思想宣传工作先进集体”称号。盟员李春华以“中国远征军”为主题，耗资200万元创作402件雕塑作品，无偿捐献给当年远征军战斗之地云南松山，献礼“中国远征军70周年祭”，以唤起当代人对这段历史的回忆。市民盟举办了“立盟为公，参政为民”的征文活动，通过这种形式，宣传民盟与中共风雨同舟的光荣历史，坚定全盟的政治信念。

【中国民主建国会佛山市委员会】 2012年，市民建发展新会员15人，全市有会员364人，其中有258人分布在经济界和新的社会阶层。平均年龄54岁，大学以上文化184人，高、中级职称153人。设有4个总支和17个支部。

全年市民建向市政协提交提案15件，其中获优秀提案3件。《关于取消组织机构代码证换证制度的建议》《关于清理非法滞留中国的外国人的建议》《坚定不移走中国特色社会主义道路，夺取中国特色社会主义新胜利——细读十八大报告体会》和《近期政协委员关注的热点问题——信用担保行业存在问题不容忽视》等4篇信息被全国政协采用，信息《我国村镇银行异化趋势应予以遏制》被中共中央办公厅采用。佛山民建发动会员积极开展扶贫助学，会员黎惠卿向怀集县汶朗镇敬老院捐赠10万元、姚颖向湖南工程学院和西安工程大学捐赠奖学金30万元，全年全市民建组织和会员在各种扶贫活动中捐款近百万元。会员蔡伟参与市直副处级干部公选被选任为市财政局副局长。

【中国民主促进会佛山市委员会】 2012年，市民进发展新会员10人，全市共有会员345人，其中分布在教育界、文化出版界229人。平均年龄43岁，大学以上文化151人，高、中级职称278人。设有1个区委会（民进顺德区委会）、2个总支和28个支部。

全年市民进向市政协提交提案16件，其中获优秀提案2件。《关于异地公证的建议》和《止住珠江流域断航之痛迫在眉睫》等2篇信息被全国政协采用。民进佛山市委会被评为“民进广东省委2007～2012年参政议政工作先进集体”。民进南海总支被民进中央授予“民进学习践行社会主义核心价值体系先进集体”称号。市委会开展了形式多样的社会服务活动，举行“翰墨情深，星儿璀璨——佛山民进喜迎‘十八大’书画展暨开明画院艺术家作品义卖活动”，通过义卖筹得的善款，用于资助佛山市自闭症儿童机构。

【中国农工民主党佛山市委员会】 2012年，市农工党发展党员27人，全市共有党员415人，其中分布在医药卫生界270人。平均年龄52岁，大学以上文化345人，高、中级职称370人。设有3个总支和23个支部。

全年市农工党向市政协提交提案39件，其中获优秀提案4件，信息《保障性住房建设和管理值得注意的若干问题》被中共中央纪委采用，《建议整合我国海上执法力量，有效保障国家利益》被农工党中央《信息专报》及农工党广东省委会采用。全年组织“国际科学与和平周”“中国环境与健康宣传周”等较大型医疗咨询义诊和“同心”社会服务活动6次。党员陈光被任命为市委会秘书长，苏锡波被增补为市委委员。

【中国致公党佛山市委员会】 2012年，市致公党发展新党员14人，调入本组织1人，全市共有党员227人。平均年龄51岁，大学以上文化179人，高、中级职称176人。设有3个总支和10个支部。

全年市致公党向市政协提交提案28件，其中获优秀提案3件。《佛山市政协委员、各民主党派关注的热点信息之十四》《关于解决城市化进程中农村集体土地若干问题的建议》《关于培育发展和规范管理社会组织的建议》和《“一国两制”——祖国繁荣发展的伟大历史选择》等4篇信息被全国政协综合采用，《值得借鉴的南海大沥镇“街坊会”社区互助服务模式》等8篇信息被致公党中央采用。市委会发挥“侨”“海”优势，加强与海外友好社团交往，热情接待到访的菲律宾中国洪门致公党总部副监事长刘建雄和第五支部理事长陈文章，洪门南美总会总顾问、巴西广州企业家协会荣誉会长罗满志和英国洪门致公总堂原副会长冯家亮等。

【九三学社佛山市委员会】 2012年，市九三学社发展成员24人，全市共有社员415人，其中分布在科技界和新的社会阶层人数达到114人，平均年龄53岁，大学以上文化358人，均为高、中级职称。设有7个基层委员会和22个支社。

全年市九三学社向市政协提交提案16件，其中获优秀提案3件。信息《改革现有食品安全检测运作机制为确保食品安全创造条件》被全国政协单篇采用并得到中共中央领导的批示。市委会开展形式多样的社会服务，集合社内律师人才资源开展“走进园区·宣传法律政策”的系列活动，为园区企业提供法律咨询；开展法律援助，为外来务工人员成功追索劳动报酬；开展普法宣传，为相关单位举办法律法制专题讲座。

【举办民主党派领导干部履职能力提升培训班】 2012年5月7～11日，中共佛山市委组织部、市委统战部和市社会主义学院联合举办2012年佛山市民主党派领导干部履职能力提升培训班。中共佛山市委副书记周天明，佛山市政协副主席、市委统战部部长马亮照出席开学典礼，周天明做学习动员讲话。共有62名民主党派干部参加了学习，进行深刻的政治思想教育和系统的统战理论学习实践，为民主党派换届后顺利实现政治交接打好理论和思想基础。

【完善民主党派组织建设】 2012年6月，致公党高明支部正式成立。致公党高明支部成立后，高明区有民盟、民建、民进、农工党、致公党、九三学社共六个民主党派建立了组织。

【开展民主党派“同心”联合调研活动】 2012年第二季度，中共佛山市委统战部牵头全市各民主党派围绕中共佛山市委、佛山市政府的中心工作，组建“产业转型升级”和“城市升级”2个调研组。分别到市城市升级三年行动计划领导小组办公室、市发改局等12个市直部门和禅城区、南海区、顺德区等3个区进行调研。此外，还深入园区、企业，组织召开企业家座谈会；分别到株洲、长沙、武汉和惠州、东莞等地学习调研。经过深入的调研和分析研究，形成《优化提升软环境　促进产业转型升级》和《打造“强中心”推进城市升级》2份调研报告以及《关于优化软环境、促进我市产业转型升级的建议案》和《关于打造“强中心”、助推城市升级的建议案》2份建议案。调研报告得到市委书记李贻伟和市委副书记周天明的肯定和批示，并在11月以中共佛山市委的名义召开了民主党派“同心”联合调研成果研讨会。调研成果研讨会后，市发展和改革局、市科技局等13个有关职能部门对联合调研的相关工作情况进行了反馈，积极推动“产业升级”和“城市升级”工作。

【开展民主党派“暖心、爱心、同心·社会服务”活动】 2012年第三季度，由中共佛山市委统战部牵头协调、以各民主党派成员为主体组成联合社会服务团，以市统战部与各民主党派市委会联动、市统战部与区统战部联动的形式，到社区、村企和对口扶贫单位开展各种形式的联合社会服务活动。其中，在8月21、22日，分别到禅城区和高明区开展“暖心、爱心、同心·社会服务进社区”和“暖心、爱心、同心·社会服务进革命老区”联合社会服务活动。2次活动累计捐资赠物价值10万元，参与社会服务活动的民主党派成员200人次，受惠群众2000人次。在“同心·联合社会服务”活动的带动下，各民主党派充分发挥各自的特色优势作用，积极开展“同心·社会服务”系列活动。全年全市各民主党派累计开展“同心”社会服务活动110项次，参加的民主党派成员人数近2000人次，捐资赠物价值300万元。

【召开民主党派负责人暑期座谈会】 2012年8月6日，中共佛山市委召开各民主党派负责人暑期座谈会。市委副书记周天明出席会议并讲话，市政协副主席、市统战部部长马亮照和市各民主党派主委、专职副主委、正副调研员、办公室主任等30多人参加了座谈会。周天明对各民主党派提出的问题一一作出回应，并就各民主党派队伍建设中的规划、发现、培训、锻炼、储备、选拔等工作提出了要求。座谈会后，马亮照带领各民主党派与会者到内蒙古自治区的呼和浩特、鄂尔多斯两地开展暑期学习交流活动，学习兄弟城市在贯彻落实“同心”思想和多党合作制度化建设方面的经验做法。

【民主党派学习“十八大”精神】 2012年11月，中国共产党“十八大”在北京隆重召开。在“十八大”期间，市统战部通过组织民主党派机关干部收看“十八大”开幕式和组织各民主党派主委集中传达大会精神等多种形式，把学习宣传“十八大”精神作为首要政治任务，多措并举，在全市民主党派中掀起学习“十八大”的热潮。各民主党派制订学习计划，组织各种学习会、讨论会、座谈会，交流讨论学习心得感受，注重把学习活动和组织活动结合起来，深入贯彻“十八大”精神。

【召开民主党派工作经验交流会】 2012年12月3日，市统战部组织召开佛山市民主党派学习贯彻“十八大”精神暨“创新工作、打造品牌”工作经验交流会。市、区统战部，佛科院统战部以及各民主党派市委会和各民主党派基层组织的主要领导共120多人参加会议。会议深入学习“十八大”精神，对佛山民主党派创新工作、打造品牌工作进行了总结和交流，并把包括市统战部、佛科院统战部、各民主党派市委会和各民主党派基层组织的经验总结共18份材料编印成册，便于各民主党派会后查阅和相互借鉴、相互学习。

附：现届各民主党派正、副主委名单

市民革（第十一届）

主　委：杨军辉

副主委：彭　翔　黄耀丽（女）唐冬生

市民盟（第十三届）

主　委：杨锡基

副主委：赵新文　谭光明　方小兵

市民建（第十二届）

主　委：李应滔

副主委：张卫红　范宝初　罗钦文

市民进（第七届）

主　委：袁毅桦（女）

副主委：王光护　谭伟亮　武小文（女）

市农工党（第十届）

主　委：邓国清

副主委：刘　明　李　薇（女）

市致公党（第五届）

主　委：乔　羽

副主委：朱新进　陈小霞（女）

市九三学社（第六届）

主　委：徐海祥

副主委：章成国　胡充寒　李景明

（涂　勇）

工商联

【综述】 2012年是佛山市的企业服务年。佛山市工商联在市委、市政府的正确领导下，在省工商联和市委统战部的指导下，在全体会员的共同努力下，紧紧围绕党委政府的中心工作，以贯彻加强和改进新时期工商联工作意见为动力，以打造商会联盟发展为主线，以推动镇街工商联（总商会）发展为重点，以服务企业为目标，开展了大量卓有成效的工作。

【协助市委、市政府召开加强和改进新形势下工商联工作会议】 2012年6月，佛山市委、市政府印发关于加强和改进新形势下佛山市工商联工作的意见，并召开全市加强和改进新形势下工商联工作会议，在佛山市工商联发展史上具有里程碑意义。会议指出，要进一步加强和改进工商联的领导，建立健全非公有制经济代表人士选拔、考察、培养和使用机制，发挥工商联枢纽型社会组织的作用，条件成熟的特大镇街应成立工商联和总商会，积极培育和发展有佛山特色的商会组织，加强商会联盟走新型商会发展之路，构建佛商融资新机制和新平台，搭建世界佛商联谊机制和发展平台等，为工商联今后工作指明了方向。市工商联认真组织学习会议和文件精神，并印发《关于贯彻落实佛山市加强和改进新形势下工商联工作会议精神的意见》，把各级工商联、商协会的思想和行动统一到市委部署要求上来，使之成为当前和今后一个时期全市各级工商联和广大非公有制经济人士的重大任务。

各区工商联立即行动起来，结合各自实际开展学习宣传活动，把上级关于加强和改进新形势下工商联工作的指导意见落到实处，使工商联工作呈现新气象。顺德区委、区政府专门出台了关于加强和改进新形势下工商联工作的意见，是全省首个地县级党委政府出台相关的贯彻实施意见。

【探索商会发展新模式，协同创新社会管理】 为协同党委政府加强和创新社会管理，为促进经济社会发展服务，佛山市工商联积极推动镇街工商联（总商会）建设。2012年8月13日，佛山市委统战部、市工商联在南海区狮山镇召开全市镇街商会工作会议，进一步贯彻市委、市政府关于加强和改进新形势下工商联工作的意见精神，下发了《关于推进镇街工商联（总商会）建设的意见》，全面铺开镇街工商联（总商会）组建工作，开创基层工商联、商会组织建设新局面，得到各级领导的高度重视和充分肯定。市委书记李贻伟、市委副书记周天明分别在市工商联开展镇街工商联（总商会）建设工作情况报告上作了批示。10月12日，中央政治局委员、广东省委书记汪洋在佛山市委《关于佛山市大力加强镇街商会建设助推经济发展和社会管理创新的情况报告》上批示："请社工委、民政厅注意总结推广。"在市工商联的积极推动下，10月22日，南海区九江镇工商联（总商会）召开成立大会暨承接部分政府职能签约仪式，承接镇有关部门职能38项，成为全市首个镇级工商联（总商会）。至

2012年12月，全市33个镇街中，有15个镇街成立了总商会。

2012年，市工商联推动了佛山市民营企业投资商会、佛山市经济管理协会和佛山市青年企业家联合会顺利成立，成为2012年组织建设工作的一大亮点，拓展了工商联工作平台。同时，市工商联积极探索异地商会建设新模式，积极开展清远佛山商会和北京佛山商会的筹建工作。8月8日，作为进一步推进商会联盟发展，探索商会发展新模式的一项重要举措，推动成立十大商会联盟，佛山市民营企业投资商会、佛山市民营女企业家商会等10家商会签约组建联盟，并先后协助南海区直属商会、佛山福建商会和佛山市民营企业投资商会分别召开了3期十大商会联盟沙龙。此外，积极指导十大商会联盟的制度化建设，建立了十大商会会长联席会议制度、联合秘书处制度和轮值活动制度，增强十大商会联盟的凝聚力和影响力。为进一步促进佛山市异地商会的合作与交流，9月，推动成立了由佛山湖北商会、安徽商会、揭阳商会等异地商会组成的佛山商协会秘书长联盟，开创了工商联组织建设新局面。

【拓宽培训教育载体，提高企业综合素质】 2012年，为在“企业服务年”切实帮助企业联盟发展，转型升级，市工商联组织了不同形式、专题的学习培训活动，通过有针对性的课程设置使企业家学有所得，学有所悟，深受企业欢迎。例如：分别就加强涉税风险控制、后金融危机时代的营销策略等专题，组织“服务企业暖春活动”系列讲座4场，共800多名会员参加；举办首届佛山青商沙龙和中山大学佛山市青年企业家培训班，致力培育和引导新一代民营企业接班人；组织50名企业家赴清华大学培训，着力提升新一届执委会成员的综合素质，更好地应对挑战，赢取先机。市工商联还与中山大学管理学院签订合作框架协议，共同建立“企业家培训教育基地”“企业发展管理咨询平台”和“企业人才招聘和推荐平台”，为企业发展提供专业、高层次的智力、人才支持和服务。

11月8日，市工商联组织民营企业家集中收看中国共产党第十八次全国代表大会开幕电视直播，认真学习领会总书记胡锦涛所作的工作报告。11月22日，市工商联召开十三届二次执委（扩大）会议，市工商联书记朱卫华作学习“十八大”辅导报告，深入宣传贯彻“十八大”精神。此外，邀请南海区、顺德区主要领导与企业家分享“十八大”及习近平视察佛山的指示精神，共商发展大计，引导会员企业坚定不移沿着中国特色社会主义道路前进，为全面建成小康社会而努力奋斗。

各区工商联也把培训教育作为服务企业的重要手段。例如：禅城区工商联组织青年企业家赴西安空军工程大学航空航天工程学院进行培训后，参加学习班其中的20多位青年企业家自发组成“新锐团队”，意在凝聚青年企业家力量，为地方经济社会发展增添力量。2012年全市工商联举办学习会、讲座200场次，参加人数1.18万人次；组织培训班20期，参加人数2100人次。

【深入开展调研，积极建言献策】 为充分发挥工商联参政议政主渠道作用，当好促进民营经济发展的“代言人”角色，按照佛山市委的部署和市领导的要求，市工商联先后开展了社会工作主要问题和对策建议、企业人才培训、加快佛山企业家成长、非公经济人士队伍建设工作、新生代企业家现状、会展业发展情况等专题调研，并向市委和有关部门报送调研报告6份，向有关部门提交信息、意见建议20多条。其中《新生代企业家现状社会调查报告》进一步提升了政府、社会对新生代企业家培育的重视力度；开展对佛山市会展业情况的专题调研，有关报告得到了市委副书记周天明和副市长宋德平的批示，引起市领导对该行业健康发展的关注。市工商联在市政协大会期间提交的《关于构建中小企业诚信体系联盟发展的建议》的提案被列为主席督办案；《新生代企业家现状社会调查报告》荣获广东省统战理论政策研究创新成果三等奖、佛山市统战理论政策研究创新成果一等奖；《佛澳及葡语国家商会合作机制建立》荣获全省统战工作实践创新成果奖；佛山市工商联获2012年度全市统战信息工作三等奖。

2012年，全市工商联机关向人大提出议案8份、政协提案43份，其中重点提案或优秀提案4份，向党政部门提出建议、报送调研材料、信息反映106份，参与本地政策文件起草和制订6件，为佛山市经济社会建设建言献策，切实解决民营企业的诉求和较好反映民营企业的意见建议，得到各级党委、政府的肯定。

【打造平台载体，加强服务功能】 始终贯彻“搭台、铺路、架桥”的六字工作方针，打造新平台，加大服务力度，引导民营企业转型升级。

一是搭建经济交流合作平台。2012年，市工商联配合省、市的经济工作重点，积极参与市政府在上海、深圳举办的产业对接合作洽谈会，组织各类型的经贸交流、招商推介、投资考察等活动，推动民企加强产业对接合作，促进企业“建链”；开展了“执常委企业五区行”活动，结合五区的产业发展规划、城市升级项目和“三旧”改造工程，组织执常委企业参加三水区、高明区的投资环境考察活动，引导民企立足本地扩大投资，进一步做大做强产业链；积极贯彻实施“走出去”战略，开展援疆产业投资考察和与河源、湛江、恩平经贸交流以及到内地如江西、辽宁、湖北和杭州等省市招商参展等活动，组团赴俄罗斯、澳大利亚、斐济、新加坡等国家和中国台湾开展商务交流。2012年市工商联共开展各类型的经贸交流、招商推介、投资考察等达10多场次，近500人次参加，签订合作意向金额超10亿元。

二是搭建对外联络平台。2012年市工商联重点加强与知名企业家、港澳友好商会的交流联系，分别组织企业家拜访美的集团何享健、香港恒基兆业集团李兆基、香港青年企业家协会、中国华南创业家协会、香港九龙总商会和香港现代管理饮食专业协会等企业家及工商社团，深化交流合作；在澳门召开澳门特邀顾问联谊活动，并举办了佛澳及葡语国家商会合作交流会，140多个葡语国家商（协）会及企业家代表出席交流会，构建起佛澳及葡语国家商会合作联盟机制，得到省委常委、省委统战部部长林雄的充分肯定；为继续推进《珠江三角洲地区发展规划纲要（2008～2020年）》的实施，先后拜访了深圳、广州、惠州、江门等地工商联，为两地产业对接营造良好的发展环境；加强与国外工商社团的联系交流，接待了波兰什切内克市、德国因戈尔施塔特市和安哥拉、塞内加尔等国家和地区的工商社团，进一步扩大市工商联与国际工商社团的交流合作领域。

三是搭建维权平台。2012年，省市重点开展了“三打两建”活动，着力构建市场监管体系和信用体系，维护社会主义经济秩序。为配合省市的工作，依法保障民营企业的合法权益，市工商联于3月份联合市公安局经侦支队共同推动成立佛山市商会企业防范经济犯罪协调中心，建立了案情通报机制、信息互通机制和案件办理协作机制等，同时，还配合省工商联开展“三打两建”千企签名承诺活动。为加强与司法部门的合作，成立了市商会企业商事纠纷调解指导中心，设立了市总商会法律顾问团，成立了共建法治化国际化营商环境讲师团，联合出台了有关贯彻落实佛山市法治化国际化营商环境五年行动计划的实施方案，为佛山市民营企业的发展营造良好的环境。

各区工商联在加强服务功能上也推陈出新，各显特色。如：三水区工商联成立三水企业家高尔夫球协会，搭建高端的政企交流平台，支持重点企业发展；南海区工商联充分发挥“民企掌中宝”“微博”等信息平台的作用，成立了“南商信息服务中心”，为会员企业提供及时有效、便捷贴心的服务；高明区工商联成立了高明区民营企业投资商会，为当地民营企业投融资开辟了新的路径。

2012年，全市工商联共组织国（境）外出访团数37个，出访人数1000人次；开展省内外各类型商务考察、经贸洽谈、展销会等各种经济交流活动2000人次，协助政府招商引资引进项目13个，为企业开拓市场和加快转型升级提供更广阔平台。

（张立雄）

爱国统一战线工作

【综述】 2012年，佛山市爱国统一战线工作按照上级的工作要求，围绕中共佛山市委的决策部署，坚持以“同心”思想为引领，广泛凝聚智慧和力量，围绕中心发挥优势，创新思维化解难题，抓住重点彰显特色，实现了统一战线服务科学发展和统一战线自身发展的双提升，取得了显著的工作成效。

【积极争取党委重视支持，构建大统战工作格局】 深入学习贯彻党的十八大精神和市第十一次党代会精神，制订出台工作文件，加强党委对统战工作的领导。2012年，佛山市委先后印发了关于加强新形势下统一战线工作的意见，以及关于加强工商联工作、党外代表人士队伍建设和城市民族工作的意见等4个文件，对今后全市的统战工作和专门统战业务工作进行了规划，提出了工作措施和工作要求，推进了中央和广东省委有关文件精神在佛山市的贯彻落实。同时，建立了市委统战工作联席会议制度，完善统战工作机制，增强统战工作合力。12月，召开了全市统战工作会议，全面总结过去五年统战工作，科学谋划未来五年统战工作，奠定了统战工作长远发展基础，进一步推动了全市大统战工作格局的形成。

【以“同心”思想为引领，打造“同心”系列行动品牌】 2012年，紧紧围绕市委、市政府的中心工作，积极开展“同心”系列行动，引导统一战线为促进经济社会发展做贡献。

一是组织民主党派开展联合调研，“同心·建言谋策”出精品。发挥民主党派独特优势，组织各民主党派围绕“产业升级”和“城市升级”等重大课题，联合开展专题调研，形成了《优化提升软环境促进产业转型升级》《打造“强中心”推进城市升级》等一批调研报告，提出意见建议22条。中共佛山市委高度重视，专门召开民主党派联合调研成果研讨会，要求政府职能部门根据调研报告跟进落实好相关工作。

二是引导民营企业转型发展，“同心·助推转型升级”见成效。组织市工商联执常委企业开展“五区行”活动，引导民营企业立足本地转型升级。开展佛山和清远两市统战部“同心牵手”行动，组织民营企业到清远开展投资考察活动，拓展发展空间，助推民营企业产业对接。全年组织开展商务考察、经贸洽谈、展销会等各种经济交流活动200多人次，签订了一批投资项目和合作协议，加快民营企业转型升级。

三是动员统一战线成员参与扶贫开发，“同心·扶贫攻坚”展成果。挂钩帮扶革命老区高明区更合镇白洞村和清远市清新县石潭镇大洛村，投入帮扶资金660多万元，实施多项民生工程，全面完成省、市下达的扶贫目标和任务。在广东佛山“6·30”扶贫济困日活动中，全市统一战线捐款近1000万元，为促进扶贫事业发展作出积极贡献。

四是汇聚统一战线力量积极服务社会，“同心·共促和谐”显氛围。组织市各民主党派联合开展“暖心、爱心、同心·社会服务”进社区和进老区活动，送医送药、扶贫助困、捐资助学，捐赠物品价值10多万元，2000多人次受惠。市台办开展“台协顾问下企业服务月”活动、市工商联开展“会员企业服务年”活动，促进了政企关系和谐。市民族宗教局以规范管理、营造氛围、关爱社会、弘扬文化等促和谐，维护了社会稳定。

【中国共产党佛山市委统战部贯彻落实多党合作制度，加强党外代表人士队伍建设】 一是加强协商民主制度建设。以“同心引领、和谐共进”为主线，以“信任、支持、服务”为宗旨，开拓创新民主党派工作。组织召开民主党派“同心引领、和谐共进”工作会议、“创新工作、打造品牌”工作经验交流会等，搭建六大平台与各民主党派建立和谐关系，激发创造力和积极性，全力打造民主党派工作“同心”品牌。贯彻落实民主协商制度，召开民主党派负责人暑期座谈会，市领导与各民主党派负责人共商佛山科学发展。加强党派组织建设，6月，成立了致公党高明支部，进一步完善基层组织设置。

二是推进党外代表人士队伍建设。与市委组织部联合开展党外代表人士情况调研，分析队伍状况；推动中共佛山市委出台加强党外代表人士队伍建设意见的文件，明确目标任务；召开全市党外代表人士队伍建设工作会议，规划部署工作，大力推进党外代表人士队伍建设。

三是促进党外人士的培养使用。加强党外干部培养教育，在市社会主义学院举办了民主党派领导干部履职能力提升培训班，同时，选派了一批党外代表人士参加中央、省和市举办的各类培训班，进一步提升素质。积极推荐选派了24名党外年轻干部到基层和市直机关挂职锻炼，加强能力培养。通过公选，4名党外优秀人士脱颖而出，担任了市机关事业单位领导职务，进一步推进了党外人士的安排使用。

【搭建组织平台，促进非公经济领域统战工作健康发展】 一是全面加强工商联建设。召开全市加强和改进新形势下工商联工作会议，推动贯彻落实市委、市政府关于加强工商联工作的文件精神。顺德区也专门出台了文件，是广东省首个县级党委政府出台相关的贯彻实施意见。佛山市工商联创新举措，首次在澳门举办了佛澳及葡语国家商会合作交流会，帮助民营企业“走出去”。同时，大力加强工商联平台建设，举办广佛商会合作交流会、佛山市建设法治化国际化营商环境商会峰会，建立佛山商事纠纷调研指导中心等，发挥了桥梁纽带和枢纽型社会组织的作用。

二是积极开展镇街总商会建设。推动各区建立镇街工商联、总商会，积极打造枢纽型社会组织。南海区在全市率先实现了镇街总商会全覆盖，并承接了政府248项职能转移，服务经济发展，协同政府加强和创新社会管理。中共中央政治局委员、广东省委书记汪洋作出批示，总结推广佛山的经验；中央统战部和广东省委统战部也作了充分肯定。

三是加快培养新一代民营企业家队伍。推动成立了以“传承传统新佛商，创业创造新发展”为宗旨的佛山市青年企业家联合会，吸引了100多名新会员加入。在中山大学举办了佛山市青年企业家培训班，并联手中山大学建立佛山企业家培训基地，推动民营企业家培训活动的常态化、系统化。市组织了50名企业家到清华大学培训，各区分别组织青年企业家进行专题学习培训，不断提高民营企业家驾驭市场经济和管理企业的能力。

【实施海外“同心”工程，深化港澳海外统战工作】 一是大力推进港澳联谊交往，佛港澳交流合作更紧密。加强与港澳上层人士的联系，拜会了全国政协副主席何厚铧、香港新民党主席叶刘淑仪等政界名人、社团领袖和知名乡贤，拓宽了联谊领域。霍英东集团行政总裁、香港广佛肇联谊总会主席霍震寰先后3次率领香港广佛肇联谊总会以及香港武术联会来佛山开展经贸、文化交流访问活动，影响显著。12月，香港民建联李慧琼、曾钰成率领民建联访问团一行10人到访佛山，加强了两地政界交流。全年共接待文化交流、经贸考察、政团访问等港澳来访团组14批1200多人次，增进了沟通，扩大了佛港澳的交流与合作。

二是扎实开展海外“同心”工程，港澳青年联谊交流更深入。突显合作发展主题，拓宽联谊交流平台，增强港澳青年爱国爱乡情怀。在香港理工大学成功举办以“科技进步与产业提升”为主题的佛港澳青年经济论坛，组织香港佛山工商联钻石青年团等六大香港青年组织首次拜会省、市、区三级统战部，适应青年特点举办金融前沿论题交流座谈会，进一步促进了佛港澳交流合作。

三是积极探索社团组织建设，海外联谊组织更具活力。6月28日，佛山海外联谊会举行换届大会。新一届理事会成员层次高、代表性强、年龄结构优化合理，大多是在港澳台、海外及内地各界有较大影响的中青年代表人士，增强了海联会活力。

禅城、南海、三水等海外联谊会也顺利进行换届，进一步夯实了组织基础。积极筹组香港佛山社团总会，召开香港佛山七大社团职首恳谈会，整合社团资源，推动港澳佛山社团建设。

【扩大对台经贸合作，深入推进佛台交流】 一是强势推进对台产业链招商。围绕产业转型升级，重点在LED、医药、食品饮料等台湾优势产业领域开展招商工作，成功引进台湾旺旺集团进驻高明。积极与台湾国泰金控等金融机构进行接洽联系，为解决台企融资难牵线搭桥。全年共邀请15批台湾客商来佛山投资考察，组织3批赴台招商考察团组，成效明显。

二是深入推进佛台两地交流。全年开展佛台互访交流活动近400人次，扩大了对台经贸文化交流与合作。拓宽交流平台，开展以"北帝"为主题系列活动，与台湾台南市签订了广东省内首个粤台民间信仰交流合作协议；做好台湾中华台北女排队首次来佛山参加世界女排大赛的服务工作、协助举办首届"海峡杯"女子垒球赛，增进两岸同胞感情，推动了两岸体育文化交流。以高层来访为契机，主动做好台湾国民党政策会执行长林鸿池、台湾海基会副董事长兼秘书长高孔廉等高层人士和有关地方议员的接待工作，深化感情关系，为进一步交流奠定基础。

三是扎实推进为台企服务工作。积极为台企排忧解难，开展"台协顾问下企业服务月"活动，走访台资企业，进行现场沟通，实时解决问题。举办台企转型升级、科技政策等专题培训、学习讲座，在《佛山日报》开设"台资企业转型升级专栏"，传授和交流台企转型升级方法，增强台企应对困难的信心。加大协调力度，认真做好台商权益保障工作。

【加强服务管理，维护民族宗教领域和谐稳定】 一是扎实做好少数民族工作，促进民族团结。推动市委、市政府出台了关于进一步做好城市民族工作的意见，提出明确要求和指引，提升工作水平。建立民族宗教工作协调机制，完善区、镇街、村三级管理网络，形成联动工作格局。发挥少数民族代表人士的骨干作用，引导教育少数民族群众，配合做好城市管理秩序建设。大力开展宣传教育，精心组织策划民族团结进步宣传月活动，在全社会营造良好氛围。佛山市3个社区、2个集体及2名个人分别荣获广东省民族团结进步模范社区以及模范社区创建先进单位和先进个人称号。

二是依法加强宗教管理工作，促进宗教和谐。加强和创新宗教活动场所管理，开展以"安全"为主题的和谐寺观教堂创建活动，切实做好宗教活动场所安保工作。2012年，全市创建和谐寺观教堂达标场所5个。市民族宗教局举办佛山市宗教干部培训班，三水区举办基层单位民族宗教工作人员培训班，进一步提升宗教干部工作水平。在《佛山日报》开辟专栏，组织举办知识竞赛活动，广泛宣传宗教政策法规。

三是积极推进仁寿寺重建工作，弘扬宗教优秀文化。协助市政府专门成立仁寿寺建设工作协调领导小组，稳步推进仁寿寺重建工作。以仁寿寺为载体，打造佛山"佛"文化，为佛山经济社会发展服务。协助举办西樵山"大仙诞"文化节活动和做好"2012广东禅宗六祖文化节"南海（西樵）分会场的相关工作，以宗教传统文化丰富当地文化建设。组织宗教界人士参加慈善万人行、植树、鱼苗放生、扶贫助困、送医赠药等活动，推动了宗教慈善事业发展。

【充实采编力量，提升统战信息和理论研究工作水平】 2012年，以广东省统战信息宣传调研工作会议在佛山召开为动力，成立了佛山统战信息采编组，推动工作取得了新成效。全年共编发《佛山统战信息》255期，被上级采用80多条次，荣获广东省统战信息工作先进单位一等奖。统战理论研究水平进一步提升，全市共撰写统战理论调研报告和论文18篇，其中6篇分别获得2012年度广东省统战理论研究优秀成果二等奖、三等奖和优秀奖。

【规范制度管理，完善基层统战工作机制】 汇编了工作制度，全面实现电子化办公，促进市委统战部部机关规范运行；调整科室职能，合理进行分工，激发活力，提升工作质量。加强基层统战工作，建立市委统战部领导联系五区工作制度，重点理顺了高明区、三水区工商联机构设置，实行归口管理，完善了大部制改革后的基层统战工作机制。

（张畹芝）

港澳台事务和侨务

港澳事务

【综述】 2012年，在市委、市政府的领导下，在上级部门的指导和支持下，佛山市积极发挥港澳工作资源和渠道优势，真抓实干、开拓进取，认真贯彻落实中央对港澳的各项方针政策，在落实粤港、粤澳合作框架协议、CEPA及先行先试政策，推进粤港澳服务贸易自由化，促进佛港澳多领域交流与合作，服务港澳资企业等方面，取得实质进展。

【建立协调机制，促进佛港澳合作多领域协调开展】

2012年9月，佛山市建立了港澳合作工作联席会议制度，由分管港澳工作的副市长任联席会议总召集人，成员由各区政府和41个市直部门分管领导组成，专职总结和交流实施框架协议工作的经验，协调、研究、处理实施框架协议工作中碰到的问题，形成合力，更好地贯彻落实粤港、粤澳合作框架协议。

2012年初，佛山市把“落实CEPA加强金融合作交流活动中与港澳签署的重点合作项目的实施情况”列入佛山市2012年国民经济和社会发展计划。出台了《落实〈佛山市现代服务业发展“十二五”规划〉主要目标和任务分工方案》《佛山市人民政府关于促进稳增长调结构惠民生工作的实施意见》和《佛山市建设国际化法治化营商环境实施方案》，把继续深入加强佛山与港澳地区交流合作、积极承接港澳产业延伸转移、加快广东金融高新技术服务区等佛港合作服务业载体建设纳入其中，把佛港澳合作推向更深层次。

【重点项目取得突破，落实框架协议取得新成效】

佛山市广东金融高新技术服务区被列为《广东省推动率先基本实现粤港澳服务贸易自由化行动计划》的重点合作区域，南海区政府与香港科技园合作共建的南海粤港科技产业升级试验区和广东工业设计城等被列为《广东省推动率先基本实现粤港澳服务贸易自由化行动计划》重点项目。2012年9月举行的粤港合作联席会议第十五次会议上，南海区政府与香港科技园公司签署“南海粤港科技产业升级试验区”合作协议；佛山市作为会上签约的唯一一个地级市，与香港铁路有限公司、广东省铁路建设投资集团有限公司、招商集团有限公司签订了“广佛城际轨道环线综合开发”意向书。

在交通领域，将港澳服务提供者在佛山市投资生产型企业从事道路货运业务以及设立维修、驾培企业和客货运站场、船舶代理服务项目的受理和核实权下放给各区交通主管部门。2012年，港澳服务提供者在佛山市投资的生产性企业共20家，机动车维修企业1家。根据框架协议，佛山市开展了粤港电子签名证书互认试点工作，在2月召开的粤港电子签名证书互认试点工作组第六次工作会议上，佛山市开发的粤港跨境电子报关支撑平台试点工作得到国家工信部及香港相关政府部门的充分肯定。2012年8月广东省经济和信息化委、香港特区政府资讯科技总监办公室在广州举行《粤港两地电子签名证书互认办法》新闻发布会，标志着粤港两地证书互认工作常规化开始。

【广泛开展交流，携手推进佛港澳合作各项工作深入开展】 2012年，佛山市积极推进与港澳政府职能部门、行业协会、商会之间的互动机制，全方位开展对接，携手推进佛港澳合作各项工作深入开展。

金融服务业合作进展顺利。佛山市广东金融高新技术服务区成功举办了“粤港金融合作恳谈会暨广东金融高新区推介会”等重大活动，成立了总投资超过21亿元的粤港金融·科技园。香港汇丰银行、恒生银行分别在顺德新设立了一家支行，汇丰银行、南洋商业银行在禅城分别设立了一家支行。佛山市德盛弘达模具塑料有限公司在香港上市，使佛山市以H股或A+H股等形式登陆香港资本市场的企业达到10家。宝华世纪投资咨询公司落户南海区，是国内第一家成功取得内地金融教育服务牌照的香港专业教育培训机构。

旅游业合作有新突破。佛山市组织企业参加“第五届澳门世界遗产与休闲城市旅游博览会”“第26届香港国际旅游展”“2012年中国欢乐健康游主题旅游年——港澳台地区启动仪式暨主题推广活动”，学习港澳城市旅游建设经验并大力宣传推介佛山市旅游资源。通过举办美食节、龙舟赛、狮王争霸赛、自行车赛等形式，打造精品旅游线路，塑造佛山市形象。

科技合作深入对接。12月，佛山市“粤港科技产业升级试验区”建筑面积6000平方米的第一期项目——粤港联合孵化器投入使用。佛山阿格蕾雅光电材料有限公司引进香港大学支志明院士创新团队。3月30日，南海区政府与香港科技大学合作的佛山市香港科技大学LED—FPD工程技术研究开发中心在南海区的瀚天科技城举行了开幕典礼。该中心是香港科大在珠三角地区设立的第一个研究开发发光二极管（LED）与平板显示器（FPD）的工程技术中心，不仅为佛山及珠三角相关企业提供服务，还将承接香港科大的研究成果并进行产业化。

环保领域交流频繁。佛山市经济和信息化局与香港特区环境保护署合作，在佛山推进“粤港清洁生产伙伴”计划，与计划的执行机构香港生产力促进局广州办事处建立了定期联络机制。

教育领域交流合作取得新成效。佛山市有40多所中小学校与香港中小学缔结了姊妹学校关系，来往密切。香港特区政府推出的“国民教育”计划，从2009年开始，每年有1000多名香港中小学生到佛山市开展交流活动。佛山市人力资源社会保障局与香港职业训练局正式签署了《佛港两地培训就业合作意见向书》，成立了工作小组，开展一系列的合作交流活动。

文化艺术和社区服务交流合作深入开展。佛山市文广新局与世界绞缬协会、香港理工大学联合主办《国际染色艺术展》，佛山粤剧传习所与香港尚岸制作发展有限公司合作创编粤剧《李清照新传》，在香港、佛山引起热烈反响。

【开展“暖春行动”，解决企业困难，推动港澳资企业转型升级】 佛山市港澳事务局组织专门的港澳资企业调研，并将内容写入《2012年佛山市企业问卷综合情况报告》，引起市委、市政府对港澳资企业生存发展状况的关注。组织3场港澳资企业与工商、公安、国土规划等政府部门的座谈会，了解投资办理手续繁杂的意见和建议，解决企业反映的交通安全黑点、货车进城办证难等实际问题。为了让港澳投资商在更高层次参与中西部地区的经济建设，寻找新的发展空间，先后组织了60多家港澳资企业参加了“第十届东盟华商投资西南项目推介会暨亚太华商论坛”“2012华侨华人创业发展洽谈会”“2012年第二届国际（广东）节能展”“宁夏投资洽谈会”“2012港澳台商品交易会（深圳）”“第九届中国国际中小企业博览会（广东）”“贵州—佛山招商对接交流会”等招商活动。利用侨商会平台协助港澳资企业开拓国际市场。组织港澳资企业前往泰国、柬埔寨考察陶瓷及纺织业投资环境，为企业“走出去”搭建平台，并利用泰、柬两国资源为企业建立具有科学性的产品配套系列。

（市外事侨务局）

台湾事务

【综述】 2012年，佛山市对台工作认真贯彻中央对台工作大政方针，努力为促进两岸关系和平稳定发展以及佛山经济社会建设做贡献。全年有12项工作受到了市委、市政府领导的批示和充分肯定，并受到了广东省台办的表扬和充分肯定。

【创新工作方式，对台经贸交流合作取得新进展】 对台产业链招商强势推进。2012年，佛山市对台经济工作按照“佛山市加强产业链招商三年行动计划”，结合佛山市产业发展，重点在LED、食品饮料、现代农业、现代服务业等台湾优势产业领域开展招商工作，积极打造和完善具有佛山特色的台资产业新优势。通过市、区有关部门的共同努力，佛山市新增台资企业15家，增资8家，合同利用台资3.8亿美元，实际利用台资7682万美元。其中旺旺集团高明休闲食品加工厂总投资3亿美元；台湾东阳集团三水汽配项目投资3000万美元；台湾嘉彰精密机械有限公司南海LED配件厂投资1000万美元。

对台金融合作有新进展。为推动佛山市产业转型升级，解决台资企业融资难的问题，佛山市把引进台湾金融机构作为2012年对台经贸合作的重点之一来抓。市台办联合有关部门开展赴台金融招商活动。与台湾多家金融机构建立联系，开展投资考察。

台资企业转型升级继续推进。2012年，佛山市开展了“台协顾问下企业服务月活动”。市、区台协顾问组成联合小分队，有针对性地走访了14家具有代表性的台资企业，对企业提出的问题和困难进行现场沟通，实时解决。积极创新政策宣传新渠道。在《佛山日报》开设了“转型升级看台商”专栏，对全市台资企业转型升级的成功案例进行了系列宣传报道。举办了“台资企业科技政策专题培训班”“台资企业转型升级专题讲座”。进一步健全和完善了涉台信息管理系统，建立了重点台资企业联系人队伍，不定期向企业发送最新的政策资讯。策划制作《台资企业转型升级参考手册》，引导台资企业实现转型升级。持续对企业进行辅导诊断。以台协为平台，邀请台湾生产力中心和市科技等部门为台资企业负责人上课辅导，传授企业转型升级方法，并对个别企业进行现场诊断。深入开展调研，通过向市相关部门沟通、调查问卷、走访重点企业等方式，对全市台资企业的投资以及经营运行情况进行了收集、整理，形成调研报告，供领导决策参考。

【佛台交流进一步深入】 2012年是佛山市对台交流最精彩、最具活力、收获最大的一年。佛山赴台公务考察交流31批，228人次；佛山市人员跟省团组赴台2批，3人次。办理非公职赴台审批89批，264人次。佛山市团组从不同的角度，赴台开展交流活动，对加强和促进佛台各领域的联系发挥了重要作用。有18位佛山籍学生赴台湾的大学学习。南海东软信息技术职业学院组织了2批交换生赴台学习。佛山首次实现了宗教界人士组团赴台开展交流活动，是佛山市对台交流的又一重大收获。首次组织佛山市中小学生赴台开展夏令营活动，与台湾中小学生开展交流活动，有力地增进了台湾中小学生对大陆的了解。台湾来访团组达20批，192人次。台湾有关人士林鸿池、高孔廉分别率参访团来佛山参访。宜兰、新北市、屏东等多位民意代表来佛山交流参访。台湾台南后壁区民代会一行8人，首次参加“2012祖庙三月三北帝诞庙会”活动。台湾台南市后壁区玄天上帝庙交流团一行55人来佛山市参访，与祖庙开展交流活动。通过民俗交流，进一步强化了台湾基层民众对大陆的感情。台湾中华台北女排队一行16人首次来佛山参加世界女排大赛，深化了两地之间的交流。

【台商权益保障工作得到进一步加强】 2012年，受国内外经济形势的影响，台商投诉纠纷案件呈现量多的趋势，协调处理难度大。全年全市共受理各类求助及投诉案件101宗。在市、区台办的协调下，通过有关部门的共同努力，已办结95宗，结案率超过94%，较好地维护了台商的合法权益。

【“台协”及联谊会工作顺利开展】 2012年，大力动员企业、台商入会，壮大了协会队伍；市台商投资企业协会、区台商联谊会顺利完成了换届；开展了为协会会员服务活动，为台商企业发展、克服困难提供了有效帮助，赢得台商的支持和信任；发挥协会、联谊会的桥梁纽带作用，大力推动佛台经贸文化交流与合作，推介更多更好的台企、台商、交流团体来佛山考察交流。发挥有效沟通平台作用，不定期与各职能部门开展座谈、联谊活动。组织开展台协顾问走访会员企业活动，加强了双方的互动和沟通。积极参与社会公益事业，广泛参加扶贫济困、捐资助学、无偿献血、义务植树等慈善活动，展现协会良好形象。

（高　电）

侨　务

【综述】 2012年，佛山市围绕贯彻落实全省侨务工作会议精神，结合市委、市政府的中心工作，准确把握地方侨务工作定位，积极发挥侨务工作资源和渠道优势，真抓实干、开拓进取，在全省侨务“五大行动”的框架下创新性地开展工作，在平台整合、品牌创建、服务基层、服务侨胞等方面取得一定成效。

【打造三大品牌“聚侨力”】 一是精心打造“才聚佛山”品牌活动。2012年7月3日，佛山市外事侨务局承办了2012“智汇广东，才聚佛山”新加坡科技代表团佛山对接洽谈活动。交流会期间，来自佛山的55家相关企业76位负责人与新加坡科技代表团成员进行了交流互动，分别就电子信息、LED、生物医药等研究领域进行现场推介、展示、洽谈、咨询和对接。12月19日，在南海区举办了珠三角国际科技园海外高层次人才项目对接会，56个海外人才项目与风投机构和企业现场“相亲”，共有19个项目达成了初步合作意向。

二是用心打造“侨力兴业”品牌活动。2012年，在侨务部门积极推动下，侨胞禅城乡亲招应璋再次对家乡的投资环境进行考察，最终决定与浙江中国小商品城集团股份有限公司（上市公司）在禅城区张槎合作开发经营总建筑面积20万平方米，计划投资金额7.5亿元建设佛山义乌商品城。

三是专心打造“信息共享”品牌活动。组建了全方位的网络信息共享平台，可及时、准确地共享政策、经贸、文化、人才、产业等信息，为侨务工作的开展提供信息支持。

【涵养三类资源“育侨菁”】 一是注重与华裔杰出青年的联络。动员和推荐佛山市海外杰出青年参加国侨办的“精英研修班”“华裔新生代企业家中国经济高级研修班”“海外侨团中青年领袖研习班”等，逐渐得到一批侨领新生代对佛山发展的关注和支持。

二是注重对本土留学生的引导。在南海区试点探索“海外留学生联盟”，在美国、加拿大、澳大利亚、英国、法国、新加坡等国设立海外留学生工作站，建立起海外留学生工作的常态机制，构筑海外留学生交流服务网络。

三是注重与港澳青年精英的交流。依托一些跨地域开展的青年交流活动，涵养一批青年精英。佛山市侨商会荣誉会长、汇贤智库主席叶刘淑仪在香港理工大学举办以“科技进步与产业提升”为主题的经济论坛，佛港澳三地青年企业家80多人参加，为港澳与佛山的科技文化交流与合作创造了一个良好开端。

【利用三大平台“传乡情”】 一是利用《佛山侨报》重建乡情纽带。二是市领导出访送上乡情寄托。三是媒体网络平台联系乡情。经市外事侨务局牵线搭桥和周密安排，佛山日报社赴英国伦敦奥运报道组在奥运会开幕前夕，专程赴禅城区友好城市英国梅德韦市采访报道英国梅德韦市禅城区联谊会，宣传佛山市海外社团与当地社会和谐共处，共建共治共享的做法。

【提供三种服务“暖侨心”】 一是夯实基础服务“暖侨心”。做好日常来访接待，热心为华侨侨眷解决困难，耐心解答侨务政策问题，依法依规细心化解侨务信访。市侨务部门还联合组织了3场侨资企业与工商、公安、国土规划等职能部门的座谈会，解决企业反映的交通安全黑点、货车进城办证难等实际问题。

二是扶助农场改革“暖侨心”。召集市发改、财政、国土规划、住建、农业等部门和三水区、三水区南山镇（迳口华侨农场）的主要负责人就推进华侨农场改革和发展进行部署，切实制订危房改造实施方案，确保2015年前完成2629户危房改造任务。

三是服务侨资企业“暖侨心”。组织6批95人次侨资企业代表，参加西部地区、东南亚国家经贸洽谈会和企业交流会，拓展渠道和经营范围，为企业转型升级提供参考和借鉴。

【发扬三种精神“弘侨爱”】 一是大力弘扬广大侨胞积极向上的奋斗精神。响应广东省省长朱小丹在全省侨务工作会议上提出的大力推广和传播“粤侨精神”，在市侨务部门的牵线搭桥和推荐下，佛山电视台《那年那些事》栏目组专门为市海外交流协会理事、旧金山湾区中国统一促进会会长吴国宝制作专访节目，在荧幕上以对话形式再现海外华侨华人的奋斗历程及对祖国的眷念、对家乡的回报之情。

二是广泛宣传广大侨胞善泽桑梓的慈善精神。通过组织海外侨领在市内关注度较高的地点开展慈善活动、引导社团设立慈善基金，让更多的家乡人收益。

三是积极支持广大侨胞勇于建言的爱乡精神。树立为全市发展建言献策的侨资企业家的典型事例，与佛山日报社、中新社合作开展系列报道，取得良好的社会效应。

（市外事侨务局）

2012 年 7 月 25 日，由来自全球 30 多个国家和地区的 1000 名海外华裔青少年组成的中国寻根之旅夏令营活动走进佛山。图为海外华裔青少年在南风古灶体验佛山陶瓷文化。

对外交往

【综述】 2012年，佛山市外事侨务局认真贯彻落实外交部党委书记、副部长张志军到佛山市调研的讲话精神，在上级部门的指导和支持下，紧紧围绕佛山市委、市政府的中心工作，积极发挥外事工作资源和渠道优势，真抓实干、开拓进取，服务国家总体外交大局和地方中心工作、服务改革开放大局和对外交流合作、服务社会管理创新大局和创建文明城市，在推进中德工业服务区建设、因公出访管理、国际友城平台搭建、APEC卡推介申办等方面取得一定成效，荣获外交部授予的“服务国家总体外交突出贡献奖”。

【主动介入中德工业服务区建设，拓宽项目发展空间】 2012年，佛山市充分发挥外事资源优势，找准项目突破口，构建官方交流联络平台，全力推动佛山中德工业服务区建设。一是找准突破口，确立合作方。抓住德国弗劳恩霍夫协会主席布凌格教授参加广东经济发展国际咨询会的契机，促成佛山市市长刘悦伦拜访布凌格教授，确立弗劳恩霍夫协会为佛山中德工业服务区提供科技支撑。二是搭建交流平台，促进相互了解。促成佛山市代表团拜访德国因戈尔施塔特市政府，并成功邀请德国因戈尔施塔特市市长代表团回访佛山市，签署建立友好城市意向书。邀请巴伐利亚州政府办公厅欧洲与国际司司长、德国驻广州总领事到访佛山，了解中德工业服务区发展；邀请德国驻广州副总领事寇文刚为中德工业服务区挂牌仪式致辞。三是提升层次，争取更多资源。邀请广东省外办副主任苏才芳率调研组到佛山中德工业服务区考察调研相关情况，将中德工业服务区建设纳入广东省对外交流合作联系会议机制的重点项目，落实省长朱小丹、副省长招玉芳努力将佛山中德工业服务区打造成为国际一流合作平台的指示。

2012年11月7日，佛山市与德国因戈尔斯塔特市签订建立友好城市意向书。

【探索开展预防性领事保护工作，服务社会管理创新大局】 2012年，本着“外事为民”的宗旨，市外事侨务局积极贯彻落实外交部预防性领保工作九大举措的精神，主动开展预防性领事保护工作的实践和探索。4月，“2012广东（佛山）海外安全文明宣传周启动仪式”在佛山市举行，外交部领保中心主任郭少春出席并致辞，揭开了佛山市推进预防性领保工作的序幕；7月和12月，佛山市成功举办“领保进校园”“领保进企业”等宣讲活动，受众反应良好，市民海外安全意识有所提高。副调研员张剑荣在《佛山日报》上刊发《让企业和公民走出去更安全》的评论，提升了“外事为民”的社会认知度。“领保进校园”活动是外交部领事保护中心首次在全国县级城市的中学宣讲领事保护知识，也是外交部首次面向因私出国留学生开展培训。外交部领保中心认为佛山市“领保进校园”活动“开辟了‘领保进校园’的新途径，对扩大领保知识受众面具有重要意义”，并向全国各省市外办转发了《佛山市外事侨务局关于开展预防性领事保护工作的情况》，以推广佛山市的经验和做法。

【积极实践“企业暖春行动”“为企业服务年”等活动，为企业提供服务和支撑】 一是搭建信息共享平台。通过主动走访五区工业园区，主动介绍外事工作职能和资源现状，了解园区实际需求和合作意向，与工业园区初步建立起合作互信和信息共享机制，并整理汇编《佛山园区投资情况简介》，在外事交流活动中视情发布，有效提高宣传覆盖面和影响力。9月，组织了共享平台的信息员交流学习活动，促进信息互通和交流学习。

二是制订《佛山市民营企业人员循因公渠道办理赴港澳通行证管理办法》并由市政府印发，为民营企业人员赴港澳提供方便；建议市政府在《扶持中小企业发展办法》中，增设“对符合申办APEC商务旅行卡的中小企业，办理APEC商务旅行卡”的条文，协助中小企业开拓海外市场。

三是各区利用外事资源为企业做好服务。如南海区邀请日本早稻田大学藤田精一教授为民营、日资企业管理人员共240人讲授“改善管理”“5S概念”；顺德区将“星光企业”纳入邀请外国人“绿色通道”服务企业，支持中小型企业更好地“请进来”；三水区主动将外国人来华的审核时间由5个工作日缩短至2个工作日。

【巧用外事接待工作，助推重点计划】 抓住外宾来访的机遇，重点介绍城市发展情况、经营理念、人文特色，突出介绍重点项目建设情况，展现城市吸引力。2012年，市外事侨务局共接待来访外宾45批、352人次。例如，以色列驻广州总领事倪·亚伯拉罕携以色列最大的高科技农业公司耐特菲姆集团负责人拜访副市长许国，推动了两地在农业水利领域方面的技术合作；日本驻穗总领事伊藤康一到访，与市长刘悦伦就电力供应、劳动力成本等问题进行沟通；韩国抱川市市长徐壮源率优秀出口企业考察团来访，推动两地经贸合作，并与佛山市探讨建立友好关系事宜；英国驻广州总领事摩根率英国企业代表团30人来访，加强两地在金融、教育、基建与零售等领域的交流与合作；协助市农业局邀请驻穗领事官员参加农博会，宣传佛山市食品安全工作。

【做好国际友城工作，构建立体友好平台】 2012年，佛山市外事侨务局继续致力于带动、推动区级城市开展友城结对工作，争取构建市、区互动、互补的立体友好平台。2012年佛山市缔结1对友城，区级城市缔结2对友城，友城总数达到11对，取得重大进展。佛山市与俄罗斯纳罗福明斯克区缔结友好城市，结束佛山市在欧洲无友城对子的历史；禅城区与美国福遍郡缔结友城，成为广东省首个拥有2个国际友好城市的区县；顺德区与澳大利亚高嘉华市缔结友城，实现零的突破。同时，市外事侨务局与现有友城开展有针对性的互补交流，已经成为友城交往的品牌活动，年内组织师生团、市民团访问日本伊丹市、澳大利亚汤斯维尔市等友好城市，为佛山市民间对外交流作出扎实贡献；邀请俄罗斯纳区舞蹈团参加秋色欢乐节活动，开展文化艺术交流。市外事侨务局还利用各种渠道，积极物色友城对子，与德国因格斯特市、韩国抱川市、波兰什切齐内克市开展友好交流活动，丰富立体友好平台架构。

【做好APEC商务卡推介工作，助力民企拓展海外市场】 2012年，利用拓展东欧市场企业研讨会、行业协会活动、商会年会等契机，举办多场APEC商务旅行卡推介活动。通过PPT展示、派发宣传资料、现场咨询等形式，详细讲解办卡优点和办理流程，加深民营企业代表对APEC商务旅行卡的了解。通过编制《APEC商务旅行卡办理指南》，增大了宣传力度，大大方便需要申办APEC卡的企业。至年底，佛山市共为约200家民营企业的近600人办理APEC商务旅行卡，办卡数量居全省前列。

（市外事侨务局）

宣传・组织

宣传工作

【综述】 2012年，佛山市宣传思想文化工作在市委的正确领导下，坚持围绕中心、服务大局，深入贯彻落实科学发展观，紧扣建设“民富市强、幸福佛山”核心，扎实推进全市宣传文化工作各项目标任务贯彻落实，努力提升工作科学化水平，呈现出导向正确、主题鲜明、内容丰富、氛围浓厚的良好局面。

【引导解放思想不停步、助推改革开放不停顿，理论武装工作焕发新活力】 一是精心部署、率先垂范，当好学习宣传贯彻党的十八大精神的排头兵。在盛会召开至闭幕后一段时间，佛山市主流媒体开辟专栏专题70多个，转载重点报道及评论文章410多篇，组织采写刊发理论、评论文章650多篇。举行专题学习会、宣讲报告会500余场次，听众达30多万人次。全市各主要政务网站等四大类网站，播出相关专题报道近500篇。《佛山日报》推出《全景看佛山——航拍》，佛山电视台推出《空中丈量美丽佛山》，全面展示佛山十年的辉煌成就。二是理论学习制度创新指导实践。市委理论学习中心组全年举行12次集中学习，带动96个市直处级中心组、800多场次学习全面铺开。健全理论学习的指导和考核机制。成功推荐禅城区紫南村作为广东省唯一村级党组织被命名为第一批示范联系点，命名市级学习型党组织建设示范联系点8个。三是社科理论研究借脑引智成果显著。2010～2011年度社科规划项目评审结项完成，合格率达97.8%。2012年度社科课题招标研究成果顺利推进，90个项目获得立项。《佛山科学发展蓝皮书（2011年）》编印面世。启动《佛山市人文和社科研究丛书》编纂出版工作。四是社科宣传普及形式新颖。2012佛山社会科学普及周活动实现举办地点、活动内容形式以及针对对象的创新，为市民奉上“社科大餐”。

【唱响主旋律、打好主动仗，主流舆论积极健康向上形成新氛围】 一是精心组织重大方针政策宣传。组织媒体对党的十八大，中央经济工作会议，省、市第十一次党代会，全国、省、市人大政协“两会”等重要会议精神和决策部署的宣传，全面、准确、及时宣传党和国家以及省、市重大战略部署及贯彻落实成效。二是精心策划重大主题宣传。紧密推进城市升级三年行动计划、“创文”、“三打两建”、全市行政体制改革试点工作、加强和创新社会管理、珠三角改革发展规划纲要、新时期“广东精神”宣传实践活动等50多项重要经济社会活动的宣传报道工作。三是精心组织重大典型宣传。“推评选学”佛山好人活动推荐、树立两批约40名“佛山好人”，并择优命名佛山“十佳美德之星”。组织开展全国道德模范赵广军与身边好人交流论坛活动。1人被评为“中国好人”、4人被评为“广东好人”。梁志毅事迹在《人民日报》头版刊载向全国推广，成为佛山市学习践行新时期“广东精神”的重要特色载体之一。四是重大突发事件新闻引导及网络舆情处置积极有效。妥善处置社会热点新闻和网络舆情事件，通过有效衔接事件处置与舆论引导，赢得宣传舆论的主动权、话语权，维护社会和谐稳定。

【整合资源、抬高层次，对外宣传工作取得新跃升】 一是联结大报大刊大台展示佛山新形象。2012年，组织媒体采访报道200余次，刊登报道数百篇，其中有4篇报道刊登于《人民日报》头版，创历史新高。二是结合经贸外宣展示佛山新面貌。精心组织媒体采访报道佛山在上海、深圳产业链招商经贸活动。首届广东（佛山）安全食用农产品博览会顺利举办，新华社、《人民日报》、中央电视台、香港凤凰卫视、新加坡《联合早报》等境内外40多家媒体前来采访报道，新华网等网站现场直播36万人次参展观展盛况，得到广东省委主要领导的批示肯定。三是结合文化外宣彰显佛山深厚底蕴。积极推动“文化走出去”，佛山狮头扎作等3项国家级非遗荣登央视纪录片《留住手艺》，并现场展演蜚声国际。叠滘比麟堂、咏春拳等入选外宣电视系列片《中华文化之旅》，促进佛山民俗文化走向全国乃至海外。

【搭建平台、创新方式，网络问政和网络文化建设得到新拓展】 一是重大主题网上宣传异军突起。2012年，佛山市精心组织党的十八大等重大会议精神网上宣传工作。组织开展“文明办网、文明上网”等系列网络“创文”活动和“关爱残障儿童、感恩孝德文化”等系列公益活动。二是政务微博建设探索创新。成立微博发言人、微博助理、微博管理成员“三位一体”微博发言人工作团队。开通信息发布新平台“佛山微博发布厅”和市委、市政府官方微博“佛山发布”。三是网络发言人平台建设和领导与网民在线交流活动稳步推进。畅通沟通渠道，围绕“城市升级”等中心工作和民生热点与网民进行在线交流。佛山市网络问政经验做法作为广东省唯一地级市实践案例入选《前进中的探索——十七大以来广东宣传思想文化工作理论与实践》一书交流推广。四是网络文化阵地建设实现新突破。广佛都市网获颁《中华人民共和国互联网新闻信息服务许可证》，成为广东省首个获此资质的两个地级市之一。

【夯实基础、注重民生，文化建设工作打开新局面】 一是公共文化服务体系进一步完善。佛山市区级以上图书馆和文化馆全部晋身为国家一级馆，33个文化站有29个进入省特级站行列。2012“崇文佛山”全民阅读之“悦读城市·升级文明”系列活动18大类26项活动开展顺利，吸引200万市民陶醉书香。二是文化体制改革工作走在广东省前列。2012年佛山市再次荣获“全国文化体制改革工作先进地区”称号。制定《佛山市文化产业发展专项资金管理办法》，指引和规范文化产业“三个十”行动计划项目评审工作。三是精品佳作不断涌现。出台《佛山市文艺和新闻出版精品（精英）扶持资助实施办法》。召开佛山市2012年度文艺和新闻出版精品创作工作会议，对近年来获得省级以上文艺和新闻出版奖的作品进行资助。粤剧《小凤仙》、人偶剧《喜羊羊与灰太狼之三个愿望》、歌曲《荷塘月色》《幸福家园》和《奉献平安》等5部作品获省“五个一工程”奖，佛山市委宣传部荣获“组织工作”奖。四是文化文艺活动内容丰富亮点纷呈。2012佛山岭南文化艺术节、南粤幸福活动周、2012年秋色欢乐节、“魅力佛山·四季情韵”等活动精彩纷呈。百姓艺术健康舞、群众广场排舞、岭南年俗欢乐节、珠三角休闲欢乐节、“缤纷高明·四季情韵”、“扬帆启航·共建新城”等群众文化活动蓬勃开展。

【发动主体、创新载体，文明创建工作实现新突破】 一是“创文”工作全面发力高位突破。坚持“创建为民、创建惠民”宗旨，广泛发动市民群众及社会各界参与，通过完善机制，强力推进创建工作。在2012年度的“国检”中，佛山市城市文明程度指数测评成绩在全国61个地级提名资格城市中排名第5位，未成年人思想道德建设工作测评成绩在全国84个地级市中排名第12位，在广东省内全国提名资格城市中均位列第一。二是“微文明”活动品牌取得初步成效。以学雷锋活动为契机，创新打造“微文明在社区”“微文明由我创”“微文明·微志愿”“微文明·一家亲”等主题“微文明”活动品牌。三是群众性文明创建工作向纵深拓展。继续推出一批“十好”和谐文明村居、文明社区、文明窗口单位、文明单位，“百城万店无假货”示范街（店）和“千个窗口展形象”示范点等。四是公民道德建设深入推进。设立“机关干部道德修养课堂”等5类课堂122个。推进全市

1000多家餐饮企业参与“文明餐桌”行动。推进未成年人思想道德建设，开展“做一个有道德的人”等活动，推荐命名“美德少年”30名。

（汪精华）

组织工作

【综述】 2012年，佛山市各级组织部门以迎接党的十八大、学习贯彻党的十八大精神为主线，全面贯彻落实省、市党代会及组织部长会议精神，紧紧围绕建设“民富市强、幸福佛山”中心工作，集中力量抓落实，各项工作进展顺利，成效显著。“三五”选拔法、“双百工程”、目标管理、领导干部外语培训班、新任处级干部贵州山区同吃同住同劳动“三同”体验现场教学等一批创新工作亮点纷呈；驻点调研、“组工干部下基层”等活动，让组工干部更加关注基层、了解基层，更好地破解基层党建难题；策划编印的《数理化原理与领导艺术》《阳光赛马选良驹》等9册资料，有效提升组织工作影响力；实施“三段式”中层职位竞争上岗等自身建设举措，努力打造“一流视野、一流才干、一流举措”组工干部队伍。

【加强换届后领导班子建设，打造坚强有力的领导班子】 积极创建“五好”领导班子。2012年，研究制订了《中共佛山市委关于加强领导班子建设的实施意见》，共涵盖6个方面的意见25条，明确提出在降低考核体系中GDP权重的同时，提高产业转型、城市升级、产业链招商、社会管理等方面的考核权重；建立容误机制鼓励领导干部先行先试；完善科学决策机制等。三水区成为全省6个县级创建“五好”领导班子试点单位之一，全力推进并圆满完成了试点工作。稳妥推进领导班子调整配备工作。率先开展“换届回头看”活动，在广东省21个地级市回头看的评比活动中获得了换届“三个零”创建活动先进市称号。不断优化班子结构，办理市直244人次处级干部的职务任免工作，其中，新提拔干部106人，交流任职15人。办理各区领导干部任免事项38人次，其中，提拔重用干部19人，交流调配干部6人。启动第三批符合条件镇街党政正职的高配工作，共高配镇街党政正职6名。深入开展市、区党政领导干部基层驻点调研工作。确定25名市、区党政领导班子成员需要到基层一线驻点“补课”。2012年，21名领导干部在基层驻点“补课”3个月。

【加强基层组织建设，增强基层党组织的凝聚力和战斗力】 深入开展“创先争优”活动。突出抓好服务行业、窗口单位“创先争优”活动和党员志愿服务活动。其中，顺德区大良街道中区社区党委被授予全国“创先争优”先进基层党组织，佛山市公安局刑警支队八大队党支部等5个基层党组织被授予省“创先争优”先进基层党组织，冯少仪等3名党员被授予省“创先争优”优秀共产党员。扎实推进基层组织建设年活动。全面开展基层党组织分类定级和晋位升级工作，对全市6701个基层党组织进行了分类定级，被定为“好”和“较好”共6555个，占97.8%。努力构建以党组织为核心的协同共治农村治理新格局，南海区推进“政经分离”，实现村级组织工作重心转移，顺德区探索“政社分离”，实现村委会自治职能回归。以创建“五型”红旗社区为抓手，积极创新佛山社区党建新格局。重点推进“两新”组织“百日攻坚行动”。集中力量对全市有实体、有人员、有业务活动的“两新”组织进行深入排查，着力抓好分类联建工作。2012年，佛山市非公企业党组织覆盖率为66.7%，社会组织党组织覆盖率为73.3%。着力抓好基层党建“书记项目”。实施“抓龙头促创新树品牌”基层党建“书记项目”，遴选“书记项目”86个，其中4个项目列入省级“书记项目”库。抓平台和机制建设发挥党代表工作室作用。至年底，全市共建设完成党代表工作室829个，投入资金800多万元，92%的工作室设置在村（社区）、企业一线，实现了村（社区）全覆盖，定期开放接待群众。在2台公交车和9台出租车上创新设置了流动党代表工作室。顺德区建立运行了“网上党代表工作室”网站，并与政务OA平台无缝对接。8月2日，中央政治局委员、省委书记汪洋调研顺德区综合配套改革工作情况时，充分肯定了佛山建立党代表工作室群众意见办理OA平台的做法。2012年，市、区、镇三级党代表到工作室开展活动2.37

万人次，共接待来访党员群众4.05万人次，收到群众意见建议2.55万件，已解答或办结的2.24万件，占87.8%。

【加强培养选拔方式创新，提升干部人才队伍的活力和能力素质】 完善实施五种方式提名推荐、五种方法考察评价、五种方式立体监督的“三五”选拔法。连续4次共拿出45个处级领导职位（其中3个正处级），创新性地实施“三五”选拔法竞争性选拔干部。其中，专门拿出市经济和信息化局、市科技局和市高新区管委会3个单位的4个职位面向全社会公选，首次为企业经营管理人才制定“相当职务”资格认定条件，探索疏通政企人才流动壁垒。4月6日，广东省委常委、组织部长李玉妹对佛山创新竞争性选拔干部的做法作出批示：“佛山市多种形式竞争性选拔干部对提高选人用人的公信度大有益处。要注意总结提升。”实施年轻干部培养“双百工程”。采取外派一批、下派一批、互派一批、上挂一批的方式，安排100名市直单位35岁以下优秀科级干部到基层、企业和垂管单位挂职锻炼，安排100名区直单位、镇街、企业以及垂管单位年轻干部到市直单位锻炼。其中，选派16名市直优秀年轻干部组成4个专题调研小组到东莞、深圳和长三角等地区开展为期半年的专题调研。安排11名市委党校教师到镇街挂职锻炼。摸清培训需求提高干部培训工作针对性。在全市开展有4031名干部参与的干部培训需求问卷调查，摸清佛山干部培训需求。在市委党校成立干部能力素质检测中心，向干部提供综合素质“体检表”，帮助干部找准自身“短板”。2012年共举办86个主体班次，培训数量达1.5万人次。其中，组织新任处级领导干部赴贵州山区开展履新培训，采取与当地群众“三同”体验式教学方式进行现场教学和锻炼，增强领导干部的党性锻炼和作风养成。创新高端培训，首次举办全市领导干部外语培训班。在清华大学与复旦大学连续举办台资企业转型升级专题培训班。打造一批具有佛山特色的人才集聚品牌。择优评选出南海区、顺德区等2个单位为佛山市人才示范区，广东金融高新技术服务区1个单位为佛山市人才特区，佛山国家火炬创新创业园等9个单位为佛山市高层次人才创新创业基地。成功推荐申报1人入选国家“千人计划”，2个科研团队入选省第三批创新科研团队。

【加强自身建设，增强组工干部活力和创造力】 加强组织工作总结宣传。对重点工作的提炼总结，编印了《数理化原理与领导艺术》《阳光赛马选良驹》《换届见思录》《管党治党擦亮主业》《春节见闻》《岭南禅韵——佛山组织工作实践与创新（2007～2012年）》等8册书籍，对《佛山组工通讯》进行了改版，创办了《参阅件》《佛山培训》等刊物。创新内部选拔培养机制激发队伍活力。引入目标管理的方式，通过定目标、定事项、定人员、定责任、定时限，调动组工干部的活力和创造力。制订了《中共佛山市委组织部关于加强本部干部队伍建设的实施意见》，明确了组工干部选调进入标准、轮岗交流年限、培训激励机制、选拔任用机制等制度规范，使组工队伍建设有章可循。首次采用专题演讲、民主推荐、笔试“三段式”选拔法进行内部11个中层职位的竞争上岗。开展“组工干部下基层”活动。以“三进四问五落实”为主题，建立“部领导挂点、科室结对跟进、组工干部驻点联系”的联动机制，通过深入走一线、访群众，解剖“麻雀”，研究提出推进组织工作的思路举措。市委常委、组织部长吴卫华带头到顺德区容桂街道、南海区西樵镇开展驻点调研。

（张志彬）

佛山市机构编制工作

【综述】 2012年，佛山市机构编制部门在佛山市委、市政府的正确领导及广东省编办的精心指导下，认真贯彻执行中央、省、市关于进一步深化改革的决策部署，紧紧围绕佛山市委、市政府提出的“民富市强、幸福佛山”和“四化融合，智慧佛山”的重大战略任务，大力推进行政管理体制改革，继续深化和完善事业单位分类改革，科学配置行政资源，取得显著成效。

【行政体制改革取得新突破】 一是行政审批制度改革取得阶段性成果。行政审批制度改革是佛山市深化行政体制改革的主要突破口，是佛山市争创体制机制新优势的关键一步，也是佛山市落实党的十八大报告关于“深化行政审批制度改革，继续简政放权”内容的重要工作。2012年，佛山市编办牵头负责以行政审批制度改革为重点，以加快转变政府职能为核心，包括八项重点任务的行政体制改革。在本轮改革中，佛山市编办以职能清理为龙头，全面、彻底地梳理市级政府机关职能，理清政府职能清单和权责边界。至年底，佛山市对37个政府机构、11个人民团体及149个事业单位，包括行政审批、行政执法职权、公益服务、技术辅助和日常管理在内的13个类别职能进行全面彻底的清理。清理出各单位对外日常管理事项1266项，行政执法职权3046项，公益服务事项322项，技术性辅助事项245项。佛山市面向社会公布了2批政府转变职能目录，涉及取消、转移、下放、委托、调整的改革事项共536项，与之前佛山市保留的1110项行政审批及日常管理事项相比，精简率达到48.3%。

二是事业单位分类改革工作得到完善。佛山市事业单位分类改革于2011年圆满完成，基本实现了事业单位“政府归政府，公益归公益，市场归市场”的改革预期，成绩获得了中央和省的肯定，《中国青年报》以《佛山事业单位“无痛改革”》为标题，头版报道了这一改革成果。2012年，佛山市继续深化和完善事业单位分类改革，主要围绕“一体”“四类”“三合力”开展工作。“一体”是指以事业单位体制改革为主体，推进政事分开、事企分开和管办分离；“四类”是指科、教、文、卫四个类型综合改革；“三合力”是指政府相关职能部门、政府主管部门和事业单位三个主体形成合力，协力推动改革。通过对事业单位分类改革工作的调整和完善，进一步提高了公共服务水平和效率，强化了“以事定费”“以费养事”的观念，保障了财政资源的公平合理配置和财政资金使用效益的最大化。同时，对合并、撤销、转企的事业单位，佛山市编办积极会同佛山市人社局、佛山市财政局、佛山市国资委等有关部门，做好事业单位改革后配套服务工作。

结合“两建”工作，佛山市编办认真谋划推进事业单位法人信用等级评定工作，力求通过信用等级评定拓展事业单位监管服务领域，提高事业单位法人信用观念，完善事业单位诚信体系建设。同时，在探索建立法人治理结构方面，佛山市编办以佛山艺术创作院为试点，积极探索建立理事会等形式的法人治理结构，淡化事业单位与政府部门的行政隶属关系，逐步打破事业单位的体制束缚，激发事业单位的自主性和积极性。

三是专项体制改革取得显著成果。在专项行政体制改革方面，为解决市场监管越位缺位问题，佛山市以企业注册登记改革为先导，公布了《企业注册登记改革方案》和《佛山市企业登记管理改革实施办法》，并陆续推出具有可操作性的企业登记、联合审批、年报备案、企业除名等综合性相关改革措施。在此项改革工作中，佛山市编办与广东省编办、广东省工商局等部门进行充分沟通，获取了省委、省政府的大力支持，并认真做好部门协调工作，与佛山市法院、佛山市工商局、佛山市质监局、佛山市行政服务中心等部门召开沟通协调会，保证了企业注册登记改革的顺利开展，市、区全面推行了新的企业登记办法。为打造佛山行政体制创新高地，充分发挥“三个综合改革试验区”的作用，佛山市编办以佛山中德工业服务区改革为牵引，以打造“仿真”德国的区域经济发展模式为目标，为佛山中德工业服务区设定相应的组织架构、部门及人员安排，在“佛山中德工业服务区管理委员会”与佛山新城建设管理委员会合署办公的申请获广东省编办批准的基础上，将省级派出机构作为佛山市东平新城管委会的改革方向。

【机构编制管理取得新进展】 着力优化行政资源。2012年，佛山市编办通过充分的调查研究，积极发挥机构编制部门的调控能力，科学管理机构编制，进一步优化配置佛山市行政资源。为适应佛山市经济社会发展需要，设置食安办、城管办，以强化食品安全和城市升级管理工作；成立中德工业服务区管委会，以理顺高新区管理体制，支持佛山新城更好更快发展；设立预防腐败局，发挥反腐倡廉对加快转变经济发展方式的保障作用；成立佛山中国科学院产业技术研究院，推动科技成果在佛山市转化为现实生产力，加快产业转型升级；为理顺部门职责，减少部门内耗，降低行政成本，调整职业卫生监督职能，整合农业执法资源，建立综合执法队伍，并进一步探索“一个机构执法”和“一支执法队伍”建设，达到明晰权责强化监管，提高社会服务质量，促进经济社会发展的目的。

着力抓好机构编制核查工作。为改善和规范机构编制管理，切实盘活管好机构编制资源，根据中央和广东省编办的工作部署，2012年，佛山市编办对佛山全市范围内的1400个机关事业单位开展机构编制核查工作。通过采取数据比对、实地核查、投诉举报、公示和公开等多种方式方法，对党政群机关事业单位机构编制和实有人员情况、领导职数和非领导职数配备情况、编外用人情况、事业单位清理规范、机构编制违纪违规情况等进行了摸底盘查。通过核查，佛山市编办全面摸清了全市各级机关、事业单位机构编制和实有人员情况，发现和解决了机构编制管理工作中存在的一些矛盾和问题。

着力推进机构编制管理信息化建设。2012年，通过对原有系统的改造和完善，佛山市编办开发了佛山市机构编制管理监督与分析决策系统，优化了佛山机构编制管理中心库，全面增强和完善了编制使用的跟踪、监督能力，提高了编制管理部门的综合管理和服务能力。结合机构编制核查，建立了机构编制实名制信息库，从源头上遏制超编进人等机构编制违纪违规问题的发生。做好机关事业单位网站中文域名注册工作，积极发动市直和相关各区机关事业单位积极开通网站及注册中文域名，全市共有519个机关事业单位开通了网站，其中注册了中文域名的有146个。

着力创新事业单位登记管理。在事业单位登记管理工作中，佛山市编办按照社会主义市场经济改革方向的要求，积极探索对事业单位的社会效益、经济效益、服务质量、经营行为实施评价的途径及办法，大力推进登记系统电子政务建设，实施服务窗口前移，简化工作流程，提升服务质量。2012年，佛山市编办完成2011年度年检的事业单位法人1070个，已通过年检的事业单位法人1063个，年检率达99.35%，办理变更、设立、注销等事项747项。另外，根据新形势新要求，结合佛山市行政体制改革的相关精神，佛山市编办取消了事业单位法人年检工作，改变过去“重审批、轻监管”的现象，积极拓展监管内容，努力创新监管方式，通过组织开展联合执法检查，加大现场核查工作力度，对事业单位贯彻执行法规、业务活动开展、公益目标实现等情况进行实地调查。

【自身建设得到进一步加强】 学习培训得到加强。2012年，佛山市编办邀请了广东省编办、华南师范大学的专家学者，分别在6月和8月举办了政府部门职能清理系列培训。通过培训，进一步加强了全体工作人员的业务能力，有力促进了行政体制改革工作的顺利开展；组织全体党员干部观看党的十八大，邀请佛山市委党校教授讲解党的十八大报告，宣讲十八大精神，掀起了学习贯彻党的十八大精神的热潮，使全体党员干部进一步增强了党性，在思想上、政治上、行动上更加自觉地与党中央保持高度一致。

选好配强干部力量。针对工作任务重、人手不足的实际，佛山市编办注重抓好机构编制部门的人员配备，面向全市公开选调了一批思想好、学历高、能力强、年轻有干劲的人士进来，进一步充实了干部队伍；同时通过竞争上岗，采取笔试、面试的形式，将3名业务能力强、思想觉悟高、综合表现优秀的人士提拔为副科长，进一步充实了中层干部力量；积极响应佛山市委“双百工程”，选派了1名正科级干部挂职锻炼。

开展调查研究，增强业务水平。积极组织全体工作人员分组到基层第一线调研，了解各方面情况，掌握第一手资料，拓宽工作思路，提高工作人员的政策水平和实际操作能力。通过开展调查研究，佛山市编办工作人员的业务水平得到很大的提高，各项工作均取得优异成绩，行政体制改革工作得到佛山市委、市政府的肯定，办理提（议）案工作受到佛山市委、市政府的表扬，在贯彻落实《珠江三角洲地区改革发展规划纲要（2008～2020年）》工作评比中，佛山市编办被佛山市委、市政府评为先进单位。

内务管理得到进一步规范。2012年，佛山市编办进一步完善了各项规章制度，规范了内务管理。制定了《佛山市机构编制委员会办公室工作规则》和《佛山市机构编制委员会办公室公务卡使用实施细则》，修订了《佛山市机构编制委员会办公室财务管理制度》，完善了办文、办事、办会以及财务、考勤等内部管理制度，优化了机关工作流程，规范了业务作业、信息传递等相关程序。

加强作风和廉政建设。佛山市编办积极主动开展“创先争优”活动，营造了良好的创建氛围，取得显著成效，受到佛山市直机关工委的表扬。坚持集体讨论、集体决策，实行机构编制管理责任追究制度，打造“阳光编制”，树立机构编制部门干净干事、廉洁从政的良好形象。

（何建新）

地方军事

佛山军分区

【综述】 2012年，佛山军分区在广东省军区党委机关和佛山市委、市政府的领导下，坚决贯彻落实上级的决策部署，按照“尽力做大事、用心办好事、合力攻难事、确保不出事”的工作思路，认真抓好各项工作落实，较好地实现了军分区本级和各人武部基础设施建设有较大突破、随军家属就业和干部转业安置质量有较大突破、遂行多样化军事任务的能力有较大突破和发挥军地桥梁纽带作用有较大突破的“四个突破”，保持了军分区部队和民兵预备役建设良好的发展势头。

【思想政治建设】 坚持以迎接和学习党的十八大为红线，抓教育、纯思想、强素质、统班子，理论学习、教育活动、军营文化建设更加扎实有效，官兵思想更加纯洁巩固。

“两项重大教育”活动。2012年，佛山军分区举行了“赞颂科学发展成就、忠实履行历史使命”和“讲政治、顾大局、守纪律”两项重大教育活动，采取请进来、走出去的方式，军分区领导作了3次辅导授课，邀请广东省委宣讲团团长和南海区委书记到部队作专题报告，请“佛山好警察”梁志毅作事迹报告，参观了美的集团公司和顺德西海战役纪念馆，广泛开展了“盛赞发展成就、感党恩跟党走”等讨论活动，集中开展一次严肃的组织生活会，达到了解决问题、改进作风、推进工作的效果，为迎接党的十八大胜利召开营造了良好氛围。

“坚决抵制政治谣言、切实维护政治纪律”教育活动。军分区主要领导进行了专题授课辅导，邀请市国安局局长作“佛山市隐蔽斗争形势报告”，使官兵树立“敌情就在眼前、敌特就在身边、泄密就在瞬间”的思想意识。开展了“五查五看”活动，制定了《抵制政治谣言、维护政治纪律的意见措施》，政治纪律“十不准”和“七个决不允许”得到更有效落实。

党员干部政治考核。5月中旬，省军区在军分区抓了“党员干部政治考核”试点。在时间紧、任务重的情况下，军分区党委高度重视、精心部署，认真制订方案、培训骨干，严格对党员干部和职工党员进行政治考核，摸索了方法路子，高质量完成了政治考核任务，经验做法被省军区转发。

【军事斗争准备】 以加快转变战斗力生成模式为牵引，部队遂行多样化军事任务的能力取得较大突破。

努力提高战备水平。深入贯彻落实省军区小型作战会议精神，重点加强防卫作战主要行动和战场环境研究，围绕城市防空袭、重要目标防卫、动员支前、保障部队过（入）境等课题，对防卫作战重要目标进行了重新梳理，修订完善了各级各类战备方案。3月9日，军分区机关和各人武部共出动180余人，动用各类车辆40余台，按照实战流程进行了野战指挥所开设演练，较好地锻炼了两级机关组织指挥能力。

注重建好重点队伍。狠抓民兵整组工作，严密组织作战需求与动员潜力对接，调整增建了一批民兵作战与保障分队，突击抽查了多个单位组织建设情况，整组工作得到有效落实。积极开展应急专业力量建设调研，进一步明确了省、市、区三级应急专业力量建设任务，并在原有基干民兵的基础上，抽组编成了佛山市民兵应急大队。9月23日召开了成立大会，省军区副司令员宫波、市委书记李贻伟亲临会场，检阅了部队并作重要讲话。

着力构建信息指挥系统。制定了《军分区、人武部战备值班系统综合整治方案》，明确了教育整顿、法规制度、值班体系、硬件设施、指挥手段、能力建设6个方面的整治内容，规定了目标时限。年底，军分区、人武部两级均已按要求达标。

积极开展军事训练。重点强化了首长机关应急出动、重要目标防卫课目示范、交通管制等10项针对性训练，取得了阶段性成果。4～5月，组织了1期轻舟训练骨干集训暨专业技能比武竞赛。集训期间，军区司令员徐粉林视察了轻舟大队，并评价该大队训练认真、作风顽强、技术熟练，是当之无愧的“生命之舟”。市民兵轻舟大队作为广东省重点宣传典型，受到中央、省、市多家媒体的集中报道。8月，民兵防空分队参加省军区“粤防—12”综合演练，命中目标12个，创佛山历史最好成绩。此外，军分区制定了《2012年度军分区军事训练考核方案》和《2012年军事训练奖惩措施》，各级组织军事考核35次，有效促进了官兵训练的积极性。顺德区容奇港民兵营长张海涛被军区表彰为民兵工作先进个人。

【党委班子和干部队伍建设】 实施军分区党委常委分工挂钩团级党委班子建设，保持对团级党委的指导帮扶力度。认真抓好总政《军队团以上领导干部在职理论学习规定》的贯彻执行，制定下发了《2012年军分区党委中心组理论学习计划》。针对2、3月份干部队伍思想比较活跃的实际，把引导干部正确对待“进退去留”作为两项重大教育活动的前期准备，切实抓紧抓好。2月中旬，军分区政委魏辉和政治部主任凌四明到各人武部、干休所进行调研，逐一听取情况汇报，了解干部的具体想法，较好地掌握了工作情况。2月24日，专题召开军分区全区干部大会，通过传达学习上级精神、安排优秀转业干部体会交流、请佛山市军转办负责人介绍转业形势和主官授课辅导，较好地消除了干部对转业存在的畏难、茫然等心理，统一了思想，在部队形成了“成长进步党培养、进退去留党安排”的氛围。党委中心组学习、“学习大讲坛”和“创先争优”活动扎实开展，干部队伍综合素质得到提升。深入开展创建和培育活动，先后10余次组织军事、政工、后勤等各类专业培训、集训。军分区参加上级评比竞赛7人次，都取得了全省军区前十名好成绩。全区16人次受到省军区以上表彰奖励。顺德区人武部党委被省军区评为“创先争优”先进团级单位党委，南海区人武部部长吴忠林被评为“创先争优”优秀共产党员。转业干部、随军家属安置质量有较大提高。在佛山安置的军分区转业干部全部进公务员队伍，2名团职转业干部安排了副处领导实职；历年积累下来的16名随军未就业的家属得到妥善安置。

【国防教育】 采取多种形式、创新方法，积极抓好民兵预备役人员的思想政治教育。军分区组织全区政工干部对贯彻落实民兵预备役政治工作两个“规定”进行了集训。各区人武部结合训练、实弹演习，广泛开展“创先争优”活动和核心价值观教育，并普遍开展函授教育、网络教育和全民国防教育，较好地增强了民兵政治工作的生机活力。专门协调国防大学孟祥青教授给市副处以上干部进行国防教育授课；军分区政委魏辉以国家安全与周边形势为主题，分别到高明区、三水区、禅城区以及市教育系统为机关干部和学校领导进行了国防宣传教育，进一步提升了地方党政机关的国防观念。禅城区人武部在全市率先建立了独立的国防短信发布平台，在区政府网设立了国防信息网，在镇街、村（社区）建立了国防信息员队伍，立足禅城、面向全国开展“禅城杯”国防短信征集和国防建设征文活动，取得了较好效果。军人核心价值观教育、全民国防教育深入开展，效果显著。4月，顺德区人武部出色承接了全省民兵工作纪录片《南粤民兵》开机仪式和拍摄工作，展示了佛山市民兵风采。

【基础设施建设】 以“四个基本”为抓手，抓基层打基础力度不断加大。民兵营连“四个基本”建设成果得到巩固。特别是各级基础设施建设取得重大进展，较好地改变了陈旧落后的面貌。佛山军分区机关办公楼升级改造和信息化平台建设工程全面展开，2013年上半年可投入使用；经济适用住房建设进展顺利，预计2013年底完工；禅城区人武部独立营院建设进入收尾阶段；顺德区人武部新办公楼正在进行内部装修；高明区人武部维修改造了征兵楼，国防教育训练基地也已完成选址、征地和设计工作；三水区人武部正进一步完善国防教育训练基地建设。军分区正规化、信息化建设稳步推进，各级均制定了信息化建设方案，筹措了资金，可望按要求达标。

【综合保障能力建设】 后勤工作方面，坚持党委集体理财，有效落实资金集中支付、公务卡强制结算、物资集中采购，继续实施接待费、办公费、车辆维修费等定额包干制度，全年累计节约物业管理、水电、煤气等费用10余万元。深入开展房地产清理和工程建设集中清理整治活动，共清理16块土地、39栋在用营房、3项房地产租赁项目。两个干休所想方设法提高服务保障水平，积极开展精细化服务，主动为老干部排忧解难，老干部比较满意。

装备工作方面，始终把加强民兵武器仓库建设作为重点，重视看管队伍建设，完善技防联防措施。市、区两级民兵武器仓库，除高明区武器库正在建设外，全部按时达标。严密组织全市69.4吨民兵报废弹药集中调运，实现了“零事故、零伤亡、零损坏、零差错”的目标。市民兵武器装备仓库全年8次接受两级军区检查，没有出现任何纰漏。

【正规化建设】 牢牢把住政治之年、大事之年的总基调，做到安全管理严于往年、高于往年、强于往年。严密组织隐患排查和教育整顿，“条令月”、经常性安全教育活动有效落实，“安全稳定年”活动贯穿始终。日常战备值班、岗哨执勤、人员车辆管理等工作坚持每天检查，定期讲评。扎实开展“涉密军事信息安全”专项整治，正规了信息安全秩序。大力开展“两严”专项整治活动，全年派出警备执勤兵力580人次，查扣假冒军车22台，收缴各种假证、过期证件22件，较好地维护了军队形象。高明区人武部打造军分区最放心人武部，连续27年保持安全无事故，被广东省军区评为安全工作先进单位。2012年，佛山军分区部队始终讲政治、顾大局、抓安全，没有发生任何事故案件。先后4次接受两级军区安全工作检查，受到军区副司令员邢书成、副司令员王治民、副政委刘良凯等的高度评价。

【征兵工作】 2012年，全市冬季征兵工作共确定预征对象10205人，参加体检人数9617人，体检合格2236人，体检合格率23%；共征集新兵1169名，其中解放军722名，武装警察部队447名；高中以上文化程度的1104名，占94 %，其中大专以上340名，占总征集任务的29%；党团员304名，占26%，兵源质量较好，新兵征集任务圆满完成，实现连续30年征兵工作“全优”的目标。

【双拥共建工作】 坚持以实际行动践行服务人民的根本宗旨，佛山军分区共出动民兵应急分队12次1160人次支援地方抢险救灾。特别在禅城区“4·13”化学品泄漏事故中完成任务出色，地方党政领导多次给予高度评价。积极协调地方将武装工作纳入市、区两级绩效考核，进一步提升了军分区部队的职能地位。配合地方政府做好驻军有关单位土地置换的协调工作，解决10多年来没能解决的难题。在全市建立涉军维稳信息报送系统，退役人员聚集上访事件持续减少。在南海区开展“手拉手、帮战友”试点活动，积极协助地方做好退役人员的稳定工作，做法被省军区和佛山市委转发，新华社内参还作了报道。军分区本级及辖下5个人武部投入近40万元开展“双到”扶贫工作，49户受帮扶对象100%脱贫。同时，主动参与佛山市创建全国文明城市活动，配合地方开展“三打两建”和城市升级改造工作，地方反应很好。

（曾玉勇）

武警佛山市支队

【综述】 2012年，武警佛山市支队遵循总部、总队党委总体工作思路，深入贯彻科学发展观，始终坚持连续搞建设、接力打基础、规范抓落实、平稳求发展，全体官兵迎难而上、固强补弱、凝心聚力、奋勇争先，部队各项任务完成出色，全面建设呈持续上升发展态势。支队被武警部队表彰为“连续17年预防事故案件工作先进单位”，被总队评为“新闻工作先进单位”。

【政治工作扎实有效】 突出喜迎党的十八大这条主

线，把党委中心组理论学习向机关扩展、向基层延伸、向官兵辐射，扎实抓好党的创新理论学习，官兵政治坚定、思想纯洁，5篇经验做法被总队转发。持续开展“深知兵、真爱兵、带好兵”活动，抓实经常性思想工作，突出做好“三个一人一事”工作，官兵思想稳定。借助驻地丰厚文化资源优势，大力加强先进军事文化建设，加大新闻报道工作力度，文化铸魂育人、催生战斗力功能日益彰显。及时修订完善处突维稳政治工作预案，并结合任务组织了演练，政治工作服务保证作用有效发挥。注重从政治上、工作上、生活上实施全方位关爱官兵，真心实意为部队办好“十件实事”，千方百计为官兵排忧解难，官兵内在动力不断激发。

【中心任务完成圆满】 坚持一切工作向中心聚焦，为中心服务。加强战备工作，按照一任务一策、一小组一策，及时修订完善处突反恐预案，成立“抢险突击队”，先后8次开展紧急出动、防暴队形、抗洪抢险、兵力抽组等处突和反恐演练，确保了部队一声令下能拉得出、打得赢。强力推进“四防一体化”建设，修订、细化各级值班规定和执勤、备勤、查勤等实施细则，狠抓隐患治理，认真开展“三优一红”评比活动，进一步正规了执勤秩序，确保了执勤目标绝对安全。精心组织各类临时勤务，圆满完成各类等级警卫、涉日维稳、武装押解、迎春花市、“行通济”、火车站春运执勤等临时勤务220起，成功处置上访事件178起、危及目标安全事件2起，均实现了万无一失。

【训练水平不断提高】 始终坚持向训练要战斗力，严密组织首长机关封闭式集训和演习，扎实开展“四练一学”活动，提高了党委机关业务水平和组织指挥能力；严格按纲施训、从严治训，突出抓好干部士官训练、新兵入伍训练和预提指挥士官集训，打牢训练基础。配齐反恐装备，加强人装结合训练，提高了一招制敌、追逃制逃和精确突击能力。扎实做好涉恐敏感目标反恐工作，加强与市公安局和目标单位的配合协同，进一步明确任务、优化部署、完善手段，构建严密防范体系，确保了一般情况能够稳妥处置，重大情况能够快速增援、高效应对。

【基层建设进步明显】 始终把抓基层、打基础当日子过。选准配强基层主官，加强业务培训和考察帮建，提高了基层党支部自建能力。采取参观见学、比武竞赛、以会代训、结对帮带等形式，提高基层干部按纲抓建能力。加强工作统筹，充实基层干部，整合大项活动，减轻基层工作压力。强力推进基层正规化建设，深入开展“创家业、攒家底、藏家珍”活动，部队建设更具内涵。严格按纲建队育人，持续深入开展“双争”活动，大力表彰各类先进典型，官兵争在平时、比在平时，部队争先创优氛围不断浓厚。一中队被评为“标兵中队”并荣立集体三等功，2个大队、6个中队被评为基层建设先进单位。

【保障能力持续增强】 紧紧围绕处突和抢险救灾需要，修订完善后勤战备工作预案，举办各类专业技能培训，各级后勤人员在紧急、突然、复杂情况下的应急保障技能有了进一步提高；建立后勤战备物资储备库，定期采购补充战备物质，确保一有情况能及时增援、保障到位；严格执行经费使用、工程建设、大宗物资采购等制度规定，后勤管理更加规范。立足部队建设实际，因地制宜大力开展农副业生产，注重调剂好伙食，积极做好卫生防病和被装工作，综合保障作用发挥明显。

【党委班子坚强有力】 严格落实党委中心组理论学习制度，采取理论宣讲、专家解读、参观见学等形式，认真学习胡锦涛主题主线重大战略思想、“7·23”重要讲话精神等创新理论，深入研究部队建设特点规律，党委班子成员的理性思维层次不断提高，29篇理论文章在军报刊发。严格落实民主集中制，坚持先学法规后议事、先定规矩后定事，以严格正规程序来保证议事质量，尤其是在干部调整、优秀士兵提干、士官改选、大项经费使用等敏感问题上，全部做到公平公正公开，官兵比较满意。扎实开展“读书思廉”活动，党委成员向部队公开作廉政承诺，要求部队做到的，自己首先做到，自觉接受官兵监督，以良好形象感召官兵带领部队，威信显著提升。

（陈伟锋）

人民团体

市总工会

【综述】 2012年，佛山市总工会紧紧围绕迎接和学习贯彻党的十八大，深入实践科学发展观，认真贯彻落实市第十一次党代会精神，以“民富市强、幸福佛山”建设为核心，以参与加强和创新社会管理为主题积极协调劳动关系，切实提高维权保障实效，以增强基层工会组织活力为目标，不断加强自身建设，努力推进工会工作创新发展，团结动员广大职工为加快建设“先进制造基地、产业服务中心、岭南文化名城、美丽幸福家园”做出新的贡献。

【深刻把握“中国特色社会主义发展进步”的鲜明主题，认真学习贯彻党的十八大精神】 2012年，全市各级工会积极组织学习贯彻党的十八大精神专题活动，把十八大精神贯彻落实到工会工作全过程。组织工会干部、广大职工观看党的第十八次全国代表大会电视直播，学习胡锦涛工作报告和习近平的一系列重要讲话精神，集中参加全省工会学习贯彻党的十八大精神电视电话会议。全市共举办工会干部十八大精神学习培训班120多期，培训工会干部3.28万人次。

【深刻把握“加快转变经济发展方式”的总体要求，在推动佛山经济社会发展中建功立业】 重点工程劳动竞赛掀起新高潮。积极组织职工参与城市升级三年行动计划，市、区总工会及市路桥公司等单位围绕佛山城市建设，选1～2项重点工程开展职工劳动竞赛，全力打造服务城市建设和产业转型升级的劳动竞赛品牌。2012年全市表彰了10个先进单位，49名先进建设者。

劳模管理服务工作呈现新亮点。全面推进劳模评选工作，2012年佛山市推荐和评选了3个全国五一劳动奖章、1个全国五一劳动奖状、12名广东省劳动模范、5家广东省先进集体、30名佛山市劳动模范、100名佛山市先进劳动者、100家佛山市先进集体。积极探索符合佛山市实际的“劳动模范创新室”创建模式和载体，市总工会发动40多家企事业单位开展“劳动模范创新室”创建活动，有效推动了创建工作扎实开展。

职工安全生产工作创造新形式。2012年，佛山市总工会开展以“幸福佛山”为主题的百万职工“安康杯”竞赛活动，努力增强全市外来务工人员安全生产的能力水平。宣传发动全市各行各业130多万名职工参与各级工会组织的安康培训、选拔和竞赛，表彰了760名先进个人和84个先进集体。

【深刻把握“发展成果由人民共享”的工作主线，全力助推民生幸福工程】 加强社会资源整合，实现帮扶效果最大化。2012年，佛山市总工会与劳动、教育、医疗、媒体等部门合作开展主题帮扶活动。全市工会共帮扶困难职工1.52万人次，使用帮扶资金402.2万元。全市“职工医疗互助保障计划”投保4.85万份，投保人数2.49万人；“女职工安康互助保障计划”投保3.54万份，投保人数2.09万人。以上两项互助保障计划全年赔付76人，赔付金额185.7万元。

搭建工会微博平台，实现宣传教育网络化。首创全省工会系统微博管理运行新模式，市、区总工会统一开通“职工家园”微博群。至2012年底，市、区官方微博群共发布各类广播信息1676条，拥有“粉丝”13.8万名。建立和培训工会网络舆情宣传员队伍，全市共有网络舆情宣传员近1500名。

开展主题系列活动，实现文体活动多样化。市、区、镇街总工会共开展职工文体活动近800场次，参与职工逾46万人次。市总工会以“向幸福出发”为主题举办了第二届职工文化节，共组织开展10项8大系列活动，吸引20万职工直接参与。全年新建达标职工书屋154家，提前一年完成创建任务。

【深刻把握“弘扬社会主义法治精神”的核心内涵，着力维护职工合法权益】 维权服务中心建设有新提高。2012年，佛山市总工会充分发挥维权服务中心的十大职能作用，共接待来访外来务工人员4564人次，解决涉及法律咨询、权益维护、困难帮扶等问题，帮助外来工追讨欠薪600多万元。

工会法律服务工作有新进展。全市工会组织受理承办各种法律服务个案560宗，其中仲裁诉讼调解类个案282宗，企业规章制度审查类个案273宗，其他非诉讼类个案5宗。佛山市总工会获首批“全国工会职工法律援助维权服务示范单位”荣誉称号。

劳动争议调解工作有新成效。全市已建劳动争议调解委员会的工会组织1474个，全市共有劳动争议调解员6621名。全年调处劳动争议案件873宗，涉及职工5331人次，帮助涉案职工挽回经济损失5262.7万元。

工资集体协商工作有新突破。加强队伍建设，市、区总工会有工资集体协商指导员600名，比上年增加30%。至年底，全市签订工资集体协议3267份，覆盖企业1.88万家，建制率达82.9%，覆盖职工100.6万人。在佛山的世界500强企业已建工会的有39家，已开展工资集体协商工作的有37家，建制率94.9%。

厂务公开民主管理有新发展。不断提高非公企业职代会建制率和企业民主管理水平。至2012年底，在2.31万家（含覆盖）已建工会非公企业推行了厂务公开民主管理，公开率达88%；全市村居、工业园区工联会不断拓展完善职工联合代表大会制度，有效保障职工参与的民主权利。

职工普法宣传教育有新举措。为了扎实做好“六五”普法工作，2012年3月，市总工会与佛山电视台联合举办了“职工普法周启动·工会法治论坛”活动。组织工会普法讲师团分赴各区和市直开展系列巡回讲座。全市各级工会共开展职工法制宣传教育讲座、培训班、知识竞赛等活动共153场次，参与职工近10万人次。

【深刻把握“提高建设科学化水平”的发展目标，切实加强工会组织自身建设】 着重开展“三服务”主题活动。2012年，全市工会开展了“服务基层、服务企业、服务职工”活动。全市各级工会干部下基层活动2810人次，走访企业3326家，走访基层工会4372家，走访职工2.16万人次，收集各类意见1735件，办好事实事1226件。

努力构建社会组织工作体系。积极探索社会服务管理新模式。市总工会筹建了佛山市职工服务类社会组织联合会，吸纳了首批105家团体会员。推进工会干部职业化、社会化的“两化”建设，全市共有“两化”工会干部70多名。

不断扩大工会组织覆盖面。2012年全市企业工会涵盖单位净增1845个，企业工会会员净增14.61万人，完成省总工会“三年规划”中第二年的目标任务。至年底，全市累计基层工会2.02万个，基层工会涵盖法人单位2.96万个，占应建数74.8%，会员132万人，占已建工会单位职工总数的88.6%。

全面推动基层工会民主化进程。加强基层工会民主选举工会主席工作。2012年佛山市共有2293个新组建企业工会和到期换届单位工会实行工会主席民主选举，其中工会主席直选累计1180家。

其他各项工作也全面发展。工会经费收缴工作扎实推进，全市工会经费收入稳步增长。财务进一步实现电算化管理。工会经审工作进一步加强了法制化、规范化、制度化建设。教育工会在维护广大教职工合法权益，推动“和谐校园”建设方面发挥积极作用。工会宣传工作进一步发挥新闻舆论平台的作用，全年在各大媒体发布工会消息稿件800多篇。工会信息工作考核居全国城市工会第三名。各级工会女职工组织进一步加大维护女职工特殊权益的工作力度。退休职工管理、下属事业单位工作等都取得了新成效。

（李永安）

共青团市委

【综述】 2012年，共青团佛山市委员会紧紧围绕“两个全体青年”的根本要求，以增强团的吸引力和凝聚力为核心，科学谋划工作，不断创新载体，全力完善机制，培植亮点特色，组织引导青年积极投身佛山市经济社会各项建设。全市广大青年立足实际、勇于实践，在各行各业释放正能量，为建设美丽幸福佛山传递和谐音。

2012年，佛山市的团青事业取得新进展，在团省委重点工作考核中，佛山共青团工作名列前茅。

【坚持加强思想引领，理想信念教育书写新篇章】 以重大节庆事件引导青少年。2012年，抓住中国共青团建立90周年、“3·5”志愿者日、五四青年节、春节等纪念节庆日的契机，开展纪念建团90周年暨“五四”青年月系列活动、举办表彰大会和大型诗歌朗诵晚会，实施“青春情暖·爱满佛山”关爱行动、南粤幸福活动周、朝阳快乐营等活动，引导青少年“创先争优”，积极投身佛山现代化建设的滚滚洪流。三水区举办“保护母亲河”粤桂港澳青少年植树护绿行动，传播生态文明理念。

以品牌特色活动凝聚青少年。开展“红领巾心向党”“廉洁佛山薪火行”“福彩夏令营”等线下教育活动，全市团青组织已开通官方微博近200个、微信群20个，全面加强青少年思想引领工作。开展“微志愿”系列活动，倡导从身边小事做起，从自己做起，帮助他人、奉献社会，让志愿精神走进心灵、融入生活、引领时尚。禅城区青年123社区行动惠及逾8万市民，有效助力城市管理提升和文明城市创建。

以先进人物典型教育青少年。以好警察梁志毅等先进人物事迹为典型，通过座谈、报告、宣讲等形式，引导青少年投身基层、心系群众。南海区围绕“关爱、孝德、树本、至善”的社区核心价值观，举办“杰青与你谈”、“我的成长路”、青年核心价值观微访谈等活动。

【坚持参与社会管理，构建枢纽型组织创造新业绩】 发挥聚合引领作用。以构建枢纽型组织工作体系为目标，以团属阵地为载体，结合实际成立青年社会组织的培育孵化机构，全力打造青年社会组织综合服务平台。共同开展“亲青汇训练营”“微创益”活动以及“亲青议事”面对面等活动，全市已建立“亲青家园”73家。南海区桂城创益中心被授予“广东青年社会组织培育孵化示范基地”；顺德区率先出台《顺德区拓宽群团组织社会职能实施方案》，打造新型服务载体——青年坊。

实施能力提升工程。针对佛山市青年社会组织数量众多、规范管理不足和承接事务能力参差不齐的现状，出台《佛山青年社会组织星级规范化建设评估标准》，围绕依法办会、规范运作、组织活跃、综合评价四大模块、37个指标进行综合评分，推动青年社会组织的自身基础建设和服务能力，提升社会公信力和承接社会公共事务的实际能力。

探索体制机制创新。结合政府职能转移的大背景，顺势而为、抢抓机遇，联合市民政局创新探索出台《佛山市关于进一步培育发展和规范管理青年社会组织的试行办法》，对暂未达到《社会团体登记管理条例》规定的社会组织，由团市委进行备案。并由团市委承接市民政局已登记注册的青年社会组织的年检受理和初审等职能，探索培育发展青年社会组织新路径。

【坚持优化成长环境，青年成长成才取得新发展】 铺设梦想之路。为新生代产业工人量身打造继续教育平台，实现“圆梦计划”从“百”到“千”的大跨越，实现在职青年的学习提升和继续学习梦想。各区深化“大学生成长促进会”等工作品牌，竭诚为青年成长铺路搭桥。

搭建展示舞台。开展校园文化节、高校社团嘉年华等活动，为青年搭建一个展示自我、互相学习的舞台。想方设法搭建青年就业创业服务平台，全市各级团组织为572名青年提供超过1000多个见习岗位，帮助逾200名青年实现就业；新增城市青年创业贷款279笔，累计款项3391.2万元。

解决成长之忧。实施“12355基层扶助计划”，整合社会资源，组织专家讲师团深入社区、学校、企业，重点对在职青年、大中学生、外来工及其子女、留守儿童等群体，围绕心理健康、婚恋交友、法律维权、就业创业、亲子关系、困难帮扶等，有针对性地开展专题讲座、现场咨询、交流拓展等活动合计130场。

【坚持倾听青年心声，服务青年需求开创新特色】“暖春”助力经济发展。紧跟形势、主动作为，举行“市长与青年企业家面对面”座谈会，推进“‘赢在当下’青年企业家提升计划”，建立“青年企业家提案征集平台”，实施“会员企业实地走访调研”“助力企业信贷融资帮扶”等8项举措，着力为青年企业家成长和企业发展营造良好环境。南海区举办粤苏4＋4峰会，顺德区举办“保护企业家的财富”沙龙等。

温爱提升青年归属。举办“青春相约，玫瑰之旅”机关企业青年联谊、“青春‘style’我们约会吧”新生代企业青年婚恋交友活动，组织开展“幸福文化大讲堂”和“亲青大篷车”送文化进厂区等活动，传递关怀和温爱，提升青年人尤其是异地务工人员的幸福感和归属感。开展青年大讲堂、共青团与人大代表政协委员面对面活动等，解答青年困惑，反映青年诉求。建设“七彩小屋”，为异地务工人员子女提供各种结对帮扶志愿服务活动。

创新载体服务青年。深入开展“两进三同”，最亲密地与广大青年在一起劳动、学习、生活，倾听青年心声，了解青年现状，想尽办法帮助解决困难，千万百计反映合理诉求。南海区试点推进团代表工作室制度，实行五大青年意见反馈和诉求落实渠道。高明区更合镇团委开展“微博兴农”项目，积极搭建农产品畅销渠道，助推全镇经济健康发展。

【坚持夯实基层基础，团的自身建设呈现新面貌】团建紧跟党建步伐。召开党建带团建工作会议，联合市委组织部出台《关于加强新形势下基层党建带团建工作的实施意见》，为推动基层团组织建设提供有力保障，形成了更为科学和系统的党建带团建工作机制。顺德区以容桂街道为试点，依托党代表工作室设立“青年服务岗”。

强化“创先争优”。开展“万号带万企”青年文明号结对帮带非公企业团建活动，全市59家省级以上青年文明号开展了结对帮带。高雅眼镜祖庙分店等4家单位被团省委命名认定为首届“广东省青年文明号标兵示范单位”，陈景超等3名青年员工荣获“广东省青年岗位能手”称号。

坚持重心下移。围绕“两个全体青年”的目标，在“百日攻坚行动”中，新建非公企业团组织602家、新社会组织42家，其中包括可口可乐装瓶商（佛山）有限公司等一批世界500强企业在佛山所设立的企业。大力推进乡镇实体化“大团委”建设，充分发挥乡镇团委“桥头堡”作用。全市各乡镇共建382个直属团组织。高明区深化城乡共青团联点挂钩工作，组织青年走基层、送温暖、解难题，服务城乡统筹发展。

积极参与创建全国文明城市工作、开展“创先争优”、“三打两建”行动月活动。2012年全市组建社区志愿服务工作站159个、便民利民志愿服务站43个；佛山市青年志愿者协会被广东省委、省政府授予“广东省文明单位”称号。结合城市升级三年行动计划，广泛开展“关爱他人、关爱社会、关爱自然”系列主题活动。组织志愿者参与由佛山市委、市政府统筹的大型赛事及活动，如世界女排大奖赛（佛山站）、首届广东（佛山）安全食用农产品博览会、佛山国际龙舟邀请赛等。

（共青团市委）

妇联工作

【综述】 2012年，全市各级妇联以迎接党的十八大胜利召开为强大动力，紧紧围绕佛山市建设“民富市强、幸福佛山”中心工作，认真落实省妇联工作部署和市妇联十一届三次执委会议工作安排，锐意创新，务实进取，以加强组织建设、增强服务能力为切入点，主动参与社会管理创新，积极促进妇女组织发展，大力拓展妇联社会服务，全市妇女儿童工作取得新发展。

【服务大局，参与社会管理创新有新作为】 全力推进家庭服务中心项目试点建设，承担市政府民生实事中创建家庭服务中心的工作，成立项目咨询委员会和市级项目社工团队，聘请香港家庭福利会为项目社会工作总督导，全市有16个家庭服务中心挂牌并投入使用。

促进妇女创业就业，佛山市妇联在高明、三水两区启动妇女小额担保贴息贷款工作，争取并获得广东省妇联支持80万元贴息资金和地方财政补贴，全年发放贷款资金829.7万元，163名农村妇女成功获得贷款。

打造妇女维权特色服务，推进各级妇联人民调解工作的制度化、规范化、标准化建设，探索“社工＋心理专家＋律师”模式，为案主提供综合、优质、贴心的调解服务。2012年全市各级维权工作站办理调解个案140宗。认真做好妇女群众接访工作，落实妇联主席、妇女代表接访日制度，提供法律、心理、家教咨询服务，跟进处理难点、重点典型个案。全年全市妇联系统共处理信访个案2377件。深入开展普法宣传工作，举办“三八”维权周、“6·26”国际禁毒、“11·25”国际反家庭暴力、“三打两建”等大型户外普法宣传活动。围绕平安家庭建设、关爱流动儿童、关爱单亲母亲、志愿服务等内容，开展了“家馨给力禅城社会服务创新”“新南海人梦家园·小候鸟驿站”等10个第五期特色维权服务项目，为特定人群提供关爱服务。佛山市妇联维权工作站被评为2012年度广东省“三八红旗集体”。

拓展家庭教育服务，2012年，佛山市妇联举办了“与孩子一起快乐成长——2012家庭教育巡回报告会”5场、“与孩子心灵对话”论坛11场、“名师讲堂”12期，受益群众近万人；其中，“与孩子心灵对话”论坛和“名师讲堂”两项目荣获广东省未成年人思想道德建设创新范例奖。开展“家庭教育大讲堂进社区（村）”送课活动605场，受惠家长4万多人次，该项目获得广东省“家庭教育大讲堂进社区（乡村）”项目卓越奖。举办“幸福沙龙”讲座及下基层活动50场，受惠群众达9500人次；举办“快乐童声·畅享幸福”市少儿语言艺术节、“共享蓝天·爱在佛山”庆祝“六一”国际儿童节联欢活动。推广和创新“心手相牵·共同成长”家庭教育项目，“家长沙龙”团体辅导试验课程深受家长欢迎。扎实推进“社区儿童活动园地”建设，全市建立社区儿童活动园地502个，覆盖面达91.4％，培育了40个市级示范园地、20个优秀园地。承办了全国妇联2012年儿童社会工作研修班。

广开渠道提升妇女素质，创立市妇联女子学苑，启动卓越女性“精彩一天”培训项目，2012年共开设文化、艺术、健身等培训班53个，参加学员1511人次。启动“别样半边天”佛山市优秀女性巡回讲演活动，在机关、基层和高校开展了13场弘扬“四自”精神的巡讲。新聘了94名家庭教育和妇女学校讲师团成员，加大送课下基层力度。创新第11期优秀中青年女干部培训班模式，50名女干部参加了富有特色的互动参与式培训。

【创新思路，枢纽型组织建设初见成效】 2012年，佛山市妇联助力社会组织成长，成立了市社会组织妇女工作委员会，筹建市妇联社会组织培育发展中心，注册成立“佛山市通济社会工作服务中心”，顺利完成市儿童福利会换届，妇联枢纽型组织功能得到强化。通过开展“心手相传，健康同行”佛山市社会组织妇委会送服务进基层活动、关爱妇女儿童扶贫慰问和亲子活动、首届佛山市社会组织妇委会趣味运动会以及参与妇女儿童发展新规划研讨活动等，开拓了社会组织妇女参与社会服务的平台，提高其社会影响力，促进了联谊交流。

促进“妇女之家”创新发展。全年佛山市命名7个市级“妇女之家”示范点，评选了32个市优秀“妇女之家”。全市各级妇联争取和筹得支持“妇女之家”建设资金572万元；培育巾帼健身队608支、队员1.77万人，社区巾帼志愿队伍579支、1.08万人，互助小组278个、2770人。“妇女之家”成为服务妇女群众的坚强阵地。在安东尼服饰公司创建企业“妇女之家”，为异地务工妇女提供学习培训、交流联谊、心理调适、矛盾调解等服务。

促进团体会员组织发展。佛山市妇联响应市政府“企业服务年”号召，与市金融局、市女企业家协会、市民营女企业家商会共同举办市女企业家2012年“创新思维、转型提升”专题培训班。联合市女企业家协会、民营女企业家商会开展佛山市女企业家现状和发展需求调查，引起社会对女企业家发展问题的关注。协助市女企业家协会举办“秋之韵”2012佛山市女企业家协会年会，组织市女企业家参加2012年省女企业家协会年会及“共融共生、联盟发展”广佛肇女企业家论坛等大型活动。

【搭建载体，深入开展精神文明建设】 大力表彰先进。2012年，佛山市评选表彰22名“三八红旗手”和8个“三八红旗集体”，推荐6个先进个人和集体荣获广东省“三八红旗手（集体）”称号，南海区凤池村妇委会被评为“全国妇联系统创先争优先进集体”，佛山市妇联与市总工会联合举办2010～2011年度市“巾帼文明标兵岗”授牌暨行业女性风采展演活动。市妇联被评为“全国城乡妇女岗位建功先进集体”。

弘扬家庭美德。在《珠江时报》开设“每家美德我来晒”专栏，宣传家庭美德和科学教子观念及方法。全年举办家庭美德宣传进村居活动20场次，5000多人直接参与活动。支持优秀女艺术家开展“庆三八‘陶·艺·女人’文化艺术展”；与佛山电视台联合开展“感恩母亲，幸福五月”——2012“漂亮妈妈”母亲节歌会地面活动之亲子欢乐汇和“盈香·九寨水城爱心之旅”，妇女群众文化生活丰富多彩。佛山市妇联获得“全国妇女宣传舆论阵地建设特殊贡献奖”和2012年度广东省家庭文化建设工作先进集体等荣誉。

【凝聚爱心，关爱活动长足发展】 2012年，佛山市妇联扎实推进“双到”扶贫工作，向清远市英德市石灰铺镇惟东村小学捐赠学生桌椅170套，并邀请30名学生到佛山共度“六一”；组织市儿童活动中心31名优秀学员到高明河西村入农户与村民同做同吃，体验革命老区农村家庭生活。

多渠道多形式帮扶困境妇女。春节期间市妇联慰问单亲特困母亲家庭并组织她们游览祖庙、南风古灶；开展困境儿童长鹿农庄欢乐一日游活动。对出现突发性、特殊性困难的8户单亲特困母亲家庭实施临时性救助，划拨扶助金2.4万元。启动“爱心储蓄”增值计划，以增值储蓄、技能培训、志愿活动等综合服务，帮助单亲母亲提高劳动技能、建立自信。市妇联分别与市邮政局、市第一人民医院联合开展“关爱十年·情暖母亲，爱润孩子——援助单亲特困母亲家庭邮品义卖活动”、“关注女性健康，远离宫颈病变”义诊活动，免费为全市100名适龄贫困妇女进行宫颈疾病普查；帮助2名患“两癌”的单亲特困母亲各获得全国妇联提供的1万元医疗救助，发动市民中秋节前为600名困境母亲寄送“母亲邮包”，传递爱心幸福。

开展关爱弱势儿童活动。在高明区更合镇、三水区南山镇开展“心连心，我们在一起”关爱留守儿童项目。指导南海区实施“广东省农村留守流动儿童关爱服务体系建设试点区”项目，创建“小候鸟驿站”“聚心园流动儿童服务点”等关爱服务阵地，服务覆盖流动儿童5万多人。争取广东省妇女儿童基金会支持，牵线广东吉之岛公司捐赠25万元资助高明区50名贫困高中学生。“佛山市流动儿童家庭教育服务项目”被列入“2012年度佛山市十大社会建设创新项目”。

【汇集力量，进一步优化妇儿发展环境】《佛山市妇女发展规划（2011～2020年）》和《佛山市儿童发展规划（2011～2020年）》先后通过分领域座谈会、专家研讨会和网络、报纸等媒体问策活动，上线佛山电台《民生直通车》节目解读和宣传新规划，广泛听取民众和相关职能部门意见，于11月经市政府批准印发。举办联络员和监测员培训班，交流“两个规划”的实施情况和经验。完成2011年度《佛山市妇女发展规划监测统计报告》和《佛山市儿童发展规划监测统计报告》，荣获“广东省妇女儿童发展规划（2001～2010年）终期监测评估报告一等奖”。

【固本强基，提升妇联组织自身建设】 不断完善网络政务服务。全面推进妇联系统政务微博服务，开通腾讯和新浪认证微博，举办妇联干部信息化技术应用及政务微博建设团队培训班，提高妇联干部运用新媒体开展工作的能力。“@佛山妇联”获评为2012年腾讯微博“十大妇联微博机构”。加强妇联网站建设，打造“网上妇联维权站”，开设妇女维权与信息服务项目专栏，设立维权信箱、站长信箱、“志愿服务天地”等，为市民提供便捷服务。佛山市妇联综合业务管理平台正式投入使用，市妇联信息化应用及管理水平走在全省前列。

促进社会工作人才队伍建设，全市妇联系统考取社会工作职业资格有35人，其中中级社工师14人、助理社工师21人。探索市妇联社会工作人才薪酬保障机制，组建项目社工团队，通过举办维权热线志愿者岗前培训、季度交流分享会和法律援助、心理咨询志愿服务组户外拓展、经验交流等活动，不断提升志愿服务技巧。指导推进市儿童活动中心和市儿童活动中心幼儿园实施绩效改革。推进市儿童活动中心强化管理、优化环境、开展系列公益教育活动、儿童亲子社会实践活动，支持建立儿童阅览室、影视室向社会免费开放服务。支持幼儿园开展特色教学，完善管理机制。

加强妇女组织联谊交流。2012年，佛山市妇联组织全市100名各界优秀女性和优秀基层妇女主任到澳门参加“妇女体育嘉年华”活动。组织妇联干部、妇联执委等到香港、洛阳、株洲等地进行工作考察。组织市女干部合唱团参加江门“文明颂·巾帼情”港澳台地区及中国内地妇女合唱演出和参加香港佛山工商联会年会的表演活动。加强与民主党派妇委会的交流，定期听取意见和建议。

（胡丹丹）

市残疾人联合会

【残疾人组织建设“强基育人”工程成绩显著】 2012年，佛山市召开了市残联第四届主席团第四次全体会议。全面部署并督促各区、镇街残联换届工作，有3个区、21个镇街残联提前完成换届。加强残联规范化建设，组建21个村（社区）残协，全市选聘残疾人专职委员69名，专职委员规范管理、待遇保障。市残联人员编制增加。建立健全各类专门协会，做到工作制度健全，“经费、场地、人员”三落实。

加强对各区残疾人事业“五个一”工程进行督查督办，对下属3家公益三类事业单位的转制和市残联大院拆迁后重建残疾人民生公益服务项目等问题进行调研论证。

残疾人办证率提高，根据全国第二次残疾人抽样调查显示，佛山市共有各类残疾人20.7万人，已领取第二代残疾人证有4.17万人，办证率为19.8%。

【加大康复救助力度】 佛山市残联对残疾人实施康复救助255例，其中脑瘫儿童150例、聋儿语训35例、假肢安装70例。举办自闭儿童康复机构师资培训班，共370人参加，其中有49人参加广东省第四期孤独症儿童康复教育专业资格认证，40人取得资格证，合格率为81.6%。

【深入推进残疾人就业工作】 2012年，市残联组织了2场招聘会，参会企业140多家，提供招聘岗位200多个，达成就业意向的残疾人有110人。开展构建“残疾人职业能力评估系统”工作，完成900人次的测试，并依此建立数据库雏形。成立了“佛山市残疾人就业技能培训基地”，成功举办了一期“残疾人初级面点培训班”，共有13名残疾人参加培训，其中6名学员通过考试获得专业资格证书，有4名学员被当地一知名餐饮企业录用。

参加“广东省残疾人创新创业成果展”。佛山市选送了陶艺、玉器、剪纸、国画等50多件参展作品，获得了省领导的好评。佛山市中医院内科主任郎江明教授荣获广东省十佳创新人物称号。

【健全社会保障体系和服务体系】 2012年，出台《佛山市实施残疾人生活津贴暂行办法》，建立了残疾人津贴制度，自7月1日起实施。对具有佛山市户籍，持有第二代《残疾人证》的人按残疾等级发放津贴。津贴标准为：一级残疾，每人不低于150元／月；二级残疾，每人不低于100元／月；三级残疾，每人不低于80元／月；四级残疾，每人不低于50元／月。

【残疾人维权工作不断向广泛的领域拓展】 出台《佛山市残疾人事业“十二五”发展规划》。办理人大代表建议、政协提案4件。修改《佛山市残疾人优待暂行办法》，拟订《佛山市扶助残疾人办法》报市政府审批出台。邀请市人大、政协及相关职能部门制定对残疾人保障法、残疾人优惠政策的落实情况进行专项检查的方案。协助教育部门出台了《佛山市实行残疾儿童少年15年免费教育实施方案》，协助市启聪学校、省培英学校及各区特殊教育学校做好招生工作，协调做好普通高考5名上线残疾学生录取工作。妥善处理残疾人来信、来访、来电、12345投诉热线、行政监察投诉热线等2967次，为残疾人排忧解难。做好佛山市政风行风热线“对话民生”项目。

无障碍建设成绩显著，年初佛山市被评为创建全国无障碍建设先进市。开展残疾人机动轮椅车燃油补贴工作，全年数据录入工作按时完成，做到应补尽补。妥善处理残疾人机动轮椅车问题。推进残疾人驾驶汽车工作，有32人领证。配合省开展残疾人基本情况调查工作，召开全市残疾人人口调查工作会议，落实调查经费，组建调查队伍，加强业务培训，进行入户登记和录入，圆满完成了调查工作。全市共调查录入疑似残疾人13.98万人，超额完成了省下达的13.72万人的指标。维权工作的深入开展维护了残疾人的合法权益，保障了残疾人平等充分参与社会生活，促进了佛山的和谐稳定。

【开展扶贫解困，提高残疾人社会保障水平】 2012年，佛山市残联圆满完成市委、市政府交给的组织市党政春节慰问团慰问南海区困难群众任务；分别在春节期间、助残日和国际残疾人日，组织残联慰问团慰问市、区贫困残疾人；与高明区版村、清远市流寨村开展对口帮扶“双到”工作，春节组织慰问组上门慰问高明版村困难残疾人，协助做好佛山市对口帮扶“双到”工作督查；对突发困难残疾人开展临时救济；与市委组织部、市扶贫办联合开展“农村基层党组织助残扶贫工程”；做好农村贫困残疾人信息采集录入和安全保密工作，与各区残联签订保密协议；开展扶贫济困日活动，发动干部职工扶贫捐款3610元，捐给慈善会、红十字会；跟踪做好农村贫困残疾人危房改造工作。

【宣传文体深入开展，残疾人的精神文化生活得到提升】 一是宣传范围扩大、氛围浓厚。各地充分利用新闻媒体、公共橱窗、横额标语、简报、网站等，广泛宣传残疾人事业1157次。继续办好佛山电台、电视台公益广告宣传和《小强热线：热线关键词》《经历》手语节目；完成了上级规定的报刊和《中国残疾人》《三月风》《残疾人研究》杂志年度征订任务，佛山市被省评为“二刊”宣传工作先进市；推荐了广东省残疾人事业新闻宣传促进会第三届理事会人选。

二是开展全国助残日、国际残疾人日活动，掀起扶残助残新高潮。5月20日是第二十二次“全国助残日”。市残联围绕“加强残疾人文化服务，保障残疾人文化权益”主题，开展了丰富多彩的助残日文化活动。其中，影响最大的是举办佛山市无障碍电影进社区活动，市委常委、组织部长吴卫华在仪式上致辞，并代表市残工委向社区赠送了一套无障碍电影光盘。残疾人、残工委相关单位人员、志愿者以及热心残疾人事业的社会各界人士1000多人观看了张海迪小说《轮椅上的梦》改编的无障碍电影《我的少女时代》，社会反映强烈。12月3日市残联举办了“国际残疾人日”庆祝活动，活动内容有：伦敦残奥会冠军事迹报告会、残健共融游园会、城市无障碍体验活动、残疾人文艺表演。在伦敦残奥冠军事迹报告会上，佛山市3名运动健儿林福荣、林萍、曹远航给市启聪学校学生讲述了自身奋斗经历，让同学们深受鼓舞；在残健共融游园会上，残疾人与健全人一同游戏；在残疾人文艺表演活动上，残疾人朋友以精彩的表演向社会公众展示其优秀才干，大家欢聚一堂、观看表演、进行互动，气氛十分热烈。

三是开展残疾人文化活动。认真贯彻落实广东省委宣传部等10个部门《关于举办第二届广东残疾人文化节的通知》，指导各地开展文化节活动。配合做好广东省残疾人艺术作品《爱的明信片》发行工作；组织盲人参加全省第二届盲人诗歌、散文、朗诵比赛；组织残疾人书法作品参加“兰亭”全国残疾人书法大赛；组织特教学校老师参加第二届全省特教、舞蹈创作培训班。

四是组织机关党员、团员、志愿者参与文明引导志愿服务，配合做好创建全国文明城市迎检、考评工作，为佛山市创建全国文明城市作出贡献。

五是做好市残联政务微博开通和网站更新工作。

六是体育成绩显著。成功举办了2012年佛山市聋人篮球、足球锦标赛，佛山市共有100多名残疾人运动员参加了比赛。组队参加广东省残疾人游泳锦标赛，取得了3金、2银、2铜的优异成绩。组队参加广东省残疾人田径锦标赛，夺得10枚金牌、5枚银牌，获得了本次锦标赛团体总分第二、金牌数第一的优异成绩，佛山队被大会组委会授予了“体育道德风尚奖”。做好佛山市参加第14届伦敦残奥会运动员保障工作，在本届残奥会上，佛山市3名运动员共取得2枚金牌（占广东金牌总数的16.67%）、2枚银牌（占广东银牌总数的22.22%）、2枚铜牌（占广东铜牌总数的33.33%）、1项第四、1项第五、1项第六、1项第七，并打破2项世界记录的优异成绩（占广东破世界纪录总数的22.22%）。实现了佛山市历史上残奥会金牌零的突破，为祖国争得了荣誉，为广东争得了光荣，为佛山争得了骄傲。佛山市残联获广东省政府授予“集体一等功”表彰。

（纪伟明）

2013年5月，佛山市残联在禅城区东方广场举办第二十三次“全国助残日”宣传服务活动。

第五篇

法　　　制

法　　制

佛山市委政法委

【综述】 2012年，“三打”、政法、综治、维稳等工作任务繁重、压力巨大。全市各级政法机关、综治维稳部门在市委、市政府和上级部门的坚强领导与正确指导下，积极为经济社会发展保驾护航，圆满完成了各项工作任务。

【围绕市委、市政府中心工作，全力推进“三打”】 “三打”是2012年全省各级党委、政府的中心工作，佛山市紧紧抓住食品药品、农资产品、“楼霸”、专业市场等群众反映最强烈的领域，强化组织保障，广泛宣传发动，依托综治三级平台，采取集中行动、联合执法、错位办案、异地用警、区域协作、多方联动、“两法衔接”等办案模式，以及领导包案、挂牌督办、旧案复查等督办方式，重拳打击大要案，全力斩链挖伞，战果突出，破获容桂老虎机团伙案、假O-LAY案、芦苞镇委委员余某受贿滥用职权贪污案等一批大要案件。通过“三打”，有力遏制了“三类问题”，促进了市场监管体系和社会诚信体系建设，进一步优化了营商环境，维护了群众利益，提升了执法司法能力，增强了党委政府威信，实现了多赢局面。

【围绕党的十八大安保维稳，积极化解社会矛盾纠纷】 市各级政法机关、综治维稳部门坚持特殊时期治标和平时治本相结合，全力维护社会稳定。一是风险评估扎实推进。出台重大事项社会稳定风险评估办法和细则，对35宗在建重大工程项目进行了风险评估，对其中7宗项目采取了暂停施工、调整规划、完善方案的措施，消除了稳定隐患。二是矛盾排查严密细致。依托覆盖全市社区警务室和维稳信息员，开展地毯式滚动排查和分类研判，及时处理情报信息327条507人次，落实化解稳控措施，避免了事态扩大。三是调解平台不断延伸。市中院被定为全国诉调对接机制改革试点，顺德法院与保险行业成立交通事故纠纷联调工作室。全市办理诉前联调案件1.11万件，调解成功率为92.79%，自动履行率99.24%。司法行政部门建立涵盖医疗、劳资、物业管理等领域的专业性行业性人民调解组织网络，在全省率先成立物业管理纠纷调解委员会，市医调委受理医疗纠纷83件，结案80件，协议履行率达100%。四是应急处置机制不断健全。不断完善涉稳情报信息互动机制、群体性事件应急联合指挥机制和大规模暴力犯罪事件跨地区处置机制，依法妥善处理不稳定因素13起，同比下降45.8%，有力维护了社会大局稳定。佛山市党的十八大“百日防护期”维稳工作被评为广东省一等奖。

【围绕“平安佛山”建设，深入推进社会治安综合治理】 平安佛山是幸福佛山的重要内容和有力保障。全市各级政法机关、综治维稳部门坚持打、防、控、管、建并举，深入推进。

严打系列行动效果明显。市公安机关坚持“以打开路、以打促防”，积极开展“粤安12”“破案会战”等专项行动，依法严厉打击爆炸等8类严重犯罪及电信诈骗等案件，命案侦破率达97.9%，为历年最高；侦破刑事案件宗数和逮捕人数同比分别上升31%、37.9%，百名民警破案数、逮捕数分列全省第一、第二名；刑事治安警情下降15.9%，“两车”“两抢”警情同比分别下降34.4%和19.6%，群众安全感不断提升。市检察机关提起公诉人数同比上升31.2%；全市法院案件结收比为98.52%，结案率为92.2%，服判息诉率为85.57%；监所管理持续安全稳定；民兵预备役积极参与治安防控，武警佛山支队圆满完成各项执勤处突任务。

综治基层基础建设得到加强。平安村居建设推进顺利。落实“一村一策”原则，全市建成平安村居5000多个；新建治安卡口64个、一类监控摄像头1892个，累计建成摄像头13万个，在全省率先完成联网应用；新建“警务e超市”20个，累计建成117个，近半实现“零发案”。综治平台建设不断深化。所有镇（街）全部落实1名党（工）委委员或副镇长（办事处副主任）专职担任常务副主任。平台信息化建设全面铺开，南海区初步实现了区、镇街两级互联互通，全市信息系统建设已通过审批，正加紧推进。

特殊人群管控手段更加多元。社区戒毒康复人员就业安置取得突破，南海狮山设立专项资金奖励安置戒毒人员就业企业，效果较好。刑释解教人员安置帮教力度加大，建成安置基地10个，管控水平不断提高。完善社区矫正人员GPS实时监控制度，累计接收社区服刑人员2950人，重新犯罪率仅为0.2%，工作经验被全省推广。

【围绕政府职能转变，大力加强社会建设】 紧紧围绕建设“大社会、好社会，小政府、强政府”的目标，坚持服务与管理并重，推进全市社会工作再上新台阶。

社会建设规划更加清晰。突出抓好各项基础性工作，完成《佛山市社会组织发展研究报告》等6个重点课题的调研工作，起草《佛山市“十二五”时期社会建设规划纲要》等8个纲领性文件，确立了社会建设基本思路。成立市社工委咨询委员会和市民情志愿服务队，为市委、市政府决策提供了有力参考。

公共服务均等化进程提速。在全省率先建设综合信息系统一级库，在禅城番村等地试点组建流动人口管理信息采集专职队伍，基本做到了底数清、情况明。推进流动人口积分入户工作，降低流动人口子女义务教育阶段入学门槛，完善流动人口社会福利，适龄流动人员儿童免疫接种服务、已婚育龄流动人口免费基本计划生育服务实现了全覆盖，流动人口归属感进一步增强。流动人口积分入户累计约3万人，流动人口子女义务教育阶段在校生达30万人，占全市同阶段总人数的45.9%，就读公办学校比例达72.7%。

社会组织进一步发展壮大。全市登记备案社会组织3389家，居全省第三。建成及在建社会组织孵化基地5个，其中南海区社会组织孵化中心吸引了第一期14家社会组织进驻，效果明显。引入社会组织参与社区服务，顺德区“两社三工”社会服务模式被确定为省首批社会创新试点项目。

【围绕群众对公平正义的新要求，努力提升执法司法公信力】 市政法机关结合佛山经济社会发展实际，勇于探索，敢于突破，多项工作走在全省前列。

执法司法机制取得新突破。政法各部门主动适应形势变化，扎实推进工作机制创新。法院出台了案件质量评查和审判长考核办法，实行小额速裁，深化“大执行”格局，推行“一站式”查询、分段集约执行、商业银行“定点扣划”机制，在网上公布被执行人失信信息619条，被执行人迫于压力履行债务2803.77万元，司法威信进一步提升。检察机关以南海区为试点，大力推进规范化建设，实现了基层检察室风格统一、配备统一、标识统一；积极保护未成年人诉讼权益，在全省率先建立了“合适成年人参与刑事诉讼制度”，建立全省首家涉罪未成年人关护教育基地——禅城区彩虹之家关护教育基地，推行未成年人轻罪记录封存制度，引入未成年人刑事案件道歉程序，执法人性化水平进一步提升。公安机关大力推行警务机制改革，建立交巡警联勤平台，路面见警率大幅提升，其中禅城区接处警时间达标率达99.87%。佛山监狱启用省内首间专用狱内法庭，应用服刑人员个人资金管理系统，服刑人员合法权益得到进一步保障。

司法服务大局得到新体现。检察机关围绕产业转型升级和城市升级三年行动计划，加强重点项目同步预防，突出查办工程建设、征地拆迁等腐败易发多发领域的贪污贿赂犯罪案，共查处87件105人；在全省率先成立行贿犯罪档案查询中心，接受预防咨询221次、行贿查询907次，震慑效果明显。服务科技创新，检察机关批准逮捕侵犯知识产权犯罪嫌疑人234人、提起公诉231人；法院发布知识产权司法保护状况白皮书，有效改善了投资环境。

司法行政互动取得新进展。法院和检察院“两院”针对食品药品、工程建设、税收征收等领域存在的管理漏洞，及时向发案行政部门提出司法建议或检察建议。法院共提出建议233份，同比增长147%，回应采用率达83.4%，数量和质量均创近年新高。检察机关共提出建议122份，有力推动了行政管理工作。

【围绕核心价值观教育实践活动，加强政法队伍建设】 以政法干警核心价值观主题教育活动为抓手，扎实开展日常管理，队伍凝聚力、公信力、战斗力不断增强。

抓班子带队伍，统筹能力不断增强。积极发挥政法委员会集体领导和决策职能，研究了政法部门的组织、保障、机制等重大事项，推动出台实施《佛山市重大事项社会稳定风险评估办法（试行）》等重要文件。调整配齐各级政法部门班子，增强了各级班子的凝聚力和战斗力。

抓管理重服务，队伍活力不断提升。坚持监管与服务并重，从严治警与从优待警相结合。管理力度加大。政法各部门推行目标管理法、绩效管理法、Q12科室管理法和红绿牌检查警示考核制度，调动了广大干部的积极性。监督力度加大。在全省率先推出《关于党委政法委对政法部门执法活动进行监督规定的实施意见》，完善党委政法委与人大、纪委、政协等部门的监督衔接机制，监督效果增强。服务力度加大。市、区党委政法委联合组织、编办、人社、财政等部门到政法部门调研，听取研究了保障方面的问题困难，为改善政法部门工作环境打好了基础。

抓教育树典型，先进模范不断涌现。广泛开展“十杰法官”、“十佳卫士”、青年岗位能手等活动，先后涌现了“好人好警”梁志毅、“全国人民调解能手”杨秀华等一批先进典型，顺德法院被评为“全国优秀法院”，市检察院公诉科被评为“全国优秀公诉团队”，为政法各条战线、各岗位树立了榜样。组织开展“聚焦司法公正”集中宣传活动，取得全省第二名的佳绩。

（王　凯）

审判工作

【综述】 2012年，佛山市法院系统紧紧围绕“全面实现和确保司法公正”目标，狠抓审判质效、执行工作、队伍建设三项重点，整体工作延续了良好的发展势头。全市法院共受理各类案件110517件，办结110509件，结案数约占全省11%；法官人均办案155件，超出全省人均办案量58%。

【抓审判，提质量】 全市法院不断推进和强化审判管理，着力提升审判质量、效率和效果，共审结各类刑事案件1.06万件、民商事案件5.47万件、行政案件1367件，把公正司法的理念始终贯彻于办理每一个案件的全过程，体现在对每一个矛盾纠纷的处理上。

服务发展大局，营造公平有序的社会环境。积极参与“三打两建”，严厉打击欺行霸市、制假售假、商业贿赂犯罪，审结威极公司生产假冒伪劣产品案等一批社会关注的重大案件。配合城市升级行动计划，妥善处理“澜石片区改造”“西樵锦湖片区改造”等拆迁系列案。服务创新驱动发展战略，审结涉及卡地亚、海天等知识产权侵权纠纷案件2478件。

守护平安和谐，提升民众的安全和幸福指数。依法严惩故意杀人、故意伤害、强奸、抢劫、绑架等严重刑事犯罪，审结该类案件2182件，重刑率达24.3%。依法打击国家工作人员贪污、贿赂等职务犯罪，审结郑年胜挪用资金及受贿案等职务犯罪案件134件。加大对民生权益的保护力度，审结农村集体土地及宅基地纠纷160件，切实保障农村民众的合法权益；审结劳动争议案件5600件，为劳动者追回欠薪近2亿元。

拓展司法职能，促进善治佛山建设。积极推动将行政机关负责人出庭应诉和行政案件败诉情况纳入政府绩效考核评查体系，行政机关负责人出庭应诉率达99.4%。向行政机关发出司法建议233份，司法建议数量及采用率大幅度提高。坚持向市委和市人大报送年度行政案件司法审查情况报告，为依法治市提供决策参考。

强化审判管理，确保办案质量和效率。坚持“以审判管理提质量、促效率、保公正”理念，不断深入推进审判管理规范化、科学化、信息化建设。规范自由裁量权行使尺度，避免出现“同案不同判”问题。落实庭审同步录音录像，保证庭审活动规范有序。全市法院一审服判息诉率达 85.4%，一审判决案件发回重审及改判率为 2.9%。加强审判流程节点监控，最大限度提高审限内结案率；狠抓均衡结案，杜绝 “年底突击清案，提前关门不收案”现象。

【抓执行，重实效】 全市法院不断加大执行工作力度，努力让打赢官司的当事人及时实现胜诉权益，共执结各类案件 2.66 万件，执行到位金额 46.1 亿元。

大执行工作格局日益完善。市中级法院与各相关职能部门共召开执行联席会议 23 次，会签执行联动工作规范文件 10 份，各职能部门协助配合法院执行的积极性不断提高。以执行指挥中心为平台，大力推进“点对点”网络执行查控机制建设，与国土、房管、工商等部门及多家商业银行签订了“点对点”快速查询协议。

执行征信体系全面建立。在佛山政务网和企业信用信息网定期发布执行失信信息，接受社会公众查询；将执行失信信息录入佛山市金融交换平台，为佛山市金融机构的信贷融资提供风险提示；建立被执行人公示制度，向社会公布了 178 名赖债者名单。共有 115 名被执行人因被列入失信名单或被媒体曝光而自动履行债务共计 5628 万元。

分段集约执行改革初显成效。将执行实施权细化为执行启动、执行调查、财产处置、结案管理四个阶段，不同阶段分别由不同的部门和法官完成，改变以往“一人一案一包到底”的传统做法，促使执行权的运行更规范、精细和高效。

【抓服务，保民生】 全市法院把保障人民权益作为各项工作的出发点和落脚点，把群众诉求作为加强和改进工作的重点，切实满足人民群众的司法需求。

建立多元纠纷化解机制。不断开辟和拓展各种调解渠道，努力化解各类矛盾。如：与司法行政管理机关一起组建律师调解员队伍参与全市法院调解工作；构建人民法庭与派出所、律师事务所、司法所一起参与的 “三所一庭”诉前联调模式；建立诉讼服务中心和诉调对接中心，为当事人提供“一站式”诉讼服务；借力社会组织，与各行业协会共同调解等，建立起各具特色的矛盾纠纷化解机制，一审民商事案件调撤率达 52.9%，办理诉前联调和司法确认案件达 8320 件，约占全省的 8.2%。市中级法院被最高法院选定为矛盾纠纷解决机制改革试点单位。

拓畅权利救济途径。不断完善审判监督工作机制，切实保障当事人的申诉和申请再审权利，审结申诉案件 216 件、再审案件 95 件。全面推行判后答疑制度，主动辨法析理，正确引导当事人合理表达诉求，再审申请率下降至 1.1%。加强涉诉信访工作，从提高办案质量、抓好初信初访入手，做好当事人的息诉服判工作，案件信访投诉率下降至 0.37%。

落实司法便民惠民举措。推行网上预约立案，缩短当事人立案轮候时间；推行小额案件速裁改革，探索建立繁简分流诉讼机制，减轻当事人讼累。推进司法救助，对 2826 名确有困难的当事人缓、减、免交诉讼费用达 774 万元，为 485 名符合法律援助条件的刑事被告人指定律师出庭辩护，为刑事被害人、执行案件特困群体 217 人发放救助资金 226 万元。

【抓公开，促公正】 全市法院确立“以公开促公正，以公正立公信”的工作思路，把能公开的司法活动向社会全面公开，让人民群众切实看得见、摸得着、监督得到、感受得到。

以自信开放的心态推进司法公开。落实庭审和裁判文书公开，把“千叶花园”股权纠纷等深受社会关注案件的庭审过程，以网络直播的方式实时向社会公开，94.7% 的生效法律文书通过法院门户网站及时对外公布，利用官方微博主动展示法院工作动态，发布微博信息 1100 多条。

以群众喜闻乐见的形式拓展公开和宣传渠道。

分别与《南方日报》、佛山电视台和《佛山日报》开办“佛山审判·佛山法官”“法槌回响”“以案释法”等3个专栏，通过对一些有特点或有争议案件的公开论证和宣讲，树立司法的公信和权威。开展法官论坛走基层、进社区、进学校等宣传活动，以生动鲜活的案例向基层群众普及法律精神及规则意识。发布《劳动争议风险案例提示》，引导企业和员工建立合法规范的劳动关系。

以诚恳虚心的态度接受社会各界监督。认真办理市人大代表、政协委员在“两会”上提交的议案和建议，办结有关议案建议5件；组织人大代表、政协委员参与“法院工作百场评查”“改革创新百场座谈”活动，邀请人大代表旁听“酱油门”等社会广泛关注的案件庭审；自觉接受人大监督，向市人大常委会作了全市法院民商事审判工作情况的专项报告；加强与媒体沟通，正确对待媒体的批评和建议。

【抓队伍，树信仰】 全市法院着力提升法官队伍素质，推进法官职业化建设，坚定法官追求公平正义的理想信念，培育法官清正廉洁的职业操守，努力打造一支人民信赖和尊重的法官队伍。

发挥法院文化引领作用。确立“秉持公正，追求真理，成就卓越，走向崇高”的法院文化理念，启用法院形象标志，凝聚全体法院人员的认同感及归属感。采用“提问、思考、讨论”的学习模式，围绕“时刻保持清醒的头脑、始终坚守精神的高地、不懈盈现生命的价值”三项要求进行深入探讨，提升法官的职业素养和精神境界。坚持求真务实作风，切实转变会风文风，做到“开短会、写短文、说实话、重实效”，坚决抵制做表面文章，在数字上“注水”等不良风气。举办全市法院“十杰法官”及青年岗位能手评选活动，树立先进典型，营造积极向上的法院氛围。

优化人才选用机制。坚持“德才兼备、以德为先”的选人用人导向，建立学历水平高、年龄结构合理的领导干部梯队，市中级法院中层以上干部队伍平均年龄为41岁，具有硕士以上学位的比例达64.1%。稳步推进以审判长负责制为核心的法院人员分类管理改革，在试点改革初见成效的基础上，于2012年底选任了35名优秀法官担任审判长，开始审判长负责制的内部运作。推行初任法官竞争性选任机制，提高法官准入门槛，进一步提升法官队伍素质。

深化队伍廉政建设。落实党风廉政建设责任制，健全岗位责任、实施细则和考核办法等多项制度，强化责任追究。落实法官任职回避规定，对全市13名需要任职回避的法官进行岗位调整。落实审务督查制度，对3个基层法院和7个人民法庭进行明察暗访，督促依法履职。落实对违法违纪行为“零容忍”的要求，对违纪人员一律作出纪律处分和组织处理。

（黄志庆）

检察工作

【综述】 2012年，佛山市检察机关在上级检察机关和市委的正确领导下，在市人大及其常委会的有力监督下，在政府、政协以及社会各界的共同支持下，坚持以科学发展观为指导，围绕佛山市工作大局，全面履行法律监督职责，各项工作取得新的进展。

【刑事检察工作】 依法打击各类刑事犯罪，增强人民群众安全感。全市检察机关共批准逮捕各类刑事犯罪嫌疑人14252人，提起公诉14636人，同比分别上升36.4%和31.2%。始终保持对严重刑事犯罪的高压态势，批准逮捕故意杀人、故意伤害、强奸、绑架等严重暴力犯罪嫌疑人1835人，提起公诉1845人；批准逮捕抢劫、抢夺、盗窃等多发性侵财犯罪嫌疑人5129人，提起公诉5231人；批准逮捕涉黑及黄赌毒犯罪嫌疑人628人，提起公诉552人。办理了秦丕波48人团伙涉黑案、些六3人贩卖海洛因15.2公斤案等一批影响恶劣的案件，改善治安环境。认真落实宽严相济的刑事政策，对涉嫌犯罪但无逮捕必要的，决定不批准逮捕396人；对犯罪情节轻微、不需要判处刑罚或应免除刑罚的，决定不提起公诉148人，减少社会对立面。

依法打击破坏经济犯罪，优化发展环境。全市检察机关共批准逮捕破坏社会主义市场经济秩序的犯罪嫌疑人1019人，提起公诉1024人，同比分别上升159.9%和164.6%。办理了彭艺德2人集资诈骗200多人案等走私、金融诈骗、非法传销、内幕交易犯罪，维护正常经济秩序。深入开展知识产权司法保护工作，批准逮捕假冒注册商标、侵犯著作权等侵犯知识产权犯罪嫌疑人234人，提起公诉231人，同比分别上升333.3%和437.2%，服务佛山市科技创新和产业转型升级。批准逮捕污染环境、非法采矿等破坏环境资源的犯罪嫌疑人50人，提起公诉49人，同比分别上升163.2%和157.9%，促进可持续发展，保护生态环境。

积极参与“三打两建”工作，保障和改善民生。全市检察机关大力查处“三打”案件，办理了胡建光37人垄断张槎棉纱搬运市场案等一批欺行霸市案件，共批准逮捕640人，提起公诉529人；办理了李福明7人生产销售85吨病死猪肉案等一批制假售假案件，共批准逮捕432人，提起公诉375人；批准逮捕商业贿赂犯罪嫌疑人93人，提起公诉110人。查办了一批国家机关工作人员为欺行霸市、制假售假犯罪活动充当“保护伞”的职务犯罪案件，共立案查办25件36人，打掉“保护伞”25个。高明区检察院与高明区质监局建立打击制假售假合作机制，确保“三打”工作长效。市检察院成立行贿犯罪档案查询中心，进一步规范行贿犯罪档案查询工作机制，阻止有行贿犯罪记录的公司和个人混入投标人和供应商队伍，助推市场监管体系建设和社会信用体系建设。

【查办和预防职务犯罪工作】 大力查办贪污贿赂犯罪，净化公务环境。全市检察机关共立案查办贪污贿赂犯罪案件108件131人，同比上升13.7%和15.9%，追缴赃款赃物折合人民币4200多万元，为国家挽回经济损失3000多万元。其中，涉案金额1000万元以上的案件2件2人，100万元以上的案件15件21人，查办了东莞市汇达实业有限公司董事长刘巨浪利用影响力受贿、介绍贿赂3200多万元案。追回在逃职务犯罪嫌疑人7名。着力查办了公路系统、车辆检测系统、国土资源系统等领域的窝案串案，促进行业治理。重点查办了医疗卫生系统、社保系统、水利系统等民生领域的贪污贿赂犯罪案件，促进解决人民群众最关心、最直接、最现实的利益问题。加大惩治行贿犯罪力度，立案查办行贿案件34件37人，推进腐败问题源头治理。

着力加强反渎职侵权工作，保障群众合法权益。全市检察机关共立案查处渎职侵权犯罪案件15件18人。按照上级部署，认真开展查办危害民生民利渎职侵权犯罪案件专项行动，查处食品安全领域的渎职侵权犯罪案件，办理了“酱油门”事件相关的市盐务局3人玩忽职守案；查处生态环境领域案件，办理了高明区更合镇林业站3人滥用职权案。根据省、市“三打”办的部署，参与打击假劣润滑油工作，办理了市质量计量监督检测中心2人玩忽职守案。依法介入安全生产责任事故调查，督促相关单位落实整改措施，切实保障群众生产、生活安全。

深入开展职务犯罪预防，提升反腐倡廉工作效果。全市检察机关共接受有关单位预防咨询221次，提出有针对性的防控职务犯罪建议。对涉及旧城改造、新城建设等方面的多个重大工程项目同步开展职务犯罪预防监督87次，为城市升级三年行动计划服务。开展警示教育1546场。市检察院整合预防工作资源，充分发挥市纪委警示教育展览馆作用，开展有针对性的预防宣教，提升教育效果。开展民生领域突出问题专项预防，市检察院与市食品安全委员会等单位建立了预防工作合作机制。在78个部门和行业开展了系统预防，三水区检察院与三水工业园区等多家单位进行预防共建活动，完善社会化预防网络。顺德区检察院对该区重大科技项目评审和中小企业技术改造重点项目评审进行监督，服务产业创新升级。

【诉讼监督工作】 进一步加强对侦查活动的监督。监督纠正有案不立、有罪不究等问题，对应当立案而不立案的，要求侦查机关立案34件；对不应当立案而立案的，要求撤案28件；对应当逮捕而未提请逮捕、应当起诉而未移送起诉的，决定追加逮捕20人、追加起诉147人；对不构成犯罪或证据不足的，依法不批准逮捕1941人，不提起公诉105人，使有罪的人受到惩罚，无罪的人不被追究。进一步落实行政执法与刑事司法相衔接机制，督促行政执法机关移送涉嫌犯罪案件21件21人。开展移送审查起诉案件质量监控，向公安机关通报侦查环节中影响案件质量的突出问题，完善公诉引导侦查机制。

进一步加强对审判活动的监督。监督纠正适用法律错误、量刑畸轻畸重等问题，对认为确有错误的刑事裁判提出抗诉22件。稳步开展量刑建议、检察长列席审判委员会和职务犯罪案件一审判决同步审查工作，共对6136件公诉案件提出量刑建议，列席审判委员会33次，办理职务犯罪案件一审判决同步审查134件，促进量刑公开公正。加强民事行政检察工作，共受理民事行政申诉252件，对认为确有错误的民事行政裁判提出抗诉6件，提请抗诉35件，发出再审检察建议3份。试点民事执行活动法律监督，共受理执行监督案件26件，促使法院依法开展执行工作。

进一步加强对刑罚执行和监管活动的监督。监督违法办理减刑、假释、暂予监外执行等问题，共审查此类案件7326件。清理久押不决案犯14人，纠正社区矫正脱管漏管罪犯99人。严厉查办刑罚执行和监管活动中的职务犯罪案件，立案侦查1件1人。加强驻所检察室建设，全面推进“两网一线”建设，实现对监管场所的动态监督。实施畅通控申渠道工程，办理被监管人员及其家属提出的控告申诉307件，维护被监管人员的合法权益。

切实保障人民群众控告申诉权利。全市检察机关深入开展矛盾纠纷排查、防范和化解工作，提升社会和谐。共受理群众来信来访427件批，受理刑事申诉案件43件，受理刑事赔偿案件19件。开展刑事被害人司法救助工作，办理刑事被害人救助案件2件，发放司法救助金7.5万元。更加耐心细致地做好申诉工作，依法开展不起诉、不抗诉说理，充分阐明事实和法律依据，促使当事人消除疑惑、及时息诉。建设“网上信访大厅”，推进视频接访，拓宽群众表达诉求的绿色通道，降低群众信访成本。

【检察工作机制改革】 推进镇街检察室工作，服务基层社会管理。根据上级部署，调整镇街检察室职能定位，强化联系群众和预防宣传职能，落实了走访联系制度，通过案后走访、日常走访，为基层政府、村居及企业提供防贪建议，联合镇街纪检等部门为公职人员开展廉政警示教育。主动协助镇街党委政府调处和化解社会矛盾，南海区检察院镇街检察室帮助南海区狮山镇平息重大项目土地纠纷，获得市、区领导充分肯定。

推进未成年人案件检察工作，促进对特殊人群的社会管理。建立“合适成年人”参与未成年人诉讼制度，保护“三无”未成年犯罪嫌疑人的合法诉讼权利。实行未成年人轻罪记录封存制度，该项工作被列入佛山市2012年度法治惠民工程。禅城区检察院探索开展“关护”基地工作，联合部分企业建立涉罪未成年人“关护”教育基地，为外来轻微涉罪未成年人提供工作场所，帮助他们顺利回归社会。

运用检察建议，深化社会管理创新。全市检察机关大力提升检察建议建言献策工作水平，结合执法办案，针对安全生产、税收征收、工程建设、医疗卫生等领域社会管理中存在的问题，及时向有关单位提出有针对性的检察建议122份，帮助堵塞漏洞，完善管理制度。

【检察队伍建设】 自觉接受人大监督，改进检察工作。全市检察机关进一步健全联络工作机制，做到联络经常化、规范化、制度化。共向市、区人大常委会专题报告工作12次，汇报佛山市检察机关镇街职务犯罪预防等工作情况。走访人大代表228人次，邀请人大代表和政协委员专题视察工作11次，诚恳征求意见。认真办理和落实人大代表、政协委员的议案和建议，委托人民监督员评议案件14件，规范检察执法活动。

深化阳光检务，提高检察工作透明度。充分发挥网络平台联系群众的作用，全市检察机关均开通了官方微博，及时发布检察工作动态、典型案例，促进网络检民互动，市检察院网站被评为全市一类政务网站第一名。在全市检察机关推进检务公开大厅建设，完善办案情况查询系统，积极举办检察开放日活动，深化检务公开。

提升执法文明，增强检察工作社会效果。强调以人为本的工作理念，创新开展职务犯罪案件家属辅助工作，全市检察机关都探索建立了家属辅助中心，在办案中指定专人，主动向职务犯罪嫌疑人家属告知案件情况和诉讼权利，听取意见和要求，关怀帮助他们的工作生活困难，努力达到维护权利、安抚情绪、争取配合的工作效果，有力保护特殊群众合法权益，充分体现司法人文关怀，促进廉洁公正文明执法。

加强队伍管理，提升检察执法公信力。扎实开展深入实践“忠诚、为民、公正、廉洁”政法干警核心价值观等主题教育活动，在全市检察机关倡导平等、信任、本职、本分的组织文化。转变管理观念，将干警树立为检察管理主体，建立科学的管理体系，以干警满意为手段，采取多种措施激发干警活力和责任感，提升干警业务水平，从而使群众对检察工作满意。加强检务督察和案件评查，确保严格正确执法。加强工作指导，开展对基层检察院的“四化”建设考核，提升全市检察工作水平。

（王　建）

政府法制工作

【综述】 2012 年，佛山市政府法制工作紧紧围绕市委、市政府中心工作，贯彻党的十八大精神和国务院《关于加强法治政府建设的意见》，认真组织实施《佛山市法治政府建设“十二五”规划（2011 ~ 2015 年）》，求真务实，开拓创新，全面推进依法行政，建设法治政府，为“民富市强、幸福佛山”建设提供了坚强的法制保障。

政府法制整体工作有序开展，较好完成了全年工作任务。但工作中还存在着推进依法行政工作力度和措施落实不够，规范性文件的监督管理制度有待进一步完善，行政执法监督缺乏有效手段，行政复议委员会试点工作有待进一步完善等问题。

【完善制度，加强规范性文件管理工作】 一是完善规范性文件管理制度。上半年，市法制局以市依法行政领导小组办公室的名义向各区和市直各部门印发《关于进一步贯彻落实〈佛山市行政机关规范性文件管理规定〉和〈佛山市行政机关统一登记、统一编号、统一公布办法〉的意见》（以下简称《管理规定》和《办法》），并深入调研了解《管理规定》和《办法》的实施情况，同时向各区政府和市直各单位派发学习资料，指导开展规范性文件管理工作。二是认真做好规范性文件审查工作。全年共审查规范性文件 91 件，其中市政府规范性文件 59 件，部门规范性文件 17 件。三是认真做好规范性文件备案审查工作。全年共接受五区政府报备的规范性文件 50 件。向省政府和市人大常委会上报备案的市政府规范性文件 47 件，报备率、及时率、规范率均为 100%。四是做好规范性文件清理和检查通报工作。为贯彻《管理规定》关于定期评估的要求，同时为规范性文件管理系统全面上线做好数据准备，市法制局开展了市级规范性文件的全面清理工作。共清理规范性文件 768 件，其中政府规范性文件 320 件，保留 230 件，修改 25 件，废止 65 件；部门规范性文件 448 件，保留 421 件，修改 27 件，并对 91 份拟保留的规范性文件提出合法性意见。12 月底，对落实《管理规定》不到位的行政机关进行通报。五是开发规范性文件评估管理平台。市法制局与奥博公司共同开发的佛山市规范性文件评估管理平台主体功能已经开发完成，基本能够实现规范性文件的存储、查询、统计、公布和动态管理。

【强化监督，严格履行执法监督职责】 一是强化行政执法层级监督。2012 年，市法制局先后参与、指导市住房和城乡建设管理局、国土规划局、水务局、人社局和市安监局等行政执法部门开展案卷评查和行政执法检查工作。二是审核市直执法职能部门行政处罚自由裁量权细化标准、执法依据及执法职权。其中审核市卫生局、市住建管理局等 6 个部门行政处罚自由裁量权细化标准，审核事项共 930 项，审核市交通运输局行政执法依据及职权 329 项。三是办理行政执法证件。按省行政执法证管理要求，全年审核、开通新用户 9 个，审核发放行政执法证 2015 个，注销行政执法证 85 个。四是开展执法人员法律培训。编纂佛山市行政执法培训教材 1 本，组织市直执法人员培训班 1 期，参训人员 106 名；协助市安监举办安监系统执法证培训 1 期，参训人员 108 名；指导三水区举办执法证培训 1 期。2012 年 2 月，针对行政强制法的具体实施问题，市法制局邀请了国务院法制办处长阎东星作专题培训讲座，市直、各区执法部门的领导及执法人员 1000 余人到场参加培训。五是拟定执法证网上考试培训学习系统开发方案。并就系统开发的前期筹备工作与开发人员沟通协商，方案已通过市经信局审核。

【创新机制，顺利推进行政复议委员会试点工作】一是完善行政复议委员会试点工作制度。2012 年，制定了《非常任委员工作补贴办法》，市行政复议委员会的相关工作制度基本健全，主要包括佛山市人民政府行政复议委员会《工作规则》《非常任委员遴选办法》《委员守则》《行政复议委员会办公室办案规则》《行政复议委员会行政复议听证规则》等配套工作制度。二是创新行政复议委员会案件审结制度。2012 年，佛山市首次引入社会专家参与行政复议案件审结工作，市行政复议委员会先后组织非常任委员 10 人次参加了 3 次行政复议案件议决会议。三是积极办理行政复议案件。全年共收到行政复议申请 392 件，是上年同期的 3 倍，受理 346 件，不予受理 16 件，行政复议告知 22 件，补正材料 7 件。在办结的 309 件案件中，维持 273 件，维持率 88%；通过调解，促使当事人撤回申请（或者被申请人撤销行政行为、申请行政复议双方达成和解）而终止行政复议 18 件，调解率为 5%；驳回申请 11 件，撤销 3 件。四是代理市政府的行政复议答复和行政应诉工作。办理市政府作为被申请人的行政复议案件 30 件，直接代理市政府行政复议答复案件 1 件。办理市政府作为被告的应诉案件 61 件。包括市法制局作为承办人直接代理市政府进行行政诉讼 8 件，其中直接参与中级法院一审庭审 6 件，省高级法院庭审 2 件。五是落实行政机关负责人出庭应诉制度和司法与行政良性互动机制。年初，市法制局完善《佛山市行政机关负责人出庭应诉工作暂行办法》，制定了适用该办法的《关于佛山市行政机关负责人出庭应诉工作暂行办法的若干意见》。8 月份，市法制局牵头组织行政机关负责人观摩罗某诉市政府、佛山市住房和城乡建设管理局房地产产权登记一案庭审。共 31 个市级行政机关，共计 50 人参加本次庭审观摩活动。同时，市法制局以市依法行政领导小组办公室的名义组织举办了全市行政机关负责人出庭应诉培训班，邀请省高院行政庭资深法官林俊盛讲授了应诉技巧。

【积极谋划，加强对基层依法行政工作指导】一是召开市依法行政工作领导小组（扩大）会议。2012 年 3 月 22 日，佛山市召开依法行政工作领导小组（扩大）会议。会后印发了《2012 年全市依法行政工作要点》，为全市依法行政工作打下坚实的基础。二是开展依法行政工作调研活动。2012 年 6 月和 11 月，市法制局先后以市依法行政工作领导小组办公室名义组织部分成员单位和五区法制办领导分别考察了江苏省常州市、无锡市和苏州市以及四川省成都市、眉山市推进依法行政和建设法治政府工作，学习了外省市先进工作经验，开阔了眼界。三是举办各种形式的业务培训。2 月 24 日，市法制局以市依法行政工作领导小组办公室名义特邀《行政强制法》立法参与者、国务院法制办知名专家阎东星在市政府大礼堂举办了为期一天的《行政强制法》专题培训。市直、禅城和南海执法部门的领导及执法人员 1000 余人到场参加了培训。

【紧扣中心，充分发挥参谋、助手和法律顾问作用】一是认真办理市领导交办工作。起草《佛山市养犬管理规定》，通过新闻媒体等各种渠道征集到意见 400 多条；全程组织、跟进并协调高明苗村医疗废物处理中心诉讼案件的处理；对代耕农问题进行调研，撰写调研报告获得市委书记李贻伟的好评并批示等。二是做好“中国法治政府奖”的申报工作。2012 年 6 月，广东省高级人民法院、省人民政府法制办公室同意推荐佛山市“简政强镇事权改革项目”申报“中国法治政府奖”，市法制局代市政府准备申报材料、安排专家现场考察、筹备“终评会”陈述材料并出席“终评会”对项目进行陈述。12 月 23 日，市政府被授予“中国法治政府提名奖”。三是做好行政审批制度改革相关工作。市法制局全程参与市工商登记改革的协调、调研和推进工作，并对《佛山市工商登记行政审批综合改革实施方案》等文件的征求意见稿提供相应的法律意见。四是配合做好“三打两建”工作。按照全市“三打两建”工作部署，主要做好“三打两建”法制保障和落实市场监管法制、诚信体系建设方面工作。主要包括制定《佛山市市场监管法制体系建设工作方案》和《佛山市市场监管法制体系建设试点示范工作方案》，并会同相关成员单位，制定佛山市法制诚信体系建设工作方案，为工作提供制度支撑。严格审查市政府以及部门送审的“三打两建”规范性文件。此外还针对“三打”工作涉及法律法规层面问题出具法律意见。五是举办“佛山市人民政府法律顾问室专家专题系列讲座”。为充分发挥法律顾问专业特长，为政府及部门提供有针对性的、切实有效的服务和帮助，市法制局策划并举办了2期“佛山市政府法律顾问室专家专题系列讲座”活动，主题分别为“新城开发中的公私合作”和“反垄断法与竞争战略”，深受相关单位的好评。

（简柳嫦）

公安工作

【综述】 2012年，佛山市公安机关在新一届市委、市政府的坚强领导下，紧紧围绕建设“民富市强、幸福佛山”核心任务，按照年初确定的工作思路和目标，继往开来，勇猛精进，强力推进专业化精确打击战略，取得了骄人的成绩。110原始报警数逐月大幅下降，2012年第一季度同比持平、第二季度下降11%、第三季度下降22%、第四季度下降30%，群众安全感明显提升，治安大局持续稳定。

【治安行政管理】 2012年，全市各级公安机关治安部门按照广东省的部署全面推进治安信息化、“平安村居”、治安防控体系等基础建设，着实开展“打四黑、除四害”“三打两建”“护校安园”等专项行动，规范铺开基层社区警务、治安“人、场、物”管控、大型活动安保等治安管理工作，全面完成年度工作任务。

抓住关键落实源头，强化社会治安动态管控。一是稳步推进流动人口和出租屋管理专业化建设。为探索流动人口和出租屋服务管理新方法，下半年治安部门选定禅城区番村社区等3个社区开展专业化管理试点，通过组建专业和落实移动终端配置，摸索固定了专业化管理工作模式，并通过公安派出所所长座谈会等形式向全市基层治安部门推广。二是落实社会“人、场、物”治安动态管控。年内治安支队验收金融机构安全设施建设项目240处，并落实责任对水、电、油、气等治安保卫重点单位组织定期检查；加强危爆物品日常监管，组织了3次全市涉危物品统一检查行动，摸排涉枪涉爆涉剧毒从业单位194家，发现整改问题12处。三是严密落实社会面维稳和大型活动安保工作。治安部门注重多渠道收集掌握信息，加强分析研判，反复排查各类矛盾纠纷，并落实报告制度和协助化解工作；大型活动安保方面，年内全市举办大型活动共270场，720万人次参加，完成历次活动安全保卫工作。

立足职能多措并举，深入开展治安突出问题打击整治。一是深入推进治安黑点、难点问题整治。年内全市公安机关组织开展各项整治工作，共排查整改校园内部安全隐患317处，整治校园周边乱点677处，打击查处涉校案件57宗；处理旅业式出租屋经营场所1248间次、处理人员238人；取缔关停无照经营废旧收购业站点99间，发出建议取缔函136份，查破案件51宗；清查收缴非法枪支163支、炸药1070公斤等危爆物品一批。二是深入推进扫黄禁赌工作。全市公安机关不定期组织警力进行明察暗访，推进打击整治工作，年内全市查破涉黄涉赌案件7559起、抓获违法犯罪嫌疑人同比上升121%，打击效能大幅提升。三是全力开展治安专项打击工作。“打四黑、除四害”行动中，全市公安治安系统捣毁黑作坊26个、黑工厂20个、黑市场5个、黑窝点3193个，打掉团伙258个，抓获违法犯罪嫌疑人员3.42万人；“三打两建”证照打假专项行动中，治安部门查处制售假证照窝点45个，缴获假证照58.93万本，查处破获各类案件226起，抓获违法犯罪嫌疑人302人。涉及电力、电信和广播电视设施的“三电”专项斗争方面，全市破获“三电”案件135宗，抓获犯罪嫌疑人221人，打掉3人以上团伙9个。

注力基层强化支撑，全面促进治安基层基础建设。一是推广基础信息化建设。全市公安机关通过自主研发或推广局、厅、部级治安业务系统已达到22个，通过在小区、出租屋等固定场点，旅业、企业等单位场所广布信息触点，采集各项社会动态信息，如通过从业人员自助申报系统采集从业人员信息110万条等，通过数据比对分析，在公安打防工作方面发挥重要作用。二是夯实基层建设平安村居。全市公安机关通过挖掘社区警务先进典型和规范考核，以点带面促进社区警务工作深入推进；深入推进社区警务“e超市”建设，全市共在108个小区开展社区警务“e超市”推广建设，安全防范成效明显并获得良好的社会反响。

规范管理服务主导，全面提升治安行政管理水平。一是全面铺开人口管理工作。常住人口方面，2012年佛山市成功上线新版常住人口系统，年内累计受理上传制证信息18.33万条、发放“二代证”17.25万张，办理市外迁入1.81万人次、迁出市外8779人次，市内迁移近4万人次，办理出生登记3.76万人次、死亡注销1.95万宗，户口项目变更49.29万人次、更新维护字典9次。流动人口方面，全市累计受理居住证办证记录424.82万条，制发居住证420.99万张，有效期内居住证200.31万张，擦写居住证187.63万张；年内制发居住证85.88万张，全年居住证制作指标完成率接近300%；年内完成农民工积分制入户424人次。二是认真组织行业场所治安管理工作。旅馆业方面，治安部门建立起了旅业系统运行保障以及考核、通报等多项机制。印章方面，全市有公章刻制企业40家，印章刻制和管理全部通过印章治安管理信息系统实现，年内共上网审批制作印章9.49万枚。娱乐服务场所方面，治安部门落实日常检查和针对存在的问题及时整改，有效确保了娱乐服务场所治安环境良好。

【刑事犯罪侦查】 2012年，佛山市各级公安刑侦部门紧紧围绕创新社会管理、建设幸福佛山这一核心任务，以“粤安12”和“三打两建”为重要行动载体，坚持一手抓破案打击，一手抓基础建设，破案打击效能显著提升，整体综合实力明显增强。全年全市抓获嫌疑人同比上升43.3%，侦破刑事案件同比上升31%，其中命案破案率达97.9%，佛山市百名民警破案数、逮捕数分列全省第一名和第二名。一是积极响应广东省委“三打两建”工作部署，不遗余力地开展打击欺行霸市违法犯罪活动。年内，全市“打欺”专项行动共侦破刑事案件5454宗，打掉犯罪团伙507个，刑事查处7856名犯罪嫌疑人，逮捕3234人，刑拘2405人。二是不断建立健全长效工作机制，深化应用网上作战资源，深入挖掘新的破案增长点，不断加大侦破命案工作力度。先后侦破了南海桂城“2·6”杀人案、禅城张槎“8·19”故意杀人案等一批影响恶劣的命案。三是多警协作，多措并举，深入推进“南粤亮剑012战役”。行动期间，全市共侦破爆炸、放火、劫持、杀人、绑架、强奸、伤害、抢劫等8类严重犯罪和制贩枪支、拐卖、电信诈骗等案件1853宗，打掉犯罪团伙197个，广东省公安厅挂牌督办佛山市3宗案件悉数侦破。四是关注民生案件，聚焦难点问题，扎实开展打击多发性侵财案件专项行动。年内，佛山市公安机关在全市范围内组织开展以入室盗窃、街面“两抢”、盗抢中高档汽车犯罪等多发性侵财犯罪为打击重点的专项行动。全年全市抓获盗、抢、骗嫌疑人1.53万名，打掉犯罪团伙629个，切实提高了群众满意率，增强了群众安全感。

【道路交通管理】 2012年，全市交警部门深入开展预防道路交通事故、排堵保畅、文明交通工作，着力创造了平安、畅通、文明、和谐的道路交通环境。年内全市共发生道路交通事故3884宗，造成639人死亡，4128人受伤，直接财产损失749万元。

严管严控，保障交通安全。全市交警部门落实保障措施为春运护航，实现春运交通事故指数连续第7年下降；严格车辆和驾驶人源头管理，加强重点车辆安全监管，严把车辆注册、年检、报废关，加强机动车驾驶人管理；创新打击模式推进“三打两建”，共查获假牌套牌机动车659辆。

综合治理，缓解交通拥堵。交警部门通过深入开展交通拥堵缓解工作，使全市交通拥堵指数保持与2011年基本持平，路网平均运行速度略有提升，治堵工作初显成效；完善交通事故快处快赔机制，事故现场撤离时间大大缩短；加强交通疏导，优化主干道交通组织，推行单行管理，有效提高通行效率。交警部门还严格执行“限摩”“限货”“限黄标车”政策，降低中心城区交通压力。

刚柔并济，创建文明交通。全市交警部门严格对照“创建全国文明城市”国检指标，狠抓秩序整治与宣传教育，圆满完成了“创文”首年迎检工作。深入开展“酒驾飙车”“三超一疲劳”“南粤亮剑012战役”“机动车乱停放”等专项行动，共查处交通违法行为341万宗，依法扣留机动车30.55万辆，拘留2005人，营造全社会共同抵制交通违法的良好氛围。

【消防安全管理】 全年全市消防部门依托信息化平台，突出规范化管理，实现消防设施实现了“身份证”管理，确保消防设施正常运行；结合实际，研究开发了网格化管理系统，为排查整治工作提供了技术支持；全市各镇街共建立了33个防火办公室，招聘了132名政府聘员，开展业务培训103场，所有行政村实现了“一站一室一车”；通过对省市重点挂牌督办镇街实施火灾隐患重点地区整治，各地整治工作已基本达到摘牌要求；做好党的十八大期间消防安全保卫战各项工作，全市各级消防部门提早部署、全力以赴、积极备战，党的十八大消防安全保卫战部署以来，全市消防部门共检查各类场所2.83万家，发现火灾隐患60709处，督促整改60665处。全年全市公安消防部队共接警4321起，出动车辆9429次，出动警力4.98万人，抢救被困人员778人，抢救财产价值3668万多元。

（温威威）

司法行政工作

【综述】 2012年，佛山市司法行政机关紧紧围绕市委、市政府中心工作，坚持服务大局、服务群众，以“守住底线、夯实基础、围绕中心、强化服务、谋求创新”为工作主线，认真履职、励精图治，各项工作取得了新成效，进一步推动了全市司法行政工作创新发展。

【充分发挥职能作用，积极参与“三打两建”行动】 全市司法行政机关联合工商、质检、住建等职能部门联合举办大型宣传活动20多场次，向群众发放有关法律法规资料，进行宣传讲解和法律咨询，为“三打两建”营造良好的舆论氛围。加强对“三打”案件律师辩护和代理工作的指导协调与监督力度，建立并落实律师办理“三打”案件的指导和报告备案制度，开展律师执业情况检查和行业内部自我排查工作，强化执业道德和纪律教育，预防法律服务行业的商业贿赂事件的发生。组织律师为企业进行法律体检，培训经营管理人员，帮助企业降低法律风险。指导全市公证部门对涉嫌商标、专利侵权产品依法开展证据保全公证。全市律师共举行法治讲座等各类“三打两建”法制宣传活动600多场次，为企业经营管理人员进行法律知识培训220次，通过工商联搭建的平台为企业服务965次；对170多件涉嫌商标、专利侵权产品的证据保全公证开通“绿色通道”，优先受理、上门服务。积极开展律师行业、公证行业、司法鉴定行业诚信体系建设，得到省司法厅的高度肯定。

【认真落实各项稳控措施，圆满完成党的十八大安保任务】 始终筑牢监所安全防线，强化组织领导、狱（所）情分析研判、隐患排查、应急处置等措施，全力确保监所安全稳定万无一失。组织各级人民调解组织开展矛盾纠纷大排查活动，突出排查劳资、物业、征地拆迁等群体性重点矛盾纠纷，将矛盾纠纷化解在萌芽状态。在全市开展社区矫正工作执法大检查活动，全面落实特殊人员管控措施。与市信访局联合下发《关于进一步加强律师参与涉法信访工作的方案》，在全市实行市、区、镇街三级律师陪同领导接访制度，充分发挥律师在维护社会稳定中的特殊作用。

【抓考核、强基础，积极开展基层司法行政“三进”工作】 积极开展基层司法行政进村居、进企业、进学校“三进”工作，结合实际对省司法厅部署的工作任务进行分解细化，明确了8大项工作重点、25项具体指标和37个项目化任务，切实把法制宣传、人民调解、安置帮教、社区矫正、法律援助、律师公证等工作向村居、企业、学校推进，为地方经济社会发展营造良好法治环境。同时在全市司法行政系统推行“红绿牌检查警示考核”工作制度，以抓基层考核为突破口，夯实基层基础。从各业务科室抽调业务骨干，由市司法局党委班子成员带队，分成3个考评小组对4个区局、23个镇街司法所进行检查考评，以发放红绿牌的方式进行打分排名，有效带动和促进了基层司法行政机关落实领导责任制，有力推动了各项基层司法行政工作的开展。

【推动行业性、专业性人民调解组织建设】 2012年，佛山市制定出台《关于进一步加强和规范我市行业性专业性人民调解组织建设的实施意见》，对全市行业性、专业性人民调解工作进行全面规划。与住建管理部门联合制订《关于建立健全我市物业管理纠纷人民调解工作机制的意见》，构建住宅小区、村居、镇街三级物业纠纷人民调解组织网络。与市工商联、市发改局合作成立佛山市商会企业商事纠纷调解指导中心，积极推进非公有制经济组织人民调解组织建设。市医疗纠纷人民调解委员会全年共接待当事人来访、来电咨询385人次，受理医疗纠纷83件，结案80件（其中达成调解协议68件，引导当事人通过司法途径解决12件），应急现场处理“医闹”14件次，防止民间纠纷转化为刑事案件26件，调解后无一反悔，协议履行率达100%。全市已建立起涵盖医疗纠纷、道路交通事故纠纷、劳资纠纷、物业管理纠纷等类型的专业性行业性人民调解组织网络。全市有5名人民调解员被司法部评为“全国人民调解能手”。2012年8月，广东省行业性、专业性人民调解组织建设推进会在佛山市召开，对佛山市近年来这方面的工作成绩给予充分肯定。

【推动法律服务工作拓展与规范发展】 继续深化“一村居一律师工程”建设，全市759个村居全部派驻律师，签约率100%。驻村居律师为村居解答法律咨询4.69万件次，出具法律意见书3255件，审查合同8522件，参与矛盾纠纷调解8636宗，开展法律培训和讲座3463场，代理诉讼案件4021件。与市工商联、市发改局合作，成立佛山市总商会法律顾问团和佛山市商会企业建设法治化国际化营商环境讲师团，市律师协会60名律师被聘为法律顾问团成员，10名律师被聘为讲师团成员，充分发挥律师法制宣传和教育等方面的优势和作用，积极为全市商（协）会企业提供优质的法律服务。积极推进律师所党支部与村居党支部结对共建活动，探索律师行业党建工作“双重管理”，实现党的组织全部建立、党的工作全部覆盖、党员组织关系全部接转“三个全部”的目标。2012年8月，全省律师行业党建工作推进会在佛山市召开，佛山市律师行业党建工作受到省厅、市委组织部的一致肯定。加强对公证员和公证案件的考核监督，完善公证质量自查、互查、集中查的质量管理及监督制度。2012年全市6家公证机构办理公证8.9万件。深入开展“法律援助为民服务创先争优年”主题活动，进一步完善法律援助便民服务措施，降低受援门槛，简化程序和手续，扩大受援面。制定《佛山市法律援助案件质量监管、检查、评估细则》，开展全市法援案件质量评查活动，推进法律援助规范化、制度化。全年全市共办理法援案件2000多件，受援群众7800多人。认真做好国家司法考试的组织实施工作，规范工作规程，严格保密工作，确保考试万无一失。及时做好法律职业资格证书审核、发放及备案登记工作。

【创新方式，推动普法宣传和法治文化建设】 佛山市普法办与市依法治市办于2012年6月制定《关于加快推进佛山市社会主义法治文化的意见》，要求全市各有关单位“结合文明城市创建工作，勇于创新、大胆探索，努力培育富有佛山特色的法治文化”。全市司法行政机关以法治文化建设为重点，在广佛地铁开通“普法快线”，利用微博、手机短信等新载体、新形式，全面提升法制宣传教育的影响力。在全市推动“657”普法(法治文化)品牌建设工程，力争“六五”普法期间在全市各地、各部门打造70个特色普法教育品牌，以品牌扩大影响，提升普法品位。协调市委宣传部等7部门下发《关于“六五”普法期间进一步加强青少年法制教育工作的意见》，加强青少年法制教育基地建设。

【推动特殊人群的管理与帮扶】 2012年，佛山市司法行政机关深入贯彻落实《社区矫正实施办法》，与公检法等部门联合制定下发庭前调查制度相关规程，逐步推进和规范全市涉及社区矫正的庭前调查评估工作。做好对社区矫正人员的日常监管，大力推进社区矫正人员手机定位监控实时管理，全市共发放监控手机777台。引入社会力量、培植社会组织参与对社区服刑人员和刑释解教人员帮教、心理疏导、就业指导等事务性工作。全市已有16家司法所有专业社工涉及社区矫正工作。2012年4月在佛山市召开的全省社区矫正工作会议上，佛山市“规范化、社会化、信息化”的社区矫正工作经验得到了广东省司法厅的充分肯定，并在全省推广。全面加强安置帮教工作，开发建设全市安置帮教综合管理平台，在全省率先实现了安置帮教工作市、区、镇街、村居四级联动；积极推动各镇街司法所逐步依托当地企业或社会组织建立安置基地，全市已建立安置基地或实体10个。

【贯彻落实“首要标准”，狠抓监所规范化、法制化管理】 一是围绕“四五”目标，不断加强“五项机制”“四防一体化”和监区（大队）标准化建设，构建安全稳定长效机制。佛山监狱将扩大专管专教的范围，实现狱（所）情排查处置全覆盖；市劳教所开展全所性隐患排查12次，严把重点节点，严格落实工作制度。佛山监狱实现了自1998年以来连续14年队伍安全，自1997年以来连续15年监管安全，自1995年以来连续17年生产安全；市劳教所实现了连续12年安全“四无”，连续19年安全生产无事故。二是以规范教育改造为目标，提高教育改造质量。佛山监狱创造性地推行学分制管理体系，推进讲师团各项工作科学发展，做好罪犯社区矫正、安置帮教无缝衔接，强化罪犯职业技能培训。市劳教所推行“三期一体验”管理模式，深化“5 + 1 + 1”矫治模式和“周课堂教育日”，狠抓习艺生产、生活卫生管理、基础工程和所政保障，全面推动工作再上新台阶。佛山监狱启用了省内首间专用狱内法庭，建成服刑人员个人资金管理系统，保障服刑人员财产权等合法权益，努力打造“阳光狱务”。三是积极加强服刑人员的心理矫治，佛山监狱共有获证心理咨询师（员）53名，其中二级咨询师5名，占警察队伍人数的10%以上，超过押犯人数的1%以上。在监区设置了心理辅导站和服刑人员同伴辅导员，积极开展心理测试、咨询、治疗、危机干预等常规心理矫治活动。

【多措并举，全力提高队伍思想水平和业务能力】 一是深入开展“争先创优”、政法干警核心价值观教育等主题教育实践活动，组织广大干警和法律服务工作者深入学习贯彻党的十八大精神。全市各级司法行政机关组织召开各种专题学习会110多场次，广大干警职工撰写各类研讨文章、心得体会400多篇。二是扎实开展各项培训工作，2012年共举办社区矫正工作、全市司法所长、法律援助工作、公证工作等具体业务培训班20多场次，广泛开展经常性岗位练兵活动，不断提高广大干警和法律服务工作者的政治业务素质和执法执业能力。三是扎实抓好党风廉政建设，扎实推进惩防体系和廉政风险防范机制建设。认真开展纪律教育学习月活动，积极开展富有特色的廉政文化活动。市劳教所从执法、党务管理、人事管理、行政管理、内部监督、生产、财务管理、基建工程管理、群团管理等九大权力着手，制订了6章30条的《佛山市劳教所廉政风险防控试行办法》，初步建成廉政风险防控机制。

（李燕玲）

第六篇

经 济

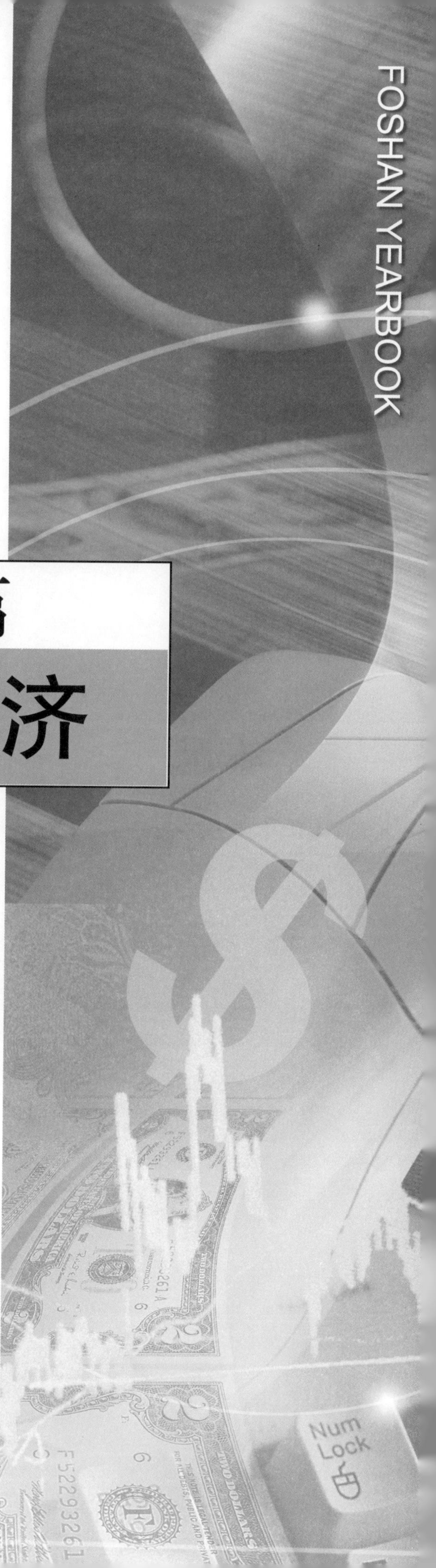

工　业

工业发展概况

【综述】 2012年，佛山市深入贯彻落实科学发展观，坚持以提高发展质量和效益为目标，以信息化与工业化深度融合为契机，坚定不移调结构，全力以赴稳增长，努力推动全市工业商贸经济平稳发展。全年共实现规模以上工业总产值14671.93亿元，增长11.9%；实现规模以上工业增加值3009.49亿元，增长11.9%；完成工业技术改造投资195.94亿元，增长22%。佛山市被评为“2012年中国城市信息化50强”“2012年中国智慧城市推进十强城市”，并荣获2012年中国智慧城市建设领先奖，成为全国4个“电力需求侧管理”试点城市之一，“双转移”和民营经济工作在广东省考核中被评为“优秀”。

【经济运行】 2012年初，由于有效需求不足、企业综合成本上升、订单大幅下滑，企业家普遍对经济发展预期信心不足，甚至认为形势比2008年还要严峻。面对当时形势，佛山市及时开展“暖企”行动，以建设国家创新型城市为契机，引导企业加大技术改造和技术创新投入，努力开拓内销市场，有效遏制了经济指标增幅下滑的势头，工业经济增长逐步企稳回升，全年规模以上工业总产值增速比一季度和上半年分别提高了2%和1.5%。重点行业中装备制造、钢铁加工、医药制造和食品饮料等行业增长较快，增速分别达到14.8%、26.1%、15.9%和12.2%。纺织服装、家用电器、建筑材料和家具制造等行业增长平稳，增速分别为8.3%、7.1%、11.1%和10.8%。

【结构调整】 2012年，佛山市先进制造业和高技术产业发展较快，先进制造业完成工业总产值5293.9亿元，增长14%，比工业平均增速高2.1%；高技术产业完成工业总产值917.96亿元，增长13.7%，比工业平均增速高1.8%。先进制造业和高技术产业占规模以上工业总产值的比重分别达到36.1%和6.3%，比上年提高了4.2%和0.3%。优势传统工业增长平稳，完成工业总产值5844.41亿元，增长12.3%，占规模以上工业总产值的比重为39.8%。民营经济对工业增长的拉动作用显著，全市规模以上民营工业企业完成工业总产值9472.79亿元，增长13.2%，占全市工业总产值的比重达64.6%，比上年提高了4.4%。

【经济效益】 2012年，佛山市实施质量效益“双提升”计划，制定并实施机械装备、陶瓷、纺织服装和铝型材等4个行业“质量提升、效益提升”行动计划，大力支持和引导行业突破关键共性难点技术。如推动陶瓷行业由湿法制粉转为干法制粉、成品工艺由“高温煅烧”向“低温快烧”转变，推广纺织行业无水及少水印染加工技术，探索机械装备制造业数字化改造模式，支持铝加工行业开展无铬化表面处理，促进这些行业向高技术、高质量、低能耗方向发展，提升产品附加值。佛山市一批重点项目正在稳步推进，如广东蒙娜丽莎集团公司积极与西安建筑科技大学徐德龙院士合作，探索将陶瓷行业的传统湿法原料加工方法改为干法连续式加工，达到节能20%以上目标。广东科达机电公司计划投入4.5亿元，用于5万套高压柱塞泵生产基地建设技术改造。“双提升”计划的实施有效地助推了行业平稳发展，纺织服装、机械装备、建筑材料和金属制品行业增速比年初有所提高。

【加大培育新兴产业力度，加快推进载体建设】 佛山市积极响应广东省出台的系列培育发展战略性新兴产业的政策措施，充分发挥省战略性新兴产业专项资金的引导作用，全市共有 79 个项目获省战略性新兴产业政银企和高端电子信息专项资金 1.38 亿元支持，拉动投资 77.3 亿元。通过技术改造改进工艺、降低成本以及提升产品质量，有效应对国际反倾销和反补贴对太阳能光伏产业的冲击。

加快推进产业载体和重点项目建设。抓好产业基地和骨干企业建设，在原有光电显示、OLED 等 7 个省市共建战略性新兴产业基地的基础上，高明区新材料产业、南海区环保产业被认定为省市共建战略性新兴产业基地。南海生物医药产业基地被评为“广东省生物医药产业化基地”和“广东省生物医药科技企业孵化器”，广东新光源产业基地二期 27 万平方米载体基本完成。国星光电“高光效白光 LED 光转换膜及其器件”项目列入国家战略性新兴产业发展专项资金计划，一汽大众主机厂建设基本完成。广州优利浦斯投资管理有限公司将在禅城设立广东化工交易中心。全市有国家级产业集群升级示范区 4 个、省级产业集群升级示范区 12 个，国家级特色产业基地 26 个、省级特色产业基地 10 个，中国产业名都、名镇 41 个，广东省专业镇 37 个。依托高新区、专业镇和特色产业基地，佛山产业集聚水平不断提高，产业链不断完善。

【自主创新】 2012 年，佛山重点建设产业技术创新平台和研发机构，包括建设佛山中国科学院产业技术研究院及其下辖的生物医药产业技术研发中心、材料设计与检测中心、智能制造与数字化研究所等八大研究中心，加快引进达成合作意向的 23 个创新团队入驻。中科院所属研究所与佛山企业开展合作项目共 700 多项，其中战略性新兴产业项目 300 多项，约占项目总数的 50%。2012 年，佛山市专利申请量 2.26 万件，增长 10.8%，其中发明专利申请量 3310 件，增长 19.4%；专利授权 1.78 万件，增长 9.1%，其中发明专利授权 1161 件，增长 19.4%。全市 PCT 国际专利申请 121 件。全市共有上市公司 36 家。至年底，佛山市共拥有中国驰名商标 93 件，位居广东省地级市排名（下同）第二位，广东省著名商标 376 件，位居广东省第一位，集体商标 13 件、证明商标 5 件，均位居广东省第一位。

【信息服务】 佛山市积极推动广电、互联网、电信的三网融合模式创新，编制三网融合工作方案，成功研制出“云联棒”，开展三网融合首批试点。推进工业化和信息化两化融合牵手工程，实施“两化融合深度行暨企业服务推广应用提升计划”，全面启动“两化深度融合专家辅导行动计划”，为中小企业送政策、送服务。2012 年累计开展培训辅导活动 20 多场次，覆盖近 2000 家企业。搭建了“数字企业”信息化平台，确立首批 20 家“数字企业试点单位”，鼓励企业从基础网络切入，逐步应用电子商务、物联网、云计算等适用信息技术，提高产品设计开发能力，规范提升企业综合管理水平。佛山市唯尚家具制造有限公司获得国家两化深度融合专项资金 100 万元。佛山市还扎实推进无线宽带城市和光网城市建设。累计建设 3G 基站 8000 个，覆盖率达 98%。建设 WLAN 热点 6400 个，中心城区无线网络速度最高可达 21Mbps，100% 实现光纤到村工程。加快推进一批电子政务重点项目，完成省网上办事大厅佛山分厅建设，实现全市 426 项事项的网上办理功能。稳步推进佛山市数据共享平台建设，累计收集各部门政务数据信息近 9000 万条。积极推进市民融合服务创新工程，启动佛山市民融合服务平台。市政府网站在 2012 年中国政府网站绩效评估中综合评分第一，在第四届中国政府网站绩效评估评选活动中，获得“政府透明度领先奖”。同时，佛山市积极推进广佛肇通信资费一体化，指导和协调基础电信企业升级改造通信网络，以“资费叠加包”的方式取消广佛肇三市间的长途费和漫游费，有效降低用户的通信费用支出，广佛肇三市正式实现通信资费一体化。

【节能降耗】 2012 年，佛山市制定印发了《佛山市“十二五”节能减排综合性工作方案》《佛山市“十二五”单位 GDP 能耗考核体系实施方案》《佛山市 2012 年节能减排工作方案》等政策，将节能目标责任评价考核任务分解落实到各区、各有关部门。积极开展公共机构基本信息普查，出台《佛山市公共机构2012年节能目标实施方案》，建立全市公共机构能源资源消耗统计名录库，推进公共机构节能工作。开展节能宣传月活动，推进民用领域节能降耗工作，对约500名企业能源管理负责人进行节能培训，对有关企业200多人开展“清洁生产专员”培训。组织有关企业参加了第二届中国国际循环经济成果交易博览会等。同时，积极推广节能新机制，开展企业能源管理中心试点，推动循环经济发展。共组织对35家企业进行了省级清洁生产审核验收，至年底，佛山市共有168家广东省清洁生产企业，排名全省第一。

（刘义超）

广东坚美铝型材厂（集团）有限公司的氧化电泳生产线是东南亚地区最先进和规模最大的同类型生产线。

2012年佛山市入选“中国企业500强”优秀企业介绍（2家）

【美的集团有限公司】 2012年，美的集团用工总数13.5万人，旗下拥有美的、小天鹅、威灵、华凌、安得、正力精工等10余个品牌。集团在国内建有广东顺德、广州、中山及江门，安徽合肥及芜湖，湖北武汉及荆州，江苏无锡、淮安、苏州及常州，重庆，山西临汾，江西贵溪，河北邯郸等16个生产基地，辐射华南、华东、华中、西南、华北五大区域；在越南、白俄罗斯、埃及、巴西、阿根廷、印度等6个国家建有生产基地。2012年，美的集团实现销售收入1027亿元，其中外销收入68亿美元；纳税总额60亿元。至年底，为社会公益事业累计捐赠近6亿元。

美的集团创业于1968年，是一家以家电制造业为主的大型综合性企业集团，旗下拥有美的电器（SZ000527）、小天鹅（SZ000418）、威灵控股（HK00382）等三家上市公司。1980年，美的正式进入家电业，1981年注册美的品牌。主要家电产品有家用空调、商用空调、大型中央空调、冰箱、洗衣机、微波炉、风扇、洗碗机、电磁炉、电饭煲、电压力锅、豆浆机、饮水机、热水器、空气能热水机、吸尘器、取暖器、电水壶、烤箱、抽油烟机、净水设备、空气清新机、加湿器、灶具、消毒柜、照明等和空调压缩机、冰箱压缩机、电机、磁控管、变压器等家电配件产品。拥有中国最完整的空调产业链、冰箱产业链、洗衣机产业链、微波炉产业链和洗碗机产业链；拥有中国最完整的小家电产品群和厨房家电产品群；在全球设有60多个海外分支机构，产品远销200多个国家和地区。

2012年“中国最有价值品牌”评价中，美的品牌价值达到611.22亿元，名列全国最有价值品牌第5位。2012年，中国企业联合会、中国企业家协会评出的2012年“中国企业500强”中，美的集团名列第79位。

【广东格兰仕集团有限公司】 格兰仕集团是一家世界级综合性白色家电品牌企业。自1978年创立至今，格兰仕由一个7人创业的乡镇小厂发展成为拥有近5万人的跨国白色家电集团，是中国家电业最具影响力的企业之一。

格兰仕过去30多年创新发展历程，是中国改革开放成功推进的一个企业标签：第一个10年，格兰仕荒滩创业，创出了一个过亿元的轻纺工业区；第二个10年，进军家电业，并迅猛赢得微波炉产销“世界冠军”；第三个10年，开始打造一个以微波炉、空调、冰箱、洗衣机、小家电为核心产业的跨国白色家电集团。2012年，在全球后金融危机大背景之下，坚持创新实干的工业精神，坚持“积极进攻”的市场策略，促进内、外销两个市场协调发展，实现了与时俱进的稳健发展。

格兰仕坚持让科技创新“贴近生活，造福百姓”。自主研制的磁控管、压缩机、变压器、电工线材等核心元器件都达到国际领先水平，其中世界首创圆形微波炉UOVO、超一级能效光波变频微波炉、变流科技变频空调、具有发芽煮饭功能的芽王煲等创新产品成为全球家电市场的风向标。

2012年，格兰仕在中国香港、美国、墨西哥、韩国、法国、英国、俄罗斯、西班牙等国家和地区设有分公司或商务分支机构，和200多家跨国公司进行经贸合作，分销及服务网点遍布全球170多个国家和地区。

在企业稳健发展的同时，格兰仕积极参与社会公益事业。近10年来，格兰仕为各种公益事业捐资捐物价值累计近亿元。格兰仕发起了中国家电业首个支持残疾人事业的企业专项基金——“乐善基金”。积极乐善的公民行动为企业赢得了社会口碑，赢得了“上海世博会生命阳光馆爱心合作伙伴”“中国最佳企业公民”“福布斯全球最具声望企业前200强”等殊荣。

（市经信局）

2012年佛山市被认定为“中国驰名商标”名单（30件）

编号	商标	商标注册人	类别	使用商品或服务项目	认定时间
1		广东金达五金制品有限公司	8	指甲刀（电动或非电动的）	2012年4月
2	WACANG	广东华昌铝厂有限公司	6	铝型材	2012年4月
3	欧浦	广东欧浦钢铁物流股份有限公司	39	货物贮存、运输、仓库	2012年4月
4	XINGHUI 兴辉	广东兴辉陶瓷集团有限公司	19	瓷砖、非金属地板砖	2012年4月
5	YIZUMI 伊之密	广东伊之密精密机械股份有限公司	7	注塑机、压铸机	2012年4月
6	新润成	广东新润成陶瓷有限公司	19	非金属地板砖	2012年4月
7	伟业	广东伟业铝厂有限公司	6	铝型材	2012年4月
8		佛山金兰铝厂有限公司	6	铝型材、铝带	2012年4月
9		佛山市南海广源铝业有限公司	6	铝型材	2012年4月
10	KEDA	广东科达机电股份有限公司	7	陶瓷工业用机器设备（包括建筑用陶瓷机械）	2012年4月
11	顺辉 SH	佛山高明顺成陶瓷有限公司	19	砖、瓷砖	2012年4月

续表

编号	商标	商标注册人	类别	使用商品或服务项目	认定时间
12	T.W	佛山市天纬陶瓷有限公司	19	瓷砖	2012年4月
13	WEIPENG	广东恒威集团有限公司	25	服装	2012年4月
14	锐搏	广东东箭汽车用品制造有限公司	12	车辆保险杆	2012年12月
15	恒洁 HENG JIE	佛山市恒洁陶瓷有限公司	11	坐便器（卫生设施）、淋浴用设备	2012年12月
16	San·Debo	广东新中源陶瓷有限公司	19	建筑用嵌砖、非金属砖瓦、瓷砖	2012年12月
17	多正	广东多正化工科技有限公司	1	工业用黏合剂	2012年12月
18	hualong 华隆	广东华隆涂料实业有限公司	2	油漆、漆	2012年12月
19	嘉丽士	广东美涂士建材股份有限公司	2	涂料	2012年12月
20	ABC	佛山市南海区丹灶新农中兴皮件厂	5	卫生巾	2012年12月
21	华豪 HUAHAO	佛山市南海华豪铝型材有限公司	6	铝型材	2012年12月
22	伟昌	广东华昌铝厂有限公司	6	铝、普通金属合金	2012年12月
23	银	佛山市南海区现代国际企业集团	6	铝型材	2012年12月

续表

编号	商标	商标注册人	类别	使用商品或服务项目	认定时间
24		广亚铝业有限公司	6	未加工或半加工普通金属、普通金属合金、金属板、各种型材	2012年12月
25	annwa 安华洁具	佛山市高明安华陶瓷洁具有限公司	11	水龙头	2012年12月
26	惠万家	广东新明珠陶瓷集团有限公司	19	建筑用非金属墙砖、非金属地板砖	2012年12月
27	汇强	广东新润成陶瓷有限公司	19	瓷砖、建筑用非金属墙砖	2012年12月
28	OCEANO	佛山欧神诺陶瓷股份有限公司	19	瓷砖	2012年12月
29	美陶 MEI TAO	佛山市高明美陶陶瓷有限公司	19	砖、瓷砖、非金属地砖、建筑用非金属墙砖	2012年12月
30	百年糊涂酒	佛山市吉利贸易有限公司	33	酒	2012年12月

注：至2012年末，佛山市累计共有“中国驰名商标”93件，其中禅城区24件，南海区29件，顺德区25件，高明区8件，三水区7件。

（市工商局）

2012年佛山市被认定为“广东省著名商标”名单（46件）

编号	商标	商标注册人	商标注册证号	类别	认定商品或服务项目	所属地区
1	圣薇娜	广东圣薇娜精细化工有限公司	1431227	3	染发剂	佛山市
2	WESTERN 威士顿	佛山市承安铜业有限公司	4384929	6	铜（阳极铜、电子电镀铜材）	佛山市
3	伟 业	广东伟业铝厂有限公司	3124917	6	铝型材	佛山市
4		佛山市南海区中联铝型材有限公司	852349	6	铝型材	佛山市
5	誠德	佛山市诚德特钢有限公司	1319475，3345403	6	钢管	佛山市
6		广东兴发铝业有限公司	1169096	6	铝合金门，铝合金窗，铝合金幕墙	佛山市
7		广东中窑窑业股份有限公司	3696372	7	陶瓷工业用机器设备（包括建筑用陶瓷机械）（辊道窑）	佛山市
8	瑞洲 RUIZHOU	郭华忠	4035019	7	电脑刻绘机	佛山市
9	顺發 SF	佛山市顺发起重设备有限公司	1911589	7	起重机	佛山市
10	快利	佛山市南海日东工具制造有限公司	1625656	7	圆锯片（机器零件）	佛山市
11	Pharos丰诺	广东丰诺汽车安全科技有限公司	5238625，5238630	9	车辆用导航仪器（随车计算机）	佛山市

续表

编号	商标	商标注册人	商标注册证号	类别	认定商品或服务项目	所属地区
12	SHD	广东盛华德通讯科技股份有限公司	4855780	9	天线（移动通信基站用一体化美化天线）	佛山市
13	GREENTEK	张伟强	1734023	9	天线（数字电视接收天线）	佛山市
14	EAGLERISE	伊戈尔电气股份有限公司	4937369	9	变压器（电）	佛山市
15	美斯	徐广桢	3889313	9	眼镜，眼镜架	佛山市
16		佛山电器照明股份有限公司	5056048	11	灯	佛山市
17	AUTO	广东祥新光电科技有限公司	4970486	11	汽车灯（LED汽车灯泡）	佛山市
18	SIUKONDA	广东西屋康达空调有限公司	4593128	11	空气净化装置和机器，空气冷却装置	佛山市
19		佛山佛塑科技集团股份有限公司	102548	17	薄膜	佛山市
20	BODE 博德	广东博德精工建材有限公司	3091228，3091230	19	非金属砖瓦，非金属地板砖，瓷砖	佛山市
21	合美	冼伟昌，谢达海，罗显锡	1932912	19	瓷砖	佛山市
22	楼兰 lola	佛山市方圆陶瓷有限公司	1930162	19	瓷砖（仿古砖）	佛山市
23		广东新明珠陶瓷集团有限公司	4452530	19	建筑用非金属墙砖，非金属地板砖，瓷砖	佛山市

续表

编号	商标	商标注册人	商标注册证号	类别	认定商品或服务项目	所属地区
24		广东新润成陶瓷有限公司	4328321	19	瓷砖，非金属地板砖	佛山市
25		广东金牌陶瓷有限公司	4013211	19	瓷砖	佛山市
26	LANDBOND	广东联邦家私集团有限公司	768828	20	家具	佛山市
27	ZHONGLI 中禮家具	佛山市高明中礼家具有限公司	1751402	20	家具（沙发）	佛山市
28	乐狮	佛山市华兴保温器皿有限公司	3714456	21	保温瓶，暖水瓶	佛山市
29	湘隆 XIANGLONG	佛山市湘隆纺织有限公司	1573081	24	纺织纤维织物	佛山市
30	OLÉNO	广东奥丽侬内衣集团有限公司	2007584	25	内衣	佛山市
31	隐雪 EN-SNOW	佛山市三水区隐雪食品有限公司	4672490	32	无酒精饮料（膳食纤维饮料）	佛山市
32	鄉純	广东省九江酒厂有限公司	1967565	33	酒（饮料），米酒	佛山市
33	自然涂 FABRICO	广东自然涂化工有限公司	1668887，3001187	2	油漆（弹性质感涂料）	佛山市顺德区
34	ANDISI 安帝斯	广东安帝斯智能家具组件有限公司	1909342	6	家具用金属附件	佛山市顺德区
35	OUKE欧科	佛山市顺德区欧科电器有限公司	3726276	7	家用豆浆机	佛山市顺德区

续表

编号	商标	商标注册人	商标注册证号	类别	认定商品或服务项目	所属地区
36	YT	广东永通起重机械实业有限公司	1767461	7	起重机	佛山市顺德区
37	多菱 DUOLING	佛山市顺德区大明企业集团有限公司	1527683	11	风扇（空气调节）	佛山市顺德区
38	祥立 XIANGLI	广东祥立实业有限公司	1271619	11	风扇	佛山市顺德区
39	太阳花 SUNFAR	佛山市太阳花散热器有限公司	3526982，3541428	11	暖气装置（水）、中心暖气散热器	佛山市顺德区
40	樱奥厨具	广东樱奥厨具有限公司	4733903	11	洗涤槽	佛山市顺德区
41	FUHE 富合	佛山市富合汽车工业配件有限公司	5336004	12	车辆车轴	佛山市顺德区
42	德冠	广东德冠薄膜新材料股份有限公司	1446519	16	包装用塑料膜	佛山市顺德区
43	冠盛塑胶 GUANSHENG	广东冠盛塑胶有限公司	4336531	17	非包装用塑料膜	佛山市顺德区
44	gom 高名家具	周汉杰	4224983，4224984	20	办公家具	佛山市顺德区
45	生鱼 SONFISH	佛山市顺德区生鱼米业有限公司	1614931	30	米	佛山市顺德区
46	欧浦	广东欧浦钢铁物流股份有限公司	3964249	40	金属处理	佛山市顺德区

注：至2012年末，佛山市共有“广东省著名商标”376件，其中禅城区65件，南海区129件，顺德区118件，高明区26件，三水区38件。

（市工商局）

安全生产

【综述】 2012年，佛山市安全生产工作紧紧围绕“加快转型升级，建设幸福佛山”的中心工作，以及时消除事故隐患、坚决防范事故发生为核心任务，一手抓监管，一手抓整治，努力做到常规工作标准化，重点工作有亮点，难点工作有突破，全市重点行业领域安全生产状况普遍改善，“四项绝对指标”全面下降，佛山市安全生产工作先后受到市党政主要领导、国家安监总局和省安监局的充分肯定。

【年度安全生产事故统计情况】 2012年，全市共发生各类事故4025起，死亡676人，受伤4141人，直接经济损失2970.7万元。与上年相比，事故起数下降1.44%，死亡人数下降3.43%，受伤人数下降5.67%，直接经济损失下降34.3%。各行业各类型安全事故相对上年总体有所下降。

工业商贸方面：全市工业商贸企业发生职工伤亡事故23起、死亡23人、重伤1人，直接经济损失1125万元。事故起数、死亡人数、重伤人数和直接经济损失与上年相比分别为：下降8%、下降17.86%、持平和下降39.9%。其中，发生2起建筑施工事故，死亡2人。

火灾方面：全市发生火灾事故118起、死亡14人、受伤12人、直接经济损失1096.26万元。事故起数、死亡人数、受伤人数和直接经济损失与上年相比分别为：上升43.9%、下降36.36%、上升71.43%和下降40.05%。

道路交通方面：全市发生道路交通事故3884起、死亡639人，受伤4128人、直接经济损失749.44万元。事故起数、死亡人数、受伤人数和直接经济损失与上年相比分别为：下降2.29%、下降1.39%、下降5.8%和下降6.93%。

水上交通方面：全市没有发生水上交通事故。

渔业船舶方面：全市没有发生渔业船舶事故。

其他行业或领域：教育、水利、公用事业、民爆等行业或领域没有发生重伤以上生产安全事故。

2012年全市发生较大事故6起、死亡21人，事故起数和死亡人数与上年相比均为持平。

【抓机制，全面完善政府安全监管机制】 2012年，贯彻落实佛山市委、市政府《关于进一步加强安全生产工作的实施意见》，全省首创以市委、市政府名义出台《佛山市党政领导班子成员安全生产工作职责规定》和《佛山市有关单位安全生产工作职责规定》，在佛山市全面实行党政领导干部安全生产“一岗双责”制度，强化各级党委、政府对安全生产的组织领导。在全省率先开展“一岗双责”考核，对各区和17个负有安全监管责任的重点部门上年度的安全生产责任制落实情况进行严格的考核，并落实奖惩，对年度内发生重大事故和2宗以上较大事故的南海区、三水区以及相关镇街党委、政府的主要负责人、分管负责人、直接责任人和相关责任人实施“一票否决”。

【抓标准化创建，夯实企业本质安全基础】 2012年，佛山市通过政府宣传动员、企业自创自评、中介帮扶验收、协会组织抽查、中介服务监督的形式深入开展以岗位达标、专业达标和企业达标为内容的安全生产标准化创建工作，全面提升企业本质安全水平，佛山市规模以上企业按照国家标准创建的达标比例居广东省第一。出台《佛山市工贸企业安全生产标准化基本规范评分细则》，同时针对中小企业众多的实际出台《佛山市微小型工贸企业安全生产标准化基本规范评分细则》《佛山市安全生产标准化创建工作评审指南》等配套文件，构建起标准化完备的工作制度体系，使企业创建标准清晰明确。为方便企业自创，通过购买服务的方式培训企业主要负责人3300人，培训企业标准化自评员2600人，落实评审资金800万元。2012年全市共有3523家企业完成了标准化创建，国资系统作为重点领域全部启动标准化创建工作，危险化学品生产、经营单位等高危行业100%完成标准化创建。在创建过程中，对约2万家重点企业开展基层检查3.26万次，敦促2.22万家企业完成8.84万条隐患的排查治理，完成了对204家企业498处重点部门的监控。

【抓“打非治违”，为平安佛山建设消除安全隐患】 2012年，佛山市结合“三打两建”和“平安佛山”建设，深入开展安全生产领域“打非治违”行动。先后组织开展了“打非治违专项行动”“烟花爆竹专项执法”“非煤矿山专项执法”“应急预案专项执法”“安全培训教育专项执法”等多个专项执法行动，共检查相关企业114家，实施行政处罚49次，经济处罚118.5万元，有效打击了企业各类非法违法行为。开展联合执法行动。在全省率先召开全市安全生产行政执法监察联席会议，使联合执法行动实现制度化、规范化和常态化，全市共开展安全生产行政执法联合行动10次。同时开展执法监察警示活动、对事故发生企业督查行动，并在党的十八大期间开展“百日行动”，在全市各个领域全面开展安全生产大检查，加强隐患排查整治和落实事故防控措施。2012年“打非治违”行动全市共检查企业4.31万家，发现事故隐患3.13万处，立案处罚374宗，罚款905.1万元，及时消除了一批事故隐患，有效维护了各行业领域的安全秩序，净化各重点行业的安全生产法制环境。

【抓安全社区创建，提升地区本质安全水平】 开展“全国安全社区”“国际安全社区”创建试点工作，全方位消除地区安全隐患，构筑大安全格局。根据安全生产属地实际和管理需求，在全市五区分别选取辖区企业工厂数量大、外来人口多、经济发展速度较快但安全管理压力较大的南海区里水镇等8个镇街试点开展全国“安全社区”试点建设，系统推开安全社区建设工作。试点社区成立安全社区推进委员会、设立项目工作组和建立伤害监测点，在专业的中介组织的指导下，在社区开展全方位的安全监测、安全防范工作。佛山市安全生产监督管理局建设了“佛山市安全社区综合监管系统”，系统涵盖了事故伤害、安全促进、教育培训、排查整治等10项子系统和政府部门、企业、学校、物管公司、社区居民、志愿者等多个对象，形成市、区、镇街、村居四级“资源共享、协同服务、便民利民”的安全社区信息化体系。通过安全创建，有效地提高社区居民的安全防范意识和安全素养，有力地构筑起属地隐患治理的长效机制，从本质上减少各类事故伤害的发生。安全社区是创新社会管理的有效载体，是实现社区安全与健康持续发展的治本之策。

【抓安全许可准入，高危行业监管有突破】 2012年，佛山市着力抓好危险化学品和烟花爆竹企业的安全许可监管。全年共完成113家危险化学品生产企业的换证工作，核查率100%；完成233家危险化学品经营单位换证工作，换证率93.2%；烟花爆竹零售企业100%完成换证。此外，共对13项生产、经营企业的新、改、扩建项目“三同时”进行了审查，确保项目本质安全。在全市危化品生产企业和重大危险源安装视频监控设备，通过互联网接入视频监控平台，使市、区、镇街三级安监人员可在办公室就能通过平台监控相关企业的现场实况，全市危险化学品生产企业和重大危险源视频监控安装覆盖率达到78.2%。建立了危险化学品企业隐患排查自查自报系统，通过督促企业定期登录填报隐患自查情况，进一步深化了隐患排查治理工作。系统启用后，有141家危险化学品企业通过平台填报了隐患排查治理情况。

【抓载体建设，提升安全监管智能化水平】 2012年，佛山市进一步完善安全生产综合监管与应急救援指挥“智能安监”信息平台。构建起全市15万家生产经营单位安全生产数据，其中3万家重点企业完成完善的“一企一档”安全生产主体责任数据；记录了全市各级开展的近13万次安全生产执法行动情况、14万次基层安全生产检查巡查情况和近6000份整改指令书，实现了安全生产监管监察的智能管理。构建起应急智能物资仓储点1164处，记录1001支专兼职应急救援队伍、1164名应急专家、264处应急避难场所、2100次培训演练情况，录入企业应急预案7491份；构建起82处重大危险源数据，对150家危险化学品生产和危险源企业380个危险点实施远程视频监控；对全市8类2万台重点车辆进行GPS卫星定位监控；建立起包括应急通信车在内的100个并发点指挥视频会商系统，实现应急现场指挥、后方指挥、协同指挥的有机整合。帮助企业开展安全生产隐患排查自我管理。按照28类企业安全生产条件标准化标准构建起标准化管理信息平台，有200家危险化学品生产企业和部分标准化达标企业使用隐患自查自报系统定期向各级安全监管部门上报事故隐患。实现了综合管理功能。标准化管理信息平台投入安全社区试点及安全生产委员会成员单位中使用，实现了对安全生产委员会成员单位的平时考核。

（冼碧玲）

民营经济

【综述】 2012年是佛山市民营经济发展极不平凡的一年。受国内外严峻复杂的宏观经济形势影响，佛山市民营经济各项指标增幅较上年有所放缓，经济运行上行压力加大。面对复杂多变的经济形势，佛山市坚持以科学发展观为指导，按照广东省委、省政府的统一部署，认真贯彻落实国家、省有关扶持政策，以促进企业健康发展为目标，以服务企业为主线，以完善中小微企业综合服务体系建设为重点，采取多种措施帮助中小微企业克服发展中的困难和问题，不断优化中小微企业发展环境，较好地实现了“稳中求进、转中求好”的发展目标。

【服务企业】 2012年初，佛山市委、市政府开展服务企业暖春活动，实行市、区、镇街三级联动，市委书记、市长亲自带头，率领各级政府及有关部门工作人员深入基层，以召开座谈会、深入企业调研、开设专门邮箱、在本地新闻媒体《佛山日报》开设专栏等形式广泛收集企业意见等，了解企业生产经营情况，倾听企业诉求和建议。先后收集整理了企业反映的3批困难和问题，其中共性问题20项，个性问题82项，这些问题以“共性问题集中解决、个别问题限时解决、突出问题重点解决”的原则予以处理。

【企业减负】 佛山市认真落实国家和省扶持企业政策，起草《佛山市扶持和促进民营企业平稳健康发展的若干工作意见》，认真贯彻落实广东省政府2012年扶持中小微企业发展若干政策措施，建立健全困难中小微企业联席会议制度，出台明确给予困难中小微企业社会保险、岗位和职业培训3项补贴，并适当降低基本养老保险、基本医疗保险和工伤险费率。及时清理涉企不合理收费，认真开展企业减负工作，对年应纳税所得额在6万元以下的企业按50%计入应纳税所得额。对小微企业免征企业注册登记费、土地登记费等行政事业性收费。并积极引导企业上市融资，新增华声电器、顺威精密、海天股份、欧浦钢铁物流、新宝电器5家上市公司。各区结合自身实际，制订出台了扶持中小微企业的相关政策措施，如南海的“雄鹰计划”“育苗计划”，顺德的“龙腾计划”“星光工程”等。

【开拓市场】 2012年组织经贸代表团参加的各类展销会、经贸洽谈会19个，近600家企业参加，达成经贸合作项目263个，合作金额200亿元。如组织经贸代表团随省团赴新疆、湖北、河南等地参加各类经贸洽谈和展销活动。佛山市与湖北、河南两省的经贸合作项目共64个，合作金额25.8亿元。组织东菱集团、康宝电器、志高空调、联塑集团、广东银河摩托车等知名企业随省团参加第八届中国新疆喀什·中亚南亚商品交易会等。为了更好地扶持佛山市企业有针对性地开拓国内市场，大力扶持企业参加国内重要专业展会，有计划地组织各行业企业参加15个国内专业展，并给予适当财政展位费补贴。佛山市参展企业现场成交总额5亿元，共签订意向购销合同200个，合同金额40亿元。

【技术改造】 充分发挥财政资金的杠杆作用，鼓励企业开展技术改造和技术创新，引导企业申报国家技改投资项目和省财政扶持项目。组织广东万和新电气股份有限公司、广东东方精工科技股份有限公司等35个项目申报国家技改项目，广东华日照明有限公司、佛山市广顺电器有限公司等35个项目申报省技术创新与技术改造项目。新劲刚、万和、蓝箭、钜仕泰、国星光电、东方精工6家企业共获得国家财政支持1.1亿元，拉动投资超过10亿元。2012年，完成工业技术改造投资195.94亿元，比上年增长22%。同时，加快推进市级企业技术中心建设，佛山市天安塑料有限公司等25家企业被认定为2012年佛山市市级企业技术中心，并根据考察结果积极推荐申报省级、国家级企业技术中心，2012年佛山市新增2家国家级企业技术中心。

（刘义超）

农　　业

概　况

【综述】 2012年，佛山市各级农业部门认真贯彻落实中央、省农业农村各项政策，围绕“民富市强、幸福佛山”的战略目标，以推进“农业产业化、农村同城化、农民职业化”为方向，加快实施佛山市农业农村升级三年行动计划，着力构建现代农业发展、农产品质量安全保障和城乡生态保障“三大体系”，有效促进了农业转型升级，增进了农民福祉，维护了农村和谐稳定。

【年度经济发展指标顺利完成】 2012年，全市农业总产值达258亿元，增长1.6%；农业增加值129亿元，增长2.3%；农村经济总收入13005亿元，增长8.7%；农村居民人均纯收入15684元，增长13.1%，城乡居民收入比缩至2.2：1；农产品流通销售（交易）额达835亿元，第一产业就业人数约30万人；农业产业链条逐步延伸补强，带动与农业相关的农产品深加工、农产品批发交易、种苗研发、农业机械器具等领域加快发展，农业综合效益不断提高。

【农业产业化引领农业现代化加快发展】 2012年，全市建成现代农业园区28个，园区面积达28.5万亩，约占全市农用地总面积的24%；市级以上龙头企业总数达到46家、新增8家，农民专业合作社71家、新增26家；职业农民培训1.1万人次；2012年全市农业招商引资项目38个，合同投资额22亿元，实际投资额达9.8亿元。花卉业、水产业逐渐成为佛山市农业的特色产业，蔬菜种植业作为后起之秀，也逐步发展壮大。全市花卉种植面积12.6万亩（含苗圃），水产养殖面积57.1万亩，蔬菜瓜果种植面积96.9万亩，并且发展了一批外延种养基地。

【农产品质量安全监管能力显著增强】 2012年，佛山市成立了市级农业行政综合执法队，在农业领域“三打两建”工作过程中，全市累计出动执法人员1.8万人次，检查农资生产企业、经营店铺、市场等1.33万家次，摸查案源线索252条，立案案件125宗，当场查处案件75宗，查处大案要案34宗。成功举办了首届广东（佛山）安全食用农产品博览会，历时5天的农博会超过36万人次进场参观，日均超7.2万人次，现场交易额超1000万元，创近10年广东省内农博会之最。监测检测工作正常开展，全年监测蔬菜样品192万份，合格率为99.7%；瘦肉精样品23万份，仅2份不合格。全年全市没有发生农产品质量安全事故。

【农村综合改革向纵深推进】 2012年，“两个平台”建设圆满完成，农村“三资”管理走向规范化。禅城区全面推进股权固化、“三旧”改造、集体资产产权登记等。南海区从“村改居”入手，通过“政经分离”、固化股权、建设服务型社区等一系列措施，改革已突破了一批历史难点；顺德区启动新一轮农村综合改革，探索农村发展共建共享的利益机制，从源头上依法化解农村深层次的矛盾和问题；高明区通过整合农地资源、整治村容村貌、规范农村集体经济组织管理等措施，夯实农村改革发展的基础。三水区新农村、农业园区和农村金融体系建设成效明显。

【林业和绿化工作再上新台阶】 2012年，全市共组织283.42万人次参加植树活动，种植各类树木359.43万株；完成造林更新1.95万亩；建设林业生态文明示范村108个；建设生态景观林带142.6公里，超额完成任务。佛山市创建“全国绿化模范城市”阶段性目标顺利实现，经国家考评组认定已经达到评比的规定标准。森林防火各项防范措施落实到位，全年全市无山火发生。

【扶贫开发三年任务全面完成】 对口帮扶方面，三年（2010～2012年）累计落实帮扶资金含中央、省、市各项资金12.96亿元，帮扶产业项目1072个，带动贫困村、户持续发展种养面积21.8万亩，组织技能培训11.03万人次，转移就业4.55万人次，解决住房困难6229户；佛山市对口帮扶清远、肇庆的贫困户人均纯收入达10556元／年，村集体经济收入达19.6万元／年，全面完成了省下达的指标任务。革命老区建设方面，累计落实高明革命老区项目资金8.83亿元，实施革命老区教育、卫生、交通、饮水、安居、产业经济等重点项目1324个；革命老区贫困户全部实现了脱贫目标，人均纯收入超过7800元／年。

（张　伟）

种植业

【综述】 2012年，在市委、市政府的正确领导下，佛山市各级农业部门认真贯彻落实中央、省农业农村各项政策，紧紧围绕《佛山市农业农村三年工作要点》，以“民富市强、幸福佛山”为战略目标，认真履行职责，采取切实有效措施，抓好农业生产管理工作，全市种植业生产平稳发展。2012年农作物总播种面积167.56万亩，比上年同期增加3.64万亩。粮食作物播种面积31.02万亩，总产量9.73万吨，其中水稻种植面积18.01万亩，比上年减少播种面积1.29万亩，总产量6.29万吨，比上年减少0.43万吨。蔬菜播种面积92.28万亩，比上年减少1.55万亩，总产量147.89万吨，比上年减少2.59万吨。全市蔬菜人均占有量达203公斤。水果种植面积4.6万亩，比上年减少1400亩，总产量5万吨，与上年基本持平。种植业总产值80.4亿元（可比价），增长5.6%。

【高度重视，抓生产管理】 佛山市各级农业部门认真贯彻党的各项农村政策，把农业生产作为头等大事来抓。

一是抓好春耕生产。在广东省粮食和春耕生产电视电话会议召开后，佛山市迅速组织召开全市粮食和春耕生产会议，分析当前粮食和农业生产的形势，部署2012年粮食和春耕生产，并成立春耕督导组深入生产第一线督导各区的春耕生产情况。

二是抓生产指导。2012年4月佛山市发生突发性气象灾害；7月受“韦森特”台风影响，南海区、三水区、高明区农作物遭受不同程度损失。在突发性自然灾害发生后，佛山市各级农业部门迅速组织调查组分赴各地，了解早稻和其他农作物等受灾情况，协助各地认真抓好救灾复产工作，将农作物损失降到了最低。召开了早、晚造田间管理工作现场会议，研究、部署农业及种植业生产各项工作，抓好生产各项关键技术措施的落实。

三是抓农资管理。根据农业生产活动的特点，结合省、市“三打两建”工作的统一部署，佛山市各级农业部门多次联合公安、工商、质监等部门，组织执法人员开展农资打假专项治理行动，严厉打击制售假冒伪劣种子、肥料、农药等农资产品的违法行为，强化农资产品的经营管理，净化农资市场，保障农业生产安全和广大市民消费安全。全年全市共组织开展专项行动32次，出动执法人员830人次，检查农资经营店铺146家，抽取农药样品170份，派发宣传资料1200多份，查处假劣化肥1784公斤，检出假劣农药产品59个次，检出农药残留超标农产品14批次，立案查处农药违法案件22起，移送司法机关1件，涉案人数9人，查获不合格农药产品数量0.24吨。

【农业产业化不断发展壮大】 农业产业化经营是促进农业结构调整，实现农业增效、农民增收的根本途径。2012年，佛山市以科学发展观为统揽，把农业产业化经营作为推进农业和农村经济战略性调整、拓宽农民增收渠道、提高农业竞争力的重大举措来抓，加大了对农业产业结构调整的工作力度，提高了农业产业化的经济效益和社会效益。

一是农业龙头企业队伍进一步扩大。2012年全市新增市级龙头企业8家，新增省级龙头企业3家，市级以上农业龙头企业达到46家，其中国家级3家、省级14家。全年全市农业龙头企业新增投资6.04亿元，全市农业龙头企业总资产达47.4亿元，销售收入205.67亿元，出口创汇4.76亿美元，带动省内农户37.2万户，农户年增收36亿元，户均年增收9600元。

二是农业园区进一步增容提质。至2012年底，全市建有农业园区28个，园区面积28.5万亩。2012年新增农业园区11个，新增园区面积2.66万亩。全市农业园区进驻企业847家，企业所占农用地面积7.5万亩。其中市级农业龙头企业17家，所占农用地面积1.8万亩。连片面积1000～5000亩的农业园区有12个，连片面积7000～45000亩的有8个。主导产业是生产（种植）型26.02万亩、休闲观光类2.48万亩。全年园区农业产值达到366.08亿元。农业园区成为实施科技兴农战略的有效载体，现代设施农业发展加快，园区的科技含量不断提高，佛山市农业园区的经济效益、社会效益和生态效益越来越明显。

三是海峡两岸农业合作试验区增效明显。全市共有台资农业企业158家，投资项目215个，累计投资超过5亿美元，年产值80亿元，台商投资涉及花卉园艺、农业生物科技、水产养殖、农产品深加工、农业物流、农业科技展示和观光旅游等领域。农业合作试验区设立以来，随着佛台农业合作的进一步深入，现代农业发展进一步提速，佛山市成为全国最大的蝴蝶兰种苗供应基地，全国最大的鳗鱼加工和出口基地，全省最大的淡水鱼北运基地、优质百合花生产基地和供港淡水鱼基地。

佛山市以农业科技、花卉园艺、水产养殖、农业物流等为主要建设内容的首批20个现代农业重点项目顺利推进。至2012年底，项目累计完成投资21.8亿元，首批20个重点项目全面完工。

【农业机械化情况】 积极开展农机安全生产年活动，集中开展农机安全生产“打非治违”专项行动和联合执法行动，深入开展农机安全隐患排查整治。2012年，全市组织开展农机安全检查行动101次，出动检查人员494人次，检查拖拉机1250台，检查联合收割机119台，检查场地162处，派发宣传资料7628份，纠正违法行为71起。继续推进拖拉机安装“三灯”装置和粘贴反光贴，全年全市共安装拖拉机“三灯”1491台，粘贴反光贴拖拉机1352台，所有参加年检的拖拉机基本装上“三灯”。积极开展农机安全生产教育，全市各级农机管理部门发送手机短信1.89万条，接受农机安全教育和咨询6414人次，派发宣传资料7628份，悬挂横额128条，在镇、村张贴标语2975条，发放农机安全生产宣传DVD光碟260张。至年底，全市拖拉机注册率65.8%、年检率31.6%，综合指标比上年有所提高。

【认真抓好惠农强农政策落实】 佛山市积极抓好惠农强农政策的传达、宣传，通过会议、文件、媒体等载体，积极组织政策解读，做到干部懂政策，农民知政策。认真细致做好种粮直补、农资综合直补、农机购置补贴、良种补贴和水稻保险等各项惠农补贴资金的统计和发放工作，严格把关，做到应补尽补，足额发放。2012年，全市粮食补贴面积19.9万亩，粮农可领取各级财政补贴资金1874.42万元，惠及粮农约6.04万户次；全市共使用农机购置中央财政补贴资金623万元，补贴机具9425台（套），享受补贴户数2584户。

在做好政策落实和资金发放的同时，积极做好政策落实的督促检查工作，2012年组织开展种粮补贴、农机购置补贴专项检查2次，从检查的情况看，全市各区能严格落实有关纪律，及时足额将补贴资金发放到种粮农户手中，没有发生截留、挪用补贴资金的违规情况。

（范忠武）

林　业

【圆满完成“全国绿化模范城市”创建工作】 2012年，佛山市迎接创建“全国绿化模范城市”检查验收，市委、市政府高度重视，将创建工作列入2012年政府工作报告，强力推进。一是强化绿化指标考核。开春后，全市各区积极开展绿化普查，查找绿化弱点，并结合城市升级工作，大力推进城区绿化改造和提升、山上林分改造、公园绿地建设等，全面提升绿化水平，为迎接国家检查营造最优美的环境。二是广泛开展宣传，营造浓厚创建氛围。佛山市创建全国文明城市工作办公室通过举办大型户外宣传活动，投放户外公益广告、派发调查问卷、绿化小知识、致市民一封信等宣传方式，充分调动市民支持和参与创建的热情。在迎检期间，市创建办充分利用电视台、电台等宣传媒体，在每天黄金时段滚动播放创建公益广告，在《佛山日报》开辟创建专栏，连续7天对创建工作进行报道，形成浓厚的创建宣传攻势。全市累计共投放电视、电台广告近600次，张贴海报2万张，发放调查问卷2万份，派发《致市民一封信》2万份，绿化小知识5000份。三是积极开展迎检工作。认真对照《全国绿化模范城市检查评分标准》验收细则，对资料归档整理，装订成册，形成规范、整齐、精美的档案审查资料，并制作题为《岭南绿城·生态佛山》的DVD视频宣传片和《绿色佛山》精美图册，较好展现了佛山的绿化建设成效。通过4天的听取汇报、查阅资料和实地检查，国家核查组对佛山市的绿化建设水平给予高度评价，认为佛山市达到评比规定标准。

【积极开展生态景观林带示范段建设】 2012年是佛山市生态景观林带的启动建设年。在编制完成《佛山市生态景观林带规划（2011～2015年）》基础上，佛山市政府出台了《关于建设生态景观林带的实施意见》，把生态景观林带建设摆上重要议事议程，作为城市升级三年行动计划的重要工程来抓，并建立了工作联席会议制度。市长刘悦伦、副市长许国多次组织召开工作会议亲自部署，多次亲自带队检查，现场指点和解决存在问题。各区、各单位作为建设责任单位，积极加强沟通、互相配合、想方设法，不断创新绿化形式，通过租地、迁移停车场、“三旧”改造等措施解决用地瓶颈，采取堆坡造型、在防撞栏两侧摆盆增绿添花和架设铁丝网等措施，推动工程建设。全年全市投入建设资金4.4亿元，共完成生态景观林带示范段建设里程142.6公里，重点打造了广佛高速、广三高速、广珠西线高速生态景观林带以及佛山新城滨江景观带等精品示范工程。

【深入开展义务植树活动和造林绿化工作】 2012年，佛山市继续把义务植树工作摆在重要位置抓落实。市委、市政府联合印发了《佛山市2012年绿化工作意见》，对绿化工作进行总体部署，将植树绿化任务分解落实到各单位各行业，要求各级各部门积极组织本系统及相关行业的适龄公民以捐资出力等形式大力开展植树活动。其中，市绿化工作委员会办公室积极发挥统筹协调作用，提前制定植树活动方案，连续4年由市主要领导带头组织机关干部在农历正月初八开展植树拜年活动。同时在3月12日和3月31日组织机关干部参加了植树活动，掀起了植树绿化热潮。团市委、佛山新城、禅城区绿委等单位先后营造了“珠江青年示范林”“佛山新城林”“全国绿化模范城市林”等主题林。各区、各镇街也纷纷行动起来，结合城市升级，积极组织机关干部、企事业单位员工、群众大力开展造林绿化活动，推进全市绿化进程。各级林业主管部门充分利用春季雨水充足的有利时机，迅速组织人员开展造林绿化和村庄绿化工作。2012年，全市共组织283.42万人次参加植树活动，种植各类树木折算数量359.43万株，接受捐资认养资金226万元；共完成造林更新1.95万亩，中幼龄林抚育3.47万亩；完成林业生态文明示范村108个。

【强化森林防火工作】 2012年，全市各级积极落实防范措施，取得了全年无山火发生的好成绩。在秋冬季森林防火期，佛山市政府多次召开全市森林防火工作会议，落实防火责任。市森林防火指挥部、市林业局及时印发通知，重点加强对“清明”“五一”“中秋”“重阳”等重要节假日的森林防火检查，确保各项应急措施到位。同时，通过视听传媒、签订责任书、制作宣传牌以及向市民发送森林火险等级气象信息等方式，提高群众科学用火与安全防范意识，全方位开展森林防火宣传。

【进一步加强森林资源保护管理】 一是组织开展森林资源保护和发展目标责任制考核检查。2012年，经佛山市政府同意，市林业局组织对各责任单位上年林业建设情况进行了检查考核，其中，高明区

100分，南海区和三水区各99分，云勇生态林养护中心98.5分，顺德区97.5分。二是宣传教育和执法检查相结合，强化野生动物保护管理。结合广东省开展的“保护野生动物2012冬季行动”以及省有关强化野生动物保护执法电视电话会议精神，全面开展野生动物保护专项行动，查获非法运输、销售的巨蜥、猫头鹰、鹭鸟、蛇等国家和地方级保护野生动物，并联合佛山电视台等新闻媒体对经救治存活、无疫病的本地自然分布的部分野生动物进行放生。11月24日，佛山市林业局、禅城区环城局、南海区农林渔业局共同在禅城区中山公园举办了以“保护候鸟资源，维护生态平衡”为主题的全市野生动物保护宣传活动，派发野生动物保护图册等宣传资料5300本（张）、纪念品1000份。三是加强林地征占用项目审核。依法对2012年申报的9个林地征占用项目进行了事前踏查和资料审查、事中监督、事后验收，未发现未批先占、批少占多等违法违规行为。四是加快编制县级林地保护利用规划。南海区、顺德区、高明区和三水区的林地保护利用规划编制工作均顺利通过验收。

（何持卓）

畜牧兽医

【综述】 2012年，佛山市各级农业部门围绕市委、市政府“三打两建”行动的工作部署和要求，进一步规范兽药、饲料及生鲜乳生产经营行为，狠抓动物防疫、畜产品质量安全监管，大力支持良种繁育体系建设，全面推广生态养殖技术，开展畜禽养殖污染整治，全市畜牧业生产保持健康发展。全市生猪饲养量297.2万头、同比减少2%，其中出栏量195.9万头、减少1.7%；家禽饲养量1.08亿只，同比减少6.6%，其中上市量8547.5万只，减少7.3%；肉类总产量27.2万吨，同比减少2.3%；饲料总产量约479万吨，同比增长1.5%。

【生猪价格回落，养殖效益下滑】 2012年，佛山市生猪价格呈高开低走的态势，至7月初瘦肉型肉猪价格曾一度跌至14元／公斤以下，之后受饲料价格等养殖成本上升影响，价格有所回升。普通肉猪和优质瘦肉型肉猪均价分别为14.1元／公斤、14.9元／公斤，同比分别下降14.4%、14.7%。猪苗售价与肉猪价格变化相似，普通猪苗（30公斤）价格为24.3元／公斤、同比下降17.7%；优质瘦肉型猪苗（15公斤）的价格为543元／头，同比下降15.8%。生产管理较好的自繁猪场仅可保本或微利，个别养殖户则出现了亏损。

【家禽价格波动，生产出现亏损】 2012年，佛山市家禽价格受市场需求变化影响，波动较大，而总体价格较上年略有下滑。石岐杂黄羽肉鸡平均出场价10.1元／公斤、白鸭8.8元／公斤、肉鹅16.5元／公斤，同比分别下降0.2%、5.8%和11.3%。受饲料等生产成本上升影响，除肉鹅饲养可保本或微利外，家禽饲养大部分出现亏损。禽苗价格跟随肉禽价格持续走低，黄羽鸡苗均价1.4元／羽，白鸭苗2.2元／羽，鹅苗15.1元／羽，同比分别下降19.5%、48.9%和22.5%，禽苗生产亏损较多。

【周密部署，全面强化重大动物疫病防控】 2012年，佛山市各级农业部门按照市委、市政府和广东省农业厅的部署要求，加大动物疫病防控力度，全面强化强制免疫、疫病监测、巡查监督和无害处理等综合防控措施，确保了全市动物疫情稳定。为检查督促各地防控措施落实，市农业局还分别组织开展了县级动物卫生监督执法能力考核自查自纠专项考评和防控重大动物疫病工作量化考评，推动各地落实动物防疫责任制，做好重大动物疫病防控工作。同时，全市完成了消灭马属动物传染性贫血病达标验收，南海区、高明区先行通过了广东省农业厅组织的区级兽医实验室验收，全市成功申报了7个镇级动物防疫体系建设项目。另外，各区在争取设立区动物卫生执法主体资格，成立区动物卫生监督所驻镇分所以及组建村级防疫员队伍等方面工作取得了突破，全市动物防疫体系进一步完善。

2012年全市共组织禽流感疫苗8368万毫升；AI—ND二联活疫苗144万羽份；口蹄疫高效浓缩苗816万毫升；猪合成肽苗373万毫升；猪蓝耳病灭活苗227万毫升；猪蓝耳病弱毒苗293万头份；猪瘟活疫苗752万头份，畜禽应免免疫率达到100%；共检测牲畜血清样品1.07万份、家禽血清样品 2.06 万份，禽流感“血清—棉拭子”配对样品 1175 份、新城疫“血清—棉拭子”配对样品 225 份，抗体效价全部达到合格标准，病原学检测均为阴性。

【加强指引，推动畜牧业健康发展】 一是全面推动畜禽养殖标准化发展。2012 年，全市有 1 家种鸡场被评为中央财政“菜篮子”产品扶持项目，扶持奖励资金 25 万元，另外还有 1 家猪场和 1 家肉鸡场被评为农业部畜禽养殖标准化示范场、1 家猪场和 1 家蛋鸡场列入省 2012 年扶持“菜篮子”产品生产储备项目，通过扶持标准化示范场建设，以点带面，推动畜禽养殖标准化、规模化发展。同时，为进一步推广健康养殖模式和经验，5 月，佛山市农业局在顺德区召开了生猪干式环保养殖技术推广现场会议，对全市生猪健康环保养殖技术推广及畜禽养殖污染整治工作进行了部署。二是积极推进良种繁育体系建设。2012 年，全市按照每头优质后备母牛补贴 500 元的标准，共补贴 250 头，补贴资金 12.5 万元。三水区切实抓好生猪良种补贴工作，选定了 3 个供精单位在全区 7 个镇街畜牧兽医站和符合条件的兽药经营企业设立了生猪人工授精站点，进一步提高了全区生猪良种繁育水平。另外，全市继续落实能繁母猪补贴政策，2012 年共计补贴养殖户 7227 户，补贴能繁母猪 17.81 万头，补贴金额达 1781 万元；全市能繁母猪参保户共 342 户，投保能繁母猪共 5.19 万头，财政补贴资金 249 万元。三是配合开展畜禽养殖污染整治。各级农业部门加强与环保部门合作，积极联动推进农业源主要污染物总量减排工作。7 月上旬，市环保局、市农业局联合在三水区召开了“十二五”佛山市农业和农村污染防治工作会议暨畜禽养殖业污染减排专题培训，对全市农业源主要污染物总量减排工作进行了全面部署。至年底，佛山市有近 20 家畜禽养殖企业通过广东省环保厅减排验收，畜禽养殖减排治理初见成效。

【严格执法，规范生产经营行为】 一是规范饲料生产行为。按照饲料审查备案工作要求，佛山市各级农业部门对全市 67 家饲料和饲料添加剂生产企业进行了全面登记和年审。同时，加大了饲料生产、经营、使用等各环节质量监控，共检测饲料产品项目 600 个次，合格率 99%。对 3 家涉嫌生产质量不合格饲料企业进行了查处。根据市肉联厂发现用工业盐加工血红的线索，配合公安部门查处了无证生产动物源性饲料生产企业 1 家。二是强化兽药市场整顿。市农业局与各区签订了《佛山市实施兽药 GSP 工作责任书》，并在全市组织开展多次专项清理行动，共查处 26 家违规经营的兽药经营企业，进一步规范兽药经营秩序。三是建立产品购销台账管理制度。市农业局统一编印了“饲料产品购销台账”1000 本，派发给各饲料经营企业，要求企业建立购销台账管理制度，完善饲料产品购销记录，实现饲料产品经营可追溯。四是推动兽药流通领域诚信体系建设。按省的要求，市农业局组织开展了守法诚信生产经营企业评选活动，共评选出兽药生产质量管理规范（兽药 GMP）生产企业 3 家和兽药经营质量管理规范（兽药 GSP）经营企业 21 家。通过树立守法诚信企业典型，充分发挥其示范带动作用，逐步扩大守法诚信企业产品的市场占有率，增强了市民对兽药守法经营的信心。五是组织开展专项整治行动。按照“三打两建”的统一部署和要求，市农业局组织开展了“瘦肉精”、生鲜乳收购站、动物诊疗机构等多个专项整治行动，进一步规范市场经营秩序，保障畜牧业健康发展和畜产品质量安全。2012 年，全市共出动执法人员 2259 人次，检查生猪定点屠场 13 家、饲料企业 57 家、兽药企业 272 家以及生猪养殖场 5642 家、奶牛养殖场 20 家、生鲜乳收购站 2 家，张贴宣传材料 2 万份，检测“瘦肉精”猪尿样品近 3 万份。

（何健强）

水　产

【综述】 2012 年，佛山市水产生产继续保持稳定。全市水产品总产量 58.4 万吨，比上年同期增长 2.3%，其中塘鱼 56.6 万吨，增长 1.3%；水产品总产值 98.8 亿元，比上年同期增长 11.5%；优质鱼养殖面积 22.8 万亩，比上年减少 2.1 万亩，其中：鳗鱼 1.9 万亩、桂花鱼 2.6 万亩、加州鲈 4.4 万亩、甲鱼 0.8 万亩、罗非鱼 2.7 万亩、生鱼 2.3 万亩、黄骨鱼 0.3 万亩。

2012 年，据南海盐步环球水产交易市场统计，四大家鱼的市场平均交易价为 10.01 元／公斤，比上年同期下跌 1%。据各地反映，鳗鱼、鳜鱼和甲鱼的塘头价格比上年同期上升外，其他品种的价格与上年同期有不同程度的下跌。菜鳗（2P 规格）12.2 万元／吨、规格鳗（5P 规格）23.1 万元／吨，比上年同期上升 14.7% 和 49.7%；甲鱼 49.92 元／公斤，上升 3%；鳜鱼为 55.64 元／公斤，上升 8.7%；鳙鱼为 10.44 元／公斤，比上年同期上升 4.8%；鲮鱼价格 15.45 元／公斤，与上年同期持平；加州鲈 22.44 元／公斤，下跌 22.1%；草鱼和鲢鱼价格分别为 10.46 元／公斤和 11 元／公斤，比上年同期下跌 9.7% 和 10.8%。

【苗种生产波动大，一定程度上影响了塘鱼放养】 2012 年春节过后，佛山市出现了长时间的低温阴雨天气，塘鱼孵化时间推迟了半个多月，对加州鲈等品种的孵化造成较大的影响，孵化率低，造成种苗供不应求。2012 年优质鱼苗种的产量比上年下降了近 40%，价格有降有升，加州鲈苗的价格由上年的 100 元／万尾升到 300 元／万尾，生鱼苗价格由上年的 200 元／万尾升到 550 元／万尾；鳜鱼苗和黄颡鱼苗受市场影响，有小幅下降。同时，2012 年的鳗苗歉收，价格涨至历史最高水平为 39 元／尾，是上年的 3 倍。虽然商品鳗价格高，但在鳗苗、饲料价格大幅上涨的情况下，养殖鳗鱼的风险也大幅提高，养殖面积减少了近一半。

【水产良种繁育体系建设有新的突破】 2012 年，佛山市南海百容水产良种有限公司顺利通过了广东省海洋与渔业局组织的专家组的验收，成为全省首家草鱼省级良种场。同时，佛山市政府下发的《关于进一步加强我市水产品质量安全监管工作的通知》要求建立完善水产良种繁育体系，市级良种场建设提上了议事日程。

【水产专业合作社建设取得初步成效】 推进水产专业合作社建设是 2012 年佛山市提高渔业组织化水平，加强水产生产源头管理的重要内容。全市共成立了水产专业合作社 8 个，有成员 256 个，养殖面积近 1.2 万亩。可辐射带动 3000 多户养殖户，带动养殖面积超过 5 万亩。

【水产品质量安全受到前所未有的关注】 2012 年初省、市“两会”期间，省政协将水产品质量有关提案列为一号提案，市政协将《关于加强水产品质量安全管理的建议》提案列为主席督办提案。市政府下发了《关于进一步加强我市水产品质量安全监管工作的通知》，对监管体系和监管机构队伍建设、生产源头管理、建立追溯制度、产地准出和市场准入管理以及行业信用体系建设等方面提出了新的要求；市农业局制订了《佛山市水产品质量安全监管体系建设工作实施方案（2012 ~ 2016 年）》，计划通过 5 年时间的建设，着力解决水产养殖质量安全监管体系中存在的深层次问题，创新水产养殖质量安全监管体制和探索建立长效机制，努力打造政府主导、部门协作、行业自律、舆论监督、公众参与相结合的水产品质量安全监管体系，提升全市水产品质量安全监管水平。

【开展水产养殖质量安全示范工程建设】 2012 年，佛山市创建了省、市级水产养殖质量安全示范点 35 家，其中省级水产养殖安全示范点 25 家，以点带面，推动全市水产养殖标准化建设。

（李　湘）

农业科技

【综述】 2012 年，佛山市继续坚持走科技兴农路线，积极探索工作新思路，认真做好科技推广、农民培训、农业展会等各项工作。

【组织科技下乡】 2012 年，根据佛山市农业农村发展的实际，市农业主管部门通过举办培训班、现场讲授咨询、发放农资、印发宣传资料等方式，送科技到田间地头，不断提高广大农户的科学种养水平。3 月 16 日，由佛山市农业局主办的“2012 年佛山市农业科技咨询暨放心农资下乡进村宣传活动”在高明区明城镇崇步村举行，30 多名农业技术专家出席咨询现场，当地农民群众等 800 多人参加了活动。高明区供销社、金葵子科技等多家农资生产企业参加了优质农资产品现场推介展销。现场中向农民派发宣传资料1万多份，派送生物有机肥和复合肥近10吨。活动还专门组织了农作物病虫害综合防治技术专题培训讲座，由省农业厅高级农艺师、广东省农民田间学校校长陈玉托主讲，详细讲解农户在日常生产中遇到的病虫害防治问题，600多名农户参加了培训。

【推进科技项目建设】 为做好农业科技推广工作，促进农业科技成果转化应用，推动农业科技进步和产业结构优化，市农业局和市财政局联合启动2012年佛山市农业科技推广建设项目申报工作。全市各级组织了农业科研机构、农业龙头企业和农民专业合作社等共22个建设项目申报，建设内容包括高档花卉、优质蔬菜、工厂化水产养殖、珍稀树种、农业环境生物修复等。8月，市农业局、财政局联合组织召开“2012年佛山市农业科技推广建设项目评审会”，邀请佛山科学技术学院顾万军教授等专家组成评审组对申报项目进行了评审，其中19个项目获得认可，并得到市政府审批同意实施建设。“工厂化水产养殖技术本地化研究开发应用与示范”等19个建设项目规划设计比较合理，建设内容具体可行，预期社会效益、经济效益较好，各项目建设有利于农业科技成果转化应用，有利于推动农业科技进步和产业结构优化，有利于提高农产品质量安全水平和打造“佛山农业”品牌。2012年，佛山市农科所《蔬菜水肥一体化集成技术示范与推广》《杂交兰新品种及其产业化技术示范和推广》《广东省现代农业产业技术体系特色蔬菜创新团队综合示范与培训站》等3个省科技项目成功立项，佛山市林科所《竹节树繁育技术规程》广东省地方标准制（修）订项目（省科技推广项目）成功立项、《广佛高速公路生态景观林带建设两侧防撞栏（墙）、中央分隔带立体绿化研究与示范》项目经市科技局立项。

【组办农技培训】 全市各级认真落实《佛山市农业农村三年（2012～2014年）工作要点》，积极组织开展农业技术培训相关工作，努力提高各级农业主管部门工作人员业务素质和职业农民的技术水平。2012年，全市累计组织各类业务培训4期80多人，其中无公害水产品内检员培训班10人、无公害水产品检查员培训班4人、农业类无公害产品30人；组织农村劳动力技能培训约1.1万人次，科普教育宣传58场、共8600人次，农业实用技术咨询活动达3万多人次。市农业局与市科技局联合组织开展广东省农村信息直通车工程电子商务平台“村村通商城”应用推广培训班，共有40多人参加。

【推行标准化生产】 一是加强管理。积极推行无公害农产品、绿色食品、有机产品、地理标志农产品、农业类广东省名牌产品的“三品一标一名牌”工作，对保障农产品质量安全、促进农民增收、确保消费者身体健康均有重大意义。2012年，佛山市认真组织开展“三品”认证申报和清理工作，对不及格的产品给予淘汰，为农产品安全和市场准入做好准备；组织佛山市南海红宝蛋类食品有限公司等3家企业成功申报广东省名牌产品（农业类）；完成南海区水香芋农业标准示范区等2个示范区考核，完成佛山西江农业生态园有限公司、佛山市南海区菜心标准化示范区等2个省级农业标准化项目任务书签订工作。全市现有无公害产品96个，无公害产地91个，绿色农产品7个，有机农产品16个，省名牌产品（农业类）31个，标准化示范区15个。二是加强监督。推进“三品一标一名牌”专项整治工作，拟订“三品一标一名牌”专项整治方案，制订了具体的行动计划。佛山市农业局多次联合市、区两级工商、质监、公安、经信和农管办等单位组成检查组，重点检查各区部分超市、批发市场、农贸市场的蔬菜和鲜活水产品“三品一标一名牌”证书、标识等使用情况，同时加大对水产品标识管理法律法规的宣传。5月，市农业局组织开展2012年打击假冒广东省名牌（农业类）专项行动，全市12家有效期内的省农业类名牌产品均未发现有违法行为。

【组织科技成果交流】 做好农业科技成果交流是宣传佛山农产品品牌的重要手段。2012年，佛山市在顺德区陈村花卉世界成功筹办了以“保障食品安全，共享智慧生活”为主题的首届广东（佛山）安全食用农产品博览会，全面展示了在“三打两建”工作中广东省食品尤其是农产品质量安全监管取得的成效。农博会历时5天，超过36万人次进场参观，日均超7.2万人次，创近10年内省内农博会之最，现场交易额近1000万元。11月28日，在市农科所迳口基地成功举办2012年佛山市农业良种展示会，集中展示佛山引进、应用的农业新品种新成果，进一步推动农业科技创新和推广工作上新台阶。另外还组织发动多家农业企业参加2012香港美食博览会、第十届中国国际农产品交易会、第四届广东现代农业博览会。

（杨斯宁）

农村经营管理

【综述】 2012年，佛山市深入推进农村经营管理体制改革，着力搞好农村集体资产管理交易平台和农村财务网上监控平台的“两个平台”建设，加快农民专业合作社建设，全面铺开村级公益事业建设一事一议财政奖补工作，切实做好农民减负工作，不断规范农村财务管理，扎实做好农村信访工作，农村经济社会发展呈现良好局面。

【着力完成“两个平台”建设，创新农村“三资”管理模式】 2012年，佛山市及时更新农村集体资产管理交易平台系统信息，加强对各区运行情况的实地督导，按月做好统计分析，督促各区做到全面应用，实行公开、公平、公正交易，实现农村集体资产保值、增值。自平台运行以来，全市累计进入平台交易的农村集体资产有2.17万宗，资产成交价年标的总额达13.9亿元，平均增值率达9.84%。同时，全面完成农村财务网上监控平台建设，建成了“以村级业务办理为基础、以镇级数据处理为中心、以区级信息化管理为核心、以市级协同管理为监控”的信息平台，实现了对全市所有农村财务核算单位“人、财、物”的科学化、精细化、规范化管理，达到实时监控和智能化分析。全市共有5486个账套纳入平台系统，录入率达100%。2012年6月，佛山市“两个平台”建设正式全面运行，10月顺利通过专家评审验收。中共中央政治局委员、广东省委书记汪洋在南海区里水镇视察“两个平台”建设并给予了高度评价，省有关部门及兄弟单位多次到佛山市参观学习。

【深化农村经营管理体制改革，增添基层活力】 2012年，着重抓好南海区农村综合改革试点，不断探索完善“政经分离”的农村基层组织管理体制，厘清机构职能、强化管理服务，真正明晰集体经济组织、基层党组织和自治组织“三驾马车”的职能关系，明确其机构、财权与事权，做到各司其职，独立核算。集体经济组织在管理上实现了从社区党支部、社区居委会职能分离，主要负责集体资产运营管理。继续推进禅城区、南海区选择有条件的村居开展“股权固化到户”试点工作，鼓励因地制宜创新分配方式，努力满足集体经济组织成员的意愿，杜绝产生新的权益矛盾。加快完成集体经济组织证明书发放，落实集体经济组织的有效身份，为农村集体土地确权奠定基础，全市发证率达100%。

【大力发展农民专业合作社提升建设质量】 积极做好政策宣传和业务指导工作，编制《农民专业合作社法资料汇编（二）》500册，并派发至基层有关部门和合作社。加强同各区政府的协调工作，推动各区出台专项发展政策，如三水区出台《加快农民专业合作社发展意见》，全面推进佛山市合作社发展步伐。2012年，全市共有农民专业合作社71家，同比增加26家，增长57%。积极创新合作社扶持机制，着力扶强一批实干型、创新型合作社，大力实施扶持项目竞争性评审机制。全市共安排竞争性分配资金300万元用于扶持生产建设示范项目，主要是“科技推广、标准化建设、物流冷链建设项目”等，另安排200万元用于示范社规范建设项目。通过竞争性分配达到“多中选好、好中择优”，促进全市合作社自行加快转型升级，提升生产经营能力。继续加强合作社的规范化管理，致力发展一批省、市级示范社。制订出台了《佛山市农民专业合作社示范社建设标准》（试行）及其考评细则，并组织开展了2012年市级示范社申报和评定工作，促进合作社“争先创优”。全市共评定市级示范社20家，同比增加8家。全市共有12家省级示范社，同比增加8家。不断拓宽合作社产销渠道，积极开展“农超对接”和“农校对接”试点工作，协助农民专业合作社参与广东省“农超对接”与“平价商店”建设等产销对接活动，积极参加广东省农餐、农超、农校对接采购会发展订单经营。

【全面铺开村级公益事业建设“一事一议”财政奖补工作】 2012年初出台《佛山市村级公益事业建设一事一议财政奖补工作实施方案》，对全市工作作出全面部署。同时，还制定了一系列业务操作文件，为各区做好项目规划、申报、建设、管理、验收、评价等提供详细的文件依据和业务指导。进一步加大扶持力度，做好全市项目建设资金预算，超前谋划2013～2015年的市级财政配套奖补资金，并提交市委、市政府研究通过，从2013年起，佛山市每年安排市级财政奖补资金1500万元，列入年度财政预算。积极创新资金管理和拨付方式，实行委托镇财政所代管预拨机制，做到“按进度拨付，先验收先结算”，有效提高了建设效率，全市的项目基本做到“当年项目当年完工”。佛山市南海区、高明区、三水区共完成建设项目54个，完工额7005万元。2012年，市政府还将村级公益事业建设一事一议财政奖补工作，纳入佛山市为民办事征询民意工作范围。市农业局联合市财政局成立了专门工作机构，制定了佛山市为民办事征询民意工作实施方案和征询民意调查表，发至各区全面征询民众意见和建议。通过媒体公开和入户宣传调查，让民众普遍知晓，提升其参与建设的热情度。

【切实做好农民减负工作，保护农民合法权益】 全面做好佛山市涉农服务部门的工作监管，重点加强涉农专项补贴资金发放的监管，加大重点领域涉农收费价格的监管。严格落实涉农收费和价格公示制，对已取消或降低收费标准的项目要求相关部门及时公布和更新信息。对不符合国家、省、市规定的收费项目和标准责令有关单位限期改正。认真开展农民减负专项清查，市政府将做好减轻农民负担工作意见的通知发文至各区、各部门，为各区及有关部门做好减负工作提供了指南。同时，佛山市成立了以市农业局、市纠风办有关领导为组长，各有关职能部门负责人为成员的农民减负检查工作领导小组，切实加强工作领导，及时组织市有关部门及各区开展自查自纠。

【进一步健全农村财务管理机制完善民主理财】 指导各区围绕经济合同、集体财务收支等，结合当地实际建立健全各项规章制度，大力推进制度化管人、管事、管账，财务管理机制进一步细化完善。如南海区先后制订了《南海区农村（股份）经济联合社工作规范》《南海区农村股份经济社工作规范》《南海区违反农村财务制度合同管理行为责任追究制度》等，达到规范化、精细化管理。市农业局注重基层财务人员和民主理财人员的培训，选送人员参加了省财政厅组织举办的“农村集体财务规范化管理与审计监督实务培训班”。同时从基层选派人员参加了农业部经管总站举办的“部分省（区市）农村财务公开和民主管理师培训班”。通过培训学习，提升了农村财务人员和民主理财人员的业务素质和操作水平。市农业局还将《村集体经济组织民主理财》《广东省财政农村财务管理主要法规文件汇编》等书本下发至各区，为各区组织学习培训提供参考教材。

【增强信访工作执行力化解农村矛盾】 严格按照《信访条例》“属地管理、分级负责、谁主管、谁负责”的工作原则，切实加强组织领导，强化落实层级负责制，充分发挥工作主动性，着力对农村集体经济方面可能引发群体性事件、大规模集体上访和个人极端行为的不稳定因素进行排查，积极打造良好的社会环境。同时，主动加强同当地政府及有关部门的协调配合，形成调处的工作合力，积极做好信访人的政策解析、思想疏导工作，协同村委和集体经济组织处理好群众的合理诉求，努力做到“快接快办”，着力提升办结效率，依法及时化解农村信访矛盾。总体上看，近年来上访案件呈下降趋势。2012年，共接待群众来信来访20件，同比减少23%。

（徐　鹰）

交通·邮政

交通概况

【综述】 2012年，围绕佛山市委、市政府战略决策和工作部署，佛山市交通运输局抢抓城市升级三年行动计划机遇，不断加快交通基础设施建设。落实公交提升和货运升级计划，全力打造现代化的综合运输体系。以创建全国文明城市为动力，以智能交通建设和“三打两建”工作为抓手，全面提升行业管理水平。创新社会管理和服务，全力保障佛山市交通运输事业科学发展。

【区域交通一体化建设】 2012年是贯彻落实《珠江三角洲地区改革发展规划纲要（2008～2020年）》实现“四年大发展”的收官之年。在市、各区政府的共同努力下，佛山市积极与周边地市强化路网衔接，打通“断头路”“瓶颈路”，打造客运同城化服务，交通一体化目标基本实现。

广佛交通重点项目进展顺利。海八路隧道、五沙大桥扩建工程、沿江东路与彩滨南路对接、海北大道与沙凤西路完工通车。珠江大桥放射线佛山段、广明高速、西二环乐平互通立交、佛清从高速公路南段等项目加快推进。

2012年，佛山市与肇庆、江门、清远、中山等周边地市路网衔接不断提速。加快建设佛肇城际轨道交通佛山段、肇花高速三水段、三花公路改造工程、江顺大桥等项目。积极推进广佛肇高速佛山段、佛江高速、珠三角南北高速的前期工作。

客运一体化服务能力不断提升。广佛快巴、城巴和广佛公交运营良好。广佛地铁实现安全高效运营，2012年日均客流量超11万人次，列车准点率达到99.96%。广佛通卡升级为岭南通，纳入广东省16个地、市通用范围，覆盖公交、地铁、公共自行车等公共交通领域，并拓展到连锁便利店、超市、自动售货机、菜市场和快餐店等小额支付领域。

水运一体化服务有新进展。顺德水道、甘竹溪水道、东平水道等骨干航道纳入珠三角“三纵三横三线”高等级航道网建设。

跨区域交通执法联动机制不断深化。完善与广州交委交通执法协作机制，发挥捆绑作业、联合执法的优势，实现了打击整治工作的充分衔接，形成执法合力，进一步提高了执法效能。

【空港管理】 空港服务能力不断提升。佛山机场全年共安全保障进出港航班1359架次，保障进出港货物约2846吨，进出港旅客约18.6万人次，航班平均客座率达85%，始发航班准点率达96%。佛山机场开通航线5条，分别为北京南苑2班和西安、昆明、重庆各1班。

（李丹心）

公路交通

【公路基础设施】 至2012年12月，佛山市境内高速公路通车总里程422.25公里，密度达到11.12公里／百平方公里，高速公路网基本建成。境内公路通车总里程5204.73公里，其中一级公路1372.39公里，密度为36.14公里／百平方公里，形成较完善的高快速路网体系。全市共有城市道路1779条，总里程1704.36公里，其中：禅城区275.2公里；南海区 562.69 公里；佛山新城 16.37 公里；高明区 181.33 公里；三水区 237.87 公里；顺德区 430.9 公里。全年全市完成公路（桥梁）基础设施建设 49.6 亿元。

【站场基础设施】 2012 年，南海里水、三水白坭汽车客运站建成投入使用。丹灶汽车客运站组织站场定级验收。

全市共有客、货运站场 62 个，其中等级客运站场 32 个，简易站及招呼站 7 个，平均日发班次 6028 次；货运站场 23 个，平均日换算货物吞吐量 3.07 万吨。

【高速公路项目】 2012 年，佛山市高速公路项目在建 6 项，筹建 3 项。广三高速扩建、佛开高速扩建 2 个项目年内实现完工，完成扩建里程 61.6 公里。其他在建项目：广明高速二期完成投资 54%，肇花高速完成 50%，广明高速公路西延线完成 52%，广明高速三期完成 10%。筹建高速公路 3 项，包括有佛清从高速公路南段、佛江高速公路和广佛肇高速公路佛山段等。

【市重点路桥项目】 2012 年，佛山市重点路桥建设项目 32 项。其中，杨西大道、碧桂路改造、广四线（S118）大塘至范湖段、均荷路路面改造工程、杏龙路改造（光华路口立交）工程、禅西大道一期、魁奇路东延线一期、旧 321 国道南海段改造主线、高富路等 11 个市重点路桥项目建成通车。全市新增一级公路 67.72 公里，扩建一级公路 28.5 公里。

【农村公路建设】 2012 年，制定了《佛山市农村公路 2012 ~ 2014 年“路况提升、路网优化”工作方案》，完成农村公路路况提升共 74.8 公里，并推进路网优化改造 20.9 公里，加固改建桥梁 17 座。公路养护水平不断提升，在“省检”工作中取得国、省道第一、地方公路第二的好成绩。国、省公路技术状况指数达到 92，路面行驶质量指数达到 92，县道优良路率达到 83%，常养乡道优良路率达到 78%。

【年次票征收管理和收费公路管理】 2012 年 12 月 29 日，广东省批准佛山市调整车辆通行费年票标准，年票标准总体降幅 5%。2012 年度，全市征收年次票 15.51 亿元，其中：年票收入 13.62 亿元，次票收入 1.89 亿元。初步完成收费公路清理工作，取消了收费年限（经营期限）已满的项目 2 个，政府还贷二级公路项目 7 个；撤销收费站 3 个；3 个收费站改为单向收费。圆满完成中秋、国庆期间小型客车免费通行保畅通工作。2012 年 1 月 8 日零时起，佛山市撤销了五丫口、丰岗、新沙等收费站；三洲、七滘、芦苞 3 个收费站改为单向收费，圆满完成了收费公路专项清理撤站工作。2012 年 12 月 31 日 24 时，佛山市所有普通公路收费站开始对珠三角年票范围内的有效年票车辆免费放行，顺利启动珠三角九市年票互认工作。

（李丹心）

道路运输

【营运车辆保有量】 2012 年，佛山市在册营运货车 13.64 万辆，总计 53.12 万吨位。全市在册营运客车 1702 辆，7.43 万客位。其中，客运班车 864 辆，3.63 万客位；包车客车 838 辆，3.81 万客位。城市公交车辆 5449 辆，运营线路 544 条，核定载客量 27.3 万人；出租汽车 3344 辆，1.67 万客位。

【经营业户及从业人员】 佛山市在册经营道路客运业户 44 户，从业人员 1.43 万人；道路货运业户 11.08 万户，从业人员 13.54 万人；道路运输相关业务经营业户 7715 户，从业人员 5.08 万人。全市在册的机动车维修业户 6928 户，其中汽车维修业户 4341 户（一类 127 户、二类 668 户、三类 3546 户），摩托车维修业户 2587 户。

【道路客运】 佛山市客运线路 436 条，年平均日发班次 2731 班次。其中跨省线路 128 条，年平均日发班次 180 班次；跨地（市）客运线路 308 条，年平均日发班次 2551 班次。

【客、货运输量】 2012 年，全市道路运输客运量完成 4.29 亿人次，比上年同期增长 23.17%；旅客周转量完成116.55亿人公里，比上年同期增长12.08%；道路货运量完成2.1亿吨，比上年同期增长6.44%；货物周转量完成165.22亿吨公里，比上年同期增长9.18%。

【汽车综合性能检测站及检测量】 佛山市共有汽车综合性能检测站11个，年完成检测量共19.38万辆次。其中维修竣工检测6.83万辆次，等级评定检测7.88万辆次。

【机动车驾驶员培训】 佛山市共有机动车驾驶员培训业户34户，教练员人数4743人，教学车辆合计4030辆，2012年共培训10.78万人次。

【维护运输市场良好秩序】 2012年，佛山市开展长途客运、旅游包车客运安全整治以及平安车站建设，对出租车营运秩序、货车撒漏、危货运输等开展了专项执法，有力规范道路运输市场秩序，确保道路运输安全。组织做好省、市际客运班线经营权续期工作，共完成全市596条起点、714条终点市际班线，78条省际班线续期审核。完善汽车定位系统（GPS）监管平台，强化客运车辆信息化监管和调度能力。积极推进全市三级及以上客运站场联网售票工作，运输能力和发班密度均能较好满足旅客出行需求。

佛山市交通运输局组织监管主体单位与货运源头企业签订源头治超责任书，源头治超工作走在全省前列。以“一环”治超为重点，各区结合辖区实际，采取多样执法方式，对全市超限超载车辆加强路面治理。加快建设平胜大桥超载监控系统示范点，为实现科技治超打下基础。2012年，全市累计查处超限超载车辆1.94万辆，强制卸货23.93万吨，车辆超限超载率有所下降，交通安全形势有所好转，公路桥梁得到有效保护。

（李丹心）

轨道交通

【完善轨道交通布局】 2012年9月3日，佛山市城市轨道交通近期建设规划（2011～2018年）获国家发展改革委批复，佛山市城市轨道交通二号线一期工程和三号线工程获批，将改变佛山现有广佛线单一轨道交通运行的格局，进一步完善佛山城市轨道交通布局。加快推进TOD规划研究，探索建立佛山轨道交通可持续发展新机制。以“公交都市”的理念，学习香港地铁“轨道＋物业”模式，通过对二、三号线站点及周边土地交通、产业经济和城市空间结构的综合开发研究，探索建立符合佛山特点的轨道交通建设和运营资金平衡机制。广佛地铁线二期工程于2012年9月28日正式动工。贵广（南广）铁路佛山段（稳定段）工程投资进度完成约58%。佛肇城际轨道佛山段完成总投资的36%。南海新交通系统试验段完成“技术标准”编制，并开展初步设计和融资洽谈等工作。2012年12月29日，广珠铁路全线正式通车，填补珠江口线货运铁路空白，有效破解广州西向物流瓶颈，实现珠江线海铁联运，促进珠三角发展。

广珠货运地铁丹灶货运物流中心征地基本完成，官窑货场物流园区进出站通道改扩建工程开工建设。佛肇城际三水新城站拟采用TOD模式建设，处于工可编制阶段。2012年2月24日，佛山西站立项获得国家发改委批复同意，佛山西站项目进入正式运作阶段，建成后，将与广州、广州东、广州南和广州北站共同形成广州铁路枢纽客运“四主一辅”的新格局。

【加强轨道交通运营管理】 2012年，结合《佛山市城市轨道交通管理办法（试行）》试行2年来的情况，对其进行修订，进一步规范佛山市城市轨道交通管理，保障城市轨道交通建设和安全运营。广佛线2012年客运总量为4388万人次，日均客流量11.99万人次；2012年运营收入1.13亿元，同比增长9.84%；列车准点率达到99.96%，全年无发生任何安全运营责任事故。

（李丹心）

水运・港航

【水路基础设施】 佛山市有生产用码头泊位305个，码头岸线2.28万米，泊位年通过能力9157万吨。内河航道通航里程115条1006公里。

【船舶保有量】 2012年，全市拥有水路运输机动船舶507艘。其中客船4艘，1358客位；货船488艘，总载重量45.41万吨位，功率18.78万千瓦，其中：集装箱船46艘、载重量5.86万吨位、4969个国际标准集装箱位。全市淘汰老旧船舶46艘，3666载重吨；新增节能减排新型船舶49艘，2.21万载重吨。船舶平均吨位由上年的805吨提高到872吨。

【水路运输】 2012年，佛山市水路运输客运量完成85.49万人次，比上年同期减少6.6%；旅客周转量完成9886.05万人公里，比上年同期减少10.73%；水路货运量完成3770万吨，比上年同期降低0.71%；货物周转量完成50.61亿吨公里，比上年同期增长5.16%。

【港口吞吐量】 2012年，全市港口货物吞吐量达5253万吨，港口集装箱吞吐量达266.71万TEU。主要大宗货类有：液化气、天然气及制品534.19万吨，煤炭及制品876.94万吨，矿建材料1015.08万吨，水泥123.36万吨。

【港口航道建设和维护】 佛山市水运码头设施不断完善，顺德水道和东平水道航道整治工程基本完成竣工验收，了哥山港区本港作业区通用码头全面开工，中外运仓码一期二阶段工程于2012年9月底完工。2012年，全市完成港航建设1.1亿元。扎实开展航道和港口码头设施养护，航道维护通航保证率、航标维护正常率、船舶优秀率均达100%。

【港航管理】 2012年，积极关注并配合佛山新港、澜石口岸码头的搬迁工作，做好佛山水运发展的调研，启动港口应用RFID技术项目建设。开展港口临时装卸点清理整治工作，抓好水路内贸集装箱超载治理工作，加强危货码头管理。航道执法部门每周有针对性地开展航道巡查，重点查处侵占航道、破坏航道设施等违章行为，维护水运市场经营秩序，保障水运安全畅通。

（李丹心）

城市公共交通

【城市公共交通管理】 2012年初，经佛山市政府批准出台《佛山市2012年公交提升计划》，明确了2012年佛山市公交发展的各项任务和指标。通过强化督办机制，落实专项资金保障，各项目标任务基本完成。至年底，全市万人拥有公交车数量达15.1标台，中心城区公交分担率达22.04%，城区公交分担率达20%。

2012年，佛山市共有城市公交车辆8793辆，其中公共汽车5449辆，驾驶员8869名，客运总量5.42亿人次；出租车3344辆，驾驶员6823名，客运总量达9364万人次。

【公交车辆新增更新】 2012年，佛山市加大公交车辆的新增投入。全市新增公交车辆480辆，其中禅城区50辆、顺德区168辆、三水区262辆。根据佛山市政府《关于加快淘汰黄标车工作的实施意见》的工作要求，加快淘汰国Ⅱ及以下排放标准的公交黄标车辆，全年共更新淘汰黄标公交车辆151辆。

【公共交通基础设施建设】 2012年，佛山市加快公交枢纽站和首末站的建设，村头枢纽站、南桂路地铁枢纽站、广珠城轨碧江枢纽站、省纺院枢纽站、御江南首末站等15个公交首末站和13个公交枢纽站的建设工作基本完成，为公交线路的优化调整提供了有力保障。落实公交站亭的新建和改建，全市完成新建、改建公交站亭962个，进一步改善了市民的候车环境。推进公交专用道建设，进一步扩大公交专用道的建设范围，加快推进禅城区“五纵四横”、南海区“五纵五横”的公交专用道建设，并促进两区公交专用道的衔接，逐步构建总里程约112公里的公交专用道网络，提高公交车运行效率。对客流较大的祖庙路公交站采用A、B站方式进行车辆有效分流，并建设普君北地铁口临时公交首末站，及时安置受祖庙汽车站拆迁影响的城巴线路，以维持原有的城巴线路服务。

【优化公交线网】 推进中心城区公交一体化工作，从智能建设、站场、线网、票价、TC管理体制和财政投入6个方面，对中心城区公交进一步提升优化。结合中心城区治堵工作要求，完成110、121、222、桂21等多条禅桂中心城区公交线路的优化，并新增161等公交线路。新开通祖庙至西樵、广佛路口至白坭等线路，优化调整佛252、佛244等公交线路，进一步强化广佛之间、中心城区与周边区域之间的联系。各区也结合各自实际，对区内线路进行了优化调整。

佛山市开展公交行业文明活动，职业素质和服务水平不断提升。

【出租车行业管理】 2012年，佛山市针对春节后出租车拒载等服务质量问题，加强服务质量管理，对违反服务规范的驾驶员进行停产学习。及时掌握出租车驾驶员的经营情况，通过读取并分析出租车GPS的有效运营数据，每月进行数据分析。召开出租车企业和驾驶员座谈会，收集“三打两建”的线索，促进市场健康发展。完成266辆的出租车更新工作和三水108辆出租车运力招标工作。

【公共自行车服务】 2012年，全市新增公共自行车3150辆和公共自行车服务站点149个，进一步扩大了公共自行车的服务范围。为方便市民租用公共自行车，规范租用服务行为，维护租借双方合法权益，制定《佛山市公共自行车租用规定》，于2013年1月1日正式实施。

【公交文化建设】 在全市公共交通行业开展“文明服务，从我做起”“微文明”等活动，号召各企业组织开展文明礼仪教育、行业风气整治提升等宣传和实践活动。佛山市汽运集团出租车公司、佛山市新协力的士有限公司、佛山市粤运公共交通有限公司112路线和佛山市南海佛广公共汽车有限公司桂24线被评为佛山市“千个窗口展形象”示范单位。认真开展公交行业政风行风评议活动，加强公交行风建设。通过举办公共交通论坛，文明线路、服务之星评选等一系列城市公共交通周及无车日活动，鼓励驾驶员提高职业素质和服务水平，倡导市民绿色出行。

（李丹心）

邮　政

【综述】 2012年，佛山邮政坚持用科学发展观统领全局，创新经营思路和管理机制，持续推进企业转型发展，提升邮政竞争能力，取得了新的成效。全市邮政、邮政储蓄、速递物流三大板块合计实现业务收入10.49亿元，同比增长9.96%。

【基础能力】 2012年，全市共有326个服务网点，其中邮储网点101个，邮政网点84个，邮政代办所103个，EMS专营网点38个。另外有邮政服务亭（报刊亭）414个。全市设投递部49个，投递道段1083条，其中城市投递道段231条，农村投递道段398条，速递投递道段413段，个性化投递专段41条。邮路总里程单程5748公里，总里程为2.71万公里／天。全市共安装信报箱群达到3.6万个、格口51.8万个，基本覆盖了佛山地区主要城乡繁华地段。

【网络运行】 2012年，佛山邮政实施了投递平台建设，实现投递质量和效率提升，平常函件妥投率达到95%以上，银企账单妥收率达到100%、回邮率达到95%；全面优化了内部作业流程，实现佛山进出口邮件处理提速12小时。继续推进了大客户机动车投递、街巷客户自行车投递、住宅客户“社区＋信报箱”投递、商业客户个性化投递的组网模式，进一步提高投递效率；建设和投入使用同城运营系统，进一步推进投递信息化工作；加快建设常态、规范、立体的投递运行、质量监控机制，通过以信息系统监控投递网运行情况、现场检查监控邮件时限、以实寄测试检验投递质量及名址质量、跟段走访评估服务质量等方式，加强邮件寄递质量管理工作。速递物流公司创新实施了高端报务网、综合服务网、辅助网、专投网四网合一的服务方式，市内速递邮件交换频次达3个，实现了南海、顺德、禅城区全境和三水、高明城区互寄邮件，上午收寄下午送达，下午收寄次日上午送达，三水、高明乡镇次日下午送达。

【邮务类业务】 邮务类业务作为邮政的标志性业务，包括函件、集邮、报刊发行、包裹、机要通信等业务种类。2012年全年函件量6542.13万件，其中，国内函件4174.4万件，国际函件199.99万件，其余是无名址函件；国内包裹35.27万件，盲人读物及义务兵信件5500件，机要件2.35万件。全市有集邮预订户2.88万户，全市集邮协会会员2.3万人；全市已成立了13个青少年集邮组织，5家青少年邮局；有报刊预订户21万户。

【邮政金融业务】 邮政金融业务以服务“三农”、服务社区、服务中小企业为战略定位，主要有储蓄、贷款、汇兑、代理保险、票据、动产质押、应收账款质押、保兑仓、公司外汇、非税、ETS、国库集中支付业务、贵金属等业务种类，邮政金融的社会公共服务功能进一步增强。全市邮政储蓄客户541万户，年资金交易额1326亿元；城乡居民储蓄存款132亿元；传统邮政汇兑业务量达394万笔、交易金额92亿元；代理各类中间业务达13亿元；贷款规模达到34.8亿元。2012年，邮储银行佛山分行与佛山市各区人力资源和社会保障部门合作推进“小额担保贷款”项目；与南海区个体经营者和私营企业协会签订战略合作协议扶持南海中小微企业；举办“创富大赛”，为农户、商户、小企业实现创富理想提供金融支持。邮储银行佛山分行三水支行与三水区劳动局、社会保障局合作推进“小额创业贷款”项目。

【邮政速递物流业务】 邮政速递物流服务主要有国内速递、国际速递、物流、国际包裹、国内快递包裹等业务种类。同时开办代收货款、邮资到付、回执回单等个性化服务。配合政府部门构建网上行政审批大厅平台，打造网上办理同城业务；通过营业网点、上门揽收、网上受理、11185、11183电话受理等方式成功把单一营业厅受理模式拉伸至多渠道全方位的受理模式，为广大市民和企业提供全方位优质的速递物流服务。2012年为全市近5120家企业提供优质的速递物流服务，全年出口业务量超过900万件，速递物流业务收入超过2.5亿元。

（顾丽冰）

信　息　化

信息化建设

【综述】 2012年，佛山市深入实施“智慧佛山”战略，推动“智慧区域”、“智慧工程”、信息产业和无线电事业取得了较好发展，全市信息化水平不断提高，信息服务在工业制造、社会生活和商务等领域充分体现。三网融合、两化融合处于国内领先地位。规范无线电经营管理，确保无线电运行安全。通信基础设施完善，一批重点项目建设进展顺利。佛山市被评为“2012年中国城市信息化50强”“2012年中国智慧城市推进十强城市”。

【三网融合】 2012年，佛山市入选国家广电、互联网、电信“三网融合”第二阶段试点城市。佛山市从实用角度出发，采取政府主导、企业参与的模式，快速推进三网融合试点，编制了试点工作方案，成功研制出“云联棒”，实现广电、互联网和电信三类业务应用的融合，为三网融合的开展、推广应用打下坚实基础，市民通过电视就可以实现上网、查询水电煤气费用、看高清电视等功能。

【智慧区域】 2012年，佛山新城信息化建设取得明显进步，编制完成了“佛山新城智慧城市规划”“智慧信息大厦规划设计”“大型公共建筑室内分布系统设计”，打造了地下管线综合管廊运营模式，实现城市电力、通讯等各类管线集中管理和智能监测。千灯湖金融智慧新区引进了太平洋保险华南后台运营中心、万达广场、骏辉租赁、私募创投机构及配套项目等，富士通数据中心、美国友邦保险项目（一期）正式投运，为千灯湖金融智慧新区建设提供基础支撑。华南智慧新城开始启动，世纪互联项目取得相关规划建设许可证，中国电信数据中心大楼设备调试完成，格力电器、广东海西卓远投资有限公司已进驻。顺德德胜智慧商务区完成筹建，中国南方智谷建设总体实施方案正式出台，启动区市政工程和总部园区建设全面铺开，华南家电研究院、广东华南物联网研究院、顺德区物联网技术工程中心、顺德西安交通大学研究院已建成。

【智慧工程】 智能警务。2012年，佛山市警用地理信息系统（PGIS）升级完成，新增13个模块，构成以公安网为基础、以地理信息技术为支撑和以指挥调度、情报信息、视频监控等为主要应用手段的警务工作平台，实现了报警定位、视频卡口联动、警力资源调度、方案预案推演等应用集成。

智能交通。2012年，全市统一换（发）运输车辆卫星定位汽车行驶记录仪SIM卡共2万多张，实现对所有公交企业和公交车辆的高效调度和对1万多辆货车的货物运输跟踪。交通运行状态评价与信息发布系统开发完成并试运行，公众出行综合信息服务平台（一期）和智能交通监控中心建设完成并投入使用。

智能卫生。2012年，佛山市在全国率先完成居民健康卡首批发放，实现居民电子病历、健康档案、健康卡的融合、应用和共享。全市有34个医疗卫生机构接入居民健康档案区域卫生信息平台，全面开通预约挂号系统。

智能城管。2012年，佛山市安全生产应急指挥中心大厅系统、重大危险源远程视频协同一体化指挥平台、安全生产电子考试中心、重大危险源三维立体图等重点项目建成并投入使用，移动监管平台、企业安全生产隐患自查自报系统、安全社区管理信息系统等项目建成并初见实效。

智能社保。2012年，佛山市加强了社保卡主机系统和应用网络环境建设，社保卡相关数据采集和处理不断规范，初步加载了金融功能，并开展了大规模宣传推广活动。

智能教育。2012年，建成“市民知识银行”，为市民群众提供综合的学习资源。建成“名师辅导网格”和佛山教育视讯网，推出“教育进行时”栏目，深化“网上教学资源超市”建设与应用，启动了“Z＋Z超级画板”数学智能教与学平台及“学科教学反馈跟踪研究工程”申报建设工作。

智能文化。2012年完成智慧驿站基站软硬件建设工作，并与多家企业和金融机构建立战略合作，智能图书馆建设进展顺利。

【电子政务】 至2012年底，佛山市顺利完成网上办事大厅改版，集中完成了885个事项（按细项拆分）的初始化配置，并接入广东省网上办事大厅，第一批可实现网上审批的事项共423个。通用审批系统、事项管理系统、综合管理平台和电子监察系统的升级改造和整合应用任务顺利完成。《佛山市行政审批业务流程再造和运行模式创新实施方案》出台，启动了工程报建和房地产登记联合审批优化提升工作。以“便民、利民、惠民”为宗旨，成功推出佛山市民融合服务平台，为市民量身定制个性化、主动推送的融合信息服务，向市民广泛提供均等与公平的政府公共和便民服务。加快完善佛山万事网，整合2000项市、区部门公共服务资源和800项市级行政审批事项，提供社区服务、行政办事、吃喝玩乐等全面、贴心的服务信息，开发了智能机器人“万博士”，打造24小时不下班的智能政府咨询服务平台。开通“佛山微博发布厅”和“佛山发布”政务微博平台，拓展了政民互动渠道，加强了投诉信息及时反馈机制。

（刘义超）

信息产业

【信息化和工业化“两化”深度融合】 2012年，佛山市加快推动两化深度融合，围绕支柱产业和关键环节，扎实推进73个示范效应明显的两化融合重点项目，进行进度跟踪指导，并对其中8个技术含量高、影响力大、带动性强、建设进展快的重点项目，推荐申报国家两化深度融合专项资金补助。2012年，佛山唯尚家具制造有限公司“传统家具企业转型升级全流程数字化改造工程建设”项目成功获得国家两化深度融合专项资金100万元。积极推进两化融合牵手工程，实施“佛山市两化融合深度行暨企业服务推广应用提升计划”，全面启动“两化深度融合专家辅导行动计划”，为中小企业特别是小微型企业送政策、送服务。2012年累计开展培训辅导活动20多场次，培训4000多人次，覆盖近2000家企业。通过专家辅导、CIO交流、参观学习、牵手对接会等多种形式，推广先进适用信息化方案，开展工业企业和信息化服务企业对接交流。全面实施两化融合孵化工程，搭建“数字企业”信息化平台，鼓励企业从基础网络切入，逐步应用电子商务、物联网、云计算等适用信息技术，提高产品设计开发能力，规范提升企业综合管理水平，推动产业向高端化发展。2012年，确立首批20家“数字企业试点单位”，推动佛山电信公司为中小企业提供电子商务、“旺铺助手”等60多个行业信息化解决方案，为7000家企业提供中国电信“数字企业”行业应用业务服务，帮助传统企业向“数字企业”转型升级。

【物联网产业】 2012年，佛山市物联网产业快速发展，加快推进了佛山信息化生活的步伐。顺德区物联天下物联网产业园吸引国内外20多家物联网企业进驻，未来3～5年将引进海内外300家物联网核心技术企业，争取形成超过300亿元的产值。广东（佛山）物联网应用产业基地软环境不断优化，与国内著名金融机构及北京航空航天大学联合发起成立规模达5亿元的产业发展基金，与中科院成立公共标识平台南方解释中心。广东省无线视频识别产业（佛山）基地、广东省战略性新兴产业云计算·物联网基地快速推动物联网技术的应用开发与产业化。盛路通信新增RFID芯片外延片项目、广东翼卡车联网服务有限公司的北斗卫星导航与车联网产业基地项目落户佛山。

【云计算产业】 2012年，佛山联通投资1500万元建设的IDC数据中心正式投入运营，将为佛山全市以及周边地区提供五星级的IDC数据中心服务，为佛山云计算产业尽快形成规模提供有力条件。世纪互联基础云服务项目、神州数码智能卡云服务项目、安讯智能物流云计算项目、佛山智力科技教育云服务项目、南海云计算中心项目、富士通（华南）数据中心项目等均取得了重大进展。佛山市初步建成一批公共服务平台，如电子政务云、物流云、教育云、工商云、医疗云、园区云等，为产业发展、城市管理服务、社区民生建设等提供了支撑。

【智能制造】 佛山市不断推进物联网、云计算等信息技术及先进装备在家电、纺织、陶瓷等行业中的应用，推动制造业向智能制造方向提升。如瑞德电子实业有限公司的“基于RFID技术的家电产品及全生命周期管理系统信息服务平台研究与开发”、志高空调有限公司的“面向家电企业实时制造的RFID-Gateway产品服务平台”、安东尼针织有限公司的“应用RFID物联网技术提升服装产业系统”、东鹏陶瓷“开放式陶瓷产业链数据交换平台”、华南精密院“复杂机电系统的数字化仿真与设计”等。新技术的应用有效提升了佛山市制造行业的整体信息化水平，促进从传统制造到智能制造的升级。

【电子商务】 2012年，佛山市以广东省开展“广货网上行”活动为契机，推进实施“中小企业电子商务双推试点工程”，把广货网上促销作为促消费、扩内需、稳增长的重要举措，通过整合社会资源策划开展各类推广辅导活动10场，推动中小微企业牵手电子商务参与市场竞争。全市累计有105家电商企业参与广货网上行活动，占全省参与企业总数的17.6%。鼓励和支持条件成熟的区域依托现有产业园区资源，按照产业链要求布局建设特色电子商务产业园。园区计划以全国性电子商务平台和网商龙头企业作为电子商务发展的重中之重，挖掘和引进一批电子商务创新企业和总部企业。南海区和禅城区分别启动了佛山市电子商务产业园和佛山市新媒体电子商务园建设。

（刘义超）

无线电事业

【无线电监测】 2012年，佛山市加大无线电监测和干扰查处力度，共出动执法人员94人次，检查单位277家，发出责令整改通知书6份，整改基站6个。核发无线电台执照1845份，重新规范办理电台执照22份。完成电磁波辐射站点测试36个次，检测各类无线电台站设备269部。查处无线电干扰62起，受理处理群众对基站电磁辐射投诉67起。同时，在国家、省各类重大考试中利用无线电监测定位和压制技术，及时遏制作弊信号传播，确保考试公平、公正和良好秩序。

【通信基础设施建设】 2012年，佛山市加强无线电台站核查管理，制定《佛山市无线电台站数据核查工作方案》，审核各类无线电技术资料表2.4万份，校正修订台站技术参数3万条，登记入库各类无线电台2.9万个（部），台站数量增长率达126%。至年底，全市共有基站总数为8103个，其中移动4996个，联通2141个，电信966个。3G用户数达235万户，WLAN用户数约267万户，累计建设3G基站5429个，覆盖率98%，建设WLAN热点2163个，覆盖率达61%；全市移动电话1275万户，全市移动电话面积覆盖率达到98%，移动电话人口普及率达到177%；GPRS用户数434.46万户。

【重点项目建设】 2012年，佛山市进一步加强通信基础设施建设。中国移动不断扩大网络规模，提升网络质量，三水华南大区物流中心暨大区数据中心、南海3G数据处理中心和区域呼叫中心的规划、施工工作稳步推进，粤中生产中心、移动信息大厦等项目选址进展顺利。中国联通的“智能政务”“应急平台”“智能交通”等一批创新信息化项目落地。中国电信实施了佛山的光网战略，通过推进“光进铜退”工程，全市20%的小区、90%的企业实现了光纤到户，100%实现了光纤到村。同时，实施无线佛山工程，建成了全覆盖的无线3G网络，累计建成热点超过3000个。

（刘义超）

基本建设 · 环境保护

供　水

【综述】 2012年，佛山市水务局通过加快水厂建设、加强供水资源整合以及加快供水管网建设等供水建设措施，确保了城镇供水工作持续健康发展。

全市有供水龙头企业3家，其中佛山市水业集团有限公司负责禅城区、高明区和三水区等3个区域的供水服务，南海发展股份有限公司负责南海区的供水服务，顺德水业控股有限公司负责顺德区的供水服务。市内有1间采用"活性炭+浸没式超滤膜"深度水处理工艺的优质水厂（佛山新城优质水厂，规模为0.5万立方米/日），其余城乡自来水厂均是采用常规净水工艺。市内有国家级水质监测站1个，省级监测站2个，均具备《生活饮用水卫生标准》(GB 5749－2006）出厂水106项指标的检测能力，并通过了质量认证；区级的供水企业均具备了超过42项指标的检测能力，尚有部分镇级供水企业不具备饮用水国标42项常规指标检测能力，部分村级水厂不具备饮用水国标规定的9项日检指标的检测能力。至年底，尚不具备自行检测能力的水厂通过委托有资质的检测单位对供水水质进行定期监测。

【城镇供水】 2012年，全市有水厂52间，供水管道8170公里（管径75厘米以上），总设计供水规模558万吨/日。其中，本年度扩建水厂1间，新增供水设计规模4.8万吨/日。年度实际供水量（售水量）8.1亿吨，其中：工业用水3.4亿立方米，居民生活用水2.9亿立方米；日均供水量230万吨，人均生活用水220升/日·人。城镇居民自来水普及率100%；农村居民自来水普及率96%，农村饮水安全受益人口202.9万人，共1459个自然村实现村村通自来水。2012年度城市供水水质综合合格率约为99.97%，比上年提升0.14%，并超过国家标准规定95%合格率的要求。

（刘　勇）

【佛山水业集团】 2012年，佛山水业集团在国资委、公控公司的正确领导下，上下团结一心，较为有效地应对了经济大环境低迷、贷款利率依然高企、成本持续上扬等不利因素的影响，实现了企业的持续平稳发展。全年实现供水量4.47亿吨，售水量3.97亿吨；污水处理量2.47亿吨。

重点工程。3月10日，三水区芦苞镇至大塘镇供水主管线通水。该管线工程是三水区村村通自来水工程的重要组成项目之一，工程起点为S269省道芦苞镇华山大道路口，终点为大塘工业园开元路路口，全长11.3公里，总投资9700万元。根据三水区村村通自来水工程的总体规划，该项目可满足大塘镇近、中期10万~15万立方米/日的用水需求，并使大塘镇供水安全性大大提升。同时，通过管网的后续延伸，将彻底解决北江以西片区的供用水问题。6月28日，高明水厂三期扩建工程及配套出厂水管网投产，日增产能4.8万立方米，高明区日供水能力达29.3万立方米，可满足今后几年不断增长的用水需求。12月，石湾水厂取水口迁移应急保障工程全线贯通，有效缓解石湾水厂在枯水期的间歇性水质问题，进一步构筑了禅城区安全优质供水的格局。

水质安全。自2012年7月起，强制实施由国家标准委和卫生部联合发布新的《生活饮用水卫生标准》。饮用水水质安全成为公众关注的焦点。5月，《新世纪》杂志刊出《自来水真相》一文，在全国引起轩然大波，公众纷纷对本地自来水质量表示担忧和疑虑，引起媒体强烈关注。对此，佛山水业集团高度重视，迅速向上级部门汇报和沟通，并以诚恳、公开的态度，系统开展了水质通告工作，相继组织了水质专项通报会、邀请人大和政协代表视察水厂、举办水厂开放日等活动，正面化解了公众的忧虑。8月起，佛山水业集团在网站发布禅城区、三水区、高明区每天水质通告，接受公众监督。9月，国家城市供水水质监测网佛山监测站顺利通过复查换证和扩项评审，拓展综合检测能力至212项。至12月，集团供水水质综合合格率为99.95%。2012年，该集团水质监测站荣获佛山市2009～2011年度先进集体称号。

客户服务。2012年，佛山水业集团将行风评议、“创文”工作与佛山水业“优质服务年”活动有效结合起来，以“服务优良、工作高效、技术先进”为目标，推动服务工作的开展。佛山水业集团客户服务中心在12月7日成立，96968热线平台于12月24日全面覆盖公司供水范围，标志着该公司在整合品牌、统一服务标准方面达到新的水平。在市政风行风评议中，佛山水业集团取得85.5分的优秀成绩。佛山水业市区供水分公司、三水供水有限公司服务窗口在“千个窗口展形象”活动中被评为示范窗口。

科技创新。科技进步直接关系到佛山水业集团的生产服务，体现在供水水质优良、工艺合理、供水安全等与市民生活息息相关的诸多方面。2012年，佛山水业集团继续依托现有的水质监测中心、院士工作室等科研平台，开展技术研究与创新，全年获国家、省、市、区科研立项课题10个，科技进步奖5项，共有10个科研项目通过佛山市科技局2011年技术鉴定。其中，2012年广东省战略性新兴产业核心攻关项目“污泥源减量技术－改良好氧－沉淀－厌氧工艺研究及产业化应用示范”获广东省科技厅立项，立项金额800万元，是佛山水业集团获得政府立项金额最大的项目；“北江流域原水水质预警和饮用水安全保障体系智能化决策体系”获佛山市科技进步二等奖。2012年，佛山水业集团参与编制国家水协科技委《城镇供水厂、污水处理厂自动化控制系统技术功能指南》，完成了关键技术章节——第三章《水厂、污水厂自动化控制系统软硬件设备技术功能指南》的编写工作。

水价调整。2012年12月，三水区规划和统计局印发《关于佛山市三水区调整自来水价格的通知》，三水区自来水价格调升，新价格从2013年1月1日抄见水量起执行。

（全秋娜）

供　电

【综述】 2012年，佛山供电局在南方电网公司、广东电网公司以及佛山市委、市政府的正确领导下，全面落实公司决策部署，深入学习实践科学发展观，以南网中长期发展战略统揽工作全局，按照“服务好、管理好、形象好”的要求，以“稳、进、精、益、和”为主线，以争当广东电网排头兵的勇气和信心，促进企业可持续发展、和谐发展、协调发展，获得全国供电可靠性A级金牌企业、中央企业思想政治工作先进单位等荣誉，佛山成为国家发改委需求侧管理首批四个试点城市之一，以优异成绩迎接了党的十八大召开和南网成立十周年。

【电力供应】 2012年，佛山供电局在确保安全生产稳定的情况下，依托国家需求侧管理试点城市建立有序用电管理机制，通过抓电网建设、抓客户服务、抓管理提升，实现了供电量502.3亿千瓦时，同比增长4.17%，佛山市供电量首次突破500亿千瓦时。2012年全网最高负荷达890.4万千瓦，同比增长0.16%。

【安全生产】 在极端天气频发、特级保供电任务繁重等压力下，抓住“基础管理”和“科技进步”两个龙头，圆满完成“两个确保、三个杜绝、两个降低”目标，编制并应用生产管理一体化工作手册和生产班组一体化工作手册，生产业务全面实现信息化运作，佛山供电局成为国内首个在班组业务中应用移动作业系统的单位，成为南方电网公司生产班组一体化示范基地；佛山成为全国首批城市用户平均停电时间低于60分钟的两个城市之一，佛山供电局以全国第二名的成绩获可靠性A级金牌企业称号；安全风险管理实现体系化运转，以最高得分率83%通过“四钻”外审，并在国家电监会组织的电网企业安全生产标准化试点评审中以91.94分的最高分被评为一级企业。国家863项目“分布式供能及示范项目”顺利通过科技部的验收，建成全省最大的配网自动化区域，“500千伏变电设备带电水冲洗技术及装备研制”填补广东电网技术空白，处于国际领先水平。

【电网建设】 紧抓规划计划管理龙头，科学统筹，在复杂环境中抢占电网持续发展先机。2012年完成固定资产投资26.43亿元，新增主变容量81万千伏安，新增110千伏及以上输电线路86.25公里；建成全省首座110千伏预装式变电站，变电站总数达202座，运行变电站数量首次突破200座；完成《佛山市“十二五”配电网规划修编》和《佛山市电力专项规划修编》，基本确立佛山电网“7＋6分区互联”大电网格局；结合城市控规同步开展佛山新城、三山新城、西江新城等重点区域电力专项规划。110千伏平西站获南方电网公司基建优质工程称号；220千伏鹅村站获广东省建设工程优质奖和省重大建设项目档案“金册奖”。

【优质服务】 2012年积极开展为民服务“创先争优”活动，助推佛山成为国家首批四个需求侧综合管理试点城市之一。多方位开展阶梯电价政策宣传，居民阶梯电价政策平稳有序实施；建成全省规模最大的全自动电能表校验生产流水线和智能立体表库；提高业扩报装效率，低压非居民及高压客户报装送电时长分别缩短39.3%和25.8%；深化服务进村居、进社区、进镇街行政服务中心，开通网上、掌上营业厅以及“智慧驿站”、高清电视供电服务功能，进一步拓宽营销服务渠道，“一站妥”服务比例达92.76%，排名全省第一。第三方客户满意度得到82分，同比提升5分。在省社情调研中心公共服务行业评价中得到79.46分，佛山排名第一。

【精神文明】 2012年，全力深化企业文化建设，举办了首届职工文化艺术节，建成员工文化活动中心，成为省公司首批企业文化示范基地；创新职工代表巡视机制，成立职工爱心互助会，加强先进集体、个人的宣传报道力度，继续提升巾帼文明岗创建质量。实施青年成长计划，佛山供电局团委获广东电网公司“五四红旗团委”称号；工程领域专项治理工作效能监察获“中央企业效能监察示范项目”称号；深入开展劳动竞赛和节能减排工作，获“全国五一劳动奖状”。

（郑瑞观）

供　气

【城市供气】 2012年，佛山市禅城区、南海区、高明区、三水区液化石油气全年销量19.17万吨，天然气全年销量4.81亿立方米。天然气居民用气价格为3.65元／立方米。全市工作压力为1.6MPa至4MPa的高压管网长度合共86公里，工作压力为0.01MPa至0.4MPa的中压管网长度1031公里。

（杨立志）

【佛山市燃气集团股份有限公司】 2012年，佛山市燃气集团股份有限公司销售天然气6.81亿立方米，同比增长21%；销售液化石油气3.7万吨，同比减少24%。实现营业总收入31.55亿元，同比增长27%。

资源整合：完成对顺德港华燃气公司60%股权的收购工作，使该集团在佛山的经营区域覆盖了除南海区以外的佛山四区。属下高压管网公司通过竞拍获得粤港能源公司100%股权。因粤港能源公司拥有广东珠海金湾液化天然气有限公司8%的股权，此次竞拍成功后，高压管网公司持有珠海金湾公司的股权由3%升至11%，成为其第四大股东。

气源保障：向上游采购天然气6.78亿立方米。与中石油签订《西气东输二线购销协议》，为佛山市落实了继广东大鹏气后的又一大天然气长期主供气源。

市场拓展：把握政府淘汰以煤、重油、木材为燃料的小锅炉等政策导向，深度拓展高能耗行业工业用户市场。加强新建楼盘和旧有小区居民用户的开发力度。完成三水区西南城区天然气置换。全年新增工业用户83户、商业用户205户、居民用户6万户、出租车用户42台、LNG公交车用户7台。新增用户用气量达9712万立方米。

工程建设：建成天然气高压管线18公里、门站1座，市政管228公里，汽车加气站2座。高压管网建设方面：建设芦苞门站，基本达到通气条件。完成芦苞至西南管线建设，具备接通西气条件；完成北滘至大良管线建设；完成南庄至西江管线焊接5.83公里，累计完成焊接13.38公里。此外，狮山调压计量站获得施工许可证；大良调压计量站、西江调压计量站完成规划验收；西樵调压计量站完成消防、防雷及规划验收。推进高压管网三期工程项目核准工作，向省发改委上报项目报告。市政管网建设方面：建设市政管228公里、庭院管53公里，完成楼栋室内安装3.8万户。完成禅城区轻工路、顺德区西安亭大桥穿越、三水区三花公路南丰大道至塘西线、高明区明城LNG站至更合小洞工业园等市政管重点工程。汽车加气站建设方面：建成镇安、荷城两个汽车加气站并投入试运行。禅城区镇安汽车加气站于9月底投入试运行后，分流了原魁奇西、同济东两个加气站的加气车辆，大大缓解了交通拥堵状况。

安全技术工作：全年无死亡、重大人身伤害、火灾、重大设备设施事故及重大质量事故。安全评估方面：综合治理地铁沿线燃气管道杂散电流。解决埋地燃气管网防腐与定位问题。完成《佛山燃气风险自评报告》，对集团属下的燃气设施、燃气运输以及用户用气安全进行全面评估。技术质量管理方面：统一LNG气化站、高中压调压计量撬标准；初步完成《城镇燃气工程设计技术规定》和《城镇燃气工程施工技术规定》的修订工作。组织技术人员参加计量新技术工作坊、开孔设备、阀门、楼栋引入管、智能表、热值稳定技术、LNG冷能利用等技术交流。信息化建设方面：扩大管网资源管理系统（GIS）覆盖面，使系统由禅城燃气延伸到三水燃气、高明燃气和高压管网公司。完成远程数据采集与监控系统（SCADA）服务器的部署和上位机系统建设工作，共有95个监控站点投入正式运行。基本建成GPS巡检系统。

（钟育政）

国土资源管理

【综述】 2012年佛山市国土规划局各项工作再上新台阶，分别荣获省政府2011年度“三旧”改造专项一等奖、全省耕地保护责任目标履行情况综合三等奖、国家测绘局全国“地理信息科技进步一等奖”、2011年度实施《珠江三角洲地区改革发展规划纲要（2008～2020年）》评估考核优秀等次、市政协提案办理优秀等次、政府信息公开和网站建设市直职能部门绩效评估优秀等次、全市矿山安全生产考核优秀奖，基本农田补贴经验在全国推广实施，廉政风险防控试点工作和干部队伍建设经验得到省市主流媒体的专题报道。

【保耕地、守红线，国土资源保护得到再加强】 坚守耕地红线。颁布实施《佛山市土地利用总体规划（2006～2020年）》，拟订《佛山市土地整治规划编制实施方案》，稳步推进整治规划编制及项目建设。签订耕地保护责任书，出台了《佛山市区级人民政府耕地保护和节约集约用地履行情况考核评分细则》，细化各项考核批示，并与广东省的考核内容衔接。积极配合有关部门和中央电视台等媒体推广基本农田补贴经验。

开展耕地质量等级成果补充完善与年度变更试点工作情况。审查验收各区耕地质量等级成果补充完善工作，着手进行耕地质量等级成果变更试点工作。做好2012年度土地变更调查与遥感监测工作，全部核查遥感监测图斑，共完成2168个，面积2.66万亩。

【保障发展急需用地】 一是制定“服务企业暖春活动”工作方案，深入企业进行座谈和调研，研究企业的用地困难，保障企业增资扩产，解决了南海一方药业等企业的用地问题。2012年，共办理涉及产业发展用地业务45宗，土地面积约484公顷。

二是全力做好用地报批工作，为经济发展提供资源支撑。2012年，全市上报省厅审批的批次（项目）建设用地共69宗，用地总面积为851公顷，其中新增建设用地747公顷、农用地635公顷、耕地254公顷。

国务院和省政府已批复的批次项目有58个，批准用地总面积为1644公顷，其中新增建设用地1306公顷、农用地1187公顷、耕地426公顷。已批准的建设用地中属于国家或省重点建设项目有：国道主干线广州绕城公路九江至小塘段项目、广明高速公路陈村至西樵段项目、广三高速扩建工程等。

三是积极保障重点建设项目和企业增资扩产用地指标。2012年，上级共下达佛山市新增建设用地指标1.15万亩，其中重大项目专项指标新增建设用地6073亩。这些指标都优先用于重大建设项目、企业增资扩产、城市升级等项目，如一汽大众、三水海尔、西江新城等。

四是重点保障安居工程用地。2012年禅城、南海、高明、三水四区及佛山新城保障性安居工程用地计划供应量为15.92公顷，根据省下达任务要求拟建设7500套保障性住房，至11月30日，保障性安居工程用地落实供应18.17公顷。

【强化资源集约利用】 一是出台并实施《佛山市2012年度国有建设用地供应计划的通知》，全年计划供应土地2221.65公顷。至12月31日，全市土地出让共218宗，合937公顷。

二是加强批后监管工作，组织开展全市国有建设用地使用权批后监管专项检查：2009年至2011年经政府批准的建设用地面积共2763公顷，其中新增建设用地面积2673公顷；完成征地面积为2367公顷，批后征地率为100%；征地后供地面积为1897.94公顷，供地率为68.65%；实际开发利用面积为2072公顷，土地开发利用率63.86%。

三是大力推进建设用地增减挂钩工作。至年底，佛山市共向省申报增减挂钩项目6个，获批项目有4个。同时加强闲置土地处置力度，逐宗核实房地产闲置土地现状、时间和原因，研究处置方案。

四是推进征地制度改革试点工作。重点开展征地补偿、征地安置、房屋拆迁、留用地安置、社保安置、风险评估、纠纷处理等调研，形成了《佛山市征地制度改革试点工作报告》，初步完成《征地制度改革试点专项报告》，拟进行第二次征求意见。

【深入推进“三旧”改造】 一是制定实施《关于加快推进“三旧”改造促进城市升级工作的意见》，重点在旧厂房改造控制比例、奖励标准、收益分成、完善历史用地办理、公益性用地比例等方面提出了新的控制要求。

二是组织制订《关于加快推进“三旧”改造促进城市升级工作的补充意见》，主要包括完善历史用地手续、加大扶持和奖励旧厂房改造力度、优先保证公益性用地的供给与落实等内容。

三是加快推进制订《佛山市“三旧”改造完善历史用地手续操作办法》工作。佛山市“三旧”改造需完善手续的历史用地达8.9万亩，拟从办理时限、分类办理类型、材料组织、工作流程等方面，对完善历史用地手续进行规范。

四是进行标图建库动态管理。基本建立“三旧”改造“标图建库”系统，并形成了每年6月、12月定期动态调整机制。至年底，纳入“三旧”改造地块图斑共5886宗，总用地面积47.33万亩。

【维护土地市场稳定】 一是依托广东省“土地市场动态监测与监管系统”做好土地供应的动态监测监管工作；二是开展土地出让合同清理工作，特别是房地产的突出问题；三是建立和健全“三公一诚”的土地市场诚信制度，土地开发利用诚信档案在网站上公开，每季进行更新。

【积极开展土地矿产卫片执法检查工作】 佛山市利用卫星遥感图片对用地执法检查，2012年进行的上年度卫片执法检查中，全市确认有违法用地127宗，其中立案87宗（40宗非立案处理拆除复耕），查处87宗，结案87宗；下达处罚决定书87宗，申请强制执行43宗，落实罚款876万元，没收违法建（构）筑物2.38万平方米，拆除违法建（构）筑物0.33万平方米；非立案处理拆除复耕40宗17.46亩。开展了土地动态巡查检查工作，制定了执法监察动态巡查量化考核标准。

【加强矿产资源监管】 2012年，佛山市印发《关于进一步加强矿产资源日常监管和强化采矿权审批登记管理等有关工作的实施意见》。部署开展了多次专项行动，先后印发《开展矿产资源勘查开采安全生产领域“打非治违”》和《佛山市矿产资源领域安全生产“百日行动”工作方案》等文件，各项检查、整改和监管到位。补充编制《规划环境影响报告书》。继续推进西樵山地质公园地质遗迹保护工作，开展禅城牛尾岗、王借岗地质公园建设及申报的可行性研究。

【增强责任意识，积极预防地质灾害】 2012年，佛山市颁布实施《佛山市2012年度地质灾害防治方案》。部署开展“一点一档”和“一隐患一方案”工作，规范建档管理，全面完成“十有县”建设。制定了《地质灾害群测群防员经费补助管理办法》。对全市重要监测点进行了2300人次的专业巡查监测，开展突发性地质灾害应急调查22次；共发布1级预报预警34次，2级预报预警24次，3级预报预警10次。及时利用“佛山国土规划”官方微博发布信息，澄清“高明有地震”的谣言，避免社会恐慌。

【“三打两建”工作取得阶段性成果】 2012年，佛山市对重点地区、重点矿种进行“地毯式”滚动排查，共查获10宗涉嫌非法勘查开采矿产资源案件，取缔违法矿点10个，暂扣机械设备11台，已复耕复绿面积32.63亩，作出行政处罚决定书7份，罚款17.34万元，对涉嫌刑事犯罪的3宗案件移交公安机关。

【加快土地确权推进步伐】 2012年，佛山市制定农村集体土地所有权登记发证工作的倒逼计划，落实专项经费，加强协调，至年底，完成农村集体土地所有权确权到村民小组（经济合作社）3825个，发证宗数2.71万宗，发证面积18.49万公顷，完成率为99%。对上年度土地变更调查工作同步展开，调查成果于3月通过广东省国土厅检查，并进入国家年度变更数据库。

【做好地价管理工作】 一是监督协调各区做好城镇基准地价评估和调整更新工作，保证每3年更新一次。二是实时监测重点地区的地价水平和变动情况，完成近3年城市地价动态监测成果，并将成果公布在市局门户网站上。

【信息化建设全面推进】 2012年，编制完成《信息化建设总体方案》，地理空间框架建设成果被推广应用到8个部门9个系统。建设完成土地和矿业权网上交易系统、执法动态巡查系统、综合监管平台、移动办公平台、涉密网等。启动了“三旧”改造管理信息系统建设工作，以实现改造项目的全过程管理，并与政务审批系统、电子监察系统对接。

【狠抓制度建设】 2012年，印发实施《佛山市突发地质灾害应急预案》和《佛山市突发地质灾害群测群防员经费补助管理办法》。印发《佛山市土地登记岗位责任制》，实现以制度管理岗位和人员。实施了《重大征地事项社会稳定风险评估实施办法》，对三水、南海两宗征地事项进行了风险评估。抓实职能清理及编制核查，清理出职能事项318项。

【扎实推进测绘基础工作】 2012年，佛山市基本完成“天地图·佛山”建设，实现与广东省节点、国家主节点的互联互通和协同服务，通过安全测评后将为网民提供免费、快速的服务。开展国土、规划两套静态控制网的整合，实现控制网的“一张图”；完成了五区核心建成区357平方公里三维模型数据的采集制作和相关地形图的修补工作。制定了《测绘应急保障预案》，开发了《测绘应急保障系统》，构建了市、区测绘应急服务保障和管理体系。制定了《佛山市三维模型技术规范（试行）》。完成24家测绘单位信用信息的录入工作。

【抓实土地储备工作】 佛山市土地储备工作得到市财政和三水区的支持，市区联动储备云东海3600亩地；深入调研轨道交通沿线土地储备办法，拓宽土地储备渠道。至2012年底，市土地储备中心储备土地存量1350亩。新增储备土地一宗，面积46.55亩。

【加大信访维稳力度，积极受理行政诉讼】 2012年，佛山市建立“属地管理、分级负责、突出重点、协调解决、完善制度、源头预防”的国土规划信访机制，制定了《重大征地事项社会稳定风险评估实施办法（试行）》。先后开展了国土资源信访积案专项治理百日行动和化解信访积案“双百”

行动，共处理各类案件17宗；诉讼案件共审结11宗，全部胜诉；办理行政复议案件15宗，复议机关均依法维持了国土规划管理部门的具体行政行为。

（许　伟）

城乡规划管理

【把握龙头，引领城市转型】 2012年，佛山市深化城市规划前瞻性研究。一是总体规划层面。组织编制《佛山市城市总体规划编制体系研究》，已验收成果。开展新一轮《佛山市城市总体规划》的编制工作，纲要成果已通过市政府审查和部省联合审查。《佛山市城市近期建设规划》待市政府审批。组织编制了《佛山市城乡规划和土地规划“一张图”技术规范体系》，以建立基于可持续发展的城乡规划和土地利用规划共用的一体化数字化平台。二是专项规划层面。完成了《佛山市交通白皮书》5个专题、5个专项研究和3个咨询研究的编制工作，为政府的交通发展决策提供理论、技术和数据支撑。组织开展年度的交通模型维护与交通年报编制工作。组织编制《佛山市城市道路网规划》，《大型居住区配建公交场站的政策研究》成果已完成征求意见。统筹协调《佛山市电网近期建设规划》《佛山市地下管线勘测成果数据建设（佛山新城北片区）》，积极推进《佛山西站综合交通枢纽工程前期工作方案》。三是产业规划层面。围绕城市升级三年行动计划，组织并完成了《城市中心区概念规划》《佛山市新城市中轴线规划研究》《佛山建设低碳城市规划》《佛山市中心区特色步行街区规划研究》《佛山市“2+5”组团产业空间演变研究》，加快规划建设核心区佛山城市中轴线，充分发挥组团中心的引领和带动作用。四是专题研究层面。抓紧推进《佛山市控制性详细规划编制单元划分》《佛山市城乡气候改善与宜居城市优化研究与指引》《佛山市城乡气候改善环境影响评价专题研究》《汾江河（佛山水道）沿线用地控制性详细规划中山公园FJC06—03地块局部调整》等项目研究。制订《滨水区更新规划管理技术准则》。

加强控制性详细规划管理。为进一步规范控制性详细规划管理，印发实施了《佛山市控制性详细规划管理工作规程》《佛山市控制性详细规划编制成果技术准则》《佛山市控制性详细规划电子数据成果标准》等管理文件，重点加强了对控制性详细规划中基础设施、公共绿地、公共服务配套设施、文物紫线等公益性设施内容的审查。先后审查了《南庄镇同济西路（规划）南侧地块规划条件》《佛山市张槎街道中心区东、西片控制性详细规划局部调整》等18个控规阶段成果，并按程序报批。对新一届城市规划委员会成员进行了调整。

深入推进广佛同城化。与广州、肇庆等规划部门共同推进广佛同城化和广佛肇经济圈建设的相关规划工作。完成了《广佛同城化规划机制研究》《跨界地区城市规划编制研究》《广佛同城花都空港地区整合规划》《广佛同城五沙地区整合规划》的编制。《广州市　佛山市同城化城市规划合作协议》确定的相关工作已基本完成。

【狠抓重点，促进持续发展】 探索推进TOD开发模式。佛山市除佛肇城际轨道交通三水站列入省市合作TOD综合开发站场第一批项目外，经广东省政府列入首批“站场+社区”示范站场的还有广佛环线张槎站、陈村站等。为了加快推进轨道交通站点周边的TOD开发工作，多次组织召开座谈研讨会，开展周边用地的规划设计深化工作，并拟定综合开发前期工作方案报市政府审批。

开展全市地下空间利用开发调研工作。摸清了佛山市地下空间建设和管理的基本情况，提出了地下空间开发利用的对策和建议，组织编制了《佛山市地下空间开发利用和管理模式情况》专题报告，得到了佛山市委、市政府的肯定。

主动配合做好重点区域重点项目的跟踪服务。做好东平广场、公共文化综合体、广佛环线等跨区及佛山新城内的重点建设项目的方案协调和规划管理工作。对于尚未编制控规的地区，根据城乡规划法、控规管理条例的有关规定做好佛山市义乌小商品城项目、南国酒店改造提升项目、禅城经济开发区新材料产业园项目等重点项目规划条件的审查、报批工作，为重点项目的顺利推进提供保障。

动态维护佛山市交通模型及交通年报编制项目。2012年，通过常规交通调查、居民出行补充调查和软件更新升级，完成交通模型更新维护。

印发《佛山市交通发展年度报告（2011年）》，编制完成《佛山市2013年交通设施建设年度计划》，为市、区交通设施建设的投资决策提供参考依据。配套制定《佛山市交通影响评价编制暂行管理办法》《控制性详细规划交通影响评价技术准则》《佛山市智慧交通中观动态模型开发》《佛山市交通设施年度建设计划实施管理办法》等。

【规范管理，提升服务效能】 抓好历史文化名城、名镇、名村的保护工作，加强“紫线”管理。2012年完成了优秀历史建筑保护规划的阶段性成果。启动了佛山市历史文化名城专题图管理项目，建立历史文化保护专题图库，初步选定了具备历史文化名村条件的传统村落名录。加强推进组织开展《岭南近现代建筑》资料编辑工作，整理和编辑《岭南近现代建筑资料册（佛山）》成果。牵头推进仁寿寺重建工作，组织编制了控制性详细规划和可行性研究报告，制定了重建项目工作方案，加强推进组织开展建筑方案设计国际竞赛工作。

抓好绿化规划和管理工作，加强“绿线”管理。完成了《佛山市区域绿地绿线图则》编制工作，划定特殊区域，保护重要与敏感生态功能区，维护农田保护区、农田林网等绿色开敞空间。编制完成《佛山市公园绿地建设规划》最终成果。完成了佛山市绿道网建设规划管理平台及成果展示项目，建立绿地规划管理平台，利用该平台全方位地展示绿地建设成效。启动了佛山市绿地专题图管理项目，对佛山市绿地专题数据进行空间坐标入库。配合城市升级工作，组织编制了《城市森林生态规划》和《禅桂中心区城市沿街景观综合整治规划》。

以规划信息化促进业务审批现代化。2012年，开展城市规划管理三维互动指标核算及其电子报批系统的免费培训，参加培训总人数148人，通过考试取得证书人数91人，合格率为61%。建设完成全市统一的城乡规划电子政务系统，在三水区开展试运行。

【提升内涵，促进城市转型】 加快城市升级步伐。2012年，佛山市印发城市升级三年行动计划，确定了103个重点项目，共分4大类：组团中心提升工程，交通基础设施工程，绿化和景观提升工程，环境整治工程。其中重点项目53项，主要包括：特色步行街区、城市滨河景观工程、城市中轴线项目、组团中心提升项目等；其他项目50项，主要包括：组团中心提升工程、绿化和景观提升工程专责小组、环境整治工程专责小组。佛山市政府、各区和佛山新城成立了城市升级三年行动计划领导小组办公室，市纪委成立了城市升级督查小组。2012年上半年，市升级办组织制定了《佛山市城市升级三年行动计划工作方案》《考核办法》《宣传工作方案》《项目实施方案制定要求》《项目实施情况报送要求》等工作文件，具体明确工作职责、项目管理、督查考核等内容，以确保规划、资金、土地、时间进度和责任单位“五落实”。各升级办也相应制定和细化了上述制度和办法。至年底，99个项目纳入考核范围，完工15个，开工67个，启动15个，未实质性启动2个；另外4个项目纳入城市中轴线建设项目范围，从2013年开始纳入城市升级考核。

抓好宜居城乡与名镇名村创建等工作，改善城市人居环境。2012年，组织开展了佛山市宜居城乡规划研究工作，针对创建宜居城乡战略，提出针对性的相关规划控制指标、控制要求和实施建议。该成果已上报市政府审批。完成了《佛山市村镇规划管理技术规定》制定工作，制订统一的村镇规划管理技术标准，实现从“管理标准统一”到“空间资源统一”的高度整合。规划成果于4月18日批准实施。

全力推进全国文明城市创建工作。一是制定“创文”工作方案，有序组织开展耕地林地保护等14项文明城市的创建工作。二是积极配合市场环境整治、农贸市场升级改造等专项整治活动，取得了实质性的成效。三是及时解决本系统、本行业的重点难点问题。

（许　伟）

城乡建设

【综述】 2012年，佛山市住房和城乡建设管理工作以科学发展观为统领，紧紧围绕全市建设“民富市强、幸福佛山”目标，着力落实省、市各项重点工作，创新城市建设管理模式，改善城市环境品质，创建宜居城乡，提升佛山城市形象。

【**城镇村庄建设**】 2012年，佛山市禅城区、南海区、高明区、三水区共设建制镇15个，行政村290个，编制村庄规划的行政村209个，占全部行政村比例72%。建制镇镇域面积17.84万公顷，镇域户籍人口148万人，暂住人口104.2万人。其中，建成区面积1.38万公顷，建成区户籍人口45.15万人，暂住人口29.61万人；村镇建设管理人员570人，专职人员358人；建制镇市政公用设施方面（含暂住人口），燃气普及率60.11%，人均道路面积16.52平方米，污水处理率53.64%，人均公园绿地面积2.74平方米，绿化覆盖率10.45%。

【**中心镇建设**】 2012年，佛山市禅城区、南海区、高明区、三水区共设中心镇7个，分别是南海区里水镇、西樵镇，高明区明城镇、更合镇、杨和镇，三水区乐平镇、芦苞镇。中心镇镇域总面积1404.4平方公里，镇域总人口88.7万人，镇域暂住人口34.7万人；其中建成区面积52.3平方公里，建成区户籍人口16.8万人，建成区暂住人口11.9万人。村镇建设管理人员210人，其中专职人员127人。中心镇建成区公共绿地面积376.8万平方米，公园绿地面积150.1万平方米，镇区道路长度508.6公里，镇域道路长度1497.3公里。

【**宜居城乡建设**】 2012年，佛山宜居城乡建设工作取得成效。向广东省住建厅推荐了2个镇20个村庄申报第二批广东省宜居示范城镇、宜居示范村庄；组织开展2012年佛山市宜居城镇、宜居村庄、宜居社区考核评审工作，公布了全市第二批宜居社区，第三、四批宜居城镇、宜居村庄名单。至年底，经广东省住建厅批准公布，佛山市有3个镇26个村成为省级宜居示范城镇、宜居示范村庄；禅城区梁氏家庙获岭南特色乡村民居奖铜奖；经佛山市创建宜居办公室批准公布，全市有3镇、40村庄、73社区成为市级宜居城镇、宜居村庄、宜居社区，10社区成为市级宜居示范社区。

5月，全市组织“禅城区岭南天地”“南海区智慧城市管理指挥（应急）中心暨政务服务中心项目建设”“南海区里水镇促进经济环境双提升打造宜居宜商新农村”等3个项目申报2012年度广东省宜居环境范例奖，里水镇河村社区公共管理与服务项目获奖；12月底，根据《关于印发佛山市创建宜居城乡工作绩效考评办法的通知》要求，佛山市创建宜居办公室组织五区创建宜居办公室对2012年度各区创建宜居城乡绩效工作进行了考评，禅城区、三水区、南海区考评等次为优秀，高明区考评等次为合格，顺德区由于下半年确定创宜工作纳入全市统筹安排，2012年不考评。

（伍佩玲）

【**建筑业**】 2012年，佛山市在建监督工程6432项，建筑面积4533.41万平方米，工程合计总造价716.97亿元；佛山市禅城区、南海区、高明区、三水区新报建项目2135项，建筑面积2105.93万平方米，工程合计造价337.4亿元。新注册工程监督覆盖率、受监工程主体结构合格率、竣工验收工程一次验收合格率达到100%。7家企业被评为2011年度优秀施工企业，21人被评为2011年度建筑业企业优秀项目经理；9家企业被评为2011年度先进工程监理企业，9人被评为2011年度优秀总监理工程师，10人被评为2011年度优秀监理工程师。

【**工程质量管理**】 2012年，佛山市建筑工程质量态势总体平稳，全市获省优良样板工程3项，获市优良样板工程14项。佛山市、区住房和城乡建设行政主管部门加强了对工程实体质量和参建各方主体质量的行为监督，不定期组织巡查抽检。结合建材打假，加强对进入建设工程施工现场的钢筋、构配件、墙体材料等主要建筑材料的现场抽查工作。建材打假行动中共立案71宗，主要涉及管桩、水泥、建筑用砖、安全网、安全帽、安全带及钢扣件等。不断创新监管方式。佛山市、区两级住房和城乡建设行政主管部门加强对建筑企业诚信行为的动态检查。表彰良好行为企业165家，查处不良行为企业529家。在建立工程质量检测监管信息系统的基础上，开发建立了“佛山市混凝土质量追踪和动态监管系统”，投入使用后将实现对混凝土生产、使用、监测全过程的实时质量追踪和管理。

【施工安全管理】 2012年，佛山市禅城区、南海区、高明区、三水区共41个工地被评为市房屋市政工程安全生产文明施工示范工地，比上年多9个，省“双优”工地数量比上年有所提升。全年发生建筑施工安全事故1起，死亡1人，死亡人数与上年持平，各项指标均在广东省住建厅下达的控制指标范围内。佛山市、区两级住房和城乡建设行政主管部门和施工安全监督机构组织了包括建筑施工安全季度巡查、节前建筑施工安全检查等，共检查建筑施工工地1268个，排查建筑施工隐患712项，整改712项，整改率100%。开展深基坑、高支模、建筑消防、外脚手架、建筑起重机械和施工坍塌等专项整治工作，其中建筑起重机械安全专项整治工作，出动3120人次，检查480项在建工程，共检查塔吊500台、施工外用电梯531台、物料提升机131台；开展20次其他专项整治工作，出动955人次，检查433项在建工程，发现隐患274项，整改274项。利用安全生产动态扣分手段，保持安全生产高压态势，2012年全市共扣分1554条。加强对危险性较大的分部分项工程安全专项施工技术方案的编制、审查、论证、审批和验收制度的监督管理。对专家库进行了更新，对专家进行了培训。“安全生产月”活动月期间，举办了建筑施工安全检查标准（JGJ59-2011）讲座。

（周炳明　关晔华）

【勘察设计管理】 2012年，完成佛山市体育学校改造工程等89项大中型建设工程初步设计审查，办理了南海万达广场南6栋等14项工程超限抗震设防专项审查批复工作。继续做好勘察设计企业违反强制性条文网上公示制度和通报工作，并按规定对责任单位进行诚信扣分，全年公示4批共98个项目“违反强制性条文”情况。

开展勘察设计质量专项检查工作，5月、10月分别组织开展全市勘察设计质量专项检查，共抽取38个项目，重点检查保障房、居住建筑、公共建筑建设项目。8月，印发《佛山市住房和城乡建设管理局关于切实做好全市保障性安居工程勘察设计质量监管工作的通知》，进一步加强对保障性住房勘察设计质量的监督管理，要求各区、佛山新城建设行政主管部门把保障性安居工程勘察设计质量监管作为一项重点工作来抓，严格执行法定建设程序。

【建设科技】 2012年，佛山市禅城区碧桂园城市花园（北地块）工程、佛山岭南天地D地块公寓式酒店等2个项目顺利通过省住建厅组织的省建筑业新技术应用示范工程专项验收；南海区承创大厦等5个项目组织申报2012年度省建筑业新技术应用示范工程立项。加强对已取得示范工程立项的在建项目的监督管理，督促项目执行施工单位落实各项新技术应用实施。为加强全市建设工程新技术宣传推广，佛山市住房和城乡建设管理局委托市建筑业协会将全市近年来的建设工程新技术汇编成册，编制《佛山市建设工程新技术成果汇编》，汇编分为房屋建筑、市政路桥和建筑节能三个章节，收录了古建筑屋脊保护技术等54项新技术。

【建筑节能】 2012年，佛山市建筑节能工作在全省建筑节能专项监督检查中被评为优秀。佛山市住房和城乡建设管理局组织对各区建设主管部门开展了2012年度建筑节能工作考核。2012年1月1日起，佛山市全面实施新型墙体材料专项基金征收工作。5月，佛山市住房和城乡建设管理局对各区进行基金征收情况检查。全年墙改基金征收项目共1163项，预收基金1.66亿元。

佛山市政府印发《关于加快推广绿色建筑的意见》《佛山市绿色建筑行动方案》，指导全市推广绿色建筑工作开展。7月，专门制定《佛山市绿色建筑设计说明专篇（公共、居住建筑）》，指引和规范全市绿色建筑设计文件的编制。8月，佛山市政府印发《关于全市“十二五”期间绿色建筑建设目标任务分解的通知》，对各区和佛山新城绿色建筑建设指标进行任务分解。全年创建绿色建筑7项，共71.77万平方米，完成省下达的60万平方米年度建设任务。佛山新城被纳入省级绿色低碳新区建设示范。开展2012年度市级建筑节能示范项目组织申报和评审工作，佛山依云水岸17号商业楼等6个项目通过了项目评审及市政府审批，将获得143万元市级建筑节能发展专项资金补助。

完成2011年度国家机关办公建筑及大型公共建筑的能耗统计工作，共统计80栋建筑，能源审计12栋建筑，建立4个能耗监测建筑。开展建筑节能材料和新型墙体材料登记备案工作，新办理登记备案共10种节能材料和9种新型墙体材料。

（吴燕婷）

住房与房地产业

【房地产市场】 2012年，全市商品房批准预售面积1041.86万平方米，销售面积818.04万平方米，销售金额654.86亿元，销售均价8005.3元／平方米。其中：商品住房批准预售面积865.56万平方米，同比上升8%；销售面积672.03万平方米，同比上升6%；住宅销售套数5.94万套，同比上升5%；销售金额513.09亿元，同比下降1%；销售均价7634.95元／平方米，同比下降6.55%。

（孔竞兰）

【保障性住房建设】 2012年，佛山市继续建立健全新型住房保障制度。广东省政府下达佛山市住房保障任务是新开工保障房7500套，完成竣工保障房3621套。佛山市实际落实新开工保障房项目25个，共7694套，其中属政府投资项目4177套，社会力量投资建设3517套。至年底，25个项目全部开工，开工率102.5%；完成竣工16个项目，共3920套，完成率108%。

（陈小勇）

【房地产产权登记】 2012年，佛山市已登记国有土地的房屋总建筑面积为3.11亿平方米，其中住宅1.92亿平方米、149.59万套，非住宅1.19亿平方米；已登记集体土地的房屋总建筑面积为6746.91万平方米，其中住宅5715.93万平方米、37.61万套，非住宅1030.98万平方米；佛山市房屋登记部门共完成国有土地房屋所有权初始登记942.98万平方米，转移登记1144.55万平方米，变更登记992.57万平方米，注销登记96.4万平方米，抵押权登记3700.4万平方米，预告登记73.25万平方米，其他登记20.13万平方米。佛山人均住宅建筑面积为58.56平方米。

（江　飞）

【佛山市住房公积金管理中心】 在市政府、市各有关部门、市公积金管委会各委员的大力支持和配合下，2012年佛山市住房公积金各项业务，保持连续7年快速增长态势。该中心利用科技手段、采取新的收支模式，为职工和单位提供快捷方便的服务。2012年，佛山市被国家批准成为利用公积金贷款支持保障性住房建设试点城市，为日后进一步扩大公积金制度的作用，造福社会、造福职工奠定了基础。

继2010、2011年后，佛山市住房公积金管理中心2012年再次被广东省监管部门评为优秀，排名全省第二。12月，广东省住建厅在佛山市召开全省住房公积金现场交流工作会议，认为“佛山中心已经走在规模化、制度化、信息化和人性化建设的道路上，希望其他中心能够将佛山中心作为标杆”。

【住房公积金业务开展情况】 一是住房公积金制度建立和缴存。至2012年底，佛山市累计建立公积金制度的职工82.88万名，增长13.7%。按照单位性质划分，机关单位职工占11.08%，事业单位职工占10.81%，社会团体单位职工占1.4%，各类企业（含国有、股份制、民营私营企业和其他机构等）职工占76.08%，民办非企业占0.43%，自由职业者占0.2%。2012年度新增缴存职工9.96万名，减去职工退休注销等1.44万名、转移到外地0.19万名，净增长8.31万名，净增长率13.6%。期初缴存职工（保有量）61.17万名，期末缴存职工（保有量）69.48万名。2012年度归集资金66.19亿元，同比增长22.59%；至2012年底，全市累计归集资金301.13亿元，归集余额107.59亿元。

二是住房公积金运用。2012年度职工购房、建房等提取46.03亿元，同比增长16.44%。其中：职工购建住房和大修理住房使用提取42.89亿元，占提取总额93.17%；租房提取280万元，占0.06%；退休注销等提取本息金额2.81亿元，占6.11%；职工转移到市外的0.3亿元，占0.66%。至2012年底，累计提取193.53亿元。2012年度发放住房公积金抵押贷款8654笔、22.64亿元，同比增长23.93%；至2012年底，累计发放贷款6.67万笔、金额136.38亿元，贷款余额90.18亿元。住房公积金抵押贷款依时收回，贷款资金安全。2012年度收回贷款9.62亿元；至2012年底，累计收回贷款46.19亿元。期末逾期贷款本金42.54万元，逾期41户，逾期率0.0047%。至2012年底，资金使用率为94.22%。

三是住房公积金增值收益。2012年度业务收入4.15亿元，业务支出2.63亿元，其中支付职工住房公积金利息2.29亿元。2006～2012年，累计支付职工住房公积金利息8.13亿元。2012年度增值收益1.52亿元，同比增长15.2%。

【住房公积金管理的执行情况】 按照国务院《住房公积金管理条例》以及相关法律法规和章程，按照国家统一管理、统一制度、统一核算、统一决策的"四统一"原则开展相关业务；严格遵循"量入为出"的原则防范各类风险，确保住房公积金资金的保值增值。

加强制度建设，促进公积金业务的规范化管理，加大风险防范力度。继续实行对承办银行的制度考核，实施《住房公积金抵押贷款申报登记制度》《住房公积金抵押贷款信用评级制度》《公积金贷款业务承办银行准入标准和退出制度》，以加强贷款资金的风险防范，提高公积金业务的办事效率和服务质量。

通过行政执法推动佛山市公积金制度的发展，维护职工权益。2012年受理职工投诉84宗、涉及职工人数2441名，人数最多的一宗约420名，超过100名的有8宗。与上年比，宗数增加、人数减少。根据行政执法程序，发出89份公函催缴或取证，作出行政处理决定25宗，申请法院强制执行7宗。受理案件中，结案共82宗，其中，单位补缴的49宗、申请法院执行办结的5宗、因投诉人原因而中止的14宗、投诉人撤诉的13宗、不予受理的1宗。单位或职工不服管理中心行政处理决定而提起行政复议的7宗、提起行政诉讼一审3宗、二审2宗，均为管理中心胜诉。

加强和改进服务工作，寻求突破，提升整体业务服务水平。一是全面推进业务管理信息化建设，提高业务办理效率，方便群众办事。为进一步简化办事流程，方便群众，提高办事效率，加强内部监管力度，经过两年努力，2012年1月1日新的公积金网络管理系统启用。新系统启用后，公积金管理水平大为提高。由过去的银行代支付转账改为由管理中心直接网络划账支付，改变过去既要到管理中心、又要到银行办理才能提取资金的做法；全面开展网上业务办理，公积金业务申报、审批、办结全部通过网络完成，单位和职工只需一次确认身份和资料真实性，以后"足不出户"就能办结业务；实现数据融合，佛山市公积金业务（除公积金抵押贷款外）均实现"即报即办""五区通办"，提高了工作效率、方便单位和职工办事；系统影像功能的运用，方便单位和职工提交申报资料、节省复印成本。

二是深化行政管理体制改革，大力推进网上审批服务。贯彻落实省第十一次党代会精神和省委书记汪洋、省长朱小丹关于推进电子政务建设的指示，按照市政府统一部署，确定可实现网上申报办理的审批事项，完成与市行政审批电子网络一体化平台的对接，把公积金网上业务受理并入市平台统一入口，部分单位和个人业务现已实现在该网络平台上申报。积极推广网上业务办理，实行网上业务申报，同时，应用电子印章技术，提高网上业务办结率。从10月到12月底，单位和职工成功申报网上业务13.21万宗，其中12.99万宗实现网上办结，单位和职工可以足不出户就完成业务办理。

三是开通12329公积金服务热线，提高服务水平，加强社会监督。为进一步提高住房公积金管理效率和服务水平，增强住房公积金管理工作透明度，加强社会监督，切实维护缴存职工合法权益，佛山市已按照省住建厅《转发住房城乡建设部关于开通12329住房公积金热线的通知》要求，于2012年12月初开通12329住房公积金热线。不足一个月就接听群众5000多个咨询电话，大大方便了职工办事。

【成功申报成为全国第二批住房公积金贷款支持保障性住房建设试点城市】 2012年2月，佛山市根据广东省住建厅转住建部《关于做好扩大住房公积金贷款支持保障性住房建设试点范围前期准备工作的通知》，向上申报试点城市，并于9月获批成为全国第二批住房公积金贷款支持保障性住房建设试点城市。成为试点城市后，市住房公积金管理中心将在确保资金安全的前提下，充分发挥住房公积金对佛山市保障性住房建设的支持作用，加快解决城镇中低收入家庭的住房问题。

（耿亚兰）

“三旧”改造

【综述】 2012年是建设节约集约用地试点示范省即旧城镇、旧厂房、旧村居改造（简称“三旧”改造）政策期的最后一年，也是落实广东省委、省政府关于提高城市化发展水平和实施市委、市政府《佛山市城市升级三年行动计划》的开局之年。随着佛山市城市升级工作不断推进和深入，“三旧”改造的工作重点以紧紧围绕城市升级和环境再造，以推进佛山岭南特色新型城市化、提高城市化发展水平为目标。“三旧”改造工作运行情况良好，项目推进整体有序，全市实施“三旧”改造启动项目共737个，总用地面积7.6万亩，投入资金1476.09亿元。其中，完成前期筹备改造项目74个，占地面积7292.56亩；在建的改造项目446个，占地面积6.66万亩；完成改造项目224个，占地面积9055.99亩。

【组织制订并出台《关于加快推进“三旧”改造促进城市升级工作的意见》和草拟“补充意见”】 2012年，佛山市委、市政府为全面掌握“三旧”改造的政策落实和实施推进情况，于年初召开了三次座谈会，听取各区政府、市直相关部门以及部分“三旧”改造项目的土地权属人、投资企业的意见和建议，研究和分析佛山市“三旧”改造存在的问题，提出有针对性的解决措施和实施对策。

5月3日，佛山市出台了《关于加快推进“三旧”改造促进城市升级工作的意见》，该《意见》从加大扶持和奖励旧厂房改造力度，促进产业升级、加快办理“三旧”改造项目涉及完善历史用地手续工作、加强规划引领，促进城市形象升级、加大“三旧”改造统筹、协调和管理力度，加强对“三旧”改造工作的领导和指导等四个方面对佛山市今后一段时期内“三旧”改造工作提出了新的任务，并在旧厂房改造控制比例、奖励标准、收益分成、完善历史用地办理、公益性用地比例等方面提出了新的控制要求。该《意见》有广泛的民意基础和可操作性，推动城市升级、产业升级和环境再造工作的开展。

针对“三旧”改造实施工作中存在的问题，组织草拟《关于加快推进“三旧”改造促进城市升级工作的补充意见》。该《补充意见》主要内容共分四部分，即“集中力量加快‘三旧’改造涉及完善历史用地手续的办理进度”“加大扶持和奖励旧厂房改造力度”“加大规划编制的投入，完善‘三旧’改造专项规划修编工作机制”“优先保证公益性用地的供给与落实，加大对额外提供公益性用地的‘三旧’改造项目的奖励力度”，并草拟《佛山市“三旧”改造完善历史用地手续操作办法》。鼓励各区根据实际情况制定旧厂房改造具体措施，提出“三旧”改造专项规划及所涉及控制性详细规划编制内容和进度要求，明确对于涉及商品房住房开发的“三旧”改造项目落实25%公益性用地的方式、类型、计算规则、奖励措施等。

【组织实施全市“三旧”改造地块“标图建库”动态调整工作】 根据广东省国土资源厅《关于做好三旧改造地块标图建库工作的通知》和《关于建立“三旧”改造地块标图建库动态调整机制的通知》要求，佛山市建立了“三旧”改造“标图建库”系统，并形成了每年6月、12月定期动态调整机制。其中2012年7月上报数据获省国土资源厅验收通过，佛山市纳入“三旧”改造地块图斑共5886宗，总用地面积47.33万亩。

【加快推进“三旧”改造涉及完善历史用地手续的办理工作】 涉及完善历史用地办理是“三旧”改造政策创新和突破的最重要方面，2012年广东省住建厅《关于进一步加快“三旧”改造完善历史用地手续规划审查工作的通知》、广东省国土资源厅《关于调整“三旧”改造涉及完整征收手续报批方式的通知》，进一步简化了完善历史用地办理手续和流程，极大地推动了佛山市相关办理工作。至2012年10月底，全市办理项目1641个，占地2万亩，占全部需完善历史用地的28.37%。

【启动《佛山市三旧改造专项规划修编及其动态调整》项目】 自实施“三旧”改造以来，佛山市十分重视城乡规划的引领作用，分别在2009年2月和2010年8月两次启动全市域“三旧”改造专项规划编制工作，至2012年底使用的规划成果为2011年2月经市政府审批通过的《佛山市“三旧”改造专项规划（2010～2015年）修编》。自该规划实施以来，佛山市经过3次“标图建库”动态调整工作，“三旧”改造总用地扩大至47.33万亩。由于使用的规划成果无法对全市“三旧”改造用地达到全覆盖，为此，2012年10月启动了全市“三旧”改造专项规划的第三次修编。此次规划修编计划达到：实现与“三旧”改造地块标图建库动态调整机制相衔接的技术要求，明确制度，建立“三旧”改造专项规划动态调整机制；明确各层次专项规划的编制目标和职能分工，做好市、区“三旧”改造专项规划的衔接和协调；统筹全市“三旧”改造实施计划，做好年度实施计划与本次修编项目库之间的衔接。

【启动了佛山市“三旧”改造管理信息系统建设】 随着“三旧”改造工作的不断推进，在项目管理方面逐渐暴露出一些问题，如“三旧”改造项目申报把关不严、用地手续办理繁琐、改造资金短缺、信息上报不及时和错漏等。2012年5月，佛山市政府印发《关于加快推进三旧改造促进城市升级工作意见的通知》，提出了要建立与现有的政务审批信息系统和监管系统相衔接的全市“三旧”改造管理信息系统，将其纳入“三旧”改造工作日常管理范畴。7月，启动了“三旧”改造管理信息系统建设工作，计划通过系统建设制订统一的“三旧”改造统计报送和图形矢量管理标准，建立全市“三旧”改造一张图数据库和管理信息系统，实现“三旧”改造项目全过程管理，实现与规划、国土、建设等部门政务审批系统和电子监察系统对接。

【佛山市“三旧”改造工作有成效，获全国关注】 佛山市“三旧”改造工作顺利推进得到了各级政府及相关部门的支持和配合，得到了与切身利益相关的基层群众的认可和理解，营造了良好的“三旧”改造工作氛围，进一步巩固和突出了佛山市“三旧”改造工作在全省乃至全国的先进地位。佛山市的“三旧”改造工作也得到了全国各省、市的关注，自2007年以来接待各级政府、民间、企业、传媒等调研学习300多个批次，其中2012年接待来自北京、浙江、福建、安徽、广西及省内城市近80个批次。

佛山市“三旧”改造工作得到了国土资源部和广东省国土资源厅的认可。省国土资源厅要求佛山市在总结“三旧”改造实践经验的基础上，对“‘三旧’改造中的土地产权政策研究”课题进行深入研究。为此，佛山市成立了该课题研究组，与国土资源部法律研究中心共同开展研究工作，在深入各区调研，梳理总结“三旧”改造的政策文件的基础上，总结出《佛山市三旧改造中的土地产权政策研究》成果，并上报广东省国土资源厅。2012年国土资源部总结提升广东省“三旧”改造经验调研组两次莅临佛山，对佛山市“三旧”改造工作给予了充分的肯定，并将对其工作经验进行进一步理论提升，作为今后国家出台新的土地管理法律法规和政策的重要依据。

2012年5月，“三旧”改造工作的多项重要会议在佛山市举办，如5月24～25日佛山市和广州市一起承办了国土资源部和广东省人民政府联合召开的“节约集约用地政策创新座谈会”；6月4～7日省委组织部和省国土资源厅在顺德区举办了由全省各地级以上城市分管国土资源管理副市长和国土资源局长参加的“广东省加强国土资源管理促进转型升级专题研讨班”；6月25日全省土地管理工作会议在广州召开，佛山市副市长许国代表佛山市做了“三旧”改造经验介绍，获得省的高度肯定，并获得了省政府颁发的土地综合管理三等奖、“三旧”改造一等奖。

【组织召开全市节约集约用地管理工作会议】 2012年7月13日举行佛山市集约节约用地管理工作会议，传达贯彻国土资源部节约集约用地政策创新座谈会和广东省土地管理工作会议的精神，通报各区上年度耕地保护责任制执行及违法违规用地查处整治等工作情况，表彰年度土地管理和“三旧”改造工作先进单位，市政府主要领导与各区政府主要领导签订《2012年度佛山市耕地保护责任书》，总结前段“三旧”改造等重点工作，并部署下一阶段节约集约工作任务。

（市三旧办）

环境保护

【综述】 2012年，佛山市环境保护局认真落实年初全市环境保护工作会议精神，创新思路，积极作为，狠抓重点，综合治理，巩固国家环保模范城市成果，加快国家生态市创建步伐，落实污染减排主要工作。2012年，市环境保护局被评为“十一五”时期全国减排先进集体。

【环境质量状况】 水环境质量。2012年佛山市饮用水源地水质达标率为100%，全市开展监测的27个饮用水源地均达到《地表水环境质量标准》Ⅲ类水质标准。全市7条主要江河水质状况良好。

大气环境质量。2012年城市空气质量总体良好，全市优良（API ≤ 100）天数占全年总天数的97%。环境空气中二氧化硫、二氧化氮和可吸入颗粒物年平均浓度分别为0.03毫克／立方米、0.05毫克／立方米、0.07毫克／立方米，均达到《环境空气质量标准》二级标准，与上年相比均有不同程度的下降。

2012年是环境空气质量新标准实施的第一年。按照新标准评价，2012年二氧化硫（SO_2）、PM10年均值达标，二氧化氮（NO_2）年均值超标。自2012年5月25日开始，佛山市8个空气质量国控监测点正式按照新标准要求开展监测。

声环境质量。城市区域环境噪声平均等效声级为56.7dB（A），达到《声环境质量标准》要求，区域声环境质量等级为“一般”，声源构成以生活和交通类声源为主。道路交通噪声平均等效声级为67.6dB（A），达到《声环境质量标准》要求，道路交通噪声强度等级为“好”。

【狠抓重点工作，坚持把迎接创模复核、生态市创建和总量减排作为环保工作的长期抓手】 迎接创模复核、生态市创建和总量减排是佛山市“十二五”环保工作的“三大”任务。为确保各项工作顺利推进，市环境保护局针对创模复核、生态市创建和总量减排等工作的存在问题和薄弱环节，切实加强了对重点工作的部署和推动。市政府年初全面部署了环境保护工作任务要求，组织召开了全市环境保护会议、环保模范城复核、生态市创建工作进度分析会、大气污染防治会和创模例会，对“三大”任务工作进行了具体的部署，并组建成立“佛山市环境保护委员会”，建立了专家智囊决策服务机构，从技术支撑和措施手段上积极推进生态文明建设，有力推动环境保护工作的顺利开展。

一是全面启动迎接创模复核工作。结合国家创模工作的新要求，认真分析研究佛山市创模复核工作存在的问题和差距，制定具体达标计划和工作方案，将工作任务层层分解落实到各区和相关部门。

二是积极推动生态市创建工作开展。成立了由佛山市市长刘悦伦任组长的佛山市生态市建设暨农村环境综合整治工作领导小组。编制并印发了《佛山生态市建设规划（2012～2020年）》，南海区、顺德区、高明区和三水区创建国家生态区建设规划均通过了专家论证，同时积极推进生态创建细胞工程的建设，鼓励和支持实力强、条件好的镇街开展国家级和省级生态乡镇的创建。全市有13个镇街建成国家生态乡镇，有9个镇街建成广东省生态乡镇；佛山市有国家级生态村1个，省级生态村33个，市级生态村近400个。积极推动农村生活污水处理、畜禽养殖业污染治理工作，建立了农村环境保护专项奖励资金，实施农村环境整治以奖促治工作。

三是强力拉动总量减排工作。编制了《佛山市“十二五”主要污染物总量控制规划》及《佛山市“十二五”主要污染物总量减排考核办法和考核实施细则》，将任务和措施纳入到经济和社会发展规划中实施，实行减排完成情况问责制度。编制了《佛山市重金属污染防治“十二五”规划》，建立重金属污染档案台账，启动重金属的减排工作。摸清全市污水收集管网建设现状及存在问题，优先解决已建污水处理设施而配套管网不足的问题，切实提高已建污水处理设施运行负荷，2012年佛山市污水处理合计新增减排能力30万吨／日。

【狠抓环境综合整治，坚持将大气及水环境整治作为解决群众关心的突出问题】 一是强化大气综合整治。按照2012年年初全市环保工作会议确定的七项大气环境整治措施，建立了大气污染综合防治联席会议制度，切实加强大气污染综合防治的组织领导。加快推进电力行业降氮脱硝工程实施。全力推动南海发电一厂一期两台20万千瓦发电机组烟气脱硝改造升级，督促其落实方案。2012年，顺德五沙热电厂、南海发电一厂二期、南海江南发电厂和长海发电厂业已基本完成降氮脱硝工程改造，进一步降低氮氧化物的污染；加快燃煤、燃重油、燃木材小锅炉淘汰工作。完成高污染燃料限制区划定工作并向全市通告，在区域内限制使用煤、重油等高污染燃料，提倡使用天然气、液化石油气等清洁能源，进一步控制锅炉、窑炉的燃料类型，逐步改善能源结构。制定了《佛山市燃煤、燃重油、燃木材小锅炉淘汰及清洁能源改造资金奖励方案》，通过以奖促治的方式，对在“十二五”期间内提前完成锅炉淘汰或清洁能源改造的企业，给予适当的奖励。全市有1245台锅炉完成了治理或淘汰工作，完成率达到53%；有序开展第二阶段工业挥发性有机物（VOCs）防治工作。全市334家重点监管企业中有225家企业按照进度完成了治理任务，完成率接近2／3。

二是强化黄标车、黑烟车整治。推进黄标车淘汰的各项工作。市政府印发了《关于加快淘汰黄标车工作的实施意见》，标志着佛山市加快淘汰黄标车工作全面启动，按照分阶段对公务类黄标车、营运类黄标车、公共服务类黄标车和社会类黄标车进行淘汰。明确各部门职能分工，多头并举，提出通过强化黄标车限行措施、严格机动车强制报废政策落实、治理交通拥堵、倡导市民绿色出行和提升机动车污染控制管理水平等重要措施。2012年，全市黄标车保有量约17.8万辆，比上年同期减少2.7万辆，淘汰率为13.2%，超额完成年度5%的工作目标。五区开展黄标车的淘汰奖励补贴受理业务，开展高污染（高排放）汽车限行工作，划定禅、桂、新片区第四、五阶段高污染（高排放）汽车限行区域；铁腕整治黑烟车。在整治佛山大道黑烟车的基础上，印发了《佛山市开展整治黑烟车专项行动工作方案》，通过建立部门联合执法常态化机制，通过建立黑烟车有奖举报制度，车辆停放地抽查制度、月度黑烟车曝光制度，黑烟车黑名单数据库和追踪处理机制等多项措施，在全市范围内掀起黑烟车整治的专项行动。2012年，全市整治黑烟车专项行动累计检查车辆1483辆，其中尾气超标384辆，不达标率为25.89%。

三是继续加大饮用水源保护力度。按照环保部开展集中式饮用水源地评估工作反馈的意见，完成了高明水厂二级保护区内17个排污口清理工作。开展对全市城镇饮用水源保护区划调整可行性研究工作，优化调整饮用水源保护格局，并完成省级水源保护区的标准化建设工作9个。加强日常巡查力度，完成集中式饮用水水源地评估工作，确保饮用水源保护安全。

四是大力推进清洁生产审核工作。开展对重点企业调研，到各区及企业现场指导清洁生产工作开展，同时协助经贸部门开展自愿性清洁生产审核工作。2012年，佛山市有9家企业获得省级清洁生产企业称号，2家企业获得市级清洁生产企业称号，65家企业通过了重点企业清洁生产审核评估。

【狠抓服务大局意识，坚持把发展中保护、保护中发展作为环保部门重要理念】 一是以环境影响评价助推经济优化发展。加强对符合产业政策和相关规划的重大项目的扶持，主动做好环评相关服务，提前介入，主动沟通，跟进项目进展情况。积极指导企业开展环评报批工作，支持项目的顺利上马。开展了“服务企业暖春行动”相关工作，到企业调研走访，与企业建立日常联络制度。开展了关于清洁煤制气项目和生物质制气项目的考察调研工作，加快污染减排技术的推广。

二是以严格环境准入促进产业结构调整。实行区域限批和行业限批相结合，将总量指标作为建设项目环评审批的前置条件。通过加大对高耗能、高污染传统产业的调整提升力度，倒逼促进高污染企业关停并转，实现调整产业结构、优化产业布局。推进佛山市纺织印染行业、化工行业实现供热、供气、污水处理“三集中”入园管理的环保准入工作。

三是以强化规划环评跟踪建设项目的验收。继续抓紧产业园区规划，跟进园区环保治理设施的配套建设，督促三水工业园和高明沧江工业园加紧完善园区规划环评工作。大力推进省绿色升级示范园区的创建工作，对拟创建省绿色省级示范园区的西樵纺织产业基地和三水中心科技工业园大塘园进行摸底调查，推进产业园区加快绿色升级改造。完成2003年至2010年由市环境保护局审批的建设项目的环保验收清理工作，进一步督促项目建设单位完善已运行项目竣工环保验收手续，还清历史欠账，提高项目竣工环保验收率，并协助开展全市工程建设项目竣工联合验收改革工作。

四是以严格环境执法确保环境安全。先后开展了打击违法排污行为保障群众健康环保专项行动、环境安全百日大检查专项行动与全市安全生产月、医药制造企业及“两危”企业开展专项整治、治非打违等行动，完善对涉重金属排放企业的监管，加强对重点环境问题的挂牌督办，切实加大环境执法力度。加强核与辐射项目的环境管理，2012年共发放辐射安全许可证162份。完善市内各区跨界污染联合执法机制，集中执法资源，对重点区域、交界片区开展联合执法行动，并对投诉反响较大的排污企业实施跨区交叉检查，规范企业排污行为。2012年全市共出动环境监察人员2.39万人次，现场检查企业1.54万厂次，立案处理企业231宗，罚款金额达675.1万元。其中，特别加强了对监督性监测数据的执法应用，开展监察监测联动，及时查处监测超标行为。全市共查处超标企业50家，罚款113万元，下达责令整改决定书178份。深入开展环保信用评价管理工作，年初出台了《佛山市环保信用评价管理办法》，对全市重点污染源执行环保法律法规及达标排放情况进行评级，直接与信用评价挂钩，加强与金融、外贸、银行等部门的合作与应用，积极推进绿色信贷、绿色上市、绿色评优等环境经济政策，督促企业切实履行环保责任，持续改进环保行为。坚定不移推进信访问题“谁处理、谁答复、谁负责”的处理、反馈、问责机制，确保案件处理情况及时向投诉人反馈，对于群众反映强烈的重大、复杂信访案件，实施领导包案，不断加强后督察、督办力度。加强执法培训和优化升级信访系统，进一步提高信访案件的处理效率和质量。2012年，全市共受理环境信访案件共7137件，比上年同期的8021件下降11.02%，处理率为98.96%。其中共收到省环保厅转来案件140件，比上年同期的171件下降了18.12%。

五是以提高环境监测能力推进环境监管。建立了全市环境空气质量新标准数据发布平台，5月底开始向社会公众发布全市10个测点新标准监测数据及其评价结果，12月底，市控以上点位又新增5个，落实了公众对环境空气质量的知情权、监督权。启动社会化环境检测机构规范化管理试点工作，先行先试，委托社会环境检测机构开展省控以下污染源监督性监测及地方政府审批项目监测，有效地促进社会环境检测机构发展，更好地为全市环境管理服务。通过开展佛山市区域环境噪声适用区划分工作、环境监测标准化验收、环境监测信息化建设等工作为环境管理提供有力技术支撑。

（邹维利）

【污水处理】 2012年，佛山市水务局继续推广污水处理厂BOT和配套管网捆绑建设的市场化运作模式，加大镇级污水处理厂建设力度。至年底，全市有54间污水处理厂投入运营，其中禅城区5间，南海区25间，顺德区13间，高明区6间，三水区5间，设计日处理规模达到228.5万吨／日，配套收集主管网约1514.7公里。上述污水处理厂处理工艺均达二级及以上处理级别，排放标准由环境影响评价确定，污水处理厂达标排放率为100%，其中31间为二级排放标准，23间为一级B排放标准。处理工艺大类为生物处理法，小类别包括氧化沟，A/O，A^2/O，CASS工艺等。

为推动城镇生活污水处理厂及其配套管网的建设和完善，确保完成“十二五”化学需氧量总量减排目标，2012年佛山市政府印发了《佛山市“十二五”城镇生活污水处理厂化学需氧量总量减排和污泥处理处置设施建设奖励办法》，由佛山市污水处理厂建设联席会议办公室，根据各区满足核算条件的城镇污水处理厂建成或管网完善后形成的年度理论化学需氧量新增削减量之和，按照设定的标准进行奖励。各区获得的奖励资金必须专款专用，主要用于推动城镇生活污水处理厂建设、环保基础设施建设、环境治理、环境教育、生态建设以及在减排工作中有突出贡献的单位、企业或个人，不得挪作它用。

（刘　勇）

城市综合管理

【综述】 2012年5月，佛山市政府重新设立市城市管理委员会（以下简称市城管委），将住建管理、国土规划、交通运输等部门纳入成员单位，构建“大城管”格局。市城管委是佛山市委、市政府统一领导的城市综合管理组织协调机构，统一指挥、调配城市管理资源，统一协调、组织、开展城市管理工作。市城管委由市长任主任，市纪委书记、组织部长、宣传部长、常务副市长任副主任，分管副市长任执行副主任，相关部门和各区主要领导为成员。市城管委下设办公室，作为城市管理委员会的常设办事机构，与佛山市住房和城乡建设管理局合署办公，负责承办和处理市城管委的具体工作事务。城市管理委员会设有专门办公室、专门人员推进城市管理工作，效果显著。

2012年，市城管委加强建章立制，完善相关配套制度，出台了《关于加强城市管理的实施意见》《佛山市城市管理考核评比暂行办法》《关于禁止乱丢倒、乱张贴、乱穿行等行为的通告》《佛山市城市容貌标准》等一系列加强城市管理的制度和文件。大力推进全市城市管理考评考核工作，于2012年6月成立市容组、市政环卫组、园林绿化组、户外广告组、工地管理组、队容风纪及其他城市管理组等6个实地考评组，于2012年第三季度启动城市管理考核评比，并按照“周检查、月通报、季考核、年总评”的要求，每月将暗检扣分情况向各考评对象及相关领导通报，每季度进行一次明检，并按季度将考评结果和区政府及佛山新城管委会第一责任人、直接责任人的姓名与职务在《佛山日报》上公布，严格按照相关规定进行奖惩；集中力量，大力开展城市管理各类专项整治，使市容市貌明显改善。

（司少锋）

【生活垃圾处理】 2012年，佛山市城镇生活垃圾产生量为3904吨/日，城镇生活垃圾无害化处理量为3612吨/日，城镇生活垃圾无害化处理率为92.5%。生活垃圾无害化处理设施4座，填埋场2座，焚烧厂2座。2012年南海垃圾焚烧发电厂二期被评定为“生活垃圾无害化焚烧厂AAA级”，三水区白泥坑垃圾填埋场被评定为“生活垃圾无害化Ⅰ级填埋场”。

（雷婉宇）

【园林绿化】 2012年5月3日，佛山市政府印发了《佛山市“十二五”城乡园林绿化行动计划》，明确了“十二五”期间佛山市园林绿化建设目标任务。全面完成第八届中国（重庆）国际园林博览会参展工作，由佛山市出资、市住建管理局负责建设的“佛山园”（即“有为园”），获得了本届国际园林博览会的“室外展园综合金奖”“设计优秀奖”“施工优秀奖”“植物配置大奖”等多个奖项；并被国家住建部授予优秀组织奖、先进集体奖、优秀建设奖。2012年佛山市建成区绿地率35.73%，绿化覆盖率38.09%，城市人均公园绿地面积11.33平方米。

【绿道网】 佛山市绿道网建设围绕“成熟完善”的目标任务，继续推进绿道网建设，打造绿道品牌。2012年城市绿道慢行道贯通736公里，完成年度任务的161%；各项配套服务设施基本完成，其中新增驿站15个，设置标识4433个，安全设施1122个，环卫设施1141个，停车场52个，自行车租赁点111个；新建绿道“兴奋点”9个。

（黄丽英）

【城市管理行政执法】 佛山市住房和城乡建设管理局以城市三年升级为契机，以城市管理考评体系为抓手，坚持“堵疏结合、教罚并重”和“全面整治、重点突出”的行动原则，大力推进中心城区市容市貌整治工作，助力城市升级和“创文”工作。2012年，全市城管执法系统共受（处）理案件45万宗，立案6000宗。加大了对违法建筑的查处力度，完成了住建部利用卫星遥感技术辅助城乡规划督察中违法建设的查处工作，做好对一环和佛山水道违法建设的日常巡查工作。

（卢兆华）

【数字城管】 佛山市数字化城市管理信息系统运行顺利。2012年，佛山市住房和城乡建设管理局在城市管理信息系统原有的基础上，多措并举大力提升运行效益，通过出台《佛山市数字化城市管理实施办法》《数字城管考核标准》等一系列规范性文件，为加强数字城管的日常运行和开展监督考评提供了依据；完成市级平台与南海区级平台、顺德区大良街道平台之间的对接，实现了全市数字城管数据的互联互通；完成服务器和存储的采购，提高该系统的处理能力和稳定性；充分利用考核杠杆对各区和佛山新城的数字化城市管理工作进行考核评价，大力提升全市数字城管业务水平、案件质量和办案效率；进一步扩大数字城管的覆盖地域。全年全市共受理案件24.01万宗、立案21.08万宗、结案20.76万宗，结案率达98.48%，系统日均案件处置能力近600宗，案件处理效率稳步提升，系统的运行效能日益提高。

（梁小贤）

水利建设

【综述】 2012年，佛山市水务局紧紧围绕加快转型升级的核心任务，把握水务改革发展的大好契机，不断夯实佛山市水务可持续发展的基础。

【稳步推进民生水利工程建设】 2012年，佛山市把落实民生水利工程建设作为推动经济社会平稳较快发展的重要举措，在加强领导、明确任务、筹集资金、强化监督、加强考核等多个层面落实措施，通过早安排，争取项目资金，科学规划设计，加强监督检查，积极推进项目实施。全市2012年度开工建设的民生水利项目共有106宗，累计完成投资28.12亿元；其中纳入省专项规划计划实施的南海北村河河道整治工程、大沥涝区整治工程、五安围涝区整治工程、南海狮山文精电排站工程、罗格围涝区整治工程、三水南山大坲塘电排站等6宗民生水利项目累计完成投资5984.6万元。

【加快城市排涝整治】 2012年，全市中心城区排水管网总长1516公里，大部分区域排水标准为一年一遇标准，部分重点区域为两年一遇标准。2012年，佛山市以颁布《佛山市城镇排水管理办法》为契机，进一步推广城镇排水许可工作，完善管理制度，确保排水设施安全正常运行。2012年汛期前统计，全市城镇内涝点有107处，大部分内涝点的成因为排涝标准低，地势低洼、出水口堵塞、出水管道管径偏小，有瓶颈现象或路段排水管道管径偏小，周边环境的改建工程造成管网、排水口淤塞等。2012年汛前全市投入排水设施维护资金6850万元，对排水管网的清疏维护，市政泵站的设备维修更换及相关的排水管网改造，清疏排水管约1380公里，整改了83个水浸点，同时加强执法，杜绝不文明施工对排水管网的破坏堵塞现象，制订应急预案，对部分内涝点加强应急排涝手段。

【全力推动内河涌综合整治】 2012年，佛山市以污染治理工程为重心推动内河涌综合整治，共完成内河涌整治投资21.19亿元。其中，禅城区完成大基涌、西一涌、西四涌、车公涌、鸭利咀涌等8项活化水资源项目和12家企业整治；南海区共完成乌隆涌改线工程、东一涌整治工程、九江沙头大涌整治工程、罗村涌整治工程、罗村芦塘截污工程、谢边涌清淤工程等22宗内河涌整治和33宗汾江河治理工程；高明区完成三洲主涌、三洲一涌清淤2宗河涌整治工程；三水区完成岗涌、大棉涌引水工程、白鸽桥涌等3宗河涌整治工程，大大改善了河涌的过水能力，改善了周边水环境，取得了良好效果。同时，佛山市继续做好广佛同城项目的组织实施。其中，广佛河江尾段堤防整治工程于上半年完成；牛肚湾涌整治工程完成145米主涌的箱涵改造，计划2013年6月底完工。

2012年，佛山市启动农村水环境综合整治工作，设立了农村环境保护专项奖励资金1200万元，主要奖励国家级生态乡镇和生态村、建成污染治理设施的规模化生猪养殖场和建成分散式农村生活污水治理设施的村。农村专项奖励资金的设立，有助于进一步推进农业面源污染整治工作，有效遏制并减轻农业面源对农村水环境的污染程度。

2012年，汾江河综合整治建立倒逼监督机制等措施加快项目推进。一是强化污水收集处理，污水处理率逐步提高。重点实施了亚艺湖水质改善工程，完成湖景路污水干管建设及亚艺湖周边管网改造工程，日均减少1万吨生活污水进入亚艺湖。二是加强汾江河沿岸城市管理工作。建立了“周巡查”制度，2012 年共出动 1256 人次对汾江河进行巡查，查处清拆违建 69 宗，总面积 69 万平方米。从 7 月 1 日起将内河涌卫生管理纳入城管考评，禅城、南海两区按照考评标准，制定了内河涌卫生管理制度，成立了专门的内河涌保洁队伍，购置清污船、打捞船，加固垃圾围栏，提升了河面保洁能力，使得河面清洁水平大幅提升，为汾江河举行龙舟赛提供了良好的比赛环境。三是完成对汾江河沿岸码头的清理整治。2012 年停止 13 家码头装卸作业，余下 1 家佛山市环卫处环境卫生清洁服务公司专用码头用于装卸汾江河面垃圾。通过整治清理汾江河沿线码头，消除了污染源，同时使岸线景观得到改善。

【全面实施最严格水资源管理制度并建立考核办法】 市政府印发了《佛山市最严格水资源管理制度实施方案》和《佛山市实行最严格水资源管理制度考核暂行办法》，成立由市政府多个部门组成的市实行最严格水资源管理制度考核组，指导各区开展相关工作及对各区工作进行考核；加大佛山市列入省水功能区考核名录中 6 个代表断面的水质监测频率，对水功能区污染源开展调查分析；组织开展了《佛山市水资源综合规划》《佛山市水功能区划》《佛山市水库水资源规划》《佛山市应急备用水源保障规划》和《佛山市应急备用水源保障工程可行性研究报告》等有关水资源管理的规划修编或编制工作。

【配合开展“三打两建”工作并取得明显成效】 开展“三打”行动以来，佛山市水务系统共取得线索 53 条，核实线索 44 条，查处线索 44 条，群众举报线索查处率 100%。共查处欺行霸市案件 2 宗，查处欺行霸市涉案人员 21 人，打掉欺行霸市团伙 2 个，出动打假执法人员 1639 人次，打假检查单位或个人 215 个。

【全面完成第一次全国水利普查工作】 2012 年，佛山市全面完成第一次全国水利普查工作。按照水利部及广东省普查办的部署，佛山市历时两年半艰苦奋战，按时、高效、优质完成了普查工作，主要成果包括：5 个区 790 个村级普查分区 300 多项统计指标，4.02 万个对象的清查工作，1698 处台账数据采集及录入、审核工作，近 19 万项的普查数据，7831 份普查表填写上报，36 个水土保持点的野外调查工作，所有普查对象的空间数据标绘工作。全面查清了全市水系的基本情况，掌握了水资源开发、利用和保护现状，摸清了经济社会的用水状况及经济社会发展对水资源的需求，查明了水利行业能力建设及管理状况，收集整理形成了全面反映水资源及其开发、利用、治理、保护、监测和管理等方面基本情况的海量信息资源，形成了迄今为止最全面细致、系统权威的基础水信息体系。

（刘　勇）

气象事业

【综述】 2012 年佛山市气象局坚持以公共气象服务为中心工作，围绕中共中央总书记胡锦涛所提出要提高“气象预测预报能力”“气象防灾减灾能力”“应对气候变化能力”“开发利用气候资源能力”等“四个能力”建设，稳步推进各项气象工作。一是积极为党委政府决策部门和社会公众提供准确、及时的灾害性天气预报预警服务；二是精心组织、周密部署，做好春运、“岭南民俗欢乐节”、“五一”万人长跑、“秋色欢乐节”等气象保障服务工作；三是做好手机短信、网站、广播、电视天气预报等平台的气象信息发布，成立了微博维护工作团队，对气象微博进行改版升级，开通了气象微信；四是加强与三防办、应急办、农业、国土、水文等有关部门联动，共同做好气象防灾减灾工作；五是规范了对全市各区的雷电风险评估业务统一管理工作；六是继续做好气象行政窗口服务工作，2012 年度连续获得先进窗口表彰；七是继续推进气象现代化事业，南海区狮山镇新观测站于 2012 年 1 月 1 日正式开展测报业务，高明气象综合业务平台建成并正式投入业务运行，高明“云勇林场城市生态遥测站”建设基本完成；八是杨宇声获得 2011 年度广东省扶贫开发“双到”工作先进个人（扶贫使者）和优秀驻村干部荣誉。

【气候特征】 2012 年佛山市气候主要特点：年平均气

温接近常年，雨量较常年略偏多，日照较常年略偏少；开汛日为4月5日，与常年相比正常；龙舟水属于轻度年景，暴雨日数正常，1个台风影响佛山。强对流、暴雨和热带气旋是年内三大气象灾害。

年平均气温22.5℃，接近常年。年内气温阶段性偏高、偏低变化比较大。全市平均温度1月和2月份明显偏低，其中1月异常偏低2～3℃；4月和5月较常年偏高1～2℃，冬季偏冷，春季偏暖。夏季高温天气（日最高温度≥35℃）集中在7～8月；高温日数以8月较多，平均为11天。年极端最高气温出现在8月1日，顺德高至37.5℃；年极端最低气温出现在12月31日，南海低至3.4℃。

开汛正常，汛期强对流频发。4月5日为全市开汛日，与常年相比正常。平均降雨日数为167天，较常年略多。全年暴雨日数7天，属正常年份。各区全年降雨量1647～2036毫米，与常年相比略偏多10%左右。各月降水量较常年同期波动幅度大，其中3月、8月严重偏少，平均偏少50%～70%；1月、4月偏多70%～90%，11月偏多1～2倍。龙舟水为轻度年景，降雨量普遍偏少，但局部灾害性天气严重。5月下旬到6月中旬，累积降水量北部偏少70%～80%，中部和南部偏少10%～20%。整个6月份，降雨量北部偏少约40%，中部偏少约10%，南部正常。

汛期热带气旋“韦森特”给佛山市带来了严重的影响。另外，汛期强对流天气频繁，灾害较为严重。首次强雷雨天出现在2月28日，全年雷暴日数为80天。全年日照总数为1466.3小时，与常年相比略偏少10%左右。

【主要天气气候事件】 4月18日11～13时三水区天气不稳定，有飑线过境，引起雷雨大风。最大的雷雨大风出现在大塘镇，风力普遍达8到9级，最大风力10级，并伴有小型的龙卷风，部分房屋受损，无人员伤亡。

4月20日，受高空槽、切变线和弱冷空气共同影响，佛山市普降暴雨，并伴有阵风6～9级。三水西南录得阵风12级，7时10分三水观测站出现小粒冰雹，最大直径8毫米。受短时强降雨及大风的影响，禅城、南海、三水局部地区出现水浸，禅城区直接经济损失约180万元，三水区因暴雨25人受轻伤。20日上午10时49分左右，顺德区雷击引发加气系统管道着火，无人员伤亡和财产损失。

5月4日8时到5日8时，受切变线影响，高明区出现大暴雨，荷城、杨梅、明城雨量超过100毫米，南海区西樵、三水区白坭也出现100毫米以上大暴雨降水，禅城区南庄和南海区九江、丹灶、大沥超50毫米暴雨降水，佛山市其余地方中到大雨，雨量10～40毫米之间，全市最大雨量出现在南海区西樵162.9毫米。另外，4日下午高明区荷城、顺德区陈村录得阵风12级。受强降水影响，5日6时许南海区西樵镇西岸西府线供电线路电力一度中断，西岸庆云洞景区附近山坡多处崩塌；大雨形成冲沟山洪，导致栈道多处受损，经济损失2237万元。5日凌晨，高明区荷城、杨和、明城3个镇街出现不同程度的水浸。

6月23日8时到24日8时，受季风槽影响，佛山市普降大雨，局部大暴雨。各区24小时累积雨量50毫米以上自动站点有23个，录得累积雨量100毫米以上自动站点有4个。全市录得最大累积雨量高明区更合131.8毫米，由于降水集中，部分地方出现水浸现象。

7月24日，1208号台风“韦森特”给佛山市带来暴雨，局部大暴雨，并出现平均风力6级、阵风9到11级。受台风“韦森特”及暴雨的影响，佛山市灾情较为严重，全市共15个镇街受灾，农作物受灾面积1086公顷，简易工棚厂房及房舍受损3.19万平方米，车辆受损24辆，转移群众651人次，死亡1人，禅城、南海、三水三个区受损和倒伏树木约4280棵，高明区树木倒塌面积2500亩，共接到地质灾害报告7宗。

秋季出现罕见阴雨寡照天气。11月21日至12月5日，出现秋季罕见的持续阴雨寡照天气，大部分地区在半个月的时间内几乎天天有雨，平均每天的日照时数不足1小时，是自1957年有气象记录以来11～12月份持续出现雨日的最长天数。

（陈千劲）

防汛防旱防风工作

【综述】 2012年，佛山市经受“4·18”“4·20”

“5·5”雷雨大风和“8·21”暴雨，以及台风“韦森特”的袭击。在省防总和佛山市委、市政府的大力支持和指导下，佛山市“三防”工作紧紧围绕“以防为主，防避抢相结合”的工作方针，认真落实以行政首长责任制为核心的各项三防工作责任制，大力推进基层三防体系建设和信息化建设，编制出台《佛山市防汛防旱防风责任追究办法》，科学构建三防应急管理体系，为推动社会经济发展提供有力保障。

【水雨风情特点】 2012年佛山市开汛日为4月5日，整体汛情正常。1～10月降雨量在1334～1780毫米之间，与历史同期基本持平，佛山市、区气象部门共发布暴雨预警信号138次，雷雨大风预警信号108次，台风预警信号35次，全市启动防风Ⅳ级应急响应两次，防风Ⅲ级应急响应一次。水雨风情主要特点：一是龙舟水较常年普遍偏少，北部70～80毫米，偏少70%～80%，中部和南部240～260毫米，偏少10%～20%。二是局部灾害性天气比较严重。4月18日、4月20日、5月4～5日、7月23～26日、8月11日、8月21日等多场雨对佛山市有不同程度的影响。三是西、北江出现洪峰水位，没有超过警戒水位。受上游来水和降水补充，6月22日开始，西、北江中下游干流水势上涨。26日1时20分，北江干流水道三水站出现洪峰水位5.67米、相应流量1.02万立方米／秒；25日22时50分，西江干流水道马口站出现洪峰水位5.31米、相应流量3.21万立方米／秒。四是热带气旋来势较猛。台风“韦森特”带来的持续暴雨对佛山市造成一定影响。

【灾情概况】 佛山市在强对流天气、台风等复杂气象条件的影响下，出现了近几年以来影响比较大的灾情，受强对流天气以及台风“韦森特”带来暴雨的影响，佛山市共30多个社区（村）受灾，农作物受灾1.42万亩，死亡1人，轻伤25人，转移群众600多人次，约10万多平方米厂房、258间房屋受损，暴雨诱发山体滑坡等次生灾害14处，直接经济损失1.27亿元。其中，2012年7月24日的“韦森特”台风是近4年以来对佛山市造成影响最大的台风，登陆前后给佛山市带来局部11级阵风以及强降水，造成南海区、高明区等地出现不同程度的水浸。7月26日8时至17时，高明区荷城11个小时内降雨162毫米，造成荷城较严重的水浸，持续暴雨还使高明区十三围崇步段部分堤段出现50米的滑坡，荷城石州环山排洪渠出现10多米的崩塌，杨和镇石坎山塘漫顶且坝体左侧浆砌石后土坡出现约30平方米的滑坡险情。

【三防工作的主要成效】 一是创新制度化管理模式，构建三防能力责任体系。探索责任落实机制，市三防指挥部和市监察局联合出台《佛山市防汛防旱防风责任追究办法》，进一步严肃了防汛纪律；探索责任人培训机制，市委组织部和市三防指挥部在市委党校联合举办了防汛责任人培训班，并列入每年干部培训计划，作为考评干部的重要依据；探索三防信息报送联席机制，建立由市委宣传部、三防办、应急办、公安局、气象局、水文局等部门组成的自然灾害信息报送联席机制，出台《佛山市自然灾害三防信息报送和发布管理规定》，强化信息报送制度。二是创新网格化管理模式，构建最后一公里防御体系。三防工作进村居、进社区、进企业、进学校，实现基层三防网格化管理，构建最后一公里防御体系，是佛山市三防能力建设的一个重点。制订方案，市政府召开常务会议专题研究并出台《佛山市基层三防体系建设实施方案》，重点解决基层三防机构、人员和经费等问题。组织试点，9月底前全市9个镇街、83个村居完成了试点工作，基层三防体系建设取得良好成效；市三防指挥部下发《关于全面推进基层三防体系建设的通知》。三是创新数字化管理模式，构建预案台账预警体系。佛山市预案台账始建于2006年，经历了台账编制、信息采集、整理汇编和数字化管理等四个阶段，实现了人工汇编到数字化管理的飞跃，是佛山市三防能力建设的一个跃点。2012年，佛山市建成的三防预案台账管理系统，实现了市、区、镇三级预案台账信息共享、数据互通、预案响应联动，覆盖全市378宗三防应急预案、362个易受灾村居、5222户重点户家庭、124所中小学和221个企事业单位以及1851名责任人，利用即时短信预警实现了预案到镇、预警到村、责任到人的全覆盖管理目标。四是创新专业化管理模式，构建抢险队伍保障体系。建立“反应快捷、运转高效、技术精良、保障有力”的抢险队伍保障体系，是佛山市三防能力建设的一个亮点。2012年，广东省民兵轻舟机动一大队向国家防总、广州军区司令员举行汇报演练，接受了中央和地方主要媒体的集体采访；9月，广东省防汛抢险潜水一队在佛山市正式挂牌成立，这支队伍在茂名热水水库抢险中，首次突破了“洞潜”技术、水下电焊与切割等3个技术难关，圆满地完成了抢险救灾任务；10月，广东省水文应急监测机动大队在佛山市正式成立，完成了108宗水下河道的监测作业，为水下河道安全提供了有力保障。五是创新信息化管理模式，构建指挥决策GIS体系。建设智慧佛山，打造佛山市三防信息化品牌，建立三防水务指挥决策GIS体系，是佛山市三防能力建设的一个起点。市三防办从整合资源，打造信息共享平台入手，在佛山市防汛工程地理信息系统GIS图的基础上，把水、雨、风、工情、山洪灾害点、水浸黑点、视频监控等防汛信息收集整理在GIS图上，实现全市109个防汛工程的实时运行信息、198个水位雨量监测点、1456宗水利工程信息、244个视频监控点、52宗山洪灾害点、100宗水浸黑点的信息化管理，实现了基础数据采集自动化、监督管理可视化、三防业务智能化的信息化管理模式。

（陈冬喜　董欣欣）

城乡环境卫生

【爱国卫生运动】 2012年，佛山市开展“纪念爱国卫生运动60周年”活动。佛山市爱卫办充分利用各种媒体，大力宣传佛山市爱国卫生工作60年以来取得的光辉成就。继承和发扬优良传统，教育引导城乡居民、外来务工人员提高环境卫生意识，养成良好的卫生习惯。5月底，协助全国卫生部新闻中心录制纪念全国爱国卫生运动60周年纪录片，在全国范围内宣扬佛山市爱国卫生工作的优良传统。6月初，佛山市爱卫办邀请佛山电视台、《佛山日报》记者到全市各区搜集和采访开展爱国卫生工作60年以来的点点滴滴，通过报刊、公益广告、新闻节目播报等方式，宣传60年来的光辉历程。6月18～22日期间，《佛山日报》连续刊登了5期爱国卫生主题版面，包括有“光辉岁月·爱国卫生60年”“全民总动员，旧城换新貌”“60年爱卫工作缩短城乡差距”“病媒生物防制与控烟”和“从健康村到健康城市有多远？”等主题文章。并联合佛山电视台《小强热线》节目推出“那些年那些事”，特别邀请退休的防疫老专家何文、何亿雄等上线直播节目，讲述爱国卫生运动一路走来的艰辛历程，为佛山市纪念爱国卫生运动60周年营造了很好的宣传氛围，让市民和各级部门更加积极地支持爱国卫生工作。6月28日，佛山市爱卫会在南海迎宾馆召开了“纪念爱国卫生运动60周年暨健康村居创建工作”动员会，启动了佛山市健康村居创建工作计划。

【巩固发展创建卫生镇村】 2012年，佛山市各级政府、部门统筹发展，继续加大对镇村卫生基础设施的投入与管理，卫生管理工作深入延伸至边远农村，不断加快镇村卫生创建工作进程，全市共有“省卫生村”935个。2012年上半年高明、三水两区共成功新创建“省卫生村”29个，其中高明区14个，三水区15个；下半年三水区乐平镇、芦苞镇汉塘村等24个“市卫生村”通过省考核验收，成功创建为“省卫生村”；顺德区新创建“省卫生村”（行政村）5个。

南海区里水镇、丹灶镇“国家卫生镇”通过省和国家复审，再次被全国爱卫会确认为“国家卫生镇”。

（潘思东）

商贸流通业

工商行政管理

【综述】 2012 年，佛山市工商系统在广东省工商局和佛山市委、市政府的领导下，以党的十七大和十八大精神为指引，认真贯彻落实国家工商总局、省工商局和市委、市政府的工作部署，紧紧围绕“三打两建”、“三型两改”、市场升级改造和食品安全监管等重点工作，不断加大监管执法力度，提升服务效能，加快推进工商职能转型升级，各项工作取得了新进展。

【企业登记注册】 一是稳妥推进企业注册登记改革。2012 年，佛山市工商局全力配合市委、市政府改革创新工作大局，起草制定《佛山市企业注册登记改革方案》《企业注册登记管理改革实施办法（试行）》。对 30 万元以下有限责任公司（不含一人公司）先行先试，实行主体资格与经营资格相分离、注册资本认缴登记、住所与经营场所各自独立的登记管理方式等改革制度。企业注册登记改革在全市范围内全面正式实施，9 月 28 日发出首张营业执照。二是大力提升窗口服务效能。积极开展“工商窗口展形象”活动，以“大走访”“大问卷”“大提速”为主要内容，全面推行“首办责任制”，着力推进“网上工商”，深入开展“企业服务年”和“服务企业暖春”活动；指导个私协会全面形成“三规范、一推进”工作，建立 “三位一体”机制，为 1300 名会员提供“网上商城”优质服务。

【企业监管】 2012 年，市工商局顺应“三打”大局，充分发挥市委、市政府打击“保护伞”的工作成效，黑网吧治理工作取得显著成效。促进“清无”机制建立，疏堵结合，减少无照经营现象。推行“一支队伍办案”集中执法模式、网格化综合监管体系、针对流通领域食品安全监管自主开发的“一票通”系统等，极大提升工商系统监管服务能力。

【深入推进商标战略实施】 佛山市牵头开发和启用了国内首个地区商标统计分析与预警保护系统，为佛山公共资源名称和驰名、著名商标企业提供监测和预警保护服务，安排专人协助企业解决商标异议、争议和被抢注问题。系统启用半年后，向社会发布了《佛山地区商标报告》3 期，向有关企业和公共资源管理部门发出了《商标抢注预警通知》126 份，帮助企业及时提出商标异议，得到企业的高度认同，对公共资源的保护成效在社会上引起热烈反响。2012 年，佛山市新增中国驰名商标 30 件，总量达到 93 件，位居全省第二位；新增广东省著名商标 46 件，总量达到 376 件，位居全省第一位；新增集体商标 2 件，总数达到 14 件，位居全省第一位。

【市场合同管理】 一是牵头做好农贸市场升级改造工作。佛山市牵头 4 个区 12 个部门制定《佛山市农贸市场升级改造工作方案》及配套奖励办法、验收办法，建立协调会议机制、信息报送机制、定期通报机制等相关工作机制；组织全市商品交易市场开办者举办培训班，提高市场开办者的责任意识和管理水平，助推市场管理升级；着手开展模范市场评选，通过鼓励先进、树立典型，扩大社会知晓度、参与度。2012 年，全市累计投入改造投资额

1.61 亿元，共有 45 个市场完成改造，47 个市场正在施工。二是全身心促“两建”，体系建设日趋完善。作为市“两建”的牵头单位，召开了社会信用体系建设工作会议和市场监管体系建设推进会，成立了三个层次的领导机构，形成市级“两建”组织领导和工作制度框架体系。制定了《佛山市建设社会信用体系工作方案》和《佛山市建设市场监管体系工作方案》，搭建起完善的“两建”组织框架、工作框架和制度框架。三是确立试点项目，先行先试。经过初步筛选，社会信用体系有 30 个、市场监管体系有 89 个项目列为重点项目。选择南海区作为全市综合试点区，将食品、农资、电梯生产管理、信贷、纳税、产品质量等作为试点行业建设，为“两建”探路，积累经验。在时间紧任务重的情况下，迅速启动市“两建”工作，南海区工商局主动组织推进试点区“两建”工作。南海区肉品冷链配送等食品安全监管新举措得到副省长林少春和佛山市委书记李贻伟的充分肯定。

【食品市场安全监管和经济检查】 一是超常规抓“三打”，专项行动成效显著。以“统一行动”为载体，着力查处民生热点案件，坚持追根溯源，严厉打击利益链、保护伞。将“三打”打击重点放在“食品”“民生”“高危”和“重害”四个领域。全系统调集精干力量大力开展打击制假售假、打击商业贿赂、打击欺行霸市等工作，取得一定成效。2012 年，全系统共立案查处“三打”案件 2986 宗，案值约 1.1 亿元。其中，打欺案件 1430 宗，打假案件 1476 宗，打贿案件 80 宗，大要案 94 宗，移送公安机关 60 宗，捣毁制假售假窝点 50 个，挖掘利益链 18 条。南海区工商局查处的“无中文标识洋酒案”、禅城区工商局查处的金龙鱼食用油系列案（共 17 宗）、高明区工商局查获“威极酱油”和“珠江啤酒”案、三水区工商局查处的正创公司商业贿赂案等案件受到新闻媒体及社会群众的广泛关注。全系统“三打”工作得到了广东省委巡视督导组和省长朱小丹、副省长雷于蓝，佛山市委书记李贻伟、市长刘悦伦等主要领导的充分肯定。二是强化行刑衔接，加大打击力度。出台指导意见对 30 项具有双罚性质的具体行政违法行为进行归纳，对罪与非罪界限、移送标准、移送依据、移送条件、移送时效等问题进行图解式说明，并进行专题辅导。对行刑衔接情况开展专项检查，重点检查已办结案件是否存在应当移送而未移送、逾期不移送问题，是否存在“窝案”“串案”和“案中案”。联合市检察院召开“两法衔接”工作座谈会，进一步健全“两法衔接”工作内外机制，稳步推进“两法衔接”工作常态运行。三是扎实推进消保维权工作。通过制定和完善申诉举报案件回访制度、启动诉前联调机制、开创实时评价机制、深化案后回访机制、创新设立 12315 热线满意度调查机制，指导 12315 站点企业建立完善了《消费维权自律制度》《消费纠纷和解制度》《进货查检制度》和《重大消费纠纷及群体投诉应急处理预案》，不断提升维权效能。推行“居家调解”服务，让行动不便的困难群众足不出户就可以进行消费投诉及调解。2012 年共有 3007 名群众对 12315 热线服务作出评价，热线服务满意率达 95.9%。

（王宇青）

流通业

【综述】 2012 年，佛山市认真贯彻落实科学发展观，深入落实扩内需政策，加快电子商务、现代物流等现代流通业，积极开展各种促消费活动，推动商贸经济保持平稳发展。全年共实现社会消费品零售总额 2019.5 亿元，增长 11.6%。食品、饮料、烟酒类，服装、鞋帽、针纺织品类增长较快，分别增长 16.9% 和 16.8%。汽车类商品累计实现零售额 260.76 亿元，增长 6.5%，占社会消费品零售总额的比重为 12.9%。物流运输市场发展平稳，全市货运量 2.47 亿吨，增长 5.28%，货物周转量 215.83 亿吨公里，增长 8.21%。

【电子商务】 2012 年，佛山市重视引导发展电子商务，制定推动现代流通业发展的意见，积极推进“中小企业电子商务双推试点工程”，举办“广货网上行网企对接会”，引导佛山企业参与广货网上行活动，推动中小微企业牵手电子商务参与市场竞争。至年底，全市累计有 105 家电商企业参与广货网上行活动，约占全省参与企业总数的 17.6%。鼓励和支持条件成熟的区域依托现有产业园区资源，布局建设特色电子商务产业园，南海区和禅城区分别启动了佛山市电子商务产业园和佛山市新媒体电子商务园建设。同时，推动实施具备溯源能力的智慧“菜篮子”工程，通过电子商务和社区智能提货柜形式，建立农副业生产基地与社区群众消费的对接平台，实现农副产品在社区直供，为市民提供平价菜。

【物流业】 2012年，佛山市深入实施智慧物流腾飞计划，落实首批20家试点企业财政扶持资金400万元，推动实施物联网技术应用工程、先进适用物流装备应用工程、物流企业品牌培育工程、物流企业管理水平提升工程“四大提升工程”，积极发动智慧物流腾飞试点企业创建品牌，全市共有4家物流企业被认定为AAA级以上物流企业。其中，广东欧浦钢铁物流股份有限公司获得中国驰名商标称号，南储仓储管理有限公司被认定为AAAA级物流企业，佛山顺丰速运有限公司、佛山市运输有限公司、广东何氏水产有限公司被认定为AAA级物流企业，佛山市百安国际货运代理有限公司被认定为AA级物流企业。

【城市商圈】 2012年，佛山市结合城市升级三年行动计划，加快推进商业网点建设步伐，促进区域性商圈的形成和完善。祖庙商圈以东华里片区和莲花路—升平路片区为核心进行改造提升，打造“大祖庙商圈”，再造祖庙商业经济辉煌。普君片区改造随着广佛地铁的开通初见成效，普君商圈不断释放商业活力，片区销售额稳步增长。南海区千灯湖实施打造产业总部经济区的战略，正在兴建万达广场、国际金融信息科技产业园、佛山市电子商务产业园、粤港金融科技园等一批高端城市载体。三水区西南商圈和高明区荷城商圈不断升级改造，顺德区大良容桂商圈经营情况良好。广东万宁连锁商业有限公司等大型连锁企业申请设立直营连锁，表明了佛山商圈建设不断发展成熟，对外地投资者的吸引力逐步增强。

【会展经济】 2012年，佛山市举办第六届中国（佛山）国际金属工业博览会，吸引了首钢、太钢、酒钢、珠江钢管、山东乾元、楚天激光、北京纳克等行业龙头企业参与，成为华南地区专业性和竞争力最强的金属材料展会。组织举办第八届中国（佛山）机械装备展览会，吸引了瑞士阿奇夏米尔、台湾协鸿、丰堡精机、大连机床、南通机床、广州佳盟子、上海特略、巨冈机械、中南机械等400多家企业参展。该展览会宣传和推介了佛山市机械装备产业区域品牌，加强了全市机械装备行业与国内外企业多层次、多渠道的技术交流与商贸合作。为了更好地扶持企业有针对性地开拓国内市场，扶持企业参加国内重要专业展会，有计划地组织各行业企业参加国内专业展15个，并给予适当财政展位费补贴。2012年，全市参展企业现场成交总额5亿元，共签订意向购销合同200个，合同金额40亿元。

【开拓市场】 组织经贸代表团随省团赴新疆、湖北、河南等地参加各类经贸洽谈和展销活动。全年组织经贸代表团参加的各类展销会、经贸洽谈会共计19个，近600家企业参加，达成经贸合作项目263个，合作金额200亿元。如组织佛山经贸代表团随广东省经贸代表团赴湖北、河南开展经贸活动，佛山市与湖北、河南两省的经贸合作项目64个，合作金额25.8亿元。组织东菱集团、康宝电器、志高空调、联塑集团、广东银河摩托车、今日景艺生物科技等知名企业随省团参加第八届中国新疆喀什·中亚南亚商品交易会，佛山与喀什地区达成经贸合作项目11项，合作金额6.64亿元。此外，还组织经贸代表团参加第二届中国——亚欧博览会、第十四届中国西部国际装备制造业博览会等。佛山市注重发展本地市场，结合现有产业基础，积极打造一批商品国际采购中心。制定并实施培育建设商品国际采购中心行动计划，按照广东省国际采购中心标准，以“整合、改造、提升、创新”为主线，加快建设建筑卫生陶瓷、家具、家具材料、纺织面料、家电等13个商品国际采购中心。2012年，佛山陶瓷市场集群被广东省政府认定为首批广东商品国际采购中心，顺德乐从家具市场集群被认定为首批重点培育对象。

【维护市场秩序】 2012年，佛山市深入开展酒类产品“三打”工作。全市各级酒类监管部门共出动执法人员2.99万人次，摸查酒类打假案件线索592条，线索核查率100%。行政执法部门立案查处案件384宗，其中大案要案45宗，共抓获违法犯罪嫌疑人50人，捣毁假酒窝点53个。进一步加强牲畜屠宰管理。开展打击私屠滥宰强化肉品卫生安全专项整治行动，加大对屠宰企业和私宰重点区域的巡查力度，查处各类生猪屠宰违法违规案件19起，取缔私宰窝点16个。加快建设“佛山市牲畜交易屠宰信息化监管平台”，对生猪采购、交易、屠宰以及销售过程进行全程监控溯源。探索肉品统一配送新模式，制定肉品专用配送车辆统一标准，鼓励企业对肉品实行冷链配送。加强对拍卖、典当、二手车等行业管理，促进特种行业规范健康发展。加强再生资源回收体系建设，佛山市获得国家第三批“城市矿产”示范基地称号。

（刘义超）

粮食流通

【综述】 2012年，佛山市各级粮食部门在市委、市政府和上级部门的正确领导下，以加强宏观调控、促进协调发展、提高创新能力和以人为本为原则，认真落实粮食工作政府负责制，圆满完成了各项目标任务，有效保障了佛山市粮食安全。

【保供稳价工作稳步推进】 一是落实好成品粮储备任务。根据全市常住人口和粮食应急供应需要，确定佛山市成品粮储备规模，切实从费用补贴、轮换管理、质量监管等方面抓好成品粮油储备管理，2012年全市成品粮储备规模全部提前落实到位。二是强化粮食产销合作。8月，佛山市组织各级粮食部门赴安徽省合肥市举办产销合作洽谈会，签订产销贸易合同，进一步加强产销合作，拓宽粮源渠道，确保全市粮源供应安全。三是稳步推进平价粮油商店建设。2012年，全市新增国有粮油平价商店4家；总数达21家，其中禅城区12家、南海区2家、三水区5家、高明区2家。

【军粮管理工作成绩突出】 2012年，各级粮食部门积极提升服务质量，开拓创新，不断完善军粮供应管理机制，取得可喜成绩。一是创新管理服务方式，禅城区军供站创新拥军优属内容，实施驻禅部队随军家属粮油供应保障制度，在全省乃至全国首创了随军家属粮油供应保障长效机制。二是军粮管理工作再获殊荣。继南海区军粮供应站被国家粮食局、财政部、总后勤部授予“全国军粮供应管理工作先进单位”称号后，2012年5月，禅城区军粮供应站和南海区军粮供应站又获“全国百强军粮供应站”的光荣称号。全省有9家军供站获此称号，佛山市成为省内唯一有2家军供站获此殊荣的地级市。

【监督检查工作再上台阶】 一是认真开展粮油安全普查。各级粮食部门会同财政局、农发行认真开展2012年粮油安全普查工作。对库存粮食数量、质量、储存安全及账实相符等情况进行全面检查，确保佛山市的储备粮数量真实，质量良好，储存安全。二是粮油质量监管进一步加强。2月，在禅城区召开粮食质量监管工作现场会，进一步明确了各级粮食部门、储备粮油管理机构、国有粮食企业和禅城区粮油检测中心对粮油质量监管的权利、责任和义务。2012年佛山市“放心粮油工程”建设和粮油检测体系工作取得新进展。7月，禅城区粮油检测中心被国家粮食局授权为国家粮食质量监测机构，挂牌为“广东佛山国家粮食质量监测站”，为实现“网络全覆盖、监管无盲区”的粮油质量安全监管目标提供了保障。三是积极参与粮食流通监督检查示范单位创建工作。通过开展粮食流通监督检查示范单位创建活动，建立了权责明确、行为规范、监督有效、保障有力的粮食流通监督检查行政执法体系。禅城区粮食局由于工作成绩突出，被国家粮食局评为“全国粮食流通监督检查示范单位”。四是认真开展“打非治违”专项行动。按照省和国家的部署，从5月中旬开始，全市开展了为期3个月的粮食行业“打非治违”专项行动。对全市粮食企业各项安全管理制度、日常基础工作以及仓储管理情况进行认真检查，及时排除安全隐患，进一步规范粮食行业管理。

【新粮库建设取得新进展】 按照《佛山市粮食行业

发展“十二五”规划》和《佛山市“十二五”粮食流通基础设施规划》的要求，各级粮食部门切实加强与各有关部门的沟通协调，全力推进新粮库建设。至2012年底，市本级和南海区共40万吨仓容的粮库建设已完成征地拆迁工作；三水区10万吨仓容的粮库正进行主体施工，进展顺利；高明区拟在原富湾粮库所在地重建2万吨仓容新粮库的计划也已启动。

（骆家洪）

食品安全

【综述】 2012年，佛山市食品药品监督管理局在市委、市政府和省局的正确领导下，卓有成效地履行食品安全委员会办公室（以下简称“食安办”）职责和餐饮环节食品安全监管职能，在加强食品安全长效机制建设的同时，不断加大专项整治力度并取得良好成效，进一步规范食品生产、流通和消费秩序。全市查处食品制假售假案件2969宗，大案要案148件，涉案金额总值超过6600万元，破获食品类刑事案件54宗，清理、取缔黑窝点和无证小餐饮776个，抓获犯罪嫌疑人186名，逮捕96人。佛山市公安局成功打掉一条横跨江门鹤山和佛山高明、顺德等地的收贩“病死猪”利益链，查处病害猪肉1.5吨，抓获犯罪嫌疑人13名。

【打破制度障碍，加强食品安全机制体制建设】 一是完善综合协调机构建设。佛山市设立了食品安全委员会办公室机构，充实内设机构设置和人员配备，实现了食品安全综合协调“机构、职能、人员、编制、经费、议事”六到位，同时建立食安办例会制度，每月召开市食安委办公室会议，研究、讨论和协调食品监管职能和长效机制建设等问题，有力地推进了各项工作。至年底，市、区两级均已设立食品安全综合协调机构，并将食品安全协调队伍延伸到镇街一级，大部分镇街设立了食品安全协调机构，村居成立食品安全协管员、信息员队伍。

二是抓责任考核，进一步落实政府责任。2012年，市、区两级政府继续将食品安全工作纳入对下级政府领导班子政绩考核内容中，并在上年度考核内容的基础上增加“小作坊集中加工点建设”和“创建餐饮服务食品安全示范街”2项指标，进一步强化政府领导责任，有力地推进这两项工作。

三是加强部门联动，建立联合执法机制。在市“三打”联合执法总队打假大队中，抽调精干力量专门从事食品药品和农资产品的打假工作。加强“两法”衔接，市食药监、工商、质监、经信等部门先后与公安机关成立联合执法办公室，由公安机关提前介入案件调查，把“有一宗查一宗”变成“查一宗牵一串”，进一步提升“三打”工作的深度。同时，为加强对食品安全监管人员的司法监督，市食安办与市检察院反渎职侵权局建立反渎职侵权联合机制。

四是积极探索食品安全综合监管体制，适度归并食品安全监管职能。佛山市各区以大部制改革为契机，对市场安全监管局进行机构改革，将食品安全综合协调、农产品监管、屠宰管理、酒类监管和餐饮服务监管等食品安全职能统一划入新组建的市场监管局，使食品安全监管职能相对集中在一个部门，一定程度上解决了分段监管缺乏有效衔接的问题，初步形成食品安全综合治理基本格局。

【强化体系建设，推动食品安全监管标准化运作】 一是推行食品安全生产关键控制点和食品监管风险防控体系。在食品生产环节推行生产关键控制点和食品监管风险防控体系，运用“HACCP”危害分析与关键控制点理论，全面分解企业的生产加工流程，确定28大类50种食品生产流程中存在的风险点，落实企业主体责任。该体系在全省属领先水平，具有积极的创新意义。

二是完善水产品质量监管体系。由佛山市政府印发《关于进一步加强我市水产品质量安全监管工作的通知》。广东省渔政总队佛山市支队升格为副处级，进一步强化渔政执法力量；推进“负责任渔业”建设，将重点品种养殖场登记入册，纳入数据库管理；推进淡水鲜活水产品标识管理试点工作，探索水产品质量安全产地追溯管理。

三是建立闭环式管理的肉品流通链条。全市推行生猪“定点供应、厂场挂钩”工作，2012年，将原有34家屠宰企业整合为20家定点企业，认定省内外生猪定点供应基地296家，实现生猪养殖—屠宰环节点对点供应。南海区在全省范围内率先全面推行肉品统一配送工作，对区内各农贸市场的生鲜肉品实施全程冷链配送，实现了肉品从屠宰厂到市场的无缝衔接，有效地解决了生鲜肉在运输过程中易受二次污染的问题，同时也堵住“私屠滥宰”肉品流入市场的漏洞。

四是加快食品小作坊集中加工和餐饮服务示范街建设。2012年，为提高小作坊和餐饮单位的加工制作的规范化程度，佛山市大力推进小作坊集中加工和餐饮服务示范工程的建设。至年底，全市建成5个食品集中加工基地（中心），其中南海区通过政府推动、民间投资和第三方运营的模式，在罗村街道建立熟食品集中加工场，熟食品加工从原料到成品各个环节得到有效的监控。

五是推进农贸市场升级改造。市政府全面启动农贸市场升级改造工作，并作为重要项目纳入《佛山市城市升级三年行动计划》。计划用2年时间，对全市274个面积1000平方米以上的农贸市场的食品安全、硬件设施、经营布局等方面20个指标进行提升，强化流通领域环节食品安全的监管。通过采取政府财政“以奖代补”的方式，鼓励经营者积极参与农贸市场升级改造工作。至11月中旬，全市已累计投入改造投资额1.63亿元，完成47个市场改造，另有65个市场正在施工。

【创新监管模式，探索食品安全监管新路径】 一是出台食品安全举报奖励新制度。为充分发挥社会监督力量，鼓励社会公众参与食品安全工作，佛山市于2012年7月1日正式出台《佛山市食品安全举报奖励办法》。按照分级负责、属地管理的原则，各区也出台区级的举报奖励办法，并做好与市级办法衔接工作，实现市、区食品安全奖励办法同步实施的目标。

二是制定餐厨废弃物管理新规范。为加强餐厨垃圾的规范管理，市政府办公室印发了《佛山市餐厨垃圾处理管理办法》。禅城区在张槎弼唐农民公寓设置餐厨垃圾资源化处理试点，积极探索餐厨垃圾处理的有效运营模式和先进处理技术等实质性问题，推动餐厨废弃物处理的可持续发展，务求从源头上解决“地沟油”回流餐桌的问题。

三是推行农产品监管新模式。在农产品质量安全方面推行“121”监管模式，即“1个部门负责监测，2个部门共同监管，1个会议统筹协调”的模式。1个部门监测，指从生产、流通、销售各环节均由农业部门检测；2个部门监管，就是生产源头环节的农产品质量安全案件由农业部门查处，市场流通环节的农产品质量安全案件由工商部门查处。1个会议协调，就是建立农产品质量安全联席会议制度，就开展农产品专项整治、联合监管机制事宜和监管体系建设等问题进行专题研究和部署。

四是探索监管队伍新结构。市农业局整合市级农业执法力量，成立佛山市农业行政综合执法队，优化资源配置，提高执法效率。市工商局创新监管模式，建立网格化监管执法队伍，所有监管区域按网格划分，专人包干负责，实现监管区域的全覆盖。南海区完善了“区—镇—社区”三级市场监管网络，在各社区配备一名以上市场安全监管员，制定并实施市场监管员考核管理办法，进一步明确了基层监管人员的责任。

五是开创宣传新格局。开通新版佛山市食品安全网，紧紧围绕服务民生的定位，及时发布食品安全监管部门的权威信息，增强了公众和政府之间的良性互动。发挥部门抓手作用，开展食品安全宣传周活动。经信、质监和食品药品监管部门认真组织开展“屠宰企业开放日”“实验室开放日”和“走进餐饮单位”现场参观活动，工商部门结合“三打两建”工作，创新性地开展“三打两建我参与”的市民体验式执法活动。

【优化监管效能，运用信息化手段提高监管水平】 一是推行工商“一票通”系统构建食品安全长效监管机制。积极运用流通环节食品安全监管信息“一票通”系统，努力构筑食品安全进货查验、远程监控、信息服务等“三大网络”，全程监管食品流向，快速追溯问题食品。至年底，全市99.4%的大、中型超市和批发经营户开通了“一票通”系统，覆盖率全省领先。

二是着力推行餐饮服务单位食品安全监管系统（电子台账）。在线监督餐饮服务单位食品原材料采购的台账登记管理，一方面协助餐饮服务单位实现食品采购查验、索证索票及台账登记电子化，有效提高企业内部管理水平。另一方面有利于监管部门对餐饮单位的食品原材料的采购和使用情况实行实时监控，提高监管效率。全市有1036家餐饮单位使用餐饮服务食品安全监管系统。

三是加快推进佛山市牲畜交易屠宰信息化监管平台建设。为构建智能化的肉品追溯链，市政府投入100万元，建设了“佛山市牲畜交易屠宰信息化监管平台”。该平台主要通过RFID技术，对生猪采购、交易、屠宰以及销售信息进行全程监控溯源，通过视频监控对企业屠宰经营活动进行实时监控。该平台试点和市级监控分中心已完成建设，屠宰企业信息化改造工作正抓紧进行。

四是推广佛山市智慧“菜篮子”试点项目建设。创新食品安全管理运作模式，开展全市智慧“菜篮子”试点项目工作。运用信息化服务手段，探索构建食品可溯源综合信息服务平台，通过电子商务和社区智能提货柜形式，解决市民“买菜难、买菜贵、不放心”等问题，以及对农副产品在生产、加工、存储和销售的全过程溯源管理，提高农副产品的安全性进行了有益的尝试。至年底，开通3个试点小区和2个自提服务店的运营，会员数目达到3800名。下阶段智慧“菜篮子”工程将继续增加智能提货柜进入住宅小区的数量，开设实体店，扩大为市民服务的覆盖面。

【集中开展试点，全面建设食品安全市场监管体系】 2012年，根据广东省委、省政府关于开展“三打两建”的重要决策部署，佛山市进一步加大了食品安全工作力度，深入开展了食品安全“三打两建”工作，打牢食品安全市场体系建设基础。

为贯彻省、市有关“两建”工作的精神和部署，进一步推进食品安全监管体系建设试点工作，市食安办制定了《佛山市食品安全监管体系建设工作方案（2012～2016年）》，成立以市食安办为牵头单位的市食品安全监管体系建设专责工作领导小组，正式启动食品安全监管体系，试点建设。根据“改革引领，项目引路”的“两建”思路，佛山市在2012年9～12月试点阶段围绕 “五个一”试点工程进行重点突破，即开展“完善一支队伍”“建设一个工程”“聚合一个中心”“构建一个体系”“搭建一个平台”的建设。在全力建设“五个一”工程的同时，还以8个重点项目为突破口，带动食品安全“两建”工作的全面推进。

2012年9月，佛山市承办了国内首个以“食用安全”为主题的农业博览会，集中展示政府对食品质量安全监管流程和体系，推广农产品质量安全监管新模式、新技术，倡导食品安全生产经营理念，受到了国家和省有关领导的一致肯定，引起了社会各界的广泛关注。博览会为期5天，共吸引了超过36万人次进场参观、购物，日均入馆超7万人次，创近10年来省内农博会之最。博览会的有关情况已经以专报的形式上报省食安办，并由省食安办报国务院食安办。通过举办农博会，不仅为全省的食品安全工作壮了声威，而且起到了示范引领的作用，有力地推进了食品安全工作发展。

【强化监管措施，餐饮食品安全监管成效显著】 一是开展餐饮食品安全专项检查和整治工作。先后组织开展了餐饮环节鲜肉及肉制品安全整顿治理、学校食堂食品安全检查、旅游景区餐饮服务食品安全专项整治、工业园区食品安全整治等治理工作，保证整治成效。二是开展餐饮服务食品安全监督量化分级管理工作。2012年，全市应评审餐饮单位共1.27万家，完成对1.21万家餐饮单位的量化评分，量化分级评审覆盖率达95.4%，其中有54家餐饮单位通过省食品药品监督管理局A级评审，达到B级单位8275家，C级单位3779家，待评定单位587家。三是开展餐饮服务食品安全示范街、店的建设工作。先后召开现场会5次，现场指导和培训10次，推动建成2条省级示范街和25家省级示范单位。四是试点推行“阳光厨房”工程。制定印发《佛山市试点推行“阳光厨房”工程工作方案》，通过采取细心周到服务、一对一悉心指导的工作方式，鼓励引导餐饮服务单位接受并尝试“阳光厨房”模式，共有15家餐饮单位通过验收。五是加大餐饮食品抽检力度。配合省局抽检鲜榨果汁、熟肉制品、火锅底料等共305批次，其中合格268批次，不合格数为37批次，总合格率87.9%。全市抽检月饼产品120批次，合格率为100%；抽检生食海产品39批次，合格率为76.9%；抽检生发水产品43份，合格率74.4%，抽检自制糕点、食用油、熟肉制品等共420批次，部分样品正在检测中；抽检餐饮具1011批次，合格率为72.2%。

六是做好重大活动食品安全保障工作。全年完成92宗重大活动食品安全保障工作，涉及764餐次、11.75万人次，确保了所有重要活动未发生食品安全事故。七是加强餐饮服务食品安全应急体系建设。印发《关于进一步规范餐饮服务食品安全事故信息报告工作的通知》，规范食品安全事故报告行为。成功举办全市餐饮服务食品安全突发事故应急处置演练，检验应急反应速度、多部门协同应急能力，锻炼队伍、磨合机制。八是做好餐饮食品从业人员培训。至年底，全市共举办大型培训班32期，小型培训班300期，培训餐饮从业人员2.7万人次，通过考核并取得证书的中级食品安全管理员300人，初级食品安全管理员1089人。

（马亚男）

药品安全

【综述】 市食品药品监督管理局高度重视药品安全监管，深入推进“三品一械”安全专项整治工作，严厉打击制假售假违法行为，确保全市药品市场安全、有序、可控。2012年没有发生重大药品安全事件，药品安全形势总体稳定并保持向好的趋势。

【“三打两建”工作成效显著】 自开展“三打两建”工作以来，市食品药品监督管理局紧紧抓住群众反映热点问题，遵循“打准、打狠、打稳、打好”方针，全面开展部门联动“协作战”、突出重点“攻坚战”、营造氛围“宣传战”、着眼长效“持久战”等“四场战役”，深入有序开展药品和日化用品“三打两建”工作并取得显著成效。2012年，全市处理“三品一械”举报投诉90宗，立案查处案件53宗，行政处罚205.28万元，案件办结率100%，捣毁窝点20个，涉案货值797.58万元，查处大案要案4宗，移送公安机关4宗，现场抓捕14人，刑事拘留9人，逮捕8人，判刑8人。

“三打”工作中，市食品药品监督管理局与市公安局联合成立全省地级市首个公安、药监联合执法办公室，建立信息沟通、联席会议、联合执法等三项制度。这一搭建两法衔接平台、推动部门联合执法常态化的做法得到省、市多次肯定。为保证“三打两建”工作有效推进，构建以信息互通、资源共享、工作互动为基础，以市局督导、区局组织、镇街落实为主要方式的“三级联动”机制，为大要案件的成功破获打下了坚实的组织基础。市局从斩断“利益链”、深挖“制假源”入手，连续破获“3·11”特大假冒洗发水案、“3·29”假冒药品案以及“7·6”制造假药案，协助查破“8·23”特大跨省制售假冒化妆品网络案。其中，“3·11”特大假冒洗发水案，打掉假冒知名品牌日化用品化妆品生产链窝点13个，假药生产及存储窝点5个，现场查获假冒知名品牌洗发水成品、半成品2.2万支，空瓶、瓶盖、标签共98万个，洗发水原料56吨；“3·29”假冒药品案，查获假冒国内外知名品牌药品10多个品种，共14.78万盒；“7·6”制造假药案，查获空心胶囊约1680万粒，已填装半成品约211万粒；“8·23”特大跨省制售假冒化妆品网络案，查获大批假冒知名洗发水成品半成品以及制假设备和原料，创下佛山市历年打击假冒名牌日化用品化妆品案件之最。省食品药品监管局为佛山市食品药品监督管理局打假行动成功发来了2封贺信，省长朱小丹到佛山市检查督导“三打”工作，查看药品“三打”成果展示后，给予高度评价。

转入“两建”阶段后，为贯彻落实省、市“两建”试点工作部署，市食品药品监督管理局及时研究制订方案，迅速开展相关工作。针对药品工作点多、线长、面广的特点，及时制定药品“两建”试点工作方案，部署开展药包材管理机制创新建设，假药信息预警处理系统建设等3项试点工作，把“三打”的重点项目和区域作为“两建”的重点项目和区域，通过试点深入探索解决问题的方法。此外，还研究出台《佛山市药品、医疗器械、保健食品、化妆品举报奖励办法》，并以市政府文件印发，促进打击制售假冒伪劣产品行为；在全省率先发布实施《佛山市零售药店退市管理办法》，进一步规范药品市场秩序。

【“三品一械”监管水平显著提升】 监管重点环节。积极开展为期4个月的药品生产流通领域集中整治行动。首先，强化生产环节监管。重点深化实施药品GMP管理，督促企业尽早准备新版GMP的软硬件改造升级。2012年，共完成了8家药品生产企业的GMP跟踪检查，并有7家企业通过了2010版GMP认证现场检查。其次，强化流通环节监管。全市共出动2590人次，对2360家药品经营企业进行检查，并从严从重处罚违法违规经营行为，2家药品批发企业和70家零售药店被撤销GSP认证证书，7家零售药店被吊销药品经营许可证，监管力度达历年之最。

整顿重点品种。制定了《2012年佛山市药品生产及制剂监管计划》《2012年佛山市特殊药品监管计划》，将注射剂、基本药物、中药饮片的生产企业以及麻醉药品、第一类精神药品经营企业、咖啡因使用企业列为检查重点，加大检查频次和力度。深入开展含麻黄碱类复方制剂、含特殊药品复方制剂专项检查。组织查处佛山市福济民医药有限公司同乐分店和佛山市福济民医药有限公司两家零售药店违法经营含麻黄碱类复方制剂的行为，并移送公安机关追究刑事责任。

规范器械市场。着重开展天然乳胶橡胶避孕套市场专项整治、注册满一年一类医疗器械专项核查、医用棉制品类及卫生耗材类生产企业专项检查、导尿包类生产企业专项检查、医用检查手套专项检查、植（介）入类医疗器械经营企业监管、"装饰性彩色平光隐形眼镜"监督检查等专项整治，并集体约谈发现问题企业，监管工作得到省局认可。

加强保化监管。制定详细的保化品日常检查方案，明确市、区两级的职责划分，确定检查重点品种和重点内容，并强调对生产企业100%覆盖检查。推进保健食品生产企业示范点建设工作，指导3家企业通过省局考核，并对辖区内8家保健食品生产企业进行信用分级。指导组建佛山市化妆品行业协会，促进行业自律，规范市场秩序。

全面开展抽检。全年完成药品监督抽验937批，检出不合格67批；化妆品抽验292批，检出不合格27批；保健食品抽验61批，检出不合格7批，医疗器械抽验69批，药包材抽验8批。

稳妥应急处理。铬超标胶囊事件后，市食品药品监督管理局反应迅速，立即成立领导小组，紧急开展铬超标药用胶囊查处工作，确保不让一粒问题药品流向市场。全市系统累计出动检查人员949人次，检查药品生产经营企业1183家，检查医疗机构139家，在使用环节未发现有国家局通报的铬超标不合格药品。查处过程始终积极、迅速地回应媒体，让群众及时准确了解实际情况，有效消除了公众的恐慌。

【药械不良反应事件及非法广告监测顺利开展】 一是推进药品不良反应监测。2012年，共整理上报药品不良反应监测报表2093份，其中一般的1625份，严重的163份，新的一般的212份，新的严重的93份。二是开展药物滥用监测工作。协调戒毒所、美沙酮维持治疗门诊等机构开展药物滥用监测工作，已收集药物滥用监测报表共741份。在全市开展在校中学生非医疗目的使用药物情况抽样调查工作，对13间学校、78个班级完成3900份问卷调查。三是做好医疗器械不良事件监测。主动开展宣传培训，动员有关单位做好不良事件上报工作。四是加强违法广告监测。共发现违法药品广告14份，违法保健品广告9份，均上报省局。

【医药产业健康快速发展】 市食品药品监督管理局牢固树立以人为本的科学监管理念，正确处理监管与发展的关系，不断加强对企业的帮扶指导，想方设法为企业排忧解难，积极提供新版GMP认证、医疗器械质量体系考核、GSP认证等业务咨询和技术服务，促进产业发展壮大。2012年，市食品药品监督管理局按照市领导要求，认真贯彻落实省委、省政府中医药强省的战略部署和市委、市政府振兴佛山中医药产业决策，密切联系中国医药集团总公司，推动市政府与国药集团于11月22日签订战略合作框架协议，计划开展中药百亿级产业基地建设、医药工业生产、医药物流分销、人才交流等领域的全面合作，促进佛山市医药产业实现跨越式发展。

（马亚男）

国有资产经营管理

国有资产监督管理

【综述】 2012年是佛山市推进“大国资、全覆盖”总体方案取得重大进展、初见成效的关键一年，国资系统围绕市委、市政府中心工作，提出了“落实、落实、再落实”、重点突出一个“实”字的工作总要求。在市委、市政府正确领导和各区、各部门大力支持下，国资系统积极推进各项工作。一是形成了落实“大国资、全覆盖”总体方案的良好工作格局，禅城、三水等区“大国资”改革亦取得良好效果。二是完成了优债、重点项目建设和维稳三大核心任务，取得一批亮点，如：完成了市的优化债务；地铁广佛线二期9月开工、禅西大道主线首通段11月通车、恒益电厂全面投产运营、高明水厂三期扩建和配套管网投产；维稳方面实现上京到省零上访。三是“佛山国资一家人、一盘棋”和“想干事、会干事、能共事、干成事、不出事”的国资新精神深入人心。四是通过人才的上下交流、左右联动、内外互动，引入“赛马”机制，公开竞聘等方式，初步组建了一支奋发有为的国资队伍。

按财务快报统计口径，至年底，全市市属国有企业151家，全市国有企业资产总额1403亿元，同比增长14.4%，其中市属国有企业资产总额1070亿元，同比增长7.7%，区属国有企业资产总额333亿元，同比增长42.8%；全市国有企业所有者权益总额415亿元，同比增长25%，其中市属国有企业所有者权益总额314亿元，同比增长15.9%，区属国有企业所有者权益总额101亿元，同比增长65.2%；全市国有企业营业收入116亿元，同比增长52.4%，其中市属国有企业营业收入79.74亿元，同比增长46.9%，区属国有企业营业收入36.63亿元，同比增长65.9%。

【全面启动重点工程项目建设，助推“城市升级三年行动计划”】 2012年，佛山市有序推进公路、铁路、公共基础设施等省、市重点工程项目建设，突破难点推进民生事业发展。路网建设方面，广明高速全线征地、建筑物拆迁均完成98%以上，累计完成投资占总投资的54.23%。作为城市升级三年行动项目的禅西大道一期、二期和龙湾大桥及引道工程的征拆任务基本完成。禅西大道一期累计完成投资占总投资81.51%，禅西大道二期累计完成投资占总投资52.54%，龙湾大桥累计完成投资占总投资63.97%。做好广佛高速生态景观林带工程。铁路建设方面，广佛线二期工程9月底开工，年底完成围蔽和驻地建设。9月初，历时5年修编和审批的《佛山市城市快速轨道交通建设规划（2011～2018年）》获国家发改委批复，地铁二、三号线取得“准生证”。公共基础设施方面，新增供水管网245公里，新增供水能力4.8万立方米／日，新增天然气高压管线铺设18公里，中低压管道铺设225公里，新增供气能力3788.5万标准立方米／年。恒益电厂商业运营及环保验收顺利完成。

为力促“城市升级三年行动计划”实施，市国资委积极配合，做到出钱、出地、出力，如：大力支持配合禅城区政府对仁寿寺提升、南浦村片区改造、莲花路至升平路片区动迁改造等项目。同时，积极协助做好莲花路至升平路片区老城区改造项目相关地块动迁等工作。

巩固安全生产长效机制，遏制重特大事故发

生。各企业以开展安全生产标准化创建活动为抓手，做好安全隐患排查治理、专项整治等工作。至年底，46家企业开展安全生产标准化创建并已达标；国资系统共督查治理隐患企业72家1830次，其中发现一般隐患5535项，已整改隐患5460项，整改率98.6%。

【全面完成市属国有企业整合与重组，初步取得“1+1>2”的整合效果】 全面推进市属国有企业整合与重组，完成市属93家国企的资产整合和重组，各企业产权关系已逐步理顺，一批多年未解决的产权历史遗留问题得以明晰，公司运行全面走上轨道。市国资委成立资本运作小组，对43家国有企业实施产权管理关系优化及扁平化整合。

【加强队伍建设，为实现“大国资、全覆盖”提供人才保障】 按照“一念五事”(“佛山国资一家人、一盘棋”的新理念和“想干事、会干事、能共事、干成事、不出事”的新精神)国资用人新标准，完善干部的选拔、培养、交流和考核机制。一是在队伍建设方面，打破人才固化和论资排辈，调整交流提拔共计70余人，全面激活国资系统干部队伍积极性。二是在制度建设方面，完善国资委党政领导班子会议议事制度、制定市属企业人事管理有关规定、市国资系统企业管理人员培训规划方案和市属国有企业小汽车管理规定、印发国有企业负责人职务消费监督管理暂行办法等。三是在能力建设方面，在国资系统开展“三新”(新精神、新形象、新成绩)大家谈活动和“国资大讲堂”系列培训活动。四是在作风建设方面，在委机关开展“改进机关作风，提高执行力”活动。简化审批工作，市国资委审批事项由16项缩减整合成4项。

【合法依规，大力推进土地收储盘活国有资源】 为盘活国资土地资源，市国资土地储备中心适时挂牌成立。9月初将入储的市属国有企业土地移交到市国资土储中心。市国资委对市属国企的存量土地资源进行了全面梳理和分类，一方面尽快将适合“三旧”改造的土地纳入改造范围；另一方面尽快制定地块开发计划，一批具有开发价值的地块项目正加速推进前期工作。此外，理顺了火炬创新创业园地块多年来权属不清的问题。

【党建和党风廉政建设再上新台阶】 强化党建，以学习贯彻党的十八大精神为契机，以所申报的3个“书记项目”为龙头，开展了“伯乐眼光、观音心地、裁缝手艺”讨论活动和组工干部党性标准讨论等活动，总结“创先争优”的经验做法，着力打造国资基层党建品牌，分别被市委组织部评为基层党建创新十佳“书记项目”、优秀“书记项目”和十项特色组织工作之一。加大英德市水头村和高明区大幕村“双到”扶贫开发工作力度，全年市国资系统捐款176.5万元，多家企业受省市扶贫办表彰，公控公司获玫瑰慈善杯银奖，公盈、路桥公司获铜奖。

扎实开展“三打两建”、反腐倡廉和“三新”实践活动，举办“一念五事”和“廉洁国资”教育，组织企业领导300余人参加高明监狱警示教育现场会，不断增强党员干部拒腐防变意识。创新工作思路，推进以“廉洁国资”为主题的科技防腐建设，积极探索加强廉洁风险防控建设，重点推进公控公司ERP的建设和廉洁风险防控模块建设。认真做好纪检信访工作，严格查办违纪案件。

【加强监管，确保国有资产保值增值】 一是开展“企业服务年”活动，针对市属国企存在的25项重大困难和问题，逐一分解，落实责任科室。二是加大国有企业财务监督力度，加强预算和国有资本管理，完善考核分配机制，做好审计监督和统计评价等工作。三是加强产权交易监管。在省内率先召开产权登记工作动员会，部署推行新的产权登记办法和系统。做好国有资产评估和产权流转相关工作，杜绝国有资产流失。四是加强财务总监和监事会管理。

【市区联动，实现互利共赢】 市、区国资互动合作效果良好，市国资委先后与五区公(国)资办进行交流互访，并促成一批项目合作落地。一是禅城、三水公资系统参考市“大国资、全覆盖”模式，于3月和5月先后启动“大国资”改革。市国资委就市国资系统需要禅城区相关部门支持配合的事项与禅城区政府形成定期沟通协调机制；促成佛山农商银行顺利开业。二是与南海区友好协商第二水源解决方案。与联星村合作共建的全省示范性村级联星电影城“文化产业基地”项目于3月投入运营。三是成功收购顺德港华燃气。四是水业集团启动高明富湾供水资源整合。佛投公司与高明公资办合作开展对高明电影院改造重建，共同投资高明文化商贸中心项目。五是修改完善与三水公资办签署的国资层面的全面战略合作协议。

（蔡洁萍）

市属资产经营管理公司和授权经营企业集团介绍

【佛山市公用事业控股有限公司】 2012年是佛山市公用事业控股有限公司“十二五”规划实施的突破之年，面对国际环境错综复杂、中国经济下行压力加大的客观形势，该公司在佛山市委、市政府和市国资委的正确领导和强有力支持下，坚持“改革谋发展，创新求突破，管理出效益”十五字工作方针，敢为人先，不断创新，推动企业改革发展呈现新气象；团结拼搏，不断发展，实现企业经营管理上了新台阶。

2012年，面对国内外严峻的经济形势，该公司开拓进取，攻坚克难，实现了多项经营突破，经营指标逆势飞扬。2012年，公司总资产约190亿元，实现营业收入约70亿元。

信用评级再上台阶。2012年，公司资金管理和资本运作水平不断深化，信用评级从AA提升到AA+，是市国资系统唯一获此评级的单位，为有效降低融资成本打下了良好基础。信用评级的成功提升是对公司一直以来良好财务状况的褒奖，也是公司良好信誉形象的体现。

重点项目取得突破。一是恒益电厂2台600MW超临界燃煤发电机组于2012年全面投产运营，商业运营以及环保验收均取得圆满成功。二是水业集团顺利完成了白坭水厂资源整合和高明水厂三期扩建及配套管网建设，大大提升了市场占有率。三是燃气集团成功收购了顺德港华燃气公司部分股权，显著拓宽了企业的发展空间；也成功收购了广东粤港能源发展有限公司，使燃气集团对广东珠海金湾液化天然气有限公司的持股比例有所上升，大大增强了公司的资源控制能力。

优质服务焕发新貌。在2012年全市政风行风评议中，气业集团、水业集团在全市8个参评单位中评议满意度分别位列第三、第四位，均为“优秀”以上。其中，水业集团推动服务品牌建设，96968热线平台在2012年底全面覆盖公司供水范围，并统一了各供水片区的服务标准；市区、三水公司服务窗口在“千个窗口展形象”活动中被评为示范窗口。气业集团也已申办全省通用短号“96717”，着手筹建管道气客户服务呼叫中心平台，统一公司对外客户服务热线；组织“微笑服务”活动，向一线服务人员灌输微笑服务理念，提升服务水平。

形成了良好经营格局。恒益电厂的全面投产为企业盈利收入平稳较快发展提供了坚实的保障；燃气集团落实长期主供气源，生产发展得到了保障；水业集团第二水源运营有望打开新局面，拟与南海发展共同出资组建新项目公司，负责第二水源的运营以及后续建设，这将有效解决第二水源问题，水业集团经营市场得到进一步拓宽，同时，水业集团与顺德水业合作共同开发佛山新城水厂，供水范围有望由原来5.5平方公里拓展至26平方公里。

开拓多项新兴业务。一是与南网能源签订全面战略合作协议，双方互为佛山地区的唯一合作伙伴，拟成立合资公司，在分布式能源、工业节能、光伏发电等业务领域项目储备丰富，为未来快速发展打下了坚实基础。二是该公司作为第一大股东入股的佛山农商银行2012年正式挂牌，经营业绩良好，这将成为该公司新的收入和利润增长点。三是拖延多年的季华房地产公司季华五路办公大楼项目正式动工开始建设。四是接洽了参股茂名中海油天然气接收站项目，这将为未来进军粤西天然气市场打开通道。

打下了坚实管理基础。一是在“管理出效益”工作方针的指引下，2012年全面推行精细化管理，ERP项目建设取得了突破性进展，各模块预定建设任务完成情况良好；廉洁风险科技防控示范点建设得到上级领导肯定，廉洁风险点排查和流程梳理完成，完成了ERP和OA系统的初步对接，基本实现了对财务管理事项的风险防控。二是2012年人力资源管理改革工作取得了突破，包括成立人力资源部；启动人力资源战略规划项目和绩效与薪酬改革项目；加强人才梯队建设和高素质人才引进；强化企业培训，全面提升员工素质等。这些工作为以后发展打下了坚实基础。

夯实了优秀企业文化。2012年在夯实企业文化方面做了大量卓有成效的工作，一是在“一念五事”国资精神指引下，结合实际，总结提炼了“刚健自强、厚德躬行”的公控精神和“勤奋、务实、创新；孝敬、忠义、礼让、感恩、包容”的企业核心价值观；二是各企业积极开展丰富多样的职工文体活动，营造良好的企业文化氛围，多名干部员工在省、市各级书法、美术、摄影、演奏、歌唱、演讲比赛中获奖；三是以“创先争优”活动成果为主题拍摄制作的《蓝天抒壮志，沃土寄豪情——党建工作纪实》公司宣传片获市委“创先争优”活动三等奖。

（袁锦成）

【佛山市公盈投资控股有限公司】 2012年，公盈公司紧紧围绕“维稳”和“洗地”两大核心任务，真抓实干，攻坚破难，实现了信访维稳工作“不上京、不上省、少上市”的工作目标，确保了党的十八大、全国两会等“特别防护期”的稳定和安全，为市属国有经济平稳较快发展提供了稳定力和保障力。

顾全大局，全力落实“大国资、全覆盖”总体方案。公盈公司坚持以大局为重，全面贯彻落实国资委的工作部署，全力抓好资产重组划拨工作。通过重组划到佛投公司、建投公司、火炬园公司的资产共计超过50亿元。

科学维稳，全力确保大局稳定。2012年，全国两会、省党代会、党的十八大先后召开，信访维稳工作任务重、压力大。全年接待上访群众1336批，4366人次，信访件356件。公司通过完善机制、落实责任，强化措施、化解积案，突出重点、破解难点，着力维护“特别防护期”稳定和安全，切实增强责任意识，狠抓各项工作的落实，稳妥地解决了机关印刷厂职工的安置问题。在上年禅城区政府梳理出来的房地产办证案中，有9宗与公盈公司有关，该公司于2012年结案4宗，共50户。

重点突破，积极推进优债洗地工作。加强调研和摸查。进一步摸清属下企业的土地资源分布及属性情况，进一步完善和细化企业土地资源情况以及有关债权债务数据。制定计划，重点突破。按照“成熟一块，推出一块”的原则，成立6个专项工作组，切实加强领导，落实好有关的工作。彩管公司外部债务清理已基本完成。

强化监管，进一步提高资产物业管理水平。千方百计确保资产收益。2012年，该公司资产收益达1.92亿元，完成全年计划的106.4%。进一步加强资产保护。全年办理诉讼案件17宗，成功追回款项585万元。积极配合推进政府工程项目。配合城市升级三年行动计划，有效推进莲花－升平、南浦村、仁寿寺、高基街4个片区以及嘉华食品厂、地铁南延线水产进出口公司和水产食品总公司、原华生厂住户等的搬迁。安全生产实现零责任事故。属下7家企业通过了标准化创建工作的验收。

夯实基础，努力提升企业软实力。完善制度，强化管理。2012年，共修订完善规章制度6项；进一步加强审计监督工作，审计项目共计约300项。注重培训，提升素质。全年相继组织举办了国有资产管理及处置等6个专题培训班，共有600多人次参加学习培训。突出主题，加强党建。积极开展“创先争优”活动，广泛开展“廉洁企业”建设活动，扎实开展“三新”主题实践活动，大力加强纪检监察工作和充分发挥工会职能作用。按照上级的部署，成立了“三打两建”专项行动工作领导小组和办公室，确保了专项行动各项措施落实到位。

（夏书文　曾向阳）

【佛山市路桥建设有限公司】 2012年，根据佛山市委、市政府“大国资，全覆盖”总体工作方案的统一部署，佛山市路桥建设有限公司以优债、改革、发展为主线，以推进重点工程建设为主轴，以构建经营性公司为抓手，重点做好公司改革重组、优化债务、盘活资产、年次票征收、一环养护管理、城市升级三年行动计划及高速公路建设等方面的工作，取得了明显成效。

初步完成企业改革。路桥公司自2012年9月起，陆续组建了代建、养护、技术咨询、佛清从高速等公司及广佛肇高速筹建处，完成了交通发展总公司21家下属企业的资产划转工作，预备组建预制构件公司、资源开发公司，着手接管佛山市公路桥梁工程监测站。企业内优化重组为10个职能部门、3个中心，基本完成改革重组。

工程建设稳步推进。2012年路桥公司在建工程项目包括广明高速佛山段、禅西大道一期及二期、龙湾大桥等工程，累计完成投资额51亿元。广佛高速生态景观林带工程基本完成。佛清从高速、佛江高速、广佛肇高速等各项前期工作陆续展开；佛陈大桥扩建、东平水道景观提升工程前期工作基本完成；沙涌立交、魁奇路东延线二期、樵高路快速化改造等工程前期工作陆续展开。

管养任务全面完成。2012年，一环养护重点完成了噪音敏感路段的隔音屏工程、整治一环“牛皮癣”、打击电路偷盗行为、LED路灯照明试验段改造等项目，并在2012年全市公路养护管理综合考评中得95.6分，获“优等”。

收费工作妥善开展。2012年，年次票收入合计15.51亿元，与上年同期比下降600万元，降幅为0.39%。全市布点145台自助服务终端机，辅助年票收费。撤销五丫口、丰岗、新沙3个收费站及钟林收费站代征点，七滘、三洲、芦苞三个收费站实施单向收费。

一环荣获科技重奖。一环完成竣工决算与竣工预验收。《佛山一环快速干线道路建设成套技术研究》荣获佛山市2011年度科技进步特等奖。《佛山一环快速干线工程建设与管理创新实践》荣获广东省2012年度科技进步特等奖，广东省只有两家单位获此殊荣。

（邹靓涛）

【佛山市铁路投资建设集团有限公司】 2012年，在佛山市委、市政府和市国资委的坚强领导下，佛山市铁路投资建设集团有限公司（以下简称佛山铁投集团）以科学发展观为指导，全面贯彻落实佛山市“大国资、全覆盖”工作方案，求实奋进，努力拼搏，顺利实现广佛线二期工程按期动工、《佛山市城市轨道交通近期建设规划（2011 ~ 2018年）》（以下简称《建设规划》）获得国家发改委批复，推动佛山轨道交通建设事业迈上新台阶。至年底，佛山铁投集团员工总数为100人，总资产为82.29亿元，总负债为62.43亿元，所有者权益为19.86亿元。

广佛线二期工程按期实现动工。2012年，佛山铁投集团科学统筹，合理规划，全力推进广佛线二期工程的工程设计、征地拆迁、招投标等各项工作快节奏开展，顺利实现“9·28”全面开工的目标。至年底，广佛线二期围蔽工程全部完成，驻地建设基本完成，围护结构正在施工；完成产值1.49亿元，完成率为102%。

广佛线首通段运营安全、高效。2012年输送旅客4395.45万人次，日均10.12万人次。高峰期间安排14列上线列车，行车间隔缩短至5分钟，列车准点率达到99.95%。与上年相比，客运量增长19%，发挥了广佛客运交通主动脉作用。出入口及过街通道建设方面，累计开通29个，其中新增开通5个。

《建设规划》顺利获得国家发改委批复。2012年，佛山铁投集团加强与省、市各级职能管理部门的协调沟通，积极推动《建设规划》的报批报审。9月3日，《建设规划》获得国家发改委批复，历时5年的编修和审批之路胜利告终。12月，佛山城市轨道交通2、3号线前期工作全面启动。

积极筹措地铁建设资金。2012年落实到位广佛线财政资金4.5亿元，拨付广佛线工程建设资金2.6亿元，累计拨付52.95亿元；落实广佛线二期工程财政资金3.26亿元；落实贵广及南广铁路征地拆迁财政资金3亿元，为工程建设提供有力支撑。

着力加强人才队伍建设。2012年3次面向全国公开招聘包括中层干部在内的20多个专业技术职位，在上千应聘人员中，选拔录用37名专业人才。至年底，佛山铁投集团员工本科以上学历占86%；高中级职称人员占56%，建立起一支基础扎实、技术过硬、年富力强的专业人才队伍，工程技术实力显著增强。

不断提升内部治理水平。认真贯彻落实佛山市“大国资、全覆盖”工作方案，坚持以“正道”文化凝聚力量、优化管理模式，加强制度建设、财务预算管理和绩效考核，不断提升内部治理水平，在公司化改造、资产整合、TOD规划研究以及企业党建工作等多方面取得一定的成绩。佛山铁投集团向投资、建设、运营、资源开发“四位一体”的总体目标坚实迈进。

（刘国玲）

【佛山市投资控股有限公司】 2012年，佛山市投资控股公司以“大国资、全覆盖”总体工作方案为行动指南，以市国资“三新”精神和“一念五事”为工作准则，制定了求生存、打基础、谋发展的工作方针，积极理顺产权关系，明确发展战略，推进产业结构调整，完善内部制度建设，在投资引导和结构调整上形成了新格局，各项工作有序开展。

落实“大国资、全覆盖”实施方案，以产权为纽带的投资控股集团初步形成。至年底，该公司完成接收基金股权3项，非基金类股权1项，接收委托经营管理的企业3家；接收事转企单位2家；与12家企业签订国有产权的划转协议。属下各企业产权关系正逐步理顺，以产权为纽带的投资控股集团初步形成。

明确发展思路，突出主业，不断增强核心竞争力。提出“打造增值服务平台，推动新兴产业发展”的发展思路，规划了未来五年建设“全链条”增值服务平台目标和工作措施，通过金融、产业和平台的结合，实现生产要素最有效的组合，推动新兴产业的聚集与发展。

一是加大股权投资、参与建设产业载体，以资本推动战略性新兴产业的聚集。以部分国有资金为依托、为先导，充分调动和引入民间资本与社会资本，以基金的形式参与新兴产业的投资。至2012年底，该公司辖下政府参与的投资基金累计金额1.9亿元（含划转部分），引导民间资本投入总规模为10.71亿元，累计投资项目106项（含64项科技孵化），带动的社会资本8.81亿元，国有资本的带动效应约为4.6倍。此外，与火炬园公司优势结合、资源共享，共同探讨建立天使投资基金和创新成长园的可行性，以及“土地＋金融资本＋产业资本＋科技园无形资产结合”的创新模式，推动佛山新兴产业的快速发展和资本——产业价值链的良性互动，为孵化和扶持佛山本地更多的中小企业破土而出创造有利条件，服务于佛山产业升级。

二是借助“大明星电影联盟”的联动力量，推动文化产业的发展。促成佛山市首个文化产业基地、村（社区）级数字化电影城——红星影剧院联星影城开业，实现文化产业的市、区联动；促成新会影院加盟大明星电影联盟，强化二类地区电影市场占有率。同时，电影公司加大技术投入，率先引进4D动感电影技术，提升了整体竞争力。

三是以筹建小额贷款公司为契机，拓展金融服务业务。东平资产公司牵头推进和落实佛山市科技小额贷款公司的筹建工作，全力拓展金融服务业务，加快公司转型升级步伐。同时，入股助民担保公司，借助其金融服务平台，介入金融领域，形成集国有资本、上市公司和民营资本于一体的合作模式，为佛山的高新技术企业提供多层次的投融资服务。

四是找准载体平台，提升现代服务业水平。该公司通过提供节能减排、驾驶员培训、产权交易、信息服务、现代物流等各种增值服务，推动科技与现代服务的融合，打造全链条服务平台。

调整产业结构，促进产业转型。为实现产业升级转型，该公司按有进有退的原则，一方面主动退出一些产业层次低、缺乏市场竞争力的行业；另一方面盘活资产，着力发展战略性新兴产业和现代服务业，积极开拓新的经济增长点。同时，通过收缩变现非主业资产和股权，为转型发展优势产业筹措资金；利用一些闲置的土地资源，做实投资，形成产业，带动企业盈利和现金流。例如，成功开发新华艺装饰市场项目；全力推动“东亚创新产业园”建设方案立项；对城北现有土地进行概念性设计；积极参与金智现代物流城项目的调研和论证等。

着力提升基础管理效能，企业制度化运行水平进一步提高。按照“定位准确、职能清晰、管控有力、人员精干、运行高效”的要求，进一步加强内部管理。通过调整委派董事、监事，督促投资企业建立有效的法人治理结构和运作机制，确保投资企业决策程序透明化，保证股东权益。实行审计部独立对董事会负责，直接参与重要项目的谈判过程，有效地实现了审计工作的事前、事中监督，并为进行科学决策提供参考。积极开展安全生产“标准化创建年”和“安全生产年”活动，市投资控股有限公司在2012年全市安全生产应急管理“评优创先”活动中，被市安监局评为先进单位。

以“书记项目”为龙头，开展基层组织建设年活动，企业党建进一步加强。该公司党委以八项措施深入推进基层组织建设年工作，深化、延展“创先争优”活动。其中，以“书记项目”为龙头，提升干部履职能力；以扶贫济困工作，深化送温暖、献爱心活动；以完善维稳机制，延伸信息网络，实现零上访；以“三打两建”为抓手，以创建“廉洁国资”活动为载体，深化党风廉政建设。

（庞丽冰）

【佛山市建设开发投资有限公司】 佛山市建设开发投资有限公司是经佛山市人民政府批准，于2012年2月成立的国有独资有限责任公司。出资人为佛山市人民政府国有资产监督管理委员会。

市建投公司是按照《佛山市“大国资、全覆盖”总体工作方案》组建的公司，其基本定位是：把市属行政事业单位可经营性资产划入公司，集中市属行政机关和事业单位经营性资产和市国资系统内的物业资产，把土地资源进一步整合，统筹管理以保值增值；把国资系统内的房地产相关企业和资源划入公司，参与市域范围内“三旧”改造、保障房、廉租房、周转楼、人才公寓和专家楼等公共住房的开发与建设任务，适当参与商住地产开发，在城市建设和准公共产品领域发挥主体作用。

该公司下设6个子公司和2个委托管理公司，经营范围涉及房地产、物业、酒店等。这些企业在历年的经营发展中创造了较好的业绩，具备良好的发展基础。

该公司的发展定位是：盘活国有土地和物业资产，发展成为具有二级以上房地产开发资质的城市建设开发投资公司，作为城市建设和准公共产品领域的建设开发主体，以开发来解决债务和维稳问题，实现资产的不断增值，发挥其在区域内的引领和导向作用。

自成立以来，按市委、市政府及市国资委的要求，积极梳理土地资源，编制了《市属国有土地情况及开发策略一览表》，明晰了70多块土地的位置、权属、面积、收储情况、规划情况、现状及存在问题、开发策略等情况，土地开发基本做到“一地一策”，条件成熟立即安排开发。同时，将具备开发价值的地块分2批次申报纳入“三旧”改造标图建库范围，其中60宗2000亩土地成功纳入“三旧”改造范围数据库。此外，在土地梳理和开发分析的基础上，根据地块所处位置、开发条件和经济分析等情况，确立了5个开发项目，至2012年底，完成彩管公司地块项目等6个项目前期策划工作。经过分析研究，确定彩管公司地块项目和塑料四厂地块项目作为重点项目全力推进，各项工作取得较大进展。

（吕超明）

【佛山火炬创新创业园有限公司】 2012年，佛山火炬创新创业园有限公司（以下简称火炬园公司）全面贯彻落实“大国资、全覆盖”总体工作方案，以“一念五事”的国资新精神为指导，并在市科技局的业务指导下，各项工作取得重大进展。

佛山国家火炬创新创业园（以下简称火炬园）提前1年全面竣工。占地约133亩，规划建设面积约20万平方米的火炬园，包括科技企业孵化器、科技创新研发中心、总部经济等大楼和会展中心等4个部分，其中科技企业孵化器、科技创新研发中心于2012年底全面投入使用。火炬园的全面竣工为佛山科技创新和战略性新兴产业发展提供了重要载体，也为佛山国家创新型城市建设作出了贡献。

软环境建设实现新突破。火炬园公司以卓越的工作态度为火炬园赢得了荣誉，受到了各级政府和园区企业的充分肯定。2012年，组织承办百名海外专家南粤行、园区企业赴武汉等地招揽人才、发动入园科技企业与金融机构对接交流、举办科技政策解读等形式多样活动，以特色鲜明的创业服务模式和卓有成效的服务业绩被评为“国家级中小企业公共服务示范平台”，是佛山市第一家且唯一一家获得此项资质的高科技园区，有效推动了科技企业创新发展。通过争取各项政策支持，火炬园搭建了院市科技合作服务平台等10多个服务平台，园区的精益研发创新公共服务平台被认定为“公共（技术）服务示范平台”。与中科院相关机构等开展多项技术合作，其中，合作申报政府各项政策支持6项，推动了中科院佛山产业技术创新与育成中心进一步发展，并被授予“国家技术转移示范机构”。同时孵化服务工作成绩突出，火炬园培育了一批科技型中小企业，相继获得“国家级科技企业孵化器培育单位”“省级现代服务业集聚区”等一系列称号，并被列为首批“一址多照”实施示范点，有力地推动了科技型企业的孵化发展，成为落实《广东省服务业发展“十二五”规划》重点建设的示范基地。

科技项目引进工作取得了新的进展。至年底，火炬园共引进科技项目70个，初步形成了高层次人才集聚创业的氛围。2012年，首届佛山市创业领军人才共10人，其中有4人落户火炬园，并集合来自世界500强企业之一的诺华公司、香港理工大学深圳研究院等的一批高层次人才。2012年，园区共引进博士及博士后等高层次人才30人，中科院科研精英280人。

战略性新兴产业集聚孵化取得新成效。通过孵化发展，火炬园涌现出一批突破关键技术、带动战略性新兴产业发展、效益好的高技术项目。其中，广东化工交易中心积极开展经营模式创新，推进电子商务工程建设，并被列为佛山市推动现代流通业加快发展十项工程（2012～2015年）之一；由创业领军人才创立的广东鑫钰新材料股份有限公司致力于推进稀土OLED发光材料产业化，革新OLED技术，抢占产业链高端；佛山华芯微特科技有限公司被国家外国专家局列入2012年度引进国外技术、管理人才项目。工业和信息化部《关于印发2011年第三批行业标准制修订计划的通知》中公布：海辰科技的“稀土厚膜电路电热元件”被制定为行业标准，并成为该标准的主要起草单位，该企业经入园孵化成功，进入产业化生产。

（文湘云）

【佛山市新城开发建设有限公司】 2012年，佛山新城建设全面提速，平台建设、招商引资、项目推进等各项工作亮点纷呈，产、城、人“三位一体”的发展理念日渐清晰，“强中心”地位日益凸显，社会各界对新城的认同感越来越强。

工业服务平台起点高。作为工业大市的佛山，急需产业的转型升级，中德工业服务区应运而生。佛山中德工业服务区从概念提出，仅用了短短一年时间就成功实现了从市到省再到国家级合作平台的跨越。

2012年5月，佛山中德工业服务区作为广东省重大战略合作平台写进了广东省党代会报告。7月6日，佛山中德工业服务区正式挂牌。8月30日，在中德两国总理见证下，佛山中德工业服务区写进《中华人民共和国商务部与德意志联邦经济和技术部关于进一步促进双向投资的联合声明》，由此跻身中德两国国家间的合作层面。佛山中德工业服务区管委会获省编办批准成立，《佛山中德工业服务区发展总体规划》由市政府向省呈报。中德工业服务区成为佛山新城产业发展最明晰的方向。

招商引资引智项目多。2012年，佛山新城CBD一期招商完美收官，共引进九大项目，总投资额超150亿元，包括高技术产业服务平台、苏宁广场、移动信息大厦、佛山企业家大厦、中信银行大厦、中国金属交易总部基地、集成金融广场、中盈盛达国际金融中心、宝能国际文化金融中心。7月，佛山新城举行了前八大项目奠基仪式。下半年，推出CBD二期招商项目，开局良好。作为CBD二期拟首个进驻的项目——基金金融总部大厦项目，总建筑面积13万平方米，除建立基金公司的总部大厦，还将引进50亿元基金落户新城。同时，招商部门主动出击，与宝能、宗申、能兴签订了多份投资意向。

开发建设工程推进快。2012年，佛山新城严格按照“三大建设浪潮”的部署，全速推进各项建设：年初动工的露天泳场于5月率先投入使用，开放半年时间累计接待游客38万人次；商务中心4月动工建设，进展顺利；总投资150亿元的中央商务区八大项目7月集中奠基，掀起新城建设新的高潮；在新城总长6.59公里的地铁广佛线二期，9月开建；超过300米的佛山新地标苏宁广场，10月正式动工；落户中国境内的第一个单项国际体育组织“亚洲龙舟联合会总部”，11月3日在新城奠基；文化中心“九馆一中心”中的图书馆、档案中心、科技馆与青少年宫以及艺术村4个公建场馆项目相继揭开“面纱”，基本达到交付使用的目标；汾江路南延、华阳路南延、岭南大道南延、岳步涌沿线桥梁景观与配套设施改造等基建工程，正在加紧推进中；65万平方米滨江景观带的建设顺利完成，并通过全国文明城市和全国绿化模范城市的检查；佛山首个湿地公园的建设如期完成，新城的生态环境初见成效。

（潘晓欣）

对外经济贸易

对外贸易

【综述】 2012年，在市委、市政府的领导下，佛山市外经贸部门认真贯彻落实市委、市政府的工作部署，与各区一起积极应对国际金融危机的冲击，扎实推进外经贸保份额、调结构、促转型，市场份额稳中有升，国际竞争力持续提高。

根据海关数据，2012年，全市进出口总额610.6亿美元，增长0.3%，其中出口401.5亿美元，增长2.7%；进口209.1亿美元，下降4.1%。

【主要市场份额基本稳定】 佛山市的主要贸易伙伴依次为中国香港、欧盟、美国、东盟和中国台湾，除欧洲外，各大洲出口增长均相对平稳，其中非洲进出口51.5亿美元，增长36.3%，香港进出口102.1亿美元，增长22.7%，主要出口市场的份额基本保持稳定。新兴市场的出口增长在一定程度上缓解了欧盟市场严重萎缩对佛山市企业的冲击，2012年佛山市对拉丁美洲及非洲的出口分别增长18.7%和16.6%，其中墨西哥出口增长高达73.8%。

【市场开拓卓有成效】 积极参加各种展会平台扩大出口。2012年，佛山市参与春、秋两季广交会的企业数和展位数都比上年有所增加，重点利用广交会期间客商云集的优势，创新服务推进客商与厂家的对接，提升佛山制造的影响力。积极参加国际著名展销会，共组织200多家次自主品牌企业参加40多场海外推介和市场开拓活动，包括巴西电子展、波兰建材展、菲律宾机电展、澳门国际贸易展。推动企业产品抢占新兴市场。组织企业参加广东省美加进口采购活动，鼓励企业采购先进技术设备。组织30多家电子新光源企业通过专业产品杂志及电子商务平台进行产品及企业推广。

【外贸结构进一步优化】 通过推动品牌战略和企业走出去引领企业转型升级。充分发挥品牌对转变外贸发展方式、提升国际竞争力的导向作用，大力支持和协助企业申报省重点培养和发展的自主国际知名品牌。积极推进“走出去”。继美的项目之后，佛山市伊戈尔在孟加拉国的生产基地投入建设，伊之密、佛山照明在北美设立了研发中心，佛山莱诺家具公司在尼日利亚设立了工厂。外贸结构调整取得一定成效。

【积极应对国际贸易壁垒】 2012年，涉及佛山市企业的反倾销、反补贴等案件共5起，涉案金额约5124.5万美元，涉案企业共119家次。做好公平贸易形势预警，密切跟踪以往较大案件的进展情况，及时组织涉案企业参加新发案件应诉辅导会，帮助企业有效防范风险。积极引导行业商（协）会参与到案件应对工作中，充分发挥行业商（协）会的作用，积极发动和组织企业进行行业无损害抗辩，帮助企业做好案件的应对。

（何满初）

利用外资

【综述】 2012年，全市合同外资金额33.05亿美元，同比增长1.46%。实际吸收外资23.5亿美元，同比增长9.07%，圆满完成省下达的各项工作目标。

【产业链招商三年行动计划顺利推进】 2012年3月，佛山市启动产业链招商三年行动计划，总体目标是找准重点发展的战略性新兴产业进行“建链”，围绕现有产业链条的缺失环节进行“补链”，对现有优势产业链，从科技、金融、信息化提升以及品牌引领入手进行“强链”。与此同时，完善协调支持体系，从信息、金融、人才等方面加大对产业链招商的支持力度。针对全市重点产业链进行分析报告，为产业链招商提供了专业的信息支持；与中国银行、农业银行、工商银行、建设银行、交通银行、浦东发展银行达成了意向，对获得引导资金支持的项目提供500亿元的授信支持；设立海外招商代表处，完善在外资企业中国总部相对密集区域的网络建设，与优质中介机构签订招商代理协议书，拓展项目信息来源，提升项目成功率。

【引进项目质量优体量大】 2012年，佛山市世界500强新批项目7个，累计共有55家世界500强企业在佛山市投资了103个项目，投资总额77.64亿美元，注册资本41.94亿美元，合同外资30.67亿美元。全市已签约超1000万美元外资项目、超5000万元人民币内资项目共191个，总投资约为207.36亿美元。

【成功举办系列推介活动】 2012年，开展了一系列卓有成效的招商活动，发展了一批项目。在东南亚，新加坡丰树集团、丰隆集团分别就物流区建设、旧城改造及在金融高新区拓展金融服务业展开合作洽谈。在日本，荒川化学项目、住友商事淀粉糖项目、高木增资项目、永旺梦乐城等项目得到推进。在欧洲，进一步洽谈和推进海斯坦普汽配项目、中欧高技术服务城合作项目等，借助汉诺威工业博览会平台成功举办“在华投资”论坛。在中国台湾，成功举办了“佛山光电产业推介活动”，吸引了众多台湾光电产业公司与会，并主动拜访了台湾光电产业龙头企业，吸引其前来投资。在北美，拜访了香港－加拿大商会、美国安博集团、硅谷亚杰协会等企业与机构，积极推动了美国、加拿大高新技术生产及研发企业入驻佛山中德工业技术服务区。在中国内地，积极组织客商参加5月及9月的上海、深圳－佛山产业链对接合作洽谈会。拜访了重要国家驻华使领馆、在华商会及英国联合利华公司、比利时优美科公司、日本NEC公司、意大利菲亚特工业公司、上海戴德梁行等多家大型公司和中介机构，洽谈合作事宜，有多个项目进入了谈判的实质阶段。

（何满初）

【佛山市贸促会】 2012年，佛山市贸促会（佛山国际商会）坚持以科学发展观统筹全局，围绕市政府中心工作和省外经贸工作要求，主动作为，积极服务，坚持以招商推介、贸易促进和出证认证业务为抓手，扩大对外交流与合作，较好地完成年度各项任务，被评为2010～2012年度全国贸促工作先进单位，为对外经济贸易发展作出了积极贡献。

加强内外联系和交往，建立基本服务群体。佛山市贸促会明确企业和政府两个服务主体，密切加强与企业、政府相关职能部门沟通联系，发挥贸促会沟通政府与企业之间的桥梁纽带作用。以优势产业的龙头企业为主体，加强行业间的合作，搭建政府与企业间的公共服务平台。至年底，拥有会员企业731家。构建广泛的联系网络。一是利用各项境外经贸活动，主动拜访当地工商协会等经贸团体，寻觅合作机会。2012年，与比利时中国经贸委员会、瑞士中国商会、卡塔尔华人华侨总商会、土耳其中国商贸国际促进中心等国外及港澳台地区的工商界经贸团体共28个机构建立了联系，并与部分机构达成了合作协议。二是充分发挥社会中介组织力量，整合资源，优势互补。与佛山市主要行业商（协）会建立联系，借助行业商（协）会联系企业的优势，更好为企业服务。与有实力、有影响力的行业商（协）会、专业中介展览机构建立战略合作伙伴关系，共同组织各项出访和展览活动。

加强开拓国际市场，促外贸稳外需稳增长。加大组织企业赴境外参展考察的工作力度，帮助企业巩固欧美、港澳等传统市场，大力开拓中东、中亚、东南亚等新兴市场。2012年，组织了西欧、中东、中亚、东南亚、港澳等20多场系列经贸活动，合计展览摊位350平方米，有150家次企业参加活动，达成一批贸易协议，在会展、投资、零售服务等方面达成多项合作意向。同时，全年共接待香港贸发局、委内瑞拉中华总商会、阿联酋广东商会等7个来访经贸团组，介绍宣传佛山市投资贸易环境，考察产业龙头企业，组织商业配对洽谈和项目推介。

加强资讯收集宣传，建立信息交流平台。一是收集整理外经贸信息，建立企业、商（协）会信息数据库和简讯发送系统。向企业、商（协）会等及时发送约200条最新的外经贸简讯，内容包括海关统计数据、进出口税收新政、贸易救济预警信息等。二是收集整理世界贸易投资信息动态，尤其是世界500强企业和跨国公司的发展动向，汇编《国际贸易投资动态》和《佛山贸促简报》。三是通过新闻媒体扩大宣传，提振企业开拓国际市场的信心和“走出去”的积极性。四是完善门户网站建设，增加了中小企业开拓国际市场专题、经贸活动、意见信箱、网上调查等栏目，完善服务功能。

加强出证认证业务，提供办证便捷服务。加强签证人员和企业办证员的业务技能培训，严格按照相关法律法规及出证认证的规程，把好审证出证质量关。实行网上签证、预约审证、即到即办等方式，提高服务水平。按规定免收小型微型企业货物原产地证明书费。2012年，全市贸促系统出证认证业务总量与佛山市出口运行状况基本相适应。全年共出证认证14.6万份，办证量位居全省地级市前列。其中一般原产地证12.33万份、单据认证1304份、国际商事证明书1.53万份、代办使馆认证3740份、代办优惠原产地证2278份。2012年5月，国家贸促会授权佛山市贸促会为ATA签证机构。

（陈宏战）

口岸管理

【综述】 2012年，佛山市口岸工作坚持科学发展观，围绕口岸安全畅通的中心目标，抓好口岸信息设施建设和口岸通关服务水平提升，提高工作效率。全市完成进出口货运量2039.5万吨，同比下降4%；出入境人数101.7万人次。

【口岸信息化建设】 2012年，通过完善佛山电子口岸平台，带动口岸相关单位加快对口岸信息化的建设步伐。开发应用佛山口岸物流信息预警系统，通过该平台实现途中监管信息化管理，在确保有效监管的同时，简化了企业办事程序，提高了通关效率；开发应用佛山检验检疫公共信息服务平台，为政府部门与企业间搭建沟通桥梁，双方在同一平台上实现信息共享，以此提高企业掌握最新贸易、政策资讯的及时性。

【协调优化通关服务】 在全市口岸管理工作中，以服务为主线，把服务贯穿在全年的工作中，着力提高服务的质量和水平。在全市口岸单位贯彻落实“企业服务年”活动，进一步优化口岸通关服务，协调推动口岸查验单位优化办事流程，主动为企业提供个性化通关服务，各级口岸管理部门联合海关、检验检疫等口岸查验部门召开多场政策宣讲会，为进出口企业解读相关政策。

【开展口岸共建活动】 市、区两级口岸管理部门深入、持续开展共建文明口岸活动，通过不定期召开口岸联席会议，及时研究解决通关过程中出现的新情况、新问题，使全市口岸系统在依法行政、协作配合、优质服务、改革创新中得到提升；走访口岸查验单位和外经贸企业，沟通情况，听取意见和建议，及时掌握全市口岸工作动态，增进共识，共同探讨改进口岸工作的措施，推动口岸工作不断创新和发展。

（何满初）

海　关

【综述】 2012年，佛山海关认真贯彻落实全国海关关长会议及反腐倡廉工作会议、广州海关关长会议及反腐倡廉工作会议精神，在广州海关党组的正确领导下，在各办事处、禅城、南海、顺德缉私分局的支持配合下，以学习实践“四好”总体要求为主线，全面加强业务建设和队伍建设，服务促进地方经济发展。2012年佛山关区进出口货值474.5亿美元，同比下降3.1%，占广州关区38.3%；进出口货运量2039万吨，同比下降4%，占广州关区37.5%，其中进口646万吨，下降13.6%，出口1394万吨，增长1.1%；税收入库143.5亿元，同比下降8.5%，占广州关区32.5%。

【全力推进综合业务改革，抓实监管基础】 一是推进“四位一体”物流监控体系建设，查找关区运输工具、仓单、监管场所监管和查验管理中的漏洞，强化口岸监管。二是全力推动关检合作“三个一”试点工作，组织各办事处赴南沙海关学习调研、工作部署会、汇报会，关区5个现场顺利启动试点工作。三是巩固和强化“两废”监管，解决“两废”货柜离开港口信息通报企业所在地海关不及时问题，实现“两废”物流信息预先提示。四是推进通关作业无纸化改革，加强对单证暂存试点企业的指导，稳步推进扩大试点企业的范围。在实际监管工作中，各办事处重视抓好风险分析、通关管理、后续监管、监督宣传四个环节的工作，强化内部协同配合能力，使监管质量不断提升。

【抓好监控分析，提升税收质量】 一是强化税收监控分析工作，完善税收月分析、季评估制度，税收征管质量得到了提高。二是加强对重点敏感商品和重点领域的预警监控与价格核查，防控重点行业和商品的税收风险，努力挖掘税收存量。三是加大税收政策宣传力度，积极走访主要税源企业，做好税收存量分析和税收增量测算，把握税收工作进度。四是做好海关税费电子支付系统的推广应用，加强与各商业银行的联系，开展电子支付业务推介，推动网上付税加快向电子支付过渡。

【加强加工贸易和保税监管，推进转型升级】 一是积极落实署省、关市合作备忘录，开展加工贸易企业状况及专题业务调研，制定促进加工贸易转型升级工作方案，加强规划和指导。二是协调完善五办间的保税仓库物流途中监管工作，在佛山口岸物流信息预警系统上增加保税仓库物流信息预警功能，及时掌握保税仓库货物物流信息，加强保税仓库货物途中监管。三是推广加工贸易三方联网，积极推动加工贸易内销便利化，简化审批程序，提高通关效率，提升企业的竞争力。南海办推进B类企业“先销后税、集中申报”内销模式，内销审批与内销处理双轨并行，边角料即产即销，大幅节省企业时间与仓储成本，全年内销征税1.4亿元，同比增长45%。

【提升稽查和企业管理水平】 一是认真开展绩效考核管理，发挥绩效考核的监督引导和质量控制作用。二是积极参与“国门之盾”行动，加强“两废”后续管理，完善辖区企业档案资料库，突出由企及物、源头治理，加强对风险企业的研判、评估、报送及跟踪管理。三是加强稽查与缉私及其他业务监管环节的密切协作，积极开展联合研判，推进“三查合一”工作开展。

2012年，关区共实施稽查作业249宗，占广州海关稽查作业总数的34.03%；稽查补税实际入库2357.35万元，占广州海关总数的16.45%；移交缉私部门案件线索共48宗，占广州海关总数的34.78%。

【落实“国门之盾”行动，严厉打击走私】 一是深化反走私综合治理，加强与地方政府部门协作，提高打私效能。与佛山市政府联合召开佛山市打私工作暨广州海关、佛山市人民政府 “国门之盾”行动工作会议，部署开展珠江口水域打击走私综合治理专项行动。二是加强关警融合，强化“关警联动”，关警混合编队联合开展“两废”进口、非设关码头等走私形势分析排查和打私专项行动，“国门之盾”行动取得成效，缉私战线捷报频传。禅城、南海分局分别查获全新高档进口小汽车大案。

2012年，佛山关区共立案1719宗，同比增长5%；涉案案值17.68亿元，同比增长0.28%。

【支持佛山外贸转型升级示范基地建设】 参与广东陶瓷出口状况开展专项调研，深入广东潮州及福建厦门等地，对广东陶瓷产业出口现状和发展存在问题进行问卷调查和实地调研，促进佛山市进出口公平贸易工作，得到政府部门的充分肯定。三水办加大对佛山纬达光电有限公司等9家战略性新兴产业加工贸易企业的扶持力度，积极开展联网监管电子账册模式宣传工作，推广“分段备案、项号管理、滚动核销、周转量控制”的管理方式；顺德办支持利用保税方式开展进境维修业务，降低企业经营成本，提高国际竞争力。

【积极落实关市合作备忘录】 加强广佛同城联系合作，推动佛山港和南沙海港无缝对接，改善企业通关环境，促进地方物流业发展。顺德办创新对农业企业采取水路过驳的物流监管模式，积极开展国通鲜活水产品进境业务研究，灵活运用总担保方式为企业电子检测维修业务简化监管手续。推进“属地申报，口岸验放”、进出口分类通关等各项通关便利措施，重点落实对地方重点行业、支柱产业和龙头企业的支持。南海办针对本田零部件有限公司变速箱周转频率高、逐票担保手续繁琐的情况，量身订做了银行保函模式，使原来“一票一审”的审批模式改为“一年一审”，为企业每年节省了900多次办理手续时间和约800万元的担保资金。

【支持地方政府落实《珠江三角洲地区改革发展规划纲要（2008～2020年）》和各项工作】 加大对佛山电子口岸建设的支持力度，大力推动电子口岸共建共享、互联互通的工作。积极开展统计监测预警工作，跟踪佛山主要行业发展变化趋势和进出口动态等，对关区重点、大宗以及有代表性的进出口商品开展宏观统计分析，定期开展佛山市外贸进出口分析和预警监测，全年共报送佛山市政府《佛山市进出口快报》《佛山市进出口情况统计》《佛山市外贸形势分析》等35篇，为地方政府领导提供决策参考。

（王　庆）

检验检疫

【综述】 2012年，在广东出入境检验检疫局的正确领导下，佛山出入境检验检疫局按照国家质检总局“抓质量要上新水平，保安全要加新力度，促发展要有新作为，强质检要树新形象”的总体要求，认真贯彻落实广东检验检疫工作会议精神，开拓创新，务实进取，全面推行质量管理体系，实施目标管理绩效考核，有效促进了佛山经济转型升级和检验检疫事业的科学发展。

【加强重大动植物疫情疫病防控】 一是加大对进境动植检疫，检验进境水果0.7万批次，16.3万吨，检出有害生物0.39万批次，进境冻肉检验监管651批、2.18万吨，查获旅客禁止进境物（主要是水果、肉制品等动植物产品）176批，首次从入境旅客携带的新鲜猪心中检出检疫性疫病阳性。二是加强出境种苗检验检疫监管，主动为企业开展种苗线虫的鉴定培训，帮助企业开拓美国和泰国市场。共计办理出境种苗75批，20.14万株，货值35.2万美元。

【提升口岸疫病防控能力】 一是加强口岸传染病监测。共查验出入境旅客24.6万人次，开展出入境人员法定健康检查1780人次，对5个监测点霍乱弧菌疫源地抽样检验60个样本，开展登革热检测55例、疟疾检测25例。二是加强火车站负压隔离留验室的维护管理，提高口岸疫情防控能力。10月，市局联合海关和佛山火车站派出所等部门进行了“佛山市火车站口岸可疑恐怖事件应急处置联合演练”，进一步提高反恐怖事件处置能力。三是开展“全球基金疟疾项目”活动，开展蚊媒监测，做好流行病学调查和跟踪。广东局督导组对佛山市局执行全球基金疟疾项目工作给予肯定。

【加强进出口食品、化妆品检验检疫监管】 一是举办“进口食品境外出口商或代理商及境内收货人备案管理系统的操作培训班”和“预包装视频标签知识培训班”，组织企业参加《进出口食品安全管理办法》等3次政策宣传贯彻会议。二是对进口食品境内收货人和境外出口商进行备案，制定对进口食品收货人流向和销售记录的监管计划并按计划开展督促监管。三是全面排查进出口食品安全领域“潜规则”，共出动169人次对辖区内43家进出口食品相关经营单位进行全面排查。配合佛山市有关部门做好佛山市首届“农博会”工作，并配合市政府开展打击制售病死猪及病害猪肉的专项工作。

【完善工作机制，构建质量监管机制】 一是狠抓监管覆盖率、问题检出率、处置有效率等“三率”，强化检验检疫宏观质量监管。检出不合格货物3200批次，同期辖区出口签证国货物金额为18.88

亿美元，优惠关税利用率为61%。二是开展质量月和《质量发展纲要》宣传贯彻工作。成立学习宣传贯彻纲要领导小组，开展《质量发展纲要》宣传贯彻活动，开展《质量发展纲要》学习考试，组队参加广东局《质量发展纲要》知识竞赛活动。三是组织开展工作质量督查，开展抽采样管理工作督查、CCC监管工作督查、出口食品企业监管情况抽查、“三打两建”工作督查等工作。四是完善认证认可质量基础保障体系。受理出口食品生产企业备案申请8份，发出入境CCC免办证明36份。五是加强对代理报检企业和报检员的监督管理，完成380家报检单位、360名报检员的注册以及9家代理报检企业的年审工作，其中8家信用等级评定为B级。

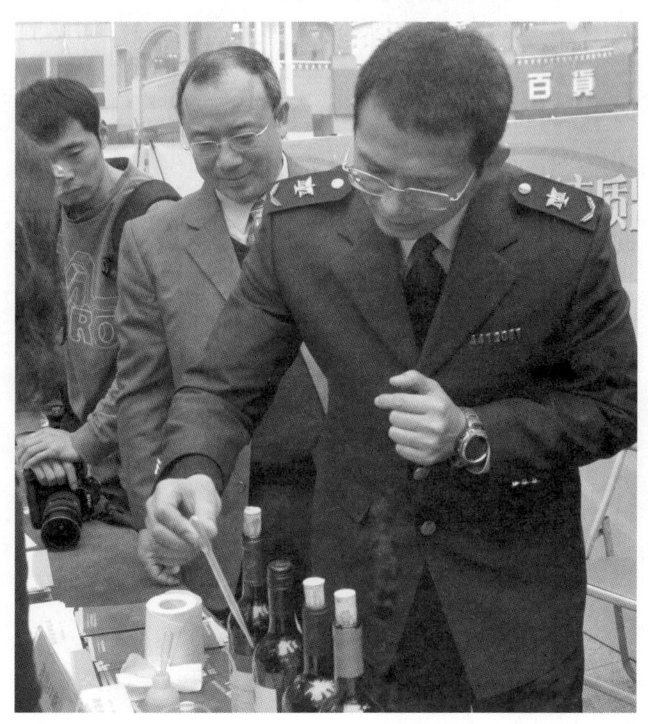

2012年3月15日，检验检疫工作人员在宣传活动现场向消费者讲解演示红酒鉴别方法。

【完善监管机制，加强重点敏感商品监管】 一是推进分类管理合格评定和出口免验工作。从依靠检测转变为对企业的管理体系运行进行监管，实现对生产企业原辅料质量监控、生产过程控制、成品验证的全过程监管，促进企业提升质量安全保障能力。二是进一步完善进境废物原料监管长效机制，严格依法实施检验监管，做好摄像和拍照等检验记录，确保检验工作的可追溯性。三是加强市场采购产品的监管。对市场采购出口商品供货单位、发货人、代理人试行备案登记制度，进行质量安全风险评估，结合检测、验证结果等综合评定模式实施监管。四是加强装运前检验工作，严格实施批批检验。实施监装517批次，4月18日，《国门时报》以“满怀豪情抓质量”为题，对佛山出入境检验检疫局出口监装工作情况进行了报道。五是强化出口退运追溯调查工作。启用出口退运信息管理系统，对出口退运货物进行追溯调查。全年共完成退货信息采集156批次，完成法检商品退运调查20批次。

【加快推进佛山外经贸战略转型升级】 2012年，贯彻落实《珠江三角洲地区改革发展规划纲要（2008～2020年）》，积极参与、努力推动佛山市建设广东建筑卫生陶瓷国际采购中心、佛山市家居商品国际采购中心、佛山市食品饮料国际采购中心等13个商品国际采购中心的计划，促进佛山优势产业发展，加快佛山现代产业体系建设。贯彻落实与佛山市外经贸局签订的《关于建立紧密合作机制共促外经贸转型升级备忘录》，努力增强服务企业、服务社会、服务发展的有效性，支持地方产业发展壮大，大力促进佛山外贸经济战略转型。巩固和发展国家陶瓷检测重点实验室联盟，推进佛山陶瓷行业发展。完善内部管理制度，制定了《联盟运作监督管理规定》，全方位推广华检陶瓷检测联盟，打造联盟的品牌效应，促进佛山陶瓷行业发展。

【建设广东出口陶瓷与建筑材料公共技术服务平台】 2012年，成立了以佛山出入境检验检疫局领导为组长的平台建设领导小组，明确各部门职责和服务内容，提高平台的运行效能。加强与企业的互动，建立网站，开通微博，创办《陶瓷与建筑材料》电子刊物，被广东省中小企业局认定为广东省中小企业公共技术服务示范平台。

【大力开展帮扶企业工作，促进企业出口】 一是开展企业培训，主动服务企业。建成佛山检验检疫公共信息平台和佛山检验检疫局技术中心网站并上线运行，主动与行业协会、商业组织等接触，联合举办进口机电产品政策宣贯会、入境冻肉检验检疫法规宣贯会等培训，宣传最新的质量情报、技术法规标准等信息。开展服务企业暖春行动，为企业提供免费或优惠原材料、新产品及新技术的评价服务，免费为10家出口卫生陶瓷企业开展放射性高的原材料、半成品及成品检测121批，受到企业好评。二是积极开展国外认证和检测业务，应对技术性贸易壁垒。对辖区内35家企业遭受国外技术壁垒情况进行调查，协助广东出入境检验检疫局风险处参与翻译校订《国际贸易报告》，开展包括欧盟CE、沙特SASO、马来西亚MS、厄瓜多尔INEN等认证，帮助家电出口企业应对坦桑尼亚PVOC认证，实现产品顺利出口。三是进一步简化办证手续，缩短原产地证书的审核周期。2012年，共办理新增加产地证注册备案40家，处理退证查询5份。签发各类原产地证书2.7万份，签证金额11.53亿美元，协助佛山市新石湾美术陶瓷厂有限公司重新明确了原产地标记（地理标志）所有者身份，促使企业充分发挥地理标志产品的价值。

【规范建设强基础，全面提升佛山检验检疫科学发展水平】 一是开展创建依法行政示范单位工作。制定《佛山局行政许可窗口建设工作实施方案》，在报检大厅设立行政许可专窗，公示佛山出入境检验检疫局行政许可“八公开”和《佛山局行政许可办事指南》，进一步规范行政许可审批工作。二是加强干部队伍建设，制定《佛山局2012年度绩效工作考核内部自查试行方案》《佛山局考勤管理办法》，深入推进绩效考核工作。三是正式启动市局公共服务信息平台。加强门户网站和内部网站建设和维护，新增“创先争优”“三打两建”“质量体系”业务专栏以及多项实用功能。四是组织申报2012年广东局科研制标2项，科研项目3项，完成了国家质检总局1项科研项目并提交鉴定申请。主持承担的佛山市3个科研项目顺利通过验收；出版专著《国内外建筑卫生陶瓷质量安全手册》1本。

【深入开展“创先争优”活动和党风廉政建设，文明创建工作实现新跨越】 2012年，深入开展“为民服务 创先争优”活动，强化服务意识、拓展服务平台、改进服务作风、提升服务效能，佛山出入境检验检疫局新港办事处作为全国青年文明号，积极开展“万号带万企”活动，与新港码头友好结对，共同促进团支部建设。在广东局10月份召开的总结大会上，佛山局2个基层党组织和3名共产党员获表彰。大力加强窗口规范化建设，积极组织参加了民生热线、“企业大走访，服务大提升”等多项重要活动，并荣获“佛山市文明单位”称号。

（杨　珊）

财政税务

财 政

【综述】 2012年，佛山市各级财政部门紧紧围绕市委、市政府的中心工作和决策部署，抓住财政综合管理改革“一个核心”，统筹运营、优化配置各种财政资源，通过“五个优化”措施，取得了“五个进一步”的成效，促进了财政、经济、社会民生事业的持续、平稳、健康发展。2012年全市地方公共财政预算收入完成384.08亿元，比上年增长12.39%；全市公共财政预算支出完成433.96亿元，比上年增长11.65%。

【优化收支管理手段，财政保障能力进一步增强】 2012年，受国际国内经济形势复杂多变，外需减少与内需减弱的双重因素叠加影响，佛山市经济运行面临较大困难，加上结构性减税、政策性减收以及经济、社会民生的刚性支出快速增长，佛山市财政收支平衡难度加大。面对严峻的形势，全市各级财政部门攻坚克难，开源节流，提高了财政持续保障能力。一方面，落实完成收入目标任务的责任考核与激励机制，支持配合税务部门创新税收征管方式，在全省率先启用综合治税办公室工作平台，努力做到应征尽收，同时大力支持国土资源运营，加大土地收储与出让工作力度，增加政府后备财源。另一方面，落实厉行节约措施，严控新增一般性支出，大力清理闲置结余结转资金，增加可支配财力。

【优化整合财政政策工具，支持经济发展力度进一步加大】 通过有效整合和优化财政资源配置，充分发挥财政资金“四两拨千斤”的乘数效应和导向作用，促进现代产业发展、传统优势产业提升，加快经济发展方式转变，增强经济发展后劲。一是安排经济科技发展资金，重点支持创新驱动战略的关键领域，加快佛山高新区、院市合作、产业转移园等项目建设，推动“三旧”改造促进工业提升，增强产业核心竞争力。二是大力支持产业链招商三年行动计划，全力引进现代服务业、战略性新兴产业和先进制造业重点项目，并积极稳妥地开展佛山市交通运输业和部分现代服务业营业税改征增值税试点工作，加速产业转型升级。三是增资“中小企业信用担保基金”，为中小微企业提供担保贷款，加快产业、科技、金融的融合发展；开展“服务企业暖春活动”，落实税费减免政策，积极组织企业申报项目争取资金支持。四是落实家电、摩托车下乡补贴，刺激消费需求增长，促进全市内外需市场发展。

【优化城市管理建设投入机制，城市升级发展进一步加快】 围绕实施城市升级三年行动计划，充分考虑政府财力状况，开拓资金投入渠道，全面提升城市环境形象和品质。一是全力推进城市升级三年行动计划，着力加快轨道、公路、铁路、生态景观林、汾江河综合整治、黄标车治理、空气污染控制等重点项目建设。二是大力推进佛山新城建设，并加快推进佛山中德工业服务区建设，为佛山新城早日腾飞夯实基础。三是有力支持城市管理工作。通过落实节能环保、城乡社区事务方面的专项支出，重点支持市场市容整治、城乡垃圾处理等工作，积极推进城市管理智能化和整洁化水平。

【优化民生保障机制，经济社会发展成果进一步惠及民生】 以实现基本公共服务均等化为目标，以构建稳固的民生保障体系为抓手，加大民生领域投入，全市财政民生方面支出完成263.27亿元，占公共财政预算支出的60.67%，促进了各项社会事业发展。重点推进学前教育三年行动计划，加快教育现代化步伐；深化医药卫生体制改革、探索创新平价医院、平价诊室、平价药包“三平价”医疗服务；完善高龄老人津贴制度，统一提高全市城乡低保标准和低收入群众临时价格补贴；加大公共租赁住房和保障性住房建设，切实保障低收入群体的住房需求；推动交通基础设施建设，落实城市公共交通优先发展战略；大力支持“三打两建”工作，保障公共安全服务；实施文化强市战略，支持佛山新城文化场馆建设和文化产业发展；落实强农惠农政策，加强农村基础设施建设，促进城乡公共服务均等化。

【优化监管方式，财政综合管理水平进一步提升】

充分发挥财政在相关改革工作中的统筹作用，进一步加大财政改革和监管力度，不断提高财政管理的科学化、精细化水平，确保财政资金安全高效运转。

财政改革发展领域进一步拓展。佛山市财政部门坚持“预则立”的思想，积极创新工作政策措施和路径方法，拓展了财政改革发展的领域。一是制定了政府公共财政综合管理平台建设方案和业务基础数据规范，启动了财政业务流程梳理再造工作，实现良好开端。二是制定结余结转资金管理、市级专项业务经费补助以及差旅费管理等制度，加强支出进度监控，预算执行力进一步加强。三是财政绩效管理改革不断深化，在广东省财政厅对地级以上市开展财政绩效管理工作情况综合考核中，佛山市以总分第一位居榜首。四是将市区本级所有预算单位全部纳入国库集中支付改革与公务卡结算制度改革，并着力推进公务卡强制结算目录，国库管理制度改革向纵深发展。五是启动政府向社会组织购买服务改革，研究提出政府购买服务与培育社会组织的思路，并先后制定了政府购买服务的实施办法、工作方案、指导目录（第一批）、绩效评价办法和扶持资金管理办法等制度。

财政监督管理力度进一步加大。以安全和效率为核心，充分发挥财务总监派驻制度、政府采购制度、基建工程造价评审工作以及财政监督检查对财政支出的事前、事中、事后监管作用，扎实推进财政监督管理工作。一是进一步清理整顿地方财政专户，开展会计信息质量、会计服务机构防治腐败巡查、专项资金、镇街资金、行政事业性收费等专项检查，并深入总结和表彰“小金库”专项治理工作。二是从加强研究分析、调整优化社保基金征收费率、扩面征收考核机制入手，进一步完善社保基金管理机制。三是加强对政府采购活动的监管，通过充实专家库，推广电子化政府采购管理交易平台，进一步规范政府采购行为。四是大力开展工程概、预、结算审核工作，提高基建工程审核效率和质量。五是制定了《政务微博工作制度》和《政务信息公开与保密处理暂行办法》，进一步规范并稳妥推进预算信息公开工作；同时，积极配合各级监督部门对全市财政的审计检查工作，切实做好网络发言人、民声热线、行政审批和投诉电子监察、12345热线以及人大建议政协提案的办理答复工作，自觉接受公众监督。

（黄长明）

国家税务

【综述】 2012年是实施“十二五”发展规划承上启下的重要一年，也是佛山市国家税务局启动“六大体系”建设的第一年。佛山市国税系统紧紧围绕“一个中心，两个主题”的工作思路，大力组织税收收入，深入推进税源专业化管理和税务文化建设，圆满完成了各项税收工作任务。

【突出中心，把握主动，税收收入实现较快增长】

面对国际经济环境动荡、国内经济增长下滑的形势，佛山市国税系统早计划、早部署、早行动，牢牢把握组织收入主动权，圆满完成了各项税收收入任务。2012年组织税收收入588.88亿元，同比增长8.2%，增收44.52亿元。剔除海关代征税后，共组织国内税收收入465.02亿元，增长14.3%。此外，全市还办理出口退（免）税271.5亿元，增长7.1%，增加18.1亿元。

【大胆创新，稳步推进，税源专业化管理初显成效】

一是明确总体思路，完善配套机制。制定了税源专业化管理工作指导意见，建立市、区两级税源监控中心工作机制，明确监控中心的职责分工，完善税源与征管状况监控分析一体化机制，确保职责分工、业务流程与岗位设置相匹配，打牢了税源专业化管理基础。二是优化资源配置，增强管理合力。调整相关征管业务，组建市、区两级税源监控中心，配备专职骨干人员，建立27个重点特色行业评估模型。调整基层征收单位内设股室职责分工，把57个涉税事项集中到办税服务厅处理，将税收管理员从案头审批工作中解放出来，集中精力开展税源监控，初步在全系统建立了一支税源专业化管理队伍。三是突出重点税源，深化风险管理。对于大型企业集团、特定行业、高风险行业等重点税源纳税人，实施扁平化和集约化管理，初步形成了区级国税局直接管理大企业的雏形。对中小企业采取分行业、分税种管理模式，实行标准化、模板式管理。对个体工商户试点推行社会化管理。通过实施分级分类的税源管理，集中有限资源有针对、有重点地开展税源管理和纳税评估，真正将风险管理理念落实到具体管理措施之中。四是强化平台应用，提升监管质效。全面应用税源与征管状况监控分析一体化平台，设置33个监控预警指标，密切监控征管行为，全年共下发异常数据1.04万条，有效指导基层征收单位核实、消除管理风险点。设置27个通用的行业管理模型，22个税源评审指标，建立税源评审方案指导开展纳税评估。综合利用政府牵头的综合治税平台提供的第三方信息，提高纳税评估的针对性和准确性，开展纳税人识别号与电费账户信息比对，共比对成功3.51万户纳税人。

【认真规划，逐步深入，文化建设取得重大突破】 一是编印文化手册，深植文化理念。组织编印《佛山国税文化手册》，初稿经过22次整体修改，全系统广泛关注和普遍参与，市、区两级组织了16场税务文化大讨论，300名领导干部参与，提出了上千条文化建设意见和建议，其中78%的意见建议被吸纳到文化手册之中。干部职工积极参与文化手册的编写工作，使文化管理理念深入人心。二是打造文化展厅，营造文化氛围。成立文化展厅建设项目小组，圆满完成了展厅文案设计和施工，全面展现了佛山国税63年的历史征程和佛山国税人的精神风貌，成为宣传佛山国税良好形象的重要窗口及激励佛山国税人不懈奋进的重要阵地。三是创建文化品牌，推动文化创新。在佛山国税文化的引领下，各区国税局深入开展了文化品牌的研究与论证，创建出具有地域特色、行业特点、文化特性、时代特征的"一局一品"，如禅城国税的"通济文化"，南海国税的"有为文化"，顺德国税的"龙舟文化"，高明国税的"方圆文化"和三水国税的"善水文化"。

【周密部署，精心组织，"营改增"试点进展顺利】 一是细化工作方案，抓好贯彻落实。成立了"营改增"（即营业税改征增值税）试点工作领导小组，制定实施方案和应急预案，逐级细化明确工作事项、责任部门和完成时限，及时督办落实。二是加强沟通协调，做好工作衔接。编发10期信息专报，及时向上级部门通报市国税局"营改增"试点工作进展。加强与财政、地税等部门的协调合作，顺利完成征管数据移交衔接工作，确保了试点工作如期推进。三是扎实开展培训，深入宣传辅导。对内，共组织8期10场4932人次的政策业务培训，组织5期153场8210人次的实务操作培训，促使相关人员尽快掌握"营改增"新政策、新要求。对外，分类别、分阶段地举办了近百场培训，培训超过1万户次纳税人。举办2期"营改增"网上访谈，回答提问48条。组织召开行业协会座谈会，走访试点纳税人，听取纳税人的意见和建议。通过报刊电台、门户网站、宣传板报等适时开展"营改增"结构性减税政策的新闻宣传，收到良好效果。四是认真组织演练，确保开局顺利。组织区国税局开展"营改增"涉税事项正式库试运行以及实际演练，并在演练结束后编写注意事项、操作指引等，确保了试点工作在11月份成功启动，并在12月份首个申报期运作顺利。佛山国税局"营改增"试点工作得到了省国税局的肯定和表彰，获记集体三等功。

【整合资源，丰富内涵，纳税服务形成品牌效应】 一是整合服务热线，强化纳税咨询。全面推广应用税务总局12366纳税服务热线系统，通过制定话务质量检查和坐席员考核办法等措施，进一步提高咨询和投诉建议的处理效率。二是优化办税服务，深化服务品牌。全面应用“告知易”系统，2012年共出具4166份一次性告知书、解答纳税人咨询4052次，受到纳税人和基层税务人员的普遍欢迎。制定应急预案，加强对办税服务日常运转的监控管理。继续完善和推广“税企通”平台，累计用户达到11.44万户，基本覆盖了一般纳税人、出口退税企业、查账征收的所得税企业和重点联系企业。三是深化数据应用，打造“数字”纳税服务。在全市29个基层征收单位办税服务厅安装“视税通”系统，并在此基础上建成纳税服务数据展示平台，全面展示市国税局“一网、一厅、一线”纳税服务工作情况。深化12366服务热线、“评价易”、“税企通”、“自助通”等系统平台的数据分析应用，编发12期纳税服务信息月报，强化纳税服务的薄弱环节，大幅提升了办税服务厅整体工作质效。2012年度纳税人满意度调查结果显示，98.34%的纳税人对全市国税工作表示满意或基本满意。

【健全机制，完善措施，依法行政得到深入推进】

一是推进一级稽查，提升稽查效能。开发应用稽查案件管理系统，顺利实施中心城区一级稽查，加强了大案要案查处、专项检查等工作的组织统筹力度。2012年全系统共稽查结案357宗，查补收入2.43亿元，查获非法发票2819份，查补税款3767.49万元，进一步整顿规范了税收秩序。二是规范退税管理，防范骗税风险。通过发布警示信息、风险提示，实施分级分速退税管理举措，严格落实外贸企业管户责任，扎实开展评估核查等措施，进一步规范外贸企业的退税管理，全市外贸企业申报出口退税增长了1.2%，而来源于敏感地区敏感货物的退税则大幅度下降，出口骗税风险得到有效控制。三是健全工作机制，规范执法行为。开发税收执法督察工作平台，完善“人机结合”的执法检查方式，进一步强化执法检查。制定重大税收执法决策事项集体审议制度和重大税务案件审理工作制度，深入开展依法行政示范单位创建活动，稳步提升全系统依法行政的能力和水平。四是完善内控机制，强化风险防控。建立健全内控机制工作考核，抓好内控机制的贯彻落实。全面推广应用“税收执法风险防御系统”（即RED系统），运行情况良好。

【以人为本，规范管理，行政效能有了大幅提升】

一是加强统筹协调，提升管理效能。制定全系统未来五年的发展目标和步骤，为全面实现佛山国税“十二五”发展规划总体目标指明了方向。二是强化人才培养，深化队伍建设。统筹开展教育培训，突出抓好领导干部和专业人才的培训。建立市级所得税人才库，指导各区国税局建设30个专业人才库，有效发挥人才资源整体效能。加大巡视工作力度，使各区国税局不断加强领导班子建设。三是创新廉政教育，推进廉政建设。利用信息化手段，开发启用“三维虚拟廉政文化教育基地”，促使廉政教育入眼入脑入心，有效地增强了廉政教育的针对性和有效性。四是深化“创先争优”，抓好党建工作。深入开展精神文明建设，市国税局机关获得“全省国税系统文明单位”称号。落实“创先争优”党员“三亮”服务措施，做好基层党组织分类定级，组建市国税局妇委会，大力开展志愿者活动，提升了国税部门形象。五是健全财务制度，规范后勤管理。完善政府采购管理办法和操作规程，全面推行四级预算单位公务卡改革，加强财务内控管理。制定突发安全事件应急处置预案，开展安全检查，努力构建平安国税。

（周桂华）

地方税收

【综述】 2012年，受经济下行压力和佛山楼市限购双重影响，佛山市各级地税部门在省地税局和市委、市政府的正确领导下，牢记使命，坚强面对组织收入困境，坚持组织收入原则、坚持抓好纳税服务、坚持防范廉政风险，大力实施佛山地税局建局以来时间最早、力度最大、难度最大的组织收入攻坚战，各项工作取得新进展，为经济发展、社会民生作出积极贡献。2012年，佛山市地税局荣获“全国税务系统先进集体”称号，市局在佛山89家市直单位机关绩效与作风建设考评中位列12个先进单位之一。2012年，全市地税系统共组织税收收入387.9亿元，同比增长6.6%，增收24.1亿元；社保费收入179.8亿元，同比增长10%，增收16.4亿元。组织税费总收入合计611.3亿元，同比增长

8.3%，增收46.7亿元。

【暖春活动等惠民举措进一步丰富】 2012年，积极参与市政府“企业服务年”行动，3月初启动“地税服务企业暖春活动”，座谈、走访企业115家，帮助解决问题110条，暖春服务受到各级党政、广大纳税人和新华网等媒体一致好评。纳税服务新载体蓬勃兴起，3月联合市国税局挂牌成立实体纳税人学校，全年共组织培训113期8300人次；8月开通市级地税政务微博；“e税通”升级改版为“5S电子服务厅”。传统服务载体效能进一步发挥，办税厅全年受理业务总量210万宗，月均受理量约18万宗；不断加强市地税局门户网站建设，在全市48家部门政府网站中获唯一五星级评定，勇夺三连冠，在全省地税门户网站群23个分站评估中再次荣获“优秀分站”称号，为两个优秀分站之一；12366纳税服务平台受理话务总量达34.5万个，同比增长52.8%，接通率98.5%，回访满意率100%。

【服务经济转型、减轻税费负担取得新成效】 加强税收政策服务，围绕市政府城市升级等各项规划提供政策参考。全面落实促进经济转型及扶持中小微企业发展等税收优惠政策，2012年共减免各项税收13.8亿元，同比增长57%。严格落实新个人所得税法，全年约53万纳税人减负10亿元。提请市政府同意下调工伤保险缴费费率25%、失业保险单位缴费费率50%、汽车销售行业价格调节基金征收标准50%，减轻企业负担。加强纳税信用等级评定，与国税联合评出A级纳税人2377户，户数居全省首位。

【综合治税向纵深发展】 2012年1月，全省首个综合治税办公室工作平台和全市专业化税源管理综合应用平台在佛山正式启用，具有数据分发、分析统计、监督考核三大功能，全面实现任务流转电子化、分析统计智能化、监督考核实时化及第三方涉税数据的“活”应用，大大提高工作效率，方便税务部门进行数据分析，并确保涉税数据得到有效应用；同时，区级综合治税体系不断完善。至2012年底，累计采集30个成员单位3400万条数据，全年筛选疑点数据7.4万条，增加税收2.9亿元；3月，首次成功获取市公安局重要数据，并联合建立起车辆年检把关车船税机制。

【“营改增”试点工作顺利推进】 2012年初组织形成《浅议营业税改征增值税试点对佛山地方税收的影响》专题调研报告，获佛山市委书记李贻伟批示表扬；按省局统一部署，9月起核实整理“营改增”纳税人基础信息资料，做好过渡期间登记、核定、申报征收和发票管理等规范工作和后续衔接工作；加强与财政局、国税局等相关部门合作，共同建立纳税人信息提供机制和争议解决机制。11月1日顺利试点，至年底纳入试点纳税人共6904户。

【地税行政审批制度改革筹备工作扎实推进】 2012年，按照市政府改革部署，主动推行地税审批制度改革。经过多轮调研论证，共梳理对外职能事项291项，确定拟取消审批事项22项，拟下放行政许可及审批事项11项，下放日常管理事项10项，拟购买服务职能6项，并就法律法规及规章制度不一致的25项内容请示省局。经全面细致的职能清理，全市地税87.8%的职能事项可以在基层税务分局办理完成。同时，研究起草《浅析深化税务行政管理体制改革的时代要求和发展方向》一文获广东省地税局局长王南健亲笔批示；省地税局副局长杨荣华认为佛山地税在深化行政管理体制改革工作上走在了省前列，为全省地税提供了启示和思路。

【社保费征管新系统和房地产税收一体化系统成功推广应用】 2012年9月17日，成功推广应用社保费征管新系统，52.5万户、8500万条数据顺利迁移，大大优化了社保费征缴流程，简化了缴费申报手续，提升了基层税务部门办理社保业务的质量与效率。佛山率先试点上线社保费征管新系统，为全省推广提供了经验示范。房地产税收一体化系统一期工程“存量房交易价格评估系统”1月1日顺利上线，比省局要求提前3个月，对堵漏增收、防范执法风险、减少纳税人争议起到良好推动作用；7月1日，二期工程“房屋租赁”和“土地使用税管理”模块上线，着力提升营业税和财行税管理水平。全年完成交易2.35万宗，评估增幅28.4%，入库税费4.4亿元。纳税人对系统评估价格普遍表示认同，暂未发生核价争议情况。

【市级绩效管理试点在全省率先推进】 2012年，佛山地税正式上线运行目标绩效管理应用平台，建立起“市局—区局—部门（分局）—重点岗位”的层级考核机制和全方位监控系统，对防控风险、提高执行力、提升服务质量、强化队伍建设四大类60个基础指标进行考核，涵盖税收执法重点环节和行政管理重要权力节点。佛山地税推行绩效管理试点工作受到上级领导充分肯定。

【思想政治及内控机制建设不断加强】 深入学习贯彻党的十八大和中共中央总书记习近平视察广东讲话精神，在全省创新建立思想政治辅导员制度，市地税系统共配备辅导员67名；市地税局班子成员带头推动落实“干群连心”活动，年初分别与13个内设部门全体人员进行面对面沟通；建立“连心桥”日记本登记制度，各级“一把手”与干部职工广泛开展谈心活动。扎实开展内控机制建设，提出防范措施609条，新增和修订内控制度85条；完善三级监察网络，在稽查局和基层分局设专职纪检监察专员21名；结合“三打两建”，开展内部商业贿赂风险排查。2012年，全系统未发生重大违法违纪案件。

（姚友谊）

佛山市积极推行“营改增”试点工作。图为2012年11月1日“营改增”正式运行首日，第一张代开发票在高明区国税局开出。

金　　融

银行业

【综述】 2012 年，受益于宏观调控政策引导，佛山市经济全年呈现先回落后缓步回升的增长态势，产业结构进一步优化，通胀压力有所缓解。在此背景下，佛山市辖区金融机构继续贯彻实施稳健的货币政策，佛山市各项存款增速有所回升，贷款增速保持平稳，信贷对中小微企业支持力度进一步加大，金融改革创新加速发展，金融系统运行质量效益进一步提高，为地方经济社会发展提供了有力支持。

【存款增速有所回升，外币存款占比提高】 2012 年末，佛山市中外资银行机构本外币各项存款余额 10167.55 亿元，较年初增加 1050.71 亿元，同比多增 398.45 亿元，较年初增长 11.52%。2012 年末，佛山市中外资银行机构人民币各项存款余额 9784.25 亿元，同比增长 9.14%，增速较上年同期增加 1.58%；2012 年新增人民币存款 819.22 亿元，同比多增 189.4 亿元。2012 年末，佛山市中外资银行机构外币各项存款余额 60.98 亿美元，同比大幅增长 153.11%；2012 年新增外币存款 36.89 亿美元，同比多增 32.33 亿美元。

【贷款增速保持平稳】 2012 年末，佛山市中外资银行机构本外币各项贷款余额 6391.47 亿元，同比增长 13.83%，增速同比下降 1.5%，其中，人民币贷款余额 6127.76 亿元，同比增长 12.14%，增速同比下降 2.92%；外币贷款余额 41.96 亿美元，同比增长 75.46%，增速同比增加 43.38%。2012 年佛山市中外资银行机构新增本外币贷款 776.32 亿元，同比多增 30.16 亿元，较年初增长 13.83%。其中，新增人民币贷款 663.27 亿元，同比少增 52.13 亿元；外币新增贷款 18.04 亿美元，同比多增 12.24 亿美元。

【农村金融改革深入推进，金融体系不断完善】 2012 年，顺德农村商业银行跨区域经营情况良好；禅城农信联社、高明农信联社分别成功改制为佛山农商行、高明农商行；三水农信社的各项经营指标不断优化改善，争取尽早启动改制。同时，辖区多层次的金融服务体系不断完善。2012 年，华兴银行佛山分行、南洋商业银行佛山支行等 6 家银行进驻佛山，新成立小额贷款公司 6 家。

（许大龙）

证券业

【企业上市加速推进】 2012 年，佛山市新增华声电器、顺威精密、海天股份、欧浦钢铁物流、新宝电器等 5 家上市公司，上市公司总数达 37 家（含 3 家待发行），较 2005 年翻了一番多，累计融资超过 600 亿元，比 2005 年增长近 9 倍，“佛山板块”加速成长。其中中国内地上市 24 家、香港上市 10 家（其中 1 家同时登陆深圳主板和香港主板），新加坡上市 3 家，伦敦上市 1 家。

【证券市场稳步发展】 2012 年，全市共有证券营业部 63 家，期货营业部 17 家，证券交易成交总额（不含权证）为 12806.37 亿元，占全省总成交份额 16.01%，在全省（不包括深圳）排第 2 位。佛山市各证券营业部中近80%组建专业的创新业务团队，42家券商中投资顾问总数达167人。

2012年，佛山市证券业各营业部积极开展创新转型工作。一是与企业对接，推进“新三板”工作。按照《关于“新三板”挂牌上市企业扶持暂行办法》的要求，佛山市各证券营业部积极与企业对接，对企业进行“新三板”的上市辅导培训，鼓励、引导符合条件的企业积极参加股改。有20家企业完成股改，并形成了具备近80家拟上市企业的完整“新三板”梯队。二是拓宽中小企业融资渠道。2012年，70%的证券营业部在总部支持下设立了创新部门，致力开展“新三板”、私募债、城投债等相关业务，业务开展以来，为多家中小企业提供了个性化、专业化的财务顾问服务，拓宽了中小企业的融资渠道。三是创新业务品种多样化，内容涵盖投资咨询业务、资产管理业务、融资融券业务、IB业务、股指期货、中小企业私募债等。各证券营业部根据不同的企业采取了差异化服务。

【期货市场创新发展】 按照中国国际期货创新大会倡导“期货市场的变革与创新”的要求，佛山市期货各营业部积极开展相关工作。

一是创新多样化商品期货品种。随着白银期货、玻璃期货等创新品种的相继推出，佛山市期货各营业部积极宣传加强推介，商品期货发展迅速。同时对于后期原油期货、焦煤期货等创新品种进驻市场进行相关储备和宣传。

二是大力发展金融期货。随着沪深300股指期货正式推向市场，佛山地区获得股指期货业务的期货公司严格注意控制客户风险，按照中国期货业协会的要求对参与股指期货交易的客户资格进行把关，对客户进行股指期货风险意识教育、股指期货基本知识教育，开通通道给拟参与交易的客户进行模拟交易。同时，佛山期货公司积极争取试点国债期货、期权、外汇期货等创新品种。

三是积极开展投资者教育。随着多样化的商品期货以及金融期货品种的相继上市，期货市场将加速扩容，同时，投资者结构也将发生重大变化，佛山各期货营业部定期开展投资者教育工作，进行各项创新品种的风险提示和专业的期货市场分析。

（曾昭武）

保险业

【综述】 2012年，佛山市保险业积极贯彻落实中国保监会关于“抓服务、严监管、防风险、促发展”的工作思路，在广东保监局以及佛山市委、市政府、市有关职能部门的政策支持和业务指导下，坚持以科学发展观统领全局，坚持行业有效协调规范，充分发挥保险业的行业优势，服务经济社会发展，为佛山市的经济发展和城乡建设作出了积极贡献。至年底，佛山市完成保费收入157.31亿元，占全省12.19％，同比增长了7.51%，居全省地级市第2位。其中财产险保费收入为59.96亿元，同比增长15.07%；人身险保费收入为97.35亿元，同比增长3.33%。全年赔款给付金额为48.83亿元，同比增长26.15%，其中产险为31.47亿元，同比增长28.01%，人身险为17.37亿元，同比增长22.92%。

【借助地域优势，有序发展机构】 佛山市保险业快速发展。至2012年底，佛山市共有保险主体55家，其中产险公司24家，寿险公司31家（其中新增产险公司1家、寿险公司4家），外资、中外合资的保险主体共13家，是全省机构发展最快、数量最多的地级市；佛山辖区保险代理机构（含分支机构）117家；全市保险营业网点约450个，覆盖佛山五区乡镇，是广东省保险机构发展最快、数量最多的地级市，体现了佛山市保险业快速发展的良好基础。

【规范经营，保险市场秩序良好】 2012年，佛山市保险业通过贯彻落实一系列的监管措施和实行行业自律，各经营主体能自觉依法合规经营，广大从业人员实行了持证上岗，突出体现差异化服务。全行业基本形成公平有序的竞争格局，保险市场经营秩序良好。

【加强诚信建设，提高行业队伍素质】 2012年，佛山市保险业积极贯彻落实佛山市委、市政府关于开展“三打两建”的行动，通过集中规范，加强保险行业诚信建设。一是成立“三打两建”领导小组，对各市场主体开展“三打两建”工作进行督促指导，全行业营造风清气正的行业氛围。二是切实开展保险代理机构的专项治理。通过制定《佛山保险中介机构防腐工作实施方案》，组织全市中介法人机构负责人召开动员大会，按计划有步骤地开展了调查摸底、自查自纠、集中整治、总结验收等工作，受到省防治腐败工作专责小组的肯定。三是成立讲师团，开展大型诚信文化宣讲活动。同时，把诚信宣讲活动在全行业持续推广，致力建设健全的保险业诚信体系。

【创新经营方式，提升服务水平】 2012年，随着保险市场需求的日益增强，各保险主体积极研发和推广群众需求量大的保险新产品，全年全行业的保险创新产品达到200个，满足了不同时期各类人群的不同需求。同时，佛山保险业创新服务渠道，加强售后服务，不断完善行业投诉调处机制。一是积极推广全省统一制定的“机动车保险理赔服务标准”“人身险服务标准”“保单和保险理赔网上查询”“保险赔款实名全额支付”等制度；二是充分利用现代通信手段提升服务效率，实现了单证电子化、定损及审批流转电子化的案卷流转过程，突破了理赔案件流转的“时效瓶颈”，建立了反应迅速、服务快捷的遍及全省的“通赔”服务网络体系；三是积极开展“车险理赔服务现场检测工作”，有效促进保险公司的现场理赔服务水平；四是提升车辆轻微道路交通事故快速处理工作，2012年全市五区建立了25个快处快赔服务点，佛山保险业与公安交警、110指挥中心、物价事务所对接，建立了事故发生情况和理赔处理的快速查询网上平台，道路交通畅顺，社会和谐，助力城市升级。

【发挥保险功能作用，承担社会责任】 佛山市保险业积极发挥“保险是社会经济发展的助推器和稳定器”功能作用，在经营好商业险种的同时，配合市委、市政府的大政方针，大力推行和试办一系列政策性保险，如与“三农”对口的农村住房、能繁母猪、水稻、山林、养殖以及“政银保”等模式的小额贷款保险等支农惠农保险业务均在正常运作；开展“保险贷”项目支持地方经济转型升级、助力中小企业融资发展；同时，积极参与社会医疗改革，服务医改，主动配合政府有关部门建立社会救助基金机制；运用保险经济补偿功能为道路交通和市政建设大项目提供巨额风险保障；此外，倡导全行业支持济困扶贫活动。广大保险机构和从业人员积极支持参与全国各地的抗洪救灾、地震及对贫困学子的钱物捐赠以及无偿献血活动，体现了行业的大爱精神，得到了社会的认可。

（卢沛芝）

审计 · 技术监督

审　计

【审计成果】 2012年，佛山市审计机关完成审计（调查）项目99个，查出管理不规范金额24.66亿元，违规金额2.12亿元，其中应上缴财政2226万元，应归还原渠道资金784万元，应调账处理金额4476万元；通过审计处理和整改后，上缴财政1848万元，归还原渠道资金744万元，调账处理金额4410万元。移送司法机关、纪检监察部门处理事项1件，建议有关部门处理事项1件。出具审计报告和专项审计调查报告110份，提交审计工作报告、信息30篇，被党政领导和有关部门批示、采用23篇次。

【财政审计】 佛山市审计机关全年共审计（调查）44个单位，查出主要问题金额15.56亿元。结合财政预算执行审计，有重点地推进多个专项审计调查。紧扣"吃空饷"社会热点问题，开展财政供养人员经费、公用经费管理专项审计；重点抽查区、镇街两级财政资金拨付的内控制度执行情况。提交市政府财政专题审计报告，市领导做了重要批示。推进预算执行审计结果公开，"点名"查出有问题的单位，推动相关单位落实整改，启动责任追究制度。

【社会保障审计】 市、区两级审计机关上、下联合，推进市本级、5个区社保资金"全覆盖"审计，促进健全社保信息核查机制、信息共享平台机制，规范社会保障资金管理。向市政府提交《关于我市养老待遇水平偏低原因的调研情况报告》，市政府常务会议研究决定，全市企业退休人员加发过渡性养老金，人均月增205元，惠及38万佛山市民。

【经济责任审计】 佛山市审计机关全年共对17名领导干部开展经济责任审计。经济责任审计与部门预算执行审计、财政决算审计、专项资金审计等相结合，配合"三打两建"工作，深入揭露领导干部营私舞弊、骗取国有资金等问题，移送经济犯罪案件1宗，协助纪检监察部门并提供案件线索3宗，充分发挥经济责任审计打击腐败的作用。

【固定资产投资审计】 佛山市审计机关全年共审计（调查）9个单位，查出主要问题金额1.66亿元，核减投资额543万元。全面摸查市路桥公司和市重点路桥67个建设项目的资金筹集、使用、管理情况，在项目管理、资金缺口、工程结算等5个方面，提出审计对策建议。继续开展"援疆审计"，促进伽师县制定了《援疆资金国库集中支付管理办法》，在工程管理方面，促进伽师县成立伽师县财政投资评审中心。

【专项资金审计（调查）】 开展公安机关使用交通技术监控设备查处道路交通安全违法行为、产业扶持资金以及国资系统政府性债务化解、机关公务卡使用情况等的专项审计调查。规范交通执法行为和罚款收支管理；推动产业转型升级措施落实；国资系统政府性债务化解审计调查提出审计建议，市领导作了重要批示。结合审计发现公务卡消费存在的问题，及时联合财政部门发文，提前警示、规范公务卡消费行为。

（沈淑珍）

质量技术监督

【综述】 2012年，佛山市质监局紧紧围绕省质监局工作部署以及市委、市政府工作重心，以深入开展“三打两建”工作和保障“三个安全”监管有效性为核心，以实施质量强市、技术标准、品牌建设为企业转型升级的突破口，以加强干部队伍建设为根本，全面履行质监部门的职责，较好地完成了各项工作任务，为佛山市在现代制造业发展、城市转型升级和幸福佛山建设等方面做出了积极贡献。

【深入开展“三打两建”工作】 2012年，市质监部门作为打击制假售假专项行动牵头单位，切实履行职责，围绕省制定的打击制假售假“十大专项”，组织开展了一系列打假联合行动和专项整治，取得较好成绩。2月23日，市质监局成功牵头组织了全市打假首次联合行动，打响了佛山“三打”第一枪。全年全市共核查制售假线索1.18万条，立案查处案件9420宗。在“三打”工作中，注重将好的机制固化下来，如形成了“打假工作信息沟通”“行政执法与司法部门联合办案”“行政部门案件协调衔接”等多项制度，并把这些在“三打”中形成的行之有效的措施固定下来，真正建立起了多部门协调联动的打假长效机制。

【大力开展企业“暖春活动”】 将实施标准化战略、品牌战略、质量强市等纳入企业“暖春活动”，积极开展为企业服务工作。由行业协会召集主要企业负责人，分别组织了机械装备行业、铝型材行业、内衣行业召开了座谈会，对行业发展遇到的问题进行分析。对企业提出的品牌创建、技术标准等问题，举办了专题培训班免费培训企业经营者。还针对企业提出的涉及质监相关职能的问题，制订了服务企业发展20条措施。同时，还发挥技术机构的优势，开放实验室，优质优惠为中小企业提供从产品研发试验到生产过程的原材料检验以及成品检验的一条龙服务，促进企业升级和质量提升。

【深入开展质量强市活动】 2012年，佛山市质监局编制印发《质量强市“十二五”规划》，为全市进一步提升整体质量水平提供了政策依据。发挥“强市办”的牵头协调作用，首次编撰了《佛山市质量状况白皮书》，为地方宏观经济管理提供参考依据。与国家宏观质量理论研究的权威机构武汉大学质量发展战略研究院加强合作，引进专家指导佛山市“质量强市”工作，与该研究院签署了全面战略合作协议，成立了佛山市宏观质量观测与创新基地。召开名牌申报企业辅导会，向企业派送《广东省名牌产品培育指导书》，2012年全市新增44个广东省名牌产品，约占全省五分之一。至年底，全市省名牌产品总数达到313个，占全省总数的21.6%，连续10年蝉联全省之首。创新构建科学的产品质量监管体系，着力建设产品质量监督预警网络信息平台，通过对企业产品质量信息的采集和处理，设计闭环的工作流程，有效落实产品质量监管职责，实现对区域性、行业性产品质量安全预警和企业产品质量违法行为的有效约束。全市产品质量水平稳中有升，省监督抽查佛山市1776批次产品，不合格产品发现率为15.6%，市级监督抽检3421家企业共5394批次产品，不合格产品发现率为14.8%。与佛山传媒集团合作开展“质量强市助力两建”主题活动，内容包括“评选2012年佛山市质量30强”、“质量强企”一日游、“质量强市”图片成果展等。

【大力实施技术标准战略】 2012年，佛山市技术标准战略硕果累累，至年底，全市累计采标认可总数为1578个，批准落户佛山的省专业标准化技术委员会秘书处为11个，数量均位居全省地级市首位；全市企事业单位累计参与制修订国家标准670多项、行业标准370多项，批准落户佛山的全国专业标准化技术委员会（TC）／分技术委员会（SC）／工作组（WG）秘书处为18个，总数位居全省地级市前列；创建“标准化良好行为企业”65家，各项标准化工作均排在全省地级市前列。选取南海区作为广东省实施技术标准战略示范区，积极引导企业实施技术标准战略，引导3家企业积极参与国际标准制、修订工作。成功举办“佛山市实施技术标准战略专题报告会暨成果展”，通过专题报告会、视频宣传短片、画册和图文展览等方式，总结、宣传近年佛山市实施技术标准战略工作在产业转型升级和提升企业竞争力方面的作用。

【大力营造诚信计量社会氛围】 加大对机动车安检机构的日常监管，组织全市30家安检机构签署了《诚信经营承诺书》并在显著位置公示。检查加油站269家，检查加油机1087台，检查定量包装、电子计价秤产销企业53家。146家企业通过了二、三级计量保证体系确认，4家企业获得定量包装生产企业C标志认证。对全市285台在用锅炉进行了能效测试，提升了在用锅炉能源利用效率，促进了企业节能增效。121家用能单位通过了能源计量检查考核，取得了《佛山市企业能源计量器具配备和管理达标确认书》。

【食品安全监管毫不松懈】 构建先进的食品安全风险监管体系，运用“危害分析和关键控制点（HACCP）”原理，对履职风险点进行分析、排查及防控，对企业生产过程中的关键控制点进行了危害分析，制定了《佛山市食品监管风险点和食品安全生产关键控制点防控体系》。加大食品抽样检验力度，共组织抽检1381家次企业的2491批次产品，合格2222批次，产品质量合格率为89.2%，内在产品合格率为97%。围绕“共建诚信家园，同铸食品安全”活动主题，邀请了市人大、市政协、市消委会和消费者、企业、媒体代表等一行40多人，开展了食品检验机构开放日活动和“质监邀您看企业，食品安全大家行”活动。

【狠抓特种设备安全监管】 全市共办理特种设备使用登记1.16万台，特种设备作业人员考核237批次，核发特种设备作业人员证2.67万人次；出动监察和巡查人员1.12万人次，发出《特种设备安全监察指令书》1494份。开展电梯“使用权者”的确认，落实主体责任；推行电梯定期检验社会化、政府监督检验抽查的检验新形式；推动建立电梯事故责任保险制度，全市（不含顺德区）已签署承诺书或使用管理合同的电梯4360多台，已有3365台电梯购买了责任保险。积极推进电梯行业监管体系试点建设，制定了《佛山市电梯起重机械安装维修保养质量评定管理办法》，对电梯维保单位进行质量评定考核并实行分级管理，重点督查列入“黑名单”企业。

【进一步加强执法打假工作】 开展食品及食品添加剂、农资打假、建材、清新居室百日行动、移动通信及数码电子产品、皮具产品、鞋和箱包胶粘剂质量、化妆品等专项执法行动。全市质监系统共出动执法人员1.35万人次，检查生产、销售单位3952家，捣毁地下制假窝点209个，立案查处违法案件1073宗。

【大力推进检验检测平台建设】 2012年，完成产品质量检验7.59万批次，检定／校准计量器具49.2万台件，国家汽车配件质量监督检验中心（广东）通过国家局“三合一”审查，通过了省局预验收；广东省质量监督饮料及食品添加剂产品检验站（佛山）顺利奠基，基建工作加紧推进。

（刘万全）

旅　　游

旅游发展及建设

【综述】 2012年，佛山市旅游系统在佛山市委、市政府的正确领导下，以创建广东旅游强市为目标，紧紧抓住产业转型升级这条主线，深入贯彻落实《珠江三角洲地区改革发展规划纲要（2008～2020年）》，大力推进旅游产业优化升级，积极培育新的经济增长点，全市旅游产业形成了持续、平稳、健康发展的良好态势。全市实现旅游总收入365.52亿元、增长23.3%。其中国内旅游收入289.3亿元、增长24.03%；旅游外汇收入12.09亿美元、增长24.36%。

【优化旅游环境，产业地位进一步提高】 2012年初，佛山市政府主持召开全市旅游工作会议，部署全市旅游工作，充分体现了市委、市政府重视和推动旅游业发展的力度和决心。年中，广东省副省长招玉芳亲率省外贸、旅游调研团就佛山市旅游业发展深入调研，并对今后一个时期佛山旅游业的产业定位、产品定位、市场定位等提出了更高要求。各区党委政府也出台了旅游发展扶持政策，落实重点旅游项目推进机制，进一步优化旅游发展环境。如高明区出台了《高明区关于加快旅游业发展的意见》和《高明区扶持旅游业发展专项资金管理使用办法》等文件，从政策上、资金上对优质旅游项目实施有效帮扶，累计扶持资金达500多万元，破解企业在旅游产业发展中的“瓶颈”问题。

【A级旅游景区创建工作成效显著】 2012年，作为城市升级三年行动计划项目之一的西樵山创建国家AAAAA级旅游景区工作顺利通过国家旅游局终评检查；长鹿农庄创建国家AAAAA级旅游景区工作进展顺利。西岸森林生态园旅游区、陈村花卉世界、罗浮宫国际家具博览中心、禅城祖庙博物馆和高明皂幕山荣膺国家AAAA级旅游景区。尤其是罗浮宫国际家具博览中心结合休闲经济模式，引入旅游概念，成功创建为国家AAAA级旅游景区，引领家具产业转型升级。三水温泉度假村和平洲玉器街创建国家AAAA级景区积极推进。至年底，全市国家AAAA级景区总数达到11家。认真开展全市“A”级旅游景区复核工作，南风古灶、三水荷花世界、三水森林公园等景区顺利通过国家AAAA级景区复核评审。

【星级饭店建设上新台阶】 2012年，佛山保利洲际酒店、三水金太阳酒店、三水花园酒店、高明碧桂园凤凰酒店被评为国家五星级酒店；三水凯迪威酒店被评为国家四星级酒店；金帝豪大酒店被评为国家三星级酒店。至年底，全市星级饭店96家，其中五星级9家、四星级19家，按四星、五星级标准在建的高星级酒店10多家。

【大型龙头旅游项目加快推进】 “岭南天地”第一期开业迎客，形势喜人。由广东中旅集团投资100亿元建设的南海西岸旅游产业园被国家旅游局授为“国家旅游产业集聚（实验）区”；总投资3000万元的岭南文化苑于2012年1月落成；高明盈香生态园九寨水城和泰康山生态旅游区于5月开业。总投资5亿元的“南海湾”水上乐园、总投资1.5亿元的南海博物馆“西樵山梦工场”等多个工程扎实推进。投资4.7亿元的九江“南国酒镇”项目启动；总占地 110 亩，总投资约 2 亿元的平洲玉器城全面升级改造，翠宝园全面开业，璞玉园将在 2013 年下半年竣工。

【加强旅游宣传，提升形象】 配合广东省邮轮旅游频道《嬉游记》节目组，做好旅游形象推介。组织全市五区文体旅游局和各相关旅游企业赴香港、澳门开展 2012 中国欢乐健康游主题旅游年港澳地区启动仪式暨主题推广系列活动，共推出旅游惠民政策 55 项，佛山旅游影响力和市场吸引力进一步增强。与佛山日报社联合举办了“2012 珠三角旅游产业转型升级暨佛山企业万人游启动仪式”。与珠江时报社联合举办“2012 珠三角旅游大联动暨欢乐健康游”活动。与市文广新局联合印刷派送《文化视窗》宣传手册，重点宣传推广佛山重大旅游盛事和节庆活动，吸引更多游客到佛山市旅游。

【积极推广“广佛肇”区域旅游品牌】 2012年3月，与广州、肇庆两市旅游局联合策划广佛肇妇女肇庆游绿道庆“三八”活动，推出了丰富多彩的节庆活动和旅游产品。9 月 10 日和 12 日，广佛肇旅游管理部门联合赴吉林省长春市和内蒙古自治区鄂尔多斯市，举办了“‘时尚广州，传奇佛山，山水肇庆’——这里的冬天不太冷，冬季旅游广佛肇！”主题旅游促销活动，推介广佛肇精品旅游线路；广佛肇三地旅行社分别与鄂尔多斯多家旅行社签订了旅游合作意向书。

【打造品牌旅游节庆活动】 一是协助佛山市政府举办“一脉同根，祈福共荣——祖庙、樵山新春祈福”民俗文化活动，开展“龙飞陶舞”——石湾贺年生肖陶艺品巡回展，以及祖庙万福台粤剧粤曲表演、第三届中国（禅城）岭南年俗欢乐节暨祖庙商圈迎春嘉年华、“文翰樵山”2012 年新春岭南民俗文化节等活动，共举办文化活动 22 大项，逾 500 万人次亲历岭南文化盛宴。旅游、交通等部门借势推出了祖庙・西樵山景区联票，开行了“祖庙—西樵”城巴快线，推出了“迎春祈福”一日游、二日游、三日游线路。二是“十一黄金周”期间，全市举办了南粤幸福活动周多项活动，市内众多旅游景区门票八折优惠，部分景区免票，全市旅游收入达 17.75 亿元，同比增长了 29.1%。三是牵头做好 2012 佛山秋色欢乐节策划组织工作，拟订活动方案，召开活动新闻发布会。11 月 23 日至 12 月 2 日，在佛山东方广场成功举办了“2012（第十届）佛山美食节”，展示了佛山知名特色美食、港澳台及内地美食产品，同时举办了菜单设计大赛、美食地图发布、佛山旅游书画摄影大赛等，特别是美食地图为游客提供丰富的实用信息，大受企业、游客和市民欢迎。本届美食节规模创历史之最、美食文化元素丰富、文明祥和，10 天时间吸引百万游客和市民品尝美食，是一次成功圆满的盛会。

【抓好行业“创文”】 佛山市创建全国文明城市期间，市旅游局与市文明办、市食品药品监督局、市工商局、市卫生局和市饮食同业商会联合印发《佛山市“文明餐桌”行动总体方案》，在全市开展“文明餐桌”行动，活动主题为“微文明”进餐桌，大力普及“文明餐桌”知识、推广“文明餐桌”礼仪、倡导节约理念，在佛山餐饮行业营造文明就餐的良好社会风气。在国检组到来前，再次组织检查组对全行业进行彻底的拉网式排查，督促落实景区（点）、酒店、旅行社及其服务网点，进一步查缺补漏，完成整改，按照创文迎国检旅游业服务标准完成好“创文”达标任务。

【强化行业管理】 行业服务文明规范。一是完成了皇冠假日酒店、名都大酒店、佛山佳宁娜大酒店和仙湖祈福酒店等四星、五星级酒店的评定性复核工作。二是为引导旅游企业诚信经营、优质服务，组织开展了“诚信兴商宣传月”等一系列主题宣传实践活动，取得了一定的工作成效。

旅游市场安全有序。配合“三打两建”活动的深入开展，查处了“黑车”“黑社”“黑导”“零负团费”“无证带团”等违规旅行社共 8 家；建立旅游投诉快速反应机制，完善投诉处理流程和旅游事故应急预案，建立覆盖全行业的旅游质监网络，为市民游客解答咨询投诉问题 67 宗，理赔金额 8.74 万元；定期开展明察暗访和游客满意度问卷调查，积极开展假日及“黄金周”旅游市场联合执法检查，加大旅游市场日常监管和专题整治力度，营造良好的旅游环境。

【加强人员培训，提高人员素质】 组织开展2012年度第一、第二次导游资格考试。组织开展2011年度导游年审和继续教育培训，邀请香港资深导游与本市专家、学者为导游上课，共开课4场，培训导游1378人。市旅游局与市人力资源和社会保障局、市旅游协会联合举办第二届全国导游大赛“长鹿农庄”杯佛山选拔赛暨2012年佛山导游职业技能大赛，来自佛山市禅之旅国际旅行社的盛佳佳、梁秀莹脱颖而出，获得广东省选拔活动中文组的第一名、第二名，代表广东省参加全国导游大赛。通过公开“晒”、自己“争”、专家“评”等方式，在全市3000名导游中开展 “十佳导游员”评选活动，评出了佛山市“2012年度十佳导游员”。

【机关队伍建设】 2012年，佛山市旅游局以“为群众服务、为基层服务、促进旅游企业转型升级”为工作重点，及时为企业排忧解难。完善了首问责任制、岗位责任制、服务承诺制、限时办结制、绩效考评制等各项制度。深化政务、党务公开，实行局党组领导，主要领导负责，分管领导分工负责，办公室组织协调，各职能科室各负其责的领导体制和工作机制，并把政务公开列入全年工作目标。在信息公开的工作中，为方便公众了解信息，旅游局充分发挥政府网站作用，向社会公开行政法律法规和办事指南，公布了《佛山市旅游局政府信息公开指南》和《佛山市旅游局政府信息公开目录》、公开办公地点、佛山市旅游局的机构职能和各科室设置以及相关的联系方式，有效优化了责任管理，提高了工作效能。

落实党风廉政建设责任制，制定了旅游局工作人员廉洁勤政自律守则，落实领导干部学廉、述廉、考廉、谈话告诫制度，组织学习党的十八大精神，坚决防止和治理违规违纪行为。积极做好对口扶贫工作，在扶贫开发中取得优秀成绩。

（饶锦涛）

佛山新八景介绍

【综述】 佛山新八景由佛山市政府于2003年12月20日命名，分别为：西樵叠翠（南海西樵山）、祖庙圣域（佛山祖庙）、清晖毓秀（顺德清晖园）、古灶薪传（禅城南风古灶）、花海奇观（顺德花卉世界）、云水荷香（三水荷花世界）、皂幕凌云（高明皂幕山）、南国桃源（南海南国桃园）。

【西樵叠翠（南海西樵山）】 南海西樵山旅游度假区是国家AAAAA级景区，西樵山位于广东省佛山市南海区的西南部，是广东四大名山之一，自然风光清幽秀丽，旅游文化底蕴厚重，民俗风情古朴自然。自明清以来，文人雅士，群贤毕至，旅人游子，纷至沓来，使秀美的西樵山成为名噪南粤的旅游名山。西樵山自然风光美轮美奂，山上72峰峰峰皆奇，42洞洞洞皆幽，更有湖、瀑、泉、涧、岩、壁、潭、台点缀其间，西樵山林深苔厚，郁郁葱葱，洞壁岩缝，储水丰富。正是因为西樵山有如此高品位的自然旅游资源，它相继被评为“国家级风景名胜区”“国家森林公园”“国家地质公园”和国家AAAAA级旅游区，更有“珠江文明的灯塔”“南粤理学名山”和“南狮发源地”“黄飞鸿故里”之美誉。

【祖庙圣域（佛山祖庙）】 禅城区佛山祖庙是国家AAAA级景区，位于禅城区祖庙路21号，占地面积2.55万平方米，是广东省爱国主义教育基地，广东十个文明旅游景区示范点之一。其辖区包括祖庙古建筑群、孔庙、黄飞鸿纪念馆、叶问堂等。其中祖庙古建群始建于北宋元丰年间（1078～1085年），是全国重点文物保护单位，于1959年正式对外开放。祖庙因其“历岁久远，且为诸庙首”而得名。正殿当中供奉道教真武玄天上帝，排列于南北中轴线上的万福台、灵应牌坊、锦香池、三门、前殿、正殿、庆真楼等兼具宋、明、清式建筑特点的古建筑，因其至今保存完整，且有享誉中外的三雕二塑留存至今，从而使祖庙荣获“东方民间艺术之宫”“岭南建筑艺术之宫”等美誉。祖庙博物馆馆藏文物以道教及佛山地方民俗文物为主。基本陈列充分展示道教文化、武术文化、佛山民间艺术等民俗文化，每年举办春节祈福、佛山祖庙庙会（“三月三”北帝诞）、乡饮酒礼、春秋谕祭等影响深远的民俗文化活动。

【清晖毓秀（顺德清晖园）】 清晖园是国家AAAA级景区，位于顺德区大良街道清晖路，是中国十大名园、广东四大名园之一，广东省级文物保护单位。原为明末状元黄士俊所建的黄氏花园，现存建筑主要建于清嘉庆年间。园取名“清晖”，意为和煦普照之日光，喻父母之恩德。全园构筑精巧，布局紧凑，建筑艺术颇高，蔚为壮观，建筑物形式轻巧灵活，庭园空间主次分明，结构清晰。整个园林以尽显岭南庭院雅致古朴的风格而著称，园中有园，景外有景，步移景换，园内妙联佳句俯仰可拾，名人雅士音韵尚存，艺术精品比比皆是，令人流连忘返。园内叠石假山，曲水流觞，曲径回廊，景趣盎然。银杏千秋，百龄龙眼，玉棠春瑞，沙柳飘扬。闲步曲桥，喜看金鲤碧波嬉戏；徐行花径，好赏绿树时花扑面。

清晖园尽显岭南庭院雅致古朴的风格。

【古灶薪传（禅城南风古灶）】 南风古灶旅游区是国家AAAA级景区。1506创意城（南风古灶片区）位于素有“南国陶都”美誉的广东佛山石湾，占地1000余亩，是国家重点文物保护单位，已载入吉尼斯世界纪录，并成功入选2010年上海世博会城市最佳实践区。集旅游休闲、玩陶、武术、艺术教育、会展及创意产业于一体，全力打造世界陶文化圣地。景区内汇聚了2条龙窑、古寮场、明清古建筑群、3000平方米世界最大的玩陶厅、石湾陶瓷博物馆、250亩生态公园以及现代艺术大师的代表作——马桶瀑布。其中，南风古灶建于明正德元年（1506年），是世界上持续使用至今最古老、保存最完好的龙窑，被称为“活的文物，移不动的国宝”。

【花海奇观（顺德陈村花卉世界）】 陈村花卉世界是国家AAAA级景区。顺德陈村花卉世界总体规划1万亩，是广东省高新农业旅游项目，拥有独特的花卉文化主题公园，是旅游观光、休闲度假、增长见识的好去处。来到花卉世界，游客将进入万紫千红、花团锦簇的花海之中，每个花卉公司都是一个亮丽的景点。一座座造型各具特色的精致庭园，既有中式的小桥流水，又有西式的园林景观，蓝天、碧水、风车、青草和美丽的鲜花构成了一幅幅绚丽多彩的优美画卷。既可以惊叹于花卉超市之宏大规模，目不暇接于奇花异卉之琳琅满目，也可以徜徉在万紫千红当中，细心欣赏之余，挑选心爱的花卉；亦可安坐于咖啡茶座，在鸟语花香中稍事休息，感受花的气息，了解花的文化，读懂花的内涵。除此之外，全国最大的私人藏石馆荟萃天下名石、园林式的根雕展馆独树一帜，还有博大精深的中国古典家私和书画艺术展示。

【云水荷香（三水荷花世界）】 三水荷花世界是国家AAAA级景区，是世界上规模最大，荷花品种资源最丰富，集建筑、雕塑、荷文化于一体的荷花专类园之一。它占地面积1300亩，水面积800多亩，园内可观赏到500多个珍稀的荷花品种。漫步荷塘，既可春看“小荷才露尖尖角”，夏赏“风过荷举，莲障千重”，秋览“芙蓉老秋霜”；也可晨窥凌波仙子，如贵妃出浴，日察玉荷亭亭，似少女初长成，晚探“少女含颦”，感受暗香浮动；既可与花同眠，独抱幽香，又可静心垂钓，怡养性情；既可欣赏童话式大型歌舞，感受艺术熏陶，又可细尝“荷莲大宴”，品味特色佳肴，更可泛舟采莲，享受自然。新开业的荷花世界欢乐天地有30多种大型机动游戏，让游客尽享速度与激情带来的欢笑与尖叫。

【皂幕凌云（高明皂幕山）】 高明皂幕山是国家AAAA级景区。皂幕山，亦称笔架山、鸦髻山，号称“佛山第一峰”。山体东起鹤山市四堡林场、西止杨和镇公田村、北上坑尾林场、南至罗汉尖，山长11公里，宽5公里，面积约48平方公里。除主峰海拔805.2米外，其他山峰多在400米以下，连绵不断，气势磅礴，浑然天成。山内溪涧潺潺，松涛阵阵，凝碧叠颦，群峰起伏蜿蜒，嶙峋争雄，敦厚雄浑，耸立于天幕，皂幕山因此而得名。依托优越的山水资源，规划建成了包括皂幕山森林公园、杨梅观音禅寺、丽堂农业观光基地、潜龙谷、金水台漂流、银海高尔夫球场、对川茶场、大沙湖等八大景点，以自然风光为主题，融合生态休闲、运动养生、宗教文化、度假娱乐等多种元素于一体的综合性旅游景区。

【南国桃源（南海南国桃园）】 南国桃园旅游度假区是集休闲度假、康体娱乐、商务会议、宗教文化、田园风光于一体的“超五星级”旅游度假胜地。园区总面积6.8平方公里，南国桃园一带是广东著名的桃花之乡，山清水秀，洞幽石奇。由平顶山、尖峰岭、凤凰山、碧波湖、鸭子湖、桃花谷“三山、二湖、一谷”构成，主要景点有南海观音寺、鹭鸟天堂、碧波湖等。此外，园内设有国际标准高尔夫球场、桃源乡村俱乐部等多项游玩场地和设施，可供游客享受食住游乐玩一站式的服务，是喧嚣闹市中的世外桃源。园内的南海影视城是集影视、休闲旅游、户外拓展培训和婚纱拍摄、品牌展示为一体的影视拍摄基地。

（饶锦涛）

部分著名景点介绍

【三水芦苞祖庙】 三水芦苞祖庙是一座儒、释、道三教合一的庙宇建筑，始建于南宋嘉定四年（1208年）农历三月初三，距今已有800年历史。1989年被确定为“广东省重点文物保护单位”。三座庙宇并列而成，武当行宫（也称北帝庙）作为主体庙居中，左为普陀行宫（也称观音庙），右为文昌宫（也称文昌庙），建筑均为二进院落四合院式布局，采用砖木结构。墙体全是水磨青砖对缝砌就，屋面为碧绿色的琉璃瓦，出檐施以木雕莲花托，四角翘飞，屋脊上镶有双龙戏珠及瓷制人物，栩栩如生。祖庙现存的砖雕、陶塑、石刻、灰雕等，以其工艺精湛使得这座古老的庙宇真正成为巧夺天工的艺术殿堂。尤其北帝庙展脊的“双龙戏珠”陶塑造型优美，光彩照人，在龙珠旁有一棵奇树，受灵气之壤，永久不长，常年青绿，至今已生长70多年，它奇特的生存方式一直是个难解之谜，迄今为止也无人破解，被游客们誉为“神树”。祖庙公园面临北江，后倚龙坡山，山水相接，树木茂盛，集天地之灵气。园内有以素食而远近闻名的斋堂，眺望滔滔北江水的望江亭，还有金沙圣井、禹门牌坊、太婆山、龟蛇池等景点，是一块集文物观赏、祭拜祈愿于一体的好地方，朝觐者甚众。

【绿岛湖片区】 绿岛湖片区位于禅城区南庄镇季华西路以北、东平水道以西、紫洞北路以东，片区总规划面积9.69平方公里，湖区和河网水面面积达1500亩，是南庄产业转型升级的重要成果。2012年，市委、市政府把绿岛湖片区纳入了佛山市“一老三新”中心当中的“一新”——禅西新区。区委、区政府在实施“强中心”战略和“禅南联合”工作的部署中，加大了对季华西路改造和绿岛湖产业发展的支持力度。2012年9月绿岛湖都市产业区启动建设，该项目占地337亩，建筑面积70万平方米，将建设为集产业发展、城市升级、商住办公为一体的城市综合区，引进高新技术产业、新材料产业、环保产业的孵化基地。城市基础设施如综合管网、休闲绿道、景观设施、绿化提升工作正在同步推进。

【佛山岭南天地】 佛山岭南天地位于禅城区，占地65公顷，是一个集旅游、休闲、商业及文化于一体的国际级综合地产项目。总建筑面积达150万平方米，辐射整个华南地区，这个世纪之城势必成为佛山的形象名片、南中国的新地标。岭南天地荟萃佛山丰富的文化遗产，包括21处文物保护单位，128栋历史建筑，8条历史街巷，以及国家级重点文物——东华里；结合城市改造及现代商业的开发模式，为佛山带来全新魅力与焕然气象。优异的城市规划更让项目屡获多项国际殊荣，发展潜力不可比拟。

【西岸森林生态园景区】 位于南海区西樵镇的西岸森林生态园是中国·南海湾的重要组成部分，国家AAAA级景区。自然生态环境极为优越，茶山山脉层峦叠翠，溪涧幽深，泉瀑充盈，雄伟的17孔拱桥下，绵延6公里长的银湖碧波荡漾，被称为珠江三角洲腹地的“绿三角”。西岸森林生态园取意中国古典诗词意境，依纯自然山形山貌而建，以道教文化、水文化、原始森林生态、长寿村落为特色，是珠三角腹地独具特色的、原生态自然景观与人文景观有机结合的休闲养生胜地。景区主要景点有庆云洞道观、银坑村（长寿村）、不老泉、登峰路、银溪大瀑布、接源桥等。

【盈香生态园】 高明盈香生态园位于高明区荷城冼村，是集农业观光生态旅游、国学文化、艺术会展、休闲养生、山水娱乐、中华传统武术、特优农产品贸易等于一体的大型综合性旅游服务企业。园区占地面积1000多亩，以田园绿野、自然生态、种饲农耕为特色，设有农业观赏种植区、优质果园采摘区、水上活动区、青少年体能活动区、原始山林探险区等丰富多样的活动项目，还有农家餐厅、超市、大型的野炊烧烤场等餐饮娱乐配套设施；园内长廊环绕，潺潺流水，鱼儿浅跃，珍奇甜美的瓜果蔬菜四季飘香，农家风味饭菜令人馋涎，其“盈香鸡”“烤全羊”“香茅鸡”等美味荣获高明十大名菜称号，远近驰名。

（饶锦涛）

2013年2月19日，佛山市市长刘悦伦（右一），市委常委、南海区委书记邓伟根（左一）等为西樵山国家级AAAAA旅游景区揭牌。

第七篇

科 教 文

FOSHAN YEARBOOK

科学技术

科学技术

【综述】 2012年，佛山市科学技术局紧紧围绕市委、市政府中心工作，始终坚持以转变经济发展方式和优化产业结构为主线，大力增强自主创新能力，重点培育战略性新兴产业，加快产业转型升级，各项工作扎实推进。

【全面启动建设国家创新型城市工作】 2012年11月29日，佛山市委、市政府召开了创建国家创新型城市动员大会，市委书记李贻伟、市长刘悦伦、副市长刘炜等市领导出席会议并讲话，广东省科技厅副厅长叶景图出席会议并致辞。全市各区、镇街党政主要负责人，市直副局以上单位负责人，高新技术企业、民营科技企业、科研机构等单位负责人代表共有500多人参加了本次会议。会议明确佛山市将进一步加快创新驱动城市发展的步伐，全面启动建设国家创新型城市工作，会上下发了《佛山市建设国家创新型城市总体规划（2013～2020年）》（征求意见稿）及《佛山市建设国家创新型城市实施方案》（征求意见稿）。

【大力推动企业为主体的科技创新活动】 2012年，市科技局按照国家、省、市科技工作的部署，积极组织企业申报各类科技项目共计1300多项，获得省、国家经费支持超过3亿元。其中，获得国家科技立项67项，立项经费2350万元；获得省级科技立项214项，立项经费2.88亿元；市级科技立项218项，立项经费6026.5万元；市发明专利资助项目728项，资助经费389.5万元；完成省级科技成果鉴定4项，市级科技成果鉴定70项，省级成果登记15项，市级成果登记88项。2012年择优评审出2011年度科学技术奖励获奖项目共109项，推荐省科学技术奖励39项。其中，“佛山一环工程建设关键技术与管理创新”项目荣获2012年度广东省科学技术奖励特等奖拟奖项目。

至年底，全市高新技术企业544家，其中禅城区85家、南海区184家、顺德区215家、三水区39家和高明区21家，总数量位于广东省第三位，仅次于深圳和广州。2012年，全市高新技术企业实现工业总产值2836.5亿元，总收入2828.08亿元，出口创汇80.81亿元，税收总额102.72亿元，实现净利润133.67亿元，全市高新技术产品产值为6349.39亿元。

2012年，全市专利申请量2.26万件，同比增长10.8%，其中发明专利申请量3310件，同比增长19.4%；专利授权1.78万件，同比增长9.1%，其中发明专利授权1161件，同比增长19.4%。全市PCT国际专利申请121件。

【深入推进产学研合作】 中科院佛山产业技术研究院正式成立。2012年3月，佛山市与中科院签订了《中国科学院、佛山市人民政府合作共建佛山中国科学院产业技术研究院框架协议》，8月，中科院佛山产业技术研究院获市政府批复正式成立。该研究院计划建立生物医药产业技术研发中心、新材料研发中心、智能制造与数字化研究中心等8大研究中心。该研究院与中科院上海有机所—诺贝尔奖金获得者的团队、中科院金属所的“千人计划”团队、中科院生物物理所的结核病诊断与治疗药物团队等18个科研团队达成合作意向，首批中科院生物物理所科研团队即将进驻。研究院的建设是推进院市合作的长久化与制度化的重大举措，标志着院市合作进入新的发展阶段。

院市合作成效显著。至2012年底，佛山市引入中科院创新团队41个、共计360余人，涉及中科院下属研究院所40多家，建成专业中心7个、创新平台15个，育成企业40家。院市双方达成合作项目700余项，形成新产品60余项，其中30多项实现产业化，带动产值超500亿元。由于院市合作成效显著，中科院佛山产业技术创新与育成中心获得科技部授予的“国家技术转移示范机构”前三甲荣誉称号。

创新产学研合作模式。一是组建产业技术创新联盟。为加快解决佛山市产业发展中急需解决的关键共性和核心技术问题，推动佛山市相关产业形成强强联合、优势互补、互惠共赢的良性发展态势，在已成功组建5家省级产业技术创新联盟的基础上，2012年市科技局选择在产业规模较大、产业优势明显但产品结构有待优化的智能家电、牛仔服装等7个产业，组织行业内优势企业、技术创新中心及相关科研院校共同筹建产业技术创新联盟，均成功被广东省科技厅认定为省级产业技术创新联盟。佛山市有12家省级产业技术创新联盟，位居全省前列。二是组建院士工作室。2012年新认定广东省蒙娜丽莎新型无机材料院士工作站等2家省级、1家市级、2家区级院士工作室。全市共有26家企事业单位建立各级院士工作室29家，其中省级7家、市级18家、区级4家。通过引进院士及其创新团队的高端智力资源，有力地推动了关键技术难题的攻克，增强了企业的自主创新能力和市场竞争力。

【招才引智工作取得重大进展】 2012年，为拓展佛山市招才引智工作，市科技局积极开展与多个国际组织的合作。7月，澳大利亚联邦科技与工业研究组织专家团到访佛山，中科院、澳大利亚联邦科技与工业研究组织和佛山市三方初步达成合作意向，筹划合作共建中澳产业技术中心；英国兰卡斯特大学环境中心于7月与中科院广州地化所、中科院城市环境所在广州共同创立了国际环境研究与创新中心（IRICE），同时，英国兰卡斯特大学环境中心、中科院地化所与佛山市科技部门达成合作意向，建立国际环境研究与创新中心佛山办事处，将国际合作引入院市合作工作，以人才培养促进科技成果向产业化转化的创新模式开展环保项目合作；7月6日，佛山市政府与德国弗劳恩霍夫协会签署框架合作协议，德国弗劳恩霍夫协会为佛山市的产业转型升级提供高技术服务，市科技局将协助新城管委会、德国弗劳恩霍夫协会开展中德产业对比研究项目，借鉴德国工业发展的先进理念，促进佛山市产业的转型升级。

【推动高端产业载体建设】 2012年，佛山市加强高新区核心园、智慧新城、南方智谷、瀚天都市产业基地等为重点的一批产业载体建设，提升承载高端产业的能力，在产业特色、技术水平、产学研结合等创新要素整合上有所突破，辐射和带动相关区域、产业发展。

推动佛山中德工业服务区建设。7月6日，佛山中德工业服务区在佛山新城正式奠基，被列为广东省六大区域发展平台之一。佛山中德工业服务区通过了省科技厅组织的专家论证，启动“广东省国际科技合作基地”建设。市科技局筹划建设“中德知识产权保护和服务试验区”，成立“中德知识产权保护和服务中心”，为德国在华企业提供高端知识产权服务，也为佛山市企业进入德国提供知识产权服务。

推动南方智谷建设。南方智谷是产业升级和城市升级的重要载体，中科院、北京航空航天大学、西安交通大学研究院、武汉理工大学研究院等一批科研机构已经落户。南方智谷美的创业园6月底开园，开展高成长初创企业的孵化和培育，承接国际高新产业转移和创业园区企业产业化成果，北京伊飒尔交互设计公司、德国Designaffaires、苏州凯蒂亚株式会社等首批9家企业进驻。

扶持佛山国家火炬创新创业园发展。加强对佛山国家火炬创新创业园的业务指导，不断完善科技创新服务平台建设，引进广东华燚光电科技有限公司“高亮度大功率LED的推广和生产”等一批高科技项目落户。推进佛山市国际技术转移中心的建设，争取引入英国牛津大学Isis科技创新中心、联合国工业发展组织中国投资与技术促进办事处、旅美科学家工程师专业人士协会等机构在佛山设立分部或分中心。

【积极引进创新团队】 2012年，佛山市加强与中科院、高校的合作，引进高层次的创新团队和领军人才。重点建设佛山中国科学院产业技术研究院及其下辖的生物医药产业技术研发中心、材料设计与检测中心、智能制造与数字化研究所等八大研究中心，加快引进达成合作意向的创新团队入驻。中科院生物物理研究所抗体研发、高端临床检测服务与新技术开发、结核病诊断与药物、科学仪器研制等4个创新团队准备进驻佛山，天安塑料公司引进中科院长春应化所“高分子材料的设计、检测与汽车应用团队"、广顺新能源公司引进中科院自动化所“数控技术、交流伺服系统团队”等进入实质性洽谈引进阶段。

【举全市之力抓好LED产业发展】 做好推广应用的部署工作。6月15日，全市推广应用LED照明产品工作会议召开，研究部署佛山市在公共照明领域全面推广普及LED照明产品工作。市政府与各区政府、佛山新城及市直有关部门签订了《佛山市推广应用LED照明产品工作责任书》，明确了各自工作任务。市科技局同时制定了《佛山市推广使用LED照明产品实施方案》，作为推广应用工作的行动指南，通过政策性地扩大终端市场需求，拉动LED产业不断取得新突破，跃上新台阶。

发挥试点示范的带动作用。8月25日，市科技局组织召开全市LED照明产品推广应用暨LED产业技术路线图发布交流会。南海区罗村街道和桂城街道、顺德区龙江镇、市路桥建设集团和市中医院与相关节能服务公司签订试点任务书，以此举发挥以点带面的示范效应。至年底，5家试点单位的LED照明产品推广应用工作正在有序进行，各区和其他单位的情况良好。

加强LED产业载体建设，打造产业集群。重点打造拥有33万平方米的广东省新光源产业基地，使其成为佛山市发展LED产业的重要载体，先后引进了奇力光电、国星半导体等45家半导体照明企业以及国家半导体照明工程研发及产业联盟华南分中心、中国赛宝实验室、广东省半导体照明产业联合创新中心等高端公共服务平台，产业得到进一步集聚，在辐射与带动周边地区和相关产业方面发挥了积极的作用。7月，广东省新光源产业基地三大项目正式落成，将进一步提升基地的聚集和辐射效应，全面展示佛山市LED产业提升发展及自主创新成果将起到良好的促进作用。

推进绿色照明示范城市建设。市科技局联合佛山新城管委会重点推进佛山新城LED照明应用研究及示范工程建设，组织申报国家高技术研究发展计划（863计划）重点项目，在高品质LED光源封装技术，模组化LED灯具技术，无电解电容驱动电源技术和智能照明系统控制技术四大方面开展半导体照明关键技术集成研发和产业化研究，该项目已立项入库。

【促进专业镇产业转型升级】 2012年，以广东省科技创新大会为契机，宣传推广佛山市专业镇工作。7月19日，全省科技创新工作会议在中山市古镇镇召开，传达全国科技创新大会精神，部署全省科技创新和加快专业镇转型升级各项工作，佛山市科达机电公司作为企业转型升级代表在大会进行了发言。市科技局充分利用这次会议契机，积极推荐南庄、罗村、西樵、荷城等4个镇街作为广东省专业镇转型升级先进典型在会上印发经验总结交流材料，总结和推广佛山市专业镇转型升级的好经验好做法，同时配合省科技厅接待安排香港文汇报广东分社对市科技局以及部分专业镇进行专访，宣传佛山市专业镇转型升级方面的成功经验。

深入开展专业镇“一校（院）一镇” 工作。2012年共有7个单位申报省专业镇专项，其中5个项目进入现场答辩环节，有4个项目获得省科技厅的立项。同时，市科技发展专项资金也设立专业镇“一校（院）一镇”合作建设专题，支持专业镇充分利用产学研合作创新平台提升专业镇整体创新能力和综合服务能力，加强与国内高校、科研院所的紧密合作，为专业镇发展提供持续动力，促进产业转型升级。

【知识产权保护助力企业发展】 积极开展“三打两建”专项行动。根据全省“三打两建”专项行动、知识产权局系统专利执法维权“护航”专项行动、及国务院打击侵权和假冒伪劣商品工作部署，市科技局成立了“三打两建”专项行动领导小组，制定了《市科技局“三打两建”工作主要任务分解表》，以打击假冒专利为重点，采取定期市场巡查，与各区经济促进局联合执法、与市各相关单位组织综合执法队伍联合行动等多种方式，对汽车用品、箱包皮具、医疗器械、电脑配件等多个行业进行检查，加大对假冒专利案件的查处力度。2012年，共组织了78次联合执法行动，出动执法人员588人次，分别组织了禅城、南海、高明、三水知识产权局及相关部门检查了日用品、化妆品、汽配、食品、药品、箱包等商品9841件，共处理专利案件53宗，其中处理专利侵权案件17件，调解专利侵权案件10件，假冒专利案件26件，处理案件量比上年增长了100%。涉案金额80万元，其中大案2件、涉案金额45.4万元。

推进知识产权保护长效机制建设。一是加强多方合作机制。联合佛山市知识产权局、工商局、版权局、经济和信息局、食品药品监督管理局等部门开展“正版正货承诺”活动；与珠三角地区其他8个地市知识产权局的代表共同签订《珠江三角洲地区专利行政执法合作协议》，从政策研讨、业务交流、信息共享、执法协作等五方面，开展专利行政执法合作。二是推动建立诉调对接机制。充分发挥行业协会在知识产权保护中的作用，组织市知识产权协会、禅城区知识产权保护协会，共同探讨专利侵权纠纷的第三方和解机制，并达成初步共识，开展试点工作。三是探讨建立专利纠纷仲裁机制。拓宽解决知识产权纠纷的渠道和途径，与佛山仲裁委员会探讨共同构建专利纠纷仲裁解决模式，建立专利纠纷仲裁室，增加专利纠纷的仲裁途径。四是积极与法院沟通，尽力缩小司法和行政对于侵权判定标准的分歧，同时还组织知识产权专家对部分疑难案件进行咨询会商，确保案件处理的准确性。五是开展专利纠纷案件回访活动。举办“专利纠纷案件回访座谈会”，听取专利纠纷案件当事人的意见和建议，进一步改进专利行政执法工作，不断提高办案效率和水平。六是建立市场巡查制度。定期进行市场巡查，建立市场巡查登记表，建立专业市场知识产权保护联系网络，加强沟通交流和宣传，帮助专业市场增强知识产权保护意识。

【努力提升科技管理能力与水平】 2012年，佛山市科技局完成内设机构调整。佛山市委、市政府为加强高新区建设，于2011年12月作出高新区“迁师”南海的决定，通过高新区核心园区建设和产业聚集的辐射引领作用，带动佛山高新区的整个发展；市高新区管委会原有行政编制8名，10位在编人员划入市科技局。市科技局内部机构进行了相应的调整，进一步精简了局后勤部门的人员，有效地提高了工作效率，明确和强化了科技招商的职责，有力地推动科技招商向选优选强转变。

深入开展“服务企业暖春行动”。2012年，市科技局积极响应市委、市政府提出的“服务企业暖春行动”，深入基层，主动了解和帮助企业解决在生产经营中遇到的困难和问题，主要结合科技业务特点，组织并邀请有关专家对国家、省最新的科技政策、信息和科技项目申报过程中的难点、要点进行详细地分析和讲解，帮助企业准确理解科技政策，提高企业研究开发和科技项目管理的水平。组织“企业技术创新专题培训会”“科技计划项目经费管理培训会”“2012年度省战略性新兴产业计划项目立项管理培训会议”“科技奖励申报培训会议”“科技型中小企业技术创新资金项目培训工作会议”“佛山市知识产权政策宣讲会”“发明专利申请策略及实审答辩技巧的专题讲座”“企业研究开发费用税前扣除政策宣讲会议”等各类科技、知识产权专题讲座。

加强科技项目管理。为确保佛山市科技计划项目专项经费的充分、高效使用，市科技局5月份制定了《佛山市科技计划项目验收工作规程（试行）》，进一步明确了验收程序、材料要求、验收标准等，为强化市级财政资金绩效管理提供了依据和指南；还配合省科技厅对一些重大专项的考核和中期执行情况进行监督检查。

（郑岁华）

科协工作

【综述】 2012年，佛山市科协以邓小平理论、“三个代表”重要思想和科学发展观为指导，认真贯彻落实党的十八大精神，围绕市委、市政府中心工作，继续解放思想，坚持改革开放，锐意进取，扎实苦干，更加着力加强科协自身建设，更加注重为科技工作者提供高效优质服务，动员和组织广大科技工作者开展科技服务，推广科学普及，为创建国家创新型城市、建设“民富市强、幸福佛山”作出积极的贡献。

【开展科技服务工作，为佛山市经济社会发展做贡献】 一是开展调研论证，积极建言献策。佛山市造船与配套产业调研、佛山市工业领域物联网应用状况调研相继于2012年1月及11月结题。佛山市造船与配套产业调研报告提出了“广州造船，佛山配套”的战略目标，并就佛山造船与配套产业发展的重点难点、广佛造船与配套产业互动等方面提出了建议。佛山市工业领域物联网应用状况调研报告分析了佛山企业现有基础设施、应用状况、实际需求、瓶颈问题等方面内容，提出了佛山市工业领域物联网发展建议。

此外，认真组织科协界别的政协代表撰写政协提案并参会议事，提交了《关于依托科技社团开展专业技术人员继续教育培训的建议》政协提案，得到了市人社局、财政局、经信局等部门的重视和答复。组织科技工作者代表旁听市第十四届人大第三次会议，积极参政议政。坚持办好《佛山科协简报》及《科技工作者建议》，积极向市委、市政府及有关部门报送工作信息和科技工作者的意见，为党委及政府决策提供科学依据。

二是开展“厂会协作”，促进企业转型升级。2012年8月，省造船工程学会与佛山市派能机电公司、佛山市船舶工程行业协会签约，共同推动佛山市船舶配套产业的创新发展。省机械工程学会与广东南冠电气有限公司等佛山企业开展产学研合作。市陶瓷学会、纺织丝绸学会等积极开展企业清洁生产审核服务工作。市家电工程学会为多家企业提供了企业技术中心申报、科技项目申报等服务。市质量管理协会自2010年起获得佛山市工商局授予的“守合同、重信用”初审资格，2012年帮助10多个会员单位通过了此项评审和复审。市软件行业协会引导企业积极申报“双软认定”（即“软件产品认证”和“软件企业认证”），辅导30多家企业开展“双软认定”。市技术创新协会成功引进一个高端激光项目，将推动佛山市激光制造业向高端发展。

三是积极开展科普惠农工作。开展“科技进村”，推动科普惠农，努力提高农民科学文化素质、帮助农民增产增收，推进社会主义新村镇建设，积极开展“基层科普行动计划”申报工作，顺德区陈村花卉世界被评为2012年广东省“科普惠农兴村计划”先进集体，获奖15万元。高明区养猪协会和三水区大塘蔬菜协会被授予“第四批广东省科普惠农服务站”的称号。

【开展科学普及和科技推广工作，推动市民科学素质提高】 认真完成“创文”工作任务，实施《全民科学素质行动计划纲要》。根据全市的要求，全市科协系统结合“创文”测评体系的指标任务，不断夯实全市的科普资源建设，积极完善科普场所管理制度，努力提高服务水平，切实提升科普工作效果，认真完成了科协系统的“创文”工作任务。积极履行佛山市实施《全民科学素质行动计划纲要》工作联席会议办公室的职责，认真执行联席会议工作制度，每季度召集各成员单位集中议事，研究佛山市实施《全民科学素质行动计划纲要》的工作方案，推动各项相关任务落到实处，努力推进佛山市实施《全民科学素质行动计划纲要》工作的开展。

开展青少年科普工作。组织佛山市师生参加全国、广东省青少年科技创新大赛，获得了优异成绩，名列全省前茅。在全国赛中，佛山市参赛项目获得了2个一等奖、2个二等奖、1个三等奖及1个全国优秀组织奖，石门中学狮山校区闫灵麟老师荣获“全国十佳优秀科技辅导员”称号。在省赛中，获得了10个一等奖、20个二等奖、7个三等奖及3个广东省优秀组织奖。在第三届全国青少年科学影像节中，佛山市项目获得了3个二等奖、9个三等奖、1个优秀组织奖。组织佛山市代表队参加第12届广东省机器人大赛获得了好成绩；组织佛山市代表队参加全国高校科学营活动，在知识竞赛、实验探究、文艺表演等方面均获得第一名。

成功举办了第28届佛山市青少年科技创新大赛，216所中小学校的317名选手参加了比赛，196项创新成果作品、73项科技实践活动、181幅少儿科幻绘画、73个动画作品、2042幅漫画作品参与了展示和评比活动。联合有关部门共同主办了2012年全市青少年的海模、车模、空模及建模比赛，吸引了数千的师生参加。邀请中科院老科学家科普演讲团的6位专家莅临佛山市，为5区38所学校作了40场精彩的科普报告，深受广大师生欢迎。禅城区科协提请区政府对“2012年度青少年科技创新英才奖”项目进行了表彰奖励，开展了第三批青少年科技创新示范学校创建活动。高明区一中王子琛同学荣获第十二届全国“明天小小科学家”活动三等奖。

开展农民、居民科普和公众主题科普活动。2012年“科技进步活动月”及“全国科普日”期间，针对佛山市科技和经济社会发展的热点以及群众的实际需求，围绕加快实施《珠江三角洲地区改革发展规划纲要（2008～2020年）》和积极创建全国文明城市的要求，组织了150人次的专家送科技到基层，发放《科普大篷车》电视栏目DVD近千套及各种科普读物6.3万册（份），举办了多个专题的科普挂图宣传，努力提高公众科学素养以及科技惠及民生。医学类科技社团及佛山市气象学会围绕多个纪念日积极开展相关科普宣传，普及健康及气象知识。佛山市心理学会深入社区宣传心理科普知识，参与主持《与孩子的心灵对话》论坛，举办公益讲座22场次，定期组织专家到佛山市的中小学校通过现场教学、点评、研讨等方式指导教师掌握实用的心育工作技巧。佛山市地理学会开展了“爱我佛山”乡土地理科普考察活动，组织学生参加全国地理科技大赛活动。高明区科协召开了农村科技示范户表彰暨经验交流会，对32户优秀农村科技示范户进行了表彰奖励。

科普资源及设施建设。继续加强科普基地的建设和管理，开展了城市社区科普工作状况调查工作，对全市的社区科普工作有了比较全面的掌握。在三水区中小学生社会实践基地建立佛山市首个“广东省科普资源共建共享基地”。指导佛山市林科所成功申报成为全国科普教育基地，佛山地震台地震科普展馆、佛山邦普循环科技有限公司科普馆成功申报成为广东省科普教育基地。编印及订购了《佛山科普时空》《食品安全》《合理使用抗生素》《防灾减灾，应急避险》《水与粮食安全》等科普读物6万册。禅城区开展了第二批“科普示范村（社区）”创建活动，白燕社区被评为2012年全国科普示范社区。南海区科协与区青少年军校共建了青少年科技教育基地。三水区科协按照《佛山市三水区科普志愿者注册管理办法（试行）》和《三水区科普志愿者服务队章程》积极开展科普志愿者队伍建设。

【积极搭建服务平台，为科技工作者提高优质高效服务】 组织第十二届佛山市自然科学优秀学术论文评奖工作。该评选工作共征集到论文（著作）397篇（部）。经过学会初评、专业评审和终审，共评出优秀学术论文（著作）242篇（部），其中优秀著作8部，特等奖3篇，一等奖17篇，二等奖70篇，三等奖144篇。佛山市科协通过申报途径向获奖者颁发了获奖证书和奖金。

开展科技人员学术、科技交流活动。联合广州市科协共同举办了以广佛船舶配套产业的横向协作与发展为主题的“2012珠三角科技交流与产业发展论坛”，邀请国家和省级的专家做专题报告，解读海洋及船舶发展规划，近100家广佛两地相关企业与机构的200名代表参加了活动。组织佛山多个行业领域的10位高层次科技人才，先后走访了广州三大造船基地，以及中南机械、精铟机械等佛山船舶配套企业，就企业转型、企业创新、人才培育等内容进行了交流。与佛山市人社局在佛山市行政学院联合主办了为期3天的高层次人才培训班。与佛山市陶瓷学会共同组织了“清洁生产及节能优秀企业观摩交流活动”。佛山市医学会全年共举办省级、市级继续医学教育项目105个，举办各类学术交流活动145场，编制论文汇编10多本，收录论文100多篇，参加学习人数2.5万人次。佛山市护理学会共举办各种类型培训班、研讨会共25次，受益人数达到4293人；举办护理学术年会，汇编学术论文141篇。佛山市质量管理协会、纺织丝绸学会、电机工程学会、知识产权协会、土木建筑学会、计算机学会、水利学会、公路工程学会、软件行业协会、口腔医学会、防痨协会、推拿学研究会、药学会等也举办了若干次专业学术活动。此外，多个市级学会组织了科技人员到境内外开展科技考察交流活动。2012年，佛山市科协被评为第九届广东省科协学术活动周优秀组织奖。

开展科技人员职称评审及继续教育工作。佛山市科协负责管理的职称评委会涵盖大部分工程专业，包括机械、纺织、工艺美术、化工、食品、环保、陶瓷、塑料等，2012年共组织评审中级职称材料195份、初级职称材料50份，举办了1期职称公需课培训。佛山市工艺美术学会举办为期1个月的工艺美术专业课培训学习班，纺织、陶瓷等学会开展的培训班均做好继续教育学时登记工作，为会员晋升职称提供服务。

开展科技人员联谊及表彰奖励工作。禅城区科协开展了第八届“十佳科技人物”评选活动，提请区政府给予表彰奖励。南海区科协认真做好每年一度的科技奖励工作，评选出38个科技工作先进单位及39名优秀科技工作者。三水区科协开展了“三水科技人俱乐部”联谊活动，组织科技人员参加交流活动。

【加强科协自身建设，提升综合服务能力】 2012年，佛山市科协加强组织和队伍建设，增强机关服务效能。召开了佛山市科协六届五次全委扩大会议，审议年度工作总结及计划；召开常委会议，讨论、决定佛山市科协重要工作事项；举办学会理事长、秘书长培训班各1期。组织科协机关人员认真学习党的十八大精神，开展了纪律教育月学习活动以及“创先争优”工作，积极参加各种培训和学习活动，进一步提高业务能力及综合素质，完成了对口扶贫工作任务。继续做好佛山市科协综合信息管理平台的建设，提高利用现代信息技术传播科普知识、服务科技人员的效能，佛山市科协被评为广东省科协系统信息和宣传工作先进单位。按要求完成了佛山市科协机关文书档案整理工作。指导、支持佛山市禅城区科学普及培训中心开展工作。

规范学会管理，指导学会开展组织建设。2012年，佛山市科协开展了市级学会承接政府职能的方向和思路的调研活动，向佛山市行政体制改革办提交了《关于科技社团承接政府职能转移有关问题的函》，佛山市陶瓷学会、信息协会、软件行业协会等3家学会成为佛山市民政局公布的第一批具备承接政府职能转移资质的社会组织。根据佛山市民政局关于社会组织直接登记的文件要求，佛山市科协将根据原有的团体会员管理办法，加强服务平台建设，吸引更多团体会员加入科协系统。指导佛山市土木建筑学会、佛山市航空模型协会、佛山市机械工程学会、佛山市药学会先后举行了换届大会。新增佛山市工业设计学会为佛山市科协团体会员。

（王月新）

社会科学

社会科学界联合会

【综述】 2012年是佛山市社科联新一届领导班子上任的第一年，也是佛山市哲学社会科学发展的重要一年。在市委、市政府的正确领导和市委宣传部的直接指导下，市社科联围绕市委、市政府中心工作，团结广大社科工作者，在社科研究、社科普及、自身建设等方面开拓新的局面，取得良好的效果。

【完善组织机构，加强队伍建设，壮大夯实社科基础】 2012年2月28日，市社科联召开第六届委员会第五次主席团会议暨第六届三次全委会，进行领导班子调整。市委宣传部副部长商学兵当选市社科联主席，邓翔当选市社科联专职副主席。同时为更好地完善社科联组织机构，在顺德区和三水区社科联的基础上，积极协调各区委宣传部成立区社科联。

【围绕中心工作，搞好社科规划，引导开展社科研究】 一是与市委宣传部联合组成评委会，对2012年哲学社会科学规划项目进行评审，评选出5个重点项目，12个一般项目以及73个立项不资助项目。二是突出重点和亮点，精心组织编撰佛山科学发展蓝皮书，在报告数量、报告及专家组成、经费管理等四个方面做出改进，按计划该书将于2013年年初面世。三是组织编撰佛山历史人文社科系列丛书。与市委宣传部联合组织佛山地区社科专家开展研究，挖掘佛山历史人文底蕴，确定资助出版4本专著。

【结合时政热点，创新形式方法，强化社科理论宣传】 一是与市委宣传部联合成立佛山市省第十一次党代会精神宣讲团，深入各单位、五区及镇街进行宣讲。共举行宣讲会100余场，受众达20多万人。二是组织召开佛山社科理论界学习宣传党的十八大精神座谈会，成立佛山市党的十八大精神宣讲团，在全市掀起十八大精神的宣讲高潮。三是办好“南风讲坛”，高端路线与群众路线并举，共举办50余场。四是承办2012佛山岭南文化艺术节重点项目之“岭南文化传承及发展大家谈”，邀请省内著名专家进行主题发言，并与现场观众互动。五是与市委宣传部、《佛山日报》联合开设“社科理论”专版，每月1期。六是坚持围绕中心、选编精华的办刊方针，编好《学习天地》等刊物。七是积极维护社科网站，佛山社科理论网运行状况良好。

【传播社科知识，打造社科品牌，广泛开展社科普及】 一是“2012佛山社会科学普及周”以“宣传新时期广东精神，促进佛山社会科学发展”为主题走进佛山科学技术学院，增设社科专家签名赠书、图书馆现场办证借书以及新华书店现场优秀社科读物展销等环节，受到高校师生的热烈欢迎。此外，与“南风讲坛”合作举办社科专家下基层系列讲座；与《佛山日报》、广佛都市网合作举办社科知识竞赛；与市委宣传部合作送书下基层；编写并派发市社科联及下属社团宣传资料。二是组织推荐优秀社科普及专家、工作者、作品及基地。顺德区大良街道北区社区吴国雄、佛山科学技术学院李克和、《顺德文丛》、佛山科学技术学院等分别获得全国优秀社科普及工作者、省优秀社科普及专家、省优秀社科普及作品、省人文社科普及基地称号。

【深入调查研究，掌握基础情况，加强与高校、社团等的交流与联系】 2012年3月，市社科联先后赴佛山地区六所高校开展调研，进一步了解全市社科理论研究动态，改善哲学社会科学课题招标评审和优秀成果认定工作。同年5月，市社科联赴下属多个社团开展实地调研，深入了解社团的最新情况，进一步完善和规范社团管理。

【参与社会工作，发挥社科作用，树立社科良好形象】 一是作为社工委的成员单位，积极参与社会工作，制定工作职责，组织专家参与社会建设座谈会，推荐社会工作咨询委员会成员，报送佛山市"十二五"社会创新项目等，积极发挥社科联在社会工作方面的积极作用。二是积极参与"两建"工作。牵头成立佛山市市场监管体系专家咨询专责小组，组织开展市场监管体系建设理论研究工作，为市场监管体系建设工作提供智力支持。

（石朝阳）

市委党校

【综述】 2012年，佛山市委党校继承发扬优良传统，不断开拓创新，扩大改革成果，在争创全国一流党校道路上迈出重要步伐。干部培训工作不断优化，教学、科研、咨政和宣传一体化协调发展。

【把握干部需求，凝练实践特色，做优干部教育培训工作】 2012年，党校干部教育培训工作紧紧围绕建设"民富市强、幸福佛山"的大局，以提高各级干部领导科学发展能力为着力点，巩固改革成果，继续探索创新，把握干部需求，凝练实践特色，培养造就学习型、创新型、实干型的干部队伍。全年共举办干部培训班次130期、培训学员1.59万人次，其中计划内主体班70期1.09万人次。

在培训需求调研常态化基础上，创新需求调研方式，全面把握干部需求。一是把年度需求调研上升为党校办学规律研究。二是把间接反馈意见扩大为直接听取学员意见。三是把素质能力测试结果转化为学员自觉需求。四是把对干部成长规律的认识转化为组织需求。

2012年，党校更加注重凝练培训实践特色，全力打造精品班次。一是突出现场教学实效，强化受训干部的大局意识。已建立十大类共30个现场教学点，2012年被确定为首批"广东省干部党性教育现场教学基地"之一。在异地培训的现场教学中，也坚持抓好学员与培训地干部的座谈，力求开阔眼界、开阔思维、与时俱进。二是突出"三同"体验培训，强化履新干部的群众意识。新任副处职领导干部履新（贵州）培训班，把50名学员安排到六盘水市50户农家，与农户一起掰玉米、除草、喂猪，帮农户做饭，深化了对党的群众观点和群众路线的理解。三是突出履职能力实训，强化领导干部的执政能力。领导干部履新（上海）培训班，以党性修养增强、履职能力实训、工作眼界开阔为核心，采用现场教学和情景模拟等现代教学方式。这种培训方式，学员形象地概括为"六个实"：在教学材料选择上是实例、实地；教学方式选择上是实训、实练；培训效果的认同上是实用、实效。四是突出多党合作教育，强化党外干部的参政意识。针对换届后民主党派领导层新老交替的实际，落实中央和省委的意见，加强与政协和统战部的联系沟通，分别举办佛山市政协新委员培训班和民主党派领导干部履职能力提升培训班，对172名新政协委员和60名民主党派新的领导干部和骨干成员进行了集中培训，为提高参政水平打下基础。

【实施创新战略，凝练本土特色，做强教学科研咨政宣传】 2012年，党校科研工作实施"四位一体，核心带动"战略，以构建佛山创新思想库为核心，带动了教学、科研、咨政和宣传一体化协同发展。实施这一战略特别重视党校科研的咨政作用。2012年，全校教研人员申报立项的省级课题5项、市级12项，都紧密联系本土实际。为市、区政府提供了不少具体的对策建议。市委书记李贻伟还对"三旧"改造的调研与建议作了专门批示。

按照"四位一体，核心带动"的需要，将科研成果划分为学术研究、咨政报告、理论宣传、教学科研四类，使科研成果的结构、用途和层次一目了然。2012年，全校共取得科研成果336项，其中教学研究、咨政研究、理论宣传达到246项，占总数的 73%，凸显了党校科研以本土研究为主的特色。学术研究类成果在数量上比上年增加 20 项，其中有 7 篇文章发表在国家级或部委级刊物，反映了研究质量的提高。

在与佛山电视台签订战略合作协定的基础上，2012 年市委党校进一步与《佛山日报》理论专版、《观潮》版进行深度合作，组织专家撰写理论文章和研究成果，促进党校科研与理论宣传有机结合。全年共有 20 多名专家学者接受各级各类媒体采访共 171 次，受到了社会的关注。党的十八大期间，佛山电台开设的“学习贯彻党的十八大精神”特别报道栏目，全部由党校专家对党的十八大精神作系统解读。党校十八大课题组还以集体备课的方式，形成统一讲课提纲，深入到市、区各单位进行宣讲，一个月内就宣讲了 53 场，为学习贯彻党的十八大精神发挥了应有作用。

（熊慧萍）

党史研究

【综述】 2012 年，佛山市委党史研究室在市委领导和省委党史研究室指导下，认真贯彻落实党的十八大、十七届六中全会，省、市第十一次党代会精神，紧紧围绕市委中心工作，以《中共中央关于加强和改进新形势下党史工作的意见》和《中共广东省委关于加强和改进新形势下我省党史工作的意见》提出的开展新时期党史工作的精神和要求为指导，以全面推进《佛山市 2011 ~ 2015 年党史工作规划》为目标，扎实有序地开展党史征研、宣传各项工作，在推进市委提出的建设“民富市强、幸福佛山”进程中，发挥出党史资政育人的作用。

【强化指导协调，积极构建全市党史工作齐步前进的良好格局】 2012 年各区党史部门领导班子相继作出调整后，市委党史研究室根据各区党史部门机构设置、人员编制、经费、编研力量及工作规划等情况，加强与各区的联系和沟通，及时掌握各区党史部门状况及工作进度。同时以对各区贯彻落实中央和省关于“加强和改进新型势下党史工作的意见”以及全国、全省党史工作会议精神的督查和落实为契机，进一步推进了市与区、区与区之间党史工作的同步发展。2012 年，各区以编写党史二卷为中心任务，根据实际情况有计划地开展党史征研、宣传各项工作，取得了丰硕的成果，形成全市党史工作全面发展的良好局面。一是党史二卷方面，各区完成了编写出版任务，南海已出版发行，禅城、顺德已送中共党史出版社审稿并准备出版，三水完成初稿，进入征求意见和修改阶段。二是编写革命遗迹遗址丛书方面，各区对原稿作了补充，增加了条目，较全面地反映出各区革命遗迹遗址的概况。三是地方党史大事记方面，各区完成了年度党史大事记的编写，对拟出版的党史大事记进行统稿、定稿。四是党史书籍和党史文章方面，三水区出版发行党史书籍 1 本，高明区出版《中共高明历史大事记（1919 ~ 2011 年）》等专著 3 本；南海区、顺德区、三水区为省委党史研究室编辑的《浊浪丹心》一书共提供党史文章 9 篇；南海区继续依托《南海档案信息》刊登了党史专题文章 6 篇和党史工作论文 1 篇。五是党史资料征集方面，顺德区明确了党史三卷资料收集的方向、种类和范围，着手开展资料收集和汇编工作，为下一阶段资料整理、研究打基础；高明区进行了党史人物口述资料的采访工作。

【围绕目标任务，扎实开展党史征研、宣传各项工作】 围绕《佛山市 2011 ~ 2015 年党史工作规划》的目标任务，稳步开展党史征研、宣传各项工作。一是佛山市完成党史二卷的编写、修改、出版工作。先后 4 次召集老同志征求对二卷的意见，作出修改后送省委党史研究室审稿，报送市委领导审批同意后，送中共党史出版社审核并交付印刷。全书历经老同志以及省委党史研究室、中共党史出版社的专家学者审核，最终写出定稿本，全书共 44.9 万字。二是编辑出版了《中共佛山历次代表大会文件汇编（1971 ~ 1993 年）》，收录了佛山地区和佛山市第一次、第五次、第六次党代会及各届全会文件资料。三是完成 2012 年度佛山党史大事记资料征集及编写工作，写出初稿 5.2 万字。四是做好革命遗迹遗址普查后续工作。对全市 32 处列为市级爱国主义教育基地和市级文物保护单位的革命遗迹遗址的条目进行史实、文字核实后，送省选编《全省重要革命遗迹遗址通览》。全市在原有80个革命遗迹遗址的基础上，又增加到129个，并对部分条目进行了审稿和修订，为编辑出版《佛山市革命遗迹遗址普查成果丛书》作准备。五是开展形式多样的党史宣传。立足党史网页，宣传佛山地方党史，并在腾讯、新浪开通了党史微博，加强与社会大众的交流互动。六是通过向相关部门提供党史咨询和帮助，进一步扩大党史宣传和社会效应，为地方社会经济发展发挥出党史部门的职能作用。为市档案馆举办佛山历史图片展审阅有关佛山党史的内容，提出修改意见。七是加强对各区党史业务工作的指导帮助。对各区党史二卷书稿进行多次审稿，提出修改意见、帮助各区提高编写水平。对革命遗迹遗址条目进行审稿、修改，及时传达省的有关精神，协调做好编印《佛山市革命遗迹遗址普查成果丛书》的有关工作。八是做好沟通协调工作，及时将省的工作部署和要求传达到各区，想方设法为区完成工作任务提供帮助。全市顺利完成了《红广角》2013年度的征订任务和全省党史优秀成果申报工作，协助各区党史部门顺利完成行政职能清理工作。

【加强党史工作队伍建设，推进党史工作科学化水平】 一是继续开展“创先争优”活动。按照中央和省委、市委的部署，认真开展“创先争优”活动，组织党员干部认真学习中央和省关于“加强和改进新形势下党史工作的意见”文件中关于党史工作重要任务和要求，增强党史干部做好新时期党史工作的责任感和使命感；结合中心理论组学习，先后开展《中国共产党历史》一卷、二卷和党的十八大精神的专题学习，提高党员干部的政治理论和业务水平，为打造高效能、服务型的和谐团队，营造出奋发有为、积极进取的工作氛围。二是加强制度建设，进一步健全和完善规章制度，提高党史工作制度化、规范化水平。三是加强办公室的自身建设。在佛山市经济和信息化局的支持下，开通了公文OA系统，既提高了工作效率，又降低了办公用品的损耗。

（何燕玲）

教　育

概　况

【综述】 2012年是佛山市教育系统继往开来、提升内涵、科学发展的重要一年。在佛山市委、市政府的坚强领导下，全市教育系统围绕率先基本实现教育现代化的战略目标，积极开展教育重要领域和关键环节的综合改革试点工作，强力推进教育现代化建设，加快教育现代化纵深发展，在全省各地教育工作你追我赶的情况下脱颖而出，2012年12月，佛山教育在全省率先通过广东省推进教育现代化先进市督导验收，成为全省首个接受并通过督导验收的地级市，教育综合实力和整体发展水平全省领先。

【教育资源均衡分布】 2012年，佛山市教育资源均衡分布，各级各类学校的数量满足佛山教育需求，各级学生的入学率达到目标要求。

至年底，全市各级各类学校1458所，其中普通高校3所，成人高校6所，中职学校（含省属中职学校和技工学校）51所，普通高中54所，初中135所，小学411所，幼儿园793所（含部分托儿所），特殊教育学校5所。全市各级各类学校在校生116万人，其中基础教育各级各类学校在校生人数99万人，占全市各级各类学校在校生总数的85.7％。学前教育毛入园率122.57％，小学毛入学率103.83％、升学率100％，初中毛入学率111.19％，高中毛入学率132.27％、普通高中毕业生升学率93.37％，三残儿童少年入学率98.05％，高等教育毛入学率为58％。

各类教育

【学前教育】 2012年是佛山市实施“学前教育三年行动计划”的关键之年，重要项目陆续铺开，进展良好，一些深层次问题逐步得到破解。

一是制度建设取得新突破。各级政府完善学前教育发展的顶层设计、推进机制和保障机制，开创性地将学前教育纳入地方党政领导经济社会工作任务年度考核中，学前教育工作在市委、市政府对区领导教育工作考评指标体系中，分值占比55％。

二是加快学前教育优质化、标准化、规范化发展。全力推进等级幼儿园和“广东省规范化幼儿园”建设。至年底，全市有等级幼儿园508所，占全市幼儿园总数的65.13％；规范化幼儿园396所，占全市幼儿园总数的50.8%；全市承担0～3岁早期教育指导中心任务的幼儿园28所；全市100％幼儿园达到办园标准。

三是推进公益性普惠性幼儿园建设。对公办园、集体办园和公益性普惠性民办园同样加大了投入和支持力度。通过设立学前教育专项经费、实行园舍免租和补助启动经费等方式，切实降低办园成本。逐步将公办园办学体制改革纳入事业单位分类改革体系，完善公办园的人事、财政等政策，规范公办园收费行为。与同等级公办园收费基本持平的民办园数量逐年增加，符合普惠性标准的幼儿园已达498所，占63％。

四是多元投入机制逐步完善。2012年市财政安排700万元专项资金，用于学前教育示范镇创建、规范化幼儿园建设、幼儿骨干教师培训等工作。禅城区安排2000万元财政资金落实“学前教育三年行动计划”相关项目，还健全公办园生均财政拨款制度。三水、高明区按每生每年不少100元的标准安排公用经费补助各幼儿园。高明区还建立幼儿教师工资奖补制度，在投入机制、监管机制、绩效管理机制等方面进行了大胆创新。

五是全面加强幼儿教师队伍建设。依法保障幼儿教师权益，努力提高幼师待遇。设立专项资金，对符合条件的园长、副园长、专任教师和保育员实行工资补贴，大幅提高教师工资水平，稳定了教师队伍。开展各级学前教育全员培训和大规模的名教师、名园长、骨干教师的培养培训工作，基本实现了托幼机构卫生保健和财务人员等关键岗位的全员持证上岗。

【义务教育】 2012年出台了《佛山市非户籍常住人口子女入读义务教育公办学校实施办法》，引入“积分入学”机制，保障更多非户籍学生入读公办校。同时规范普通借读生积分分值指标体系，采取“只加不减”办法，鼓励、引导外来人员更快融入城市，积极投身经济社会建设。着眼校际均衡，加强学校对外交流合作，在实施“香港英文教师赴内地交流协作试点计划”中，以课题为载体，开展“百校结对”教研合作活动，创新学校协同发展模式，促进区域义务教育高位均衡发展。

【普通高中教育】 佛山市以推动学校“升级”为抓手，提升普通高中内涵发展水平。一方面以提升学校效能与核心竞争力为重点，推动全市“龙头高中”升级成为能辐射周边、带动一片的“核心学校”。佛山一中与知名高校紧密合作，获得参加清华大学“新百年领军计划”、中国人民大学“校长直通车计划”资格，成为全省有资格向这两所高等名校推荐学生的5所高中之一。佛山三中与剑桥大学考试中心、伦敦大学合作，深入开展双语课程实验，逐步成为区域国际化办学的核心学校。另一方面引导其他优质高中向“特色高中”升级，佛山经验得到广东省教育厅的充分肯定。2012年佛山市高考成绩继续保持全省领先，普通类录取率94.2%，同比增加1321人。佛山一中、南海石门中学、顺德一中3所高中重点本科录取率超过60%，跨入省内一流学校行列。同时佛山市各高中优质化、特色化、多元化办学取得了丰硕成果。

【职业教育】 出台了《佛山市职业技术教育发展“十二五”规划》，科学引领职业教育改革与发展。一是开展构建现代职教体系试点。全面启动职教“中高职衔接一体化培养模式”和“高技能人才专本衔接培养模式”探索，按照“专业对接、课程贯通、学制衔接、分段培养”的思路，开展3+2中高职贯通大专层次高技能人才培养和2+2专本衔接“高级专业技能+本科综合素质”的本科层次应用型人才培养。二是推进校企合作。积极引导学校紧密服务行业企业，强化校企合作，提升职教服务经济社会的能力。三是助推实训中心建设。中职学校积极申报珠三角职教基地专业实训中心建设竞争性资金项目，全市7所学校13个专业实训中心通过评审，获省竞争性专项资金2500万元。四是超额完成“双转移”招生任务。2008～2012年，全市承担省下达的“双转移”招生任务为4.72万人，实际上5年间全市招收“双转移”学生总数为5.63万人，完成率达119.21%。五是职教成果丰硕。165名优秀中职生代表佛山市参加全省年度中职技能大赛成绩优异，有145人次获奖，其中获全省一等奖25人、二等奖56人、三等奖64人。在代表广东省参加全国职校学生技能中职组大赛中，佛山市参赛选手17人，参赛项目10个，同比增加7人和3个项目，获一等奖5人、二等奖7人、三等奖3人。

【高等教育】 2012年，佛山市继续稳步推进高等教育发展，不断加大投入，优化办学条件，扩大规模，提升内涵。一是佛山科学技术学院办学质量稳步提升。着力做好学校发展规划，稳妥落实学校“一校两区”建设工程。抓好学校“质量工程”，努力办好“创业创新班”，培养具有开拓精神和创新能力的应用型人才。扎实推进学校学科建设，积极开展教育科学研究，申硕工作取得重大突破，佛山科学技术学院在全国9所申硕高校中脱颖而出，成为国务院学位办批准的硕士学位授予立项建设单位。二是佛山职业技术学院服务经济社会的能力不断增强，学校扎实推进校企合作、工学结合，努力探索新的校企合作机制，相关专业与有关企业开展战略合作，实施订单式培养新模式，彰显改革创新精神。三是顺德职业技术学院致力推进内涵发展，积极开展特色建设，办学规模、质量和效益不断提高，成为全国示范性院校。

【特殊教育】 佛山市全面完善特殊教育体系，做到“不因残废学”。市政府2011年出台了《关于进一步加快特殊教育事业发展实施意见》，2012年召开全市特殊教育工作会议，特殊教育迎来了难得的发展机遇，进入快速发展时期。禅城区新建的特殊教育“启智学校”于2012年9月正式开学，佛山市形成了“一区一校”的特教布局，从5年前的2所特殊教育学校发展到2012年的5所，基本形成体系完善、布局合理、特色鲜明、错位发展的特殊教育新格局。全市适龄残疾儿童少年在校生1288人（含随班就读、附设特教班学生），“三残”儿童少年入学率分别为小学98.51%、初中92.56%，听障生义务教育入学率100%，基本实现残疾儿童少年义务教育高水平、高质量的“双高”普及目标。实施特殊教育“两头延伸”，积极发展残疾儿童学前教育，开设了集教育与康复于一体的学前教育班。高中阶段教育得到较快发展，开设了听障和智障类普通高中班和中职班，使职业教育为主的高中培养模式成为佛山特殊教育品牌。高中学生就业率和听障学生高考升学率继续保持100%，满足了残疾学生继续深造和就业的愿望。

【民办教育】 2012年，佛山市贯彻落实《民办教育促进法》，积极扶持民办教育，鼓励、指导社会力量办学，对禅城区教育局利用社会资源筹建佛山市外国语（国际）学校等项目进行引导；支持、指导佛山慧才教育投资有限公司选址西樵镇举办佛山市黄飞鸿（国际）武术学校。加强和规范民办教育管理，对民办学校违规办学行为坚决依法依规处理，促进民办教育健康快速发展。

教育改革与发展

【教育综合改革】 2012年，佛山市把综合改革作为提升教育现代化水平的重要抓手加以推进。各级党委政府切实做到教育政策规划到位、统筹领导到位、督查指导到位、人力财力物力到位，确保改革稳步推进。各区改革各有侧重，各具特色。如禅城区通过强化义务教育区级统筹、优化资源布局、建设示范学校、构建发展共同体、发展特色项目、建设重点工程、强化队伍建设等举措，力促义务教育高位均衡发展。南海“区、镇、校”三级共有69个项目被确定为区级改革项目，改革试点全方位铺开。顺德区推进教育体制和职业教育改革创新，改革不断深入。高明区采取坚持高位均衡，创新管理机制，促进师生发展，彰显特色活力，强化城乡统筹，推进试点工作；农村学前教育改革卓有成效，做法经验在全市推广。三水区以区域教育一体化发展和推进校企深度合作助推产业优化升级为重点，推进改革创新。全市上下形成浓厚的改革氛围，取得了重大进展和阶段性成效。市教育局编印的《佛山市教育综合改革材料汇编》，客观反映了佛山教育综合改革阶段性成果。

在推进教育综合改革进程中，各区精心打造区域教育特色和品牌。禅城区在“创新办学管理体制，促进教育均衡”“构建地方课程，传承历史文化”“创新德育模式，促进社会和谐”“强化科技教育，培养创新人才”“推行阳光体育，强健学生体魄”等方面突显区域特色。南海区铸造了“机制创新，激活人才发展最优化”“资源整合，追求教育效益最大化”“应用为本，实现技术手段信息化”“勇敢实践，促进素质教育内涵化”“根植本土，推动教育发展国际化”等一系列特色品牌。顺德区形成了“均衡协调的区域教育”“适用为本的职业教育”“效能优化的管理制度”“多元优质的民办教育”和“服务应用的教育信息化体系”等鲜明特色。高明、三水区分别对本区教育特色进行认真思考与提升，也逐步形成了较为鲜明的区域特色。

【教育质量】 一是坚持德育为先，增强德育实效性。以学校德育特色品牌创建和德育能力建设为主线，以中小学德育工作绩效评估为突破口，推进学校德育队伍、德育特色、德育品牌、德育科研和校园文化建设。结合佛山“创文”的契机，加强未成年人思想道德建设。成立了佛山市青少年校外教育工作联席会议制度和未成年人心理健康辅导站。

推进乡村学校少年宫建设，全市建成乡村学校少年宫51所。开展第三批佛山市德育示范学校和第二批广东省德育示范学校评估。完善佛山名班主任队伍建设长效机制，认定第三批佛山市名班主任25名。以德育课题研究为引领，组织开展中小学德育创新成果展评暨推荐广东省中小学德育创新成果活动。举办佛山市中小学心理健康教育活动课评比系列活动。开展“功勋航天员走进佛山校园”活动，邀请航天军事专家孙锦云、航天英雄杨利伟等3位功勋航天员到佛山，开展了3场航天员事迹主题报告会，并促成师生代表与功勋航天员“零距离”互动交流，从而强化了国防教育、科技教育和爱国主义教育。

二是重视学校体卫艺工作，全面提升学生素质。2012年，佛山市组织参加广东省第十届中学生运动会，获代表团体育道德风尚奖、团体总分二等奖、甲组团体总分第四名、乙组团体第四名、体育教师技能大赛团体总分一等奖、体育科学论文报告会团体总分第五名。佛山市参加广东省第六届中小学体育教学及大课间体育活动录像评比活动，获特等奖1名、一等奖9名、二等奖12名、三等奖12名，特等奖课例还代表广东省参加全国展示。积极实施卫生保障计划，联合卫生部门开展了首轮学校卫生监督量化分级评定，全市30所学校达到学校卫生等级A级单位。以举办第四届佛山市中小学生艺术展演活动为抓手，大力推进艺术教育改革，提升艺术教育教师专业水平。

三是创新教研制度，课改工作纵深推进。实施“课题引领”战略，深入100多所课题实验学校进行“有效教学”课题研究中期检查。启动示范教研组和示范教研室创建活动，引导各学科教研组扎实开展有效教学研究，促进教师专业成长，提升学科教研组整体实力和教育质量。全市评出首批学科示范教研组79个。

四是坚持科研强教战略，提高教科研服务水平。组织召开了全市教育科研工作会议，研究制定《关于进一步加强佛山市基础教育科研工作的实施意见》《佛山市教育科研名师队伍建设方案》《佛山市教育科研示范学校建设方案》和《佛山市首批教育科研示范学校评选方案》等文件，促进科研强教工作。启动首批佛山市教育科研示范学校评选活动。举办教育国际化论坛，组织中小学课堂教学改革成果观摩和研讨等活动，促进教科研交流和对话。开展佛山市教育科研“十二五”规划课题选题指南征求意见和年度课题征集活动，完成了佛山市“十一五”教育科研成果评比，积极推广教育科研成果，提高科研成果效益。

五是注重品牌建设，智能教育全面推进。佛山市全面启动“数码学习港”的研发工作，建成市民知识银行，为广大市民提供学习视频、数字图书、学习文档等综合性学习资源，打造全民终身学习的信息化品牌。深化“网上教学资源超市”建设与应用推广。开展佛山第二届中小学教师优秀“微课”作品征集评选工作。组织教育部教育信息化区域综合试点申报工作，开展省市教育科学“十二五”规划教育信息技术专项课题申报评审，有6个课题获省级立项，居全省前列。建成佛山教育视讯网，推出“教育进行时”专栏，及时报道佛山教育动态。

六是试行实验操作考查，教育装备工作有新进展。制定了佛山市初中物理化学生物实验操作考查工作方案等政策实操性文件，在全市铺开初中生物实验操作考查，提升装备标准化、规范化水平。启动佛山教育装备国际化合作项目，教育部—乐高“技术教育创新人才培养计划”项目组与市教育局签约，围绕国际创新项目研究、学科创新教学实践、技术教育师资培训和应用资源开发等方面，加强教育装备应用与实践的国际化交流合作。佛山市中小学图书馆装备建设经验在第二届城市教育装备合作与发展论坛上作专题介绍，受到与会代表充分肯定。

七是扩大教育开放，促进交流合作。第一，推进教育国际化。召开了全市双语教育工作座谈会，总结佛山市双语教育工作成绩和经验，研究新思路。组织参加香港第23届“教育及职业博览·中国馆”展览活动。第二，加强教育区域帮扶与合作。大力支援西藏林芝地区、新疆伽师县、广东清远和茂名等地教育，主要通过人才帮扶、培训帮扶、资金帮扶、物资帮扶、学校结对帮扶等形式，深入开展一系列对口援助帮扶活动。选派佛山学校领导、中层干部和骨干教师前往对口帮扶地区支教帮扶，在财力、物力等方面给予大力援助，同时做好援助地区教师到佛山培训学习的安排工作，为受援地区教育事业的发展作出了积极贡献。积极推进广佛肇三市教育交流与合作，重点在基础教育、职业教育、高等教育、教育科研、教育人才、合作办学等方面，开展教育交流与合作，有力促进三市教育事业共同发展。

【教育保障】 一是加大投入，满足发展需求。2012年，佛山市落实教育投入政策，确保教育经费“三个增长”，提高和巩固“两个比例”。全年全市教育总投入150亿元，同比增加20亿元，增幅15.44%。其中国家财政性教育经费拨款和预算内教育经费拨款分别为116亿元和100亿元，分别同比增长13.7%和12.4%；教育费附加和地方教育费附加等政府基金全年累计投入15.77亿元，同比增长24.86%。教育财政投入除了保障省市重点民生实事全面落实外，还突出地加大学前教育和中职教育投入。2012年全市学前教育总投入14.53亿元，同比增长31.37%，财政性教育经费投入中学前教育占比2.16%，同比提高0.93%；中职教育投入22.49亿元，同比增长47.28%，中职与普中投入大体相当。此外，从秋季学期起，佛山市提高了义务教育阶段学校最低生活保障家庭学生生活费资助标准，小学从原来每生每年600元和800元统一提高为每生每年1000元；初中从原来每生每年800元和1200元统一提高为每生每年1500元。

二是推进人事制度改革，激发师资队伍积极性。做好教育事业单位岗位设置和人员聘用工作方案的审核工作，并将事业单位落实绩效工资与完善教育事业单位岗位设置和人员聘用工作结合起来，统筹指导学校制定科学合理的考核办法，并基本兑现奖励性绩效工资，激发了教师队伍积极性。

三是狠抓安全管理，确保师生安全。建立了市、区、镇、学校四级安全防护体系，佛山市教育局独立设置安全保卫科，各区、镇街都设立或明确学校安全管理机构。严格执行“一岗双责、一票否决”制度，重点加强学生接送车管理、检查和整治。突出工作重点，开展全市校车管治、校园周边环境综治、火灾隐患排查整治和食品卫生检查等专项行动。加大经费投入，全面改善学校安保设施设备。精心组织，实现各级各类考试优质安全，着力完善联动体系，建立考试环境综合整治长效机制，全年举办各级各类统一考试近30场，实现平安考试目标。

四是坚持督政督学并重，促进教育改革发展。佛山市配合广东省对南海、顺德、高明、三水四区义务教育学校和整体区域均衡发展进行综合评估，在省教育厅首批推荐申请认定国家“义务教育发展基本均衡县（市、区）”的公示名单中，全省5个，南海、顺德、高明、三水四区名列其中，在全省率先基本完成该项国家级教育综合督导评估项目。为确保“学前教育三年行动计划”落实，研制了“佛山市推进学前教育先进镇”方案，对全市学前教育进行监测，对实施三年行动计划成绩突出的镇街进行表彰；全面启动广东规范化幼儿园认定和督导验收；继续开展幼儿园督导评估，有2所幼儿园通过省一级评估、8所通过市一级评估，完成11所省一级和23所市一级幼儿园复评；6所学校通过佛山义务教育优质学校评估；13所学校通过佛山第二批语言文字规范化示范校评审认定；积极开展广东教育强镇第二轮复评，强化政府教育责任的落实。

五是强化监察审计，保障教育健康发展。佛山市制定了2012年治理教育乱收费工作方案，明确5项治理工作重点内容，着力解决群众反映强烈的教育乱收费突出问题，并与各区教育局长、市直中小校长签订了教育收费治理工作责任书。组织开展教育收费专项调研督查和公办普通高中招收择校生有关问题专项清理督查工作。认真做好教育信访维稳工作，及时妥善处理群众信访问题。认真做好教育内部审计工作，促进系统内部管好、用好教育经费。

六是强化依法行政，完善信息公开。做好人大建议政协提案的办理工作，维护教育和谐。强化网络问政，及时做好网络发言人、12345行政热线等回复工作，及时发布网上政务公开信息，实现政务信息公开透明，随时接受社会和媒体监督。扎实推进政务微博建设，组建教育政务微博工作团队，制定政务微博管理工作方案，通过微博平台的互动，促进教育健康发展。

【重大项目】 佛山市率先通过广东省推进教育现代化先进市督导验收。2012年底，省政府对佛山市申报广东省推进教育现代化先进市进行督导验收。这是广东省迄今为止标准最高、要求最严、涉及面最广的综合性教育督导验收，佛山市是全省第一个接受并通过验收的地级市。省验收组给予了高度评价，认为佛山已基本建立起结构合理、开放多元、充满活力、具有鲜明区域特色的现代国民教育体系和终身教育体系，推进教育现代化处于全省领先地位；佛山能准确把握教育现代化的本质特征，创造了“政府主导、市区同创、城乡共建、社会参与”和“经济有差距，教育求均衡”的教育现代化发展模式，在全省起到了很好的示范带动作用；佛山教育发展呈现出全新面貌，教育发展达到新高度，迈进了教育现代化阶段。

成功举办第四届佛山教育博览会。2012年，成功举办了第四届佛山教育博览会。教博会以“幸福的城市，开放的教育”为主题，以教育国际化为切入点，展示了佛山市在国际化办学、教育对外交流合作、参与国际竞赛和教育国际化服务等方面所取得的优异成绩。教博会有8大主题展区，78所学校展示国际化办学特色，17家单位参与体验式教育国际装备展，54家教育机构提供教育国际化咨询服务，有9场教育高端论坛，30场精彩体艺表演。3天内共有10多万人次进场参观，30多家媒体争相报道。

开设教育大讲堂，搭建互动平台。市教育局和佛山电视台从2012年3月起联合推出每月一期的“教育公益大讲堂”电视节目，全年共推出9期节目，向市民开展公民教育、学校教育和家庭教育。该节目收视率高，广大市民喜闻乐见。2012年12月，佛山“教育公益大讲堂”在全国优秀教育电视节目评选中荣获一等奖。

教育民生

【学前教育资助制度】 佛山市在全省率先初步建立学前教育资助体系。将学前教育资助纳入各级政府工作中，及早谋划。继续按照每人每年3000元的标准对最低生活保障家庭幼儿实施资助；全市全面实行幼儿园大班保教费补贴制度，补贴标准为每人300元，禅城、南海两区还提高了本区户籍幼儿补助标准，扩大资助范围，在3年内将补贴范围逐步扩大到户籍学前三年在园幼儿。佛山在省内率先建立起以财政投入为主、覆盖全市户籍家庭经济困难学童及残疾儿童等对象的资助体系，资助面和资助标准都高于省的要求。2012年，全市财政共投入学前教育资助经费3099万元，受惠幼儿5.55万人，全市超过26%在园幼儿受惠。

【随迁子女读书问题】 2012年，佛山市高水平、高标准解决进城务工人员随迁子女入学问题。充分挖掘全市公办教育资源，全力解决随迁子女入读公办学校问题，在全省呈现“三个最”的特点：第一，实施“非户籍生”享有“户籍生”同等待遇的制度为全省最早。佛山早在2008年就出台了《佛山市非户籍常住人口子女政策性借读生免费义务教育实施办法》，切实将免费义务教育覆盖到符合条件的随迁子女。第二，随迁子女入读义务教育公办学校门槛为全省最低。通过提前给予随迁子女“户籍生”身份、扩大政策性借读生范围、建立积分制入学等举措，保障随迁子女公平受教育权利。第三，在公办学校就读的随迁子女人数为全省最多。2012年全市随迁子女义务教育在校生超过30万人，其中21.8万在公办学校就读，占比71.96%。

【免费特殊教育】 在全省率先实施残疾儿童少年十五年免费教育，免费资金纳入财政预算予以保障。凡具有佛山市户籍并持第二代残疾人证，在市内市外幼儿园、小学、初中和高中就读的残疾学生，均可享受免费政策。其中，学前教育残疾学生按每人每年6000元的标准免保教费；义务教育残疾学生按现行义务教育免费政策免书杂费；普通高中和中职学校残疾学生分别按每人每年2470元和4000元的标准免学杂费。

【扶贫助学】 全面完善扶贫助学体系，做到“不因贫失学”。形成以政府为主导、财政拨款为主、社会捐助为辅的制度化、规范化、程序化的扶贫助学机制，扶助覆盖了学前教育、义务教育、高中教育、高等教育全过程。全市学前三年困难家庭子女每生每年补助3000元；义务教育阶段除享受免费义务教育外，还给予困难家庭学生生活补贴，小学每生每年 1000 元，初中每生每年 1500 元；高中阶段困难家庭子女除享受免费教育外，每生每年得到国家助学金补助 1500 元；大学困难家庭新生得到一次性补助 4500 ~ 6000 元不等。此外，各区针对实际，对“低保”临界学生和特殊困难家庭学生给予补助。全年全市各种渠道筹集扶贫助学资金达 1.5 亿元以上，各级各类学校受助对象超过 40 万人次。

【“校安”工程】 中小学“校安”工程（校舍安全工程）超前完成。至 2012 年底，全市“校安”工程三年规划改造面积达 19.7 万平方米，开工率和竣工率均为 100%，竣工面积 20.29 万平方米，完成工程规划的全部工程项目，开工率、竣工率和项目完成率均居全省第一。基本完成佛山市中小学校舍信息管理系统建设工作，相关主要数据已完成录入，20 项信息数据录入进度居全省第一。

（吴海桐）

2012 年 5 月 19 ~ 21 日，第四届佛山教育博览会在佛山创意产业园隆重举办。

文化艺术

概　况

2012年，佛山市文化工作围绕建设“岭南文化名城，美丽富裕家园”目标，结合城市升级三年行动计划部署，把握中心、突出重点、服务民生、兼顾全面，提升了城市品质、改善了市民文化福利、服务了城市转型升级，也为党的十八大召开营造出良好的文化环境。

公共文化服务体系

【力促服务网络建设，开展公共文化设施巡查督导】 努力打造代表城市文化品质的重点文化设施。一方面加快推进标志性文化设施建设。市图书馆新馆正实施内部与外部装修，预计2013年内可开馆；市文化馆新馆已开挖基坑。另一方面，改造提升现有文化场馆。2012年3月，佛山市文化馆、南海区文化馆、顺德区文化馆被评为“广东省十佳文化馆”。

以基层文化设施为重点开展巡查督导。2012年4月启动了全市公共文化设施建设巡查督导工作，对市、区、镇街三级文化设施的免费开放情况，社区（村）“五个有”文化设施建设等情况进行全面督导巡查，进一步提升了各级公共文化设施免费开放服务质量和水平。佛山市镇街文化设施建设水平处于全省前列。全市33个镇街文化站中，省特级文化站达到29家，其中12家荣获“广东省百佳文化站”称号。社区（行政村）文化设施基本按照“五个有”标准实现了全覆盖。

【创新服务方式，公共文化服务有声有色】 公共文化机构积极创新服务方式，提高服务水平，为城乡居民提供优质高效、普遍均等的公共文化服务。自2011年6月以来，佛山市公共图书馆、文化馆站全面推行免费开放，全部实现了无障碍、零门槛进入，基本服务项目全部免费。市、区图书馆、文化馆站等文化阵地常年组织开展公益讲座、公益培训、各类型青少年文化活动等，为市民提供了丰富的文化菜单。如佛山市图书馆大力推广“二代身份证”免押金书刊借阅服务，依托佛山市联合图书馆平台，开展形式多样的宣传与推广活动，深入街道、企业、学校，为市民办证。联合图书馆推出“汽车图书馆”服务，自2012年2月份试运行至年底，行程近6000公里，上门服务135次，免费开通“二代身份证”借阅功能和一卡通证1.3万个，服务读者近12万人次。智能文化建设取得积极进展和明显成效，文化与科技融合步伐加快。此外，推出的24小时智能图书馆和自助图书馆服务反响良好，凭“二代身份证”开通借阅功能的读者约3.6万人，图书借还5万人次。

【加大文化团队扶持力度，助力文化繁荣发展】 一是扶持骨干群众文艺团队。贯彻落实《佛山市文化广电新闻出版局骨干群众文艺团体扶持试行办法》，给予佛山市少儿合唱团、佛山市金声合唱团、佛山市禅城区禅之声合唱团、佛山市爱乐乐团、佛山市文化馆乐龄艺术团、佛山话剧之友俱乐部等团队办团资助或项目资助，扶持这些骨干团队举办了“百姓心中的歌”合唱音乐会、“为你歌唱——庆祝教师节音乐会”、“岁月如歌·红动禅城”禅城区2012年佛山新媒体产业园禅之声合唱音乐会、童声合唱赏析会、“魅力佛山·缤纷乐龄”2012年佛山市老年文艺展演等活动；支持佛山市少儿合唱团参加2012中国广州国际合唱锦标赛获得银奖、第十一届中国国际合唱节暨国际合唱联盟世界峰会获得童声组银奖，乐龄艺术团赴宁夏回族自治区石嘴山市参加第二届“黄河大合唱”邀请赛。二是加强文化志愿者管理工作。根据《广东省文化志愿服管理办法（暂行）》精神和结合佛山市实际，9月出台了《佛山市文化广电新闻出版局文化志愿者管理办法》，11月初邀请权威专家举办志愿者服务讲座。

【超额完成农村电影放映任务】 作为省、市的民生实事，佛山市文化广电新闻出版局高度重视农村电影放映工作。积极制订方案、明确责任、落实经费、培训队伍。2012年全年放映公益电影5500场、观众120万人，超额完成全年放映任务。

（市文广新局）

文化活动和艺术创作

【重点打造“魅力佛山·四季情韵”艺术惠民工程】 开展“魅力佛山·四季情韵”艺术惠民工程，每季度相对集中地推出某一主题或艺术门类的舞台艺术精品演出、高雅艺术展览或街头（户外）群众文化活动，加大艺术惠民的力度。全年共完成高雅艺术展演和群众文化活动90项，超额完成了年初提出的全年不少于50项活动的目标。

群众文化活动。市文化馆、市图书馆等公共文化服务阵地开展“梦想舞台”“音乐之旅”“艺林墨香”等系列活动，其中“梦想舞台”活动12场，“音乐之旅”9场，“艺林墨香”4场，受到社会的广泛好评。组织举办了2场2011年度佛山市群众文艺“百花奖”戏剧曲艺展演和颁奖典礼暨群众文艺精品汇演，分别在基层文化舞台和大剧院集中展示了佛山群众文艺创作的最高水平，使市民享受到优秀本土文化的熏陶。举办佛山市粤曲私伙局大赛、“开心广场·百姓舞台”——2012佛山市群众广场排舞展演等活动。2012“寻梦佛山”异地务工人员子女夏令营分为艺术夏令营和阅读夏令营，在五区开设7个分营，免费为530名异地务工人员子女奉上文化艺术大礼包，增添了城市温情。该夏令营活动内容涉及舞蹈、美术、书法、剪纸、折纸、咸水歌、名著阅读、戏剧编排、手语等课程，还安排参观博物馆、科学馆和观摩电影、户外拓展等活动，为期10天的文化夏令营深受异地务工群众及子女的欢迎。

高雅舞台艺术展演。全年共补贴舞台艺术精品演出33场、高雅艺术展览12场。根据春、夏、秋、冬每个季节的特点，分别安排不同主题的展演活动，让广大市民持续不断地享受高雅艺术的服务。“春演出季”引进了广东木偶剧团演出的人偶剧《童话世界欢乐嘉年华》、佛山粤剧院新编粤剧《倾国倾情》、广东民乐团《民乐华章》以及其他艺术门类的优秀剧目，营造了欢乐祥和的节日气氛，为全年活动开了个好头。同时，积极与省演出公司、广州共时文化传播有限公司、佛山直觉文化传播有限公司等合作，积极引进国家话剧院《四世同堂》《活着》《风华绝代》等精品剧目，每场演出均提供20%政府补贴半价票，让广大市民以较低的票价享受高雅的艺术和高水平的文化服务。此外，举办了“芳华正茂——方楚雄师生油画展”等12场免费展览，吸引了大量市民前往观看，充分享受了“文化大餐”的滋养。

小剧场话剧演出。积极引进小剧场话剧等新型城市文化形态，组织佛山艺术剧院有限公司排演小剧场话剧《精慌》，引进韩国小剧场话剧《狗是猛兽》，打造6号剧场品牌，为城市白领、中青年提供了一个文化休闲场所和文化消费的新空间。

填补工业园区文化生活空白。通过向佛山艺术剧院有限公司购买服务的方式，因地、因人制宜，将文艺演出、话剧演出送到全市各工业园区，共安排6场演出，丰富了园区产业工人的文化生活，拉近了外来务工人员与佛山的距离，为工业园区文化生活增添了新的色彩。

【成功举办“第一届中国佛山·国际城市雕塑大展”】 7月28日～8月10日，“第一届中国佛山·国际城市雕塑大展”在佛山1506美术馆举行。这是佛山有史以来最高水平的城市雕塑展，亦是2012年度中国最具权威的雕塑艺术盛会。本次大展共展出230件雕塑精品，其中包括52件公开征集入围作品、130件国内外著名美术学院作品、40余件国内外特邀专家作品，涉及中、俄、英、美等10个国家，《做自己的神》等27件优秀作品获奖。展览期间，共有1.2万人次参观。

【依托民俗节庆传统，成功举办2012佛山秋色欢乐节】 2012年秋色欢乐节以佛山非遗资源与文物景观作为主要元素，结合佛山民间有广泛影响力的祖庙北帝秋祭、乡饮酒礼，于11月23～25日在佛山祖庙及周边历史文化街区举行。秋色巡游队伍由6辆彩车、28个表演方阵和来自俄罗斯、巴西、波兰、南非等国家和中国香港以及辽宁、贵州、广西等地共计1000余人的表演人员组成。巡游节目包括《秋韵岭南》《七色水乡》《美丽佛山》《和谐乐章》四个篇章，用“秋色欢乐”四个字为主题贯穿，以精致、精美、精彩的策划理念和巡演的效果，赢得了社会各界的好评，给市民和游客带来了欢乐，2012佛山秋色欢乐节吸引了超过60万市民观看。欢乐节打造成为以民间艺术和技艺为载体的岭南民俗的文化盛会，对外文化交流的平台，城市文化形象的展示窗口，佛山老百姓的嘉年华。

【文艺创作成果丰硕】 文学创作。2012年，佛山市文艺工作者本着以人民为中心，以佛山为根本的创作导向，创作出一批思想性与艺术性俱佳的优秀作品，整体创作水平处在广东省前列，部分作品在全国产生了影响。其中，戏剧8部，小说集4部，散文集2部，小说23篇，诗歌20首，电影剧本1部。尹洪波创作的电影《三审奇石》在中央电视台电影频道播出。盛慧的长篇小说《闯广东》入选广东省第三届文艺精品创作专项扶持项目及佛山市2012文艺精品扶持项目。吴海榕的小戏曲《树正影儿斜》获得广东省文艺作品评选二等奖。

理论研究。2012年理论研究方面也是成果颇丰，出版了研究著作1部，完成研究著作3部，发表论文9篇。推出了“石湾陶艺大师传奇”和“石湾陶艺大师传记”两大系列的图书出版工程，宣传佛山陶文化，推动石湾陶艺“走出去”。刘东、李伯瑞合著的《公仔大师小故事（第一辑）》被国家图书馆收藏。梁国澄的论文《岭南文化传承与发展的操作思考》被评为2011年度40篇党校主体班优秀论文之一。

绘画创作。2012年佛山市本着“出作品，出人才”的思路，促进各艺术门类的繁荣发展。绘画获奖入选作品达43件。其中，周丽萱的写实油画《情系北大仓》获“庆祝中国人民解放军建军85周年全国美术作品展暨第十二届全军美术作品展”优秀奖和“2012广东青年美术大展”银奖；杜宁的国画《青青园中葵》获优秀奖、《丰年》获“笔参造化——广东省第六届中国画展”铜奖。

雕塑创作。在雕塑方面，佛山市采取国际城市雕塑展览、雕塑学术研讨会、雕塑创作三管齐下的办法，用展览促进创作，用学术指导创作，从而形成了一种良性互动，有力推进了佛山市雕塑艺术的发展。2012年仅雕塑作品获奖就多达22件，塑造城市景观2件，收藏1件。作品《粤乐一代宗师——吕文成》《近代广东第一位科学家——邹伯奇》《叶问与李小龙》《南国之春》等作品入选省、市级的多个展览；简锡昭的雕塑作品《银色旋风》入选“中美文化雕塑园”，并被放大永久存放；罗志奇的《叶问与李小龙》获佛山市重大历史文化题材美术创作工程作品银奖。

粤剧艺术。佛山市文化部门在重视文学、绘画、雕塑等艺术门类创作的同时，也着力扶植粤剧艺术的发展，取得不俗的成绩。粤剧传习所的新编粤剧《小凤仙》年初入选了2010～2011年度国家舞台艺术精品工程资助剧目，并与文化部舞台艺术精品工程办公室签订了责任书。该剧还应邀参加了文化部举办的“讴歌伟大时代，艺术奉献人民——2012全国优秀剧目展演”，于10月4～5日在中国评剧大剧院演出2场，获得圆满成功。粤剧电影《小凤仙》于10月26日在横店影视城开机，通过电影的传播，将更好地传承和推广粤剧文化，有利于粤剧走向全国、走向世界。

（市文广新局）

文化名城建设和文化遗产保护

【博物馆建设稳步推进】 佛山市博物馆新馆基础建设工作顺利铺开，进展良好；南海区博物馆新馆和顺德区博物馆新馆的建设均按计划有序开展。民办博物馆发展迅速，2012年新增1家民办博物馆。至年底，佛山市正式注册8家公共博物馆，4家民办博物馆。

佛山祖庙博物馆、三水区博物馆和广东石湾陶瓷博物馆被省文化厅列入为广东省第二批达标博物馆名单，同时通过省文物局组织的博物馆评估定级实地测评，并已被推荐申报第二批国家二、三级博物馆。数字博物馆项目也得到大力推进，市博物馆“数字博物馆之文物信息化服务”第一期已通过专家组验收，作为项目的成果体现，市博物馆在网站上推出“数字博物馆”和“数字古籍”栏目，观众足不出户便可浏览馆藏文物和古籍的具体信息。

【加大文保单位保护力度，有效保护文物资源】 佛山市协助广东省文物局完成国家级重点文物保护单位佛山祖庙修缮工程的省级竣工验收；完成对市级文物保护单位陈铁军故居、文会里嫁娶屋、龙塘诗社、艺能严公祠、秀岩傅公祠、华英中学旧址、中山公园牌坊的修缮竣工验收。全国重点文保单位佛山祖庙、南风古灶·高灶陶窑和省级文保单位简氏别墅的保护规划编制工作有序展开。

开展“佛山市2012文物安全隐患排查整治专项行动”，对全市范围内第三次全国文物普查登记的各级各类不可移动文物，博物馆、纪念馆等文物收藏单位，文物保护工程施工工地等进行隐患排查，重点排查省级以上文物保护单位和公共博物馆。专项工作开展期间，共对4处全国重点文物保护单位进行检查，排查安全隐患1项，整改安全隐患1项，整改率为100%；对24处省级文物保护单位进行检查，排查安全隐患2项，整改安全隐患2项，整改率为100%；对13处博物馆等文物收藏单位进行检查，排查安全隐患5项，整改安全隐患5项，整改率为100%。

【策划开展各项活动，展示和宣传文化遗产保护成果】 佛山市打造祖庙“三月三”北帝诞等民俗文化活动，强调对传统文化内涵的挖掘，也注重和现代的联系，使其成为联系社区、促进和谐的载体，进而深化佛山传统文化内涵。开展“2012年佛山市文化遗产保护宣传月”活动，内容丰富，包括专家鉴宝、展览、数字博物馆新成果展示等，以此为契机加强宣传活动，传播文化遗产保护意识。

【扎实做好资源保护，传承和弘扬非物质文化遗产】 2012年，佛山市非遗保护工作在各个方面都有所进展，其中高明区的花鼓调等11个项目入选广东省第四批非物质文化遗产名录；佛山十番传承人何汉沛等8人入选广东省第三批非物质文化遗产代表性传承人；佛山市新石湾美术陶瓷厂有限公司入选第一批国家级非物质文化遗产生产性保护示范基地；石湾陶塑技艺传承人黄松坚和佛山木版年画传承人冯炳棠获得“广东省级非物质文化遗产优秀传承人”称号。

积极组织非遗项目参加各种展览展示活动。2012年，佛山市组织非遗项目参加了文化部在北京全国农业展览馆举办的“中国非物质文化遗产生产性保护成果大展”、2012广东（中山）“文化消费节”非物质文化遗产生产性保护成果展、中国（深圳）国际文化产业博览交易会非物质文化遗产展演，均受到好评。此外，组织队伍参加省文化厅主办的“龙舞盛世——2012年广东龙舞网上大汇演”，获1金5银；在省文化厅、教育厅、妇联主办的“广东省首届青少年粤剧粤曲大汇演”，获3金3银；在北京举办《中国工艺美术大师全集·潘柏林卷》首发式暨潘柏林陶塑精品展，展出佛山市中国工艺美术大师潘柏林不同时期艺术水准的陶艺作品共80件。

【积极推动对外文化交流，加快佛山文化“走出去”步伐】 2012年，佛山市积极组织多支队伍赴海外传播佛山文化。例如组织顺德伍龙江仙塘醒狮团一行20余人远赴英国伦敦、曼彻斯特等地参加当地的龙年新春庆祝活动；组织南海黄飞鸿中联电缆武术龙狮协会舞狮队参加2012土耳其中国文化年活动，分别在土耳其安卡拉、伊斯坦布尔等10个城市进行表演；由广东省选派，组织南海黄飞鸿中联电缆武术龙狮协会参加韩国丽水世博会中国馆“广东活动周”非物质文化遗产展演活动；组织佛山剪纸老师饶宝莲随广东艺术代表团赴俄罗斯，配合莫斯科中国文化中心开幕举办长达3个星期的剪纸艺术培训，向俄罗斯学员传授中国剪纸艺术，宣扬中华优秀文化；由文化部选派的佛山精武体育会会长梁旭辉赴毛里求斯举办咏春培训班，将中华武术精神远播非洲。

（市文广新局）

行业监管

【严格行政审批】 以有关法律法规为依据，严格审批进入佛山市演出市场的营业性演出活动；做好印刷企业设立等事项的行政审批工作。2012 年共依法依规依程序完成行政审批业务 1097 件，审批业务限时办结率、群众满意率均达到 100%。同时，围绕“创文”目标，按照全市统一的行政服务标准规范，全面落实各项工作制度，切实提高办事效率和服务水平，提高办事群众对政府服务的认可度和满意度。

【反复检查严密防范，完成安全播出任务】 2012 年，佛山市为确保党的十八大广电安全播出，遵照广电总局和省广电局的统一部署，从 3 月开始全市广电系统进入了长达 9 个月的“迎十八大”安全播出大检查工作。组织和完善领导指挥机构、建立与省广电局对接的广播电视“电视电话会议系统”、对市播出和传输机构进行反复多次的检查和整改，佛山市以全省“优秀”的成绩迎接党的十八大召开，顺利完成安全播出任务。同时，完成了元旦、春节、五一、“国庆”、“两会”等一系列重要保障期和敏感日广播电视安全播出工作。

【文化市场检查与执法力度进一步加强】 2012 年，为迎接党的十八大召开，佛山市文化部门结合全市创建全国文明城市与“三打两建”工作部署，在广播电视播出、新闻出版行业监管、文化市场行政审批与综合执法等方面加强执法检查与监督，为全市文化产业发展营造出良好的市场环境，服务了经济社会建设的大局。以文化市场执法工作为例，全年全市文化市场综合执法队伍共出动执法人员 2.41 万人次，检查各类文化市场 9241 家次，捣毁出版物批销窝点 12 个，清理无证照经营店（档）125 个，收缴各类非法音像制品、非法出版物共 165 万张（册、盒），行政立案查处案件 46 宗，警告 133 家，处罚金额 16.5 万元，责令停业 1 家，吊销许可证 4 家，移送公安机关 4 宗，保障了文化市场平安、稳定、有序发展。

（市文广新局）

文化产业发展

【明确思路，文化产业项目扎实推进】 加强对重点文化企业和园区的扶持。大力扶持佛山民间艺术研究社、佛山传媒集团、1506 创意城、达力创意动漫有限公司等重点企业园区发展壮大；加强对各区重点文化产业项目的服务，为新媒体产业园、39° 空间艺术创意社区、创越时代创意产业园、高明岭南民间艺术文化产业园、三水杜马禅园等新兴园区的建设发展排忧解难。此外，支持和协助重点企业、园区申报国家和省级示范基地（园区）。其中，佛山市智力科技有限公司获评为 2012 年度“国家文化出口重点企业”。

积极培育文化产业新业态。对佛山市动漫等文化产业新业态的企业基本情况、人才结构、职称、专业认定需求等方面进行调研摸底。同时，及时传达动漫企业认定、申请进口动漫开发生产用品免税资格等有关政策信息，做好组织申报和指引工作，大力扶持佛山市动漫等文化产业新业态的发展壮大。佛山原创动力文化传播有限公司旗下“喜羊羊人偶剧团”的剧目《喜羊羊与灰太狼之三个愿望》成功斩获广东省五个一工程奖，是南海区推动动漫产业发展的重要成果。

【打造平台，文化产业发展环境进一步优化】 文化产业项目招商工作。在佛山实施城市升级三年行动计划和产业链招商三年行动计划的大背景下，成立全市文化产业项目招商工作领导小组及办公室，安排专门人员组织开展文化产业项目招商工作。面向全社会广泛收集投资信息和项目资源，并搭建文化产业项目招商的服务平台。首批发布了 24 个发展前景看好的文化产业投融资重点项目，开通文化产业招商项目网上专栏，推出文化产业项目推介流动展厅，系统介绍佛山的优势文化企业园区、建议投资的领域和项目等情况，打响佛山文化产业名号，吸引客商前来投资。同时，做好文化产业项目引进和落地的相关服务工作。

发挥专项资金的引导激励作用。首次开展文化产业发展专项资金申报评审工作，以贴息、补助等方式重点扶持“十大重点文化产业、十大重点文化产业集聚区、十大文化企业”，产业创新、在市场上有较强竞争力的项目，以及文化产业相关公共服务平台建设等，充分发挥政府资金对产业发展的引导激励作用。

提升文化产业社会组织的活跃度。积极协调佛山唯一的全市性文化产业社会组织——佛山市文化产业促进会与广东省文化产业促进会联合主办“2012 首届佛山艺术品交易博览会”，尝试打造佛山本地的文化产业活动品牌，对繁荣佛山艺术品交易市场，培育佛山文化会展产业起到了明显的带动作用，同时也提升佛山市文化产业促进会的活跃程度，增强其对佛山文化产业的推动促进效应。

【严格管理，规范文化市场经营秩序】 佛山市加强娱乐场所管理和游艺（戏）娱乐场所管理。认真做好歌舞娱乐场所的禁毒宣传教育工作。2012 年 1 ~ 3 月各区市场监管部门组织歌舞娱乐场所经营业主、从业人员共 7578 人次，学习《娱乐场所管理条例》《禁毒法》，以及讲授禁毒相关知识、观看禁毒宣传片等，确保娱乐场所员工尤其是新招员工考核合格后才能上岗；督促歌舞娱乐场所落实在显著位置悬挂禁毒警示标志，公布举报电话，张贴禁毒宣传画，安装禁毒软件等措施，并纳入日常检查的重要内容；督促歌舞场所建立健全禁毒巡查登记制度和主动报告涉毒活动机制，提高经营者的守法、自律意识，与歌舞娱乐场所签订《歌舞娱乐场所禁毒责任承诺书》260 份，并以“6·26”国际禁毒日为契机，组织多种形式的禁毒宣传教育，有效预防文化娱乐场所涉毒等违法犯罪行为。

加强网吧管理。一是由市政府发布了《关于进一步加强网吧建设管理工作的意见》《佛山市未成年人绿色上网场所建设方案》以及《佛山市未成年人绿色上网场所管理暂行办法》。二是坚决查处网吧违法违规经营行为。2012 年 4 月在全市组织为期 1 个月的网吧专项整治月活动，重点检查网吧违规接纳未成年人上网的行为。2012 年，市、区、镇街三级文化市场管理和执法人员，共出动执法人员 9435 人次，检查网吧 4174 家次，责令整改 36 家次，警告 20 家次，停业整顿 1 家，吊销经营许可证 1 家。三是加强网吧义务监督员队伍建设。至年底，全市“五老”义务监督员 276 人，其中禅城区 84 人、南海区 96 人、高明区 51 人、三水区 45 人。11 月，组织各区网吧义务监督员 260 多人，就相关法律法规及巡查监督的方法技巧进行了业务培训。

（市文广新局）

市文联工作

【综述】 2012 年，在佛山市委、市政府的正确领导下，在省文联和市委宣传部的关怀和重视下，佛山市文联及各团体会员围绕喜迎党的十八大胜利召开和配合佛山市创建全国文明城市等中心工作和重大主题，带领广大文艺工作者，认真履行“组织、联络、协调、服务”等职能，扎实推进各项工作，文艺活动丰富多彩、文艺队伍日益壮大、文艺创作硕果累累，有力推动了全市文艺事业发展繁荣，为岭南文化名城建设作出了应有的贡献。2012 年市文联及各团体会员组织、参与和举办各类文艺活动、展览、演出、交流、赛事等近千场。

【各团体会员组织开展有影响、有特色的活动】 文学方面。2012 年，佛山市举办了中国著名诗人“龙塘雅集”暨诗歌欣赏会活动，在诗情画意中得到艺术享受与熏陶；举办了“九江杯”全国《龙舟赋》征文大赛、“夏日浓情”全国诗歌大赛、第二届佛山小小说创作大赛等赛事；编辑出版了《佛山新世纪作品精选 · 散文百家》、“佛山作家作品选粹”第五辑共 10 本作品集；任流《祖庙传奇》、郑启谦《郑启谦散文随笔选》、陈陟云《梦呓：难以言达之岸》、冷先桥爱情诗集《冷面热心》、严诗喆诗集《生命之过客》、张创辉《沉淀的声音》、曹晖爱情短诗集《最舍不得你》、植伟森《三江情怀水都韵》和尹洪波、关宏长篇小说《国宝的分量》等一批作品集相继出版；召开了佛山网络文学座谈会，畅谈网络文学创作、传播、研究的心得体会；成功召开第三届佛山青年作家代表大会，评选第二届佛山文学奖·新锐奖作家10人，鼓励支持中青年作家成长。

2012年9月6日，召开佛山网络文学研讨会，与会者对佛山网络文学前景看好。

戏曲方面。2012年10月，佛山粤剧《小凤仙》受邀在北京“中国评剧大剧院”隆重上演，风靡京城，这是佛山粤剧首次晋京演出，也是2012年广东省唯一入选“精品工程”30强的剧目。举办了“梦想舞台激戏一刻——广佛剧社联演”系列活动、2012年禅澳戏剧交流活动等；举行了“粤曲，我撑你”公益性系列粤曲推广活动，助力推动包括粤曲艺术在内的岭南传统文化发展；举办了“梨园逸骏 德瀚呈和”佛山粤曲精英联谊会、粤曲星腔汇聚良朋曲艺欣赏晚会、年度曲艺创作题材规划会等，搭建五区粤曲精英、私伙局交流平台，共唱岭南粤韵，共谱新篇章；高明区的大型古装粤剧《刁蛮公主》再次在高明影剧院公演；积极承办、参与了第九届“四洲杯”粤港澳粤曲演唱大赛佛山选拔赛、第六届广东省青少年曲艺“明日之星”选拔赛、广东省首届青少年粤剧粤曲大汇演、首届广东省粤曲私伙局大赛等省级曲艺活动。

音乐方面。首次推出《佛山优秀原创歌曲精选》CD专辑，收录16首本地原创歌曲；广东110之歌《奉献平安》CD、DVD专辑隆重首发；成立了市音乐家协会流行音乐分会，成功举办佛山流行音乐原创精品欣赏会、“爱在佛山”慈善音乐会、秋色大舞台——佛山流行音乐表演专场等，制作唱片《启航——佛山流行音乐原创作品集》；先后为廖媛媛、蒋陆安、孙世兴、潘进仁、林家昌和七弦国乐团等举办作品首发式及音乐会；举办了第17届香港·亚洲钢琴公开赛佛山赛区活动暨中国心·中国情蔡崇力钢琴独奏音乐会、佛山钢琴学会13周年音乐会、佛山爱乐乐团庆祝教师节音乐会等活动；支持第二届“WO爱佛山·唱响全城——2012音乐文化节”的顺利举办。

书画方面。2012年，佛山市擦亮“中国书法城”这张亮丽名片，开展书法进万家活动，新春期间组织书法家为市民义务写春联，与市民互动同乐；《龙年佛山——书法龙》连体明信片发行；积极策划举办和参与书法活动及展赛，成功举办了“翰墨铸真情，爱心传万家”佛山市无偿献血书法大赛、“南国水都 翰墨荷韵”中国书法名家广东邀请展、迎春书法作品展、广佛两市老年书画家作品展等；举办了魅力佛山·区锦生家庭艺术展并相继深入五区巡展，展示一个大家庭成员的艺术创作成果；先后为陈永锵、李小如、梁根祥、招仕波、吴佰如、邹莉、“四方艺林”创作群体成员、杜耀绵、杜航、满维起、陈传炳、伍志成、陈炳炎、李秀芳、夕阳、罗炳生、谢照良等20多位书画家举办作品展；成立了佛山书法院和三水书画院；成立了佛山市少儿美术艺委会并成功举办首届佛山市少儿美术优秀作品展；广东省书法评论家协会在南海丹灶成立，加强书法理论研究。

摄影方面。佛山市成功举办2012年摄影欢乐节，影展规模大，参加人数多，作品质量高，成为摄影界的欢乐嘉年华；精心组织2012秋色欢乐节摄影活动，确保完成秋色欢乐节整个拍摄任务；配合做好第二届“伯奇杯”全国创意摄影大展的各项活动；举办了“服务民生大计、共建和谐税收”摄影大赛、梦里水乡佛山市摄影大赛、岭南年俗欢乐节摄影大赛、“和丰颖苑”杯摄影比赛等多项摄影创作、采风和比赛活动；坚持举办每月一次的摄影艺术免费公益讲座，贴近群众，影响越来越大。

舞蹈方面。佛山市举行了“2012年第161届中国舞蹈家协会教学成果展演（佛山赛区）活动”，积极推动青少年舞蹈事业健康发展；积极组织参加省级舞蹈活动和赛事，如组织落实开展首届广东省“百姓艺术健康舞”推广活动，完成佛山市师资培训工作，并推荐了3支队伍参加展演，均获“最佳风采奖”；组织9件作品参加第三届广东省岭南舞蹈大赛群舞比赛等，推动佛山舞蹈艺术事业的蓬勃发展；举行了年度舞蹈创作题材规划会暨“送欢乐、下基层”文艺联谊活动，受到广大群众的热烈欢迎。

杂技艺术方面。2012年，佛山市举行了年度杂技艺术创作题材规划会，为全年精彩纷呈的文艺展演拉开序幕；排演杂技小品《你我他齐参与微文明》参加“微文明在社区启动仪式”；组成巡游表演方阵参加西樵山大仙诞文化节；排演小丑、魔术等杂技节目参加“友爱在简村敬老活动”、市总工会贺中秋迎国庆文艺晚会、中脉集团佛山分公司10周年庆典活动等，全年演出场次约80场；协助《中华文化之旅》系列片的调研、拍摄工作，展现口技、绳技、蹬技等佛山杂技艺术的保护与传承发展。

民间文艺方面。2012年，佛山市继续为抢救、保护、传承、创新和发展佛山优秀的民间文艺而努力，举办和参与了佛山剪纸艺术研讨会暨剪纸作品展、风华艺苑——邓燕平剪纸艺术作品展、佛山冯氏世家木版年画精品展、艺海淘宝·石湾陶艺收藏家协会会员藏品展、广东省保护古村落申报评审、全国保护非遗优秀项目展示以及各区、镇的历史文化发掘、整理、研究和创作等多项活动；举办了佛山现代陶艺论坛暨赵松青现代陶艺品鉴会；先后出版了《石湾名人录》《佛山记忆》等一批较有影响的著作。

【强化品牌意识，打造文化品牌】 打造文艺活动品牌是推进文联事业发展的有效途径。佛山市文联从实际出发，努力打造立得住、叫得响、传得开、留得下的佛山特色文艺活动品牌。

“2012佛山岭南文化艺术节”精品系列展集束盛放、岭南诗会高潮迭起。“2012佛山岭南文化艺术节”于9月16～29日盛大举行。其中的重头戏——五大门类艺术精品系列展（书法、美术、摄影、陶艺、集邮）于9月20日在1506创意城隆重开幕，70余件书法作品展现“中国书法城”深厚翰墨功底，90多件美术新作凝聚爱国怀乡之情，195幅摄影作品展示时代气息和民风民俗，57位佛山中青年陶艺家博采百家之长让陶塑艺苑繁花竞放，80框佛山获奖集邮作品体现“全国集邮文化先进城市”魅力。本届佛山岭南文化艺术节有效整合了文化文艺资源，集中彰显了岭南文化魅力，进一步擦亮了佛山岭南文化艺术节品牌。2012岭南诗会以“经典诵读”为主题的诗歌朗诵会让观众享受了一场原汁原味的佛山特色文化大餐。

“佛山首届诗歌节”完美闭幕。被誉为中国时间跨度最长诗歌节的佛山首届诗歌节于2012年2月27日至6月23日举行，历时4个月，逾3000人次参与，形成一道流动的文化景观。期间围绕“诗”展开了陈陟云诗歌艺术欣赏夜、五区采风行、诗歌论坛、作品研讨会、编选《诗歌百家》、评选“佛山新世纪十佳诗人”、出版专刊等十大项诗歌系列活动，一市五区诗人和诗歌爱好者踊跃参与，热情高涨。佛山市荣获广东省首个“广东诗歌之城”荣誉。本届诗歌节的成功举办，营造了一个平台，聚集更多的佛山诗人，集结全市的诗歌力量，焕发城市姿彩，打造响亮的诗歌品牌，推动本土诗歌艺术创作迈上新台阶。

【强化精品意识，文艺创作硕果累累】 佛山市文联组织发动文艺家多出精品力作，以文艺精品带动和引领文艺发展。市文联积极鼓励扶持文艺精品创作，实施“重点文学创作项目”扶持计划，加强对全市重点作品的题材规划、统筹和指导，尤其对中青年作家以及本土题材的文学作品给予资助出版。文艺精品战略的实施极大地激发了全市广大文艺工作者的创作热情，使佛山市文艺事业取得丰硕成果。2012年，佛山市文艺工作者创作各门类作品达4万多件，有近300人次的作品获得省级以上赛事奖项。

文学创作喜获丰收。张况、何百源、张晓雷、姚朝文、许锋、夏泽奎分别在诗歌、小说、寓言童话、散文等领域获得较高奖项，周铁株、吕啸天等9位作家作品入选全国性重点选本；彤子、叶小莹、黄紫嫣在省级赛事获奖。

音乐、戏曲创作成绩斐然。粤剧、人偶剧、

歌曲等5件文艺作品获广东省第八届精神文明建设“五个一工程”奖。其中《奉献平安》在省级获奖基础上又获公安部“金盾文化工程奖”；歌曲《行通济》和《啊 咸水歌》获广东省岭南音乐新作品征集铜奖；合唱团成绩卓越，4个团队获奖，3个合唱团获评AAAAA级合唱团，3个合唱团获评AAAA级合唱团；粤剧《小凤仙》获第九届广东省鲁迅文学艺术奖；潘时升、招志坚、黄锦玲、淡敏仪、欧阳诗颖、胡泳欣分别在国家级、省级曲艺赛事获奖；共计13项节目在广东省第七届群众戏剧曲艺花会和2012年广东省首届青少年粤剧粤曲大汇演获金银等奖项。

书画、摄影创作喜创佳绩。龙恩海、卢卫、邱健彬画作入选全国展览；叶其青国画入选2012（伦敦）奥林匹克美术大会；罗小颜、周丽萱、杜宁等7位青年美术家作品在省级赛事获奖。黄自壤、罗国平、彭建生、廖艺波、谢汉仁、陈镜辉、赖智豪、贺显亮、张蒙佑等人书法作品入选国际、国家级展览；梁炳伦、唐嘉怀、刘雷、吴凡、卢孟顿、梁泽广、薛芝恋等71人的书法作品在省级赛事获奖；林师摄影作品《童真》入选第21届奥地利超级摄影巡回展。

民间文艺成绩喜人。钟汝荣石湾公仔《爷孙悦》获2011“天工艺苑·百花杯”中国工艺美术精品奖金奖；周雁崧、范瑞强、潘培森的花灯在广东省首届花灯文化节花灯评选中获1金3银；林载华、石清汉、陈加宁、胡宇鸣、崔丽韫、谭小平、邓燕平、饶宝莲、李红菊等人的剪纸作品在国家级、省级赛事获奖；在广东省廉政文化剪纸作品评选中，佛山市11件作品获奖；在广东省首届民间工艺博览会上，佛山获5金5银7铜；在第五届广东省民间工艺精品展（青年专场），佛山有14件作品获奖。九江镇烟桥村、西樵镇松塘村和里水镇孔西村、汤南村共4个村入选第三批广东省古村落，西樵镇上金瓯村委会松塘村还被评为广东十大最美古村落。庞文忠获评广东省民间文化技艺大师。

【实施人才战略，加强队伍建设】 2012年，佛山市文联有属下文艺家协会11个，产业文联1个，文艺社团13个。全市各文艺家协会共有市级会员2822人，其中国家级会员173人、省级会员1174人。2012年，市文联加强重视各类文艺骨干的培养和人才队伍的建设。

一是调整充实文联领导班子。市文联分别召开了七届五次、六次全委会，完成届中改选，杨凡周当选市文联第七届主席，郝卫兵当选专职副主席。2012年全市文联工作会议胜利召开，各区文联，市直文艺家协会共商文艺发展大计。

二是举办第二届佛山市文艺创意策划培训班。2012年7月，为期7天的佛山市2012文艺创意策划培训班在市委党校举行，这是佛山市举办的针对中青年骨干文艺家的大规模培训，各文艺战线有近40名协会代表参加了培训。此次办班采取“请进来，走出去”的方式，邀请专家授课重在寻找创意和新思路，到徽州地区参观学习先进经验重在“实践”。学员普遍反映得到许多有实用价值的启发，对进一步提高自身的业务能力与组织能力，提升文化创意与策划水平都很有帮助。

三是通过多种途径培育文艺人才。积极为中青年文艺家举办作品展览及研讨活动；在《佛山艺术》刊物上开设“新锐”栏目，搭建优秀青年艺术人才脱颖而出的平台；著名剪纸艺术家陈永才设立“艺学轩”剪纸工作室，培养更多的社区青少年剪纸人才；建立各类文艺创作、培训基地，如在南海区大沥镇建立首个镇级青年文学创作基地，在南海大湿地建立市作家协会、佛山诗社创作基地，建立了南海大沥水头小学粤剧（曲）培训基地、和顺中心小学少儿曲艺培训基地，顺德有合唱团、交响乐团、青年舞蹈团、小品艺术团、小金凤艺术团、少儿合唱团、青少年民乐团、南雁异地务工人员艺术团等群众文艺团体，与企业共建了首批22家政企文艺培训基地，组建顺德文艺培训讲师团等。

【开展惠民活动，丰富文化生活】 2012年，佛山市文联及各团体会员开展送文艺进学校、进镇街、进企业、进社区、进机关、进军营的文艺“六走进”惠民系列活动达500多场次，惠及各界群众达30万人次。

走进校园。组织文艺家走进石门中学狮山校区，举办文艺晚会，举行书法、剪纸、美术、摄影作品展和5场文艺知识讲座。组织杂技艺术家走进市惠景幼儿园，为500多位小朋友演出快乐小丑和魔术。

走进镇街。走进乐从，举办迎新春“书画名家乐从行”活动；组织书画家走进龙舟基地采风，并向龙舟训练基地赠送著名水墨国画家齐耕夫创作的水墨画“海为龙世界”，以鼓励龙舟健儿再创佳绩；组织作家走进南海区大沥镇举行佛山作协青年文学院第四批青年作家签约仪式，在镇街培养文学苗子；组织剪纸艺术家走进高明西岸塘伙生态园，在基地举办剪纸艺术研讨会和作品展，现场演示了剪纸技艺，吸引了众多观众围观；组织美术家到北滘林头诗书画会、乐从藤溪艺社、里水文化站、西樵岭南文化苑等辅导、讲评；李小如受邀到禅城区石梁村荟贤书画艺术创作基地举办书法讲座；组织三水曲艺社团重阳节到各镇街敬老院为老人作专场公益性演出等。

走进企业、社区。组织30多位书法家走进佛山社区大学校园，为市民义务写春联；组织书画展和即席挥毫活动走进环湖社区，受到居民欢迎；组织5位书画名家走进佛山新城，为新城建设泼墨添彩；组织赏石文化进社区活动，走进白燕社区，与民同赏共乐，受到社区民众的热烈欢迎；走进“老兵之家”——佛山市直企业退休军转干部服务中心，组织100多件（组）书法、美术、摄影作品举办“歌颂·感恩”艺术展；组织五区作家、诗人走进南海湿地公园，创作以环保为主题的众多作品；三水区组织摄影家为公安局、供电局、中医院等单位举办免费的公益讲座；高明区开展文艺志愿服务活动，组织文艺志愿者进企业进行美术产业运作讲座辅导，到工业园区开展慰问展演，利用暑假以学校为阵地开展暑期公益文艺培训等。

【做好宣传推介，加强对外交流】 2012年，佛山市文联积极组织开展采风、调研、展览、交流活动，加强对内、对外的文化艺术交流与合作。如组织中青年文艺家到西递古村落、屯溪老街、龙川古村落采风调研；组织顺德容桂、南海九江、三水西南的美术作者举办“西江联珠”画展，并分别在三地展出；组织澳门三水两地书法联展获得巨大成功；组织摄影家前往广西恭城少数民族地区、辽宁本溪、湖南怀化溆浦和广东连州、茂名、湛江等地创作采风；组织美术家开展“绿色高明”“三水风情”写生创作活动；举办“情系桑梓　分享笔墨”——陈永锵中国画学术讲座，加强创作交流与研讨；与中国书法专业第一报《书法报》座谈交流，并刊登“禅城书法作品”；协助广东省文联开展禅城区武术文化调研活动；支持引进薛志耘百幅水墨新作展、田夫中国西部作品展、“敦煌遗韵”书画艺术展、许固令荷花国画展、当代广东青年国画小品邀请展等市外艺术家书画展览，交流经验，互相提高；支持潘柏林陶塑精品展赴京展出，区锦生、任冉精品晋京展，饶宝莲代表佛山传统“非遗”赴俄罗斯莫斯科中国文化中心等地讲学一个月，封伟民陶艺赴上海图书馆展出等，让本土艺术走出去，扩大影响力和知名度，积极传播佛山城市文化形象。

做好文艺宣传推介工作，扩大文艺家及文艺作品的影响力。积极组织剪纸作品近120件参加首届广东省剪纸艺术作品展，发动组织陶塑、剪纸、木版年画、灯色、藤编、狮头扎作共83件本地民间工艺精品参加首届广东民间工艺博览会，发动了近80位青年艺术家116件作品参展青年专场，展示佛山民间工艺发展成果，为宣传推介文艺家及其作品搭桥铺路；推荐一批文艺作品参加国家、省级奖项和活动，如推荐10多位艺术家的作品参评第九届广东省鲁迅文学艺术奖、推荐10首童谣参加第三届全国优秀童谣征集、推荐《梦醒纷飞燕》参加广东岭南音乐新作品征集暨作品展演活动等；书法家李小如受邀参加第三届驻华大使狮子湖年会，作家张况携其代表作《中华史诗》参加在北京举行的广东八位实力青年作家作品研讨会，冷先桥出席第32届世界诗人大会等，提高了文艺家的知名度和影响力；黄志伟作品展示馆进驻广州，打开了一扇展示精品级石湾陶塑作品的窗口。

市文联还加强在现有载体和平台上宣传推介文艺家及文艺作品。市文联刊物有《佛山艺术》和《岭南文学》，区级刊物有《禅城文艺》《南海文艺》《顺德文艺》《高明文艺》和《三水文艺》，协会刊物有《佛山诗坛》《笔墨寄情》《佛山楹联》《艺海陶宝》等。通过这些刊物分期分批介绍各艺术门类的文艺家及其作品，及时通报各文艺家动态、作品展览和文艺活动等。2012年编辑出版了4期《佛山艺术》和4期《岭南文学》，推介了50多位艺术家，近150个文艺作品及160项文艺活动，受到佛

山文艺家的欢迎和参与。在“佛山文联网”上，及时更新网站内容160多条，传递全市文艺形势和动态，宣传文艺工作。充分利用好佛山文联艺术馆平台，举办展览、讲座、培训等近10场，充分发挥文联窗口和阵地作用。

【加强自身建设，提高服务能力】 市文联重视加强自身建设，不断完善文联组织网络体系。为加强宣传阵地建设，市文联先后开通了市文联新浪微博和腾讯微博；加强网站建设，2012年佛山文联网在全市评估第一类网站中排名第4，“热点专题”栏目受好评。为夯实硬件建设，加强文联、协会与文化企业的交流与合作，市文联筹建了“佛山市文联1506艺术中心”，为书画、摄影、民间工艺等造型艺术提供展示、交流、创作、研讨的场地，提供走向市场的平台。

（霍锦莹）

2012年9月16～29日，佛山市举办“2012佛山岭南文化节”。图为开幕式晚会结束后，广东省委宣传部、省文联和佛山市领导嘉宾上台祝贺演出成功。

传播媒体

新闻出版和版权

【综述】 2012年，佛山市的新闻出版（版权）工作紧紧围绕迎接宣传贯彻党的十八大和建设“岭南文化名城，美丽富裕家园”的工作目标，坚持正确的舆论导向，建设新闻出版公共服务体系，深化体制机制改革，抓好版权管理与服务，取得了一定的成绩。

【农家书屋建设工程】 佛山市实施农家书屋提升工程。至2012年初，全市建有农家（社区）书屋520家，覆盖全市所有行政村。全年从市、区两级拨出专项经费为农家书屋配送图书，以发放购书券的方式由农家书屋根据自身需要采购图书，适应群众的文化需求。此外，通过区内调配的方式不断更新图书，部分书屋实现“通借通还”。全市有12家农家书屋加入联合图书馆，在市内37家联合图书馆借阅书籍均可在书屋办理归还手续，扩大了图书流通量，方便了村民借阅。一部分农家书屋与电子阅览室建设相结合，成为全国文化信息共享工程基层服务网点。

依托农家书屋开展惠民活动。开展岭南流动图书车下乡惠民活动，举办阅读咨询、阅读知识有奖问答、优惠购书等现场活动，深受欢迎，吸引了上千人次参与。通过评选优秀农家书屋，宣传优秀书屋管理经验和事迹，在各书屋之间形成相互学习不断进步的氛围，其中南海区大沥镇太平农家书屋荣获全国优秀农家书屋称号，三水区白坭镇岗头村等4家农家书屋被评为省优秀农家书屋。做好“岭南乡村读书带头人”评选活动的宣传和推荐工作，鼓励农家书屋管理员争当读书带头人。

【版权兴业工程】 2012年，佛山市做好版权服务，助力产业发展。充分加强与软件、家纺、陶艺等版权重点行业协会的沟通与合作，根据各行业的特点，有针对性地提供版权服务。如针对KTV业者遭遇版权侵权起诉问题，指导行业协会发挥组织管理作用，代表业者进行集体谈判争取最大利益，印发《KTV版权许可使用指南》，为经营者提供指引。开展版权登记资助，加强具有民族传统和地域特色的石湾陶瓷公仔、剪纸等工艺美术作品的版权保护。建立工艺美术创新奖励机制，出台《佛山市作品著作权登记资助办法》，对国家级工艺美术大师、陶瓷艺术大师作品著作权登记费进行全额资助。

转变宣传方式，提升宣传效果。以“4·26”世界知识产权日为契机，开展了一系列丰富多彩的著作权宣传活动，向广大企业和社会公众宣传版权保护知识，鼓励著作权人提高维权意识，增强维权能力，促进自主创新。针对青少年、特定行业、微博用户等群体，开展持续时间较长的宣传活动，提升版权知识宣传的深度和广度，并善用微博、微信等新媒体进行宣传。2012年4～5月与佛山电台合作推出的版权故事续写互动游戏，以律师现场解说和微博互动相结合的新颖方式，吸引了众多群众参与。

【推进软件正版化工作】 2012年，佛山市充分发挥使用正版软件工作联席会议的作用，通过搭建信息交流平台、编写《佛山市政府机关软件正版化工作简报》和召开技术现场讨论会等方式，及时解决软件技术问题。

安排软件正版化专项经费。落实资金，结合佛山市实际确定采购方式，由全市统一采购金山

WPS 办公软件区域版权使用许可的升级和技术服务，操作系统和其他软件由各单位按照实际需求和财政管理的有关规定安排专用经费购置。

进行全面督查。以检查督促为抓手，组成市督查组对全部市直单位软件正版化情况开展了全面的检查督促，提出整改意见。组建推进使用正版软件工作 QQ 群，及时解答各单位遇到的软件采购、调试等问题，发布最新工作动态和工作指引。

完善长效机制。督促各单位在做好软件采购、安装等工作的同时，将软件纳入资产管理体系，建立软件资产管理制度和责任追究制度，通过建立长效机制，规范使用行为。全市市直机关单位已实现软件正版化，并于 2012 年 11 月 12 日通过了省推进政府机关使用软件工作督查组的督查。

【加强新闻出版管理，促进全行业健康发展】 2012 年，佛山市加强对出版单位的出版内容、形式和编校质量的监管，提高出版质量，完善出版物审读机制。全年共编写审读简报 4 期，对市内 10 种公开发行的报刊和 30 种内部资料性出版物以及珠江音像出版社出版的音像制品进行审读。积极引导主流媒体宣传、落实中央、省委、省政府及市委、市政府的战略部署，对党的十八大等重大工作和活动进行精心策划和报道，营造良好的社会氛围。

完善出版物鉴定机制。根据鉴定委员承担的业务量，及时调整出版物鉴定委员，充实鉴定队伍。组织开展出版物鉴定业务培训，提高鉴定委员的业务能力。2012 年共受理鉴定各类非法出版物 883 种。

【开展产业统计工作，掌握产业发展情况】 佛山市开展年度核验工作，进一步掌握从事新闻出版业务的单位和个体经营户的数量、地区分布、从业人员、经营状况、产业规模等基础数据，完善新闻出版统计数据库和新闻出版基层单位名录库，为加强新闻出版产业的监管和规划提供了科学的数据基础。2012 年佛山市印刷业工业生产总值 159.09 亿元，实现利润总额 6.75 亿元，从业人员 4.51 万人；出版物发行业销售总额 6854.27 万元，其中书刊销售 6124.87 万元，从业人员 4393 人。

（张紫琳）

佛山传媒集团

【综述】 2012 年，佛山传媒集团按照市委、市政府做大做强的目标和要求，认真开展宣传和经营工作，圆满完成了党的十八大各项宣传报道任务，在配合市委、市政府中心工作开展方面也发挥了媒体应有的积极作用。

【勇于担当，全面贯彻落实党的十八大精神】 党的十八大胜利召开，是全党全国各族人民政治生活中的一件大事。在佛山市委宣传部和传媒集团党委的指挥下，各媒体及时报道全市各界群众迎接党的十八大系列活动，展示全市人民的欢庆景象和喜悦心情。其中，佛山电视台策划的“蓝天下的佛山”大型电视航拍活动，与佛山的城市升级、绿化等中心工作结合起来，形象直观地向群众展示了佛山城市发展，社会反响强烈。

党的十八大召开期间，佛山传媒集团派出精兵强将组成联合报道组并建立“北京直播室”，前后方联动将大会盛况和精神及时传回佛山，并通过聚焦佛山市的十八大代表、采访高端专家准确解读等，及时推动学习思考。同时主动开展外宣工作，上送大量稿件到国家、省级媒体，积极为市外媒体采访报道佛山市三位党代表做准备工作。2012 年 11 月 6 ~ 14 日，《佛山日报》《珠江时报》《珠江商报》共刊登专版 76 个，自采和转载稿件 410 多篇；佛山电台播发相关稿件 650 多篇次；佛山电视台播出相关报道 430 多篇次；广佛都市网收录稿件 287 篇。

【强化措施，确保“十八大”期间的安全刊播】 佛山传媒集团高度重视安全刊播工作，特别在党的十八大召开前成立由各单位一把手挂帅的各级宣传领导小组，切实加强内部管理，确保刊播万无一失。在严格执行上级有关安全刊播规定的同时，集团总部加强安全巡查的力度；佛山日报社启动“第一读者”制度，请一批老编辑进行日常流程外的再校对再核对；佛山电台和佛山电视台严格执行节目播出“三审”制度、严格直播流程管理、强化特殊时期应急预案、严格执行安全播出零报告，确保传输正常；珠江时报社实行双审读制度，报社领导轮流值班；珠江商报社严格岗位职责，加强采编管理；广佛都市网及各媒体网站加强网站和微博管理，专人值班审查日常内容。

【提升专业服务水平，围绕中心做好宣传报道工作】 2012年，佛山传媒集团积极配合“创文国检”“三打两建”以及“三年城市升级”等市委、市政府中心工作，形成一浪高过一浪的宣传高潮。其中“创文”宣传报道超过3000多篇；配合“三打”宣传方面刊播稿件2500篇，开设专栏、专题20个，刊播公益广告、广电滚动播出1万次；在“城市升级”方面，《佛山日报》推出“共建共享，三年大变——城市升级三年行动计划”等专栏；佛山电台加强交通消息的整合，通过广播、微博、APP等构建“佛山中心城区交通信息服务平台”。

通过跨媒体合力推动的“佛山好警”梁志毅典型宣传，使梁志毅事迹在全市家喻户晓，更引起中央级媒体的关注，让“志毅精神”传颂全国。元宵节期间佛山传媒集团策划并牵头主办了以“2012温爱佛山元宵慈善文化万人行活动”为主题的“温爱佛山”系列活动，弘扬慈善文化，展现了佛山人大爱无疆的精神面貌。

配合落实中宣部“走转改”，佛山传媒集团加强了对“主动媒体”“善意媒体”的探索。以《佛山日报》“书记来信搅动掉队之思”“让三水精神成为发展DNA”等为代表的一批报道得到市、区主要领导的肯定；配合市委、市政府“强中心”战略，与佛山新城管委会建立了战略合作关系，打造了“《佛山新城》社区报”“展翅行动”“佛山新城党员义工队”“佛山新城九村运动联赛”和佛山新城官方网站等系列品牌项目；与禅城区联手打造“佛山电视台《禅城新闻》”和“珠江时报社《禅城新闻》”两大品牌项目。

佛山传媒集团属下各媒体2012年积极开展外宣工作，努力打造佛山城市形象。佛山电视台上送中央电视台稿件超过100条（次），在全省地级市电视台位列第一，在全国地方台中名列前茅；《佛山日报》本地新闻、独家新闻大大增加，其中财经版多个独家报道引起央视跟踪报道，国内门户网站大量转载。

发挥主流媒体社会责任，为党委政府做好服务的同时，佛山传媒集团属下各媒体的业务水平不断提高，2012年专业发展硕果累累，共获得广东新闻奖一等奖3个，二等奖4个，三等奖20个；获广东新闻战线“走转改”活动优秀新闻作品评选二等奖1件，三等奖1件；获广东广播电视节目奖一等奖3个，二等奖11个，三等奖14个；获第26届中国地市报新闻奖一等奖8个，二等奖35个，三等奖25个。此外，佛山电视台再次跻身2012年度“中国电视满意度博雅榜”全国城市电视台十强，并获全国电视节目技术质量奖“金帆奖”一等奖；《佛山日报》获第五届中国品牌媒体高峰论坛授予的“2011～2012中国品牌媒体百强——地市党报品牌十强”称号；佛山电台获2011年度广电总局科技创新奖三等奖。

（赵 伟）

报 刊

【《佛山日报》】 2012年，中共佛山市委机关报《佛山日报》日均24版。紧密围绕佛山市委、市政府中心工作，把握正确的舆论导向，强化党报的喉舌功能，坚守“主动媒体”“善意媒体”的角色定位，做好各项重大宣传报道的策划和实施。

全面深入报道党的十八大。2012年11月，佛山日报社派出3名骨干记者组成联合报道组，赴北京对党的十八大展开全面、深入报道。报道组既采访了在京参加会议的3位佛山党代表，又邀请了中央政治局集体学习主讲专家、中共中央党校、中国社科院等机构的权威专家解读“十八大”报告，帮助全面把握和精准理解“十八大”精神。党的十八大期间，《佛山日报》日均推出5个版、30余条、近4万字的报道，除了规定刊发的新华社稿件之外，其余的近40%都是佛山日报社记者独立采写。

掀起城市升级报道高潮。在佛山城市升级三年行动计划正式公布后，2012年2月13日，《佛山日报》立即推出10个版面的城市升级重磅专题，从政府决策、领导声音、市民反响、专家建言等方面进行了深入报道和解读，掀起了佛山城市升级宣

传报道的首轮高潮。7月，佛山城市升级三年行动计划迎来首次大考，《佛山日报》连续推出五区城市升级系列特刊《领航》《智城》《水都》《融城》《聚变》等，既生动展示了各区、镇城市升级蓝图、举措、市民认同感与参与度，又通过对城市升级理念、经验的报道在各区镇之间营造城市升级良好竞争氛围，得到了市、区领导的高度评价和肯定。

全方位报道“三打两建”。2012年2月，佛山日报社成立“三打两建”报道专职小组，对“三打两建”的进展和成果进行持续深入的全方位报道，先后开辟了“三打两建一起动”“抓‘三打’促发展，抓‘三打’惠民生”“公正佛山”等一系列专版、专栏，有针对性地展开集中报道、宣传。全年开设的“三打两建”专栏共5个，刊发新闻报道、评论文章700多篇、新闻图片及漫画逾400张、公益广告80多条。

投身公益事业。2012年，佛山日报社创新思路，整合政府、企业、学术界、公益慈善（NGO）团体和社会爱心人士等资源，先后发起或参与组织“佛山首届公益慈善盛典”暨“温爱佛山——元宵慈善文化万人行”“佛山首届公益慈善项目大赛”“2012关爱大学生公益行动”等公益品牌项目活动，得到了企业、公益慈善项目机构和社会各界的踊跃参与，有效扩大了公益品牌的社会影响力，进一步推动了佛山公益慈善事业的可持续发展。

探索新媒体，提升传播力和亲和力。2012年2月22日，《佛山日报》官方网站“佛山在线”正式上线。该网站经过两次改版，初具新闻门户网站的规模，可对佛山本地热点新闻资讯及国内外重大新闻事件通过报网互动的形式，以文字、图片、音频、视频流等载体向读者展示。2012年《佛山日报》官方微博“粉丝”数量增长到58万，除了向读者推送本地重磅新闻，即时对本地突发事件进行实时报道之外，还及时发布实用的便民信息。

进一步打造和提升思想板块。《佛山日报》“观潮”版2012年1月16日创办，它采用夹叙夹议的叙述风格，通过评论与事实结合，将思想观点和新闻、事件融合在一起，既避免文摘式的新闻摘登，又区别评论的完全说理，为地方读者传播新思维、新观念，在读者中倡导一种勤作与思考的生活方式。

2012年6月，《佛山日报》“101°”热点版面世，它以“编述＋观点”的模式进行“多一度”的穿透，既有引人入胜的热点新闻，又有与众不同的深度思考，通过“评鉴”整合，对新闻进行深加工，从而成为一个有独家特色的纸媒新思想产品。

2012年，《佛山日报》获2011年度广东新闻奖的作品有：一等奖1件，二等奖5件，三等奖5件。经济新闻中心副主任赵宗祥获得第十届广东新闻金枪奖。在第26届（2011年度）中国地市报新闻奖评选中，《佛山日报》共有44件作品获奖。

2012年4月，佛山日报社时政新闻中心被授予“2009～2011佛山市先进集体”称号。2012年9月，在第五届中国品牌媒体高峰论坛上，《佛山日报》获“2011～2012中国品牌媒体百强——地市党报品牌十强”荣誉称号。

（唐岭梅）

【《珠江时报》】 2012年，《珠江时报》围绕佛山市委、市政府中心工作，圆满完成各项宣传报道任务。

市重点报道确保到位。对重头报道做好策划宣传。对佛山市“两会”、“温爱佛山·元宵慈善万人行”、佛山城市升级三年行动计划、全市产业链招商大会等重头报道做好宣传报道。掀起“创文”报道新高潮。《珠江时报》开设了“文明佛山·有你有我更精彩”“文明禅城·精彩有你”“创文明南海·享品质生活”“市民监督哨”等系列专栏。加强城市管理，做好宣传报道。推出了“加强城市管理·共建幸福南海”“加强城市管理·共建美好禅城”系列报道。为“三打两建”营造宣传攻势。在“三打两建”宣传过程中，《珠江时报》开辟了“三打两建·高端访谈”“三打两建·佛山在行动”等栏目，将全市以及南海区、禅城区的“三打两建”活动及其进展分类统筹刊发，形成了密度大、周期长、形式多样的宣传攻势。

南海区域12个栏目报道引领版面提质。从年初开始，根据南海区委的要求，《珠江时报》围绕南海区委、区政府的中心工作，在南海新闻板块开设“聚焦三大平台”“综合改革”“经济观察”“城市升级”等12个栏目，并以12个栏目为抓手，有效提升南海板块报道质量，取得预期的效果。“市民议事厅”，为居民搭建了良好的“话事”平台，为政府决策提供了参考性意见，将一些矛盾在萌芽阶段解决处理，使民主协商在最基层得到真正体现。栏目“市民议事厅”是全市首个入驻村居的栏目，对于“市民议事厅”这一探索，市委常委、南海区委书记邓伟根以“@ 樵山潮人”发微博称：可借鉴，可学习，可探索，可推动。

禅城区域报道登上一个新台阶。2012 年 1 月，在佛山传媒集团的支持下，该报社与禅城区签订了战略合作协议，正式拉开了《珠江时报》为禅城区服务的帷幕。2012 年 10 月，禅城版面扩版为 4 个，成为完整的禅城板块。禅城区域报道围绕“强中心战略”“创建文明城市”“三打两建”等禅城区委、区政府的中心工作展开，圆满完成各项宣传报道任务。从 10 月起，禅城新闻先后推出了“通济早茶”“发现禅城”“平安禅城”“爱心禅城”“通济对话会”等专栏、专版，增强了新闻的服务性与民生味。

都市报道探索出都市民生新闻报道的新路子。《珠江时报》10 月改版后，加大了民生服务报道的分量，旨在贴近生活，贴近市民，向“有用化、实用性”靠拢，逐步探索出一条都市民生新闻报道的路子。时政新闻方面，做到大事不越位、不缺位。策划组织了《真反腐：不以任何理由收脏钱；敢创新：不找任何借口不作为》专题报道；推出了“创新基层党建”专栏、“跨越——迎接省第十一次党代会”系列报道 、“基层党建红”专栏等。都市新闻方面，强化民生报道，传递正能量。策划推出的《39 年难忘“红糖情”微博接力再续前缘》《爱心接力筑起千里“生命绿道”》等报道，深受读者好评。

新媒体继续坚持创新创收。2012 年，新媒体在保持原来的手机摄区、手机报、《珠江时报》官方微博基础上，创新推出了“政务掌中宝”“@ 禅城发布”等新项目。其中微博经过 1 年的建设,“粉丝”达 20 万人。2012 年,《珠江时报》数字报和 3 个社区报的数字报也实现了上线。

《珠江时报》社区报成为全国社区报领域的创新者和探路者。2012 年 7 月,《狮山树本周报》正式创刊。自此，该报属下拥有了《桂城社区周刊》《罗村社区周刊》和《狮山树本周报》3 个社区报，发行量达到 15 万份。2012 年 3 个社区报组织策划了大量的活动，如“南海微文明行动启动仪式暨《罗村社区周刊》首届读者节”活动、《桂城社区周刊》3 周年系列活动等，这些活动有效地聚了人气，也很好地增加了报纸传媒和居民之间的黏合度。社区报的操作理念和经营模式也成为全国社区报领域的创新者和探路者，引起了中国传媒大学、汕头大学等高等学院相关专家的关注。

（戴满香）

【《珠江商报》】 2012 年，珠江商报社凝聚全社力量，在提升报纸质量，提升经营业绩上狠下功夫，取得较好成绩。在中国传媒大会上，该报社获“2011 中国年度创新力商报”称号，并被佛山市委、市政府评为“佛山市先进集体”，被顺德区委宣传部授予 2012 年度“优秀媒体”称号。

完成一次改版。3 月 5 日，该报开展近年来第 5 次改版。重在内容强化，从“大而全”走向“专而精”，跨部门成立了深度报道、政务报道等四个项目小组，目的在于挖掘报道的深度，增强在读者心目中的厚重感。版面风格趋向稳定，得到内外好评。

打响一场战役。党的十八大宣传是 2012 年的重要战役，该报社成立了宣传报道和安全管理领导小组，拟定一揽子报道计划。会前“喜迎十八大”，营造会议氛围；会中“宣传十八大”，报道会议进程，会后“贯彻十八大”，报道顺德上下学习、贯彻情况。在实现“零差错”基础上，努力创新，结合本地实际解析党的十八大精神，以深厚的内容和新颖的版式，让广大市民喜闻乐见。各个时段栏目的推出，使党的十八大的宣传成为这一期间报道的主旋律。

中共中央总书记习近平考察顺德的过程中，珠江商报社再接再厉，认真践行“变主流媒体为主动媒体，化主场优势为主导优势”的办报理念，规定动作与自选动作相结合，克服缺乏一手现场素材的困难，积极主动进行现场回访，对习近平考察顺德的全过程进行了生动、细致的还原再现，对习近平关注的经济结构调整、产业升级转型、企业自主创新、新农村建设、民生保障等问题进行了及时、准确的延伸报道，为顺德区学习、贯彻党的十八大精神注入了“正能量”，受到干部群众的一致好评。

组织一系列报道。2012年重大宣传任务多，无论是“三打两建”、创文、美城行动等长期的宣传任务，还是市、区两会、党代会等阶段性的宣传，该报都力求做到既完成任务，又能在报道中创造亮点。

对顺德区三大改革的报道贯穿了全年，策划了“深化农村改革，统筹城乡发展”“争创新优势——三大改革启动一周年”等系列报道。为配合9月11～12日全省改革现场会在顺德区召开，制作了三大改革路线图，每期一个版，设计为一棵树，树干为时间节点，分叉的树枝为重要事项、重要举措等。这个创新的做法得到了广泛好评。

出版一连串特刊。特刊作为该报的一个传统优势产品，借助顺德区社会经济发展的一些重要节点以及当中开展的较有地域特色的活动，在日常繁忙的编务之余编辑了数本特刊。

相比于往年，更注重策划和创意水平的提升，如“顺德味道”、“共建共享·幸福顺德”、第八届世界顺德联谊会恳亲大会，以及客户联谊会特刊、慈善万人行特刊、财经论坛特刊、传媒开放日特刊等，都给人以回味。其中传媒开放日特刊得到了佛山传媒集团的赞扬，赢得读者口碑，并形成品牌。

面对激烈的竞争，该报积极探索新形势下媒体发展路径，在新媒体和融媒方面做了有益的尝试。投入资金对网站系统进行全面更新，对顺畅网进行了全面改版，并改名为顺德新闻网。改版之后的顺德新闻网，以“本土、互动、实用、及时”为目标，大胆创新。10月，顺德新闻网利用顺德电视台、顺德电台的资源，实现了网站文字、视频、音频三合一，给网友提供全方位多媒体介质的新闻资讯。使报网互动成为常态，并做大做强官方微博。从一定程度上树立了商报在年轻人心目中的品牌地位。

（伍趣琼）

【佛山市新闻工作者协会】 2012年，佛山市新闻工作者协会在市委宣传部的正确领导下，深入贯彻中宣部关于新闻媒体要“走基层、转作风、改文风”的指示精神，积极配合佛山传媒集团做好对佛山市新闻工作者的管理与服务，努力将本地的主流媒体建设成为主动的善意媒体。主要工作有：根据上级的部署认真加强“三项教育活动”，增强广大新闻工作者的政治敏锐性和社会责任感，尤其是组织了以“做有自信的传媒人”为主题的系列教育，提升职业自信和战斗力。加强与各方的沟通协调，为新闻工作者更好地开展工作创造有利条件，保障新闻工作者开展工作的合法权益，同时，通过记者节、佛山传媒集团媒体开放日等活动传达对记者的关心。发动参与各级政府新闻奖的评选和广东残疾人事业好新闻评选等行业性的“创先争优”活动，鼓励记者编辑积极参与职称评定，鼓励新闻工作者及时总结工作经验并进行理论思考，提升新闻工作者的专业水平。

（梁洪江）

广播电视

【佛山电视台】 2012年，佛山电视台出色完成各项宣传任务，全年实现经营收入4.45亿元，利润5000万元，比上年有大幅增长。佛山电视台注重团队建设，给员工提供展现才能的舞台，使大家尽情发挥，打造出有战斗力的团队。各个团队在内宣外宣、创新创优和经营创收等方面都取得突破，亮点不断。

内宣外宣双丰收。2012年做好党的十八大的宣传报道是各项任务中的重中之重。佛山电视台新闻报道团队及早策划，制定了“十八大”宣传报道方案。从上半年开始，建立和完善了“十八大”宣传安全工作的组织领导机构。佛山电视台本部、分台和镇街站的全体员工加强了学习，进行了相关培训，提高对党的十八大安全播出重要性的认识，更新、完善了宣传管理的规章，严格落实执行，保证了安全播出和舆论导向正确。在召开党的十八大前，佛山电视台启动了“喜迎‘十八大’·蓝天下的佛山”大型电视航拍系列活动。党的十八大期间，设立北京直播室，推出《喜迎“十八大”》系列报道之“在基层”“一起走过这十年”，专栏节目“代表微日记”“媒体观察室”“市民心声”，准确传递党中央精神，反映群众心声。佛山电视台对党的十八大宣传报道取得圆满成功，获得各级领导的肯定和赞扬。佛山电视台《六点半新闻》荣获省广电局授予“十八大”十大优秀节目奖。

佛山电视台的外宣工作在全省地市台中取得3个“第一”：全省在央视所发稿件数量第一，省台采用佛山电视台的片子数量第一，《广东新闻联播》采用的稿件第一。这是该台新闻中心、分台新闻部和各镇街电视站共同努力取得的成果。

“小强热线”栏目通过继续发起关爱独居老人的“彩虹行动”，开展关爱重症地贫儿童的“展翅计划”、关爱外来工项目等，搭建了一个具有公信力的公益慈善平台，为佛山电视台打造了良好的公益形象。

创优创新开新局。“古董”栏目获得2012年度广东省十大广播电视优秀栏目奖，这是近年来新设立、越来越重要的一个奖项，获奖栏目要求导向正确、形式创新，并且有较高的知名度、影响力和收视率等。在2011年度广东省广播电视节目奖的评选中，佛山电视台总共23个作品获奖，排在全省第四位，远超其他地市台，位列第一集团，和省级台并驾齐驱。

佛山电视台纪录片团队首次获得国际奖，微纪录片《阿嬷》入围新加坡亚洲电视大奖最佳纪录片。节目策划“你好，我有一个问题”获得美国国务院“TV Co-op”赴美拍摄项目中国区方案征集的一等奖。《大学生猪肉佬》9月获得中央电视台“中国纪录片发展年会”最佳编导奖。

技术团队历史性地获得国家广电技术最高奖金帆奖一等奖。首次采用3D技术录制“2012珠江形象大使竞选”总决赛，并获得了中国电影电视技术学会3D影视作品奖优秀奖。纪录片《听·禅》获2012年度全国电视节目技术质量最高奖金帆奖音频制作技术质量奖高清专题类一等奖。

首届中国电视满意度博雅榜发布的榜单上，佛山电视台位列城市电视台综合满意度第三，是唯一入选的地市台；“小强热线”栏目超越央视、省级卫视的许多王牌栏目，位列“生活服务类栏目综合满意度前20排行榜”第二，也是全国城市电视台唯一上榜的栏目。

5月，佛山电视台进行全新节目调整，推出了“一封私信”“佛山警事”“法槌回响”等一批新栏目。“一封私信”帮扶小人物实现小心愿，传递了正能量。“佛山警事”“法槌回响”开启媒政合作电视栏目的优秀模式。

开拓经营结硕果。2012年佛山电视台经营团队和宣传团队密切配合，发挥主观能动性，多渠道、多手段开展工作，在不利开局下经营收入大幅上扬。其中大沥广播电视站特别突出，一年创收超过1000万元，是全国唯一超过千万的广播电视站。

佛山电视台擦亮“珠江形象大使竞选”“佛山新年音乐会”“行通济直播晚会”“漂亮妈妈大赛”等品牌活动，时隔十年再次举办了“星光无限电视主持人大赛”。佛山电视台注重服务镇街“接地气”，拓展活动空间，巩固和承接了一批有地域特色的文化项目，如“2012佛山岭南文化艺术节”“2012‘大沥记忆’十大感动人物颁奖典礼”等。

3月，佛山电视台和天天新网站携手合办的大型人才交流网站“财富人才网”正式启动。12月，与央视、广东电视台一起在广州琶洲会馆的“第一届华语国际广播电影电视节目交易会”上参展。

启动“品牌、资源、创新”战略。佛山电视台启动了“品牌、资源、创新”战略工程，通过充分挖掘和利用各项资源，用创新性的工作来打造自己的品牌。其中主要举措是成立播音主持部、新媒体部和文化战略联盟，目的是打造金字塔式品牌战略系统工程，内容包括佛山电视台各个频道的大品牌，也包括各个栏目、活动、播音员主持人的子品牌。

其他方面，拓展更多网络传播渠道，吸引更多关注，实现节目增值。在知名网站开通佛山电视台地方专页，突破了节目覆盖和地域限制，让全世界观众都有渠道观看佛山电视台的优秀节目。顺德分台推出了内地第一档粤派民生清口节目“喜乐秀”，开粤派民生脱口秀节目先河。三水分台《百岁火炬手》专题片首次在央视纪录频道播出。

（张巨新）

【佛山电台】 2012年佛山电台继续推进宣传、经营、管理的转型升级，进一步明晰频率定位，使宣传和经营实现质的提升。获国家级和省级各类奖项的作品共有45件，经营收入实现1.48亿元，比上年度增长约15%。

宣传工作有亮点、有创新。主要是安全、出色完成了党的十八大宣传报道。从8月份开始，佛山电台在各频率的主要新闻版面和黄金收听时段，推出“科学发展，佛山实践”“口述十年”“行走佛山”“盛会传真”“基层心声”“代表声音日记”等专题和专栏系列报道。党的十八大宣传报道做到了会前有节奏、有层次、有深度；会中集中优势版面、凸显广播特色；会后有序推进。在2012年佛山“两会”的宣传报道中，还特别策划了“市长微博访谈”直播节目，邀请新当选的市长刘悦伦通过微博与网友互动，回答网友提问；市内外多家媒体同时参与报道，形成立体报道的效果，成为佛山“两会”报道的最大亮点。

佛山市委副书记、市长刘悦伦于2012年5月26日出席由佛山电台承办的佛山新城滨河休闲文化节启动仪式。

2012年，佛山电台紧扣市委、市政府的核心工作，以新闻报道、公益广告、地面活动、论坛等多种方式，做好佛山城市升级三年行动计划、“三打两建”、创建文明城市、综合改革等宣传报道。各频率承办的重要活动包括佛山新城的中德工业服务区挂牌仪式、佛山新城公共泳场开放“拥抱新城”、“幸福南海·至善樵山”2012元宵晚会、顺德“美城行动”直播、“爱传顺德”系列活动等，取得了较好社会和经济效益。一是优化频率定位和部门架构，为提升节目质量打基础。其中FM92.4定位专业交通频率；FM94.6定位新闻综合频率；FM98.5定位音乐频率；FM90.1主要服务于顺德区域；FM90.6和FM88.3在做好区域服务的同时，逐步向专业频率发展，谋取更大的发展空间。二是探索以融媒手段创新节目形态，使节目传播更具多元化。在欧洲杯和伦敦奥运会期间，946频率的体育节目与广佛都市网联手，推出节目视频版——“极尽视听·欧洲杯大本营”“极尽视听·奥运会大本营”节目，球迷通过网络，与主持人一同重温欧洲杯的各种精彩视频；佛山电台“粤韵知音俱乐部”“俊情一点”等节目也不定期通过网络进行视频直播，实现广播与网络视频同步。三是创优作品有突破。2012年佛山电台获国家级奖项作品8篇，省级奖项作品37篇，市级奖项作品53篇。其中，技术创新成果《广播与新媒体应用播出营运平台》获得国家广电总局科技创新奖三等奖，一篇新闻作品获得广东新闻奖一等奖，一个音乐节目获得广东省广播电视节目奖文艺作品一等奖。另外，2012年被中央和省级媒体采用的稿件超过500篇。

经营上进一步优化创收结构。2012年，佛山电台的经营呈现良好局面。一是工商广告收入创下历史新高，全年工商广告收入1.28亿元；二是演艺及广播旅游项目运营转型升级。在全年演出活动不多的情况下，以提升运营质量，控制投资风险，实现利益的最大化为经营思路和目标。其中在2012年12月31日晚举行的佛山电台“最紧要好”玩唱会，完全由佛山电台自身策划，由主持人表演的演艺活动，成功招商160多万元，另外票务收入超过29万元。

技术创新升级，安全播出无重大技术事故。一是设备维护升级改造。全年共计投入技术维护资金360多万元，升级改造各项技术设备设施，例如西樵山发射塔供电增容改造工程、发射机升级改造等工程项目。二是技术管理系统升级。完善和建立了“网络化全台发射机运行监测系统”“网络化发射机房视频监视系统”等系统及工程，使技术保障和管理水平得到提升。全台六个频率全年实现安全播出，无重大技术事故。特别是11月8～14日党的十八大重要保障期间，佛山电台实现安全播出零事故。

继续实施人才战略，管理组织能力不断提升。

一是员工培训和业务水平在不断提升，2012年佛山电台通过请进来、走出去的学习方式，邀请省内外专家、教授来授课和举办讲座，而且还组织多批次人员赴武汉、南京、上海等先进电台观摩和学习，内容涉及宣传管理、营销策略、频率管理、新媒体发展、广播技术等，参与学习员工达到80%。特别是党的十八大召开前夕，为确保舆论导向正确，台班子加强了对宣传人员的培训，提高其安全意识、政治意识和业务素质。二是人才培训向职业高水准方面提升。2012年，佛山电台选派了两名40岁以下高级工程师，一位到广外MBA班进行培训，另一位参加佛山传媒集团与美国密苏里新闻学院合办的学习培训项目，为电台建立技术人才梯队打基础。三是公开竞岗，选拔年轻人才。2012年下半年，佛山电台对全台的组织结构和中层干部人事进行调整，通过全台公开竞争选拔，为年轻干部提供上升通道，提升了执行力。

（刘智芳）

2012年2月6日，国家、省、市领导参加由佛山传媒集团等单位联合主办的“2012温爱佛山——元宵慈善文化万人行”活动。

图书·档案·地方志·博物

图　书

【佛山市图书馆】 2012年，佛山市图书馆立足服务文化民生，革新服务模式，拓展服务范围，提升服务质量，以新馆建设为契机，加快惠及全民的公共文化服务体系建设，开创了公共图书馆事业建设的新局面。

大力推进基本公共服务均等化建设。在服务普惠化方面，坚持免费开放和自主采购借阅，年接待读者超过150万人次。2012年，持证读者增加7.06万人，是上年全年增加量的3.7倍；佛山市联合图书馆办证总量达27.5万个，是服务推出前多年累积量的2.5倍。在服务一体化方面，通过出台《佛山市联合图书馆规则汇编》、简化编目等措施，统一规范，降低门槛，吸纳更多其他类型图书馆加入联合图书馆。2012年，联合馆新增成员馆5家，总数达37家，可供读者借阅书刊总量达256万册。在服务便捷化方面，“汽车图书馆”为市民提供免费开通借阅证、书刊借还以及“送书上门”等特色服务，先后进驻佛山欧司朗照明有限公司、高明溢达纺织有限公司、佛山中医院等近20家企业、园区、学校，上门服务162次，服务读者超过13万人次。在服务智能化方面，进一步推广自助图书馆，与各级图书馆、社区、企业、员工村等社会力量合作，共同投资、联手建设，完成位于佛山市图书馆、佛山市创意产业园、禅城区图书馆、南海区图书馆、高明区织梦电脑有限公司等5家自助图书馆建设。

推进数字化建设，实现文化资源共享。通过购买和自建的方式建立起多元的数字资源体系，同时深入基层培训用户，提升数字图书馆的社会效益。加强全国文化信息共享工程基层点建设，开展“职工书屋”“党员干部现代远程教育网”的合作共建工作，参与佛山市农村党员干部现代远程教育网络建设，为包括镇街、村居、市直单位及非公企业等939个终端站点，提供专题视频资源数据，累计达1.5T。2012年，全市共建成挂牌运行的文化共享工程基层点480个，其中市级291个、禅城区10个、南海区14个、顺德区29个、三水区60个、高明区76个。

提供多元的信息服务及产品。在决策参考方面，立足市情，围绕全市工作重点及改革方向，年度推出《新参考》等月刊共6种，推出《佛图新书推荐》12期，为各级领导提供精准的决策参考服务。同时，主动走进2012佛山两会，制作《观点·借鉴——2012佛山“两会”专刊》，开通“两会”信息服务网上专用通道及数字资源专用账号。在定题服务方面，深入开展专题信息推送服务，通过网络提供的参考咨询服务达1.4万人次。同时，为全市各党政机关提供个性化服务，年度完成中共佛山市纪委、市委政策研究室、市委宣传部以及市政府办公室等部门的专题、定题和课题服务105项，还与中共佛山市委宣传部、市委组织部合作编辑《党员修养》。在舆情监测方面，编辑舆情月刊《境内外媒体看佛山》10期、周报《境内外媒体对佛山的重要报道目录》52期；完成佛山市相关党政部门特别交办的媒体监测任务，推出《上海——佛山产业链对接合作座谈会媒体报道汇编》《佛山市“三打两建”行动媒体报道汇编》等专刊10余本，原文原貌地展现了佛山市重大社会经济文化活动的开展和实施情况。2012年，信息服务工作再度荣获“佛山市舆情信息工作先进单位”光荣称号。

开展学会活动，促进区域合作与交流。2012年，佛山市图书馆学会大力推进区域图书馆事业发展，推动汽车图书馆、智能图书馆全市五区之间的合作；为全市五区图书馆员举办各类专业培训班，年度培训学员近800人次；发挥专业学术团体的社会职责，组织队伍参与“2012年佛山市社会组织为民服务活动”“2012年佛山社会科学普及周”；此外，还承办广东省图书馆学会第二届“悦读生活”摄影大赛、广东省“阅读大使”推选活动、“南国书香节”、广东省“2012年阅读推广案例交流活动”等文化活动，进一步促进区域图书馆发展与共荣。

打造公益品牌，开展丰富多彩的文化活动。以全民阅读活动为切入点，开展“崇文佛山·阅读春天”系列读书活动、佛图爱书人书友会、英语角、免费法律咨询、公益展览与讲座、公益培训、免费数字电影等公益文化活动近500多场，打造了一系列文化服务品牌活动。其中，根据佛山市文化广电新闻出版局的统一部署，落实文化惠民，推出“音乐之旅”“艺林墨香”系列展览等公益文化精品活动，每月开展一场别开生面的音乐赏析会、每季举办一场精彩绝伦的艺术鉴赏展览，把图书馆打造成平民化的文化艺术殿堂。公益品牌“南风讲坛”紧密围绕“城市文化升级”主题，通过“精品讲坛”“大众讲坛”“流动讲坛”策划、组织各类讲座共计100多场。同时，还与中共佛山市委宣传部合作，开展“六走进”活动，将“南风讲坛”引进机关、农村、校园、社区、企业、军营，为市民送上精彩的文化产品。

服务特殊群体，打造温暖图书馆。2012年，市图书馆面向未成年人、老年人、视障群体、异地务工人员及其子女等特殊群体，组建佛图志愿者团队，提供具有针对性的文化服务。针对未成年人，与禅城区教育局联手打造学校教育、社会教育、家庭教育三位一体的“佛山市少年儿童阅读成长计划”，该计划荣获广东省首届未成年人思想道德建设工作创新案例。针对异地务工人员及其子女，在春节期间开展“文化年货带回家”“欢乐共享楹龙年”春联征集活动，开通“2012话龙年”春节网站专栏，丰富异地务工人员的精神文化生活；暑假期间，举办“异地务工人员子女阅读夏令营”活动，为异地务工人员子女提供公益文化服务。针对老年人，开辟“长者尊享阅读区”，提供一系列优待服务，成立“晚晴读书乐园”，组织特色老年活动，为老年读者提供一个“老有所学、老有所乐、老有所为”的精神家园。针对视障读者，启动“阅读·温暖——佛山视障读者关爱行动”，在“佛山首届公益慈善项目大赛”获胜，与佛山爱心企业牵手，组织一支“佛图朗读者”志愿者团队，为视障读者提供盲文书刊、有声读物借阅，听书阅读器外借，有声读物录制等，举办“心手相携，共沐阳光——佛山市庆祝第29届国际盲人节”特别活动，并定期组织开展面对面朗读、盲用电脑免费培训、“无障碍电影”讲解、送书上门、视障读者故事会、读书会、朗诵会等文化活动，实现和保障人民群众的基本文化权益，充分发挥图书馆在构建和谐社会中的积极作用。

加快新馆建设步伐。积极配合佛山新城建设管理委员会及广州市设计院，做好新馆各系统方案的细化和完善工作，成立新馆筹备办公室，下设多个专业小组，根据新馆未来的运行需求，制订购书经费和人员设置等规划方案，做好资源建设和人才储备工作，为新馆顺利推进提供保障。此外，为迎接新馆落成，一方面策划开展新馆展示性开放文化展览，另一方面有序推进新馆CI形象建设，举办“新馆标志征集活动”，收到来自全国各地176位作者的349件参选作品。

优化管理体制，提升服务满意度。秉承“项目立馆”的办馆方针，把项目管理与传统业务管理、员工工作量化及考核等相结合，开展各类项目56个，提高馆员创新与竞争意识，实现跨职能部门合作。以《公共图书馆服务规范》为标准，先后修订完善管理、消防、财务等多项制度，深入开展劳动纪律和内务环境整顿工作，建立健全的考核评价与督促检查机制，不断提升读者对图书馆服务满意度，形成良好社会效益。

（刘容超）

【佛山市新华书店】 2012年，佛山市新华书店以先进文化为向导，注重社会效益，积极履行社会责任，围绕增强企业实力，扩大经营规模，大抓企业发展，事业不断向前迈进。全店全年总销售7750万元，其中一般图书（不含教材）销售184万册、3684万元，多种经营731万元，全店上交税金229万元，向社会捐赠政治、经济、文化、教育等各类图书1500册、31.5万元，为佛山市经济建设、精神文明建设做出了应有的贡献，下属惠景书城被广东省书报刊发行业协会复评为2011～2012年度全省“文明店堂”。

做好中小学教材发行。以高度的政治责任感和优质的服务，积极配合教育部门做好禅城区的中小学校教材、教辅图书的发行，严格兑现“课前到书、人手一册”的服务承诺，坚持免费送书上门，全年为103所学校送书上门共计356车次，其中摩托车98车次，出动人力560人次，共送教材260万册。同时全力做好与教材配套的教辅图书供应，在各大书城设教辅图书零售专柜，满足师生需求。此外，做好教材余缺调剂工作，及时解决学校因学生增减而产生的课本余缺，保证学校正常的教学秩序，达到服务“零投诉”。

注重政治读物发行。作为党的文化宣传阵地，佛山市新华书店高度重视政治理论读物的发行，积极配合上级党委宣传党的路线、方针政策。针对党的十八大的召开，“十八大”文件及辅导读本成为发行的亮点和热点。期间通过预订、上门征订、门店零售等方式共发行了多种“十八大”相关的图书和图片。其中销售“十八大”报告《坚定不移沿着中国特色社会主义道路前进为全面建成小康社会而奋斗》1.5万册；销售《中国共产党章程》1.4万册；《中国共产党第十八次全国代表大会文件汇编》《“十八大”报告辅导读本》《“十八大”党章学习问答》《“十八大”党章学习读本》等销售1.6万册，约42万元。其他的党政读物还有《2012年政府工作报告》《2012政府工作报告辅导读本》《2012全国两会文件学习问答》等两会文件及相关读物，销售近万册、约6万元。具有统一思想、释疑解惑、凝聚力量的重要作用的《辩证看 务实办 理论热点面对面·2012》一书也销售了1.6万册、26万元，该书以独特的思想魅力、求真务实的精神成为一道靓丽的“理论风景线”。此外，密切关注市场热点，重视时效图书的进销，最有代表性的是诺贝尔文学奖得主莫言的作品。从10月中到12月底，莫言作品系列销量约5000册、15万元，带动了整个文艺类别图书销售的提高。

积极倡导全民阅读。2012年佛山市新华书店积极参与市委宣传部、市文明办“崇文佛山—全民阅读”活动，举办暑期中小学生“读一本好书”征文比赛活动，向全市青少年、未成年人宣传推广喜闻乐见的优秀读物，同时配合佛山市“创文”活动，结合南国书香节，先后在佛山图书城和惠景书城举办了“阅读的春天”“阳光阅读”“相约名家·共品书香”“书香满佛山”“书香飘万家”等一系列专题活动，并和市图书馆共同建立图书借阅流动服务点，开设汽车流动图书馆便民服务，积极开展免费图书借阅、阅读推广活动，汽车流动图书馆全年共出车145次，借阅图书1.96万册，码洋59.2万元，最多一次借了800册。上述专题活动和流动借阅服务，有效地促进了“2012‘崇文佛山’全民阅读”活动的展开。

2012年9月5日，佛山市新华书店在南庄镇杏头村开展佛山市岭南流动图书车下乡惠民活动。

举办各类展销，促进图书发行。2012年佛山市新华书店举办新书首发式、作者签售、讲座活动13次；主题展销促销活动46次；参与其他单位主办的文化活动8次。这些活动主要有：1月14

日～2月29日在佛山图书城、惠景书城举办“文化惠民、幸福佛山”语文新课标必读经典丛书优惠展；2月24日在惠景书城举办《看佛山》纪录片DVD碟首发式；2月28日～3月31日在佛山图书城、惠景书城举办学习雷锋主题图书展；3月22～23日举办著名儿童文学作家秦文君进校园主题讲座、签售活动；7月1日～8月31日，举办第五届广东省中小学“暑假读一本好书”推荐图书专架展销；8月17～23日在佛山图书城、惠景书城举办全城好书优惠，推动全民阅读；8月18日在惠景书城举办《佛山记忆》首发暨作者（主笔）余婉韶签售活动；8月19日在惠景书城举办儿童文学作家辫子姐姐郁雨君新书签售见面会和儿童文学作家、儿童阅读推广人滕婧“好书胜过好老师——阅读让成长更精彩”讲座、互动、签售活动；10月18日～11月18日在佛山图书城、惠景书城举办党的十八大主题图书展；10月26日～11月2日在佛山图书城、惠景书城举办佛山市优秀社科读物展。11月4日在佛山图书城举办《黄韵菱的易理桃花攻略》作者签书会；11月12～13日举办“告别成长烦恼，放飞阳光心情”——儿童文学作家赵静校园行讲座；此外，还参与了市图书馆（南风讲坛）、南海区图书馆、佛山日报、禅城区市场监督管理局、中国移动佛山分公司、南海影剧院等单位举办的文化公益讲座、政策法规宣传活动，提供正版图书、光碟的流动销售服务，发挥新华书店在图书发行中的主渠道作用。

拓展新项目，继续抓发展。本着平等互利、优势互补、资源共享、共同发展的原则，佛山市新华书店联手北京三希堂藏书，共同开办了“三希堂藏书佛山店”，于2012年11月18日在惠景书城三楼正式开业，营业面积100多平方米。该店以“店中店”模式，打造成为佛山高端文化收藏的引领者，其高规格的店堂设计，高品质的文化产品，复合式的产品结构，一对一的专业服务，高品位的文化沙龙，以期实现“人与书的美丽邂逅”。这是传统书业在新形势下的有益探索与实践，是致力于把最具收藏价值的当代精品图书推荐给广大购藏者，为佛山市民提供高品质的文化产品和服务。三希堂藏书佛山店开业后，为佛山市民带来了热销全国的精品线装图书近百种，既有《毛泽东选集》《邓小平文选》《江泽民文选》等领袖著作线装典藏本，又有受到书画界和广大读者喜爱的《中国历代国宝珍赏》《中国历代名家名品典藏系列》《中国美术全集》《启功书画精品集》等书画珍品，更有故宫博物院监制、限量发行的《钦定武英殿聚珍版丛书》，仿真复制的《御刻三希堂石渠宝笈法帖》《俄罗斯圣彼得堡藏石头记》等高端线装古籍图书。

在开拓三希堂藏书新的经营项目的同时，佛山市新华书店还着力抓好正在筹建的佛山新城书城项目，把握这个千载难逢的发展机遇，高起点、高品质、超前设计、合理定位，千方百计筹集资金加大投入，确保新书城按预定进度顺利进行。该书城营业面积约1万平方米，预计2013年底竣工验收，2014年建成开业，届时该书城将是佛山较大的实体书店，成为佛山市民“有书可看可买、有阅读交流展示活动、有人文社交空间”，集“阅读交流、学习休闲”于一体的新的文化生活空间。

（梁金旺）

档案与地方志

【综述】 2012年，佛山市档案事业稳步发展，监督指导、档案管理、信息化等工作都取得了喜人的成绩。

佛山市各级地方志办围绕各级党委和政府的中心工作，推动地方志理论研究，做好地方志书、综合年鉴的编纂工作，积极开发利用地情资源，出色完成各项任务，佛山市地方志办被评为“全省地方志工作先进集体”荣誉称号。

【档案监督指导】 文件材料归档年度检查工作，市直单位中共佛山市委办公室等137个单位年检合格；56个单位及时向市档案馆移交电子政务文件。档案目标管理工作，全市机关档案目标管理全市共6家，其中省特级3家，分别为禅城区1家，南海区1家，三水区1家；省一级3家，分别为南海区1家，顺德区2家。全市社区、村居档案目标管理2家，分别为顺德区的省特级和省一级各1家。抓好省属、市属重点建设项目档案工作登记、指导和验收等，为建设单位、施工单位、监理单位做好服务工作。全市共验收重点工程项目24项。市级国有改制企业档案处置工作，全年共接收档案4.7万卷（盒、件），对300多卷企业职工档案进行数字化备份；对保管条件尚可的部分企业档案，签订《国有转制企业档案暂缓移交协议书》。加强民生档案的监督、检查、指导和验收，抓好民生档案利用工作和数字化工作。市档案局派出考察交流组赴新疆维吾尔自治区伽师县对佛山市援疆工作队档案员进行业务培训，规范援疆档案的收集、整理工作。为加强档案管理，有效地收集、保护和利用档案，促进经济和社会发展，根据《档案法》和《广东省档案条例》等法律、法规，市档案局在广泛调研的基础上，草拟了《佛山市档案管理规定（稿）》，并广泛征求意见。为进一步提高全市档案业务骨干的业务能力，有效促进佛山市重大建设项目档案管理水平的提高，动员全市建设项目参建单位争创"广东省重大建设项目档案金册奖"，市档案局举办了全市档案业务骨干暨重大建设项目档案工作培训班。圆满完成25期档案人员岗位培训班任务，培训1992人次。

【档案馆建设】 2012年，档案馆基础业务有序开展。佛山市档案馆主动走出馆门，向社会广泛征集特色档案、名人档案，先后在广佛都市网、政府网和《广州日报》《南方日报》发布通告消息，共征集档案983件。年初，市档案局印发了《关于以件为单位进行档案开放鉴定的意见》，加大开展馆藏档案鉴定的力度，全市共鉴定开放档案4.6万件。

全年全市国家档案馆通过接收、征集、采集等手段，新接收文书、科技、音像、视频、实物、名人等类档案12.8万卷、16万件，其中市档案馆接收档案3971卷、4.1万件。全市国家档案馆馆藏档案271.4万卷、70.6万件；照片档案7.3万张。馆藏资料8.9万册。至2012年底，市、区档案馆累计开放档案5万卷、1.1万件，抢救档案2.5万卷。全市国家档案馆接待利用者5.2万人次，利用档案资料9.3万卷（件、册）次，复印档案资料10.6万张。佛山市档案建设步伐加快，大楼总建筑面积5.2万平方米，综合档案馆为3.5万平方米。新馆已完成外立面主题设计，各项机电设备、智能化系统，如空调、电梯、高压细水雾消防系统和大楼智能化系统等项目完成招标采购，并进行施工安装和室内装修；顺德区档案馆新馆已开始地下室工程施工。

【档案信息化建设】 市、区档案局认真做好现行电子文件收集和管理工作，至2012年，累计接收并存入数据库电子文件32万份，其中2012年2.1万份；累计上公众网现行电子文件查询中心的电子文件共9.8万份，其中2012年5000份。市、区档案馆利用现行文件70万件次。佛山市数字档案馆系统及档案信息服务网络延伸到镇街、村居项目建设取得新进展。在5个区档案馆和99家市级单位安装部署档案资源管理系统，基本实现对全市档案、政务电子文件有效统一在线管理与利用，实现对各成文单位文件的生成、利用信息进行准确统计，实现对各成文单位文件的实时在线移交、公开，实现对馆藏档案、现行文件提供高效、便捷的管理与利用，总体效果良好。9月，印发了《佛山市档案信息服务网络延伸到镇街、村居建设实施意见》。完成了档案信息服务网络延伸到镇街、村居系统软件的开发工作，选定6个镇街、5个村居开展档案信息服务网络延伸工作试点。12月，佛山市数字档案馆二期项目顺利通过验收。2012年全市档案馆共完成纸质档案数字化处理922万页，历年累计完成2150万页；市馆全年数字化处理馆藏档案488万页。全市国家档案馆机读目录2683.29万条。

【档案安全体系建设】 完善档案安全体系相关制度，市档案局印发相关文件：印发了《关于以件为单位进行档案开放鉴定的意见的通知》《关于印发〈佛山市档案解密及档案开放等级划分办法〉的通知》《2012年佛山市若干档案业务统一口径的意见》。全市各级各类档案馆均成立了档案安全领导小组，全市各级档案馆签订档案安全责任书共186人。加大文件档案保密安全检查力度。在各级各单位自查基础上，市档案局、市保密局、市经济和信息化局联合组成检查组对市、区国家档案馆、30个市级和区级单位进行文件档案保密安全抽查。市档案馆与已签订备份协议的两个省外地级市档案馆开展电子数据异地备份工作，做好档案数据跨省安全备份等系列档案安全体系建设工作。

【档案开发利用】 2012年，全市档案部门共编印《档案资政参考》25期，《档案资政参考》主要围绕市（区）委和市（区）政府的中心工作，以及社会热点和群众关心的民生工程，开展搜集、整理和编纂工作，不断开拓新的主题。市、区档案馆展览19个，接待参观1.2万人次。

【“航拍佛山”】 为了反映佛山市经济建设、城乡建设以及社会事业各方面建设的重大成就，以新视角展示佛山市产业转型、城市转型和环境再造的新形象，配合佛山市城市升级三年行动计划全面实施，为国家积累珍贵的影像记录，佛山市档案局于2012年8月，组织开展对全市重点区域进行航拍活动，共航拍两个架次，拍摄照片1.7万张。全年各级档案馆共执行政务拍摄任务896次，拍摄照片10.3万张，提供利用9121张。

【档案学会】 根据广东省档案局关于在全省范围内开展“建立民生幸福档案，促进幸福广东建设”主题实践活动的要求，佛山市档案局、佛山市档案学会面向全市举办了“幸福档案助力智慧佛山建设”征文活动，共收到80篇文章，评选出一等奖1名，二等奖2名，三等奖3名，优秀奖20名，优秀组织奖2名。

（刘绮平）

【读志用志】《佛山市志》首发式后，2012年4月，由佛山市地方志办牵头，联合市教育局、市文广新局、佛山传媒集团、市陶瓷协会，开展向社会赠书活动。赠送的书籍包括第一轮《佛山市志》、第二轮《佛山市志（1979～2002年）》和《佛山陶瓷纵览》《珠江三角洲堤围水利与农业发展史》《从国内主媒体看佛山》等，受赠单位有机关、社区、文化机构、图书馆、大专院校、中小学校、各大企业及镇街文化站。自2011年12月《佛山市志》首发式以来，至2012年12月，市地方志办赠送地情书籍共1.73万册，价值约463万元，较好地实现地方志书的社会共享。

《南海市志》和《高明市志》首发后，两区努力做好发行工作，同时还向区各级图书馆开展第二批赠志活动，将第一轮编修的县志、部门（专业）志及一些地情书籍赠送给区、镇、村、图书馆（室）。南海区全年总计赠送志书5000多册，高明区赠送758册，受到社会各界的欢迎。

《佛山市城区志》和《佛山市石湾区志》也在10月完成了印刷出版工作。

【年鉴编辑与出版】 2012年的《佛山年鉴》在组稿工作中，以城市升级为主题，围绕提高城市品质、产业转型升级、创新社会管理、提高文化软实力的四大部分进行组稿，并搜集整理了400张图片，以浓墨记述佛山城市升级全过程的亮点。

《南海年鉴》对版式进行调整，增加随文图片的数量，有效地补充和丰富年鉴正文内容。9月出版发行。

顺德区确保年鉴常编常新，及时召开年鉴组稿工作会议和撰稿培训班，聘请有地方志工作经验且对顺德地情熟悉的退休报社编辑为责任编辑，确保编纂质量。

高明区积极开展《高明年鉴》的编纂工作，稿件编辑工作于8月上旬完成。10月完成稿件修改送出版社编审。11月完成招标、印刷、出版发行工作。

三水区按照编纂精品年鉴的要求，做好编纂工作。在彩版部分，继续设置“大事剪影”“大事纪略”“镇街、工业区风貌”等专题反映三水的新面貌、新发展。

禅城区正式启动《禅城年鉴·2013》编纂工作。2012年10月，草拟《关于成立禅城年鉴编纂委员会的通知（征求意见稿）》《〈禅城年鉴（2013）〉组稿方案及要求》《〈禅城年鉴〉编写规范及要求》等文件。11月，区委、区政府办公室下发《关于成立禅城年鉴编纂委员会的通知》，并在12月召开禅城年鉴编纂工作动员大会。

【地情资源开发取得新成果】 市地方志办编辑出版《佛山历史人物论丛》，获得社会各界好评。禅城区编纂祖庙东华里、澜石片区改造及汾江河治理的专题地情资料，已完成初稿。南海区做好《南海历史文化系列丛书》第二辑的出版发行工作，包括《南海龙狮》《南海衣冠》《南海古村》，并翻印乾隆《南海县志》和《西樵山志》，同时做好《南海历史文化系列丛书》第三辑《南海“非遗”》《南海书画》《南海诗联》的资料搜集和编纂工作，整理出版《张荫桓集》，再版《辛亥南海志士》。三水区开展地情调研，出版《芦苞故事》《三江情怀水都韵——三水地情编研集》《白坭风流》；收集整理和编辑李乐诗口述和图片，编辑出版《爱与勇的人生——探险家李乐诗传奇故事》。高明区继续发挥革命老区的优势，组织人员编辑出版了《鞠躬尽瘁为人民——谭植棠传》《经历风雨也同舟——谭平山年谱解读》。

【资政襄政】 2012年，全市地方志部门围绕各级党委、政府的中心工作，以及社会热点和群众关心的民生工程，发挥地方志的资政功能。开展搜集、整理和编纂工作，不断开拓新的主题，市地方志办共编印14期《档案资政参考》，从佛山农村改革、城市创文建设、中小企业发展举措、促产培财政策等方面，涉及各个领域。南海区编印《西樵山书院文化传承与复兴的几点意见和建议》，为开发西樵山提供参考，受到区领导和西樵镇政府的重视和关注。顺德区编印《顺德档案资政参考》，为区政府决策提供借鉴。

【方志理论研究】 市地方志办积极组织各区地方志办人员积极参加全市地方志理论研讨活动，共收到相关论文17篇。通过组织有关专家对论文进行评选，评出市优秀论文6篇。在全省论文评选中，《对广东旧志整理的思考及展望》和《广府搭棚艺术》分别获得二等奖和三等奖，市地方志办获得活动组织先进单位称号。

【地情网站建设】 为加快全市地方志信息化建设步伐，市地方志办确定了地情网站的建设要求与必备栏目，更能突出佛山的特色。南海区地情网站建立后，不断增加数据上传的信息量。至2012年，网站点击浏览量达6.83万人次。

高明区地情网加紧做好已出版书籍的数字化和校对工作。至11月，已上传《高明年鉴·2010》一册及其他内容，合计71万字。

三水区自5月8日建立地情网站以来，完成16本《三水年鉴》和3本志书的上传发布工作。

【方志其他工作】 根据上级要求，市地方志办协助审核《广东省志（1979～2000）》人物卷佛山部分入志人物稿内容，《广东政区大典》（佛山部分）内容，并完成书面意见；完成《广东年鉴》和《珠江三角洲城市群年鉴》（佛山条目）的编辑；编纂2万多字的佛山大事记；为市公安、审计、民政、供电等部门的专业志编修提供业务指导；协助全省地方志评选先进，提交评选材料及推荐先进名单。

为配合档案局新馆开馆展览，市方志办承担了《佛山足印》专题展览的各项工作。从搜集材料、查找档案文献、图片资料筛选，到走访老专家、老领导，完成了近5万字的《佛山足印》展览脚本。

（市地方志办）

博　物

【佛山市祖庙博物馆】 2012年佛山市祖庙博物馆在稳步发展中不断完善自我，着重加强软硬件方面的建设。

成功申报国家AAAA级旅游景区。启动创AAAA工作后，市祖庙博物馆在提升经营服务水平以及改造景区基础设施方面做了大量工作，统一规范了标识系统，增建厕所并对旧厕所进行升级改造，增设游客服务中心，免费提供婴儿车、轮椅、担架和医疗服务等。晋级国家AAAA级景区标志着祖庙博物馆整体迈上一个新台阶。

2012年佛山祖庙三月三北帝诞庙会以“北帝神诞，福泽岭南”为主题，力图按历史记载还原“春秋谕祭”中的“春祭”盛况，增加了木板年画、剪纸、十番、狮头扎作、湛江傩舞、沙湾飘色、德庆雄鸡舞等本土及外地有特色的非物质文化遗产展示项目。除了粤剧名家演出和民俗专题讲座，还增加与市民互动的形式，让更多群众参与到活动中，如开通官方微博，举办神诞宴，继续设立20米祈福长卷供市民游客书写祈福语，设置祈福箱收纳市民游客的祈福条；在冯炳棠、陈永才等大师级非遗传承人的现场指导下，参与木板年画、铜凿剪纸、陶艺品的现场制作。

祖庙秋祭作为佛山秋色欢乐节的开场大戏，再现了历史传统祭祀仪典，整个仪式肃穆而体系完整，用于盛放贡品的六套青铜礼器是依《佛山忠义乡志》所载原版复原，力求从仪式的每个细节还原历史。乡饮酒礼是中国传统社会一种重要的官方礼仪，以敬老为中心推行礼仪教化，当晚，佛山的耆老贤达、海外乡亲、优秀外来工代表、十佳美德之星代表等新老佛山人共聚一堂，品尝佛山民俗文化的盛宴。

开展丰富多彩的文化活动。成功举办孔子诞活动，协办《咏春体育会第三届世界仝人大会暨佛山祖庙“叶问堂”十周年纪念庆典》；组织策划新春非遗表演《风从苗山来》、国庆《武术之乡，五拳辉映——佛山五大拳种高手大展演》等经典演出；举办合办《饶宗颐教授书画展》《市井风情·童真永恒——林棠儿童藏品珍品展》《塑甲天下，美蕴春秋——馆藏石湾陶塑精品展》《山东地区民间木板年画展》等多个展览；引进高水平黄飞鸿醒狮队，让舞狮、武术、粤剧一起成为具佛山传统民俗特色的日常动态展示项目。

认真做好接待工作，全年接待游客145万人次，其中免票60万人次。在讲解方面，除提供传统的人工讲解服务，更积极推广智能语音导览器，不断提升讲解水平，讲解接待批数比上年同期增长14%。

充分利用祖庙博物馆的历史文化资源，开发引进特色产品，推出孔庙文昌笔、祖庙冰箱贴、北帝铜像、万福酒等一系列有祖庙特色的产品，进一步拓宽了旅游文化市场。

强化内部管理，圆满完成第二期岗位聘用工作，新成立市场策划部，形成“六部一室”职能架构，并进一步完善收入分配制度。投入使用新的监控室和先进的监控安防设备，增强安全防范和隐患排查能力，确保全国重点文物保护单位的安全运作。

（邹文平）

【佛山市博物馆】 2012年，佛山市博物馆以贯彻落实党的十七届六中全会、十八大精神为契机，紧紧围绕全市年度文化工作，有序开展各项工作。

新馆筹建稳步推进，文博基地建设进一步加快。加快推进新馆建设作为工作的重中之重，加紧破解地下交通轨道建设危及馆体的难题，组织人员进行深入调研及全面论证。建立任务倒逼机制，开展佛山历史、佛山民俗、佛山人物、佛山非物质文化遗产、馆藏陶瓷、馆藏书画六大固定陈列大纲策划和编写。

文物保护利用成绩显著，藏品功能进一步发挥。认真履行好“收藏”的基本职能，紧盯藏品的征集、保护、管理等环节，进一步完善藏品体系，并通过多种途径让藏品“走出”库房、服务社会。

扎实做好馆藏“充实”。全年共征集文物资料6批147件，其中清代、民国石湾窑陶塑74件，清代、民国广式家具22件，清代、民国广东地方名家书画作品14件，杂项18件。接收省文物局移交的文物资料800余件、省博物馆移交的文物资料近200件。

扎实做好文物“保护”。全年馆藏珍贵书画装裱7批366件。购置一批保护装具改善书画藏品保存条件。

扎实做好资料“管理”。组织专家组对馆藏文物66件玉器及344件竹、铜器进行年代鉴定。认真做好文物总账管理、统计和上报工作。

扎实做好资源“利用”。利用馆藏文物精品举办了《塑甲天下　美蕴春秋——馆藏石湾窑精品展》，得到社会各界一致好评；编辑出版《书法从刊》2012年第1期《佛山市博物馆馆藏书法专辑》；编辑出版《佛山市博物馆藏陶瓷》。此外，为广东省考古研究所、省博物馆等单位以及美国、日本和香港等地的学者观摩文物提供26批次963件（套）。

陈展宣教卓有成效，博物馆教育功能进一步强化。为解决展览场地不足的问题，积极创新，不断拓展陈列及宣教渠道，使群众能够更便捷地欣赏到各类专题展出，深入基层进行文化惠民的展示宣传活动。

在博物馆数字化上下功夫，使博物馆教育与时代发展同步。开展文物信息化工作，完成第一期206件（套）馆藏采集工作，挑选186件（套）制作成高清展示，以及推进第二期数字采集工作。与此同时，利用博物馆网站平台，推出了“数字古籍”栏目，向公众提供免费的网络阅览服务，推出了37册、约110万字古籍资料；完成了《守望祥和家园——佛山木版年画图片展》等3个网上展览的制作。此外，积极配合市文广新局文化综合平台第一期工作，将非遗中心网站作为平台的试点。群众可通过互联网方便快捷地观赏部分馆藏精品及浏览古籍、展览，全年点击近2万次，博物馆的网络教育阵地作用日益显现。

在推进展览进基层上下功夫，使博物馆的文化服务与群众需求同步。筹办《守望祥和家园——佛山木版年画图片展》和《保护城市根脉推动文化繁荣——佛山非物质文化遗产图片展》大型图片展，到全市五区的文化馆以及社区（村）、学校进行巡展，参观人数近6万人次。组织非遗传承人进校园、送展览下基层等活动，使群众在家门口就可享受文化带来的愉悦。

在展厅修缮建设完善上下功夫，使博物馆教育服务与工作要求同步。完善了非遗展厅的硬件配置，改造天花和照明，改进展厅布置，更新展品及资料，使整个非遗展厅焕然一新。全年展厅共接待观众2000人次，其中包括美国民俗学家和大学教授，以及德国因戈尔施塔特市市长一行等。

非遗保护传承全面铺开，传统文化魅力进一步突显。致力发掘、保护、整理本地传统文化资源，使佛山非遗保护传承工作上水平、成特色。5月，文化部非遗保护工作组来佛山市对国家级非遗项目保护情况进行抽检督查时，充分肯定了佛山市的非遗保护传承工作成效。

抓好保护传承，增强佛山非遗的生命力。鼓励和扶持传承人采取传、帮、带等方式开展传习，使濒危和重点项目的技能得到及时有效的保护和传承。力争将非遗内容列入地方中小学教材，并在学校开设课程，培养青少年的保护意识。继续对传承人及项目进行资助，尽力解决传承人的后顾之忧，为非遗传承发展提供保障。

抓好评审推荐，增强佛山非遗的影响力。协助市文广新局重新规范了市内专家委员会，组织做好申报和推荐工作。

抓好宣传展示，增强佛山非遗的感召力。组织多批非遗项目参加本地、省外、国外的民俗活动或展演，让佛山非遗“走出去”。全年共组织5次非遗对外文化交流活动，走访地包括英国、土耳其、莱索托等。

学术研究交流成果丰硕，科研氛围进一步升温。一是在主办大型研讨会中提升地位。11月，主办“2012年广佛肇‘新型城市化下的博物馆’”研讨会，出版论文集。二是在推出研究成果中提高水平。馆内工作人员发挥专业优势，围绕学术热点难点进行深入探索与研究，全年共发表论文49篇，出版专著1本；有专技人员28人次受邀请参加省级以上学术研讨会并宣读论文，其中1篇论文获得省优秀论文三等奖，有效提升了馆内学术水平。三是在交流学习中不断进步。组织业务人员参加“中国非物质文化遗产保护工作培训班”等，有效提升了市博物馆专技人员的业务水平。

（邝倩华）

体育·卫生

体　育

【综述】 2012年，佛山市体育工作在市委、市政府的正确领导下，坚持以科学发展观为指导，在建设“民富市强、幸福佛山”纲领引导下，积极谋划转变体育发展方式，履行公共服务职责，大力开展全民健身运动；探索转变发展方式，推进竞技体育可持续发展；突出传统特色，大力发展体育产业。

【积极谋划转变体育发展方式】 2012年5月起，广东省政府印发了《关于加快转变我省体育发展方式的意见》，广东省体育局印发了《广东省群众体育工作方案》《广东省竞技体育工作方案》《关于进一步加强和改进青少年体育工作的意见》《关于加快我省体育产业发展的实施意见》（征求意见稿）等“一主四副”文件。文件的总体指导思想是充分发挥体育事业在保障和改善民生、促进经济社会协调发展、建设幸福广东进程中的积极作用，要根据新时期体育工作的实际和要求，加快体育发展方式，实现体育发展理念从重成绩、重奖牌向以人为本、服务民生转变；体育发展格局从突出竞技体育向以群众体育为基础、竞技体育为带动的全面发展转变；体育发展模式从主要依靠要素驱动的粗放型向注重创新驱动的集约型转变；体育发展管理从经验型向把握和运用规律的科学型转变；体育发展主体从政府管办向强化政府公共服务职能、充分发挥体育社会组织的微观主体作用和市场配置资源的基础作用相结合转变；体育公共服务从城乡、区域、群体间的不均衡发展向均等化和协调发展转变。

市委书记李贻伟、市长刘悦伦等主要领导对《关于加快转变我省体育发展方式的意见》高度重视并作了重要批示。为贯彻实施《关于加快转变我省体育发展方式的意见》，围绕《关于加快转变我省体育发展方式的意见》等“一主四副”文件，在反复论证、研讨、征求意见的基础上，佛山市编制了《佛山市加快转变体育发展方式的实施意见》并上报市政府，全力推进《关于加快转变我省体育发展方式的意见》等“一主四副”文件的贯彻实施。

【改善全民健身环境，推进民生体育设施建设】 户外健身设施基本实现村居全覆盖。“十一五”以来，佛山市以村居全民健身工程建设为重点，大力推进民生体育设施建设，改善全民健身环境。2012年，市本级投入体育彩票公益金100万元继续推进农村（社区）公共体育设施建设；至2012年，市本级共投入建设资金480万元，带动了全市全民健身工程投入资金约1.8亿元，实现了全市258个行政村村村建有一个灯光篮球场和302个社区户外健身设施全覆盖。

佛山新城露天泳场建成并免费开放。市体育局全力配合佛山新城管委会做好佛山新城露天泳场建设和运营筹备工作，于2012年5月中旬建成佛山新城露天泳场并向市民免费开放，投入运营以来，泳场广受市民热捧和好评，全年接待泳客达38万人次，为市民办卡超过10.3万张。

此外，学校体育设施向社会开放工作逐步推进，编制了《佛山市学校体育设施向社会开放的实施办法》，全年共有13所学校体育场地实现向社会开放。政府购买服务体育场馆免费开放工作深入开展，2012年实现春节、元旦、五一、十一以及每周日等节假日市、区主要场馆免费向市民开放。

【群众体育活动如火如荼】 佛山市级群众体育赛事辐射带动明显。2012年佛山市重点抓好全民健身日、武术嘉年华、村际篮球赛总决赛以及全市领导干部四项球类赛等赛事和活动，有效牵引带动了全市全民健身日、百村篮球赛、镇街领导篮球赛等群众体育的蓬勃开展。另外，市各体育协会踊跃开展群众体育活动，市机关体协组织了市、区公务员五项赛事，武术协会组织了传统武术精英赛，龙狮协会组织了传统舞狮大赛，跆拳道协会组织了跆拳道市公开赛和精英赛，足球协会组织了市足球锦标赛，等等。

各区群众体育活动蓬勃开展。禅城区举办粤桂港澳台狮王争霸赛、“五一”万人长跑、自行车绿道环保游等活动；南海区举办千灯湖休闲欢乐节、百村篮球赛、百企篮球赛等；高明区开展村居际篮球赛、羽毛球公开赛等；三水区举办群体“四大联赛”、村居际篮球赛等。2012年全市组织群众体育活动达60项次，直接参与人数达10万人次。全市群众体育开展活跃，有效推动了群众参与体育运动热情，丰富了市民的体育文化生活。

【体育公共服务取得成效】 一是成立了市全民健身志愿服务队，成员151名社会体育指导员服务电视塔广场等全市首批38个晨晚练点，免费指导市民科学参加太极、羽毛球等23项群体项目锻炼。二是禅城区、南海区、三水区成立国民体质监测站。2012年全市共测试4771人，超额完成省国民体质监测任务。

【争先创优和参赛取得新成绩】 2012年，佛山市组队代表广东省参加了全国第七届农运会女子篮球、男女子龙舟、健身秧歌、舞狮等4个大项的比赛，取得了一等奖11个、二等奖2个、三等奖1个的佳绩。佛山市有8个点被省评为广东省全民健身示范点，1个镇被评为全国乡镇农民健身示范工程；佛山市体育局被评为2012年全国百城千村健身气功交流展示活动最佳展示奖。佛山市获国家体育总局颁发的“全国网络象棋之乡”称号。

【探索转变竞技体育发展方式】 科学布局项目结构。2012年，根据《第14届省运会竞赛规程总则》，积极开展业余训练项目调整布局。优先发展游泳、田径、体操等基础大项，加快发展自行车、击剑、射击等优势项目，大力发展群众基础广的乒乓球、羽毛球、足球、篮球等集体项目和球类项目，增设金牌、分数多的皮划艇、赛艇项目，减少投入大、效益差、群众参与度低的柔道、艺术体操、蹦床等项目。紧紧依靠科学训练和精细管理，加大输送力度，提高发展质量，增强发展后劲。

大力发展传统校、网点校规模。2012年，出台了《佛山市体育传统校、网点校评估工作方案》，对60所申报传统校、网点校的学校进行专家审核和实地考察，命名47所市级传统校和3所市级网点校，进一步加强市体育传统校、网点校规模。

改革竞赛模式。一是改革市运会。将市运会与市中运会合并，比赛周期从四年一届调整为三年一届；调整项目结构，在以奥运项目为主的基础上，压缩奥运项目，合并和增加市中学生运动会项目，按照调整结构、控制规模、扩充人数、修改计分办法的原则进行改革；调整奖项设置，市运会奖项只设代表团团体总分奖、成年组团体总分奖、代表团体育道德风尚奖，淡化金牌和锦标意识。二是改革市青少年竞赛模式，充分与省运会接轨，突出重点和优势项目，压缩投入大、效益差项目比赛规模，加强市青少年锦标赛与学校体育比赛融合和统一，构建充满活力、富有效率、更加开放、有利于科学发展的竞赛体制机制。

【积极备战第14届省运会】 一是根据《第14届省运会竞赛规程总则》，确定了7个训练单位19个项目备战省运会竞技体育组比赛。二是争取政策支持，争取了“在第13届省运会前代表佛山市注册的顺德籍运动员，参加14届省运会获得的成绩与佛山市实行双计分”政策。三是做好运动员注册等基础性工作，组织了637名运动员参加广东省注册，196名运动员参加全国注册。四是积极引进优秀体育后备人才，增强备战实力。五是以赛促练，全年共组织田径等16个项目市青少年锦标赛和10个项目小学生比赛，参赛人数和参赛学校大幅度增加。

【参赛成绩优异，输送工作成绩喜人】 2012年，佛山市运动员林福荣、林萍、曹远航取得伦敦残奥会2金2银2铜佳绩，并打破2项世界纪录，实现佛山历史上残奥会金牌零突破；周施雄等8人参加亚洲锦标赛获得5项冠军；梁嘉鸿参加奥运会、亚洲田径大奖赛（泰国站、日本站）4×100米项目比赛，并且连续三次破全国纪录；张家玮等28人参加全国赛获得22项冠军；佛山代表团参加省第十届中运会以全省第四名的成绩获得二等奖；参加19个项目省青少年锦标赛，取得团体总分第三名5个，单项23金、36银、39铜，总分1176分的好成绩。另外，2012年共有14名运动员上送省体工队，11人上送省体校，21人达到一级运动员水平，151名达二级运动员水平；市体育运动学校、南海区体校通过国家奥林匹克后备人才基地初评；田径、游泳等10个项目成为省单项后备人才基地。

【加强业余训练队伍建设】 2012年，举办佛山市第一届体育学术论文报告会，评选特等奖1篇，一等奖3篇，二等奖5篇，三等奖7篇，营造体育系统学术氛围。选派全市各级教练员共33人参加全国、广东省各类业务培训；推选裁判员42人次参加亚洲锦标赛（杯）等国际、全国比赛裁判工作，96人次参加省赛裁判工作；选派12个项目54人参加省级裁判员培训班，32人晋升为一级裁判员；组织或指导基层举办二、三级裁判学习班，176人获批为二级裁判员、228人获批为三级裁判员；加强了佛山市教练员、裁判员队伍的业务素质和队伍储备。

【加强产业规划引导】 2012年，佛山市为深入贯彻国务院办公厅《关于加快发展体育产业的指导意见》，统筹规划“十二五”期间佛山市体育产业的发展，推动体育产业与体育事业互动发展，在调研、征求意见、专家论证基础上，编制出台《佛山市体育产业“十二五”发展规划》，并由市政府2012年3月下发。

【传统优势项目引领带动初显成效】 2012年，佛山市亚洲龙舟联合会总部于2012年11月正式落户佛山，成为落户中国境内的唯一一个国际体育组织，为佛山市龙舟文化、产业发展拓展了平台；西樵山“梦工场”武术影视基地建设启动，黄飞鸿国际武术学校建成并招生，形成龙舟、武术、龙狮、篮球四大佛山传统优势项目齐头并发的良好发展局面。另外，世纪莲网球中心、佛山新城露天沙滩泳场建成运营；禅城区和南海区西樵镇分别获全国社会（休闲）体育示范区、镇称号；高明区体育中心、高明金谷浪体育休闲基地、南庄体育休闲基地等项目建设顺利推进。

【场馆运营水平不断提高】 体育场馆积极发挥规模优势和群聚效应，面向市场、整合资源、系统管理、多元发展。佛山市体育场馆中心全年共承接各类比赛和活动54场，接待活动群众达70.5万人次；岭南明珠体育馆全年成功举办公益活动、体育赛事、文艺演出、会议展览、企事业等活动共112场次，服务观众约52万人次，并成功引进中体倍力健身俱乐部和中体（佛山）跆拳道俱乐部。

【高危体育项目管理有序】 2012年，佛山市积极协调各区市场安监局开展高危体育项目市场监管工作，开展体育经营场所安全生产执法检查以及经营性游泳场馆监管。完成3期游泳救生员培训并为佛山新城沙滩泳场举办专场培训，共培训300多名游泳救生员，保障全市经营性游泳场馆有序、安全开放。

【体育彩票销售稳步增长】 成立体育彩票南海分中心，全市体育彩票管理安全有序，销售渠道不断拓展，发展环境不断优化。全市现有体育彩票投注站点450间，2012年销售体育彩票4.88亿元，同比增长14.97%，为佛山市筹集公益金3409.84万元，代扣税783.22万元，完成省体彩中心下达的4.8亿元的全年销售任务。为国家、省、市公益事业和体育事业的发展作出应有的贡献。

【承办大赛，提升佛山文化软实力】 2012年，市和区积极联动，服务市政府城市三年升级计划和“幸福佛山”建设，积极突出特色、打造品牌，承办体育大赛，提升佛山文化软实力。市成功举办世界女排大奖赛（佛山站）、佛山国际龙舟邀请赛、中国五人制足球甲级联赛、全国羽毛球冠军赛、全国少年体操比赛总决赛，连续三年举办中国男子篮球职业联赛（CBA）。禅城区成功举办元宵节粤桂港澳台狮王争霸赛，南海区成功举办中华龙舟大赛总决赛、世界咏春邀请赛、西樵山南北狮王争霸赛等赛事和活动；三水区连续两年成功举办云东海国际铁人三项赛。

世界女排大奖赛（佛山站）历时3天共6场比赛，央视五频道直播3场、录播1场，广东体育台直播2场，延播1场。赛事共吸引约3万名市民现场观看，中国队与中华台北、韩国、波兰队的比赛，观众人数分别达6500人、7600人和7800人，创下岭南明珠体育馆建馆以来综合性比赛观众上座率的历史最高纪录。佛山国际龙舟邀请赛系列活动内容丰富，包括亚龙联执委会会议、亚龙联总部筹建办公室挂牌仪式、亚龙联总部奠基仪式、龙舟高峰研讨会、龙舟邀请赛、龙舟饭、龙舟之夜晚会等七大项目，彰显佛山传统文化魅力。

（胡建中）

医疗卫生

【综述】 2012年，佛山卫生系统着力推进深化医药卫生体制改革，着力提升医疗卫生服务水平，加快智能卫生建设，努力构建和谐医患关系，有力推动了全市卫生事业全面协调发展。2012年，全市医疗机构门诊人次达7680.22万人次，全市医疗机构住院人数达98.63万人次，出院病人数98.5万人次，住院病人手术39.56万人次，全年病床周转次数为39.2次，平均住院日8.7天，病床使用率94.65%。医疗机构平均每诊疗人次医疗费用95.2元，平均每出院者住院医疗费7056.9元，出院者平均每日住院医疗费815.1元。禅城区平均期望寿命75.95岁，期望寿命高于全国平均水平的73岁。全市孕产妇死亡率、婴儿死亡率、5岁以下儿童死亡率分别是9.75／10万、3.46‰、4.34‰，均低于全国平均水平。

【全力推动医疗卫生服务升级】 2012年，佛山市制定了《佛山市医疗卫生服务体系升级行动计划（2012～2015年）》，提出了重点推进的“七大工程”。着力推进组织实施医疗机构设置规划，重点做好佛山新城医疗机构设置规划的落实；加快民营医疗机构发展步伐，制定了《关于加快佛山市民营医院发展的实施意见》；落实基本公共卫生服务，加强了社区卫生服务机构内涵和标准化建设，实施了标准化改造的社区卫生服务中心7个。进一步助推基本公共卫生服务均等化，人均基本公共卫生服务经费为30元；加强基层人才队伍建设，组织实施《佛山市全科医生转岗培训实施方案》；继续巩固基层医疗卫生单位综合改革成果，基本药物制度平稳实施，政府办的社区卫生服务中心（站）全部配备、使用国家基本药物、省增补药物，全部实行零差率销售并纳入医保报销范围。推进基层医疗机构化债工作。

【“三打两建”工作取得阶段性成果】 2012年，组织开展打击非法行医行为。全市共取缔非法行医窝点333间次，行政处罚255宗，将36宗无证行医涉嫌犯罪案件移送公安部门处理。加强涉水产品监督执法，共检查涉水产品销售门店1886间次。规范消毒产品生产经营行为，对存在违法行为的58间次药品销售门店予以行政处罚，销毁一批不符合要求的消毒产品。打击餐饮具集中消毒单位不良生产行为，关停了不具备整改条件的消毒单位4间，通报并要求整改8间。结合“创文”工作开展，依法查处公共场所无证经营行为，共关停无《卫生许可证》的公共场所43间，行政处罚125宗。加强源头监管，建立长效机制。建立了打击非法行医行政执法与刑事司法两法衔接工作机制，开通了区域医疗广告监测信息系统，完善了医疗市场监管体系，实现了打击非法行医工作的重大突破。同时大力推行《佛山市卫生局医疗机构不良执业行为记分管理办法》，进一步规范了医疗机构的执业行为。建立健全了行业监管体系。建立健全了卫生行政部门廉政风险防控机制，建起了廉洁风险防控机制基本框架。开展防“统方”（指医院对医生用药信息量的统计）工作，组织开展创建“廉洁诚信医院”活动，进一步治理医药购销领域和医疗服务中的不正之风，促进了全市医疗机构医德医风建设。

【智能卫生建设成效明显】 2012年，佛山市智能卫生建设应用取得重大进展，被卫生部确定为居民健康卡建设试点城市，佛山市卫生局荣获中国卫生信息协会“首届全国卫生信息化推进优秀奖”，佛山市卫生局网站荣获2012年度中国政府网站优秀奖。佛山市在全省率先实现居民健康卡全国首批城市发放，在5家医院、社区卫生服务中心完成“卡上九个应用”；在全省率先构建佛山区域卫生信息平台，实现居民电子病历、健康档案、健康卡的融合、应用和共享，为佛山市民提供“六有一共享”的数字健康服务。主要体现：居民健康卡建设试点进展顺利。区域卫生一体化平台初步建成。数字健康服务应用成效初显。医院信息系统建设整合力度加大。公共卫生信息系统全面展开。佛山区域平台已连接127家医疗卫生机构。数据中心存有数据8亿多条。佛山健康卡发放173万张，市民持卡就诊648万人次，平均用卡就诊3.8次。访问健康网站达70多万人次，12万多人查阅个人健康信息。每天超过1000人在网上进行预约挂号，累计达31万多人次。超过1万人次在网上对医生开展实名满意度评价，满意率达88%。在全市4500个医生工作站可以联网查询患者的既往病史，诊断记录，用药记录等，辅助医护人员进行诊断治疗，提升了服务水平。

【公共卫生和重点疾病防控工作落实到位】 全年全市共建立居民电子健康档案348万份，建档率为73.4%。其他基本公共卫生服务项目也得到落实。继续做好预防接种、传染病防治、慢性病管理、重性精神疾病管理、卫生监督协管等公共卫生服务项目。加强了重大传染病防控工作。进一步加强了艾滋病、结核病、梅毒等重点传染病防控工作。签订《广佛肇公共卫生信息共享协议书》，落实了广佛肇重大传染病和突发公共卫生事件联防联控工作机制。加强了职业病防治工作。继续以机构建设、能力建设和人才培养为重点，认真组织实施《佛山市职业病防治规划（2011～2015年）》。切实履行过渡期职业卫生监管职能，大力推进职业卫生评审工作，完成建设项目职业病危害评价309项次。加强《职业病防治法》宣传，大力开展职业病危害专项整治工作，2012年没有发生职业病危害群体事件。加强了卫生监督执法力度。以公共场所卫生、学校卫生、生活饮用水卫生、职业卫生和传染病防控等为重点，围绕社会热点和群众关心的问题，部署开展全市卫生监督专项检查、专项抽检、专项整治工作。公共场所、学校卫生、生活饮用水卫生监督量化分级管理工作继续在全省领先，覆盖率均达到100%，卫生等级A、B级单位比例进一步提高。

【医疗服务监管进一步强化】 2012年，佛山规范医疗机构和人员资质、技术准入，印发了《关于规范医疗机构设置审批工作的意见》，组织介入诊疗技术和人工关节置换技术资质申报。组织完成了佛山市第五人民医院等5间医院的等级评审工作。建立健全医疗质量控制评价体系，成立了心血管内科等14个市级医疗质量控制中心。大力推行临床路径管理，建立社会医疗救护联动工作机制，提高院前急救能力。组织开展了“优质护理服务工程”，加强医疗废物管理，全市医疗废物产生量控制在每天12吨以下。加大了医疗机构药事管理力度，进一步推进阳光用药制度建设，推进合理用药。加强了临床用血管理，开展了专项督查和培训，在医疗业务不断增长的情况下，全市临床用血量比上年下降6.04%，佛山市连续8年获得全国无偿献血先进城市奖。加强平安医院建设，完善各级各类医疗机构治安防控体系，充分发挥医疗纠纷人民调解委员会的作用。推进中医药强市工作，启动了佛山市优秀中医临床人才研修项目。

【卫生应急管理进一步完善】 2012年，佛山市卫生局设置了应急办，完善了应急管理机构建设。以规范管理和完善预案为重点，进一步健全了应急管理。加强应急队伍建设，组建了全市突发公共事件卫生应急专家咨询委员会，调整充实了卫生应急队伍。全市已建立11类19支不同专业类型的突发公共事件卫生应急处置队伍。顺利完成了党的十八大“百日维稳”“食用农产品博览会”等重大活动卫生保障工作任务。

【妇幼卫生和爱国卫生扎实推进】 妇幼工作进一步落实，很好地完成了妇幼重大公共卫生服务项目、妇幼保健服务均等化、新生儿疾病筛查等工作任务。继续大力推进免费婚检产检等惠民措施，2012年全市接受免费婚检人数为4.4万人，婚检

率为59.6%，同比提高了3%；为1100名产妇提供了惠民产房服务。婴儿死亡率、孕产妇死亡率等指标持续向好。特别是开展新生儿疾病筛查工作12年来，共筛查71万多例新生儿，筛查率达到98.9%，成绩突出，成效明显。亿万农民健康促进行动工作继续领跑全省。高明区荷城街道顺利通过了省“行动”办工作考评验收，成为佛山市第16个省级“行动”示范镇，全市示范镇数量占全省总数近三分之一。

2012年，佛山继续以城乡环境卫生整洁行动和创建全国文明城市为抓手，深入开展卫生镇、卫生村创建工作，加大对农贸市场及城中村、城乡结合部等突出问题的整改和监管力度，抓好边远地区农村改水改厕和卫生创建工作，进一步提升城乡环境卫生整体水平。组织开展了爱国卫生月活动，加强病媒生物预防控制工作。组织开展以创建“无烟单位”为主要内容的室内公共场所控烟工作，2012年新增无烟单位454个。

【进一步加强科研教育、新闻宣传与行风建设】 2012年，佛山市中医院骨伤科成为佛山市首个国家级临床重点专科建设项目并获资助300万元，并被推选为全国中医骨伤科正骨技术组组长单位，另新增省临床重点专科8个。佛山市共有国家级临床重点专科建设项目1个，国家中医药局重点专科7个，省级重点学科1个，省级重点专科41个，市重点专科13个，市特色专科34个。

开展全科医生转岗培训工作，统一集中培训46名全科医生。组织开展全科医学岗位培训统考，共有823名考生参加统考。组织783名中医、西医临床住院医师规范化培训公共必修课统考工作。

2012年，佛山市卫生局制定了卫生系统新闻宣传工作方案，与媒体联合组织开展了网民走进医疗卫生机构体验活动，增进医患之间的了解、理解和信任。举办了2012佛山市卫生系统构建和谐医患关系访谈暨新入职人员宣誓仪式，组织全市900名医务工作者代表参加“广东医生”先进事迹报告会，组织开展“医疗卫生职业精神大讨论”。参加了“政风行风热线”和“对话民生”等活动，听取社会各界对佛山市卫生系统的意见和建议。为进一步加强医患沟通，开通了12320卫生热线。开展防“统方”工作，组织开展创建“廉洁诚信医院”活动，进一步治理医药购销领域和医疗服务中的不正之风，促进了全市医疗机构医德医风建设。制定《医疗服务满意度第三方测评工作方案》，对市直8家医院进行了满意度测评。测评结果显示：群众的满意度为82.74%，同比提高了6.4%。

（潘思东）

第八篇

社会生活

人力资源和社会保障

人力资源

【综述】 2012年，在佛山市委、市政府的正确领导下，全市人才人事工作继续向广度和深度发展。人才队伍建设取得显著成效，引智工作力度加大，为经济社会全面发展提供强有力的人事和人才支持。

【公务员管理】 一是严格完成公务员招录工作。2012年，佛山市顺利完成乡镇公务员选拔工作，从农村、社区优秀基层干部和有基层经历人员中选拔乡镇公务员（事业单位人员）57名。圆满完成县级以上机关公务员招录工作，共录用587人。二是做好公务员培训工作。完成公务员全员培训、初任培训、任职培训等任务。配合市委组织部深入推进公务员跨区域、跨部门、跨级别、跨体制交流培训，共派出挂职交流干部120名。三是切实推进公务员跨市交流学习工作。9月28日，广州、佛山两市各派出10名科级以上干部到对方市对口部门开始第三届广佛公务员挂职交流，为期2个月。

【人才队伍建设】 全市人社部门以高层次创新创业人才和高技能人才为重点，加快人才队伍建设。2012年，全市拥有人才保有量超107万人，同比增长7%，其中技能人才44万人，同比增长9%，极大提升了转型发展的创新驱动力。通过竞争性选拔，评定市创新创业领军人才60名，突出贡献高技能人才50名。积极推荐政府特殊津贴专家候选人，1人被省推荐参与国务院选拔。博士后工作取得新突破，博交会获人社部批复成功落户佛山。成功举办第二届政府顾问团第三次会议，组织完成18个顾问团研究课题，专家智库作用得到充分发挥。

【事业单位人事制度改革】 2012年，佛山市全面完成其他事业单位绩效工资的改革，公益一类事业单位的基础性绩效工资已于5月兑现到位。深入推进事业单位岗位设置和人员聘用工作，全市实际完成岗位核准备案的单位数989家，完成99.5%。狠抓公开招聘制度落实，全市285个事业单位开展了公开招聘，录用1853人，通过公开招聘进入事业单位的人员达99%。

【军官转业安置】 2012年，佛山市共接收安置军转干部161名。按行政移交的150人，其中师职转业干部1人，团职转业干部40名，占总人数的24.8%，正营及以下转业干部68人；按专业技术移交的41人，其中技术八级3人，技术九级10人，技术九级及以下的转业干部32人。自主择业的军转干部11人，占总数的6.8%。

【人事人才服务】 2012年，佛山市各级人才服务机构全力做好高校毕业生就业工作，佛山生源应届普通高校毕业生共3.24万人，就业率达92.7%，全年共为525名特困家庭毕业生实现就业。同时，各级人才服务机构与高等院校有机结合，举办多种形式的高校毕业生就业招聘活动，其中人社部门组织举办的“一企一岗·互济共赢”高校毕业生招聘服务活动，吸引了382个招聘单位，提供4257个就业岗位 。在人事考评工作方面，2012年共组织全市各类专业资格和职（执）业资格考试43项，累计报考者3.38万人。在考生数量大、组织难度高的情况下，经过各相关部门的周密部署，通力合作，实现了各项资格考试考务组织工作“零差错”，公务员面试工作实现了“零投诉”。同时，佛山考区也是全省唯一连续4年实现职称外语考试“考场零雷同”的考区，受到了广东省的通报表扬。

（潘春芳）

劳动就业

【综述】 2012年，佛山市各级人力资源社会保障部门紧紧围绕党委政府的中心工作，按照“民生为本、就业优先、培训为辅”的工作主线，在坚持发展经济与扩大就业的良性互动中，保持了就业局势稳定，顺利完成了培训就业工作的各项目标任务。同时，各级人社部门继续推进和谐劳动关系示范区创建工程，健全三方机制，稳步推进企业工资集体协商制度，促进了劳动关系的和谐稳定。

【就业】 2012年，佛山市人社系统以培训促进就业，以转型升级扩大就业，以创业带动就业，以服务稳定就业，在扩大与稳定就业方面取得显著成效。一是援企稳岗政策进一步优化。面对多变经济形势对中小微企业影响，及时出台给予社保补贴、岗位补贴、培训补贴，结构性调低社保费率，免征劳动调配费等暖企优惠政策，累计为企业减轻负担6亿元，失业保险促进就业支出3.2亿元。二是创业带动就业工作积极推进。建成创业带动就业孵化基地10个，进驻企业829个。加大小额担保贷款力度，全市共发放小额担保贷款360笔共3302万元，同比分别增长46%、49%，直接帮扶6309人成功创业，带动就业2.5万人。三水区提高最高贷款额、扩大受益人群、提供二次贷款的做法得到上级充分肯定，并向全省推广。三是保持重点群体就业稳定。开展“南粤高校毕业生就业推进行动”“高校毕业生就业服务月”和“南粤春暖”等活动，积极搭建求职就业的供需平台，提高公共就业服务质量，强力推进了高校毕业生、农民工和就业困难人员等群体就业。2012年全市共有劳动力322.23万人，本市城镇劳动力95.34万人，本地农村劳动力91.72万人，外来流动就业人员135.17万人；全市新增城镇就业9.11万人，失业人员实现再就业5.01万人，应届高校毕业生就业率达到92.7%，城镇登记失业率2.42%，低于省3%的控制目标。

【职业技能培训】 2012年，佛山市人社部门坚持“以服务为宗旨，以就业为导向”方针，不断创新技能培训方式，整合培训体系，实行订单培训、定向培养、合作办学等方式，不断为企业转型升级和经济效益的提高提供了人才支援。一是不断完善人才队伍建设政策体系，大力开展有关人才引进、培养以及激励等方面的政策宣传。二是通过加强惠普式职业技能实训基地，实施全民技能提升计划，多渠道、多层次、多形式地开展就业技能普及培训、岗位技能提升培训和创业技能培训，满足不同人群、不同技能等级劳动者的职业培训需求，全年累计职业技能培训44万人次。

【职业技能鉴定】 佛山市以满足社会需求为导向，大力开展职业技能鉴定工作，同时加强职业技能鉴定监管力度。2012年，全市参加职业技能鉴定共5.47万人，鉴定合格并取得职业资格证书的共4.6万人，其中初级2.31万人、中级1.61万人、高级6816人，合格率为84.06%。

【技工教育】 2012年，佛山市下发了《关于进一步做好我市中等职业技术学校招收东西两翼与粤北山区学生工作的通知》，延续了佛山市技工院校招收东西两翼与粤北山区学生以及本市家庭经济困难学生的资助政策，增强了技工院校的招生优势。2012年广东省下达佛山市技工院校招生计划8800人，全市技工院校招生9255人，完成计划105.17%，在校生约2.6万人，同比增长3.52%，在校生规模保持稳定。2012年，全市技工院校毕业生数6569人，初次就业率98%，就业率连续多年保持较高水平。

2012年，佛山市副市长王玲代表佛山市与香港职业训练局和华南就业管理协会签署培训就业合作意向书，双方在高端管理及技能人才的引进培训、提供就业服务等多方面开展交流。佛港两地将

按照先易后难、循序渐进的原则在培训就业方面展开合作交流。

【企业工资分配】 2012年，佛山市积极健全政府、工会、企业劳动关系三方机制，加强社会建设，创新社会管理，充分发挥工会、企业联合会的作用，有效引导企业劳资双方通过建立顺畅沟通渠道，协商解决企业工资分配中的问题，有条不紊地推进企业集体协商制度。全年全市累计有效集体合同1.06万份（工资集体合同3821份），覆盖企业3.45万家，涉及职工132.05万人，其中区域性集体合同1777份（区域性工资集体合同1549份）；行业性集体合同139份（行业性工资集体合同129份）；企业集体合同8689份（企业工资集体合同2143份）。企业集体合同签订率43.2%，其中已建工会企业集体合同签订率80%。

【劳动关系调整】 2012年，佛山市各级人社部门稳步推进创建和谐劳动关系示范区工程，加强劳动合同管理，组织市总工会、市企业联合会、佛山市工商联召开协调劳动关系三方会议，以社区（街镇）、工业园区、行业等范围内的各类企业为基本创建单位，以“十个全面”为目标全面推进和谐劳动关系示范区创建工程。建立创建工程联席会议制度，在各区选定一个示范点的基础上，全市以点带面创建示范工程。至年底，全市建立和谐劳动关系示范点26个，参加创建工程的企业达到了企业总量的35%，符合和谐劳动关系示范区创建标准的示范点达到26.9%。同时，全市各级人社部门始终把巩固和加强劳动合同管理放在劳动关系调整工作的首要位置，以推动签订劳动合同的办法从源头上规范企业用工管理和预防劳资纠纷的发生，督促和引导企业构建和谐劳动关系。2012年，全市各类企业劳动合同签订率为90.2%，其中农民工劳动合同签订率87.4%。

【劳动争议仲裁】 佛山市各级劳动人事仲裁机构坚持“预防为主、调解为主”的原则，积极稳妥处理劳动人事争议案件，维护劳动人事关系双方合法权益。坚持对农民工劳动争议案件开辟绿色通道，实行优先排期、优先开庭、优先审结的方式，切实维护了农民工的权益。其次是继续推进裁审对接长效机制。市劳动争议仲裁委员会与市中级人民法院双方就进一步强化裁审工作，建立长效机制进行多次有效沟通，促使裁审对接工作更加科学化、正规化、制度化，提升了佛山市劳动争议案件的裁审水平，促进劳动争议案件程序与人民法院诉讼之间的良好对接。2012年，全市劳动人事争议仲裁机构立案受理劳动人事争议案件近1.28万宗（包括案前调解和立案仲裁案件），比上年增加约11%，法定审限内结案率为97.1%。

【劳动监察】 2012年，佛山市各级人社部门统一部署，不断加大劳动监察和信访工作力度，切实维护劳动者合法权益和社会稳定，取得了较好的成效。市人社部门实行信访重点案件领导包案责任制，积极开展信访积案化解活动，有效推动了一些历史遗留问题和社保民生问题的解决。全年全市人社部门共受理各类来信、来访、来电信访案件2.2万件，同比下降16.8%；涉及2.41万人，同比下降22%；市人社局领导“大接访”38人次，接待群众来访359人次，涉及481人，受理案件35件，办结率100%。同时，全市人社部门加大日常巡查工作力度，加强对重点行业、重点区域和重点企业的专项监察。2012年，全市各级劳动保障监察机构共巡查用人单位1.66万家，涉及劳动者85.94万人；受理举报投诉案件4292件，立案4268件，结案4259件，结案率达99.79%。

【法制建设】 2012年，佛山市为加强人力资源社会保障法规政策的宣讲工作，成立了市人社局“六五”普法宣讲团。市人社局不断加强规范性文件管理工作，完善制定程序，明确职责分工及注意事项，积极举办法制工作联系点座谈会听取企业对有关规范性文件的意见，促进决策科学化、民主化、合法化。通过开展送法到企业、到社区、到学校的活动和制作普法广告和短片，在全市不断掀起学习人社法律法规的高潮。同时，人社部门高度重视网络舆情，处理网络发言人平台问题超过902件，针对部分网民对生育保险待遇的质疑，制作了舆情报告，促进佛山市生育保险政策的及时出台。

（潘春芳）

社会保障

【综述】 2012年，佛山市社保系统在市委、市政府和上级主管部门的正确领导下，以落实“十二五”规划和实施社保法为主线，紧紧围绕省、市工作部署，根据年初制定的工作要点，各项工作按照既定的目标稳步推进，有亮点、有成效。至年底，全市城镇职工基本养老、医疗、失业、工伤、生育各险种实际缴费人数分别为215万人、209万人、194万人、210万人、209万人；全市参加新型农村社会养老保险人数72万人，全征地农村养老保险补贴参保人数12万人，居民医疗保险人数205万人。全年全市社会保险基金收入199亿元，支出144亿元，当期结余55亿元。

2012年6月16日，佛山市人力资源和社会保障局在南海劳动广场举办《社会保障法》实施一周年宣传咨询活动。

【扩面征缴机制有新突破】 2012年佛山市针对市级统筹以来首次出现部分区未完成养老保险基金征缴任务的情况以及当前经济形势，及时向市政府报告并提出适当调整市级统筹做实个人账户的比例及据此下达全年社会保险扩面征缴任务，得到市政府同意。各险种征缴任务按要求完成。

【待遇水平有新突破】 一是各项社保待遇提高。2012年佛山市两次提高企业退休人员养老待遇，人均增加约370元，解决了平均养老金低于全省平均水平的问题，向政府和人民交出一份比较满意的答卷；完成3万多机关事业单位退休人员养老金调整和补发工作，并按规定调整国家机关工作人员及离退休人员死亡一次性抚恤金发放标准；为1～4级工伤职工参加职工医疗保险，并两次调整工伤伤残津贴，伤残津贴从人均1551.25元增加到1912.3元；同时，根据计发基数调整及时提高丧葬补助金、抚恤金、一次性工亡补助金等相关待遇。此外，顺德区、三水区提高了全征地居民养老保障水平，全市新农保基础养老金也将于2013年1月起从每月100元调整至每月120元。二是完成“事转企”退休人员待遇调整，明确对“事转企”退休人员享受高级职称专项津贴问题的处理原则，使该类群体待遇偏低问题得到妥善解决；三是新增职工医保血友病（凝血因子治疗）门诊特定病种，同时对乙型血友病病人因病情医治必需的“九因子”纳入基本医疗保险基金支付范围，得到患者的好评。四是认真落实低收入群众临时价格补贴与物价上涨联动机制的要求，做好信息系统改造，确保联动机制启动时失业人员价格补贴正常发放。

【社保卡发卡工作有新突破】 2012年上半年佛山市社保部门积极配合跟进省厅发卡规范的制定，与各大银行和卡商研究制定发行服务方案，完善卡系统的开发，完善社保卡的应用。5月份即启动批量发卡；10月份，针对收取20元工本费影响发卡进程的问题，及时调整思路，与合作银行达成首次申领社保卡的工本费由发卡银行代缴的意见，并调整发卡流程，让银行参与发放和回收申领表，大大提高了采集表的回收率。至12月底，全市社会保障卡申领采集表打印133万张，回收67万多张，报送卡厂制卡33万多张，完成制卡30万张。社保卡发卡流程基本理顺，系统建设达成目标，应用环境不断完善，12月顺利通过人力资源和社会保障部信息中心的社保卡质量安全检查。

【医疗（生育）保险管理有新突破】 一是医保结算管理更趋完善。2012年，佛山市修订完善了职工医保定点医疗机构医疗费用结算管理试行办法，统一规定了居民跨区就医的医疗费用结算办法，对部分医疗耗材实行最高限价，在佛山市第一人民医院试点单病种付费方式，确保医保基金高效、公平使用，减轻了参保人的经济负担；省异地就医结算上线工作稳步推进，与广州13家医院实现异地就医联网即时结算，每月结算额近千万元；按时完成了与省局建立的全省异地就医结算“三个目录”基准库的对应工作和医院的系统改造工作。二是定点医疗机构管理方式方法有新探索，修改完善了全市基本医疗保险定点医疗机构医疗服务协议文本，重点加强了量化管理；同时根据广东省社保局的部署，研究起草了定点医疗机构医保服务医师管理试行办法。三是医保政策差异缩小，市级统筹力度加强。2012年7月，南海区居民门诊医保制度调整，五区门诊医保均实现“一卡通”，全市居民医保关系系统上线运行，8月底实现全市医保个人账户资金首次集中支付。四是制定职工生育保险系列文件，做好实施准备工作。2012年第四季度在响应社会各界强烈要求享受生育津贴等待遇的呼声中，全市人社、社保部门克服时间紧、任务重的困难，在省尚未出台生育保险配套法规的情况下，根据社保法的精神，拟定了《佛山市职工生育保险试行办法》，并报政府常务会议讨论通过。同时，做好生育保险的医疗费用结算、定点医疗机构服务协议、诊疗项目及医疗服务设施范围、经办业务管理规程等系列配套文件的草拟、系统建设业务需求确认以及宣传资料的编辑等工作，各项准备工作有序进行。

【社保基金管理和风险防控有新突破】 一是社保基金管理水平进一步提升。2012年，佛山市迈出了社保待遇集中支付的第一步，实现了医保个人账户的市级集中支付，统一了全市社保基金出纳会计一体化管理系统，调整了社保基金会计核算架构，大大提高基金管理效率和安全防控能力，社保基金现代化管理手段提升。同时，按照部、省有关要求，从2012年下半年开始建立社保基金财务业务一体化系统，大大提高了会计核算的速度和准确性，以及对基金的安全性管理；在与农业银行构建社保基金银行账户管理系统的基础上，探索建设全市社银账户管理系统，该项目已获市政府批准，即将进入项目招标阶段，届时通过系统可实现各项社保待遇的直接批量支付、查询、预警，实现对社保基金的全方位无纸化监控。

二是稽核内控工作成效明显。社会保险日常稽核、重点稽核和内控监督工作有计划按步骤开展，稽核内控工作成效明显，2012年对五区工伤保险业务和市局保险关系业务进行了内控监督检查，对重复领取养老金人员分批次进行清理，对养老保险关系在省局、医疗保险关系在佛山市的参保或享受待遇人员的生存状况进行核查，并对查处的问题加以解决，社保业务经办风险防范加强，业务经办风险点和防控措施进一步明确，做到内控内审工作前移和监督常态化，为社保基金安全构筑一道坚实的防护墙，部中心和省内控检查组对市局和禅城区局内控工作给予了较高评价。广东省审计局和市审计局联合组成的审计组对全市社会保障资金专项审计肯定了市社保基金管理总体情况良好。

三是加强数据清理，推进精确管理保障参保人权益。2012年，佛山市社会保险基金管理局以社保卡发放为契机，重新制定了数据清理工作方案，以同步清理、专项清理为主，零星清理为辅的方式加快了核心一系统中问题数据的清理。在各区局的共同努力下，同步清理了发卡计划中涉及的问题数据2.99万条，重档问题数据2.89万条。南海区局在数据清理中采取定人、定时间、定地点的方式，从科室、各分局抽调6名工作人员集中开展清理工作，取得良好成效，数据质量大大提升。

【经办服务和队伍建设取得新突破】 一是信息化水平不断提高。开发或完善了数据清理、失业人员价格补贴发放、财务业务一体化、居民医疗保险征收、工伤保险先行支付、异地就医联网结算双向改造、网上业务等系统，保证各项业务经办的正常运作；完善了社保信息系统应急预案，网络和主机安全建设、权限管理和系统防控措施进一步加强。二是职能清理工作有序开展，行政审批权进一步下放，服务重心延伸村居，大大方便参保单位和群众办事。三是清理现行规范性文件，信访维稳扎实有效，未出现超时、或被出示黄牌、红牌警告或因程序有错而引起行政复议或行政诉讼的情况。四是电子档案系统进一步完善，综合档案管理能力进一步提升。五是队伍管理全面加强。组织各种形式的廉政教育活动，筑牢广大党员干部职工拒腐防变、廉洁自律的思想防线；通过多种形式组织学习贯彻党的十八大精神，开展“创先争优”活动，增强党性修养；针对社保经办业务的实际，有计划、有步骤地开展业务培训，制定科级以上干部培训计划，分两批到中山大学学习，全面提高队伍的综合素质；全年提拔科长1人，主任科员1人，副主任科员2人，招录公务员2名。

【社保宣传工作有新突破】 2012年佛山市开展了近年来最大规模、最为集中的社保普法宣传。除社会保险户外宣传咨询、社保专题讲座、用人单位座谈会、社保论坛、知识竞赛、有奖征文和送电影下乡等活动外，还设计制作了社保卡海报、沙画形式的社保公益宣传片、社保便民手册等多种形式的宣传资料。整个宣传活动市区联动，内容丰富，形式多样，群众参与的积极性很高，加上各大媒体的广泛宣传，效果不错，社会保险在群众中的知晓度、满意度、支持度得到提升。

（市社会保险基金管理局）

2012年7月7日，佛山市社会保障卡现场服务宣传活动在禅城区丽园商业广场举办。

社会福利

【综述】 2012年，佛山市各级民政部门坚持“以民为本、为民解困、为民服务”的工作宗旨，紧扣“维护民生、提升服务、加强创新”的主题，夯实基础工作，提升服务水平，创新管理机制，为“民富市强、幸福佛山”建设作出了新的贡献。

【社会救助工作整体水平不断提高】 一是城乡最低生活保障制度落实到位。2012年，佛山市建立起科学的城乡低保标准动态调整机制，实现五区统一430元／人·月的标准，全年发放低保金1.01亿元，基本实现了动态管理下的应保尽保。实施分类救助，及时启动临时生活补助联动机制，困难群众的基本生活得到有效保障。二是城乡医疗救助制度不断健全。全面实施医疗救助“一站式”服务管理，取消医疗救助起付线，取消住院押金，取消病种限制。全年全市共支出2004.59万元为4.39万名困难救助对象购买城乡居民医疗保险，支出1437.77万元对2147人次实施了大病医疗救助，解决了困难群众就医之忧。三是农村五保供养工作进一步规范。及时提高五保供养标准。继续开展创建“环境优美型、服务创新型”农村敬老院工作，供养条件和居住环境不断改善。四是慈善救助工作进一步完善。成立市慈善会新一届理事会并召开了理事会会议，完善了相关规章制度，落实了办公场所和工作人员。全市积极拓展慈善项目，慈善事业的社会影响力扩大。开展了“广东（佛山）扶贫济困日”活动，2012年共接收到账捐款8202万元。五是其他配套救助制度得到落实。扶贫助学工作成效显著，城乡特困家庭住房救助发挥实效，法律援助制度顺利实施，积极落实节日慰问工作，安全开展了流浪乞讨救助。

【防灾救灾体系建设不断完善】 一是完善了灾害信息报送工作体系。建立了市、区、镇街、村居四级灾害信息员报送体系，建立了信息员台账。二是完善了应急避灾场所和救灾物资仓储网络建设体系。共设立应急避灾场所1018个，通过自储或协议代储的形式，建立了灾害救助物资仓储网络。三是积极开展防灾救灾演练、防灾减灾科普教育，有效提高了群众的防灾减灾意识。全市获得民政部、国家减灾委授牌的“全国综合减灾示范社区”已达83个。四是及时做好灾害救助工作。2012年汛期，全市主要受到龙卷风、冰雹、雷电和洪涝等自然灾害的袭击，灾情发生后，各级民政部门第一时间赶赴灾区核查灾情，协助做好灾民紧急转移安置，部署紧急救助和善后工作，妥善安排了受灾群众的生活。

【老龄工作和社会福利工作服务水平不断提升】 完善老龄工作机制，制定了《佛山市老龄事业发展“十二五”规划》；启动了“社会养老服务体系建设年”活动和“敬老爱老助老工程”；举办了老年文艺展演活动，开展了创建“全国敬老文明号”、评选第四届“广东省十大敬老之星”等活动。其他专项福利工作稳步实施。全市“星光计划”顺利通过财政部门绩效考核，各区农村积极推进“幸福计划”实施工程,“明天计划”“蓝天计划”继续推进。

【双拥优抚安置工作进一步巩固】 一是双拥模范创建成效显著。佛山市连续7次获得“全国双拥模范城”称号、连续8次获得“广东省双拥模范城”称号。全市五区全部被命名为“广东省双拥模范区”，首次实现“满堂红”的目标。二是落实优待抚恤政策，及时调整提高了优抚对象抚恤补助标准。进一步落实优抚对象优先优惠措施，完成了9400名优抚对象的优待证换领工作。三是积极开展双拥共建和拥军优属活动，营造了良好的双拥氛围。四是认真贯彻落实退役士兵安置改革新措施，建立了以扶持就业为主，发给退役金后自主就业、政府安排工作等多种方式相结合、城乡一体的制度体系。2012年，全市接收2011年冬季退役士兵1131人。五是加强退役士兵教育培训制度建设。六是做好军休干部的接收和服务管理工作。

【社会组织管理改革不断推进】 一是推行直接登记制，除法律法规有特别规定需要前置审批外，全面实行直接登记制。二是下放登记管理权，大大地促进了基层社区社会组织的发展。三是压缩审批时限，大大提高了工作效率。四是降低准入门槛，改革审批项目，实行备案制。五是积极推进市、区社会组织孵化基地建设。六是推进社会组织评估、社会组织承接政府转移职能和购买服务。七是推进行业协会商会去“行政化”。八是抓好监管和行业自律建设，提高了社会组织的公信力。至2012年底，全市各类社会组织共3549个，经民政部门注册登记的2645个，其中社会团体1338个，民办非企业单位1307个；备案的904个。

【社工人才队伍建设不断发展】 一是通过开展“岭南社工周”等系列活动，社工社会认知度进一步提高。二是民办社工机构得到进一步发展，全市登记在册的民办社工机构已达到37家。三是社工人才队伍不断壮大，2012年全市初、中级社工考试通过人数达到519人，超过了前4年总数之和。

【民政专项事务不断强化】 一是福利彩票销售形势大好。积极推行宣传方向转型、投注站建设转型，服务升级、管理升级、理念升级的“两转型、三升级”工作，福彩销售工作机制不断完善，营销渠道不断拓展，福彩销售额再创新高。2012年全市销售福利彩票15.76亿元，比上年增长25%。二是认真落实殡葬改革各项工作。开展了2011年度殡葬管理目标考核，完成了2011年度殡葬服务单位年检，做好清明节和重阳节期间群众拜祭活动的各项服务和安全协调工作。佛山市“骨灰植树活动”被民政部授予“优质服务品牌”称号。对农村五保对象、城镇“三无”对象、城乡低保对象和生活困难的优抚对象等实施免除基本丧葬费用。三是依法开展收养登记工作。组织收养登记员培训班和档案管理学习班，提高收养登记业务素质和服务水平，规范了收养登记档案管理。

（杨　俊）

老龄工作

【进一步提高城乡社会养老和医疗保障水平】 2012年，佛山市继续出台政策措施，提高企业退休人员基本养老金水平，退休职工人均月收入达到1940元。继续开展创建“环境优美型、服务创新型”农村敬老院工作，供养条件和居住环境不断改善。

【制定老龄事业发展“十二五”规划】 2012年，佛山市根据国家和省关于加强老龄工作的要求，坚持把发展老龄事业纳入经济社会发展全局统筹规划，制定了《佛山市老龄事业发展“十二五”规划》，经市政府同意并印发到各区和市直各部门组织实施，该规划总结“十一五”期间全市老龄工作取得的各方面成就，明确提出了“十二五”期间全市老龄工作的指导思想，发展目标，工作任务和落实措施。为保证规划的顺利实施，市老龄委重新制定各成员单位工作职责，务求齐心协力，扎实推进各项目标任务的顺利完成。

【进一步推进居家养老服务“扩面调标”】 根据市老龄事业发展“十二五”规划提出的“8974”目标，2012年佛山市继续加大投入，推进城乡养老服务设施建设，积极研究出台配套优惠政策，鼓励民间资本投资养老服务业，努力构建以居家为基础、社区为依托、机构为支撑的养老服务体系。将原享受政府补贴的九种老人扩大到十四种老人，并调整提高服务标准100～300元。通过对居家养老服务中政府补贴服务对象范围的扩面提标，带动和提升全市居家养老服务水平。

【进一步加强老年维权保障工作，完善各项老年优待服务】 至年底，佛山80周岁以上户籍老年人口近8万人，全部可享受由政府发放的高龄津贴，全年全市共发放高龄津贴1.13亿元。各区在巩固落实80岁以上高龄老人津贴制度基础上，还根据自身实际，制定当地相关执行办法和优惠政策措施。如三水区从2012年1月起在执行全市标准的基础上，把80岁以上高龄津贴每月提高100～200元。禅城区根据高龄老人生活照料需求大的特点，由区政府投入568.1万元，为80岁以上老人免费安装“平安钟”呼援系统，并提供为期一年的服务。现已惠及1.24万位高龄老人。

在老年维权法律援助方面，全市维权网络进一步完善，服务方式更加到位，实行了1小时受理业务制度。全年全市共办理法律援助243件，接待来电、来信、来访2875人次。

【开展各项“创先争优”活动】 2012年，佛山市根据广东省老龄委转发《全国老龄工作委员会关于开展“敬老文明号”创建活动通知》和《关于开展第五届全国敬老爱老助老主题教育活动暨“广东省敬老之星”和“敬老企业之星”评选表彰活动的通知》要求，认真做好研究部署，成立了佛山市创建活动领导小组，制定相关方案。2012年佛山市又涌现了一批敬老先进集体和个人，佛山市法律援助处被评为“全国敬老模范单位”，陈卫红、周美霞、余建、李桂平、谢杰贞、任天虹等6人被评为“全国孝亲敬老之星”，三水区广东好帮手电子科技股份有限公司被评为“广东省敬老企业之星”。

【积极开展各种敬老慰问活动】 2012年，佛山市各种敬老活动和老年文体活动形式多样，异彩纷呈。藉国庆节、中秋节、省老人节来临之际，佛山市老龄委慰问了全市385名百岁老人，市直500多名80岁以上离休老干部，还向五区150位困难老人送上慰问品和慰问金。各区的活动也十分活跃：禅城区举办了“十佳健康老人评选活动”，表彰了一批热心支持社区工作，积极参与社会公益事业的健康老人；南海区举办了“九九重阳，健康安全乐颐年”讲座以及“第二届千叟游南海”活动；高明区结合创建“全国文明号”工作，利用报纸、电视、电台、微博、社区论坛等宣传平台，开展了“我们的幸福讲堂——‘孝老爱老亲乐融融’齐畅谈”活动；三水区则举行了第五届“千叟宴”等活动，还通过三水电台“对话民生”节目，为群众解决实际问题。2012年三水区“中国长寿之乡”标识还经广东省版权局批准，成功通过了著作权登记。

（市老龄办）

【积极做好离休干部服务工作】 2012年，佛山市委老干部局进一步加强离休干部思想政治建设。引导离休干部党员全面领会和准确把握党的十八大精神，开展形式多样读书研讨活动，定期就近开展支部生活会，通报政策文件；不断拓展“五好”支部内涵，并进一步完善离休党员党务管理工作；充分利用干部离退休制度建立30周年的契机，向离休干部问政、问计；组织离休干部参加政府工作通报会和外出参观活动，组织支部骨干参加读书班等。至年底，市委老干部局有160位党员，分成12个支部。

进一步提高离休干部生活和医疗保障水平。提升离休干部养老金和节日慰问金等标准，着重落实帮扶特困离休干部长效机制，大幅度提高已故离休干部丧葬费和抚恤金额度，其中抚恤金从原来20个月增至40个月。针对离休干部“高龄期、高发病期”的特点，抓好《佛山市市直离休干部医疗保障管理规定》，做到老干部住院必访，全年上门慰问达近千人次；重点把关报销新特药品的医疗待遇；全程跟踪离休干部的年度体检工作。

进一步推动服务质量向前走。年初，为百岁离休干部易焕兰举办盛大的祝寿活动，将关心老干部、爱护老干部的优良传统宣扬出去，在社会上引起强烈回响。同时，为维护老干所大院和谐宁静，切实做好服务离休干部管理服务工作，引进物业管理公司、开展大院排水支管改造工程、调解邻里纷争等，这些做法一致赢得老干部和家属的好评。

（何桂明）

2012年年初，佛山市为百岁离休干部易焕兰（中）举办祝寿活动。

物价改革与管理

【综述】 2012年，佛山市价格工作在广东省物价局的指导下，按照市委、市政府的工作部署，依据年初制定的“稳物价、惠民生，抓调控、强监管，推改革、促规范”的总体思路，狠抓工作落实，保持了价格总水平和群众基本生活稳定。2012年全市价格工作成效显著，佛山市居民消费价格总指数（CPI）涨幅较上年呈高位回落态势，累计上涨2.6%，低于全省0.2%。

【推进“三项建设”】 2012年，佛山市认真贯彻广东省政府关于加强平价商店、蔬菜大棚、冷藏设施等“三项建设”的工作部署，把推进“三项建设”作为保持物价基本稳定、建设富裕幸福佛山的重要工作来抓。在推进“三项建设”中，始终坚持依托企业、政府扶持；坚持农超对接、产销见面；坚持品种齐全，全面覆盖；坚持常态经营；坚持约定义务，合理比价。重点做好平价商店进保障房小区建设，加大对平价商店的动态管理和指导，确保平价商店数量质量同步提升。积极探索将平价商店经营范围由农副产品扩大到居家必备药品，试点建设药品平价商店，使市民有更多选择，得到更多实惠。至年底，全市共建设平价商店216家，其中，农副产品平价商店162家、药品平价商店54家；新建114家，超额完成了省下达的建设任务。加大蔬菜大棚和冷藏设施的建设扶持力度，增强生产供应、储备调节能力，扶持蔬菜生产基地建设5个、大中型冷链设施6个。同时注重建立健全管理机制，并积极落实扶持政策，2012年佛山市争取省级价格调节基金1021万元和运用市、区级价格调节基金1211万元进行扶持。

【价格调节基金管理】 佛山市于2011年10月开征价格调节基金，全市价格调节基金按属地管理原则，由各区按季度负责征收，各区征收的按30%的比例采取就地分成方式上缴市财政，由市统筹安排。2012年禅城区、南海区、高明区与三水区共入库1.25亿元。为充分发挥价格调节基金作用，佛山市不断规范基金管理，并扩大扶持范围。价格调节基金重点用于对“菜篮子”建设和蔬菜大棚、冷藏设施、平价商店等“三项建设”进行扶持，以及对低收入群众实施临时价格补贴。从2012年6月起，佛山市对低收入群体实施临时价格补贴的资金全部从价格调节基金中支付。

【完善联动机制】 2012年佛山市进一步完善低收入群众临时价格补贴与物价上涨联动机制，扩大补贴范围，提高补贴标准，还从调整机制、责任单位、资金来源等方面进行了完善。将全市领取失业保险金人员列入补贴对象；补助标准由原来每人每月15元增加到每人每月最低不少于20元，最高可达每人每月补助50元。2012年，根据低收入群众生活费用价格指数（SCPI）的涨幅情况，全市共启动联动机制9次（7、9、10三个月SCPI未突破3%，未启动），共发放补贴资金987万元，受惠群众近8万人。

【惠企利民措施】 佛山市认真贯彻执行国家和省有关取消减免收费的政策规定，落实各项惠企、惠民政策，切实减轻企业和群众负担。

进一步规范涉企收费，2012年，佛山市取消了海关监管手续费、劳动年审证照费、职工养老保险手册工本费、流动人员治安联防费等8项行政事业性收费，免征小微企业13项行政事业性收费；对小型微型企业、外经贸企业、战略性新兴产业企业和省级产业转移园区的企业共四类企业免征、缓征21项行政事业性收费，对所有出入境货物、运输工具、集装箱及其他法定检验检疫物免收出入境检验检疫费；对涉企经营（中介）服务性收费，规定收费单位应当按照国家和省规定的收费下限标准收取费用。按照上年收费实绩测算，2012年出台的取消、减免收费措施，每年可减轻企业负担约1.2亿元。

狠抓收费公路专项清理和免费通行政策落实，广佛肇三市年票互认为企业和群众减负2.3亿元；2012年1月撤销了3个收费站，并将3个收费站由双向收费改为单向收费，取消1个次票代收点，每年减少外市籍车主负担1.02亿元；组织筹备召开听证会，还拟降低路桥车辆通行费年票收费标准。为切实减轻出租车营运成本，对车用压缩天然气价格先后采用暂停提价和缩小提价幅度的方法，减轻车主负担500多万元。整顿规范出租车行业的承包费和运价，全市统一了运价和燃油附加费标准。

加大药品价格监管力度，执行降低部分消化、抗肿瘤、免疫和血液系统类等药品的最高零售价格，共涉及148个品种、1201个剂型规格，其中包括国家调整公布的545个代表品价格，调整后的最高零售价格比现行规定价格平均降低17%；广东省公布的316个剂型规格，调整后的最高零售价格比现行规定价格平均降低22%。二类疫苗减轻群众负担约250万元，全市非营利性医疗机构执行药品“三控政策”后减轻群众负担约7000万元。执行一般诊疗费政策减轻群众负担3700万元。针对群众反映的热点问题，狠抓瓶装液化石油气价格管理和物业管理服务收费规定落实。同时对低保户、五保户家庭继续实行电信资费优惠政策，并减免困难群体有线数字电视收视维护费，其中对民政部门认定的五类困难群体减半优惠，对五保户免费。

【价格改革管理】 2012年，佛山市推进电价改革，从7月1日起试行居民阶梯式电价，并广泛开展政策宣传工作，积极解决试行居民阶梯式电价中遇到的实际问题，及时提出合理化建议，为省制定政策提供依据。积极推动水价改革，简化用水价格分类，加快实施居民生活用水阶梯式水价。根据国家深化垃圾处理收费改革的要求，研究建立有利于推行分类垃圾回收处理的收费政策。探索推行按生活垃圾产生量和“用水消费量折算系数法”计算方式，提高征缴率。为缓解中心城区机动车拥堵状况，制定实施差别化停车服务收费规定。出台加强殡葬服务收费管理的相关政策。

【价格监督检查】 2012年，佛山市加大价格专项检查力度，先后开展春运客运票价及农贸市场明码标价、商品房销售明码标价、医药卫生服务价格、教育收费等专项检查。全市共查处价格违法案件31宗，实施经济制裁246.08万元，其中退还用户35.49万元，没收违法所得金额113.43万元，罚款97.16万元。接到价格举报投诉、政策咨询2343件，比上年同期下降20.17%，已办结2278件。采取“回头看”的方式，对上年检查发现存在问题的7家医疗机构进行回访，督促被查单位认真整改、规范，以巩固医药卫生服务价格大检查成果；检查大型百货超市、专业家具、陶瓷卖场、专卖店等205家，纠正明码标价不规范的零售企业22家，对10家企业的明码标价违法行为进行了立案；开展商品房销售明码标价专项检查，全市重点检查了38个楼盘；以保障“三项建设”为重点，开展涉农及农产品价格专项检查；加强对节假日期间的价格监管等。同时全面推进价格诚信建设，通过提醒会、座谈会、新闻媒体宣传报道等形式，向有关企业、行业和单位宣传价格政策，强化价格政务服务工作，认真主动维护群众合法权益，积极营造文明和谐的市场价格环境和秩序。

【夯实价格基础】 2012年，佛山市认真落实价格监测、分析、预警制度，将价格监测范围扩大到平价商店。按照平时调查、节假日及紧急状态下密切监视相结合的原则，建立市场巡视制度，加强对市场舆情、供求、价格的巡视工作，及时向公众发布价格信息。开展多项与居民日常生活密切相关的商品及收费价格成本监审，涉及管道燃气、车用燃气、污水处理、物业服务、供水、医药制剂、机动车检测、路桥年票、中小学教育成本等近10项价格和收费的调整。建立完善执法监察制度和复议、应诉案件统计分析制度，提升执法质量。开展价格认证工作成效明显，开发了佛山市涉案财产价格鉴定管理系统，全市共办理价格鉴定 1.82 万宗，鉴定标的总额 6.75 亿元；积极开展涉及“三打两建”案件的涉案物品鉴定工作，成立“三打”涉案物品价格鉴定组，完成“三打”案件 238 宗，总案值达 3.38 亿元。

（罗志雄）

佛山市全面推进价格诚信建设，积极营造文明和谐的市场价格环境和秩序。

收入与消费

【综述】 2012年，佛山市委、市政府全面贯彻落实中央经济工作会议和广东省委十届十一次全会精神，稳中求进，以“稳增长、促和谐、调结构、惠民生”为重点，高度关注和重视民生问题，让全市居民切实分享到经济社会持续发展带来的实惠，确保了城镇居民收入和消费的持续平稳增长。

【居民收入稳增长，四项收入全面提高】 2012年，佛山城镇居民人均家庭总收入38867元，比上年增长12.9%。其中人均可支配收入34580元，增长12.6%，扣除价格上涨因素的影响，实际增长9.7%。城镇居民人均经营净收入、工资性收入、转移性收入、财产性收入均有不同程度提高（详见下表）。

2012年佛山城镇居民家庭收入主要来源及其增长

指　标	金额/元	同比增速/±%	构成/%	拉动总收入增长/±%
人均家庭总收入	38867	12.9	100	13.2
其中：可支配收入	34580	12.6	—	—
1. 工资性收入	26835	12.6	68.8	8.7
2. 经营净收入	4319	24.8	11.1	2.5
3. 财产性收入	1803	6.3	4.6	0.3
4. 转移性收入	5910	9	15.2	1.4

政策性因素主导工资性收入和转移性收入稳步增加。工资性收入仍是居民收入的主体和增收的主力。全年城镇居民人均工资性收入26835元，增长12.6%，拉动家庭总收入增长8.7%，对总收入增长的贡献率达67.4%。转移性收入也稳步增长，全年人均转移性收入5910元，增长9%，以上两项收入占家庭总收入的84%，是居民家庭收入来源的绝对支撑，对家庭总收入增长的贡献率达78.3%。增长原因：一是随着全年经济运行逐渐平稳回升，企业效益好转，职工工资收入得到保障或提高，同时相应增加了奖励工资。二是2011年9月开始实施的个税起征点、税率调整政策和2011年12月公布的《佛山市2011～2012年企业工资指导线》对城镇居民收入增长起到积极作用。三是2012年3月以来佛山市先后两次提高企业退休人员基本养老金水平，人均每月约增加300元，促进了转移性收入增长。四是完善城镇居民最低生活保障制度并提高保障标准，2012年10月1日起，全市执行统一的低保标准，并将低保标准提高至430元/人·月，平均涨幅达16.2%。

“暖春行动”“三打两建”拉动经营净收入快速增长。2012年2月以来，佛山市委、市政府开展“服务企业暖春活动”，主动为中小企业、个体经营户增加融资渠道，也为创业者提供多项经营便利政策；同时深入开展“三打两建”，进一步规范市场秩序，净化了市场环境，促进了个体民营经济蓬勃发展，促使经营性收入快速增长。全年城镇居民人均经营净收入为4319元，增长24.8%，在四项收入中增长最为迅速。另外，占人均可支配收入的比重由上年的11.3%提高到12.5%，提高1.2%。

出租房屋收入增长支撑财产性收入平稳增长。全年城镇居民人均财产性收入1803元，增长6.3%，其中出租房屋收入1211元，增长77.5%，出租屋收入占财产性收入的比重由上年的40.2%提高到67.2%，提高了27%。出租屋收入迅速增长有两方面原因：一是佛山市严格贯彻国家房地产调控政策，提高第二套房首付、实行限购等，商品房成交量明显下跌，二手房交易也受到影响，更多的旧房用于出租用途；二是房地产交易市场转冷助推了房屋租赁市场的升温，促进了房屋租金的上涨。

【居民消费渐优化，交通消费引领增长】 2012年，佛山城镇居民人均消费性支出26164元，增长10%。其中服务类消费支出8010元，增长7.1%。八大类消费呈“六升二降”态势，交通支出增长27.9%，引领消费支出增长；食品、医疗保健支出增长较高，均超10%；衣着、教育文化娱乐服务、其他商品和服务支出保持个位数增长；受家电促销政策中断、房地产调控政策延续等因素影响，居住、家庭设备用品及服务支出下降。从增长点看，交通、食品是带动消费增长的主要力量，分别拉动消费性支出增长4.6%和3.9%（详见下表）。

2012年佛山城镇居民消费支出及其增长指标

指　标	金额／元	同比增速／±%	构成／%	拉动总收入增长／±%
人均消费性支出	26164	10	100	—
其中：食品	9026	12.6	34.5	3.9
衣着	1547	3.2	5.9	0.2
居住	1621	−8.8	6.2	−0.6
家庭设备用品及服务	1570	−10.9	6	−0.7
医疗保健	1340	15.5	5.1	0.7
交通和通信	6467	23	24.7	4.6
教育文化娱乐服务	3645	7.1	13.9	0.9
其他商品和服务	947	4.4	3.6	0.2

食品消费讲究营养搭配，居民吃得“更潇洒”。2012年佛山城镇居民食品消费稳步增长，人均食品支出9026元，增长12.6%，占消费性支出的比重（恩格尔系数）为34.5%，比上年提高0.8%。具体来看，居民食品消费主要有三大特点：一是吃得“价更高”。2012年，佛山居民食品消费价格指数累计上涨5.5%，扣除价格因素，居民食品消费实际增长6.7%。价格上涨致使居民人均食品多支出496元。二是吃得“更合理”。糕点、奶及奶制品、蔬菜类支出分别增长13.2%和13%，均高于食品支出总体增长速度；干鲜瓜果类和肉禽蛋水产品类消费支出分别增长12%和4.1%。三是吃得“更潇洒”。食品安全监督检查力度的加大提振了居民在外饮食消费的信心，在外就餐明显增多。全年城镇居民人均在外饮食支出3152元，增长16.6%，增速比上年提高16.3%。

居民家用汽车消费量增加，促使交通支出快速增长。随着“禁摩”政策进一步推进，居民家庭摩托车拥有量下降12.6%，相反，城镇居民家庭家用汽车拥有量增势强劲。全年城镇居民人均交通支出5018元，增长27.9%；其中购买家用汽车支出1970元，增长97.3%。至2012年末，全市每百户城镇居民家庭拥有汽车66.5辆。随着汽车的增加，汽车使用费用也快速增长，有力拉动了交通支出的增长。全年车辆使用费用如税费、汽车燃料费、交通工具维修费等支出合计2547元，增长9.4%。

耐用消费品购买减少，住房类支出有所下降。随着家电促销政策中断以及新一轮居民家电产品的更新换代尚未到来，居民家庭耐用消费品购买量明显减少。全年城镇居民人均耐用消费品支出489元，下降30.9%。在国家继续保持房地产市场调控政策的影响下，佛山房地产市场交易面积和数额持续下降，与此相关的住房装潢支出、维修用建筑材料支出大幅下降86.9%和71.7%。

居民更加注重自我提升，教育支出增长明显。社会的发展与竞争的激烈对人的要求越来越高，人们也越来越重视知识素养的全面提升，对自身和子女的课外教育培训投入进一步加大。全年城镇居民人均教育支出1404元，增长21.6%。其中成人教育费、家教费、培训班花费分别增长720.9%、53.9%、24.6%。另外，随着政府义务教育政策的进一步完善，全年人均义务教育学杂费下降62.2%。

医疗保障水平提升，居民就医频次增加。一直以来，佛山市致力于提高居民的医疗保障水平，建立了门诊医疗保障制度并逐步扩大居民门诊医保报销范围，2012年5月又着手建设运行药品平价商店，方便了市民就医、购药。全年城镇居民人均医疗保健支出1340元，增长15.5%。其中居民诊疗费和挂号费等医疗费支出增加较为明显，全年人均医疗费支出512元，增长24.9%，占医疗保健支出的比重上升2.9%；人均药品费支出590元，增长15.1%。

信息化程度提高，网购消费日益普遍。随着信息化基础设施的不断完善，移动通信、互联网技术飞速发展，居民家庭信息化程度不断提高。至2012年末，佛山市每百户城镇居民家庭拥有电脑134台，其中112台电脑接入互联网，联网率达83%，与上年持平。移动电话264部，其中94部连接互联网，联网率达35.6%，比上年提高14.7%。网络技术、电子商务和现代物流的快速发展，促使市场交易逐步摆脱了时间和空间的制约。居民网上购物现象日益普遍，正逐渐成为新的消费模式。全年城镇居民人均通过互联网购买商品和服务支出184元，增长39.3%。

【与珠三角城市对比】 为了更好地评估佛山市城镇居民收入和消费支出所处的水平，将佛山与广州、深圳、东莞等珠三角8个城市进行对比分析（详见下表）。

2012年广东省及珠三角收支情况

地 区	可支配收入		消费支出	
	绝对数／元	增长／%	绝对数／元	增长／%
全省	30227	12.4	22396	10.6
广州	38054	10.5	30490	8.1
深圳	40742	11.6	26728	11
珠海	32978	14.8	24083	13.8
佛山	34580	12.6	26164	10
惠州	29965	12.6	22279	8.1
肇庆	21754	14.3	15729	12.2
江门	27017	12.9	18448	8
东莞	42944	8.7	31369	14.1
中山	31130	12.4	22288	8.6

一是收入与消费位次相匹配，均居第四位。全年佛山城镇居民人均可支配收入高于全省平均，排在东莞、深圳、广州之后居第4位；人均消费支出排在东莞、广州、深圳之后也居第4位。

二是居民消费倾向位次较高，居第二位。全年佛山城镇居民消费倾向为75.7%，仅落后于广州80.1%，位于第2位，分别比全省平均水平74.1%、深圳65.6%、东莞73.4%高。

三是收入增速位次居中，消费支出增速位次略低。佛山城镇居民收入和消费有着不同程度的增长，与其他地方相比收入增速位次较高，消费支出增速位次略低。全年佛山城镇居民人均可支配收入比上年增长12.6%，高于全省平均水平12.4%，排在珠海（14.8%）、肇庆（14.3%）、江门（12.9%）之后，和惠州并列第4位；全年人均消费支出增长10%，低于全省平均水平10.6%，排在东莞（14.1%）、珠海（13.8%）、肇庆（12.2%）、深圳（11%），居第5位。

【值得注意的民生问题】 尽管全年佛山城镇居民收入和消费支出有着不同程度的增长，但仍存在低收入群体生活水平较低、居民消费支出增长较慢、医疗、教育负担较重等问题，为进一步提高城镇居民生活质量，实现“民富市强，幸福佛山”的目标，提出以下三点建议：

一是增加居民收入，提高消费能力。进一步加大实施促进就业财税、金融政策力度，鼓励劳动者多渠道、多形式灵活就业；引导企业对工资分配的管理和调节，逐步建立企业随效益提高稳步增加普通职工工资的制度。

二是加大扶持力度，营造宽松环境。继续加大对民营和个体经济的扶持力度，各级政府应在金融、税收等方面采取有力措施对民营经济给予更多的支持和关怀；进一步深入开展“三打两建”，规范市场秩序，净化市场环境，促进个体民营经济蓬勃发展。

三是健全社保体系，稳定消费预期。加大政府对教育、医疗、社会保障的支持力度，继续增加政府在教育和医疗总支出中承担的份额，减轻居民负担；提高个体、私营企业的社会保险参保率；完善社会统筹和个人账户相结合的基本养老、医疗保险制度，推进机关事业单位养老、医疗保险制度改革。

（丁　萧）

婚姻家庭 · 人口和计划生育

婚姻登记

【综述】 2012年，佛山市共办理结婚登记3.8万对，其中国内居民3.77万对，涉外、华侨、港澳台296对；离婚登记8720对，其中国内居民8655对，涉外、华侨、港澳台65对；补领结婚证4681对，补领离婚证317份。

【推进等级婚姻登记机关标准化建设，依法做好婚姻登记工作】 一是召开了全市婚姻登记机关等级评定工作会议，安排部署创建工作，学习了《婚姻登记等级评定标准》。2012年3月，组织全市29名婚姻登记员参加了广东省民政厅举办的全省婚姻登记员和颁证员培训班。

二是制定出台了《佛山市等级婚姻登记机关创建工作实施办法》，确保按计划、有步骤地开展创建工作。

三是对照标准整改。督促各区婚姻登记处积极争取机构编制，做好创建经费预算，对现有的登记场所进行升级改造，使婚姻登记机关场地、环境、布局、设备及信息化等硬件得到全面提升；进一步加强内部管理，不断完善婚姻登记机关政务公开和办事公开制度。健全了首问责任制度、一次性告知制度、限时办结制度，为群众提供方便快捷的优质服务。推进了信息化建设。在全省率先完成婚姻登记历史数据补录工作，全面实现婚姻登记信息化管理。四是为树立先进典型，选取禅城区作为创建全国等级婚姻登记机关示范点。禅城区婚姻登记处成为全省首批全国等级婚姻登记机关。

（杨　俊）

人口和计划生育

【综述】 2012年，佛山市坚持以科学发展观为指导，健全人口与计划生育工作机制，狠抓责任落实，推动人口长期均衡发展，取得良好成效，促使基层人口计生工作基础进一步夯实，全市人口计生工作保持良好发展态势。

【加强组织领导，综合治理局面进一步巩固】 各级坚持党政“一把手”亲自抓、负总责，加大对人口计生工作的投入，严格落实“一票否决”制度和绩效考评制度。认真落实人口计生挂钩帮扶制度，市、区、镇街有关领导带队深入基层开展帮扶活动，有效促进后进地区的转化。完善人口计生层级动态管理责任制和综合治理机制，落实计划生育综合治理部门的齐抓共管职责，形成党政领导、部门参与、齐抓共管、综合治理的工作格局。

【推进责任落实，流动人口工作进一步开展】 各级加强部门协作，落实综合治理职责，做好流动人口信息采集、录入、交互等工作。深入开展流动人口计生服务管理专项活动，积极推进流动人口计划生育区域协作，与流动人口户籍地共建流动人口计生协会，强化对流动人口的服务和管理。大力推进流动人口基本公共服务均等化，出台流动人口节育奖制度并列入2012年市政府民生实事项目之一，对符合条件的流动人口育龄对象一次性奖励不少于500元。

【健全宣传网络，宣传教育工作进一步推进】 各级巩固提升婚育学校、媒体计生专栏和计生宣传栏、读报栏、公开栏等传统宣传阵地，充分发挥其宣传功能。做好网络发言人工作，利用政务微博等新媒体开展宣传工作，至年底，全市已建立了涵盖婚育学校、生育文化宣传长廊、青春健康教育基地、“社信通”短信服务平台、政务微博等载体的立体化宣教网络。各级广泛开展人口计生宣传服务活动，积极推进“幸福家庭促进工程”。不断拓展宣教领域，大力建设新型人口文化，着力打造富有地方特色的亮点和品牌。

【拓宽服务领域，技术服务水平进一步提升】 各级加强技术服务体系建设，规范管理制度，提高业务水平，全年全市计生服务机构没有发生重大技术事故。做好孕情跟踪服务工作，开展计生科研项目，大力推进出生缺陷干预工程，做好免费婚检、产检等相关工作。2012 年，佛山市将国家免费孕前优生健康检查项目列入市政府民生实事之一，在全省率先实现免费孕前优生健康检查全覆盖。2012 年投入 1728 万元，为 5.14 万名符合条件的育龄群众提供了该项目服务，完成了国家和省下达的目标人群覆盖率 80% 以上的任务。

【坚持依法行政，群众合法权益进一步维护】 2012 年，佛山市大力开展创建全国人口计生依法行政示范镇街、诚信计生和隐私权保护等试点工作，部署开展基层文明执法专项督查工作，推进“阳光计生”行动。出台便民措施，简化办事程序，方便流动人口办理计划生育证件。完善行政执法责任制和监督机制，依法征收社会抚养费，做到文明执法，规范执法。认真做好信访维稳工作，及时妥善处理群众来信、来电和来访，维护群众合法权益。全年全市没有发生因计划生育引起的群体性事件和恶性事件。

【落实各项政策，利益导向机制进一步完善】 各级认真落实各项计生奖励扶助制度。2012 年全市共有 1.05 万人领取城镇独生子女父母奖励金，1.81 万人领取农村部分计划生育家庭奖励金，762 人领取计划生育家庭特别扶助金，6490 人领取节育奖，5012 名农村独生子女和纯二女结扎户女孩享受中考照顾录取政策。同时，各级结合本地实际，积极探索计生利益导向机制建设新举措，加大奖励帮扶力度，并对符合救助条件的计划生育家庭提供优待扶助，使实行计划生育的群众得到更多实惠。

【提高数据质量，信息化建设进一步推进】 各级做好数据清理清查和评估工作，强化动态监测，完善人口计生预警预报制度，健全统计动态监测工作机制，使人口信息采集、处理、应用各个环节都得到有效监控，在全省数据清理清查评比中佛山市获得全省第一名。2012 年，由市人口计生局开发的“佛山市全员人口数据共享系统”投入使用，实现了人口计生全员信息与公安户籍信息、社工委流动人员管理信息、医疗部门出生分娩信息的数据查询和比对。至年底，公安、流管、医疗部门在数据共享系统交互的数据量分别达到 449 万条、648 万条和 1.7 万条。

【立足职业能力，计生队伍建设进一步加强】 佛山市加大人才引进力度，通过公开招聘、竞争上岗、调动调整等方式，进一步充实人口计生干部队伍力量。加强各级人口计生工作人员的业务培训工作，开展有针对性、实效性的业务培训和大练兵活动，并将人口与计划生育培训班纳入全市干部培训主体班计划，面向各级人口计生干部开展综合性培训。组织人口计生干部参与国家生殖健康咨询师（员）职业资格考试，2012 年已有 270 人取得职业资格证。

【注重关爱关怀，计生协会工作进一步落实】 各级计生协会积极开展“生育关怀行动”、“关爱女孩”、帮扶计生困难家庭等活动，打造计生协会会员惠购超市、扶贫助困金计划等服务亮点。大力推进计划生育群众自治，保障群众在计划生育方面的知情权、参与权和监督权。在全市范围内倡导开展计划生育家庭意外伤害保险试点工作，进一步增强计生家庭抵御意外风险的能力。2012 年，全市计生保险覆盖人群约 12 万人。

（何敏宏）

第九篇

各区、镇街建设

禅　城　区

概　况

禅城区位于珠江三角洲中部，广州市西南，行政隶属广东省佛山市。辖区东与南海区、顺德区毗邻，西与南海区毗邻，南与顺德区接壤，北与南海区毗邻。禅城区南北长15公里，东西宽19公里。辖域面积约154.09平方公里。地理位置位于东经113°0′41″～113°05′40″北纬22°35′01″～23°02′24″之间。禅城区地形平坦，属冲积平原，大致呈西北高东南低的特点，境内河流纵横，沟渠交错，较大的河流有汾江河、东平水道、吉利涌等。禅城区属南亚热带海洋性季风气候，年平均气温22.1摄氏度。

佛山禅城"肇迹于晋，得名于唐"，历史悠久，文化底蕴深厚，素有粤剧之乡、陶瓷艺术之乡、武术之乡、民间艺术之乡和秋色艺术之乡的美誉，至北宋时期，与湖北汉口、江西景德镇和河南朱仙并称"四大名镇"，明清时期，与北京、苏州、汉口并称"天下四大聚"，拥有被誉为东方民间艺术之宫的名胜古迹"祖庙"、岭南四大名园之一的"梁园"和凝聚中华武术精髓的"黄飞鸿博物馆"。有享誉海内外的国家非物质文化遗产9项：佛山剪纸、佛山木板年画、佛山狮头、佛山彩灯、佛山秋色、佛山祖庙庙会、粤剧、石湾陶塑技艺、佛山十番。

禅城区，佛山市五个行政区之一，东距广州仅6公里，东南距香港96公里，南距澳门135公里，广珠（海）、广湛（江）公路和广茂铁路横贯境内，交通便利。禅城区下辖1个镇和3个街道办事处，既是佛山市人民政府驻地，也是佛山市的中心城区。

禅城区委、区政府以科学发展观为统筹，全力推进经济社会各项事业建设。一是紧紧把握佛山市委、市政府"强中心"战略机遇，成功争取"一老（旧城区）一新（禅西新区）"的战略布局，使禅西成为"强中心"的重要组成部分，区域功能定位得到进一步明确，为禅城区可持续发展迈出了坚实的第一步。二是不断传承和深化"东提、西进、中贯通"的发展战略，在东部着力提升产业层次和城市环境，在西部全力推进"禅西新区"建设，同时重点启动季华路升级改造、魁奇路贯通工程，逐步拉开城市发展的格局。三是充分利用"旧城"改造与"新区"开发中的空间和潜力，明确了"禅城仍是发展区"的定位，贯彻民生与发展并重的理念，坚持推动发展与管理服务两手抓。四是适时调整"三旧"改造策略，坚持以"市民生活居住环境和区域竞争优势"双提升为目标，强化政策导向，引领产城融合发展，为禅城区可持续发展提供载体和空间。五是深入实施"大国资、全覆盖"改革，整合盘活现有资源，完善管理，为实现公有资产"保值、增值、促发展"迈出了成功的一步。

2012年全区实现生产总值1208亿元，增长8%；完成工业总产值2098.49亿元，增长12.5%；全社会固定资产投资完成380亿元，增长8%；社会消费品零售总额达480亿元，增长9.2%；完成辖区税收总额173亿元，增长8.4%；地方公共财政预算收入61亿元，增长10.3%。

经济建设

【工业】 2012年，禅城区紧紧围绕"产城结合"，坚定推行“强中心”战略，坚定不移地推动经济发展方式的转变和发展质量的提高，实现工业平稳健康发展。一是全区工业生产保持稳步增长。全区完成工业总产值2098.2亿元，同比增长12.2%；规模以上工业总产值1948.49亿元，增长12.5%。二是先进制造业和高技术制造业增势强劲。全年先进制造业产值422.54亿元，增长8.2%；高技术制造业产值107.26亿元，增长28.7%。三是重点支柱行业支撑力强。以纺织业和纺织服装、鞋、帽制造业，橡胶和塑料制品业，非金属矿物制品业，电器机械及器材制造业，通信设备、计算机及其他电子设备制造业，文教、工艺美术体育和娱乐用品制造业，金属制品业，有色金属冶炼和压延加工业，电力、热力的生产和供应业等为重点支柱行业继续强势支持和引领了全区工业的稳步发展，完成产值1629.36亿元，占规模以上工业的83.6%，增长13.1%，增速快于规模以上工业0.6%。四是主题产业园加快建设。2012年全区新建和在建的主题产业园有华南智慧新城、欧洲工业园、华南电源创新科技园、绿岛湖都市产业区、新媒体产业园、佛山国家火炬创新创业园等6个，拓展产业载体面积超500万平方米。五是节能降耗成绩突出。2012年禅城区单位GDP能耗0.39吨标准煤／万元，同比下降5.9%。至年底，禅城区室内LED照明产品推广应用达到6.3万盏，超过年初预定目标，实现节能约50%。

【商贸旅游】 2012年，禅城区消费市场持续活跃，商贸流通保持稳定增长。一是全年社会消费品零售总额480亿元，比上年增长9.2%。分行业看，批发零售业440.26亿元，增长9.3%；住宿餐饮业40.55亿元，增长11.2%。从销售类别看，在限额以上企业商品零售中，主要商品零售额均有不同程度的增长，日用品类（增长40.4%）、粮油食品饮料烟酒类（增长25.2%）等刚性需求增长较快。五金电料类、建筑及装潢材料类、通讯器材类、文化办公用品类分别增长5.4倍、2.5倍、1.8倍和1.2倍，成为拉动全区消费增长的主动力。二是打造“一心四轴”重点商圈。2012年，禅城区政府出台了《禅城区商业振兴计划》，提出打造祖庙核心商圈和季华路、魁奇路、佛山大道、禅西大道等四大商业发展轴，其中祖庙商圈振兴成效明显，商圈的营商环境大幅提升，商业氛围明显增强，2012年实现批发零售业户数增长2000户，零售业增长13%。三是探索商业提升新路径。2012年禅城区政府出台了《关于鼓励“三旧”改造促进商业服务业提升的实施意见》，力促主要道路沿线“三旧”改造尚不成熟地块用作临时商业提升。临时商业首批重点项目初见成效，其中祖庙商圈的祖庙车站地块及省丝绸试样厂地块的临铺于10月全面开业。四是专业市场走向国际化。由中国陶瓷城、中国陶瓷产业总部基地、华夏陶瓷博览城三大陶瓷市场为载体申报的佛山陶瓷市场集群被认定为“广东建筑卫生陶瓷国际采购中心”，佛山（国际）家居博览城列入广东省家居国际采购中心重点培育对象。五是会展业水平不断提高。第十九届和第二十届中国（佛山）国际陶瓷及卫浴博览交易会（简称“陶博会”）分别于2012年4月18～22日和10月18～22日顺利举办，两届陶博会的参展商均达到了600家、总客流近13万人次。

旅游业取得新发展。2012年，禅城区实现旅游收入87.62亿元，与上年比增长18.07%；旅游外汇收入3.21亿美元，与上年比增长8.81%，全年接待境内外过夜旅游人数达到238.53万人次，与上年比增长9.75%。

至2012年底，禅城区共有星级饭店22家，其中五星级2家，四星级2家，三星级11家，二星级7家，形成了较为合理的布局。旅行社31家，其中6家旅行社具有国际组团资格。旅游景点4个，其中南风古灶和佛山祖庙是国家一级文物保护单位，国家AAAA级景区；新打造的生态休闲景区“岭南天地”和南庄绿岛湖喜迎宾客，形势喜人。此外，禅城区餐饮业和娱乐业的发展也十分迅速，为旅游业的发展营造了良好的配套环境。为更好地推动禅城旅游，禅城区首次制作“乐游佛山—佛山禅城”旅游宣传册。整合禅城、南海两区的旅游文化资源，优势互补，闯出区域交流合作的新路，推出“祖庙、樵山新春祈福”民俗文化活动，将祖庙—南风古灶—西樵串通起来，迈出了旅游文化产业融合第一步。祖庙正式领取国家AAAA级景区牌匾。

【农业】 2012年，在禅城区农村经济总收入中，农、牧、渔等第一产业所占比例相对较少，全年收入8295万元，占0.13%，其中农业收入860万元，牧业收入2107万元，渔业收入5328万元，域内没有林业。

禅城区有农用地总面积近2万亩，以南庄镇为主，其中鱼塘面积1.38万亩，种植面积6034亩。2012年，禅城区大力推进农业招商引资工作，积极宣传农业园区的资金扶持等配套政策，鼓励社会资金到禅城区开展农业科技推广农业园区和海峡两岸农业合作试样区建设，引导农户以土地、劳动力、资金等各种生产要素参与到农业园区建设当中，着力加快禅城区农业现代化进程。2012年，禅城区共有5个在建农业园项目：罗南生态园、周尾围生态观光农业园、罗南高新农业示范基地、村尾现代化农业生态示范基地、罗格农业园区等项目，总占地面积4000亩，计划总投资2亿元。

2012年，禅城区成功申报的项目有罗南生态园菜园子蔬菜种植基地，项目基地约为110亩，将建设蔬菜保鲜冷库、农药残留检测室、蔬菜种植大棚等工程。此外，深入到一线开展养殖技术下乡活动，派发《广东省水产品标识管理实施细则》200多本到南庄镇各村，送到养殖户手上，使养殖户了解及使用水产品标识，推进水产品质量安全可追溯制度，提高水产品质量安全水平，并在南庄镇举办了一期水产养殖技术培训班，约80多名养殖户参加，并推广优质新品种。同时完成了禅城区水产养殖情况的调研、水产苗种场普查、能繁母猪饲养补贴、畜牧水产养殖技术指导、安全生产等支农惠农工作。

在新农村建设方面。2012年，禅城区农村在经济建设、政治建设、文化建设、社会建设和法制建设均取得了长足发展，“新农保”实现了制度全覆盖，农村低保实现应保尽保，教育、文化等社会事业蓬勃发展，农村环境卫生、安保等人居环境明显改善，民主社会管理制度不断完善，城乡差距显著缩小，农民安居乐业的景象直观地体现了新农村建设的成效。

农村经济建设健康发展。禅城区辖下有南庄镇、石湾镇街道、张槎街道和祖庙街道共1镇3街道，共有52个村民委员会、398个村民小组，村、组两级股份合作经济总量庞大，在管合同达5.99万宗。2012年禅城区农村集体可支配收入达20亿元，比上年同期增长11.03%，人均农民所得15564元，比上年增长9%。

2012年，禅城区第一批名镇名村示范村有南庄镇，罗南村、石头村、南庄村、石梁村、大富村、大沙村和扶西村，全部完成规划编制工作。

2012年底，禅城区54个村全面实现股权固化，完成了从1994年以来近20年的股权完善工作，为推进农村综合改革奠定了基础。

2012年上半年，禅城区基本完成农村集体资产管理交易平台和财务网上监控平台建设。各镇街成立农村集体资产管理交易中心和财务网上监管中心，制定交易平台管理办法，完善了农村财务监控标准。2012年全区录入农村集体资产管理交易平台的资产有2.27万宗，通过平台交易的项目共36宗，完成交易的资产成交年标的累计总额3.24亿元，比完成交易的资产低价年标的累计总金额3.2亿元，增值率1.25%。全区统一收款票据格式，建立561套财务账，完成率达100%，真正实现了集体资产管理、交易、监督三统一。

【招商引资】 2012年，禅城区出台《禅城区产业链招商三年行动计划》，通过实施“补链”“建链”和“强链”三大工程，打开了招商引资工作新局面。全年签约项目24个，动工项目20个，开业项目3个，投资总额达573.54亿元，世界500强及大型跨国企业投资总额达5.09亿美元。和记黄埔、中西达一、杜邦鸿基、鹏博士电信华南区总部、华兴银行等一批投资项目落户禅城。2012年，禅城区完成合同利用外资8.1亿美元，同比增长0.3%；完成实际利用外资4.08亿美元，同比增长3.4%，完成市下达的全年任务目标的103.34%，列全市五区首位。

【食品药品安全】 餐饮安全监管方面。2012年，禅城区结合城市升级三年行动，积极推进餐饮食品安全示范街建设，精心打造创意产业园美食街、南庄紫南美食城和祖庙文华里美食天地等一批餐饮食品安全示范街。积极探索试行餐饮企业“阳光厨房模式”的创建工程，对餐饮单位的厨房实行全方位实时监控，推动区餐饮食品安全诚信体系建设。在五区内率先成立餐饮协会及协会联合党支部，加强辖区餐饮企业之间的交流与合作，规范餐饮行业市场秩序，维护餐饮企业的合法权益。加强对大型餐饮、重点路段的饮食门店的监督巡查，确保群众日常饮食安全，共检查餐饮单位5213家次，发出整改通知书508份，立案查处违法案件56宗，处罚金额累计37.18万元。

酒类和屠宰监管方面。推进肉联厂整合改造提升工作，市肉联厂于2012年1月8日整体搬迁至南庄运营。建设全区牲畜交易屠宰信息化监管平台，对肉联厂进行24小时实时监控。加强对“场厂挂钩”的定点养殖场进行检查，全年检查2次，抽样9个；并对5家新养殖场进行了定点资格认定，提高“场厂挂钩”生猪率。新增5台冷链配送车辆，对辖区内的猪肉实行全面配送，确保了肉品从“源头”到“餐桌”的质量安全。全年共屠宰生猪37万头，无害化处理病死猪493头、有害肉品约1.4万公斤；检查酒类经营户约900家，查处案件13宗，捣毁制售假酒窝点10个，查获涉嫌假冒高档洋酒、白酒货值共计约90万元。

农林市场及农产品监管方面。积极开展秋季农资打假专项治理行动，立案查处无证经营行为企业1家、个体户1个，有效杜绝假冒伪劣农资流入市场，规范了农资市场经营秩序。加强辖区酒楼食肆经营利用野生动物的执法检查，立案查处违法经营省重点保护野生动物企业3家，共计罚款6万元。加大植物有害生物防控力度，开展植物有害生物普查190次，普查面积6800亩，派发防控药物1.3吨，消灭疑似蚁巢1100个。落实做好渔业安全生产监管工作，查处违规作业渔船38宗，清理东平河滩边“迷魂阵”10处，有效抑制非法捕捞活动，维护正常渔业秩序。加大日常农产品检测力度，在所有市场及学校、大型食堂设置速测室和检测设备，确保了辖区全年无农残事件发生。全年共抽检蔬果57.9万份，经农药残留检测合格率为99.45%，为市民餐桌筑起了绿色安全屏障。

文体旅游市场监管方面。稳步推进张槎连锁网吧平价直营门店和政府机关使用正版软件工作，深入开展“扫黄打非”斗争。大力开展印刷企业、出版物市场、娱乐场所、网吧市场等一系列声势浩大的专项整治行动，形成对文化市场监管保持高压的态势。全区娱乐场所涉毒问题的整治顺利通过国家验收，接纳未成年人问题得到有效遏制。做好高危险性体育项目行政审批和监管工作，落实告知责任制。全年共办理文体旅游审批事项204件，各种投诉举报22宗、执法案件35件，吊证处理2家经营单位，收缴盗版音像制品13万张（套），办案数量和质量比往年大幅上升。

动物防疫方面。加大对动物诊疗机构管理力度，组织开展动物诊疗机构专项检查行动，推进动物诊疗机构医疗废物、动物尸体无害化处理、疫情报告及日常消毒的规范化管理。完成兽药经营质量管理规划（兽药GSP）认证工作，通过兽药GSP认证7家，清理不合格兽药经营户7家，有效规范了兽药经营行为。落实做好以集中免疫为主的春、秋季重大动物疫病防控工作，全年共计免疫生猪31.22万头次，家禽22.07万羽次，免疫率达到100%。

城乡建设

【规划建设】 2012年，禅城区控规总覆盖率达68%。完成的审批项目：控规方面的有《张槎村头村尾控制性详细规划》和《吉利龙津片区控制性详细规划》；控规调整方面的有《佛山市中心组团新城区北片区控制性详细规划（修编）ZXB03-04、ZXB04-01地块修改》《佛山市中心组团新城区北片控制性详细规划（修编）ZXB05-01-07、ZXB05-01-04地块修改》《石湾镇街道地块规划调整》《港口路19号地块（ZXB26-03）》《黎冲ZXB19-06-01、ZXB20-03-01、ZXB20-04》《环市片区控规童服城地块》《罗格小学局部调整技术修正》和《佛山水道控规FJC-08地块修改》；“三旧”改造单元规划的有《佛山市南庄龙津拆迁安置地块“三旧”改造单元规划》《佛山市禅城区文沙片区文华北路鲤鱼沙地块“三旧”改造单元规划》和《佛山市禅城区文沙片区文庆路以东、文华北路以西地块“三旧”改造单元规划》；专项及规划研究方面的有《南庄镇名镇规划》和《祖庙核心地区地下空间综合利用和综合交通优化专项规划》。

【国土资源与城乡建设】 国土资源和土地储备情况。2012年，禅城区成交建设用地使用权28宗，土地总面积1368亩，金额37.69亿元。共办理出让、租赁业务808宗。合同价款53.05亿元。办理集体建设用地使用权流转1宗。保证民生重点项目、基础设施项目用地上报获批，佛开高速、广明高速等重点交通设施，南庄水乡生态休闲区、禅城经济开发区等功能区用地得到了有效保障。禅城区办理上报15个批次用地，总面积为1670亩，其中涉及“三旧”改造绿色通道项目8宗，总面积为356亩；获省、市人民政府批准7个批次用地和1个单独选址项目（包括往年报2012年批的项目），总面积为1221亩，其中包括3个“三旧”改造项目，面积为410亩。办理用地预审17宗，总面积1013亩，其中涉及“城市升级三年行动计划”项目10宗，总面积897亩。严格落实耕地保护动态巡查零报告制度。佛山市分解下达给禅城区的耕地保有量为1万亩。基本农田保护任务为5750亩。按照2010年土地利用变更调查，禅城区现状耕地1.09万亩，超额完成上级下达的考核任务。禅城区的基本农田全部划定在南庄镇，实际划定面积6040亩，比下达任务多划定5%。2月，禅城区的基本农田顺利通过广东省国土厅和农业厅的联合验收。

2012年共进行土地动态巡查405次，发出责停通知书218份、责改通知书147份。严厉查处土地违法案件，立案查处违法用地41宗。共完成土地登记发证2.6万宗，业务办理提前完成率达99%以上。解决了雅丽花苑4座楼宇、莲花大厦210户、塔坡街等住户历史遗留的办证问题。土地登记事务所被授予“佛山市巾帼文明标兵岗”“禅城区先进集体”等称号。编制并上报区政府发布《2012年度禅城区地质灾害防治方案》，牵头修订了《禅城区突发性地质灾害应急预案》。规范和细化地质灾害点管理，开展“一点一档”建档工作。创新落实群测群防员经费来源，出台《群测群防员经费补助管理办法的实施意见》。

2012年，城区部分完成共用宗地图件测绘1.84万宗，农村宅基地测绘785宗，完成独立宗地测绘289宗，测绘面积400万平方米。南庄镇完成共用宗地测绘767宗，独立宗地测绘892宗，测绘面积1300万平方米。全年区土地储备中心收储土地约1762.28亩，其中完成收储手续的20宗，面积为590.28亩；作为征收申请单位，办理征收申请手续的项目有6项，面积约1172亩。办理土地改功申请8宗，土地面积约138亩；办理建筑物改功申请12宗，建筑物面积约1.65万平方米。

在“三旧”改造方面。禅城区出台了《禅城区通过“三旧”改造进一步促进提升产业发展的意见》和《佛山市禅城区通过“三旧”改造进一步促进产业提升发展的实施细则》，从政策上为“三旧”改造产业项目落地实施创造有利条件。政策从土地出让金、拆迁补偿、税费等方面进一步加大资金奖励力度；并从规划调整、土地协议出让等政策方面予以扶持、引导产业项目的发展。全年共启动“三旧”改造项目53个，占地面积4648亩。其中，产业项目共40个，占地面积3864亩，占总面积的83%，完成全年任务1892亩的204%。完成改造建筑面积321万平方米，占全年任务206万平方米的155.8%。

在地震人防工程方面，2012年2月，禅城区人防办挂牌成立。通过省、市应急工作考评组对区人防应急管理建设的考核，禅城区金地九龙壁人防地下室被广东省人防工程纳入城市公共突发事件应急避难场所试点单位。积极制定“城市升级三年行动计划”重点项目的人防审批绿色通道。结合“5·12”汶川地震4周年纪念日，举办防震减灾大型户外宣传活动，并向社区代表颁发“全国综合减灾示范社区”牌匾。开展结建人防工程和维护管理监督检查工作，共对辖区59个已竣工人防工程检查完毕。禅城区防空警报试鸣圆满成功。中山公园南片区地块二、地块三地下室兼顾人防工程项目正式通过审批，标志着区人防工程与城市地下空间开发利用的发展迈上了新的台阶。禅城区地震局正式挂牌。

在旧城改造方面，积极推进城市升级计划房屋征收工作成绩显著。

在建设工程交易方面，禅城区建设工程交易中心正式运营。中心的主要职责是贯彻《招标投标法》等法律法规，收集和发布建设信息，为各类建设工程的招标投标及有关职能部门提供场所和服务。中心共组织开评标185场次，其中顺利完成评标并发布评标公示的有156场次，合计最高限价17.34亿元，中标金额16.16亿元，节约资金1.18亿元，节资率6.81%。

2012年禅城区完成创建全国文明城市无障碍设施改造项目有：政府办公场所13项，公共场所10项，公厕2间，公园5个，住宅小区13个，中学3间，残疾人家庭1户，医院1间，酒店、超市和市场等商业建筑29间，加油站10间。市政道路6条合计3公里、93项。禅城区在全市各区完成的改造项目总数中位列第一名。禅城区7个村和17个社区申报宜居村庄和宜居社区，全部获得市级宜居称号。

在保障房建设方面。2012年，省、市下达禅城区的保障性住房建设任务为2500套，竣工任务为1200套，实际建设2600套，至年底，各项目已全部开工。2012年12月1日，在禅城区卫国路体育馆举行了保障性住房抽签现场会，对144户符合经济适用住房保障条件的家庭以及710户符合廉租住房保障条件的家庭实施实物配租，对2010年、2011年申请廉租住房经审核、轮候符合廉租住房保障的298户家庭实施廉租住房租赁补贴保障。

在建筑业管理方面，严把建筑工程报建和竣工验收关，进一步规范建筑市场秩序，2012年，完成建筑工程报建96项，建筑面积322万平方米，工程造价61.2亿元；建筑工程竣工备案101项，竣工备案面积233.2万平方米，竣工备案造价29.5亿元；征收水泥基金247万元；房屋拆除施工备案1项，拆除面积2.7万平方米；征收农民工工资保证金5592.1万元，退还农民工工资保证金4492万元。

在房地产市场管理方面，积极稳妥开展区房地产调控工资，完成2012年的调控。

在燃气管理方面，区政府发布《佛山市禅城区加气站建设管理办法（试行）的通知》出台，标志着区加气站建设有了统一规范的标准要求。

【交通建设】 2012年，禅城区交通运输局以“强中心”发展战略为指引，致力打造“内优外联”的交通体系，抓住城市升级契机，加快交通基础设施建设，完善公共交通体系，全面提升公交服务水平，提高行业管理水平，积极推动禅城交通事业的发展。

加快城乡公共交通建设方面，2012年辖区新开通公交线路1条，公交线路总数达65条，其中区内线路26条，跨区线路39条（含跨南海区、顺德区），南庄镇18个行政村全部实现公交覆盖，公交分担率23.1%，同期增长1.67%。新建公交首末站2个，逐步更新LNG公交车201辆。全区有公共自行车站点158个，投放自行车7600辆，年底在建自行车站点50个。更新出租车234辆，进一步加强出租车的管理。

加强交通行业管理方面，借势“三打两建”，加强日常交通行政执法和行业管理工作，全面排查货运市场和交通建设市场各种欺行霸市、制假售假、商业贿赂行为。全年查处交通运输违法违章案件3461宗，不按要求进行二级维护1427宗，货车超限超载601宗；组织建设、施工、监理等单位共出动97人对辖区内的22个在建工地和相关单位进行摸排抽查。完成公交运营企业、维修一二类企业、20辆车规模以上货运企业、10家驾校的服务质量信誉考核，努力营造诚实守信的市场环境。

在港航管理方面，全区所辖东平水道、佛山水道、吉利水道、顺德水道共4条水道，辖区岸线95公里，码头43个，二类口岸港口2个（即澜石港口和佛山新港），其中油品码头12个，码头泊位共62个，各类装卸机械43台。有水路货物运输企业10家，各类货物运输船舶77艘、总运力12.5万吨。全年依法完成49项水运企业行政许可工作，开展安全、执法检查56次，出动执法人员421人次。辖区港航企业没有发生任何安全生产责任事故，各项指标达到省、市安全生产管理目标要求。

在水路运输方面，辖区全年完成水路货物运输2013万吨，同比下降8.58%；水路货物周转量12.71亿吨公里，同比下降10.79%；港口货物吞吐量884万吨。

在公路运输方面，辖区拥有道路旅客运输企业9家，公路运输车辆2.79万辆，其中营运载客汽车1737辆，营运载货汽车2.62万辆。全年公路运输客运量4603万人次，同比增长6.65%，公路旅客周转量24.83亿人公里，同比增长5.01%；公路货运量4192万吨，同比增长10.72%，公路货物周转量24.37亿吨公里，同比增长8.47%。

禅城区公路总里程786.62公里，其中省道23.67公里，县道65.84公里，乡道141.1公里，村道216.42公里，市政道路339.6公里，公路密度达508.54公里／百平方公里。2012年全区国、省道平均公路技术状况指数（MQI）为89.71，完成年度计划（按上年）的100%；平均路面行驶质量指数（RQI）为92.79，完成年度计划的100%。县道公路优良率达到92%以上。

【环境保护】 2012年，禅城区以“城市升级三年行动计划”重点项目推进为工作重心，创新工作思路，对100多个区重点项目、季华路沿线重点工程分类梳理，度身定做绿色通道，专人跟进，提早介入，使项目总体审批时间节约至少半个月，重点项目审批时限压缩至法定时限的1/4，完成审批全面提速。

全面实施《“禅城区环保伙伴计划”工作方案》，对重点企业落实专人跟踪服务负责制，及时掌握企业环保需求，全力协助企业解决环保实际问题。进一步精简办事流程，压缩办结期限，提高窗口办件率，使窗口服务更加便民高效。环保窗口即办率达到30%，全部行政审批事项承诺时限不高于法定时限的50%。其中建设项目环境影响评价报告书审批承诺时限进一步压缩为20天，排污许可证核发时限压缩为15天，仅为法定时限的1/3。进一步优化审批流程，全面压缩审批时间，17个审批事项全部实现时限压缩至法定时限50%以下。全力推行实体大厅与虚拟大厅相结合的新模式，大大拓宽高效便民网上服务渠道，建立行政审批网上管理和服务机制，优化审批流程，推行无纸化审批，方便群众网上办事。实现了90%的环保行政审批事项可通过网络进行预约和办理。全年共受理行政审批事项1007宗，其中建设项目环境影响评价审批364宗（含镇街审批260宗），申报表298份，建筑工地夜间连续施工作业审批5宗，在市区内建筑施工使用蒸汽炉机、锤击桩机审批13宗，建设项目竣工环境保护验收277项（含镇街验收138宗），排污许可证核发50宗。

继续加大落后产能淘汰力度，促进经济发展方式的转变，为发展精品经济“腾笼换鸟”。

全年共完成37家企业核技术应用项目环境影响初审意见，审批23家企业《辐射安全许可证》申领，55家企业《辐射安全许可证》到期换领，9家企业放射性同位素转让。

全年共产生工业固体废物21.71万吨，其中处置量为21.2万吨，处理率为97.65%。

全年办理的环境保护行政处罚案件共立案62宗，发出处罚决定书的案件有46宗，处罚金额为250万元。

针对重点热点污染问题，组织开展涉及电镀、危险化学品、8k镜钢行业、重金属等污染企业的专项整治，开展整治违法排污企业保障群众健康、水环境质量提升、打击环保“三同时”违法行为等各项环保专项行动，全区共出动执法人员9781人次，立案62宗，涉及处罚金额250万元。

环境治理方面。通过巩固和提升汾江河治理效果，持续稳定和深化改善汾江河水质。全年整治涉及汾江河流域企业9家。对于东平河饮用水源的保护，一方面加强饮用水源保护区日常监管力度，严格查处违法排污企业；另一方面，积极开展饮用水源保护区标志标准化建设，禅城区南庄紫洞水厂饮用水源保护区标准化建设工程全面完工，是全市第一家完成标准化建设的水厂。

对于工业废水治理，主要是推进汾江河流域污染企业整治工作，对流域污染企业实施强制整治或改造提升措施，削减进入汾江河主河道及流域主干河涌污染物，采取专项整治与联合执法相结合的手段，鼓励企业进行清洁生产和水循环再用，安装废水污染源在线监测系统，并与环保部门联网，全年完成了汾江河流域12家企业的整治任务。

在大气污染治理方面。综合整治锅炉，全年共综合整治锅炉109台，其中提升类的锅炉14台、淘汰类的锅炉87台，全部完成并通过联合验收，8台需安装锅炉烟气在线监控装置的全部安装完毕。加大机动车尾气防治力度，建立淘汰黄标车联席会议制度。制定《关于印发禅城区淘汰黄标车工作方案的通知》的同时，制定了《分工表》和《奖励补贴操作细则》，制定《禅城区机动车环保检验合格标志管理办法（试行）》，规定发标人员操作程序，委托机动车检测站进行发放，全区有8个标志发放站点实行委托发标，全年共核发了15.91万张环保标志。强化机动车尾气遥感监测和人工监测。加强饮食业油烟防治。从全区范围内上档次及较大规模的餐饮企业着手，逐步推广至位于居民密集区、繁华路段、餐饮集聚点的规模较小的餐饮企业。2012年2月，首批25家企业的系统安装和验收工作全部完成；年底，第二批45家企业共50套油烟在线监控设备的安装和验收工作全部完成。

在绿化美化方面。2012年，禅城区以城市升级为契机，对城市景观进行改造及美化提升，完成升级项目共14项，投入资金1.82亿元。

对祖庙路和祖庙商圈13条道路的景观提升改造。完成全长约1.4公里祖庙路沿线、重要街头绿地的绿化景观提升、沿线的路灯改造以及示范段祖庙路45号、51号、53号等3栋楼的外立面和灯光亮化改造工作。对祖庙商圈的卫国路、人民路、金鱼街、城门头路、同济东路、兆祥路、岭南大道北、松风路、升平路、南堤路、福贤路、福禄路、莲花路等13条路的绿化景观提升改造。

推进生态景观林建设。完成佛开高速景观林带建设15公里、种植绿化树木8万平方米，东平河北岸景观林带绿化6.5公里。

提升魁奇路沿线绿化景观改造，东起桂澜路，西至佛山大道，共种植乔木301株，灌木2860株，土方600立方米。

提升地铁出入口的绿化景观。完成广佛地铁祖庙站、普君北站、朝安站、季华园站、同济站、魁奇路站等6个地铁出入口的绿化景观提升工程。

加快“绿道网”建设。建设绿道达27公里，新建南庄绿岛湖绿道一级驿站1个和张槎海口二级驿站1个。

提升佛山大道（禅城段）“五位一体”改造。完成佛山大道U形桥，江湾立交节点周边绿地，铁军公园、百叶广场、站前公园和沿线的绿化景观提升工作，佛山大道（张槎路口至江湾立交桥）两侧共33栋建筑物的立面和广告招牌的改造提升。

完成文华公园、亚艺公园改造规划方案设计和深化工作，完成周尾围生态公园概念规划方案编制及优化工作。

2012年4月，园林管理处中山公园卫生班被中华全国总工会评为“工人先锋号”称号。园林管理处园林绿化工程公司绿化施工队队长梁家兰在2012年佛山市庆祝“五一”国际劳动节大会上被授予“佛山市劳动模范”称号。

【城市管理】 2012年，全力推进城市管理升级工作，积极创新城市管理机制，着力改善市民生活环境和工作环境，初步建立起“区镇街互动和多部门联动的大城管责任体系”和“政府、村居、商家、市民齐参与的社会化大城管格局”的两大体系。与区城管办合署办公，承载着全区的城市管理工作，牵头组织各镇街、各部门开展了一系列大规模、多方位、持续性的专项整治行动，全区的城市环境秩序有了一定的提升，“全民参与城市管理”的社会氛围大为改善。

2012年，共查处、纠正各类违法行为8.4万宗：其中乱摆卖行为4.95万宗；占道经营行为2.26万宗；乱张贴行为1.11万宗；查处违法建设案件753宗，拆除394宗，拆除违建面积2.36万平方米；检查有运泥的工地108次，检查泥头车180车次，查处运输车辆撒漏130宗，责令清理路面5.41万平方米。数字化城市管理指挥中心，共受理、处置各类诉求2.8万宗，稳中有降，办结率达到99.5%；处理突发应急事件12宗。同时，加大宣传力度，印发《致市民的一封信》和倡议书共15万份，印发张贴通告3000份、派发宣传小册子2.7万份；开设城市管理专栏15个，投放户外公益广告800处。顺利完成了花市、行通济、北帝诞、高（中）考、节假日等各类保障任务共42次。

强势整治祖庙商圈，推动社会化管理模式。把“振兴祖庙商圈”作为战略部署，以强势整治、刚柔并举、疏堵结合等方式方法，治理祖庙商圈市容环境秩序，使得整个商圈的市容秩序良好、稳定，列为禅城区形象提升示范区。大力鼓励民间力量积极参与城市管理，推动祖庙商会自行组建祖庙商圈秩序维护队，对祖庙商圈范围内的乱象进行协助管理，形成常态化的管理。祖庙商圈治理模式已在东方广场、普君新城等进行推广。

筹建城市管理实体机构，加强城市管理及考评。完成筹建城市管理实体机构工作；区委、区政府印发了《关于加强城市管理工作的实施意见》，正式成立区城管委，下设区城管办，与区环境保护和城市管理局合署办公，承担起整个禅城区城市管理工作的统筹、指挥、协调、推动、督导、考评等工作。加强城市管理。针对“脏、乱、差、堵、污”等市容乱象，牵头组织执法、公用、公安、交警、交通、建设、国土、工商、社工、市场监督及各镇街等部门开展专项整治，实行以镇街属地管治为主，区镇街互动、部门联动的“大城管”管理机制，开展了专项整治行动500余次，出动人员6.2万人次，责令整改各类违法行为8.4万宗。严抓考核考评。成立城市管理监督考评中心，采取“周检查，月通报，季考核”的方式，每天派出6个实地考评组到各镇街进行考评，及时反馈考评情况，督促部门对问题落实整改。推行城市公用设施管养网格化、执法管理网格化、镇街属地管理网格化、区直部门实行管理网格化等4个“网格化”管理及考核机制。

推动区镇互动、部门联动机制。制订了《禅城区加强城市管理实施意见》《禅城区镇街考核评比暂行办法》等制度和方案70份。出台《禅城区加强城市管理工作区镇街互动、职能部门联动考评暂行办法》，将部门列入考评范围，进行同奖同罚。

创造性提出建立城市管理“纵横”体系。实行以镇街属地管治为主，区镇街互动、部门联动的横向“大城管”管理机制，基本建立起“区镇街互动和多部门联动的大城管责任体系”，形成部门合力，提高政府效能；初步形成政府、村居、商家（企事业单位）、市民齐参与的纵向“大城管”格局，改变政府单一管理，构建了全社会共同参与的良好局面。

【水利建设】 2012年，全区水务工作坚持以科学发展观为指导，积极践行可持续发展治水思路，以“创新思维、寻找新思路”为重点，拓展民生水利工作。禅城区城市升级三年行动计划城乡环境整治项目，主要包含“汾江河持续改善和深化治理”以及“内河涌整治”两项工作，共计实施45个子项目。至年底，完成2项活化水资源项目及11家企业整治，6项活化水资源项目完工，共计完成投资2347.44万元。

2012年继续实施民生水利工程14项，投资6800万元，主要包括吉利水闸重建工程、佛山大堤白蛇漩、石硝险段除险加固工程等。

落实“两园”（亚艺湖公园、文华公园）工程，改善湖涌水质。改造建设的湖景路污水干管工程于7月初投入运行，实现减少流入亚艺湖污水约1万吨／日。同时加强了亚艺湖水系的引排水调度，加快了水体置换速度，最终使亚艺湖水质得到了较为明显改善，取得初步成效。2012年12月18日亚艺湖周边网管改造工程通过工程验收，有效改善了两园周边管网雨水污水混接混乱等情况及两园水质和周边环境。

整治水浸黑点。禅城区为切实改善城市内涝、水浸街问题，结合城市管理工作，积极开展水浸点专项整治及加强排水设施管养工作。一是开展水浸黑点专项整治，全区有49个水浸点，完成整治改造40个。二是强化下水道日常养护。年度实施市政排水管网清疏853公里，涵盖92条道路和52个社区，清除淤泥1万立方米，清疏进水口2.25万个，补缺沙井盖315个，格栅盖531个，维修沙井172座，格栅盖60座。三是加大河涌清疏力度。年度落实河涌清淤资金710万元，完成清淤总量10.7万立方米、清淤长度达11.6公里。四是及时处理涉水投诉。年度处理涉排水的民生诉求320宗，解决涉沙井盖、格栅盖的民生诉求220宗。

加快推进镇安污水处理厂加盖除臭工程，同时，实施应急进水管和出水管铺设工程，确保了南庄镇首个城镇污水处理厂（南庄污水处理厂首期）在9月底投入试运行。2012年，通过强化五大污水处理厂的运营监管，投入运营经费1.8亿元，处理城镇污水1.75亿吨，削减代表性污染物化学需氧量（COD）2.3万吨，实现污水处理率达到94%且尾气全年达标排放，顺利完成年度节能减排工作任务。

落实“三防”责任，确保安全度汛。制定了《禅城区基层三防体系建设试点工作方案》，完善三防信息平台是构建“数字水务”的主要环节，完成重点水利工程视频监控系统；推进三防信息采集系统（二期）建设；新建区市政管理处和沙口水利枢纽站2个视频会商系统终端。通过系列信息化建设，实现实时获取雨情、水情、工程运行信息，极大提高了防汛决策的及时性、准确性、科学性。三防工作以防御台风及强降雨为主。在防御强热带风暴“杜苏芮”、台风“韦森特”、热带风暴“启德”

等台风和强降雨过程中，实行24小时值班和领导带班制度，及时发布预警信息，多次组织视频会议，协调部门联动，有序开展各项防御工作。全区未出现大面积、长时间水浸现场，未造成重大人员伤亡事故及财产损失，有效降低了灾害影响程度，保障了人民群众的生命和财产安全。

推动节水创建，落实最严格水资源管理制度。2012年，禅城区取水总量控制在2.4亿立方米，与上年基本持平，实现社会经济发展，用水总量不升或降低的预期目标。保障供水安全，全年“保量、保质、保压”，全区供水量约2.1亿立方米，出厂水、管网水水质达标率达99.9%。

科教文体卫

【科技创新】 2012年，禅城区被科技部认定为“国家可持续发展实验区”，被国家知识产权局确定为全国第二批国家专利保险试点地区。全区获2011年度省科学技术奖4项、市科学技术奖11项、区科学技术奖45项；专利申请总量2826件，授权总量2266件，其中发明专利申请量597件，授权量217件；全区累计建立国家火炬计划重点高新技术企业11家、国家高新技术企业86家，省级民营科技企业254家、省级创新型企业6家、省级创新型试点企业8家；累计建立各级企业技术中心22个，其中国家级1个，省级17个，市级4个；各级工程技术研发中心137个，其中省级24个、市级75个、区级38个。推进“科普示范区”工作，上元村等14个达到创建标准的村（社区）被评为“禅城区科普示范村（社区）”，其中祖庙街道白燕社区成为佛山市唯一入选的“全国科普示范社区”。禅城区选拔的项目参加全国青少年新科技创新大赛，获得了1金1银和1个专项奖的优异成绩。

【教育】 2012年，禅城区教育以打造与中心城区适应、让人民群众满意的教育为目标，大力实施教育提升行动计划，启动教育管理体制改革创新，进一步提高了教育教学质量，满足了人民群众对优质、多元、特色教育的需求。

推行禅城户籍生免费选读公办初中。2012年参加初中招生自主选校的学生有1222人，其中676人成功选校，这一改革得到了家长和学生的广泛认同，也是创新社会管理的一项重要举措，标志着禅城教育从“学有所教”向“学有优教”转变。

推行非禅城户籍学生按积分入读公办学校。积分入学有力推动了随迁子女平等接受义务教育长效机制建设，对促进教育公平，提高城市新增劳动力综合素质，加快转型升级、建设幸福禅城具有重要意义。

优质高中教育规模扩大，最大限度满足市民教育需求。2012年，禅城区公办高中招生计划比上年增加404人，增长比例11.23%。同时下调了择校生比例，指标生比例由5%增加到30%，正取生规模逐步扩大。

公办幼儿园进一步规范，学前教育补贴范围扩大。充分发挥公办幼儿园辐射作用，实施全员培训，大幅提高教职工持证上岗率；2012年，继续对户籍人口子女实施学前教育补贴并覆盖到学前两年，7984名佛山户籍幼儿共领取补助金额469万元。

2012年秋季，禅城区启智学校顺利开办、正式开学，招收一年级智障学生。启智学校的建立，完善了禅城区特殊教育服务体系，更好地保障了区域内残疾儿童接受优质教育的权利，该校已成为禅城区特殊教育实验基地、指导中心、培训中心和教学研究中心。

佛山实验学校开展的九年一贯制教育实践、特色人才培养机制以及佛山三中新成立的国际部，为丰富区人才培养路径奠定了坚实基础。中小学办学综合水平评估实施办法、镇街教育发展水平督导评估实施办法相继出台，增加了“学校自我评价”“学校自定项目”指标，学校办学积极性、主动性和创造性进一步提高，为构建学生个性成长的“快车道”和“立交桥”创造了有利条件。佛山外国语（国际）学校项目探索社会资金、村组用地、政府管理三者强强联合的办学模式，为其他公共事业引入社会资本、村组用地建设发展提供示范经验。

小学一、二年级无书面作业要求基本落实，全区中小学全面探索没有教辅情况下的作业设计研究，加强了作业的可选性和创新性。

2012年高考6门学科平均分、5项上线率领先省内县（区）；优尖生人数大幅增加，理科全省前50名，禅城区考生占7人；佛山二中、荣山中学、实验高中学生实现考入清华大学、中央戏剧学院、中央美术学院等一流学府新突破。

佛山市华材职业技术学校顺利通过广东省示范性中等职业学校评估，并被推荐为国家示范性中等职业学校建设项目学校。

【文化】 2012年，制定《禅城区社区文体活动中心建设规范》标准，推进村居公共文化设施建设。新整合“十分钟文化圈”站点162个，全区文化活动站点增加到516个。新建农家（社区）书屋48家，实现农家（社区）书屋全覆盖。建成禅城区数字图书馆，为市民带来智能文化的体验。推进联合图书馆建设，新增联合图书馆成员馆2家，形成一主馆五分馆五成员馆的联合图书馆服务网络。实施公益电影放映工程，全年放映公益电影1008场。全区公共文化活动场所面积11.75万平方米，每万人拥有1358.03平方米。成立文化志愿者队伍，登记在册的文化志愿者1993人。

开展丰富多彩的群众文化活动，满足居民群众的精神文化生活需求。举办第三届中国（禅城）岭南年俗欢乐节、“三月三”北帝诞庙会、暑期青少年文化系列活动、外来务工人员文化艺术节、“新佛山人”歌唱大赛等文化活动。

组织开展《简氏别墅文物保护规划》等5处文物保护规划的编制工作。加强文物修缮工程管理及文物安全隐患排查整治专项行动，确保文物安全。

继续开展禅城区全国第三次文物普查工作，高质量完成《禅城区第三次全国文物普查工作报告》编制工作及区“三普”摄影工作。

加强非遗保护工作，推荐开展技艺传承工作业绩突出的中国工艺美术大师梅文鼎和黄松坚参加评选“省级优秀非遗传承人”，推荐石湾玉冰烧酒酿制技艺的梁思宇、何国良，源吉林甘和茶的钱碧坤，广东醒狮的陈汝安，冯了性风湿跌打药酒的邬威尧，石湾龙窑技艺的蒙文德、苏乃灌和陈钊，石湾陶塑技艺的庞文忠、廖海峰和何洁梅，岭南古琴艺术的梁球，蔡李佛拳的梁旭勇、黄文佳和何焯华为“第三批市级非遗传承人”，组织华光诞、蔡李佛推拿和医药等2项申报列入“第四批市级非遗代表作名录”。

全区共有国家级文物保护单位3处、省级文物保护单位6处、市级文物保护单位66处，市级历史文化保护区1个，市级历史文化街区1个。已有33项非物质文化遗产代表作列入保护名录，其中国家级9项，分别是石湾陶塑技艺、佛山木版年画、佛山剪纸、粤剧、佛山狮头、佛山彩灯、佛山秋色、佛山十番、佛山祖庙庙会，省级6项，市级16项，区级2项。启动以文优二（第二产业）示范工程、以文促商示范工程、文化与科技融合拓展示范工程等三大主体示范工程和以游旺区辅助工程的“3＋1”文化产业振兴示范工程，通过产业文化升华拉动、文化元素植入发动、产业环节嵌入促动、产业文化与金融、管理、技术融合驱动等模式，构建禅城特色文化产业体系，引领区域产业优化升级，助推区域经济发展方式转变。

做好文化产业服务工作，组织企业申报各级专项扶持资金，其中申报国家级专项扶持资金项目2个，申报省级项目7个，市级项目5个。

2012年，禅城区文化产业完成增加值56.8亿元，比上年增长14.8%，占全区GDP的4.7%。

【体育】 精心组织举办传统体育活动。2012年举办“第十届粤桂港澳台狮王争霸赛暨北狮邀请赛”、“五一”职工万人长跑活动、“全民健身日”群众展示活动等形式多样、内涵丰富的群众体育活动，受到了市民和社会各界的欢迎。围绕非物质文化传承，举办禅城区中小学生武术龙狮锦标赛、禅城区青少年蔡李佛功夫表演赛，发扬传承优秀传统文化，做到文化体育融合发展。开展禅城区优秀体育辅导站、优秀社会辅导员评选活动工作，为基层群体体育工作的开展提供人才保障。完成幸福广东评价体系城乡体质测试任务：完成3～6岁320人、7～12岁660人、60～69岁80人的体质测试任务。2012年政府购买13个体育场馆时段免费为群众开放，受惠人数8.35万人次，这项惠及群众的体育民生工程受到群众欢迎。禅城区全民健身工作开展良好，获得国家、省市的表彰，被国家体育总局社会体育指导中心、中国龙狮运动协会授予“龙腾狮跃、和谐禅城”——第十届粤桂港澳台狮王争霸赛暨北狮邀请赛先进单位的称号，评为省第十二届体育节先进单位，吕美云等6人被评为“广东省优秀社会体育指导员”称号。

2012年，精心组织成功举办了第三届禅城区运动会。本届运动会是禅城区运动会史上规模最大的综合性体育盛会，参赛运动员达835人。本届运动会首次打破户籍限制，允许外来工子女参赛。

2012年组织了足球、游泳、田径、乒乓球等12个项目区级锦标赛，参赛运动员达6200多人。

2012年体育竞赛水平进一步提升。全区运动员参加全国、省比赛获得奖牌18枚，其中金牌3枚；禅城区运动员参加佛山市青少年锦标赛，共获得4个项目第一名、2个项目第二名；输送运动员获得全国比赛第一名1人，第二名1人；省级比赛第一名4人，第二名4人，第三名4人；举办2012年禅城区中小学生田径运动会，其中8人3队打破运动会记录，32人达到二级运动员标准，7人达到三级运动员标准。

【卫生】 2012年，禅城区卫生工作以科学发展观为指导，以“强中心”战略为统领，围绕中心，服务大局，突出重点，真抓实干，各项工作积极推进，各项惠民服务逐步落实，医疗卫生事业稳步发展。2012年，启动第四轮行政体制改革和公共事业领域改革。区医疗事业进行改革，以整合优化医疗资源，提升医疗资源整体效能，由区人口和卫生药品监督局启动了禅城区公立医院组团联网运营。一是社区卫生服务机构与基层医院的剥离重组工作全面推进。以“管办分离，效率优先”为原则搭建的机构管理体制初步理顺完善，至年底，完成环市医院与社区卫生服务中心人、财、物的分离，推进同济、南庄医院与社区卫生服务中心的分离工作；澜石、张槎、向阳医院采取过渡政策。推进新组建的禅城区禅康医院发展中心、禅城区人民医院、张槎医院、澜石医院、向阳医院及各镇街社区卫生服务中心的挂牌工作，贴合人民群众需求的医疗卫生服务体系初步构建完成。二是制定了《医疗集团离退休人员生活补贴发放办法》等相关配套政策并顺利实施，妥善解决了长期以来区公立医院离退休人员退休补贴偏低的问题。三是起草制定资产及经营管理和绩效考核分配方案，两份方案全力保证理顺医疗集团各成员机构的资产及经营管理，为日后运营中有效提升医疗机构和人员的工作绩效提供制度基础。

坚持医院管理与服务质量并重，日常监管与专项督导相结合，扎实推进医疗质量提升。一是加强日常监管，健全、落实各项制度，开展医疗机构校验、注销、变更、检查、违规约谈告诫及不良执业行为执法等监管执法工作，实行通报及实施记分管理甚至行政处罚；二是加强医疗卫生系统行业作风建设，开展党风廉政建设，推进合理检查、合理用药、合理治疗，落实处方点评并纳入绩效考核，开展抗菌药物、麻醉药品和精神药品临床应用等专项督导检查，组织“三好一满意”“医疗质量万里行”“医院上等级”等活动，严把医疗质量关；三是加强内涵建设，继续推行临床路径管理，让治疗流程化、操作规范化；四是开展预约诊疗、便民门诊、优质护理服务，大力加强二、三级医院重点学科建设，指导南庄、张槎医院创“二甲”，推动区医疗服务多层次的配套完善；五是加强医疗纠纷调处，加强与司法部门的联系与合作，建立市区联动的医调委工作机制，积极防范、应对医疗投诉及纠纷，重点对医疗纠纷较多的民营医疗机构进行调研，提出良性发展对策并协调有关部门分步实施。

继续按人均30元标准安排全区基本公共卫生服务经费，总共安排各类基本公共卫生服务经费3367万元。为确保经费落实，服务到位，重点抓了五项工作。一是调整经费划拨程序。全区基本公共卫生服务经费统一申请，由区财政先垫付各镇街应负担的经费，后在分成款中予以扣减，有效解决部分镇街经费投入不足、划拨迟延的问题。二是扩展服务。通过增加老年人保健项目、加强重性精神疾病管理、推动社区卫生信息化等方式加大推进基本公共卫生服务力度。三是启动新项目。启动包括两癌筛查、预防艾滋病、梅毒和乙肝母婴传播等重大公共卫生项目，积极推动卫生监督协管服务项目实施。四是强化考核。通过1年2次开展辖区内医疗单位基本公共卫生服务绩效考核，推动9项基本公共卫生项目任务的完成。五是加强基层医疗网络建设。朝阳社区卫生服务中心创建成为市第二间省级示范社区卫生服务中心。

做好传染病监测和防控。开展重点传染病、寄生虫病防治培训和监测工作，制订和落实区重点传染病、地方病和寄生虫病的监测方案；抓好流感和结核病防控和疫情处置工作，对学校等重点单位抓好流感疫情监控，及时有效处置厂企结核病聚集性疫情及校园结核病散发病例处置工作，尤其在区报告登革热病例后，及时制订防控方案及实施细则，组织开展区疫情监测、病学调查、病例搜索、杀灭成蚊、清理蚊媒孳生地、健康教育等疫情处置工作，遏制了疫情的快速蔓延和扩散，未出现集体单位的聚集性疫情传播及发现危重和死亡病例。开展疫苗查漏补种，加强学校卫生监管。实施全区适龄儿童脊髓灰质炎疫苗应急免疫和麻疹疫苗查漏补种活动，接种率分别达99.47%和98.91%，超额完成考核任务；推进学校卫生量化分级管理，完成量化评审单位61间，覆盖率达59.2%，A级比例9.7%。开展学校饮用水专项抽检，促进了学生饮水健康安全。加强职业病防治。广泛开展职业病防治知识培训和法律宣传，做好职业病前期预防，及时处理尤尼电池、科尔纳卫浴等公司发生的职业病相关事件。

在药品和医疗器械监管方面，全面开展打击“三品一械”制假售假违法犯罪活动，积极开展药品行业“两建”试点，努力形成“三品一械”监管新格局。高度重视“三打”工作，成立局联合执法队和成立区公安食品药品监管联合执法办公室，加强指挥、协调、督导，围绕“药品、日化用品（化妆品）打假”“打击非法行医”和“打击商业贿赂”三个重点，实施专项整治，取缔无证经营药品窝点17个、组织取缔无证行医窝点43个，查处“三品一械”违法案件63宗，有效净化了区的“三品一械”市场。

以“爱国卫生活动月”和纪念爱国卫生运动60周年活动为重点，全面铺开城乡环境卫生整洁行动，启动健康村（社区）创建工作，加强对城市重点场所和重点对象开展专项整治，举办“微文明·除四害进社区”“微文明·无烟单位由我创”“除四害热线面对面”户外宣传活动，开展“无烟单位”“无烟学校”创建，以灭蚊为突破口做好“四害”密度调查与监测，完善奖励督导手段，健全爱国卫生长效管理机制。

社会事业和综合改革

【精神文明建设】 禅城区开展首届“感动禅城道德人物”评选表彰活动。2012年12月23日，在岭南天地鲤鱼广场举行了颁奖典礼。表彰“禅城区助人为乐之星”陈月智，“禅城区见义勇为之星”关友腾，“禅城区诚实守信之星”谭明旷、江笑，“禅城区敬业奉献之星”刘如珍及“禅城区孝老爱亲之星”李灿成。

开展“我们的节日”系列活动。组织开展清明祭奠革命先烈活动；组织开展“我们的节日·端午”禅城区经典诵读展示暨全民修身计划启动仪式；广泛开展“我们的节日·中秋”主题活动等。广泛开展“微文明”系列活动、“公民道德修养课堂”活动和开展评选“十好”和谐文明村活动，考核表彰第四批“十好”和谐文明村。禅城区各级“十好”和谐文明村达35个，覆盖率达65%以上，其中全国文明村1个，省级文明村3个。

区妇联、区文明办联合开展以“构筑和谐家庭、共建幸福禅城”为主题的禅城“十佳好母亲、好父亲”评选活动。开展面对全区市民的“禅城杯”国防短信征集、国防建设征文活动，号召广大市民参与国防、宣传国防。

建立“文明礼仪普及志愿服务队”和“网络文明传播志愿服务队”，禅城区组建“文明礼仪普及志愿服务队”171支，网络文明传播志愿服务队50支。开展“2012感动禅城道德人物评选”启动仪式暨“志愿服务与城市文明”论坛。

【人力资源和社会保障】 2012年继续实施“走出去”人才发展战略，建立了“1＋2”引才揽智交流平台。即与全日本华人博士科技人才交流机构、湖南长沙和湖北武汉建立人才合作关系。举办了第三届禅城名企与湖南重点高校校企洽谈会，合作的对象、内容和层次都有新突破。以开展“企业服务年”活动为契机，加强人才服务工作，举办大型人才交流招聘会，加快人才远程视频对接服务系统建设。加强博士后工作站、外国专家引进工作，举办禅城首届企业博士座谈会。2012年两次组织名企抱团赴武汉跨省揽才，与200名高层次人才达成就业意向，其中硕士、博士研究生40人。接收和引进各类人才2278人，其中博士研究生4名，硕士研究生45名，引进外国专家14人。

开展“就业援助、南粤春暖服务”等活动，大力推进“双转移”工作，新开拓了湖北、湖南、江西、广西等劳务输入基地，组织禅城企业抱团跨省招聘和劳务对接系列活动。整合培训资源，推进校企联盟，建设农村劳动力及高技能人才培训和实训基地，举办了广告动画设计、茶艺及美容美发化妆等职业技能大赛，以培训促就业成效显著。完善大学生创业孵化基地建设，建立创业导师团，举办创业沙龙活动，大学生创业促就业成效明显。全面完成就业工作目标责任制系列考核指标。2012年，建立了14个“充分就业村”，75个“充分就业社区”；举办招聘会191场，达成就业意向2.03万人；帮助4914名就业困难人员享受就业政策，帮助失业人员再就业1.11万人，其中就业困难人员8173人；转移本区农村劳动力就业937人，接收本省农村劳动力转移就业7206人；新增就业岗位2.84万个，新增就业人数2.16万人，登记失业率为2.38%；审批灵活就业补贴7229人、享受社保补贴的企业55家，审批使用就业专项资金2437.85万元；培育了肯富来、伊丽莎白、汽运集团等5家校企联盟；技能提升培训3890人，考核鉴定3200多人，失业职工技能培训1567人，培训后再就业率达87.01%。

大力推进创建和谐劳动关系示范区建设，加强规范企业劳动合同管理，劳动合同签订率达98.29%。扎实推进劳动监察“两网化”建设，大胆探索建立村居劳动监察协管站并显成效，2012年已建站50个。加大执法检查和处置劳资纠纷的力度，依法查处劳动保障违法行为。牵头成立劳动人事争议仲裁委员会，设立综合接访服务大厅，在全市首建法援律师进驻区级人社部门机制，形成投诉、仲裁、法援、司法“一条龙”法律服务和“大调解”格局。多措并举，保障工伤职工合法权益。

全年纳入创建和谐劳动关系示范区企业500家，其中佛山市海天调味食品股份有限公司、广东石湾酒厂有限公司等5家单位创建工作分别荣获国家、省级表彰；2012年劳动监察企业4500家，开展专项检查14次，作出行政处罚12宗；立案查处举办投诉案件2398宗，处置10人以上群体性突发事件82宗，受理劳动争议案件2028宗，共涉及人数9024人，涉及工资、补偿待遇等金额8100万元，受理工伤案件2510宗，劳动能力鉴定918宗。

2012年，禅城区下拨230万元经费到镇街，改善退休人员活动设施；为已纳入社区管理服务的退休人员建立健康档案，提高体检标准，增加体检项目；建立社区企业人员自管小组169个，组织开展丰富多彩的文体活动和互助服务630次，各类讲座720次，上门慰问特殊退休人员3200多次，发放节日礼物3.5万份。

成立区人社局行政审批制度和公共事业领域改革工作领导小组，制订工作方案。对部门行政审批（管理）事项进行严格清理和精减压缩，进一步减少审批环节，简化审批手续，压缩办理时限，提高审批效率，为群众提供省时、便捷的服务。借鉴香港等先进地区经验，结合禅城实际，计划实施“人才就业优化服务‘1＋5’工程”，即出台1个人才工作指导意见、5个配套政策。连续召开10多场人才就业政策编制工作专题调研会，“1＋5”相关指导意见和配套政策草案编写工作全部完成。

【人口与计划生育】 2012年，禅城区以“做好人口工作，建设幸福家庭”为核心任务，突出人口均衡发展理念，创新人口计生服务管理机制，全区人口计生工作稳步发展。2012年区户籍人口出生率6.83‰，自然增长率5.22‰，较好地完成上级下达的各项指标和任务，继续保持“全国计划生育优质服务先进区”和“佛山市计划生育先进单位”称号，祖庙、石湾镇、南庄等3个镇街保持了“佛山市计划生育先进单位”称号，张槎街道获得“佛山市计划生育表扬单位”称号。

完善社会抚养费征收程序，督促违法生育对象及时缴纳社会抚养费，全年处理违反计划生育对象共462宗，没有发生因计划生育引起的群体性事件和恶性事件。落实各项计生奖励扶助制度，全年发放奖励及扶助金达1447万元，惠及8162人，其中新增2411人。出台《禅城区打击非法行医、打击“两非”举办奖励办法》，成立打“两非”综合执法队，建立健全了综合治理出生人口性别比偏高问题

的长效工作机制。

在祖庙街道、南庄镇建立了湖北应城、广西横县两个户籍地流动人口计生协会，以协会为纽带，让乡音对乡音、让老乡管老乡，提高了流动人口的自我管理、自我服务水平，并得到省、市的认可。制定了《禅城区流动人口计划生育节育奖实施细则》，对自觉落实长效绝育措施、符合条件的流动人口育龄群众给予一次性500元的奖励，将慰问流动人口计划生育困难家庭纳入“南粤幸福活动周”，扩大流动人口已婚育龄妇女普查普治工作覆盖面，落实免费基本项目技术服务。

统一启用了广东省全员人口信息系统，全面完成了全员人口数据的建库任务。开发计生数据核查核对系统，和公安系统“警务e超市”进行数据对接，对35个村居10万多条流动人口数据进行共享比对，查漏补缺，丰富了计生数据采集和横向核对渠道，动态管理更加到位。

建设“祖庙人口文化剪纸基地”，用“剪纸工艺”结缘“人口文化”，融合粤剧、木板年画等国家非物质文化遗产经典元素，展现“生命与关爱”“和谐人口”“婚嫁习俗”“幸福家庭”等人口计生文化主题，获得了2012年度广东省人口计生宣教创新项目奖。

启动国家免费孕前优生健康检查项目，投入203.65万元，为每对计划怀孕的育龄夫妇免费提供价值639元共21个项目的体检大礼包，以及孕前优生健康教育、风险评估、咨询指导等专项服务，2012年全区共建立孕前优生档案5012个，达目标人群孕前优生检查率达89%，超过省下达任务9%。

【社会治安综合治理】 2012年，禅城区政法综治部门紧紧围绕“强中心”“提升城市品质”战略，深入化解社会矛盾、创建平安禅城、创新和加强社会管理、推进公正廉洁执法四项重点工作，认真落实“三打两建”工作，积极开展政法干警核心价值观教育实践活动，为确保党的十八大胜利召开做了大量工作，取得了显著成效。

“三打两建”方面。2012年，全省开展了“三打”专项行动，禅城区集中大部分骨干力量投入到“三打”工作中，积极牵头、组织、协调，统筹全区“三打”工作，形成打击合力；制定《禅城区“三打两建”行动总体方案》，并制定信息报送、领导包案等工作制度，率先在全省建立了“执法联动机制”。对欺行霸市、制假售假、商业贿赂三类违法犯罪案件实施精、准、狠的打击，查处了假冒金龙鱼食用油案、假冒长城润滑油、假冒珠江电缆、九鼎国际楼盘“楼霸”案等一批在全省有影响力的大要案，清理了一批涉及商业贿赂、充当保护伞的腐败分子，大大改善了民生环境，优化了企业经营环境，净化了市场秩序，赢得了广大群众和企业的拥护。

至2012年12月13日，全区共收到“三打”案件线索1576条，其中工作摸排1155条、群众举报线索331条、上级转办89条、自首1条，已核实1576条；共立“三打”案件2913宗，其中打欺1904宗、打假955宗、打贿54宗，刑事案件983宗、行政案件1930宗、总涉案金额7354万元，已结2910宗，结案率99.9%；打掉欺行霸市团伙118个，捣毁制假窝点147个，查处保护伞6宗17人，刑拘1239人，逮捕837人，一审判决814宗。

禁毒整治方面。2012年，大力推进全区做好专项整治工作和迎接国家禁毒委检查工作，取得了突出成效。区公安机关从“斩毒源、铲毒场、严收戒”等方式加强对毒品违法犯罪行为打击力度，健全和完善了一系列长效工作机制，强化日常动态监管。禁毒科组织相关部门不定期地开展易涉毒场所的突击检查，确保区内所有场所基本达到“无毒化”。开展创建“全民禁毒宣传教育示范区”工作，组织开展禁毒“六进”活动；策划组织了“禁毒宣传百场电影巡回放映活动”，在学校开展禁毒征文、宣誓等活动；协调相关部门在全区主要路段LED显示器、公交站点、自行车站点、大型广告立柱、公交车视频、灯柱灯杆旗悬挂禁毒标语及禁毒公益宣传广告，大大地提高了禁毒宣传工作的覆盖面。与三水戒毒康复基地合作，建立区的社区戒毒（康复）就业安置点，并制定戒毒康复人员奖励补贴办法，积极动员戒毒康复人员前往就业生活。区的禁毒工作受到国家禁毒委验收组的肯定。

综治工作方面。2012年，区综治委以建设平安禅城为目标，深入推进三级综治信访维稳工作平台建设，大力推进平安村居建设，不断创新社会管理，社会治安持续好转。全年全区110接报刑事治安警情3.33万宗，同比下降41.5%，降幅是五区之首；侦破各类刑事案件6509宗，同比上升3.5%；查结治安案件1.09万宗，同比上升1.6倍；刑拘6278人，同比上升1.2倍；逮捕2410人，同比上升36.2%；行政拘留6787人，同比上升33.9%；强戒909人，同比上升15.1%；劳教378人，同比上升145.5%。全年发生的18宗命案实现全部侦破。

【区级行政机构改革】 2012年，禅城区围绕"抓基层打基础、促转型惠民生"这一主题，夯实基层党建基础，全面提升基层党建工作水平。南庄镇紫南村党支部获得省"创先争优"先进基层党组织称号；全区共有16个基层党组织获得市"创先争优"先进基层党组织称号，15位同志获得市"创先争优"优秀共产党员称号。罗南村党委作为广东省的唯一代表，参加中组部举办的农村基层党组织"创先争优"先进典型经验交流座谈会，并在会上发言。对全区776个各类基层党组织进行分类定级和升级转化工作。以区域化党建推进区域内社会管理提升为目的，在石湾镇、张槎、祖庙等3个街道建立4个"区域化大党建"试点。开展"五型"红旗社区建设，培德社区、铁军社区、丽豪社区、红卫社区、江湾社区通过市委组织部验收，成为佛山市"五型"红旗社区示范点。建立和完善了143个党代表工作室。禅城区南庄镇罗南村党代表工作室获评广东省"五好"（建设规范好、制度完善好、日常管理好、作用发挥好、群众评价好）党代表工作室，实现对村居的全覆盖，为党代表履职提供了平台。禅城区起草《中共佛山市禅城区委关于进一步发挥党代表、人大代表、政协委员作用的意见》《禅城区党代表、人大代表、政协委员民意联络室工作暂行办法》等文件，在4个镇街分片区建立"两代表一委员"民意联络室，创新民意沟通机制，促进社会良性互动。"两代表一委员"民意联络室先后开展了如"季华路快速化改造项目""听取对区委区政府2012年工作意见、征询2013年工作建议"等多项大型民意征询活动。

对公安体制的改革，2012年，禅城区优化机构设置和警力配置，把区公安分局7个派出所扩充为12个，交巡警8个科级单位缩减为2个。

对行政管理体制与公共事业领域的改革，启动行政管理体制及公共事业领域改革工作，出台《佛山市禅城区深化行政管理体制及公共事业领域改革工作方案》等指导性文件。积极推进行政审批"三个集中到位"改革，优化行政审批流程，创新行政审批运行机制。同时，把教育、医疗卫生、市政公用事业、公共交通、人才和就业服务、社会养老服务等6个领域作为公共事业领域改革试点。

对事业单位分类的改革，按照政事分开、事企分开、管办分离的原则，以社会功能为依据，实施区直事业单位分类改革。通过优化整合，纳入改革的190个区直事业单位减少为167个，按公益职能划分事业单位类别。

各镇街介绍

【南庄镇】 南庄镇位于禅城区西部，是佛山市中心城区的重要组成部分。全镇面积76.7平方公里；辖18个行政村和2个社区，自然村135个，总户数2.61万户，户籍人口8万人，外来人口6万人；农村经济总收入7.5亿元，农村居民人均年纯收入13681元，财政收入8.2亿元。拥有国家级生态村1个，市级生态村16个。南庄镇地处珠三角冲积平原，自古以"桑基鱼塘"著称，水系发达，河网交错，气候温和，雨量充足，是典型的岭南水乡。

南庄镇经过产业结构调整，由单一的建筑卫生陶瓷产业向新材料新能源、汽车配件、铝型材、电子电器等多个产业发展，形成多产业齐头并进的局面。2012年，南庄镇被认定为国家发展改革试点小城镇，被评为"国家级生态乡镇""广东省文明镇""广东省环境保护先进集体""佛山市宜居城镇"。此外，南庄镇还获得"国家卫生镇""广东省教育强镇"等称号。南庄镇是全国知名品牌最集中的镇区之一，全镇拥有中国驰名商标17个、广东省著名商标31个、广东省名牌产品21个。2012年实现地区生产总值133.17亿元，同比增长8.8%；工业总产值336.99亿元，增长15.4%。产值超亿元的企业有49家，年纳税额超1000万元的企业25家。

省级经济开发区——广东佛山禅城经济开发区位于南庄镇，该开发区规划面积5.5平方公里，先后被命名为广东省民营科技园和科技部火炬计划精密制造基地，有众多国内外品牌企业进驻，形成汽车配件、陶瓷机械、电子电器、有色金属加工、塑料五金、医疗器械等产业链。

南庄镇加速发展转型，大力推进产业“两转型一再造”战略，生产型工业重镇加快向环保型生态新城迈进。近年来关停转移了75家陶瓷企业中的65家，保留下来的建陶企业全面推行清洁生产，陶瓷研发、总部经济、会展营销加快发展。南庄镇拥有世界级的陶瓷国际会展中心、国家级的华夏建陶研发中心，拥有中国陶瓷产业总部基地等陶瓷商贸、总部巨擘，建设中国陶瓷中央商务区，中国最大的陶瓷集散地、全球采购中心和陶瓷总部基地已成型。

南庄镇自2009年投入17亿元启动绿岛湖片区基础建设和环境治理，通过加强水乡生态环境的保护和利用，以环境带动城市升级、产业提升，成为佛山市“一老三新”的禅城西部中心区域。2012年，市、区政府把绿岛湖片区建设纳入为城市升级三年行动计划的重点督办项目，重点打造“绿色产业城，总部集聚地”。

南庄镇正在加快培育都市产业和战略性新兴产业。2012年启动了20多个都市产业项目和先进制造业项目奠基、启动或落成开业，总投资额超过80亿元，以绿岛湖都市产业区项目、陶瓷中央商务区项目和杜邦鸿基项目为龙头，引领产业结构持续改善，传统优势产业加快提升，战略性新兴产业初步集聚，形成科学、可持续发展的新局面，成为禅城区“一老一新”当中“禅西新区”的都市产业高地。

【石湾镇街道】 石湾镇街道位于禅城区东南部，北江支流东平河北岸，面积26.62平方公里，下辖12个行政村和23个社区，常住人口30万人。2012年，石湾镇街道以实现“强中心”为目标，把城市升级和产业升级相结合，着力推进产业升级、城市升级和城市管理，经济社会发展迈上了新台阶。2012年实现地区生产总值（GDP）342.5亿元，增长7.8%。工业总产值526亿元，增长4.5%。国、地两税收入45.8亿元，增长14.1%，其中，国税收入15.06亿元，增长26.4%；地税收入30.74亿元，增长8.8%。

经济发展质量稳步提升。陶瓷和不锈钢两大传统产业加快向展示贸易、研发、总部转型升级。“澜石不锈钢”集体商标成功注册，成为禅城区第2件集体商标。中国陶瓷城被广东省认定为广东建筑卫生陶瓷采购中心。现代服务业蓬勃发展，季华路、佛山大道和岭南大道三大商业带的打造取得明显成效，佛山王府商城、佛山（国际）家居博览城、新协力汽车区域总部等一大批重点现代服务业项目成功建设。现代服务业在经济中的比重不断提高，二、三产业比例调整优化为：30.81∶69.19。

城市面貌焕然一新。全力以赴落实好各城市升级重点项目，强势推进桂澜路南延线等10多条道路的征地拆迁和建设工作。桂澜路南延线、绿景东路、佛山公园西侧15米道路、东平路连接线等多条道路顺利建成通车。“三旧”改造助推产业升级。全年已获批复的“三旧”改造项目15个，面积931.57亩。95%以上的“三旧”改造项目是产业提升项目，呈现出城市和产业同步提升的良好势头。

“创文”和城市管理成效明显。扎实推进“三打”工作，督办查处了“3·22”肉制加工黑作坊等一批大案要案，荣获2012年佛山市“三打”行动先进集体称号。以“创文”促进城市管理。大力推进环境卫生、绿化提升等工作，加强城市管理执法力度。石湾镇街道作为佛山市的主要受检区域接受了“创文”国检组的实地考察测评，“国检”成绩优异，市民满意度不断提升。

社会各项事业全面发展。全面推进平安村居建设，推广应用社区警务“e超市”，社会治安持续稳定。成立农村集体资产管理交易中心和农村财务监管中心，确保了农村资产交易公平、公正、公开。教育水平不断提高，环湖小学正式动工建设。陶文化品牌影响力进一步增强，“石湾龙窑营造与烧制技艺”成功申报为广东省第四批省级非物质文化遗产名录，石湾陶瓷博物馆成为广东省第二批达标博物馆。民生保障水平逐步提高，隔田坊保障性住房项目成为市、区保障性住房的示范项目。社区建设取得好成绩，35个村居全部获“广东省村（社区）务公开民主管理示范创建达标村（社区）”称号；玫瑰等17个社区获得“全国综合减灾示范社区”称号。红卫社区、丽豪社区荣获“佛山市文明社区”称号，番村、深村荣获“佛山市‘十好’和谐文明村”称号。

【张槎街道】 张槎街道位于禅城区中西部，是佛山“强中心”禅西新城战略格局中的重要成员、广佛经济商圈的重要组成部分，总面积26.5平方公里，下辖15个行政村和6个社区；常住人口7.8万人，外来人口20多万人。

2012年，佛山市高新产业开发区禅城区管理委员会、张槎街道紧抓佛山市委、市政府打造“强中心”禅西新城的历史新机遇，以加快转变经济发展方式为主题和主线，按照“规划引领、项目带动、镇村联动、系统提升”的思路，在经济发展、产业转型、城市管理和升级等工作取得了新突破和新成效。全年实现地方生产总值268.38亿元，同比增长8.8%，增幅连续2年位居全区各镇街之首，其中第二产业194亿元，同比增长9.7%；第三产业74.38亿元，同比增长6.5%；实现工业总产值839.7亿元，同比增长16.1%；完成固定资产投资额95亿元，同比增长20.1%；完成合同利用外资为1.8亿美元，同比增长20.3%；实际利用外资6642万美元，同比增长8.6%；税收总额29.79亿元，同比增长15.4%。

率先以“两城、六园”为载体，打造主题产业链，2012年建设改造300万平方米产业载体，产业承载力明显增强，产业转型步伐进一步加快。

以发展总部经济为主题智慧新城建设招商顺利，120万平方米的建筑总量完成80%，格力电器、日立电梯等一批国内外500强企业进驻。新媒体产业园以打造“新媒体、新生活、新文化”为主题，第一期6万平方米改造全面完成，集聚鹏博士等60多家高成长性的创新型企业，吸纳大中专以上400名人才就业，税收从零到超600万元，实现当年建成、当年收益。佛山国家火炬创新创业园20万平方米全面建成，成功引进70多家科技型企业，吸纳大中专以上2500名人才就业，预计税收2500万元，增长25%，逐步形成高层次人才集聚创业，高新科技项目集聚孵化的格局。创意产业园完成改造，平安证券等400多家创意创新型企业进驻，入园就业人数达1万多人，税收预计达5000多万元，同比增长66%，创意产业不断壮大。华南电源科技创新园打造全国首个专业园区，众盈电子、柏克等高技术企业落户。欧洲工业园顺利建设，促进装备制造、节能环保产业快速发展。中西达一、迪安诊断强势抢驻，新药医药研发基地雏形初现。

积极实施“产业链招商三年行动计划”，“补链”“强链”并举，成功引进雅博士医疗设备、鹏博士电信华南区总部等重大招商项目近30个，投资总额超过180亿元，同比增长3.5倍。企业增资扩产逆势增长，8家外资企业增资扩产，总投资额9086万美元。全年工商登记新开业户数（包括个体户）同比增长16.3%，其中制造业新开业1268户，同比增长32%，增速排名全区之首，产业城的集聚吸引力明显增强。

新医药、新材料、高端制造业、电子业等一批新兴产业发展不断加快，产值占全街道工业总产值46.6%。自主创新能力大幅提升，15个企业项目获国家科技计划支持，同比增长4倍；9家企业认定为省级民营科技企业，增长3.5倍；申请专利445项，增长近9倍；287项专利获得授权，增长10倍。

组织多家重点企业赴上海参加第六届中国国际针织博览会，企业订单激增40%，荣膺“中国针织区域品牌”称号，集群效应进一步凸显。承办2012年中国针织工业协会第五届第三次理事会，300多名理事成员齐聚张槎，擦亮针织名镇的品牌。加快推进辖区控规修编，《王借岗至石湾水厂控规》《青海片区控规》和《佛山大道以西片区控规》三大控规完成中期成果，《村头村尾控规》通过市政府批准实施，将率先实现辖区控规全覆盖。创造性开展《张槎街道水系优化专项规划研究》，水系规划开禅城先河。

率先启动全区城市升级首个项目——季华北路建设工程，全面完成征拆任务。广湛高速张槎段生态景观林带提升成为全市城市升级三年行动计划首个竣工项目，首批示范性市场改造升级全面完成并通过验收。

实施村居城市管理风险抵押金制度，在张槎历史上首次将缴纳考核对象延伸到村民小组长；着力推进“门前n包”工作，试行工作日与节假日双结合的城管常态化考核督导机制。

创办《新张槎》报刊，开通张槎政务微博，搭建党群联系、政企沟通新平台。成功举办两届禅城区欧洲文化节、首届佛山生物医药国际论坛、城市垃圾新型管理体系建设研讨会以及第三届禅城区外来务工人员文化艺术节，艺术为城市注入新元素，中心城区文化品牌优势得到进一步凸显。

平安村居“e超市”加快建设，张槎街道大富、上朗、张槎等3个村被评为“佛山市宜居村庄”，莲塘村和下朗村获“佛山市生态示范村”称号，群众生活环境不断改善，土地物业不断升值，群众在环境整治中得到实惠。

股份制完善工作顺利完成，标志着张槎街道第一阶段农村体制改革完成。全面建成农村集体资产管理交易和财务网上监控平台，农村集体资产录入加快推进，农村管理不断规范。以江湾大片区为切入点，通过打破村居条块分割，整合社会资源，推行大片区社会管理，从加强大片区城市综合治理入手，逐渐走向以大区域党建为领导核心，并逐步形成具有张槎特色的城乡结合部多阶层混居区域社会管理模式。

2012年，张槎街道建立了佛山市首家村级家庭服务中心；率先建立禅城区首个企业园区“妇女之家”；成立佛山市首个大型企业“妇女之家”，妇女工作开创新局面。新建5个“职工书屋”，成立外来工维权服务中心，全面落实企业的工资集体协商制度，组建6家非公企业“广东青工学习成才服务站”，建立6家青年就业创业见习基地，以人性化的服务吸引和留住新一代产业工人。张槎中心幼儿园获得“广东省青年文明号”，大富村被评为“全国家庭教育示范村”“广东省儿童友好特色社区”。

2012年，解决169户符合条件困难家庭住房问题，650套保障性住房建设工程全面启动。便民工程全面落实。增加公交站点4个，公共自行车站点14个。绿道建设基本完工，市民出行条件有所改善。基础教育优势渐显。进一步优化小学布局，7所公办学校均被授予“佛山市德育示范学校”称号，基础教育迈向新阶段。卫生医疗持续发展。建立20多万份居民健康档案，基本覆盖辖区常住居民。登革热的防控工作扎实有效，建立健全流动人口计生基本公共服务均等化保障机制，卫生医疗服务均等化取得阶段性成效。社保体系日益完善。新建6家村级慈善福利社，民众福祉不断增强。组建23个村居、工业园区服务站，劳动保障监察进一步规范管理。

【祖庙街道】 祖庙街道位于禅城区东北部，东至桂澜路，南沿季华路，西以佛山大道为界，北抵汾江河北岸，辖区面积21.5平方公里，人口约60万人，下辖65个行政村（社区），是佛山市中心城区的核心街区，是佛山市委、市政府驻地，现为佛山市的政治、经济、商业、文化中心。2012年，祖庙街道地区生产总值预计同比增长7%，工业生产总值395.4亿元，增长12.8%；规模以上工业355.5亿元，增长13.1%；固定资产投资额84亿元，同比增长0.1%；社会消费品零售总额258.6亿元，增长11.7%。

产业发展有新局面。全力实施祖庙商圈振兴计划。广州友谊商店、普君新城商业步行街、岭南天地二期相继开业，商圈业态进一步丰富。率先探索在“三旧”改造项目退缩范围内建设临时商铺，保持和活跃了商业氛围，也为日后道路改造预留了空间。积极支持辖区企业通过加强技术创新和品牌建设优化提升传统产业，重点加大了对海天集团、佛山水泵厂等重点企业和行业协会的扶持力度，将这些传统优势企业进一步做大做强。季华路商务区建设推进顺利，绿地中心项目、万科广场、星星广场等一批沿线重大产业载体相继落地和建设。成功引入了IBM、中海油、平安财富理财管理和神州数码等一批知名企业，按计划有序推进华强电子产业总部基地、高德金谷、信社总部、海天总部等重点项目，服务业发展进一步高端化和总部化。理顺公有资产运行和监管体系，推动公有资产参与“三旧”改造和土地收储，整合了原顺德公地块建设绿地中心项目，实现公有资产增值。

城市升级有新成效。完成了对祖庙路、建新路、锦华路、永安路等道路的改造提升，并积极探索道路改造建设新模式，推行祖庙路五位一体改造，开创锦华路政企联动建设模式，配合佛平路改造建设临时商铺，将道路改造与商业发展、沿街景观整治统筹兼顾。全面启动了仁寿寺提升项目，完成了佛山大道"348"改造、火车站改造提升等工程，南浦片区改造、中山公园改造提升的动迁工作基本完成。同济市场、鸿业市场、南堤市场、白燕市场、山紫市场等5个农贸市场已完成升级改造。逐步解决了街道辖区部分片区水浸和河涌黑臭问题，按要求完成了工业锅炉的淘汰提升和整治工作，有效改善了辖区生活环境。

社会管理有新探索。将城市管理和"创文"结合起来抓，建立了"部门联动、政企联动、群众参与"的城市管理工作机制，构建了"大综治、大城管"工作格局；建立了佛山首支民间的祖庙商圈秩序维护队，有效提高了城市管理的水平。发挥"两代表一委员"工作室的纽带作用，广泛倾听民声，密切联系群众工作；加强对历史遗留问题的处理和对重点人群的化解工作，实行班子领导包案，分解处理，逐步理顺和解决了普君南拆迁安置、越战退伍军人、镇安村、永新南村、兆东市场等一批历史遗留问题；全面落实安全生产"一岗双责"制和消防工作"网格化"管理，稳步推进"全国安全社区"创建工作，工矿商贸企业事故死亡人数控制在考核指标范围内，没有发生重特大安全事故，整体安全形势保持稳定。积极推进农村集体资产交易平台和农村财务网上监控平台建设。出台了《区、街道与村（居）委会、村民小组联动土地合作改造方案》，发展壮大农村集体经济。

民生事业有新发展。加大教育投入，有序推进"广东省教育强镇"复评工作，实施"一校一品"均衡特色教育，发展教育共同体；创建"五个有""五个一"文化服务体系，文体服务中心被评为"广东省特级文化站"；全面为辖区户籍80岁以上老人免费安装"平安钟"，新星分中心和大塘涌综合服务中心投入使用，居家养老服务工作跃上新台阶，被评为全国民政系统行风建设示范单位；升级改造了一批社区卫生服务站，社区卫生服务体系进一步完善；"广东省企业退休人员社会化管理服务示范点"创建工作通过省验收评估，失业率控制在3%以下。

（吴志伟　林进汉　王　鹰）

附：2012年禅城区党政主要领导名单

书　　记：区邦敏
副 书 记：刘东豪　张辉明
常　　委：卢建华　殷　辉　区柱明　冯永康　黄清华　甘绮霞　徐　航　郑作勋
区　　长：刘东豪
副 区 长：卢建华　乔　羽　梁炳军　李剑雄　杜　梅　卢志华
政务委员：李　军　高成建　罗　振

现任禅城区党政主要领导成员名单

书　　记：区邦敏
副 书 记：刘东豪　张辉明
常　　委：卢建华　殷　辉　区柱明　冯永康　黄清华　甘绮霞　徐　航　郑作勋
区　　长：刘东豪
副 区 长：卢建华　乔　羽　梁炳军　李剑雄　杜　梅　卢志华
政务委员：李　军　高成建　罗　振　吴志伟　孔祥日

（2013年7月禅城区供稿）

南 海 区

概 况

南海区位于佛山市东北部，东连广州市白云区、荔湾区，西邻三水区、高明区，南接顺德区，北濒广州市花都区，中南部与禅城区接壤。总面积1073.82平方公里，辖2个街道、6个镇、100个行政村和165个社区。2012年末，全区总人口223.32万人，其中户籍人口122.51万人，外来人口100.81万人。有旅居海外的侨胞和港澳台同胞40多万人。

南海历史悠久，文化底蕴深厚，是珠江文明的发祥地之一，也是岭南文化的典型代表。在5000多年前，就孕育出新石器时代的“西樵山文化”。隋开皇十年（公元590年）设置南海县。近代以来，涌现出近代科学家、第一部摄像器研制者邹伯奇，清末大儒朱次琦，中国民族工业先驱陈淡浦、陈启沅，“中国铁路之父”詹天佑，岭南武林一代宗师黄飞鸿，维新运动领袖、思想家康有为等杰出人物。区内旅游资源丰富，有西樵山、南国桃园、西岸、仙湖等四大旅游度假区及康有为故居、黄飞鸿狮艺武术馆、叶问纪念馆、九江双蒸博物馆等特色景点。民俗活动丰富多彩，官窑生菜会、乐安花灯会、赛龙舟、醒狮盛会等传统民俗独具魅力。南海先后被命名为“中国龙舟运动之乡”“中国龙狮运动之乡”；广东醒狮(南海)、茶基十番、粤剧被列入国家级非物质文化遗产，官窑生菜会、乐安花灯会、九江双蒸酒酿造技艺、九江传统龙舟、盐步老龙礼俗、叶问·咏春拳、南海藤编制作技艺、金箔锻造技艺被列入广东省非物质文化遗产。

2012年，全区实现地区生产总值1966.18亿元，比上年增长8%；工业总产值4430.45亿元，增长11.4%；全社会固定资产投资631.11亿元，增长8%；进出口总值197.8亿美元，下降3.2%；实际利用外资7.08亿美元，增长0.2%；社会消费品零售总额653.71亿元，增长12.2%；金融机构本外币存款余额3346.28亿元，增长17.7%；公共财政预算收入129.18亿元，增长12.1%；城镇居民人均可支配收入达36348元，增长12.5%；农村居民人均纯收入16673元，增长12.6%。

经济建设

【农业】 2012年，南海区实现农业生产总值74.69亿元，比上年增长2.4%。其中种植业产值34.85亿元，增长27.1%；水产业产值27.54亿元，增长8%；畜牧业产值12.3亿元，下降8%。

2012年，南海区出台《佛山市南海区农业精细发展三年计划（2012～2014年）》《佛山市南海区现代农业建设项目管理办法》以及《佛山市南海区现代农业项目财政奖励实施细则》等5个扶持农业发展的细则文件。

继续推进东部“万顷园艺”、中部“南国桃园”和西部“渔耕粤韵”三大片区农业发展。“万顷园艺”项目（广东万顷洋园艺世界项目）累计投入8000多万元，集约农地2040亩，国际花木交易区、华南鲜切花交易物流区、亚洲观赏鱼中心和高新花卉温室栽培区等主体项目建设加快推进。至年末，有70家农业企业入园、140家企业签订入园创业协议。“南国桃园”项目分为A、B两区建设，集约农地516亩，铺开相关基础设施建设工作。“渔耕粤韵”项目初步集约建设片区鱼塘。

大力推动农业招商引资工作。2012年，新开工农业项目6个，计划总投资2.54亿元，累计完成投资1.49亿元；续建或增资扩产项目8个，年度计划总投资7.53亿元，累计完成投资5.29亿元；组织实施并顺利完工海峡两岸农业合作试验区建设项目和现代农业园区建设项目10个。

发挥龙头企业及专业合作社的带动作用，推进农业规模化生产。年内，有4家农业企业被认定为市级农业龙头企业，4家农业企业被认定为区级农业龙头企业。2012年，全区有区级以上农业龙头企业共36家，其中国家级1家、省级5家、市级10家、区级20家。36家农业龙头企业总资产规模17.92亿元，年产品销售额392.23亿元，直接带动21.53万户农户增收15.41亿元。新发展农民专业合作社6个，其中水产专业合作社4个、花卉专业合作社1个、蔬菜专业合作社1个，农民专业合作社达7个，社员300多户。

【工业】 2012年，南海区实现工业总产值4430.45亿元，比上年增长11.4%，其中规模以上工业完成产值4021.84亿元，增长11.8%。规模以上工业销售产值3944.21亿元，增长12.2%。产品销售率达到98.1%，比上年提高0.3%，产销衔接较好。

汽车制造、平板显示、新光源、新材料等产业规模不断扩大，产业结构更趋优化。2012年，汽车及配件制造业拥有规模以上企业65家，实现产值166.39亿元，比上年增长12.72%。一汽—大众（佛山）工厂及其零部件、物流园区项目各项工作进展顺利，已进驻的一汽—大众供应商企业累计达38家，其中零部件企业36家、物流企业2家。新光源产业拥有上下游企业超过400家，实现产值85.3亿元，其中半导体照明产业产值约40亿元。广东省新光源产业基地已引入由国星半导体为首的70家半导体照明企业，其中40家实现了投产。此外，国家半导体照明工程研发及产业联盟华南分中心、中国赛宝实验室、广东省半导体照明产业联合创新中心等高端公共服务平台落户园区并启动运营。广东金谷光电产业社区吸引亮晶光电、日海通讯、溢海电子等18家LED企业进驻。广东生物医药产业基地被广东省发改委认定为“2012年广东省重点项目”，至年底引入30个项目。年内，区政府出台《佛山市南海区促进新材料产业发展扶持和奖励办法》，设立5亿元的发展专项基金。广东新材料产业基地总体规划已通过专家评审验收。经环境保护部批准，国家级环境服务业华南集聚区落户南海。至年底，聚集区已引进中科院环境与安全检测认证中心、广东联合环境能源交易所、日本大和、上海巴安等32个环保企业和专业机构，新增投资6.5亿元。

大力实施“雄鹰计划”和“选种育苗计划”，积极推进“品牌战略”，扶持企业自主创新。成立民营经济服务局，开展“企业服务年”活动，努力为企业排忧解难。全年落实扶持资金1.8亿元，累计帮助中小微企业融资42.8亿元，600多家民企受惠；发放品牌战略及自主创新扶持奖励资金4715.51万元。新增中国驰名商标12件、集体商标1件。至年底，全区有中国名牌产品12件、中国驰名商标44件、广东省名牌产品81件、广东省著名商标115件、集体商标5件。

加快产业载体建设。正式启动千灯湖产业总部经济区建设，新认定汇源通大厦、鸿晖大楼、三山智汇广场、南海现代城、广顺新能源科技大厦、广东珠江中富电梯有限公司创意产业中心、中企绿色总部中心、应用技术园、轻工业产业园、宝资林医药生物产业园10个都市型产业载体。至年底，全区认定都市型产业载体项目40个，拟总建筑面积超过656.4万平方米，投资总额逾202.75亿元。其中新光源产业基地、瀚天科技城、天安数码城、金谷广电社区等项目已投入使用，吸引超过500家企业进驻。

【商贸旅游】 2012年，南海区实现社会消费品零售总额653.71亿元，比上年增长12.2%。其中，批发零售业实现零售总额548.11亿元，增长11.7%；住宿和餐饮业实现零售总额105.6亿元，增长14.9%。至年底，全区拥有亿元商品交易市场17家，全年城乡主要商品交易市场成交额474.09亿元，增长2.3%。

出台《佛山市南海区培育建设商品国际采购中心扶持办法》，分阶段分重点培育国际采购中心，优先建设发展广东纺织面料国际采购中心，重点培育佛山市新光源国际采购中心、佛山市铝型材国际采购中心和佛山市内衣国际采购中心。为推进电子商务发展，扩大内需，区经贸部门制定“广货网上行”活动行动方案，发动辖区内企业积极参加。全区共有1个电子商务平台、5个网上商城、5家广货网店、27家“万家企业”在“广货网上行”官网注册。继续开展“家电下乡”活动，全年销售家电下乡产品2.26万台，销售金额5871.96万元；补贴产品1.74万台，补贴金额534.14万元。推进平价商店建设，年内新挂牌设立农副产品平价商店14家、平价农贸市场3个，新建药品平价商店13家。至年底，全区建成平价商店55家，专营区面积6.67万平方米。全年平价商品销售额1.96亿元，直接让利消费者1786.7万元。

2012年接待游客988.31万人次，比上年增长5%；实现旅游总收入86.58亿元，增长14.2%；旅游外汇收入1.2亿美元，增长15.2%。年内新增五星级酒店1家，星级宾馆总数达29家，其中五星级酒店2家、四星级酒店4家、三星级酒店20家、二星级酒店3家。至年底，全区有区属旅行社25家，旅行社分社8家，区属及区外旅行社的门市部160家，出境游旅行社4家。全区拥有AAAA景区2处。

全力推进“国家旅游产业集聚（实验）区”建设。广东中旅南海旅游产业园建设进展顺利，西岸森林生态园成为南海第二个AAAA景区，“南海湾”水上乐园工程有序推进，成立全国首家由旅游企业创办的产业研究机构——广东中旅产业研究院。九江“南国酒镇”项目启动。岭南文化苑落成投入使用，文化机构入驻率达90%。年内，区文化旅游部门先后举办“九江传统特色菜烹饪大赛暨两岸四地名厨精英会”等旅游宣传推广活动。

【对外经济贸易】 2012年，南海区对外经济遭受国际经济形势的严峻考验，进口萎缩，出口额实现微量增长。全年进出口总值197.8亿美元，比上年下降3.2%，其中出口总值103.72亿美元，增长1.2%；进口总值94.08亿美元，下降7.7%。全年实现贸易顺差9.64亿美元，外贸结构平衡。贸易结构方面，一般贸易方式出口58.55亿美元，比上年增长6.4%，占出口总值的56.4%；加工贸易出口44.65亿美元，下降5.1%，占出口总值43%。市场结构方面，欧盟、美国、日本及中国香港、台湾地区为主要进出口市场。其中台湾进口总值规模最大，为30.28亿美元，比上年增长19.54%；香港进口总值23.33亿美元，增长175.48%，出口总值15.22亿美元，增长19.65%；欧盟进口总值下降63.12%，主要为废金属进口大幅下降；日本出口总值8.33亿美元，下降2.5%。商品结构方面，机电产品出口总值65.11亿美元，增长2.4%，占出口总值62.8%；高新技术产品（与机电产品有交叉，下同）出口总值22.17亿美元，下降0.9%，占出口总值21.4%。出口金额较大的商品有液晶显示板、空气调节器和未锻造的铝及铝材，出口总值分别为17.95亿美元、6.68亿美元和6.53亿美元。电子计算机及其零附件、钢铁制品等商品出口降幅较大，其中电子计算机及其零附件出口总值1.46亿美元，下降76.7%；钢铁制品出口总值2.54亿美元，下降9.8%；服装及衣着附着件出口3.9亿美元，下降13.7%；陶瓷出口总值3.13亿美元，下降5.8%。机电产品和高新技术产品进口出现较大增长，机电产品进口总值40.55亿美元，增长15.7%，占进口总值的43.1%；高新技术产品进口31.03亿美元，增长23.8%，占进口总值33%。废铜、废铝、废钢、废塑料进口降幅较大，进口总值分别下降31.49%、20.23%、36.28%和5.69%。

全年“三资”企业累计新签合同49个，比上年下降30%；合同利用外资8.4亿美元，增长0.3%；实际利用外资7.08亿美元，增长0.2%。新引入2家世界500强及1家境外大型企业项目，分别为日本神户制钢株式会社设立的神钢新确弹簧钢线（佛山）有限公司、菲亚特集团设立的马瑞利汽车照明系统（佛山）有限公司、新加坡淡马锡控股公司设立的佛山市盈峰置业有限公司。至年底，共有21个世界500强企业在区内投资企业32家。

【财政金融】 2012年，南海区完成公共财政预算收入129.18亿元，比上年增收13.89亿元，增长12.05%。其中，税收收入99.76亿元，占公共财政预算收入的77.22%，增长11.35%；非税收入29.42亿元，占公共财政预算收入的22.78%，增长14.48%。公共财政预算支出129.77亿元，比上年增支13.7亿元，增长11.8%。

至年底，全区有银行机构22家（含4家外资银行），其中总行级机构1家、分行级机构5家、支行级机构16家、网点605个，从业人员9272名。金融机构本外币各项存款余额3346.28亿元，比年初增加503.74亿元，增长17.7%。其中，人民币各项存款余额3209.48亿元，比年初增加410.88亿元，增长14.7%；外币各项存款余额21.76亿美元，比年初增加14.79亿美元，增长212.1%。本外币各项贷款余额1676.71亿元，比年初增加272.23亿元，增长19.4%。其中，人民币各项贷款余额1588.27亿元，比年初增加221.47亿元，增长16.2%；外币各项贷款余额14.07亿美元，比年初增加8.09亿美元，增长135.3%。

金融服务业加速发展。2012年，广东金融高新技术服务区引进太平洋保险华南后台运营中心、骏辉租赁等项目37个，注册及投资总额约109亿元，新增中科招商、萨蒂扬服务外包等多个在谈项目。富士通数据中心、美国友邦保险项目（1期）等投入运营，广发金融中心、新鸿基华南国际中心等项目顺利封顶，汇丰环球营运中心等其他在建项目顺利推进。至年底，金融高新区已累计引进国内外知名金融企业104家，总投资额逾280亿元。

城乡建设

【城乡规划】 2012年，南海区深化和开展三大片区分区规划和市政专项规划、南海区综合交通规划、佛山西客站枢纽新城规划设计、南国桃园及周边地区城市设计、锦湖（听音湖）片区规划、三山新城撸尾撬片区核心区控制性详细规划、东部片区城市轴地区城市设计等规划编制工作，加强核心片区、重要节点的打造，不断深化落实区委、区政府“中枢两翼、核心带动”的战略部署。启动城市升级三年行动计划工作。成立由区长郑灿儒任组长、常务副区长刘涛根任常务副组长的领导小组，并制定《佛山市南海区城市升级三年行动计划工作方案》。年内，千灯湖公园完成改造提升，博爱湖和听音湖片区启动建设，里水镇金溪河一河两岸和里水河一河三岸景观塑造初见成效，桂城街道三山片区沿河绿道工程完工，广佛路两侧沿街立面实施整治，平洲玉器城特色步行街区一期工程完成。

【基础设施】 2012年，南海区投入公路桥梁建设资金19.75亿元，新建公路40.11公里，改扩建公路9.24公里。至年底，全区公路通车里程为1889.7公里，公路密度175.98公里／百平方公里。全年统筹实施交通建设项目（含三年城市升级计划项目）12个，总投资额约50亿元，全年累计完成投资约10.3亿元。魁奇路东延线一期主路、九江大道建成通车。樵山大道、东西大道及庆云大道、南九复线等工程稳步推进。新型公共交通系统试验段正式启动建设，落实公交站场配套规划建设项目13个，面积达3.04万平方米，新建公交站场5座、公交站亭107个。新建公共自行车站点19个，公共自行车服务站点达202个。全年计划实施水利工程55宗，总投资9.54亿元。至年末，已完工22宗，在建18宗，累计完成总投资1.77亿元。其中，实施内涝治理工程24宗，年内已完工6宗。投入电网建设资金8.95亿元，推进电网结构升级改造。年内，110千伏朗沙变电站落户罗村新光源产业基地，220千伏平胜变电站进行扩建，197项配网工程顺利竣工。是年，全区供电量186.64亿千瓦时，比上年增长4.9%。

【环境保护】 2012年，南海区继续加强减排治污力度，全年现场监察污染源3673次，立案查处违法企业152家，关停各类落后产能企业186家，基本完成1170台锅炉的整治及124家重点企业挥发性有机化合物（VOCs）排放重点源的治理，完成28套污水处理厂氨氮在线监控安装工作。开展建设项目“三同时”验收、铅蓄电池污染整治、镇级重点污染源安全检查、环境安全百日大检查和煤制气装置综合检查等5个专项行动。提高区内新入户车辆环保标志核发率，加快淘汰黄标车，设立黄标车提前淘汰补贴奖励，提前淘汰黄标车1092辆。12月21日，出台《2012～2020年南海区生态区建设规划》，计划在2012～2015年投入1319亿元，完成107项重点任务，实施生态产业、自然资源保障、生态环境支撑、生态安全及风险防范、生态人居、生态文化等六大体系建设。年内，西樵镇成为全国首批7个“绿色低碳重点小城镇”试点示范镇之一；狮山镇和罗村街道被评为“2012年度广东省生态乡镇街”。至年末，南海区获命名的国家生态镇3个，省级以上生态镇4个，市级以上生态村170个，绿色学校118家，绿色社区6个，重点清洁生产企业34家。

全年空气质量优良天数共352天，优良率为96.7%，其中空气质量为优秀的天数有146天。主要污染物均符合国家二级标准要求，化学需氧量、氨氮、二氧化硫、氮氧化物分别减排0.79万吨、0.12万吨、0.8万吨和0.73万吨。流经区内的西江、北江干流等主要江河水质均达到国家标准；饮用水源水质达标率保持为100%。

【城乡绿化】 2012年，南海区投入资金0.9亿元，新建城市绿道190公里、社区绿道示范区12个，设置绿道标识1894个、安全设施367个、环卫设施781个、停车场30个、自行车租赁点54个。完成道路绿化提升工程80个，新建和改造绿化面积38.66万平方米；完成沙头文体公园景观工程、璜矶村松桂公园等公园提升工程5个，新建和改造绿化面积5600平方米；完成里和路一环入口等10个主要出入口绿化提升工程，新建和改造绿化面积2.1万平方米。至年末，建成区绿化覆盖面积6平方公里，比上年增长6.4%；建成区绿化覆盖率42.4%，增长2.5%；人均公共绿地面积14.5平方米，增长5.8%；绿地率39.2%，增长2.6%。

【城市管理】 2012年，南海区推动城市综合管理向数字化、智能化、精细化方向进一步迈进。区数字城管指挥中心为全区65个责任单位、8个镇街开通账号并派遣案件处置任务。至年底，区数字城管指挥中心共立案5.07万宗，应结案4.85万宗，结案数4.84万宗，结案率达99.9%。组织开展“清无”专项整治行动，出台《联合执法制度》等9项工作制度，逐步实现“清无”工作常态化。全年各镇街组织联合执法1460次，出动人员1.86万人次，出动车辆4039车次，取缔无证无照经营户6478户，查处案件1669件，处理举报投诉1200件，补办证照经营户4759户。畅通群众参与机制，扩大城市管理社会影响面，九江镇、狮山镇率先在全市组建“4050”（40～50岁人员）城管监督员队伍，参与纠正、教育和劝导工作。

科教文体卫

【科技】 2012年，南海区新增省级科技项目立项62项，市级科技项目立项58项，争取上级经费共1.16亿元。新增国家实验室1家，省级企业工程中心4家，国家火炬计划重点高新技术企业7家、国家高新技术企业47家、省民营科技企业113家。至年底，全区有国家火炬计划重点高新技术企业13家、国家高新技术企业182家、省民营科技企业440家、省级企业工程中心32家。组织认定第一批南海区科技型企业60家。

积极推进“选种育苗”工程，培育本地科技企业。结合全区产业发展导向，选定100家优质企业作为第一批“选种育苗”企业。同时，促进科技金融创新结合，认定42家金融机构作为选种育苗行动计划战略合作伙伴，成立科技金融网上超市和科技金融俱乐部，引导企业与金融机构对接。促进企业与科研院所的技术合作，提高企业研发能力。年内，蒙娜丽莎新型无机材料院士工作站和百合医疗生物材料制备及成型加工院士工作站升级为省级院士工作站。加强国际科技合作，与香港科技园合作建设“创享蓝海”孵化器示范工程，与德中卫生组织签署共建德国制药和医疗器械产业园框架协议。举办“网聚创新赢在南海”创新创业大赛，有360多支队伍参赛，共收到符合参赛作品要求创业计划书230份。举办第九届“詹天佑杯”青少年科技创新大赛，共收到科幻绘画作品546件，发明创造作品276件。

【教育】 至2012年末，南海区有幼儿园（所）313所，在园幼儿7.98万人；小学126所，在校学生14.9万人；初中50所，在校学生7.14万人；普通高中17所，在校学生4.34万人；中等职业技术学校9所，在校学生2.15万人。此外，还有特殊学校1所、成人大中专学校1所、成人文化技术学校8所。全区在职教职工总数2.71万人，专任教师1.87万人。九年义务教育普及率达100%，巩固率达100%；高中阶段毛入学率106.88%；高等教育毛入学率60%。

2012年，南海区被评为“全国中小学心理健康教育示范区”。成为广东省首批“以信息化促进义务教育均衡发展实验区”，加快打造智能教育服务体系。9月，建成“南教云”教育信息网络服务中心，打造全省首个基于云计算环境下区域教育公共服务平台。试点“电子书包”应用，构建智能课堂新模式。全区有10所学校的41个班级，约2000名学生使用“电子书包”。创新学生培养模式，提升教育教学质量。建立完善发展跟踪体系，为学生个性化发展提供平台；实行尖子生、学习障碍生导师制；建立初高中学业优秀生跟踪培养机制及中小学特长生培养共同体；着手建立“潜才库”，为学业优秀生、海外就读生及特长生建立成长档案，跟踪和研究学生高中毕业后的成长路径。2012年，在重点学科和科技类创新比赛中，学生获市级以上奖励5800项，省级以上奖励4130项，全国性奖励2911项，国际大赛获奖9人次。年内高考全区上重点线人数1604人，上本科线人数7827人，总上线人数1.34万人，每万人口上线率116.17，各项指标均居全市第一。建立区直学校校长激励和退出机制。通过公开选拔、竞争上岗产生400多名正副校长，试行名校、强校校长兼任小校或相对薄弱学校校长的举措。继续大力推进名师工程。全年新聘区级名师735名（其中首席名师8人、学科带头人及高级名师114人），南海区高层次人才7名。至年末，全区有省级名师和特级教师13人、市级名师169人，省级“名师工作室”6个、省级“名班主任工作室”1个，省级校长培训基地3个。提高学前的公益性，全年政府专项补贴覆盖到了大、中、小班户籍幼儿共4万人，达3000万元。

【文化】 2012年，南海区文化事业总投入2.13亿元。至年末，全区有文化馆1间、镇文化站8个、农村文化室539间、博物馆4间、纪念馆8间、图书馆15间、影剧院17间、数字影院12间。全区文化活动室总面积29万平方米，镇街文化站总面积近5.8万平方米，文化广场总面积超114万平方米。区图书馆电子阅览服务被文化部评为“全国共享工程示范点”，首次建立运行“24小时自助图书馆”。南海文化馆被评为“广东省十佳文化馆”，全区8个文化站被评为“广东省特级文化站”，其中桂城、罗村、丹灶、大沥等4个镇街文化站被评为“广东省百佳文化站”，大沥被授予“广东诗歌之乡”和“广东省摄影之乡”称号。

至年底，全区有区级文艺团队10个，各级群众文艺队伍近500个，社区文化辅导员332人，社区文艺骨干3000多人。全区文艺创演成绩喜人，获国家级奖项75项、省级奖项125项、市级奖项400项。

区文化部门全力实施文化惠民工程，推进“国家公共文化服务体系示范项目”创建，并正式启动文化消费补贴工作。全年举办区、镇街两级文化活动1500多场，社区文化活动4200多场，送电影下乡3000多场。先后举办“伯奇杯”全国创意摄影大展、珠三角休闲欢乐节、桂城休闲时尚文化节、罗村孝德文化节、九江“渔耕粤韵”文化节、西樵樵山文化节、丹灶康有为文化节、狮山文化艺术节、大沥都市生活文化节、里水“梦里水乡”等系列活动。

启动文化产业发展规划编制工作，扶持文化产业发展。区文化部门开展文化产业扶持项目评选活动，发放扶持金额156万元，并首次进行文化产业统计。推进南海39°空间艺术创意社区、中凯文化商务港、平洲珠宝玉石首饰特色产业基地等重点产业载体建设。搭建思·享·汇、南方文化产权交易所南海中心等公共服务平台。启动文化创意设计及技能大赛。开展南海“老字号”调研。动漫产业发展态势良好，原创动力公司的《喜羊羊与灰太狼之三个愿望》获广东省五个一工程奖，由达力动漫公司制作的首部原创动画作品《神兽金刚天神地兽》在中央电视台播放。

【体育】 2012年，南海区各级投入体育事业总经费3935万元，新建体育场地207个。至年底，全区有体育场地4259个，其中体育馆19个、篮球场2592个、网球场262个、足球场81个、游泳池90个。区级场馆全年365天开放，接待市民66万人次；节假日定时免费开放25天，接待市民15万人次。区、镇街两级举行体育赛事活动1300场次，参与人数15.28万人，吸引观众近300万人次。于8月18日举办四年一届的南海区第九届运动会，共有参赛队伍167队、1万名运动员参赛，吸引观众达100多万人次。承办中华龙舟大赛决赛等大型比赛活动项目60场次，参与人数2万多人，吸引15万人次观看。南海运动员参加佛山市及以上各项比赛成绩优异，共获奖牌206枚，其中金牌102枚。在伦敦残奥会上，南海籍运动员林福荣、林萍取得了2金1银的成绩，并打破两项世界纪录，填补了佛山市残奥会金牌的空白。全年向上输送体育苗子33人，其中佛山体校15人、广东省体校3人。

【医疗卫生】 2012年，南海区共有各级各类医疗卫生机构360个，其中医院15家："三甲"医院3家、"二甲"医院10家、"一甲"医院2家，社区卫生服务站（点）128家，民营医院3家，社会诊所和门诊部68个。医疗机构床位总数7041张，卫生技术人员9852人，其中执业医师有4001人、注册护士5768人。全年门诊2245万人次，平均门诊费用78元／人次；出院30万人次，平均出院费用4871元／人次。

开展"医路情暖"计划，提升群众对医院的满意度，全区医院群众总体满意度为81.65分，比上年提高2.79分。4月9日，成立广东和谐医患纠纷人民调解委员会南海工作站，创新医患调解模式；10月23日，成立南海医疗机构合理用药监控中心，对全区近30家医院的合理用药开展监控；探索开展医务社工项目，为病人提供身心关怀和人性化服务。深入推进中医强区工作，老昌辉、查和萍、潘佩光荣获"广东省名中医"称号。6月，颁布《南海区孕产妇、儿童免费保健服务项目实施方案》，使妇幼保健服务均等化探索迈出了实质性的一步。全年为常住居民提供免费产检8960人次，孕期保健服务2.68万人次，产后访视孕妇、婴儿分别为2.62万、3.65万人次，儿童保健7.47万人次。启动国家慢性病综合防控示范区创建工作，开展高血压、糖尿病防治工作，完成28.71万人的血压筛查和3.89万人的糖尿病筛查工作，并对筛查发现的高危人群进行生活方式指导和行为干预。推进居民健康档案建档工作。至年底，全区共建立个人健康档案94.5万份、家庭健康档案26.9万份。

社会各项事业

【"创文"工作】 2012年，南海区将"创文"工作与城市升级三年行动计划、农贸市场改造和"三打两建"工作等中心工作有机结合，互相促进，提升工作实效。开展"创文"示范项目建设，启动首批包括社区、集贸市场、商业大街、长途客运站、医院、图书馆、中小学校、乡村学校少年宫等8类共28个示范项目的建设工作。年内，所有项目顺利通过验收。通过示范引领，以点带面提升全区"创文"整体工作水平。在窗口行业方面，深入开展"千个窗口展形象"示范点建设，南海全民健身体育公园等15个单位按照标准创建，取得良好成效。开展"微文明"市民行动，各镇街结合自身工作，打造各具特色的"微文明"社区文化。开展"微文明"海报创作大赛，发动全区各中小学生、社会团体和市民广泛参与。桂城叠二社区等4个单位被选为佛山市"微文明"市民行动示范点。此外，在全区机关单位、各村（社区）、学校开展"南海道德讲堂"活动，举办首届南海道德人物评选活动，推动"关爱、孝德、树本、至善"社区核心价值观深入人心。发动全区172家企业参与"文明餐桌"行动，并打造南海迎宾馆等10家"文明餐桌示范店"，评选100名"文明服务之星"。是年，南海区"创文"工作顺利通过国检组的各项测评。

【人民生活】 2012年，南海区城乡居民收入呈现较好的增长态势，生活水平稳步提高。全区城镇居民人均可支配收入36348元，比上年增长12.5%；人均消费性支出28681元，增长10.9%，其中食品类人均支出9495元，增长9%。城镇居民家庭恩格尔系数为33.1%。农村居民人均纯收入16673元，增长12.6%；人均消费支出为13747元，增长14.6%，其中食品类支出5375元，增长16.4%。农村居民家庭恩格尔系数为39.1%。全年居民消费价格总指数累计比为102.8%，涨幅较上年同期回落2.4%。城乡居民储蓄存款规模继续扩大，年末城乡居民本外币储蓄余额达到1836.78亿元，增长11.5%。

【劳动就业】 2012年，南海区就业形势保持平稳态势，新增就业人数2.8万人。至年底，有城镇登记失业人员3466人，登记失业率为2.3%；城镇登记失业人员再就业9022人，其中就业困难人员实现再就业3677人；本区农村劳动力新增转移就业3502人，全社会非农就业比例达94.78%；开展免费培训1.06万人。

制订困难中小微企业补贴办法，为27家企业发放443.87万元的社会保险补贴和岗位补贴，涉及员工3450名。在全区村（社区）设立人力资源和社会保障服务站，为250多万居民提供职业介绍及就业援助、用工单位招聘登记、技能培训报名登记等5大类共22项服务。出台《佛山市南海区小额担保贷款基金管理办法》《佛山市南海区小额担保贷款操作办法》等政策，推动创业带动就业。完善劳动就业服务中心市场服务功能，开展各种就业服务。全年举办招聘会220场，进场设摊企业2.34万家次，提供就业岗位19.03万个，进场求职人数31.4万人次，初步达成录取意向4.24万人次；接受1.4万家次招聘单位的委托，提供就业岗位8.23万个；日常前台求职登记人数2.75万人，推荐就业2.22万人次；接受企业会员登记1037家，企业在网络自主发布岗位需求8975个。开展劳务协作，组织区内企业到罗定、韶关、肇庆、清远及广西桂林等地开展系列招聘活动。全年组织外出招聘10次，参加招聘企业160家，提供就业岗位近5000个。进一步推进和谐劳动关系示范区工程建设。至年底，南海已创建和谐劳动关系示范区工程示范点14个，涉及企业1.45万家，职工20.7万人。加强劳动监察执法，依法查处劳动保障违法行为。全区主动监察排查用工单位1.83万家次，涉及劳动者107.6万人次；依法作出行政处理38宗，依法对12家违法企业作出行政处罚，向公安部门移送涉嫌拒不支付劳动报酬犯罪案件18宗。

【人才事业】 2012年，南海区大力实施“人才强区”战略。实施“蓝海人才计划”，吸引科技领军人才和高端团队落户南海，首批10个人才团队创业项目成功进驻，团队成员包括国家“千人计划”专家4名、博士23名。出台《佛山市南海区高层次人才认定评定试行办法》及其标准，在全市率先开展高层次人才认定评定。全区共有586名各类人才参与申报，83人被评定、认定为首批高层次人才，其中一级高层次人才8名、二级高层次人才25名、三级高层次人才50名。另有16人被评为佛山市首届创新创业领军人才。设立北京、上海、香港引才联络处和欧洲、北美、新加坡引才工作站，拓展引才渠道。全年共洽谈引进创新创业及研发团队53个，引进“千人计划”人选6名。实施高校引才活动。先后与清华大学、上海交通大学、武汉大学等6所著名高校达成研究生实践基地共建协议；32个党政事业单位、42家企业分赴北京、上海、武汉等高校举办多场现场招聘会，同时面向全国“211”“985”重点院校选拔25名本科及以上学历大学生充实村官队伍；结合各镇（街道）产业升级及新兴产业发展需要，邀请8名中科院、深圳清华大学研究院等知名院校优秀教师挂任经济促进局（科技）副局长、镇长（主任）助理。

【社会保障】 至2012年末，全区养老保险实际缴费人数71.68万人，领取职工基本养老金待遇离退休人员13.18万人，养老金社会化发放率100%；失业保险实际缴费人数59.98万人，按月领取失业保险金待遇2863人；城镇职工基本医疗保险实际缴费人数67.61万人，有28.11万人次享受城镇职工基本医疗保险住院及门诊待遇；工伤保险实际缴费人数76.66万人，共核发工伤保险待遇0.74万人。全区参加居民住院医保71.9万人，有11.41万人次享受居民住院医保待遇；参加居民门诊医保139.53万人，有874万人次享受居民门诊医保待遇。全区所有村（社区）全部纳入“新农保”，参加“新农保”9.46万人，享受“新农保”待遇10.98万人，月均养老金101元／人。1月，南海区入选全省第二批“新农保”全覆盖试点县区。全区纳入全征土地农村居民基本养老保险补贴参保范围的股份合作社427个，纳入参保对象18万人。至年末，有3.37万人领取全征土地农村居民养老保险补贴，月待遇150元／人。

调整居民门诊医保制度，实行“一卡通”就医方式，居民门诊医保参保人无需再选择定点医院，在全区任一门诊定点医疗机构就医均可享受报销待遇。落实离退休人员养老金调整工作。两次调整涉及企业退休人员11.5万人，月均养老金增至1506元／月，人均增加291元／月。开展原区、镇属事业单位转企或撤销后退休人员转企工作。年内已为479人办理申请。为一至四级长期领取待遇的工伤职工办理参加城镇职工基本医疗保险的手续，并及时调整伤残津贴。调整后，月人均伤残津贴从1669.25元增加到1874.95元，并从1月起补发。做好领取失业保险金人员临时价格补贴发放工作。全年发放补贴金额16.34万元。

【民政工作】 2012年，南海区适时调整了各类救助标准，城乡低保标准由390元／人·月提高到430元／人·月，全年共核发低保救济金3751.63万元；五保户供养标准从原来700元／人·月提高到730元／人·月，全年发放五保供养金554.58万元；对《南海区城乡特困居民医疗救助试行办法》进行修正，取消低保、五保对象住院救助病种限制，提高最高救助比例和救助金额上限，全年对患重大疾病的低保、五保、临界低保对象677人实施医疗救助，累计发放医疗救助金285.38万元；启动低收入居民临时生活补助联动机制，向低保对象、五保对象和城镇“三无”救济对象发放临时生活补助款364.96万元；为因突发性、临时性等原因造成家庭生活暂时困难人员提供临时救济，全年区、镇（街道）两级共发放临时救济金90.02万元。此外，投入1323万元为在册的低保、五保对象免费办理门诊医疗保险和住院基本保险。同时，开展各项慈善救助，全年各类慈善救助活动共支出善款6100多万元。

居家养老服务率先实现全覆盖，全年投入经费近400万元，为全区1600多名符合条件的老年人提供居家养老服务；加快区社会福利中心二期工程和社区居家养老服务示范中心建设；开展村级小型“颐养居”和村级居家养老服务站试点工作；投入300万元，以竞争性选拔的方式为全区14家公办敬老院配套社工服务，提高养老机构的服务水平。残疾人工作稳步推进。全年投入427.8万元，加强白内障、脑瘫、聋哑儿童、肢体残疾、自闭症和精神病防治康复和社区康复工作。全年发放贫困重度残疾人居家安养及机构托养补助1000多万元；发放重度残疾人康复护理补助445万元。出台《关于镇（街道）残疾人工疗站建设实施方案》。投资800万元扩建星辉学校。征收残疾人就业保障金9000多万元。组织“加强残疾人职业培训促进就业年”活动，全年共举办残疾人专场招聘会7场，完成残疾人职业技能培训310人次，推荐安置残疾人就业1326人。

【社会治安综合治理】 2012年，南海区以推进“三打两建”工作为重点，全面加强社会治安综合治理，严厉打击违法犯罪活动，巩固“平安村居”建设，夯实综治维稳基层基础，全力维护社会政治和治安大局稳定。年内，公安机关破获刑事案件1.07万件，打掉各类犯罪团伙318个；检察机关批准逮捕案件3249件4810人，提起公诉3376件4889人；法院审结刑事案件3236件。

全面推进人防、技防、物防建设，不断完善点线面结合的犯罪防控网络。全年新建治安卡口33个、治安视频9027个，新增辅警1010人。安全小区、公共安全视频监控系统建设基本实现全覆盖，至年底，共建成安全小区1277个，建设视频监控平台272个，安全小区内监控摄像头9885支，建成社区“警务e超市”24个，治安防范能力得到加强。全年接报有效原始治安警情比上年下降18.1%，多发性、系列性“三两”犯罪警情下降13.2%，群众安全感83.5%，上升0.7%。加强治安队、保安队规范管理，建立完善区、镇街治安保安战训基地，实行“战训合一”机制，并推动建立了村居治安联防力量区域联防、联管、联巡、联控的治安防控工作机制，统筹部署治安联防力量，实现村居防控资源综合利用。以开展“三打两建”行动为契机，将打击欺行霸市犯罪与涉黑涉恶问题整治有机结合，成功打掉秦丕波黑社会性质组织团伙、邝国聪等人敲诈勒索犯罪团伙等一批影响巨大的欺行霸市犯罪团伙。巩固平安村居建设，开展平安村居年度复评，对平安村居实行动态管理。有272个村居通过考评或者复评，通过率达到98%。加大流动人员和出租屋管理服务力度。全年办理居住证约96万件，登记备案出租屋约12万户23万间，出租屋及流动人员的登记率稳步提升。从7月起，开展创新出租屋服务管理试点工作，各镇街各选取1～2个村居作为试点，根据实际探索普遍适用于本镇街的出租屋服务管理模式，配合流管站工作人员进行管理。另外，在流动人员的积分入户、住房保障、医疗卫生、随迁子女教育、法援工作等方面，实行相应的优惠政策，完善流动人员福利，流动人员归属感进一步增强。

各镇街介绍

【桂城街道】 桂城街道位于南海区东部，是南海区委、区政府驻地。辖区面积84.16平方公里，下辖36个社区、1个行政村。总人口约60万人，其中户籍人口约23.7万人，流动人口36.2万人。2012年，街道实现地区生产总值313亿元，比上年增长7.8%；工业生产总值291亿元，增长9.4%，其中规模以上工业总产值234亿元，增长9.9%；批发零售住宿餐饮业营业额638亿元，增长4.9%，其中社会消费品零售总额210亿元，增长2.6%；全社会固定资产投资112.7亿元，增长7.3%；实际利用外资2.4亿美元，增长67%；农村集体经济总收入约12亿元，人均股份分红4756元。

产业结构继续优化。广东金融高新区、广东都市型产业基地和三山新城共同构成现代城市产业体系“一区双引擎”。广东都市型产业基地形成大型综合产业社区。2012年，瀚天科技城挂牌国家环境服务业华南聚集区核心区，引入“创享蓝海”孵化器；金谷·光电产业社区引入20家企业，量晶光电和尚能光电率先投产。鸿晖·都市产业新城已引入企业75家。广东金融高新区C区启动千灯湖总部经济区建设，首个大型项目万达广场全面启动，总建筑面积近70万平方米，总投资90亿元；恒丰铝业有限公司、新南达电缆和金城速冻食品3家本土企业组团建设佛山民营企业总部大厦；佛山市电子商务产业园落户C区。三山新城引入首个大型商住项目及佛罗伦萨小镇项目；丰树集团启动国际创智园项目建设；三山科创中心首期项目封顶，开始引进科技型企业。

城市建设全面推进。千灯湖三、四期项目同步推进，特色步行街延伸至佛山水道。一环东涌北延段综合整治工程接近尾声，完成华阳桥、海怡大桥等出入口环境综合提升，蠕岗、千灯湖等地铁站周边完成市政公园化改造。文化公园综合应急避难场所投入使用。依托智慧城市管理平台提升管理效能，将辖区分成12个工作片区，迅速发现和处理各类城市管理问题。增加路边和公共停车场停车位2550个，主干道安装智能交通管理系统，中心城区交通状况明显改观。

新型企业服务体系成型。桂城总商会挂牌成立，承接43项政府行政职能；瀚天科技城设立集体户口，为人才落户提供便利。“关爱桂城·企业创享家”正式启用，引入社工机构运营，以企业自助模式丰富服务形式。人才引进工作取得突破，引进23名高层次人才组成首批产业领军团队。帮扶成长型科技创新企业，协助企业获得各级专项扶持资金7500万元；协助17家处于创业阶段的中小企业申请信用担保专项资金超过1亿元。

深化基层体制改革。平东、蠕岗、叠北、桂一、桂园社区党总支升格为社区党委，106个集体经济组织全部成立党支部。行政审批体制改革全面铺开，282项审批事项下放到社区服务中心。整合社区资源，东约、南约、西约、北约社区合并成为蠕岗社区，桂园、南桂社区合并成桂园社区，并引入专业社工机构，开展多项社区服务。

民生实事落实到位。“警察在身旁计划”在人流密集地段设立4个24小时街头警务站；“周末少年宫计划”开展47个项目，服务学生6000多名；“幼雁入学计划”通过积分入学，解决一批外来工子女入读公办学校问题；“本地人技术就业计划”帮助400多人达成就业意向；“社区家庭医生计划”在4个社区启动试点，覆盖慢非病人1850人，挂钩27户家庭。

“关爱桂城”建设继续深入。企业创享家、蠕岗社区服务中心、青苹果之家相继启用，主题关爱服务中心增至7个。机关各办（局）、各社区（村）全部设立关爱专员，形成“督导委员会—机关—社区—关爱基地”联动工作机制。设立社工学院，培育专业社工以及党员、公职人员、基层干部等“准社工”。修订《“关爱基金”资助项目管理办法》《“关爱基金”资助项目评估办法》，出台《“关爱基金”资助项目（续期）管理办法》，使关爱基金的使用分类更明晰、管理更细致、流程更简捷。全年召开关爱基金资助项目评审会15场，新增资助项目23个，其中专业型项目9个、成长型项目6个、续期项目8个，拨出资助金额737万元。发布《社会各界参与“关爱桂城”建设的指导意见》，推出10种大众参与关爱的便捷途径，引导南海区人民医院、南海区第二人民医院、桂城街道城乡统筹局、桂城街道应急管理办公室、桂城街道团委等单位与关爱基金合作购买5个专业服务项目。成功联络广东省汇源通投资有限公司、广东省狮子会等企业和社会社团参与“关爱桂城”建设，3个“关爱基金”资助的优质项目获得共30万元的社会注资。

“熟人社区”建设形成长效机制。完成“熟人社区”建设工作方案，建立评估指标体系。以“熟人社区”创建研究会为阵地，各社区居委会组织成立课题研究小组，广泛开展理论学习与培训活动。全年各社区围绕民生、服务、社区自治和创文等议题举办社区论坛51场次，居民参与社区自治和“熟人社区”建设热情高涨。通过资金竞争性分配扶持特色项目，大圩社区、叠二社区等16个社区项目分别获得社区服务型和社区自治型项目资金扶持资格。

【罗村街道】 罗村街道位于南海区中部，辖区面积44.64平方公里，下辖12个社区。总人口15.15万人，其中户籍人口7.15万人，流动人口8万多人。2012年，街道实现地区生产总值94.68亿元，比上年增长8.5%；工业总产值170亿元，增长12%，其中规模以上工业总产值134.3亿元，增长12.7%；第三产业产值106.6亿元，增长25%；全社会固定资产投资50.2亿元，增长25%；税收总额12.33亿元，增长3.31%；招商引资81.9亿元，增长37.6%；合同利用外资2590.6万美元，实际利用外资1268.7万美元，分别增长143.6%和51.5%。

新光源产业壮大发展。新光源产业基地首期40万平方米产业载体全部投入使用，核心园区二期启动建设；国家半导体联盟、中国赛宝实验室、省半导体创新中心三大平台正式运营；国星光电进入LED外延芯片试产阶段；联动科技、宁宇科技、普罗斯电器等70多家LED企业先后进驻新光源产业基地，至年底，40多家已经投产。投入2000多万元对华南电光源灯饰城一期外立面进行提升改造，推进灯饰城二期建设。首期投资1300万元，启动广东省半导体照明产业创新孵化器建设，为优秀创业项目及高层次创新人才打造落户、发展的服务载体。

启动光明新城及十大城市提升项目建设。3月，街道以新光源产业基地为核心，启动总面积22平方公里的光明新城建设，新光立创产业园、长信银湾、尚观嘉园、光明新城小学、超盈实验中学等大型项目纷纷落户。8月13日，华南（国际）装饰材料城、富弘广场、新光立创产业园、长信银湾、罗村街道新行政服务中心等7个项目奠基或开放，总投资额达88亿元，标志着十大城市提升项目全面启动。

推出“美家美城”计划。投入1亿多元，启动230亩的孝德湖建设，并将状元路、北湖一路、北湖二路、蓝天路和机场西延线贯通，同时开辟光明新城与北城区的交通连接线，形成城市生态、生活、景观环带。投入约5000万元，为城区出入口、主干道铺设改性沥青，并进行绿化提升。启动佛山大道罗村段综合整治提升工程。将自然村小组居民生活区的道路、市政、公建、公园绿地、祠堂修缮保护等纳入政府奖励范围。

城市管理向智能化、精细化迈进。对环运城管局罗村分局进行整合，并借“创文”和“城市升级”等契机，开展了多个大型专项执法行动。投入1600多万元建设智慧城市管理（应急）指挥中心和政务服务中心，建设社区工作站，推动城市管理的网格化、精细化。同时，将精细管理的理念延伸到市政绿化管养、规划建设管理等方面。

“三旧”改造为产业和城市升级拓展空间。全年投入近1亿元财政资金，对实施“三旧”改造的村组进行奖励。全年有50个项目纳入“三旧”改造，其中36个通过审批，拆除“三旧”建筑物面积约10万平方米，成功盘活土地约2500亩。为“三旧”改造项目内85%的无证土地完善了用地手续，多个“三旧”项目被列为城市提升的重点项目，有力推动了城市更新。华南（国际）口腔医疗器材产业城、华南（国际）装饰材料城、富弘广场、联星旺南园区、南信大夏等重点改造项目进入动工建设阶段。

社区管理形成新格局。进一步推进社区参理事会、邻里中心等民间组织的建设，12个社区全部成立社区参理事会，成立邻里中心19个，并出台相关文件，健全和规范参理事会、邻里中心建设制度。对符合条件的12个参理事会、8个邻里中心进行注册登记，规范其管理及运作。此外，成立首个由民间企业家发起成立的民间组织——惠德关爱会，通过政府的支持，由该组织自行开展关爱、帮扶等社区服务。率先在全省推行“时分券”计划，推动全民参与公益慈善志愿服务。

【九江镇】 九江镇位于南海区西南部，辖区面积94.75平方公里，下辖17个社区、10个行政村。总人口15.9万人，其中户籍人口10.35万人，外来人口5.55万人。2012年，全镇实现地区生产总值120.16亿元，比上年增长7.9%；工业总产值214.66亿元，增长11.9%；农业总产值10.96亿元，增长10%；全社会固定资产投资34.71亿元，下降3.7%；实际外商直接投资48.89亿美元，下降90.9%；地方财政一般预算收入6.43亿元，增长32%；工商税收总额10.14亿元，增长6.3%；城乡居民本外币储蓄存款98.02亿元，增长12.1%。

制造业逆中求进。启动“植产兴业”和“产业链招商”三年行动计划，出台五大政策，扶持企业增资扩产、技术创新、品牌提升，引导产业“建链”“补链”“强链”。成立镇企业服务中心，出台优秀外来工子女入学优惠政策，建立健全人才“招、借、留、培”机制，以人才聚智推动产业发展；搭建政企银对接平台，帮扶中小企业融资5.6亿元。成立镇级总商会，承接38项政府服务事项。年内，睿江云计算数据中心签约进驻，康路华、飞达新、宝照等一批新兴产业项目加速落地。“南国酒镇”产业基地正式启动。PGI无纺布项目进展顺利，医用无纺布生产基地产业链进一步延伸。雄塑集团上市步伐加快，雄力电缆等4家企业纳入区上市梯队。凯仕乐科技携手京东商城等电商巨头试水网络营销，产品销量翻番。

物流业加速发展。“省市共建物流重点镇”项目通过验收。华光新码头投入运营，中外运码头二期启动改造，西、北江港口资源得到初步整合。全年港区货物吞吐量首度突破1000万吨大关，达1024.68万吨，完成标准箱40.31万个，分别增长25.57%和11.69%。金属材料市场年内引入钢材企业19家，广物集团九江金属物流服务基地、欧浦加工配送中心加快建设，首钢中金加工配送中心即将竣工，中铁物资二期项目筹备验收。组建南顺盟泰公司，投入3.7亿元优化金属材料市场配套。

城市建设迈上新路。调整完善《九江镇村庄规划》《九江镇产业、城市及用地发展规划》等五项规划，引领城市升级步伐。信基广场、九江大道、南国酒镇、九江金属物流服务基地、森名·铂思广场、广佛1号等9个城市升级项目陆续启动或加快推进。九江大道正式通车，沙头水乡观光大道、上南路等路网施工有序推进，道路安全隐患整改工程加紧建设。公交扩容方案报批，镇内公交站亭网逐步完善。九江、沙头城区“一河两岸”提升改造工程基本完成，旧南北主涌、河清涌及南北主涌整治全面竣工，洛浦大道沿线、上北大道路口等16万平方米绿化景观整体升级，45公里绿道点缀城镇路网。上西村等4个村试点“优美百村”建设。

城市管理步入轨道。成立城市管理委员会，实行联席会议制度；成立南海首批“4050”城管监督员队伍，协助整治城市“八乱”；城管工作站增至9个，网格化城市管理模式覆盖全镇；智慧城市管理指挥（应急）中心暨政务服务中心完成设计、选址工作；“大市政”和农村垃圾站标准化建设继续推进；力推“清无”常态化，清查治理无证无照经营家具企业48家。

农村改革深入推进。制定、完善《九江镇农村集体资产管理交易办法》等7项管理制度，规范农村议事决策、财务管理、合同管理等制度章程。在全镇村居社区服务中心、经联社、经济社设置党支部或党小组，实现党组织在农村基层的全覆盖。推动农村财务管理和集体资产运作走向规范化、阳光化和科学化，全镇317个核算单位纳入农村财务监管平台管理，清理合同9862份；农村集体资产交易平台完成交易153宗，资产增值幅度近5成。28个村居行政服务中心于9月正式对外受理业务，首批承接290项行政审批事项。以竞争性选拔方式发展入党积极分子，公选23名大学生村（居）官，分类开展素质培训，充实基层党员干部储备。

文体事业蓬勃发展。成功举办首届“渔耕粤韵”文化节。举办龙舟赋全国征文比赛。加强文物保育与载体建设，吴家大院古建筑修缮全面竣工，华侨博物馆筹展、名家工作室培育拉开序幕，多功能艺术中心启动建设。巩固“九江讲堂”文化阵地，实施“全民提素”工程。开展十大道德人物评选，弘扬“关爱、孝德、树本、至善”的社区核心价值观。沙头文体公园投入使用，朱九江先生纪念公园破土动工。九江男女子龙舟队先后征战亚锦赛、亚沙会等国内外多场赛事，获26枚金牌、10枚银牌、2枚铜牌。林萍勇夺残奥会50米自由泳金牌。

民生事业全面发展。在成立镇社工委的基础上，组建全区首个青年社团联合会和九江首家社工机构，以购买服务形式引入社会组织，以工青妇牵头集聚社会力量，加大对老弱病残困的帮扶和救济力度，居家养老、外工维权等公共服务逐步辐射城乡。创新建立镇、村两级“两代表一委员”工作室，畅通基层利益诉求渠道。江盈雅轩保障性住房启动建设，罗顺轩、聚源轩两大公租房项目如期推进。投入1000多万元改善教育设施，启动学前教育三年行动计划，镇中心幼儿园通过省一级幼儿园验收。居民医疗门诊“一卡通”全面落实，九江医院住院大楼工程破土动工，九江、沙头社区卫生服务中心挂牌成立。

社会管理稳步加强。结合本地重点区域、重点行业的实际情况，开展“三打”行动，全年办结各类案件238宗，累计刑拘157人，查获涉案财物300多万元。以水产种苗市场为突破口，以专业合作社和制度建设为支撑，着力构建水产品市场监管体系。探索开展诚信联盟建设，逐步建立诚信档案、诚信评价体系及市场监管体系。铺开“警务e超市”建设，组建辅警队伍，建立治安战训中心，重塑辖区警治联防体系。制定全镇应急总体预案及专项预案，强化应急救援演练，有效提升应急管理和救援能力。深入开展企业安全生产“标准化”建设，全面落实“一岗双责”。

【西樵镇】 西樵镇位于南海区西南部，辖区面积176.63平方公里，下辖14个社区、17个行政村。总人口22.09万人，其中户籍人口15.14万人，流动人口6.95万人。2012年，全镇实现地区生产总值177.12亿元，比上年增长8%；农业总产值10.95亿元，增长3.7%；工业总产值343亿元，增长11%，其中规模以上工业总产值287亿元，增长11.7%；全社会固定资产投资70.3亿元，增长5%；实际外商直接投资3101万美元；社会消费品零售总额56亿元，增长13.7%；农村经济总收入468.29亿元，增长8%。

产业提升有新成效。成立广东纺织产业技术创新联盟，国家纺织面料馆西樵分馆和南方检测中心新恒温实验室建成启用，加快了技术开发和科研成果转化。深入实施“抱团发展”战略，成功举办西樵面料宁波巡展、虎门巡展，有效提升区域品牌和促进产业链对接。西樵镇获评“全国纺织模范产业集群”；西樵轻纺城获评“全国十大面料及纺织品交易市场”。以纯服装、香港利丰服装项目顺利落地，纺织科技总部大厦启动建设。飞越科技电容器薄膜项目落户，推动新兴产业发展。新增3个“中国驰名商标”、4个“广东省名牌产品”。首个国家旅游产业集聚（实验）区落户西樵，西岸片区以总投资超过100亿元的广东中旅旅游产业园为载体，打造国家级度假区。全力推进“渔耕粤韵”旅游文化园建设，年内已完成项目一期规划设计。

城市建设提速。官山新城建设加快推进，新车站等多个项目投入建设。听音湖片区樵山大道、锦湖大道、听音广场等工程开建，南海会馆、有为馆、飞鸿馆等重点工程启动前期工作。新西樵大桥、南九复线、龙湾大桥、广明高速等重点项目稳步推进，崇民西路主线工程基本完工。开展农村村庄、交通、名镇名村等专项规划修编。加快集中供汽区域蒸汽管网的铺设。镇垃圾收集中心站建成使用，日处理垃圾量400多吨。首批17个村居垃圾收集站同期建成。樵泰污水处理厂二期管网、西岸污水处理厂完成建设。

城市管理不断加强。深化“城市管理年”工作，大力整治工地噪音扰民、夜间泥头车遗撒、建筑垃圾乱倾倒、违规设置广告牌及占道经营、无证摆卖、违章停车等城市管理问题，查处案件3万宗。严控“两违”用地，拆除违法建筑1万平方米。启动“三中心一平台”建设，整合资源建设城市管理服务平台，加强城管队伍建设，村居城管工作站实现全覆盖。新行政服务中心建成，进驻单位增至25个，审批事项达410项。太平、显岗、民乐3个行政服务分中心、31个村居行政服务中心建成使用，80%以上事项可在村居办理。

打造“至善西樵”名片。成立社会工作委员会，统筹社区建设和社会服务。设立“至善基金”，镇财政拟投入1000万元，分5年用于扶持和资助本土社会组织开展社会服务项目。启动启鸿中心建设，打造“工青妇+社会组织”联动的公益服务平台。大力培育社会组织，成立2家本土社工机构和6个社区互助社。

农村改革不断深入。农村集体资产管理交易平台和财务监管平台全面开通运行，实现了集体资产交易和集体财务的阳光化运行。率先在全区开展村（居）民小组调整工作，360个村民小组撤并为140个，同步组建140个政务工作站。太平社区、樵泰社区合并为新太平社区。31个村居成立参理事会，推进了村居自治。

各项事业稳定发展。顺利通过“省教育强镇”复评。深入推进计生全程优质服务。首家平价药店挂牌成立。居家养老服务实现全覆盖。大力发展慈善事业和社会福利事业，全年发放各类帮扶资金800多万元。成立大桐堡慈善会，筹得善款500多万元。成功举办3场招聘会，成立村居人力资源和社会保障服务站。3个保障房工程建设进展顺利，建成后可提供820套保障房。“创文”工作实现常态化，社会文明程度有效提升，西樵获评“全国文明村镇”，5个村通过“十好和谐文明村”复评。首批《西樵历史文化文献丛书》发布。

社会环境安定和谐。推进“三打两建”行动，有效整顿和规范市场秩序。发挥综治中心联调联处作用，做好特殊时期维稳安保工作。成立西樵民间纠纷调解协会，搭建群众自主调解平台。成立外来工维权服务中心，构建和谐劳动关系。32个村居全面通过平安村居验收。深入推进食品、农产品、药品等安全整治，成立农产品检测中心，建设熟食加工中心，实施肉品统一配送。落实安全生产“一岗双责”，推行消防安全“网格化”管理，强化应急管理工作。

【丹灶镇】 丹灶镇位于南海区西部，辖区面积143.5平方公里，下辖10个行政村和18个社区。总人口18万人，其中户籍人口8.5万人、外来人口9.5万人。2012年，全镇完成地区生产总值105亿元，同比增长5.9%；工业总产值212亿元，增长3%；引资总额52.13亿元，增长28%；实际直接利用外资6486.39万美元，增长26.7%；合同利用外资8573.35万美元，增长106.7%；税收总额12.18亿元，增长9.3%；城镇居民人均可支配收入20974元，增长10%；农村居民人均纯收入14478元，增长8.8%。

产业发展迈上新水平。基本完成物流新城概念规划、物流中心控制性详细规划和物流中心水系规划编制，快速完成4800亩用地征租，世海钢材物流基地首期全面竣工。南海日本中小企业工业园（二期）引入企业7家，引进世界500强企业意大利玛涅蒂—马瑞利集团投资设立的马瑞利汽车照明系统(佛山)有限公司，投资总额为3024万欧元(约合2.4亿元人民币)，一汽—大众6家配件企业陆续试产，全镇汽配企业累计达39家。广东省新能源汽车核心部件产业基地获批，燃料电池及氢源国家工程中心南方中心抓紧建设。完成“大金智地”高端产业服务区发展规划，重点发展汽车零部件研发制造、高端装备制造、能源科技、新材料、科技农业，打造“二点五”产业（生产性服务业）集群。沙水现代农业基地、百容水产种苗繁育基地、良登花卉种植基地初具规模。传统五金产业提升加快。

城市焕发新面貌。“两片三组团”建设雏形渐显，丹灶城区商业步行街、金爵士和新兴利片区改造启动，物流新城、罗行大桥、桂丹颐景园商业综合体全面动工。探索网格化城管模式，以丹灶中心城区为试点，实行网格化管理，优化城市管理流程。污染治理深入推进，顺利通过国家卫生镇复评。

社会呈现新活力。着力推进社区行政服务中心建设，率先实现行政服务网络延伸所有村（社区）。完成社区优化整合试点，建立村（社区）联席会议制度、社区参理事会。成立社工总站，建立南海首个社区青少年公共服务平台。人社服务站、四星健康村实现全覆盖。举办2012中华龙舟大赛总决赛和第九届康有为文化节，城市文化品位不断提升。

【狮山镇】 狮山镇位于南海区西部，辖区面积256.09平方公里，下辖2个管理处、10个社区和42个行政村。总人口43.53万人，其中户籍人口17.48万人，外来人口26.06万人。2012年，全镇实现地区生产总值497亿元，规模以上工业产值1718.53亿元，招商引资总额73.74亿元，实际利用外资3.7亿美元，合同利用外资4.59亿美元，城镇居民人均可支配收入36348元，农村居民人均纯收入15525元。

城市、产业互动发展。圆满完成佛山高新区核心区落户狮山的承接工作。社会资本投资助推产业载体建设加速扩容，累计建成产业载体45万平方米，引入富成四维尔、佛山嘉彰精密等一汽—大众、奇美电子的多家配套企业，其中红沙片区逐渐形成汽配、平板显示产业“全产业链”。产业智库城一期、智尚雅居白领公寓、工业设计智库大厦等一批重点项目取得实质性进展，逐步形成城市、产业互动发展的良好态势。

汽车城雏形初显。一汽—大众顺利推进，项目建设进入攻坚阶段，试检车成功下线；快速推进落户的31个零部件项目和2个物流项目的商务注册、报建、进场施工等工作，其中一汽佛山物流基地奠基开建。

以服务助推企业发展。全面推进“企业服务年”工作，出台创新企业服务行动计划，建立企业服务专员制度，搭建以社会组织为中心的企业自助服务网络。推进金融、科技、产业融合发展等八大创新举措，为企业提供精细化、全方位服务。成立上市办，强化对12家上市后备企业和5家重点上市后备企业的服务，德联化工成功上市。组建南海区第一个镇（街道）总商会，并探索向总商会转移政府职能。开展“智造之星”评选、塑料行业峰会、“醒狮杯”设计大赛三项品牌活动，深入挖掘企业人才，打造狮山人才库。协助300多家企业申请政策扶持资金1.4亿元。年内，宏陶陶瓷被评选为2012年国家火炬计划重点高新技术企业，摩德娜科技成功组建省工程技术研发中心，新增省民营科技企业37家、4个中国驰名商标、3个省名牌产品。

城市配套加快完善。市民服务中心、中央公园等重点项目进展顺利，博爱湖规划建设全面启动，滨水艺术长廊4、5、6号楼动工建设，智慧城市管理指挥（应急）中心综合楼加快建设，嘉逸酒店投入使用，和信酒店封顶，“城市综合体”成功招商，城市功能不断强化。佛山一环狮山城区段辅道拓宽、松夏工业大道二期、小塘进步北路和四环路等工程完工，原321国道狮山段快速化改造快速推进，岭西路改造、小塘铁路跨线桥、东西二线人行天桥等工程全面启动。建成5个枢纽站、135个公交候车亭、49个灯箱式公交站、10个出租车候客点，交通基础设施不断完善。启动千亩桃花项目建设，新建绿道近60公里，完成博爱路（一环至红星路段）、桂和路狮山段绿化提升，加快广三高速生态景观林带建设，成功创建省生态示范镇，新增市生态示范村11个。完成约11公里的内河涌整治，累计建成截污管道200公里。

“三旧”改造取得新突破。充分利用“三旧”改造等政策，配套实施城市更新和工业连片改造计划。至年底，累计上报“三旧”改造项目679个，总面积2.37万亩，其中通过认定项目617个，总面积2.04万亩，确权面积4675.5亩。明华机械厂、原321国道华南铝材厂片区、旧红星路西侧片区等6个“三旧”改造项目成功转型升级。

城市管理更加科学。将“创文”和城市管理有机结合，全面铺开广告牌、建筑工地、市政环境等10项专项整治。采取政府购买服务和“志愿+报酬”的形式，组建城市管理督察员队伍，负责清理“牛皮癣”和文明劝导等工作。开设《狮城文明眼》有奖报料电视栏目，群众参与城市管理热情高涨。启用智慧城市管理指挥中心，及时办理群众公共服务诉求，城市管理和社会治理由管理型向服务型转变。投入1.3亿元，启动“大市政”一、二期项目，对4个城区和15个村居实行城乡市政一体化管理，服务人口20多万人。49个村顺利完成区星级健康村创建，实现“村村卫生村”提升为“村村健康村”目标。投入1880万元，升级改造7个农贸市场，全部通过区甲级市场评审。

农村管理更加有序。加快推进以“政经分离”为重点的农村体制综合改革，明确基层组织权责，引导村民回归自治。深入推进农村集体资产监管，全年组织农村集体资产交易1199项，成交价对比底价增长22%。全面启动财务监管，全镇村、居、组、社共562个账套全部纳入财务监管平台监管，实现农村财务在线监控和财务开支实时审核。全面成立社区参理事会、综合事务监督委员会和集体经济组织监事会，农村管理服务水平进一步提升。全面铺开“纪委委员工作室”建设，强化基层干部监督。成立新和洪盛新型蔬菜专业合作社和标业水产养殖专业合作社，采取“公司+合作社+农户”的模式，实现生产全过程质量监管，提升农产品品质。

各项事业协调发展。“民生十件实事”件件落实，保障房和绿道建设超额完成；“五个一”健康服务工程圆满完成，共建立3万多份家庭健康档案和12万份个人健康档案；松岗中心小学进入设计阶段，官窑城区幼儿园进入工程招标阶段；松岗敬老院升级改造即将完工。成立5个树本市民学校教育培训基地和5个树本市民学校分教点，实施“1元入会培训计划”，举办太极拳、柔力球、广场舞、醒狮等文体培训，开办树本大学堂、树本论坛、通用技能培训等活动300多场，为5万多名市民带来实惠。全面推进“一元文化育苗计划”，免费为狮山户籍人员提供技能培训，全年共培训狮山户籍人员348人。探索建立南海区首个社区工作坊——小塘社区工作坊，帮助“3545”就业困难居民实现家门口就业。举办“动感狮城·树本狮山”产业文化节。深入推进教育综合改革，建立学科共建、课题共研、校企共育三大“树本联盟”共同体合作机制，建立全市首个镇域教研创新基地，顺利通过省教育强镇复评。积极创建“三好一满意”医院，投入4000万元更新医疗设备、改善就医环境。完善社会保障体系，53个村（居）委会全部纳入“新农保”，1.5万人受惠；148个股份合作社纳入全征土地养老保险，参保率为100%，平均每人每年享受1900元的补贴待遇。深化平安村居建设工作，投入400万元对53个村居视频监控系统进行统一保养维护，37个村居顺利通过区平安村居复评。

政府效能有效提升。着力加强机关作风和效能建设，举办镇机关中层干部“学昆山、建狮山”专题培训班，探索干部培训新形式。全面启动行政体制改革，投入500万元完善53个村居社区服务中心软硬件，实现镇级80%的审批管理服务事项可在村（居）办理，网上办理率超过50%。向狮山总商会转移首批28项政府职能，拉开了南海区向社会组织放权的序幕。聘任15名律师组建社会管理工作律师顾问团，为有效解决基层矛盾提供新的平台。

【大沥镇】 大沥镇位于南海区东部，辖区面积125.77平方公里，下辖2个社会管理处、44个社区。总人口61.25万人，其中户籍人口27.1万人。2012年，全镇实现地区生产总值402.18亿元，增长8%；工业总产值815.52亿元，增长10%；批发零售和住宿餐饮业营业额648亿元，增长1.5%；税收总额40.74亿元，增长4.8%；金融机构各项存款817.5亿元，增长14.5%；农村经济总收入863.66亿元，增长7.7%。

工业实力持续增强。华昌、伟业、南华等铝材企业正式投产，日本钟化发泡树脂项目奠基建设。“南海盐步内衣”集体商标成功注册，“大沥铝材”品牌效应逐步扩大。14家企业入选南海首批“选种育苗”行动计划。新增中国驰名商标7件、广东省民营科技企业9家。

生物医药产业基地加速建设。广东生物医药产业基地规划占地6000亩，由研发孵化区、生产制造区、医药展贸区、康健体验区、综合配套区5个功能区组成，是佛山市生物医药产业发展的重要载体，被纳入2012年广东省重点建设项目和广东省生物医药产业“十二五”规划重点项目。至年底，已进驻孵化项目30多个。

第三产业加快发展。佛山金融创新产业园外立面改造即将完工，园区内土地加快整合开发。金融D区住宅动迁工作稳步推进，回迁安置和土地开发方案加紧制定。有色金属交易中心大型地下空间完成开挖，广佛·智城一期商业项目和保利中央公馆项目推出，中盈国贸中心破土动工，国昌·新城市广场、兴沥雄广场和南方商业广场开业，中盈广场、宝盈广场和新世界都市综合体建设提速，华亚广场、和华环球贸易广场启动建设。

城市面貌焕然一新。首座环形天桥启用，贤

谭路、穗盐路中段改造提升工程顺利完成，钟边大道、高尔夫路启动建设，广佛路、广云路、广佛新干线、新城大道、广佛高速公路等主干道路完成绿化提升，佛山一环、广佛路、广佛新干线、禅炭路等道路跨线桥亮化工程圆满完成。雅瑶立交、谢边立交等绿化工程成为新亮点，龙母庙公园、体育公园等生态景观工程如期实施。沥新、商贸城变电站加紧实施。廻龙、抱伦、沙海电排站正式启用。工业废水处理厂一期和盐步污水处理厂三期工程启动建设，内河涌清淤整治持续开展，生活垃圾中转西站和河东地埋式垃圾压缩站建成运行。“创文”和城市管理深入开展，城市“六乱”整治落到实处。7个农贸市场完成升级改造。

社会事业全面发展。学片管理、特色教育、名师工程成效显著，顺利通过“省教育强镇”复评。盐步医院新住院大楼即将竣工，居民门诊医疗“一卡通”全面使用。完成756套保障房建设，发放就业补助287万元。开展“大沥记忆”十大感动人物评选、优秀外来工评选、“家庭美德之星”评选等活动。举办“沥桂一体”文化活动月、伯奇杯全国创意摄影大展、“微文学·大生活”广东微博征文大赛。“南海藤编”“盐步老龙礼俗”入选广东非遗名录，中联龙狮成为省首批非遗传承基地。大沥镇获“广东摄影之乡”和“广东诗歌之乡”称号。

政府职能加快转变。农村体制综合改革稳步推进，“政经分离”全面铺开。东区管理处各农村社区招标采购“三分离、四审批”的管理模式成为全区亮点。盐步新行政服务中心投入使用，人社服务站实现全覆盖，行政服务延伸到基层社区。

创新社会管理模式。“七一空间”投入使用，以基层党群建设为重要抓手，搭建党建形象展现平台、党员教育管理平台和党员志愿服务平台。“新南海人梦家园”社会服务综合体顺利竣工，以强化外来人口服务为导向，提供家庭服务、青少年服务、长者服务、残障康复、义工发展、人际关系拓展及转介服务等服务。

【里水镇】 里水镇位于南海区东北部，辖区面积148.28平方公里，下辖20个行政村和14个社区。总人口29.47万人，其中户籍人口12.68万人，外来人口16.79万人。2012年，全镇实现地区生产总值234亿元，农业总产值12.5亿元，工业总产值613.6亿元，规模以上工业总产值579.2亿元，全社会固定资产投资94.09亿元，实际外商直接投资8409万美元，社会消费品零售总额60.75亿元，农村经济总收入842.3亿元。

产业发展取得新突破。广东新材料产业基地首期产业载体启动建设，成功引入邦普、钜仕泰等一批新材料高科技企业；福田汽车公司完成产能提升计划，日生产能力达到单线8台／天；志高空调压缩机项目正式落户东部工业园，总投资逾10亿元；广佛汽车城顺利开业，引入多个知名品牌4S店；中企绿色总部成功引入40多家知名企业；万顷园艺核心区完成3000亩土地集约，成立荷兰种球推广中心，60多家农业龙头企业落户万顷园艺，成功申办2013年国际观赏鱼大赛和亚太水族联盟年会；“花海流潮”景点完成1800亩土地整合，国庆期间试验段深受广佛两地群众好评。

“梦里水乡”建设全面启动。启动里水魅力水城、金溪休闲新城、里水福南新城、金峰宜居新城、和顺产业新城、沙步乐活商城六大组团分区规划，全面推进“梦里水乡”建设。一是实施“三河六岸”景观改造。全年投入1亿多元，对里水河、金溪河、水口水道三河六岸共5.8公里景观进行改造与提升，新增绿化景观面积15万平方米，重点打造花海流潮、滨河公园、水乡风情街等多个休闲观光节点，进一步丰富水乡景观和内涵。二是实施“公园化”战略。由镇财政投入2亿多元，用3～5年时间，通过打造一批特色公园，实现每2～3个村居就有1个大型公园的目标，同时利用村居绿地、山冈建设小型休闲公园，为群众提供休闲、健身场所。滨河公园顺利完工，宏鹰公园、水口公园、泥浦涌公园、里东公园、里水公园启动建设。三是实施“美村计划”。确定“一村（居）一规划一品牌”的工作思路，聘请专业机构对各村居进行规划设计，每年至少投入1亿元对10个村居进行美化改造，力争用3年的时间完成美丽乡村的建设。720个项目通过审核，46个项目率先启动。四是实施交通节点改造提升工程，对一环盐南线出入口、里广路一环路口、里水大桥、甘蕉三角岛、大甘路口等交通节点进行景观绿化改造提升。

城市配套更加完善。投入1.9亿元，启动8项镇内交通路网建设，盐南线二期、里广路、中心涌路、滨河南路西段等道路建设顺利进行。禹门污水处理厂正式运行，大石污水处理厂启动建设，全镇铺设截污管网约20公里、燃气管道11公里。投入2亿元，完成“三河六岸”一期工程共5.8公里岸线景观提升，新增绿化面积15万平方米。完成特色夜景灯饰工程，水乡景色更多彩。全年列入南海区“三旧”改造项目142宗，占地面积1.3万多亩；完善“三旧”改造项目确权412宗，占地面积6000多亩。积极推进工业连片改造，南亚产业园、君睿内衣厂改造项目顺利动工，河村滨江片区完成土地征收、洲村工业区改造项目完成土地确权、草场白塔村旧厂房改造项目完成收储。精诚木业、业鸿、白天鹅等项目地块完成拍卖。

民生工程有效落实。南海区第三人民医院顺利奠基。成立街坊会，提供居家养老、家庭教育、青少年活动等综合服务。开展文化惠民工程，举办“欢乐里水，文化共享”百场文化盛宴、水乡风情休闲假日游等活动。推进农贸市场升级改造，新天地市场、铜锣湾综合市场完成改造。实行肉品统一冷链配送，肉品质量安全得到保障。推进“名师名校工程”，实施中小学教师培训竞争性资金分配，教师队伍素质逐步提高。顺利推进“创业里水”和“就业里水”工程，举办创业培训班，落实大学生创业小额贷款贴息。不断完善社会保障体系，全镇共有1.8万名群众参加“新农保”，全年发放“新农保”补贴579万元。稳步推进保障房建设，“惠民轩”二期投入使用，解决108户低收入家庭住房困难问题。

社会管治全面加强。积极开展“三打”行动，重点整治假冒伪劣电器产品。深入推进全省第四批火灾隐患重点地区督办整治工作，建立消防网络体系，全镇消防形势明显好转。创新出租屋服务管理方式，建立出租屋“助管员”队伍，实行协管员网格化管理。编制城市管理规划，启用数字城管指挥中心，组建城市综合管理大队，配套建设村居城市综合管理工作站，建立网格化巡查管理制度，城市综合管理机制更加完善。

体制改革更加深入。设立“两代表一委员”工作室，开通“民生在心”政务微博，畅通民意沟通渠道。完善农村集体资产管理交易平台和农村集体经济财务监管平台建设，农村集体资产管理和财务监管更加规范。完成邓岗、和顺、金利村“村改居”工作，整合原里水、新兴、新联3个社区，成立新里水社区。深化行政管理体制改革，下放272项行政审批事项到村居，启用新行政服务中心，设立网上办事自助终端，公共服务更优质。成立镇总商会，并将40项政府职能转移到总商会。

（沈　娜）

附：2012年南海区党政主要领导名单

书　　记：邓伟根
副 书 记：郑灿儒　孔海文
常　　委：汤建军　刘涛根　俞　进　李志伦
　　　　　梁耀斌　植伟生　罗坚华　吴忠林
区　　长：郑灿儒
副 区 长：刘涛根　冼富兰　黎建军　刘铭恩
　　　　　王文胜　李晓佳　陈绍文　郭正民
政务委员：冯政祥　叶迎津　朱伟新　张衍昌
　　　　　蔡汉全

现任南海区党政主要领导名单

书　　记：邓伟根
副 书 记：郑灿儒　孔海文
常　　委：龚嘉明　刘涛根　俞　进　李志伦
　　　　　梁耀斌　植伟生　罗坚华　吴忠林
区　　长：郑灿儒
副 区 长：刘涛根　冼富兰　黎建军　刘铭恩
　　　　　王文胜　李晓佳　陈绍文　周佩珊
政务委员：叶迎津　朱伟新　张衍昌　蔡汉全

（2013年7月南海区供稿）

顺　德　区

概　况

顺德区位于佛山市东南部，东接广州市，南邻中山市，西南与江门市隔江相望。行政区域面积806.55平方公里，是广佛都市圈、粤港经济圈的重要组成部分。建县于明景泰三年（1452年），1992年撤县建市，2003年撤市设区，2012年辖4个街道、6个镇，共计98个行政村、103个社区。全区年末户籍人口124.79万人，常住人口248.34万人。境内主要旅游景点有清晖园、宝林寺、碧江金楼、西山庙、逢简水乡、长鹿农庄、李小龙乐园等。2012年，顺德区获“中国兰花之乡”称号，陈村花卉世界、罗浮宫国际家具博览中心荣膺国家AAAA级旅游景区，杏坛人龙舞获省“金龙奖”。成功举办第八届世界顺联恳亲大会，与港澳往来联系更加紧密。

2012年，顺德区把握城市升级、产业转型、改革创新三条工作主线，在应对新挑战中保持经济平稳健康发展，推动各项重点工作取得新突破。全区生产总值2338.79亿元，比上年增长8%。其中，第一产业增加值41.33亿元，增长1.9%；第二产业增加值1302.18亿元，增长8.3%，工业增加值1252.5亿元，增长8.7%；第三产业增加值995.28亿元，增长7.8%。人均地区生产总值94178元（按常住人口计算），增长8.15%。规模以上工业总产值4925.9亿元，增长9.5%。全区耕地面积7400公顷，粮食播种面积142公顷，粮食产量621吨；农林牧渔业总产值83.1亿元，增长1.8%。固定资产投资449.88亿元，增长8.1%。社会消费品零售总额652.01亿元，增长13.2%。外贸出口额171.47亿美元，增长1.3%；实际利用外资7.23亿美元，增长11.2%。地方财政一般预算收入136.52亿元，增长11.9%。城镇居民人均可支配收入38861元，增长13.4%；农村居民人均纯收入16062元，增长13.5%。高中毕业生升学率94.33%，初中毕业生升学率98.28%；九年义务教育完成率100%。参加城镇职工基本养老保险77.21万人；参加城镇职工基本医疗保险77.04万人；参加城乡合作医疗的人数69.09万人；参加农村养老保险的人数13.67万人。

经济建设

【工业】 2012年，顺德区全面展开政策扶持，产业结构调整亮点纷呈，产业转型取得新进展。年内深入实施“龙腾计划”，率先在全国县域出台“星光工程”，首批800家星光企业正式领牌，实现产业政策对大中小微企业的全覆盖和系统支持。开展“暖春行动”，全年用于扶持产业发展的资金约7亿元，争取国家、省、市各级扶持资金3.6亿元。广东发展银行设立“顺德小企业金融中心”，启动“银企信贷直通车”服务平台，促成10家金融机构在顺德成立“小微企业专营中心”，为中小微企业发展的新增贷款授信额度近400亿元。引导企业开展节能技术改造，全年全区工业技术改造投资66.1亿元、增长36.4%，规模以上工业增加值单位能耗下降12%。关停淘汰3家印染企业，推荐支持15家家电企业申报国家节能惠民工程。鼓励优势企业上市，年内新增上市企业2家，全区共有上市公司13家。

新兴产业发展态势良好。物联网产业集聚发展，《顺德区物联网发展专项规划（2012～2016年）》正式出台，物联网产业联盟22家核心企业相继组建24个物联网技术工程分中心，物联网产业园首期正式开园，30多个项目和50多家国际顶级科研机构及行业巨头进驻。北滘总部商圈初具规模，新认定总部企业7家，总部企业对顺德税收的贡献达68%。阿格蕾雅OLED发光材料项目注册成立，总投资3亿元以上；日出东方太阳能公司投资空气能热水器项目。培育发展以工业设计为核心的创意产业，广东工业设计城、顺德创意产业园、广东德胜创意园三大主题园区影响力日益扩大，共同构成全省最大的工业设计产业集群区域，集聚200多家创意设计型企业，每年撬动工业产值超100亿元。

【农业】 2012年，顺德区积极发展现代农业，获授“中国兰花之乡”荣誉称号。筹备申请“国家安全农产品示范区”，全面展开工厂化养鱼项目的收地和规划设计工作，发动规模养殖场进行干式无臭养猪技术改造，已完工养殖场12个，涉养殖量8.5万头。推进广东顺德菊花湾现代农业园区和顺德休闲农业示范基地等现代农业园区建设。成功申报市级农业龙头企业2家，省级农业龙头企业1家。落实中央财政农机购置补贴政策，补贴农机具2706套，受益农户共793户。

【第三产业】 2012年，顺德区现代服务产业初步集聚。现代服务业项目15个，约占全区拟引进项目的1/3。电子商务发展迅速。电子商务协会成立，促进电子商务抱团发展。开展第一批顺德区电子商务示范企业申报认定工作，最后评选出电子商务平台、网上商城、网店、应用企业、服务企业共5类34个示范企业。慧聪中国家电电子商务交易中心项目落户顺德。举办“广货网上行”顺德区民营企业与电子商务平台对接会，吸引淘宝、京东等电子商务平台及300家民营制造企业参加，现场达成交易金额26.5亿元，消费拉动成效明显。联合京东商城成功举办第一届网上顺德家电展。全区全年电子商务网上交易额达150亿元，增长60%。年内组团参加港澳台及境外展会26个，参展企业121家；组织区内企业获得中央、省和市各项开拓国际市场开拓资金补助合计3000万元，惠及企业500家，项目数量共1692项。举办“消费促进月”系列活动，广泛发动126个购物中心和零售企业网点参与，开展促销、抢购、专卖和展销等20个活动，实现销售额1.88亿元。成功举办厨卫生活电器展、燃气具面洽会等专业展览洽谈活动。

【区域自主创新和产业载体建设】 2012年，顺德区域创新能力持续增强。中山大学—卡内基梅隆大学国际联合研究院奠基，广东西安交通大学研究院、中科院顺德基地、北航先进技术研究院·南方产业基地、华南家电研究院等10多个平台对顺德产业升级的服务功能日趋彰显。全年以企业为主体的研究经费占全区GDP比重达2.73%。年内申报省重大科技专项23项，31家企业列入国家和省专利试点示范。新增集体商标1件、驰名商标3件、省著名商标14件。联塑科技有限公司获省政府质量奖。新建“广东智能装备（佛山顺德）”产业技术创新联盟，科技对经济增长贡献率达60%。与清华大学研究院、美的集团开展高端合作，成立科技孵化投资引导基金和创业基金。《顺德科技企业孵化器认定及扶持资金管理办法》出台，对孵化器建设、在孵企业和毕业企业给予政策引导。电压力锅专利联盟建立，联盟企业年销售额占全国75%以上，联盟专利池达到308件。“两化融合”深度推进，成为全国唯一“国家级装备工业两化深度融合暨智能制造试点”。49个项目入选“省现代产业500强”，投资规模958亿元，分别占全省的9.5%、8.1%。

产业载体建设稳步推进。中国南方智谷被认定为“国家现代服务业科技服务业产业化基地”，首期建设项目入选“现代产业500强”，核心园区美的创意园开园，9家企业入驻，引进创新团队36个。顺德高新技术产业开发区管理委员会成立，西部生态产业新区管理体制理顺，首期龙腾园区共800亩用地指标获批，浦项镀锌钢板正式投产。国家金库广东顺德—清远（英德）合作区支库正式启用，合作区内华电集团分布式能源项目列入省重点建设项目。“三旧”改造扎实推进，完成改造项目26个，改造用地692.9亩。

【星光工程扶持小微企业发展】 2012年1月5日，顺德区出台《顺德区促进小型微型企业发展（星光工程）实施方案》，正式启动星光工程。星光工程通过遴选认定符合顺德区产业发展要求、高成长性的小型微型企业为“星光企业”，区级财政设立星光工程专项资金，从财税扶持、融资服务、技术创新、市场开拓、管理提升、发展载体、优化环境等七大方面20条具体措施进行全方位扶持。7月20日，800家小微企业获颁第一批“星光企业”牌匾，可即时申报各类优惠政策。“星光工程”是全国同级地区首个小微企业扶持政策，该工程也与“龙腾计划”形成顺德产业转型的双轮驱动工程。

城市建设

【推动全区城市升级工作】 2012年，顺德区制定城市升级五年行动计划，组建城市升级办公室和顺德新城建设指挥部，负责推动全区城市升级工作。设立三大片区规划管理局，集中行使片区内规划审批权，促进片区协调发展。建立城市升级资金保障机制，43个重点项目各级财政累计投入44亿元。年内启动佛山市重点项目12个，全面铺开顺德新城重点项目43个。一环南延线、高富路、高赞立交、荷岳路等建成通车。开工年度重点水利工程23宗，完成水下验收破堤工程14宗。500千伏五邑—狮洋南沙顺德段竣工。改造提升绿化42.9公顷，新增绿化79.2公顷。创建国家级生态乡镇5个、省级生态乡镇3个；整治内河涌565公里。设立3.9亿元专项资金鼓励镇街建设农村污水处理设施，全区城镇污水处理率达80%。新建天然气市政管网70公里。生活垃圾收运处理实行全过程管理，100%（仅指城镇生活垃圾）实现无害化处理。

【开展“美城行动”】 2012年，顺德区投入20亿元深入开展“美城行动”，市容市貌焕然一新。新建一批公共停车场，推广路边停车收费，部分大型商场停车场向社会开放。所有公交线路纳入TC模式管理，每万人公交车拥有量17.2台，公交分担率达21%。9个镇街建有“数字城管”系统，覆盖面积达98平方公里。

社会事业和综合改革

【社会民生事业再上新台阶】 2012年，顺德区推动教育体制改革，扩大学校办学自主权，引入社会力量参与教育管理。首次将发展学前教育纳入镇（街道）科学发展考核指标体系。成立研究生教育发展中心，加强与清华大学、西安交通大学、暨南大学等知名高校的交流合作，组建区域学产联盟，为顺德产业转型提供智力支持。成功举办第七届中国岭南美食文化节，进一步深入打造顺德美食品牌。农家书屋实现行政村全覆盖，社区文化设施普及率达85%；“家门口的电影院”“家门口的图书馆”为群众提供更加便利的文化服务。10个镇街均独立设置社区卫生服务中心，社区卫生服务覆盖率达91%。基础医疗卫生机构100%实施国家基本药物制度、100%试行零差率销售。推广社区工作坊和日班生产线模式，着力解决重点群体就业问题。建立创业带动就业孵化基地，完善小额贷款政策，单笔贷款从2万元提高到10万元。连续8年提高职工养老金。顺德市民卡首次发行，利用信息化手段，整合政府和社会资源，以满足市民的购物、看病、借书、游泳、搭公交以及网上办事等各类服务。 完善居民门诊“一卡通”制度，社区医疗机构报销比例提高到100%。美的集团牵头捐资兴办综合性养老服务项目。居家养老人数占全区老年人口的2.69%。试点“交巡警警务平台”，全年原始警情下降24%，平安村居达标率为100%。在全区范围内开展“三打两建”行动，成为全省“两建”工作试点，在政务诚信建设、公共联合征信系统建设、信用奖惩机制建设等三个领域开展社会信用体系建设试点工作，建立起覆盖全区的诚信系统。行动期间打掉欺行霸市团伙185个，捣毁制假售假窝点381个，查处商业贿赂案55宗，市场秩序明显优化。成功举办首届广东（佛山）安全食用农产品博览会，创新食品安全监管体系，形成常态化食品安全监管工作机制。

【习近平到访顺德】 2012年12月9日，中共中央总书记、中央军委主席习近平到顺德视察。先到北滘广东工业设计城视察，随后到黄龙村考察，并到困难市民张锡尧家中慰问。习近平在顺德考察近2个小时，对顺德产业转型升级给予肯定，并提出殷切期望。

【深化综合改革试验，强化政府运行能力】 2012年，顺德区继续开展和深化完善行政体制改革、社会体制改革和基层治理改革。完善大部制改革，重组优化大部门的组织架构和运行机制。深化行政审批制度改革。在全省率先开展商事登记制度改革试点，进一步释放体制机制优势。审批事项的标准化建设全部完成，网上审批服务大厅正式启用，578项事项实现网上办理，向市场和社会转移职能事项31项。首批4家法定机构成立并承接部分政府职能事项，成为顺德加快构建“大部制、小政府、大社会”治理服务模式的又一创新举措。全区三级行政服务站建设基本完成。完善农村集体资产管理，7个镇街成立农村集体资产交易管理所，全年交易金额达1.79亿元，资产收益水平提高27%。过半镇街建成枢纽型社会服务综合体，将服务延伸到村居，初步构建区、镇、村三级社会服务体系。

【率先开展商事登记改革试点】 2012年4月，顺德区获得广东省政府正式批复，在全省率先开展商事登记制度改革试点工作。改革方案对行政审批制度和监管体系进行重新梳理、设计，具体概括为“三分离三构建”，即实行商事主体资格与经营资格相对分离，商事主体资格登记与住所（经营场所）审批相对分离，有限公司注册资本认缴登记与实缴备案相分离；构建商事主体信息公示平台，构建并联审批体系和一体化审批体系，构建“宽进严管”的市场监管体系。 改革降低了企业的准入“门槛”，营造良好的营商环境。改革后顺德月均登记有限公司数量增长28.4%、税务登记增加20.3%。

各镇街介绍

【大良街道】 大良街道地处顺德区中部偏东，连接广州，毗邻港澳，水陆交通十分便利，历史上是珠江三角洲地区著名的商埠，现为顺德区政府所在地，是顺德的政治、文化、教育、商贸中心。辖区面积80.29平方公里，建成区面积33.7平方公里，下辖19个社区和2个村。辖区常住人口40.38万人，其中常住户籍人口22.3万人。2012年，实现地方生产总值330.6亿元，规模以上工业产值251亿元，限额以上贸易住宿餐饮业营业额264.74亿元，全社会固定资产投资55.21亿元，工商税收84.36亿元（其中区级库税收25.83亿元），实际利用外资3473.84万美元。

2012年，大良实施产业转型调整，经济呈现待发态势。世界第三的零售批发超市集团麦德龙集团落户大良，顺德首家集商业、美食、娱乐、酒店于一体的黄金商业广场开业，加上新一城、吉之岛、迪卡侬以及正在建设的美的广场，形成以新桂中路为轴线的珍珠串形的新的“东部商带”。阿格蕾雅OLED新材料项目完成前期工作，该项目获得区政府“开发与产业化高性能OLED功能材料”补贴3000万元。顺德创意产业园一、二期有150家创意企业和机构进驻，三期项目建设顺利。年内大良有9个制造业项目入选广东省现代产业500强项目及省重点项目。新增顺容电气等5家国家高新技术企业，震德塑料机械有限公司伺服驱动节能注塑机被确定为国家重点新产品，瑞德电子等20家企业48个产品被认定为广东省2011年高新技术产品。2012年大良被认定为“广东省数控一代机械产品创新应用示范专业镇”。全年大良获授权发明专利88项，实用新型515项，外观设计425项。

推进城市升级工作，城市品质整体提升。年内，大良“城市升级”项目用地征收工作取得阶段性成果，南方智谷项目征地所涉及的相关历史遗留问题基本解决。新城区21条主要道路改造（含绿化改造）工程的前期工作有序进行。投资4500万元，主要对环市东路和南国东路、龙的三角公园节点、桂畔公园等进行绿化提升，其中环市东路绿化改造工程已完工。碧桂路沿线景观改造提升、南国路沿线景观改造提升、主城区立交桥和人行天桥立体绿化、广珠西线景观林带建设、桂畔海南岸绿化景观和活动设施的建设（105国道至太艮路段）、容奇大桥至德胜大桥之间南北两岸滨水绿地建设等6个项目已全面开工，改造绿化面积约65.4公顷。推进“美城行动”，在全区首推“大保洁”管理模式，持续开展多项专项整治行动，清拆各类违法户外广告招牌1806块，拆除面积4.89万平方米。拆除辖区内的违法养殖场73间，拆除窝棚面积2.6万平方米，加强城市管理和市场监督工作。年内大良15个项目纳入“三旧”改造范围。成功申报创建省级生态示范镇。

推动多层社会建设，市民福祉显著改善。2012年，大良教育投入达4.11亿元。全年用于医疗卫生的经费达3081万元。成立大良社区卫生服务中心，建成卫生服务站13个。推进社工进社区工作，先后成立大良君行社会研究及服务中心、顺心社会工作服务中心、人人悦社会工作服务中心和中区社区、新松社区社工服务站及金榜社区家庭综合服务站等社会服务机构。在大良慈善会社会化运营的基础上，推动成立村居二级慈善组织，成立村居福利会20个。把为社区（村）购买法律服务纳入政府采购项目，实行以律师事务所为单位的分组包干制。利用三级就业信息网，加强居村就业服务平台建设。扩建德胜颐年苑、改造大门老人院，新增185个床位。提高优抚对象的抚恤标准，全街道有645人进行抚恤调整，发放金额共373.62万元。实行交巡警联合执法，新招辅警协助民警在治安复杂路段和交通复杂路口进行巡查。成立大良街道突发公共事件应急办公室，设置24小时应急值班专用电话，规范应急信息报送、处理原则等制度。成立大良街道人民调解专业队伍，第一批来自辖区内18个律师事务所的60名执业律师志愿参与大良人民调解工作。推行人民调解主持人点选制度。大良中区社区在全区率先推行“党代会常任制”和“党代表任期制”，成立党代表工作室。全街道已建立起党代表工作室23个（其中村居21个，“两新”组织2个）。执行重大决策事项社会风险评估制度和事关公共利益决策征询街道决策咨询委员会、社会公众意见的制度。

【伦教街道】 伦教街道地处珠江三角洲腹地，位于顺德区东部，交通网络完善，是顺德中心城区的重要组成部分。总面积59.2平方公里，总人口20万多人，其中户籍人口约8.4万人，下辖8个村和2个社区。伦教历史悠久，距今1200年前已有居民点，是顺德蚕桑、丝织业中心和广东土丝手工业重镇。有不少蕴含浓厚乡情且享誉四方的特色产品，如伦教糕、羊额烧鹅、香云纱、黑胶绸等。今天的伦教已进入“高速和轻轨”时代，是顺德中心城区融入珠三角一体化的门户，太（原）澳（门）高速公路、珠二环高速、广珠城轨均在伦教东部交汇，成为珠江西岸中部纵向横向交通交汇节点和连接东岸的“桥头堡”。2012年伦教实现工农业总产值433.83亿元，规模以上工业总产值420亿元，限额以上批发零售及服务业产值20亿元，固定资产投资额29亿元，国地税入库13.48亿元。

产业转型加快。2012年，伦教实施龙头带动、产城互动和创新策动措施，加快构建具有现有经济特征的高端产业体系。支柱产业进一步巩固。珠宝业全年销售额超260亿元，增长近20%。“伦教珠宝”区域品牌内涵不断丰富，成功申报国家珠宝特色产业基地和省珠宝专业镇，第三届珠宝首饰设计大赛被纳入“省长杯”设计大赛，完成珠宝业“十二五”发展规划编制。周大福增资1000万美元建设珠宝文化展示中心，周生生被区批准为总部经济企业。合禾国际珠宝创意中心被认定为“区珠宝产业创业基地”，有20家企业签约进驻，新民木工机械商城将改造为珠宝产业社区。全区最大工业“三旧”改造项目——华南机械城动工，将建成展示、交易、产学研基地于一体的综合性国际机械城，提供高端机械零部件配套。伦教以木工机械为载体，获评省“数控一代示范镇”。第13届伦教国际木工机械博览会成功举办，第一批共9家企业获准使用“伦教木工机械”集体商标。长鹿农庄游客量跃升至全省第二。年内新增国家高新技术企业4家、科技特派员2人，8个科技计划项目获得国家级、省级立项，15个系列产品被认定为省高新技术产品。美涂士被认定为省博士后创新实践基地。

推进城市升级，建设宜居伦教。顺德新城是顺德中心城区发展的高潮区，伦教近一半土地纳入其中。2012年，伦教配合顺德新城的建设，加强城市建设。配合修编顺德新城规划体系，明确伦教东部片区20.6平方公里土地的发展方向。开展新市良路、新基北路、甲子路等区属重点道路工程的征地、拆迁工作，并交付施工；提前完成一环南延线辅道和伦桂路征地工作。世龙大道接龙洲路出口工程通车，新成路人行过街天桥建成开通，本地路网不断完善。周大福扩建工程等9个“三旧”改造项目动工；新启动城南旧区项目、新民沛丰围项目、木工机械商城改造项目、华南机械城项目等6个项目，总面积33.5万平方米。开展“美城行动”，推进城市绿化提升、夜景亮化、环境美化、城乡管理序化工程。完成顺德东立交、轻轨站公园及周边等绿化项目，总面积超1000亩；投入1500万元对105国道伦教段南段、羊大河岸进行亮化；实施村居环卫社会化改革，推行“大保洁”模式；实施村居生活垃圾站收运系统提升改造和生物技术型农村污水处理站建设试点；在全区率先实施企业挥发性有机化合物（VOCs）在线监控，16家企业纳入范围；集中资源实施生态示范村改造工程，仕版、荔村村容村貌焕然一新。投入320辆公共自行车并全面运营，新增3条跨镇公交线路，公共交通系统更完善。是年，伦教获得“国家级生态乡镇”称号，顺利通过“国家卫生镇”复评。

社会民生建设扎实有效，建设和谐伦教。2012年，伦教教育事业整体提升，被评为区教育先进镇、学前教育先进镇。举办“2012粤港澳青少年岭南文化之旅（顺德伦教）夏令营公益活动”，搭建起青少年高端交流平台，并成立伦教青少年发展基金。推进“一村一品”群众性文体活动，丰富村居文化生活。伦教社区卫生服务中心挂牌成立，辖下6家公立和1家民营社区卫生服务站，社区卫生服务体系全面建成，“1＋6”架构基本实现10个村居“全覆盖”。低生育水平保持稳定，在全市率先获得“全国人口和计划生育依法行政示范镇街”称号。设立社工服务机构——天伦万家群益中心，让最基层群众分享改革发展成果。新培育和发展社会组织6个。伦教社区发展创新中心、“时间银行”、社会服务数据库等3个项目入选区社会创新奖扶持范围，社区创新中心孵化的首个团体义工项目启动。推进工资协商制度，20家企业建立“劳资平等协商机制”，350家企业纳入集体合同或工资集体协议协调范围。270套公租房以及278套限价房的保障房工程顺利推进。伦教慈善会接受旅外乡亲捐赠款超1300万元。600多名党员干部加入“一对一”帮扶贫困户活动队伍中，全面惠及伦教困难家庭。推行“网格化”工作模式；创立“工商监理”制度，由中介机构协助推进商事登记后续监管。以村居行政服务站为平台，实现32项便民服务事项下放到基层。推进农村改革，搭建农村集体资产交易平台，成功运营13宗土地投包，成交价比起拍价平均高40%。

【容桂街道】 容桂街道地处珠三角腹地，顺德区南部，顺德中心城区的重要组成部分，面积80.27平方公里，下辖23个社区、3个村，总人口48.5万人，其中户籍人口20.3万人。2012年，容桂实现地区生产总值386.6亿元；规模以上工业总产值1270.2亿元，工商税收51.9亿元，金融机构人民币年末存款余额438.77亿元，居民储蓄余额290.35亿元。2012年街道办事处被授予“全国文明单位”称号，被北京零点研究咨询集团授予“零点民声金铃奖之倾听民意政府奖”。

2012年，容桂街道经济发展质量稳步提升，支柱企业持续健康发展。街道有各类企业及个体工商户近2万家，超亿元企业108家、超十亿元企业15家、超百亿元企业2家，高新技术企业50家；拥有上市公司5家以及控股区外上市公司3家；拥有中国驰名商标6个，中国名牌产品11个，广东省著名商标29个，广东省名牌产品36个。格兰仕、海信科龙、顺德海尔、万和新电气等各大支柱企业经营保持稳定。万和推广新能源产品应用，投入3亿多元建设高明新能源热水器生产基地。“科技新城”建设全面启动，“顺德国家高新技术产业开发区·科技创新中心”与“南方智谷·顺德产业创新中心”正式奠基。华声电器、威博精密成功上市，容桂首家小额贷款公司——鸿顺小额贷款公司正式开业。电子商务发展迅猛，街道具有一定规模的电子商务企业48家，全年总销售达20亿元。继续深化与科研院所合作，广州电子技术研究所与创联万方共建车联网技术开发中心，中国科学院深圳先进技术研究院与威博共建联合开发中心，西安交通大学与容桂签订合作协议，共建陶文铨院士工作站以及传质传热和风道优化两个创新服务平台。街道城市面貌不断改观。2012年，容桂加快德胜河南岸建设，南岸滨水带景观提升工程全面启动。抓好以文塔中央商务区为重点的“三旧”改造项目，配合区的重点工程，全面推进街道各项道路建设改造工程。完成碧桂路德胜桥头至建业东路段、昌宝西路至德胜桥头段绿化改造，建业东路沿线绿化，细滘大桥桥头景观提升工程，105国道—南头交叉口景观提升工程，德胜河南岸复垦复绿，眉蕉河边拆违地块复绿美化等工程，通过覆盖全容桂的绿化建设，提升容桂的绿化景观。还先后完成东湖公园园建、湿地公园建设、狮山公园改造、伊之密体育公园（眉蕉河体育公园BOT项目）建设。推进水利工程建设，完成海尾堤段整治二期工程。结合道路改造增加路边停车位2000多个，推行路边停车收费，规范停车秩序。以“美城行动”促进城市管理，完成大福基市场易地重建、容奇市场升级改造。

深化和完善多项改革，社会各项事业协调发展。2012年，容桂推进德育绩效（示范）学校建设，容山小学、南环小学、幸福小学、城西小学和兴华中学顺利通过区评估，先后建立14个名师工作室。推广幼儿园非牟利模式，向社区（村）办园延伸。成立省内首个镇级公民教育委员会，搭建与市民沟通的平台。大力推进精神文明建设工作，开展“微文明在社区”、青少年社会组织嘉年华等多项活动。推动社区卫生服务制度改革，容桂社区卫生服务中心投入使用，相继建成社区卫生服务网点16个，实现医疗服务100%覆盖。完善残疾人康复机制，设立朝阳、东风社区残疾人康复服务站，推行重度残疾人托养工程，完善残疾儿童康复的长效保障机制，拓宽残疾人康复和技能培训的渠道。推动慈善福利事业发展，26个社区（村）组建16个爱心捐助站。举办第二届“新容桂人”优秀外来务工人员评选活动。26个社区(村)实现社工服务全覆盖，并首度在企业引入社工服务，与伊之密共同成立高新园区社工服务站及“伊哥社工服务室”。加大社会组织建设力度，相继成立星愿自闭症关爱者协会、海尾社区妇女儿童之家、心声热线援助会、女子民兵营等组织。第二届公共决策和事务咨询委员会聘任顺利完成。容桂商会正式升格为总商会，获评AAAAA级社会组织，承接星光工程企业推荐以及国、地税6项税务公共服务职能。行政审批制度改革不断深化，全面落实商事登记制度改革。建立农村集体资产交易平台，进一步规范交易行为。

【勒流街道】 勒流街道地处顺德区中心部位，河网密布，水资源丰富，是著名的岭南水乡之一。总面积90.78平方公里，下辖22个村（社区），户籍人口11.7万人，流动人口约15万人。勒流是著名的侨乡，有众多乡亲旅居港、澳、台和世界各地；文化艺术底蕴深厚，人杰地灵，名家辈出，素有“勒流翰墨”之称；勒流美食文化更是源远流长，享有“厨出凤城，味在勒流”的美誉，2008年被中国烹饪协会评为“中华美食名镇”。近年来，勒流经济和社会建设成效卓著，拥有“中国滑轨产业基地”“中国铰链产业基地”“中国商业照明产业基地”等3个国家级基地，先后获得 “广东省民间艺术之乡”“广东省教育强镇”“广东省文明镇”“广东省科技创新专业镇”“广东生态示范镇”“国际标准化名镇”“国家卫生镇”等荣誉称号。2012年街道实现地方生产总值181.32亿元，规模以上工业总产值470.06亿元，农业总产值9.11亿元，全社会固定投资达26.22亿元，财政收入7.86亿元，城乡居民储蓄存款余额117.05亿元，总用电量15.17亿千瓦时。

2012年，勒流街道突出产业布局，推动产业转型升级。富华集团投资22.6亿元建设交通机械城，推动支柱产业向集群化、高端化发展，相关基础设施建设正在进行。新宝电器上市获中国证监会审核通过，带动机械制造业龙头富华、小五金业领军东泰、家电业支柱奥特龙和小熊、照明产业新秀凯乐斯等一批上市梯队。街道拥有照明灯具及配套企业近1000家，产品占国内商业照明近60%的市场份额，并以自主品牌出口至海外近100个国家和地区，被中国建筑装饰协会授予“中国商业照明产业基地”荣誉称号。照明企业联合组建“佛山市顺德区强强合益光电有限公司”，共同开发建设“商业照明转型升级孵化园”；照明新锐企业凯乐斯成为CBA 2012 ~ 2016赛季战略合作伙伴。创建勒流“中小企业家具五金产业联盟”和“精密五金产业创业基地”，推进五金产业集群发展。街道与中国家用电器研究院合作建立顺德勒流街道家电产业公共技术服务平台；与江南大学进行“一镇一校”产学研合作，搭建勒流江南大学技术创新中心；与华南师范大学刘颂豪院士及其光电研发团队合作，打造华师大顺德（勒流）光电产业研究院；与华南理工大学合作，共建福田物联网工程研究院，开展智能制造、智慧商务、智能物流、智能家居、智慧安防等方面的物联网系统集成应用示范与推广。到2012年底，勒流拥有中国驰名商标3件，省著名商标17件，省名牌产品11个，国家高新技术企业37家、省民营科技企业102家，授权专利累计突破1.04万件，位居全区前列。

强化规划引领，完善区域发展布局，加快旧城区改造，推动城市升级。北部片区规划25平方公里的滨水生态区，右翼规划建设“顺德区新会展中心”，左翼规划建设精密五金产业园，依托五金产业优势，推动五金产业集群发展。中部片区左翼规划建成新的港口路集约工业区，重点发展交通机械装备业和家电业；右翼规划发展商贸物流业，引领村居工业园区转型。南部片区规划建成“中国商业照明产业基地”。南部连片农田发展休闲生态农业，建设为勒流乃至顺德的城市“绿心”。以市民广场为核心的周边进行旧城区改造，包括东菱集团改造项目、五金家电城改造项目、龙升路商业主轴、龙升工业区等改造项目，推进旧城区城市更新。突出改造勒良河“一河两岸”的亲水景观，建成氛围浓厚的休闲漫行商业步行街。加快城区改造BT系统工程建设。推动6条主要道路、2个中心公园广场、2个交通优化工程和1座跨镇大桥建设。启动路灯EMC工程项目建设，将全街道近万支路灯纳入EMC管理体系。常态化开展“美城行动”，全面清理城区“八乱”现象。

注重改善社会各项事业，促进社会稳定和谐发展。年内，街道开展多种多样的群众性文化活动，如书画即席挥毫大赛、“东菱杯”篮球公开赛、“新宝杯”乒乓球赛、“锦力杯”足球赛、“银城杯”象棋公开赛、“农商行杯”长跑大赛等，全年共举办各类体育活动近200场次。新建成江义中学、冲鹤小学、裕源小学，共投入约2.2亿元，共办班84个，缓解学位难问题。建成顺德首个家庭综合服务中心，为市民群众提供一系列预防性、支援性以及补救性的家庭服务。成立勒流社区卫生服务中心和社区服务站8个，社区卫生服务机构与医院构成新型卫生服务体系，引导居民“小病在社区，大病进医院”。深入开展“三打两建”行动，加强社会治安管理，投入1000多万元集约整合视频监控系统。完善劳资纠纷监管制度，实行预防劳资纠纷关口前移，将劳资纠纷的防线延伸到村居一级。加强街道行政服务中心建设，启动农村综合改革工作，探索农村股份社的股权改革和开展集体资产公开交易试点工作，实施商事登记改革，破解企业注册难的问题。

【北滘镇】 北滘古称“百滘”，意为“百河交错、水网密集”，北滘镇位于顺德区东北部，全镇总面积92平方公里，辖19个村（社区），户籍人口12万人，常住人口26万人。是“全国文明村镇”“国家卫生镇”“广东省就业先进单位”“广东省教育强镇”。随着太澳高速及广珠城际轨道的北滘站和碧江站的相继开通，北滘正式迈入以高速、高铁为标志的“两高时代”，珠三角一体化、广佛同城使北滘呈现出更优越的区位优势，给全镇的产业转型和城市升级注入新的活力。2012年全镇本地生产总值366亿元，工农业总产值1602亿元，国地税收入77亿元，城镇居民人均可支配收入38373元，农村居民人均纯收入12810元。

2012年，北滘镇全面实施“超前引领产业转型升级，以城市化带动区域发展”的战略目标，抓住“总部经济、工业设计、城市经济”三驾马车引领产业转型升级，经济发展稳步向前。该镇深化“金种子计划”，出台促进产业转型升级指导意见，投入2000万元转型升级扶持资金，对企业转型升级、科技创新、总部招商、工业设计发展、农业转型升级等方面进行专项扶持。融合“星光工程”，修订中小微企业信用担保基金管理办法。培育上市企业梯队，全镇本土上市、收购或控股上市企业达到7家，上市企业数位居全区第一。总部经济区的辐射效应持续显现，吸引众多优质企业争相进驻。2012年美的集团工业总产值突破千亿大关，销售总值999.18亿元。碧桂园总部于2012年11月11日动工建设。怡和中心投入使用，国际财富中心基坑开挖，盈峰、丰明两座总部大楼、财富花园全面动工。随着一大批成长型中小企业纷纷加入实施总部经济的梯队，总部经济的格局逐步形成。以工业设计为代表的新经济助力产业升级。省区共建的广东工业设计城占地2.8平方公里、总投资22亿元，荣获“国家创新型工业产业化基地”“广东创意设计文化产业园区”“广东省中小企业创业基地”等称号，并成功入选“2010～2013广东省现代服务业500强”和“2010～2013广东省重点建设项目”。年内建筑面积约3.2万平方米的设计广场项目和设计师公寓前期规划正加紧推进，博物馆、老年产品体验中心改造完成。截至年底，进驻设计城机构超过100家，从业人员过1000人，产值突破3亿元。南方智谷美的创业园于6月开园，首期进驻来自日本、德国的9家高新技术企业。商务展览、电子商务、信息服务等现代服务业获长足发展，慧聪中国家电电子商务交易中心项目落户北滘。

新城区建设和旧城改造齐头并进，推动城市升级。面积达6平方公里的北滘新城区建有南方医科大学北滘医院、北滘公园、市民广场、北滘文化中心、广东省活力休闲体育中心、金茂华美达广场五星级酒店、海琴水岸高层公寓等一系列优质项目，年内新城区基础设施和公共设施建设加快，市民活动中心、市民康体中心等新城区公共服务项目启动。北滘系统编制旧城区3平方公里改造规划，启动南源路、跃进路、福西路改造等综合项目19个。对旧城区进行节点改造，绿化提升和河段整治提升。完成道路改造9.01公里，黑底化面积16万平方米；移植栽种绿化树木超过6000株；美化沿街建筑物153栋；改建停车场2个，新增小车、摩托车停车位720个，改造双桥路、杨家涌、跃进南路河堤栏杆超过2公里。年内共推进“三旧”改造项目32项，加强企业、村居改造。投资5000万美元的加利源项目三期工程动工；都宁工业区“二改二”项目，改造规划方案和可行性研究方案以及一期项目60亩用地及地上物的测量、评估工作完成；北滘居委会旧工业区“二改三”项目，已完成120亩土地权属调查、35家厂房的测量评估工作。按照区“美城行动”部署，加强城镇管理，提升城乡管理水平。开展环境整治工程，加大环卫保洁力度；落实违建整治行动，共拆除违章建筑2.54万平方米，拆除105国道及三乐路户外广告约1.39万平方米。推动所有村居以A级省卫生村标准推进村容村貌整治工作。开展市容综合整治“百日行动”，顺利通过“国家生态镇”复评。

社会民生事业大大改善。2012年，北滘文体教育事业蓬勃发展，获得“广东省教育强镇”称号。年初北滘文化中心启用，全年共举办晚会、展览、沙龙、社会公益讲座、公益培训等各类文化活动360多场次，接待市民25万人次，并在国庆期间成功承办第七届岭南美食文化节，共吸引110万人次相聚北滘。实施困难群众住房资助计划，初步资助51户有住房困难的困难群众，其中北滘镇财政、北滘慈善会、各村居合共资助153.1万元，对8个村居的32户困难群众住房进行重建和修缮资助。美的广夏花园保障房项目，共设置公共租赁住房400套、限价房2156套，年内共售出限价房744套。由北滘镇财政、北滘慈善会出资建设的西海廉租项目12月25日启动建设，项目将建成100套廉租房供西海困难群众居住。开展社区帮扶结对活动，492名机关干部与全镇720户困难户开展“一对一”的帮扶结对，年内共探访困难群众超过2000人次，对口帮扶困难户缩减到642户。北滘镇社会综合服务中心投入使用，首次以政府购买的形式，引入专业社工机构提供家庭综合服务和残疾人康复专业社工服务，为困难家庭、残疾人家庭、老年人以及青少年提供服务1.3万人次。北滘镇创业孵化中心启用，设立以电子商务为主的创业基地，首期引入23家店铺，50多名本地户籍市民成功入驻创业，其中大学生创业占50%。北滘镇职工服务中心、北滘镇异地务工人员服务中心开业运营。该镇注重培育各领域的专业化社会组织，指导成立编藤家具行业分会、广东省首个镇一级产学研公共服务平台——协创产学研促进中心、槎涌社区三八六一妇儿促进会、北滘社区妇女儿童之家，承接政府管理和服务职能。

【陈村镇】 陈村镇地处珠江三角洲腹地和广佛都市圈核心区域，位于广州、禅城、顺德、番禺、南海五地交汇处，是顺德区的“北大门”，水陆交通方便，地理位置得天独厚。总面积50.7平方公里，常住人口7.8万人，流动人口7.4万人，下辖7个村和8个社区。素有“中国花卉第一镇”“千年花乡”的美誉，曾获得“中国花卉之都”“中华花卉美食名镇”“国家级生态乡镇”等荣誉称号。2012年实现本地生产总值119亿元，工业总产值277亿元，全社会固定资产投资47.3亿元，财政收入11.73亿元，税收收入16.89亿元，全镇居民储蓄

余额125.11亿元。

产业转型升级取得新成效。2012年，陈村镇三大产业比重为3∶59∶38。全年全镇商业销售额140.2亿元，增长4.03%。年内现代服务业亮点纷呈。顺联温德姆酒店、顺峰山庄等落成试业。国通总部大楼落成启用，唯品会、日立物流、亚力克等项目陆续交付使用。国通"智慧菜篮子"项目开创农产品电子商务交易新模式。大力发展会展经济，展会的国际化、市场化、专业化程度不断提高。年内举办了第八届中国（佛山）机械装备展览会暨第十届中国（陈村）机床及橡塑设备博览会、佛山茶文化博览会等多场专业展会。企业自主创新意愿高涨，全年全镇20家高新技术企业实现工业总产值约71亿元。协助企业申报科技项目近100项，获各级资金扶持达5800多万元。5家企业7个项目入选省现代产业500强。36家企业正式入选区"星光工程"项目，23家企业获评为区龙腾企业。现代农业提升发展，"春节树·如意桔·幸福年"系列迎春节庆活动成功举办，迎春花市接待游客32万人次，花卉销售额达13.8亿元。首届广东（佛山）安全食用农产品博览会盛况空前，全面展示"三打两建"成果。"国家安全农产品示范区"创建工作启动，"佛山食材世界"于12月12日正式开业。

城市升级步伐加快。2012年，陈村根据自己的区位优势和城市特色，修编陈村产业发展规划、花卉世界发展规划等，引领陈村未来经济发展和产业提升。新城区水系公园正式开放，太平洋广场房地产及部分商业项目动工建设。推进佛陈路绿化带改造工程，完成广珠西线生态景观林带工程、新君悦导流岛绿量提升工程等绿化项目，新增绿道6.9公里。投入750万元建设人行天桥，二龙大道跨线桥、佛陈路锦龙段人行天桥正式通行。对镇内主干道旁及城区标志性建筑物安装LED装饰灯。新增TC公交站亭27个，设置公共自行车租赁网点12个，新增公共自行车280辆。增设停车位700多个，建设临时露天停车场5个。推动申菱空调旧厂等"三旧"改造项目，启动村级工业园区改造提升计划。推进"美城行动"，整治城市"八乱"现象。启动农贸市场升级改造工程。深入开展国家级生态镇创建工作，编制分散式农村生活污水整治规划，全面规划整治村内河涌和农村生活污水；推进农村生活污水综合治理，开展永兴社区青云小学鱼塘的污水治理试点工程；污水处理厂二期工程正式奠基；推进首批污染企业在线监控平台建设，对非法排污企业进行立案查处。

社会民生事业蓬勃发展。2012年，陈村出台异地务工人员子女积分入读公办学校试行办法；设立专项资金扶持学校特色建设和科研建设；出台扶持政策，连续三年累计投入650万元，提升学前教育发展；实施"强师工程"，提高师资水平。开展"花园·家园——幸福花开系列活动"，打造"花园·家园"活动品牌，举办"陈村梦想SHOW"大赛、陈村粉烹饪大赛等品牌活动超过700场次，引入160万元社会资金参与开展文体活动。组建顺德首个纯草根艺术团——"陈村梦想艺术团"、首个义务教练团等社会文化组织。成立社区卫生服务中心，启动仙涌等5个社区卫生服务站建设。推进慈善会社会化运作。拓展"春风雨露"援助工程内涵，推动居家养老和平安钟服务提标扩面。建设保障性住房300套。成立社会工作综合服务中心，采取"政府购买服务+业务部门监督管理+社会组织实施"的"1+1+1"运作模式操作，打造社会工作服务综合平台；成立彩虹社工服务站，推进特殊社会群体的安置帮教、戒毒帮扶和协同解决信访问题等工作；成立永兴社区宏德社工服务中心，为社区群众提供包括家庭服务、劳务工服务、志愿者服务、医务社工服务等。制订"法治镇"建设三年行动纲领，开展按法治框架解决基层矛盾试点工作。全面开展"三打两建"工作，立案查处案件542宗，其中大案要案5宗，捣毁制假售假窝点25个，总涉案金额2527万元。深入开展平安村居、平安校园、平安企业、平安道路、"无毒社区"等创建活动。创新综管员改革，推进社区民警专职化，加强村级综治工作的统筹能力。在15个村居推进封闭、半封闭小区建设，增设道路高清治安卡口15个、社区警务e超市3个。引入食品安全中介机构，在全区率先将食品安全监管网络延伸至村居。

【乐从镇】 乐从镇位于顺德区西北部，是佛山市"强中心"所在地，原325国道和佛山一环贯穿全境，东平水道和顺德水道夹镇而流。全镇面积78平方公里，下辖4个社区和19个村。常住人口26万人，户籍人口10.4万人，旅居港澳及世界各地的海外乡亲6万多人，是广东省著名的侨乡。乐从镇是国内著名的商贸物流名镇，现代商贸和物流业兴旺发达。座拥全球最大的家具市场，家具市场经销家具商铺总面积达300万平方米，商户3761家，被冠以“中国家具商贸之都”称号。拥有全国最大的钢铁市场，拥有销售商3852家，乐从钢材市场占地面积220多万平方米，年促成钢材贸易总量超过2000万吨，被授予“中国钢铁专业市场示范区”称号。拥有华南地区最大的塑料市场，市场占地面积50多万平方米，驻点经销的商户625家，年促成塑料贸易量达100多万吨，居华南同类市场之冠，号称“中国塑料商贸之都”。2012年，乐从镇社会经济发展硕果累累，实现地区生产总值138.69亿元，全社会固定资产投资46.48亿元，贸易业销售收入815.56亿元，税收入库28.43亿元，全镇银行人民币存款余额498.57亿元。

新兴产业引领产业升级。2012年，乐从物联网发展迅速。2月，广东省物联网应用产业基地产业园开园暨物联网体验馆启用，吸引包括IBM、韩国三星、软通动力在内的50多家顶级科研机构及行业巨头进驻。与北京航空航天大学共建国家级科技企业孵化基地。9月，占地面积6000余平方米的北航先进技术南方产业基地、物联天下产业园示范区孵化园正式启用，已有8家企业注册入孵。投资16亿元、楼高236米的罗浮宫国际总部大厦封顶，罗浮宫家具博览中心成为国家级AAAA景区商城。广东乐从钢铁世界项目工程施工进入攻坚阶段。该镇全年电子商务营业收入约81亿元，占三大专业市场销售总额12.8%，有9家企业在2012年广东省大力推进的“广货网上行”项目中获省认定，3家企业被授予顺德区“电子商务示范企业”称号。

加强城市建设与管理，科学谋划城市升级。2012年，乐从协助佛山新城建设佛山强中心，全面推进北入口改造、大墩村改造和岳步村开发。继续推进“六纵六横”路网建设，全面对接佛山新城。创建华南地区首个国家级智慧城镇试点示范区，创新成立民办非企业单位“乐从智慧城镇发展中心”。公共自行车系统投入使用，全区首个镇级公交枢纽站顺利竣工。率先在全区开展覆盖全镇的城乡环境提升工程“美乐计划”，投入7560万元，开展222项工程，建设20个村级垃圾压缩站。通过国家爱国卫生镇复审工作，完成农村卫生户厕改造任务125户。

全面推进社会民生各项建设和综合改革。2012年，乐从按照市场化、社会化思路，推动龙舟运动开展，顺德龙舟俱乐部运作成功，囊括2012年国家级龙舟赛事九连冠，代表国家出战香港、韩国赛事，屡获冠军。唯一采用“政府办政府管”的模式建设社区卫生服务体系，成立卫生服务团队50个，下沉到20个社区卫生服务站（点），实现卫生基本公共服务均等化，群众就诊只需支付挂号费即可享受免费诊治，免费基本药品。居民基本医疗保险实现全镇覆盖，每年财政出资近1000万元为户籍居民购买基本医疗补充保险。居家养老服务覆盖全镇，被确定为省居家养老服务示范中心创建点。全年发放低保救助金共计200多万元，惠及1738人，向455名困难残疾人发放补助金约52万元，向188名困难学生共发放补助金约36万元，支出43万元为1782名困难群众购买补充医疗保险，为重大疾病提供特殊救助人次为55人次。城镇登记失业率为2.06%，毕业生整体就业率达90%。成立食品协会，推进食品安全诚信体系建设。开展“三打两建”行动，共立案查处各类案件505宗，涉案总额约3000多万元，打掉欺行霸市团伙28个，捣毁制假售假窝点7个。构建23个村居行政服务站。成功运作全区首个镇级农村集体资产交易平台。在全区率先采用镇村合作方式建设集约社区“北岸美庐”。新成立10个社会组织，建设由爱心超市、慈善会、老年大学、居家养老服务等项目组成的社会服务综合体。

【龙江镇】 龙江镇由龙江、龙山和里海3个自然区域构成，自古有“两龙”一说。位于珠江三角洲腹地，交通便捷，河网密布，经济发达。全镇面积73.8平方公里，常住人口约23万人，其中户籍人口9.8万人，下辖10个社区，13个村。今天的龙江镇是国家重点镇、广东省中心镇，也是珠三角地方性中心和佛山城市组团之一，在促进城市转型升级过程中取得令人瞩目的成绩，先后获得国家、省、市有关部门授予“中国家具制造重镇”“中国家具材料之都”“中国塑料建材产业之都”“国家卫生镇”“广东省技术创新专业镇”“广东省知识产权试点区域”“广东省教育强镇”“广东省卫生镇”“广东省历史文化名镇”等荣誉称号。2012年，全镇实现地区生产总值154.6亿元，工业产值468亿元，商品销售总额77.4亿元，全社会固定资产投资41.9亿元，税收收入（含调库收入）16.1亿元，人民币存款余额214.8亿元。

发展基础加牢。龙江镇经济以制造业为主，有家具、塑料、小家电、食品饮料、纺织服装等支柱产业。2012年，融资2.1亿元完成第三工业区一期3000亩征地任务和规划控制。家具产业是特色优势产业，镇内现有2000多家家具制造企业、7大专业材料市场。2012年成功注册“顺德家具”集体商标；成立泛家居品牌、家具品牌、原辅材料品牌等“三大联盟”，引导企业抱团发展；举办“龙”家具创意设计大赛，面向全球征集参赛作品；推动创意设计和产业的融合，承办第二届中国家具产业产业集群会议，向全国24个家具产业集群的领导和行业协会、重点企业推介龙江家具产业集群的优势。两届龙家展和材料博览会在开拓二、三线市场方面取得突破，参展商、采购商均略有增长；推进湖南顺德城·益阳家居博览中心建设。电子商务发展迅速，推进龙家具电商港建设，总规划面积约150亩，经营面积约50万平方米，形成龙头、车翼、亚洲国际3大电商基地，聚集600多家企业进驻，年总交易金额超15亿元。企业自主创新加强，入选新一批龙腾企业30家，4间企业申报省创新成长性企业，入选第一批星光企业106家，入选2012年省现代产业500强项目10个。获认定国家级技术中心1个，省、市级技术中心2个，获认定省民营科技企业3家。2家企业获区重大科技项目立项。新增2个省著名商标，新增2个省名牌产品，联塑获省政府质量奖。

城市升级加快。龙江是珠江三角洲西部重要的交通枢纽之一，珠二环、佛开高速、顺番路、龙高路、325国道、佛山一环南延线交汇贯通，西江、北江流经辖区。2012年，龙江镇按中心区域的要求统筹城市建设，完善中心区控制性详细规划、中心区核心地段概念性规划、龙洲路城市设计、新开涌和大涌两岸环境整治规划、商贸区改造规划以及污水收集系统专项规划。推进城市升级重点项目55项，总投入达65.3亿元。推进亚洲国际中央商务区、盈信广场二期、华美达酒店、碧桂园商贸中心等营商环境配套项目建设。完成丰华南路、东华南路人行道、龙洲路二期及接顺龙洲路口工程，推进工业大道、锦华路等多条道路建设。推进新交通中心、体育公园、金紫公园、人民公园改造、龙山环山一路地质灾害治理以及龙洲路、东华路、丰华南路3座人行天桥建设。认定“三旧”改造项目22个，总面积约500亩。推进英雄电排站、歌滘引水泵站等重点水利设施建设。投入8000万元建设镇污水处理厂，投入4000万元建设农村生活污水处理站，疏浚河涌18公里。城市管理实现精细化，投入245万元完成数字城管系统建设，调整3条公交线路，投入1339万元建立公共自行车服务系统，22处租赁点900辆自行车投入运行。

社会民生事业发展更好。2012年，龙江新建华东小学，完成3所中学运动场塑胶化改造，投入200万元改善幼儿园办学环境，兴建旺岗体育馆、城区中心小学击剑馆。成立“市民学校”，老人大学、新希望职业培训学校。举办第三届五人龙舟公开赛、粤曲私伙局等系列文体活动100多场次。完成广播剧《龙江故事》第二辑，举行“两龙”文化研究会，出版“两龙”文化论文集。为文化广场、人民公园等休闲处所增加一批文体设施。改造镇文化中心，建成行政村农家书屋13个。察院陈公祠、陈岩野故居等文物修缮进入验收阶段。建成镇社区卫生服务中心，形成1个中心、9个站点的社区卫生服务网络，并组建“网格化”服务团队38支。社会保险扩面征缴工作取得实效，各社区（村）如期推进新农保业务。助学助残、老龄服务、慈善公益事业工作全面加强，151名老人享受平安钟助老服务，1961名低保、五保、低保临界对象享受医疗优惠卡，发放各类救助资金605万元。平安村居达标率达100%，110刑事治安报警数同比下降28.7%。建立转移就业接收安置基地1个，安置就业426人，实现创业200人，城镇登记失业率控制在2.15%，以沙富村为试点成立首个村级社会服务中心，创新基层社会服务模式，成立龙

江总商会、青年企业家协会、人力资源协会、妇女事业促进会等7个社会组织，组建异地务工人员志愿者队伍，促进政社的协商共治。

【杏坛镇】 杏坛镇地处顺德西南部，以孔子讲学的杏坛之说命名，又寓“礼乐之乡”。全镇总面积122平方公里，下辖24个村，6个社区。2012年户籍人口13.15万人，流动人口约5万人，旅居港澳台及海外的乡亲5万多人，是著名的侨乡。镇内绝大部分是江河冲积平原，河网纵横交错，是珠江三角洲知名水乡，文化氛围浓郁，有国家级非物质文化遗产龙舟说唱、光华人龙舞，享有“全国群众体育先进单位”“中国民间文化艺术之乡”“国家卫生镇”“广东省教育强镇”“广东省环保材料专业镇”“广东省体育先进镇”“广东省生态示范镇”等称号。2012年全镇地方生产总值138.79亿元，工业总产值368.51亿元，其中规模以上工业产值240.3亿元，全社会固定资产投资28.96亿元，国地两税总收入9.41亿元。

产业转型取得新进展。2012年，杏坛通过创新引领、平台提升、集群发展和园区支撑加快实现产业转型升级。完成“省级专业镇产业升级与重大科技成果转化”项目人才培训服务平台、信息网络服务平台项目申报，全年共有企业申报省、区级政策扶持项目19个，获扶持资金1525万元。44家企业顺利入选首批星光工程，17家企业入选顺德区新一批300家龙腾企业。成立杏坛镇生产力促进中心。产业平台建设进展顺利，西部生态产业园已收储土地9346.84亩，进度为55.66%，浦项钢板一期项目正式投产，梅塞尔项目奠基。中科院合作项目产业园4个项目均已进入或即将进入建设阶段，南粤星光珠宝产业园项目推进顺利。着力推进镇塑料交易市场项目、龙腾计划产业发展平台、华南汽车文化城项目以及工厂化养鱼项目、绿心花卉——顺德精品农业产业示范园等项目。先后成立镇汽车用品行业商会、镇生产力促进中心和杏坛总商会。

旅游文化取得新突破。年内，杏坛全面启动岭南水乡（逢简）文化创意公园村的建设，推进岭南文化艺术展览中心、巨济桥、明远桥等主要景点和水道改造工程，引入“省文交所”“书画院”等高端文化交流活动平台及第三方机构参与水乡的开发建设。推进古朗漱南伍公祠、逢简梁氏大宗祠、昌教黎氏家庙民居群等文物单位的修缮工作。光华人龙舞获省“金龙奖”，杏坛文化站（八音锣鼓）入选省非物质文化遗产传承基地，并荣获“省特级文化站”、省“百佳文化站”光荣称号。举办一系列形式多样的节日文体活动，丰富群众文体生活；扶持、完善村居文体设施建设，古朗、吉祐、光华、雁园等7个村居筹建、改造文化广场。实现24个村“农家书屋”建设全覆盖。

城市升级走出新路子。2012年，杏坛强化规划引领，按照“一城三片区”总体发展格局，在镇中心区域规划杏韵湖片区项目，并完成成果编制、湖名征集等工作。一环南延线、高富路、光华跨线桥等重要交通工程相继通车，江顺大桥加紧建设，对外交通大大畅通；镇内二环路北段（君怡路口至逢简路口段）完工通车，二环路南段员工村天桥交付使用。农村公路“路况提升、路网优化”项目全面启动，年内对逢简、东村、南华、光华、北水、南朗6个村总长7300米的农村道路进行改造升级及硬底化。完成海骏达上苑排水改造工程、杏坛镇敬老院东侧地块填土工程、杏坛镇马齐天光墟储备地块填砂工程、永安堂建设工程、雁园社区河涌改造等一批民生市政工程。公共自行车系统建成投入使用，新增3条跨镇公交线路，完成镇内所有公交停靠站的标线建设。推进“美城行动”，实行中心城区及其周边7个村居的环卫保洁统筹管理，推行生活垃圾统筹收运模式，启动生活污水分散收集处理工程，高标准改造建设路、“一河两岸”及中心农贸市场，建立城管执法人员、志愿协管员、市容督导员“三位一体”城管队伍架构，在全区考评中夺六连冠，城市管理水平大幅提升，市容市貌焕然一新。全面实施“万村绿”工程，30个村居的绿化改造面积达1万平方米，南二环高速杏坛出入口的绿化带提升面积19万平方米，升级提升齐新河两岸、杏坛广场、杏中公园、北河公园、建设路、环镇路等绿化工程。推进杏坛生活污水处理厂扩建及污水收集系统二期工程建设，对6000多米桑麻河涌的污染进行治理，加强水环境治理，推进“清洁空气行动计划”，重点加强对电镀、漂染、塑料等重点污染企业的环保监管，生态环境持续优化，顺利通过“广东省生态示范镇”验收和“国家卫生镇”复审，安富、北水、吉祐、路涌等村成功创建省卫生村。

社会各项事业迈上新台阶。2012年，杏坛大力推进学校建设，新昌教小学主体工程完工，梁銶琚中学宿舍楼、杏坛中学图书馆投入使用。落实各项社会救济救助政策，对优抚对象、孤寡老人、残疾人、困难家庭发放各项津贴补助、救济救助金等超过1000万元。加大劳动就业保障力度，推出“周周招聘会”，加强“双转移”及失业培训。成立社区卫生服务中心、新建或改造服务站，基本形成一中心五站点的服务体系。深入开展“三打两建”专项行动，全年共受理“三打”线索716条，立案查处711宗，依法查处各类人员486名，查获涉案金额7500多万元。全面铺开“平安村居”创建工作，辖区治安有效改善。全面强化消防管理，顺利完成市挂牌督办火灾隐患重点地区的摘帽工作。重点加强农产品和食品监管，全年抽检蔬菜样本5.47万份，水产品样本701份，家禽样本825份。杏坛镇社会服务综合中心以向社会购买服务的形式正式对外运作，全年共服务群众约7万人次，开展各类活动50多场次。铺开村级社会综合服务站的建设，建成桑麻、右滩、马东、麦村、雁园、南朗6个村的综合服务站。创建杏坛青年坊和文体社会组织孵化发展中心，其中青年坊成为首个被团省委授予“亲青家园”的镇级青年活动基地，已有13个青少年社团成功入驻。“社会综合服务体+青年坊”“杏坛月嫂”项目入选区社会创新优秀项目。开展标准化建设，创新建立首席代表制度，以桑麻村为试点统筹村居行政服务站和社会综合服务站，率先启动顺德首个村级社会综合服务站。成立杏坛镇农村集体资产交易管理所，完成试点村居的集体资产录入工作。以雁园、马东为试点，探索党务、政务分开，村务、政务分开，以政府购买服务的形式探索农村基层管理体制改革。

【均安镇】 均安镇位于顺德区西南部，是佛山、中山、江门三市的交界点。全镇下辖8个社区和5个村，总面积81.3平方公里，常住人口8万多人，流动人口5万多人，旅居海外和港澳台的乡亲4万多人。主要旅游景区有李小龙乐园、李小龙祖居、奎福古寺、自梳女安老院冰玉堂、李氏宗祠、碧桂园高尔夫度假村等。土特产主要有均安烧猪、均安蒸猪、鱼饼、七彩鱼茸羹等，其中均安蒸猪曾为中央电视台的节目“舌尖上的中国”所介绍。2012年，全镇国内生产总值102.3亿元，工农业总产值246.38亿元，农业总产值6.76亿元，限额以上批零住宿餐饮营业额6.72亿元，工业出口交货值22.3亿元，农村人均收入10193元， 职工人均收入24150元，全镇居民存款余额72.73亿元，工商业税收7.83亿元， 固定资产投资24.08亿元，三大产业比例为2.2 ：60.6 ：37.2。

力促产业转型升级，企业自主创新能力增强。均安经济主要是以牛仔服装为龙头，汽车配件、磁性材料、精细化工、皮革制品、家用电器、五金制品、塑料制品为主体的工业体系，是国内外著名的牛仔服装产业集群地。2012年，均安镇成立广东省均安牛仔服装研究院，邀请国内外著名专家科研团队加盟，启动共性关键技术研发，提供产品检测、技术研发、业务咨询和人才培训等服务。“广东牛仔服装（顺德均安）产业技术创新联盟”列入2012年第一批广东产业技术创新联盟建设计划，“基于牛仔服装工业洗水的环保自动化工艺技术与成套装备”项目被鉴定为国际先进水平。成功组建均安牛仔产业联盟，拟定均安牛仔产业行业标准。成立均安总商会，完成纺织服装商会换届，爱斯达服饰有限公司被评为“2012年度创新中国百佳示范企业”“广东省服装产业转型升级重点培育企业”“广东省第一批重点创新帮扶高成长性中小企业”。生鱼米业和力高制衣分别被评为“广东省著名商标”和“广东省名牌产品”。全面落实星光工程，44家企业入选星光企业。协助企业融资，全年协助中小企业贷款8000多万元。产业基地集聚能力提升，产业结构调整优化，产业基地二期共引入项目28个，已进驻经营企业4家，即将投产企业7家。世友工业城共引入智能家电优质项目22个，成功申报“顺德智能家居创业基地”，成为均安产业发展新型载体。顺德（均安）国际生态谷项目加快推进，已完成招商工作。都市经典城市综合体投入使用，全镇商贸氛围日益浓厚。

城市建设与管理加强，推动城市升级发展。2012年，均安加强规划编制。顺德（均安）国际生态谷完成中期规划成果；均安新区商住中心完成中心区控规规划编制专家评审；凫洲河“一河两岸”改造规划编制基本完成；均安名镇规划编制稳步推进。均荷路改造工程全面竣工并投入使用，一环南延线建成通车。百安路辅道、环山路、顺安路、翠湖路等一批道路建设、改造全面完成。大潭口水闸重建工程完成，内河涌整治29.1公里。绿网建设逐步提升，西江沙滩公园、翠湖公园绿道、文化广场二期绿化等工程以及七滘桥、白藤大桥等出入口绿化提升工程完成。电网建设顺利推进，500千伏狮五线线项已通电并投入使用，110千伏输变电站完成选址、征地工作。实施城区亮化工程和村居美化工程，基本完成全镇14个垃圾中转站升级改造和星槎农村污水处理试点项目。鹤峰创建广东省生态示范村和名村项目试点工作顺利推进。以百安路三华社区路段为主，包括三华工业区4座楼、三华商场以及宏安路一号楼，全面铺开亮化工程工作。在百安路增设辅道汽车位182个，在13个居、村入村大道以及市场周边增画斑马线40多处，小车位700多个，摩托车位1800多个。首期公共自行车系统共投资80余万元，建设14个站点，投放150辆自行车。共处理市容环卫、生活环境噪声和饮食服务业污染、无照商贩占道经营等违法行为1731宗，立案处罚28宗，受理群众来电、来访投诉363宗。

社会各项事业蓬勃发展。2012年，均安文体活动取得佳绩。随着中央电视台“舌尖上的中国”热播，均安美食品牌进一步擦亮，“均安蒸猪”知名度提高，成功举办“好味到镇”、均安文化美食嘉年华等活动。均安女篮蝉联全国“农运会”六连冠。冰玉堂自梳女展览馆挂牌成立，并作为省级文物保护单位对外免费开放。成功举办第六届广东省青少年曲艺“明日之星”选拔赛、元宵文艺晚会等群众性大型文体活动，“家门口的电影院”活动持续开展。5个村居建立“农家书屋”，2家民营企业建立“顺德区政企共建文艺培训基地”，3所中小学校被授予“顺德区民族文化培训教育基地”，均安镇被评为“全国亿万农民健身先进乡镇”。社会综合服务中心成立，为本镇辖区内群众提供家庭、长者、青少年、义工等领域的社会工作服务。年内共计发放各类优抚对象定期补助约103万元，发放重点优抚对象慰问金约50万元，共发放长者津贴276万元，受惠长者2166人，办理长者优待卡1667个。社区卫生服务中心、社区卫生服务站和残疾人康复中心投入使用，均安医院成为中山大学孙逸仙纪念医院医疗技术协作医院，顺利通过“国家卫生镇”复查验收。开展“三打两建”行动，全年共破获欺行霸市案件211宗、制假售假案件127宗、商业贿赂案件3宗，豸浦市场获“广东省创建诚信市场先进单位”称号。

（顺德区地方志办公室）

附：2012年顺德区党政主要领导名单

书　　记：梁维东
副 书 记：黄喜忠　杜镜初
常　　委：潘东生　邓永强　曹洪彬　周爱群　温良谋　蓝　斌　周驭洪　马洪胜　王　勇
区　　长：黄喜忠
常务副区长：邓永强
副 区 长：陈浩斌　杨小晶　卢志雄　刘　怡　王　勇
政务委员：关世良　赵万雄　徐国元　谭志亮　林胜初

现任顺德区党政主要领导名单

书　　记：梁维东
副 书 记：黄喜忠　杜镜初
常　　委：潘东生　邓永强　周爱群　温良谋　蓝　斌　周驭洪　马洪胜
区　　长：黄喜忠
常务副区长：邓永强
副 区 长：陈浩斌　杨小晶　卢志雄　赵万雄　刘　怡　乔吉飞
政务委员：关世良　徐国元　谭志亮　林胜初　麦连桐

（2013年6月顺德区供稿）

高　明　区

概　况

高明区位于广东省中部，珠江三角洲西翼，濒临西江，东南和南面与鹤山市交界，西南与新兴县相连，西北与高要市接壤，东北隔西江与三水区、南海区相望。全区总面积960平方公里，年末户籍人口29.68万人，下辖荷城街道、杨和镇、明城镇、更合镇和西江新城，共有72个行政村（社区）。区政府所在地为荷城街道。

高明区历史文化悠久，曾有“文风甲端郡”“彦硕辈出”的美誉，以革命“三谭”（谭平山、谭植棠、谭天度）为代表的一批革命先驱，为中华民族的解放事业作出了重大贡献。高明地貌为“六山一水三分田”，旅游资源丰富，拥有唐代龙窑遗址、灵龟塔、古耶贝丘遗址、皂幕山风景区、桫椤自然保护区等生态和人文景观。

2012年，高明区实现生产总值499.37亿元，增长11%；工业总产值1844.1亿元，增长13.5%；地方公共财政预算收入19.44亿元，增长16.2%；固定资产投资253.39亿元，增长14.7%；社会消费品零售总额84.1亿元，增长9.3%；出口总值16.46亿美元，增长7%；城镇居民人均可支配收入达到23710元，增长9.4%；农民人均纯收入10743元，增长13.3%。

经济建设

【农业】 2012年，高明区实现农业总产值32.11亿元，增长1.4%。其中，种植业产值9.8亿元，增长1.6%；林业产值0.75亿元，增长34.3%；畜牧业产值12.59亿元，增长2.8%；渔业产值7.47亿元，下降4.4%；农业服务业1.51亿元，增长3%。

现代农业加快发展。全区共有农业龙头企业9家，农民专业协会7家，农民专业合作社15家。推进现代农业园区项目、海峡两岸农业合作试验区项目建设，全区农业园区面积达到3万亩。发展特色休闲农业，“都市农夫”项目稳步推进，油菜花等农业观光项目吸引游客20多万人次。

智慧农业稳步推进。推广应用智能农业技术，在更合镇鸿丽蔬菜种植公司开展智能农业技术应用试点工作。推进农产品全程智能监控平台建设，建成农产品质量二维码可追溯系统，实现牲畜二维码标识和防疫信息的录入上传。拓展“农信通”服务平台覆盖范围，全区共有3000多名农民成为“农信通”用户。

【工业】 2012年，高明区实现工业总产值1844.1亿元，增长13.5%。其中，规模以上工业总产值1778.47亿元，增长13.8%；工业增加值372.38亿元，占生产总值比重74.6%。全区工业产值超亿元企业289家，超10亿元企业18家；税收超千万元企业31家，超亿元企业3家。

产业发展后劲得到增强。强化产业链招商工作，全年共引进工业项目33个，合同投资总额85.46亿元，投资密度为334.5万元／亩，包括投资20亿元的旺旺集团华南生产基地、投资18亿元的海昌稀石等一批大型优质项目；全年增资扩产项目12个，合同投资31.33亿元，包括增资5亿元的海能科技项目等。促进产业集聚发展，纺织服装、食品饮料、金属材料、石化塑料、装备制造等七大产业全年完成工业产值1502.82亿元，占规模以上工业总产值的84.8%。推动重点项目建设，陆地方舟、德方纳米、海天扩建、炜林纳等5个项目被纳入2012年广东省现代产业500强项目。

新兴产业发展成效明显。被认定为广东省新能源汽车推广应用示范区、广东省战略性新兴产业（新能源汽车）基地、省市共建战略性新兴产业（新材料）基地和广东省战略性新兴产业（新能源）基地，初步形成“一区三基地”的战略性新兴产业集聚发展新格局。祥新光电、川东磁电等一批企业获得广东省战略性新兴产业政银企合作专项资金扶持。全年“三新”产业（新能源汽车、新能源、新材料）实现产值105.13亿元，同比增长9.8%。

自主创新能力不断加强。建成高明塑料产业技术创新联盟等协同创新联盟，以及杨和镇金属材料专业镇技术创新中心等科技创新平台。全年专利申请量、授权量分别为1072件、623件，同比增长93.5%和81.1%，增幅居全市五区之首；百万常住人口发明专利授权量达119件，居全市第三。新增省级以上驰（著）名商标、名牌12个，其中中国驰名商标5个。衡龙、宏盈科技项目被列入2012年度广东省重大科技专项计划，实现工业项目在省级重大科技专项的零突破。

【第三产业】 2012年，高明区实现第三产业增加值100.41亿元，增长5.3%，占地区生产总值20.1%。社会消费品零售总额84.1亿元，增长9.3%。全年接待游客人数达301.44万人次，增长8.4%；实现旅游总收入15.61亿元，增长0.8%。

旅游文化产业蓬勃发展。推进大旅游大文化融合发展，获得“中国低碳旅游示范区”称号，并申报成为广东省生态养生休闲旅游集聚区。皂幕山景区创建成为全区首个国家AAAA级旅游景区，碧桂园凤凰酒店获评五星级旅游酒店，塘伙生态园等农家乐项目进一步提升。举办第三届高明绿色博览会、第六届万人濑粉宴、第三届皂幕山登山节、广东省第二届休闲垂钓大赛、“要明鹤兴”自驾车千人游等特色旅游活动，旅游节庆品牌效应进一步扩大。

现代服务业加快发展。现代物流业发展迅速，全区共有大中型物流外包项目85个，全年合作金额达到5.23亿元。珠江货运码头和佛山海关驻高明办事处开通佛山电子口岸系统，全区口岸码头基础设施建设总投资超过3000万元。引入桃太郎创新产业城、中国合成革产业城基地技术产业中心、佛山民间艺术研究社等一批有影响力的生产性服务业项目，全区产业配套能力得到进一步提升。

【对外经济】 2012年，高明区实现合同利用外资1.9亿美元，增长0.04%；实际利用外资1.71亿美元，增长157.3%。外贸进出口稳中有升，全年实现外贸进出口总值20.03亿美元，增长8.2%；其中出口16.46亿美元，增长7%，进口3.57亿美元，增长14.4%。

【财政金融】 财政收入平稳较快增长。2012年，高明区实现财政总收入（含海关代征增值税）68.14亿元，增长3.4%，其中地方公共财政预算收入19.44亿元，增长16.2%。发挥财政资金导向作用，设立经济发展专项资金1亿元，落实“企业服务年”各项财税扶持政策，集中财力支持先进制造业、战略性新兴产业和现代服务业发展。

金融工作有新进展。加大企业上市后备资源的培育和挖掘力度，将6家拟上市企业（IPO）列入重点跟进和培育对象。多渠道搭建“银企”融资合作平台，解决中小微企业融资难问题。高明农村信用社成功实施股改，组建为高明农村商业银行。全年全区金融机构各项存款余额234.19亿元，比年初增长11.9%，其中城乡居民储蓄存款余额152.85亿元，比年初增长11.4%。金融机构各项贷款余额164.19亿元，比年初增长12.6%。

城乡建设

【西江新城建设】 高明区西江新城建设全面启动，2012年在建工程项目近60个，总投资超过18亿元，其中新城核心启动区、秀丽河堤围景观综合整治、丽江水廊、市民中心等7个项目纳入市、区城市升级三年行动计划。新城核心启动区为西江新城

的重点开发建设区域，其中一期工程由战略合作伙伴中铁集团以 BT 模式投资 12.2 亿元组织实施，体育中心、文化中心、明湖艺术公园等一批重点项目以及多条市政道路全面动工。

【“三旧”改造】 2012 年，高明区“三旧”改造规划项目 350 个，启动项目 220 个，实际投入资金 17.63 亿元，超额完成 2010 ~ 2012 年“三旧”改造“532”计划，其中竣工项目 35 个，面积共计 1344.13 亩。沿江路以东区域改造项目（高明江滩滨河景观工程）累计完成投资 5.5 亿元，完成总投资额的 35%，动迁工作基本完成。三洲旧区改造项目加快推进土地、房屋征收，安置房建设工程稳步推进。

【交通建设】 2012 年，高明区高速公路网络不断完善，广明高速西延线、广明高速佛山段建设进度得到加快，江罗高速高明段开展征地拆迁工作。干线公路网建设顺利推进，龙高公路九江大道立交工程主线桥建成通车，樵高路快速化改造工程加快筹划工作；杨西大道杨梅至河村段、江肇高速杨梅出口至杨西大道段建成通车。地方公路建设取得新进展，明富线路面中修整治、双合线路面中修整治、荷城街道兴国路道路建设、更合镇渡水村道路面改造等工程推进顺利。农村公路改造提升取得新成效，投入 842 万元完成农村公路改造项目 6 个，改造公路总里程 10 公里；投入 101 万元改造桥梁 2 座；完成革命老区交通建设扶贫重点项目 12 个，累计完成投资 1738 万元。

【生态环境保护】 2012 年，高明区推进生态创建工作，荷城街道、杨和镇、明城镇均获得“广东省生态乡镇”称号，全区共有 50 个行政村创建成为市级生态村。加大污水处理力度，城镇污水处理率达 82%；中心城区第四污水处理厂、中心城区第三污水处理厂二期等项目加快推进；区固废综合利用中心（污泥处置中心）完成项目选址、可研报告等前期工作。加大水源保护力度，完成富湾水质自动监测站建设和高明水厂饮用水源保护区范围内 17 个排污口清理工作。强化工业污染源整治和控制，对全区陶瓷、印染、人造革、合成革行业进行污染整治，启动并完成塑料行业挥发性有机污染物（VOCs）治理试点任务。开展“整治违法排污企业保障群众健康”环保专项行动，严厉打击企业非法排污行为。加强农村环境综合整治，完成全区 626 个自然村共 681 间垃圾收集屋建设，中心城区、荷城街道、更合镇垃圾压缩转运站投入使用，基本形成农村生活垃圾“民集、村收、镇运、区协调”处理模式。

【城市配套建设】 2012 年，高明区加大民生水利工程投入，推进富湾泵站、七星岗泵站提升、三洲北站 3 大泵站工程。电网建设不断完善，± 800 千伏糯扎渡直流输电线路工程（高明段）、110 千伏凤翔（塘美）输变电工程和 2012 年度配网工程纳入到全区城市升级三年行动计划；西江新城电网专项规划工作有序推进。全区实现供电量 35.61 亿千瓦时，增长 8.51%。供水事业快速发展，全年供水量为 7320 万立方米，同比增长 1.3%，水质综合合格率为 99.98%。燃气基础设施建设加快推进，全年共完成燃气管道建设投资 8383.66 万元，建成市政管 48.41 公里、庭院管 9.58 公里。公共交通系统进一步完善，公共自行车系统投入运营，首期已建成 30 个站点。

【城市综合管理】 高明区强化城市管理考核，每年设立 1100 万元城市管理奖励基金，用于加强城市管理方面的投入。通过“周检查、月通报、季考核、年总评”，对各镇街及相关职能部门进行城市管理考评，促进城市管理水平全面提升。依托城市管理指挥中心对城市管理中存在的问题分类处理，2012 年数字城管系统共立案 9679 宗、办结 9180 宗。全年针对“乱摆乱卖、占道经营、无证照经营”行为开展专项整治 55 次；组织清拆专项整治行动 95 次，清拆违规大型户外广告招牌近 130 块。

民生事业

【社会保障】 2012 年，高明区“新农保”与城镇居民社会养老保险基本实现全覆盖，年末全区参加基本养老保险人数为11.05万人，领取离退休养老保险待遇2.25万人；参加失业保险人数为11.07万人，领取失业保险待遇2.8万人次；参加工伤保险人数为11.88万人，参加生育保险人数为11.68万人，参加城镇职工基本医疗保险人数为11.68万人；参加城镇居民基本医疗保险18万人，参保率达98.3%。提高困难弱势群体的保障补贴标准，低保标准提高到每月350元／人。推行居民特别保险扶助计划，对户籍居民因意外死亡、意外伤残、疾病死亡造成的伤害提供经济救助。完善住房保障制度，推进844套保障性住房建设，完成554套公租房竣工验收。

【劳动就业】 2012年，高明区新增城镇就业5037人，城镇登记失业率为2.7%。转移本地农村劳动力就业2093人，培训本省农村劳动力1393人，全区高校毕业生就业率为93.7%。各级公共就业服务机构共为1549家次用人单位收集和发布空岗岗位1.03万个次，为3.2万人次的求职者提供免费应聘服务，促成就业约1.2万人。组织110家企业外出参加人才招聘会，提供就业岗位5145个。

【医疗卫生】 2012年，高明区共有医疗卫生机构114个，卫生工作人员2421人。推进基层公办医疗机构改革，明确基层公办医疗机构为公益一类事业单位，全年投入基本公共卫生服务专项经费1260万元，群众对基本公共卫生服务满意率达85%以上。完善医疗卫生服务体系，区人民医院启动创建“三甲”医院工作，区妇幼保健院新院、中医院新门诊大楼、更合卫生院新院、富湾社区卫生服务中心以及仙村社区卫生服务站等一批医疗卫生设施投入使用，区、镇、村三级医疗服务网络得到进一步健全。

【人口计生】 2012年全区出生3586人，人口出生率为11.35‰，人口自然增长率为5.75‰，低生育水平进一步稳定。开展人口数据清理，建成全员人口信息库。综合治理出生人口性别比，出台举报奖励办法，建立联合执法行动机制，打击非法鉴定胎儿性别和选择性别终止妊娠行为。创建国家级计生隐私权保护试点，在区计划生育服务站、荷城街道中山社区开展试点工作。扩大计生家庭保险享受对象范围，将利益导向机制惠及流动人口，共为397户符合条件的流动人口计生家庭购买保险。

【人才事业】 2012年，高明区引进人才650人，其中博士2人、硕士24人、本科535人；全区人才总量达到5.63万人，增长15.2%，其中副高以上专业技术人才和高级技师890人。落实人才优惠政策，为103名符合条件的高层次人才发放生活津贴124.8万元，为9位专家颁发《外国专家证》并给予相应待遇。探索建立党政领导干部人才工作联系点制度，建立区、镇街两级党政领导班子领导干部企业人才工作联系点，形成各级领导狠抓“第一资源”的良好导向。

【教育事业】 2012年，高明区整体推进包括学前教育在内的教育发展综合改革，现代国民教育体系进一步完善，教育优质均衡化水平持续提高。加大教育基础设施建设力度，启动高明中学建设，改造提升合水小学、杨梅小学等一批中小学校。实施学前教育三年行动计划，幼儿教师以奖代补政策实施到位，等级幼儿园率达到80.8%。探索中高职“3＋2”、校企合作、订单式培养、工学结合、联合办学和梯度等培养方式，搭建校企合作平台。2012年高考全区考生上本科线900人，专科以上上线1988人，高职类上线173人。全区本科上线率保持在40%以上；专科以上上线率达到88.8%，增幅为8.6%；高职类上线率达84.4%，增幅为3.2%；艺术类考生上线保持良好增长态势。

【科技事业】 2012年，高明区拥有高新技术企业24家、省级民营科技企业24家。建有各级工程中心44个，其中省级工程中心6个、市级工程中心26个、区级工程中心12个。获得各级科技进步奖28项，其中佛山市科技进步奖9项、区科技进步奖19项。全年共申请各类专利1072件，比上年增长93.5%；获得专利授权623件，比上年增长81.1%。

【文化体育】 2012年，高明区完善公共文体服务体系，完成20家500人以上自然村综合文化室建设。开展“欢乐村居行”送戏下乡、“魅力大舞台”系列活动，全年开展送戏下乡演出30多场、公益电影放映1149场、赠送书刊1.56万册、开展各类公益文艺培训20多期。推动文艺精品创作，小品《门里门外》、歌曲《情系皂幕山》、《再见吧，故乡》、油画作品《修复·状态》等文艺作品分别获得国家或省、市奖项。注重文化遗产保护，开展“高明十大古建筑评选”活动，对古村落阮埇村落实施保护开发，成立谭平山研究会，建立高明文史研究基地。开展国有可移动文物普查，初步普查国有可移动文物5947件，进一步明确全区文物保护范围。加快体育事业发展，运动项目与人才培养取得新突破，全年在各类市以上体育竞赛中获得奖牌216枚，包括国家级赛事奖牌6枚，其中金牌2枚；省级赛事奖牌4枚，其中金牌1枚；市级赛事奖牌206枚，其中金牌61枚。

2012年9月29日，高明区举行南粤幸福活动周启动仪式，太极爱好者进行千人太极表演。

【革命老区建设】 2012年，高明区投入4.44亿元资金，分九大类项目、51个子项目推进革命老区扶贫开发工作。实施“一户一法”帮扶，全年落实帮扶对象589户2152人，发放帮扶资金683.9万元，实现贫困户从全面脱贫向巩固提升迈进。落实建设村居项目653个，涉及资金5765万元，涵盖饮水、道路、文化设施、水利设施、卫生设施等方面。加强金融帮扶力度，全区共有323户农户获得贷款支持，农户贷款新增授信金额1745万元。

【城乡居民生活】 2012年，高明区农村居民人均纯收入达10743元，比上年增长13.3%；城镇居民人均可支配收入23710元，比上年增长9.4%。社会救济力度进一步加大，年末享受救济人数7648人，其中城镇821人、农村6827人；接收社会物资捐赠180件、捐款1100.81万元，受益2505人次。

社会管理

【行政审批改革】 2012年，高明区进一步理顺大部门运作机制，完善和深化事业单位改革，构建更加精简、高效的行政管理体制。加快镇街管理体制改革步伐，进一步强化对企业和项目落实的服务、小城镇建设和农村基础设施的完善、综治维稳工作和社会管理等方面的职能。推进简政放权工作，共清理保留区级行政审批（管理）事项933项，取消行政审批（管理）事项90项，划出省、市委托初审（服务前移）事项327项，清理压减事项比之前的1175项减少20.5%。按照宽准入、严监管原则，深化商事登记制度改革。推广网上审批，实现网上办事大厅进行申报事项698项，占全区55.7%。2012年网上申报业务量共2887件。

【社会建设和管理创新】 2012年，高明区采取购买项目、购买岗位、协议服务等形式，拓宽政府购买服务范围，推动社会管理与服务事项从政府部门向社会转移，在市政公共管理服务、居家养老、农村财务、幼儿教育、文体活动等方面取得新突破。大力培育壮大专业化社会工作者队伍，社会福利、社会救助、社会慈善、青少年服务等领域持有社会工作职业资格证书人员稳定上升。扶持培育社会组织，全区正式登记的社会组织共有161家，其中社会团体89家、民办非企业单位72家，各类型社会组织参与社会管理的作用得到进一步发挥。

【农村综合改革】 2012年，高明区推进农村综合改革40项，涉及社区建设、公共服务向农村延伸等一系列工作。农村集体资产管理交易平台进一步完善，全年成功交易29宗，资产成交总金额363万元，比开标底价295万元高出23.1%。村级公益事业建设“一事一议”顺利推进，在明城镇实施“一事一议”财政奖补项目试点工作，涉及9个行政村、17个村民小组，筹集酬劳资金总额499.7万元，受益农村居民达到5626人。

【精神文明建设】 2012年，高明区以创建全国文明城市为抓手，全面深化精神文明建设工作。以“传承道德、传递文明”为主题，开展文明餐桌、公民道德修养课堂以及“微文明”活动等各项市民教育活动，动员全区市民参与文明创建。举办“身边好人”评选、第三届道德模范评选等品牌活动，组织梁志毅先进事迹宣讲，发挥优秀道德代表的榜样示范作用。加大对“十好”和谐文明村居的扶持力度，吸引30多个村居加入创建行列，群众性文明创建活动深入推进。开展诚信经营示范街（店）创建活动，文昌路商业街、国美电器高明店分别获评“广东省百城万店无假货示范街（店）”称号。组建青年先锋队，设立志愿服务站点，多形式开展志愿服务活动。

【社会综合治安】 2012年，高明区发挥综治信访维稳中心三级平台作用，全年调处矛盾纠纷1169宗，成功调结1019宗，调处成功率达87.2%。加强“六好”社区创建工作，创建安全文明小区66个，其中封闭式安全文明小区34个、半封闭式安全文明小区4个、“无毒社区”和“无邪村居”28个。推进平安村居建设工作，72个村居全部组建治安联防队伍，将防控触角延伸到治安盲点。启动视频监控系统建设，在全区68个村居安装视频监控摄像头379个。

【三打两建】 2012年，高明区深入开展“三打两建”工作。集中力量打击欺行霸市、制假售假、商业贿赂行为，全年全区立案查处案件1086宗，办结案件1086宗，办结率为100%；查处人员915人，打掉欺行霸市团伙39个，捣毁制假售假窝点29个；涉案财物折价3736.24万元。加快推进社会信用体系和市场监管体系建设，农村信用体系建设取得初步成效，全年共评选认定288户农户为信用户；在食品、农资、电梯生产、金属材料、卷烟等5个行业开展监管体系建设试点工作，推动陶瓷砖生产企业制定“陶瓷砖”联盟标准、石英石生产企业制定“人造石英石板材”联盟标准。

各镇街介绍

【荷城街道】 荷城街道位于高明区东部，西江之滨，被西江、沧江二水环抱，是高明区委、区政府驻地，全区的政治、经济、文化、金融、信息和科技中心。辖区面积179.06平方公里，户籍人口14.96万人，下辖14个社区和14个行政村。

全年实现工业总产值1163.37亿元；固定资产投资121.83亿元，增长14.7%；实际利用外资1.72亿美元；工商税收总收入34亿元，增长18%，本级收入4亿元，增长14.9%；农村人均纯收入10688元，增长12.1%。

工业持续快速增长。2012年，荷城街道引进项目11个，投资额超62亿元，其中超20亿元项目1个，为旺旺集团华南生产基地项目；超10亿元项目2个，分别为佛山市塑料制品国际采购中心项目和海口村新口岸码头项目。海天公司、中油高富、溢达公司等龙头骨干企业转型升级步伐加快，食品、石化、塑料产业均实现双位数增长。

第三产业势头迅猛。中油高富码头扩建项目、高明区食出码头搬迁项目等一批大型物流项目的规划建设加快推进。碧桂园凤凰酒店获评五星级酒店，成为高明区首家五星级酒店。盈香生态园、塘伙生态园等逐步打响生态旅游品牌。

农业发展得到加强。落实种粮直补、基本农田保护补贴、政策性水稻保险、能繁母猪保险、农机补贴、生态公益林经费等惠农强农措施，推广农业科学种植技术和“公司+基地+农户”经营模式，农业产业化步伐进一步加快。

城市建设实现提升。全年投入近2亿元推进城市升级项目建设，完成庆洲新行政服务中心、玉兰巷山坡治理等一批基础设施建设。投入2000多万元开展市政管网维护、城乡清洁、环卫基础建设

和园林绿化；开展城市“八乱”专项清理整治行动150次，市容市貌得到改观。加强生态环境保护工作，创建成为广东省生态乡镇。

社会大局持续稳定。实行领导轮岗接访方式，解决群众各类诉求。开展“三打两建”，全年检查单位和个人2.5万家次（人次），监管覆盖率达100%。落实安全生产“一岗双责”，全年未发生火灾伤亡事故和水上交通伤亡事故。推进平安村居建设，建立49支村居治安巡逻队。

民生事业全面推进。2012年，荷城街道共发放五保老人、散居孤儿、城乡低保对象补贴共计255万元，发放老年人高龄津贴291万元，为城镇32户困难家庭安置廉租房，为农村14户低保家庭改造危房。拓宽居民医疗、社保覆盖面，全年居民医疗参保人数6.9万人，参保率98%；居民社会养老保险参保人数累计1.19万人。开展各类职业培训，提供就业机会1.4万个；受理各类劳资纠纷案件179宗，办结率100%。免费实施10项基本公共卫生服务，人口计划生育继续保持低生育水平。强化教育文化建设，建立跃华中学小学部，投入近800万元对石岐小学等中小学校设施进行改造提升。获得2012年“佛山市学前教育先进镇”称号。

【杨和镇】 杨和镇位于高明区腹地，2005年由原杨梅镇、人和镇合并而成。高明大道贯通全镇东西，杨西大道和江肇高速公路纵贯南北。辖有3个社区，7个行政村，105个自然村。面积228.33平方公里，户籍人口4.65万人。

2012年，杨和镇实现工业总产值253.71亿元，其中金属材料产业总产值176.37亿元，增长14.25%；固定资产投资50.32亿元，增长14.5%；工商税收总收入约4亿元，增长18.51%；实际利用外资8370.89万美元，增长295.46%；农业总产值5.36亿元。

招商引资成绩突出。全年共引入项目15个，合同投资总额18.27亿元，其中5000万元以上项目7个（含亿元以上项目5个），占投资总额的93.76%。2012年新动工项目15个，合同投资总额46.55亿元；新投产项目14个，合同投资总额38.49亿元，新增产值约3.78亿元，新增税收约2500万元。增资扩产项目5个，累计增资扩产总额8.48亿元。

城镇建设稳步推进。路网建设加快完善，杨西大道二期实现单边双向通车，江肇高速杨梅出入口正式通车。沧江河堤险段加固工程、冬修水利等民生水利建设工作有序开展。开展创建省卫生镇、文明村和卫生村工作，2012年创建文明村48个，卫生村34个；创建成为广东省生态镇。皂幕山景区创建成为国家AAAA级旅游景区。

惠农政策落到实处。全面落实各项惠农政策，其中种粮直补238万元，基本农田财政补助558万元，能繁母猪补贴160万元、保险81万元，生态公益林效益补偿367万元。农业产业化发展取得新突破，引入佛山安达科技养殖场项目、现代农业旅游观光项目、水产品物流项目等3个农业项目。2012年全镇农民人均纯收入9996元，比上年增长12%。

社会事业稳步发展。全年参加农村全征地养老保险2363人，其中领取待遇1268人；参加“新农保”1.04万人，已领取待遇4973人；参加农村居民医疗门诊（住院）保险2.65万人，参保率95%。加大教育软件、硬件投入，“广东省教育强镇”和“广东省教育现代化先进区”建设成果进一步巩固。加快基层医疗设施建设，建成杨梅、石水，沙水3间社区卫生服务站。完成建设保障性住房建设约450套，完成农村危房改造项目14项。优化村村通公交工程，完善公交站（亭）设置，对现有公交线路进行改造提升。

社会大局和谐稳定。大力推进安全小区建设，全年创建平安村居示范点10个，平安村居创建率达100%。加强综治信访维稳工作，全年受理综治信访维稳案件144宗，办结138宗，办结率达95.83%。开展“三打两建”行动，打击欺行霸市案件82宗，打击制假售假案件103起，打击商业贿赂案件12起。落实“一岗双责”制度，与辖区内130家单位签订安全责任书，创建安全生产标准化企业88家，全年未发生群死群伤重特大安全生产事故。

加强党风廉政建设。落实党风廉政建设责任制，加大腐败惩治力度，加强干部队伍作风建设。规范和完善工程招投标和农村集体资产交易平台，全年完成招投标工程55项，在农村集体资产交易平台上完成交易14宗。推进政务、党务、村务公开，抓好基层党建示范点建设，完成10个村居行政服务中心建设验收工作。

【明城镇】 明城镇位于珠三角西部，高明区中心腹地，是中国革命历史上杰出人物“革命三谭”（谭平山、谭植堂、谭天度）的故乡，全镇总面积183.42平方公里，下辖1个社区和11个行政村，共150个村（居）民小组，户籍总人口3.86万人。

全年实现工业总产值217.76亿元；固定资产投资37.08亿元，同比增长14.8%；国地税收入3.16亿元，同比增长19.8%。

工业发展势头良好。2012年，明城镇引入5个项目投资共21亿元，4家工业50强企业技改增资2.1亿元。陆地方舟新能源汽车和德方纳米科技项目被列入2012年广东省现代产业500强，其中陆地方舟项目被授予广东省战略性新兴产业（新能源汽车）基地，明城镇作为广东省首个新能源汽车推广应用示范区的示范运营试点，5月率先在全省举行试运营。全镇实现100万元以上税收项目39个，其中华兴玻璃、贝斯特、三建公司、万华容威、中旗新材料等5家企业税收超1000万元，占全镇总税收的45.5%。全年申请各项专利61件，新增省著名商标3个，获批省市科技发展资金2200多万元。

农业发展得到加强。累计投入2200万元基本完成崇步农业园区的万亩标准农田建设，2个项目纳入海峡两岸农业合作试验区重点扶持项目，22个农业项目带动就业近2000人，推出千亩油菜花项目吸引大量观光游客。

第三产业发展有新突破。泰康山旅游度假项目建成开放，官迳・山水悠城项目开展前期工作，集配送仓储等多功能的明阳物流加快建设，明殿商贸城和成名广场发展步伐加快。

城镇建设实现提速。2012年，明城镇累计投入4100多万元进行城乡基础设施建设，完成约24公里高压线杆（塔）改造和天然气管网铺设工作。中心城镇面貌不断改善，路灯改造、绿道网建设、“一河两岸”、污水处理厂提升等一批公共服务工程全面实施。“创文”工作扎实开展，文明程度逐步提高。

环境保护得到加强。落实“再造沧江”整治工作，对沧江实施定时检测，对重点污染源实施在线监测，对80家企业进行全面环保检查。大力推进城乡清洁工程，投入近300万元建成垃圾压缩中转站并安装设备，全镇134个自然村建成垃圾屋。投入近500万元完成光明片和明西片灌区改造工程。投入120多万元改造近600亩生态林，生态环境逐步改善，成功创建成为省级生态镇。

教育卫生事业成绩显著。推动实施学前教育三年行动计划，投入开办光明幼儿园，对幼儿教师实施“以奖代补”。各项文化惠民工程扎实开展，获“广东省特级文化站”称号。全镇保持低生育水平，发放计划生育奖励金近50万元，投资137万元完成2家社区卫生服务站建设，顺利通过“全国亿万农民健康促进行动”省示范镇和“省卫生镇”复查。

民生工程全面落实。全年累计发放低保、五保等社会保障资金约754万元，实现动态管理下的“应保尽保”。居民社会养老保险和居民基本医疗保险基本实现全覆盖。完成22间农村危房改造工作，206套保障性住房顺利建成。革命老区工程建设扎实推进，投入960万元完成137个集体项目改善生活生产条件；投入近300万元完成明东和明西2个行政村的供水主管网改造工程，完成5个自然村的二次水改工作。交通建设进一步提升，新建和改造一批公交站场站牌，区镇公交线路得到有效接驳，完成3个村民小组的村道建设。

社会大局和谐稳定。以创建平安村居为抓手，加强群防群治力量，社会治安保持稳定。开展“三打”专项行动，查处一批制假售假等案件。完成农贸市场升级改造，打假警示区域专项整治、食品站提升改造均通过市级验收。落实安全生产“一岗双责”责任制，推进标准化和信息化建设，积极开展消防安全、“打非治违”、迎接党的十八大保安全百日专项行动。

机关效能得到提升。深化农村集体资产管理改革，积极发挥农村集体资产交易平台作用。行政服务不断提升，全年累计办理业务4.7万宗。积极开展机关效能建设和纪律教育学习活动大检查，机关作风明显好转。办结镇人大代表议案、建议15件，办结率达100%。优化财政开支，细化公有资

产管理，压缩经费优化支出，重点项目建设得到有力保障。

【更合镇】 更合镇位于高明区西部，地处珠江三角洲城镇群东西两翼交汇中轴位置，北接高要市，南邻鹤山市，西连新兴县，是广佛肇经济圈的东西结合部。镇域总面积347.01平方公里，户籍人口6.21万人，下辖19个行政村、3个社区，184个村民小组。

全年完成工业总产值209.86亿元；固定资产投资44.16亿元，增长14.77%；工商税收总收入2.61亿元，增长16%，其中国税1.76亿元，增长27.37%，地税8469.56万元，下降2.95%；镇本级收入8171.48万元，增长15.54%；农业总产值13.43亿元。

招商引资成果显著。全年新引进项目11个，投（试）产项目9个，进行基建项目13个。骨干企业稳健发展，诚德特钢年产量达60万吨，创造税收达到4000万元以上；炜林纳公司上市筹备工作进展顺利。产业升级步伐加快，完善战略性新兴产业体系，打造高新技术企业群，吸引德福隆生物科技、大昌环保材料、雄塑环保板业等一批科技型企业进驻。

现代农业发展加快。2012年，更合镇投入1400多万元在香山片和良村片建设现代农业园区，全面完成建设任务。以粉葛等为主的传统农业产业集聚效应明显，国内外市场需求旺盛，粉葛、生姜、乳鸽等一批效益高的新型农产品逐渐得到市场认可。

第三产业持续升温。围绕“佛山西部特大镇、广佛生态走廊”发展定位，大力发展第三产业，建设“绿色旅游”“低碳旅游”示范区。引入具有国际知名度的瑞士瑞享酒店进驻开发金谷朗项目，深埗水水库开发建设步伐加快。

城乡建设加速推进。基础设施逐步完善，高铜线、广明高速西延线及其配套工程建设顺利推进；江罗高速高明段启动前期工作；完成内街巷及市政道路修复铺设、绿道修复、硬底化及配套、公交站台和增设交通安全保障标志和警示桩建设。镇容镇貌不断提升，“三旧”改造工作稳步推进；白石垃圾中转站建成投入运营；投入140万元推进生活垃圾收集屋建设；投入870万元完成路灯节能改造。生态环境建设顺利推进，第二污水处理厂完成招标，小洞污水分厂前期工作稳步推进；“再造沧江”工程得到落实，禽畜整治、饮用水源水质治理全面推进；完成旺田村湿地公园建设；18个行政村、社区成功创建“佛山市生态示范村”。

教育事业全面发展。教育基础设施进一步完善，更合中心幼儿园投入使用，合水小学一期改造提升工程完成主体项目建设，更合中学校舍工程完成封顶，运动场改造提升工程如期推进。设立“更合教育基金”，进一步夯实和完善奖教奖学、扶贫助学的激励和保障机制。

卫生和人口工作得到加强。区中医院大幕社区卫生服务站、镇中心卫生院先后建成投入使用，惠及周边近10万群众。计生工作完成上级下达的指标任务。

社会事业蓬勃发展。社会保障方面，全年发放养老、五保、助医助困助学、最低生活保障、优待金、老龄津贴等各项金额累计4025万元；居民医疗保险参保率达到93.2%。民生工程方面，“恒福新邨”农民公寓全面完工，更楼、福山、更合和深埗水等灌区建设如期推进。社会管理方面，白洞、版村村委会行政服务中心投入使用，其余村委会行政服务中心也正加紧建设和改造。扶贫开发方面，通过扶持发展农业专业合作社，帮扶户年人均收入突破6000元；大力加强基础设施建设，群众的生产生活条件明显提升。

社会大局持续稳定。安全生产形势总体平稳，“一岗双责”制度落实初见成效，专项整治效果显著，企业自我监管水平全面提升；一批矛盾纠纷和不稳定因素得到有效化解，调处成功率达到92%；“三打两建”工作取得阶段性成效，严厉打击与震慑相关违法犯罪行为；全镇共组建村居治安联防队22支，建成各类治安视频监控系统1610套，逐步完善治安防控网络，有效地减少了违法犯罪事件发生。

【西江新城】 西江新城位于高明区东部，紧靠西江，北依广明高速，规划总面积20平方公里，规划居住人口25万人，是高明区未来的城市中心。新城核心启动区是西江新城首期开发建设区域，位于西江新城东南部，东临西江，南至丽江路，西靠荷富大道，北邻广明高速，南部规划设有轻轨站点，由行政中心、商业中心、体育中心、公共活动中心、金融中心和文化中心等部分组成。

项目建设取得新突破。启动工程项目15个，全年在建工程项目近60个，总投资超过18亿元。其中，西江新城核心启动区建设项目、秀丽河堤围景观综合整治、丽江水廊、市民中心、沿江路改造、祥福路西江新城段、富湾引排水渠等7个项目被纳入市、区城市升级三年行动计划。全年完成荷富大道扩建工程三期Ⅱ标、秀丽河堤围综合整治景观工程西段、怡乐路工程Ⅳ标段和富湾引排水渠（富湾新泵站至西安明富湖段Ⅰ标段）等8个工程项目。

创新开发建设融资方式。与中铁公司结成战略性合作伙伴，通过BT方式共同推进西江新城核心区的开发建设。首期工程由中铁公司投入约12.2亿元，建设项目包括体育中心、文化中心、市政道路公园、丽江水廊等大型公共服务设施和市政基础设施，各项工程建设于2012年全面展开。

生态景观实现大提升。遵循“以人为本、以水为源、以绿为美”的规划建设理念，充分利用原有水体对自然环境进行整治优化。投入约2600万元启动秀丽河堤围综合整治景观工程，完成长约1854米的西段工程并向市民开放使用；丽江水廊动工建设并顺利推进，西江新城生态景观得到进一步提升。

招商引资取得新进展。围绕“山水智都”发展定位，大力推进西江新城招商引资，运用多种经营模式开发建设滨水新天地、商业休闲综合MALL、五星级酒店等旅游文化项目。引入的君御温德姆至尊酒店、丽日名都、美的西海岸等一批高端项目加快推进。

（陈志芬　林奕彬）

附：2012年高明区党政主要领导名单

书　　记： 谭伟平
副 书 记： 黄棋泰　罗　雄
常　　委： 赖剑文　陈仕兴　史建新　赵灿华　陈新文　苏　宇　宗纪昌　林艳红
区　　长： 黄棋泰
副 区 长： 赖剑文　严　冰　余明开　梁恩球　刘志刚　黄志明
政务委员： 谢志强　李杰铿　谭应佳　江　苏

现任高明区党政主要领导名单

书　　记： 谭伟平
副 书 记： 黄棋泰　罗　雄
常　　委： 赖剑文　赵灿华　陈新文　苏　宇　宗纪昌　林艳红　曾文斌　温俊勇
区　　长： 黄棋泰
副 区 长： 赖剑文　严　冰　余明开　梁恩球　刘志刚　黄志明　张　可
政务委员： 谢志强　李杰铿　谭应佳　江　苏

（2013年8月高明区供稿）

三 水 区

概 况

三水历史悠久，明朝嘉靖五年（1526年），建置三水县。1959年3月2日，三水县并入南海县；1960年9月30日，恢复三水县建制；1993年3月29日，三水撤县设市（县级市）；2002年12月，三水撤市设区，2003年1月8日，正式挂牌成立，成为佛山市五个辖区之一。现辖西南街道、云东海街道、白坭镇、乐平镇、芦苞镇、大塘镇、南山镇7个镇街，另设三水工业园区和三水新城建设管委会，共有22个社区居委会、48个村委会，681个自然村。户籍人口39.9万人，有旅居海外华侨和港澳台同胞20多万人，是著名的侨乡。

2012年是三水区新一届政府任期的第一年。全区上下以干事创业的朝气、迎难而上的勇气、开拓创新的锐气，在竞争中求发展、在创新中促跨越，“产业新城、南国水都、广佛肇绿芯”建设开局良好。全区实现生产总值749.57亿元，增长11.2%；工业总产值2057.25亿元，增长14.5%；全社会固定资产投资413.95亿元，增长14.7%；地方公共财政预算收入24.63亿元，增长14.5%；城镇居民人均可支配收入26236元，增长12.2%；农村居民人均纯收入13254元，增长13.3%。

经济建设

【工业】 2012年，三水区坚持把发展作为第一要务，牢固树立“开放包容、产城互动、绿色发展”理念，坚持工业立区、产业强区方针，以“引项目、提质量、强服务、促效能”为工作主线，深入实施产业链招商三年行动计划，扎实开展“企业服务年”工作，全力推进经济转型升级，经济发展质量和效益全面提高。全区经济发展呈现出“存量部分提升加快、增量部分质量提高、聚集发展势头良好、经济运行稳中有升”的良好局面。全区实现工业增加值454.42亿元，增长14.2%，占全区GDP比重的60.6%。全区规模以上企业862家，规模以上工业实现产值2002.53亿元，增长14.7%，占全区工业总产值的97.3%；全区有产值超亿元的企业229家，完成产值1193.1亿元，其中产值超10亿元的企业有38家，完成产值616.41亿元。

三水能源环境育成中心奠基。1月12日，三水能源环境育成中心奠基。该项目总投资2400多万元，占地40余亩，由三水区政府与中科院广州能源所共同建立，以新能源技术、建筑节能技术、工业节能技术、三废处理技术为主攻方向的研发平台，并面向地方发展新能源和环保产业的需要，建立全社会共享的分析测试平台和高新项目产业化评估中心。此外，该中心还将建成企业管理和技术人员培训基地，为三水发展太阳能光伏等新兴产业服务。育成中心科技人员已与“兴发”“凤铝”等铝型材生产企业合作，为企业提供节能技术，帮助企业以生物能源部分替代煤炭等传统能源。

【农业】 2012年，三水区坚持把发展现代农业作为促进农业增效、农民增收的关键来抓，不断提升农业产业化、标准化和组织化水平，有力推动农业农村经济平稳快速发展。全区实现农业总产值58.46亿元，同比增长4%。其中，种植业产值17.54亿元，增长3.5%；牧业产值27.67亿元，增长4.1%；渔业产值10.51亿元，增长3.7%。农村经济总收入738.26亿元，增长11.28%。

积极推进现代农业园区建设。至年底，实施农业园区建设近10万亩，投入资金近2亿元，建成农业园（片）区17个，其中2012年建设近4万亩。完成四大示范基地建设。投入资金3616万元，建成优质高值温室花卉大棚875亩、优质高值水产鱼塘保温棚3000亩、优质高值蔬果育苗温室大棚100亩、优质高值蔬果新品种示范基地27个。抓好林业生态建设。完成生态景观林带建设16.6公里、面积1.72万亩，投入资金7095万元。推进“一村一景”建设。送苗下乡6.5万株，完成绿化示范村建设35条。抓好动植物防疫工作。投入100万元做好红火蚁的扑杀工作，同时狠抓动物疫病强制免疫，做好消毒灭源，加强免疫抗体检测和病原学监测，严把产地检疫关。积极推进农民专业合作社和农业龙头企业建设。新组建农民专业合作社10家，总量达到31家；新培育农业龙头企业6家，其中市级1家，总量达到21家，其中市级4家。继续推进“政银保”农业贷款。至2012年底，全区累计发放贷款1949笔，金额2.57亿元。其中2012年发放贷款722笔，金额1亿多元。抓好社会主义新农村建设。55个自然村完成创建，投入建设资金约3500万元，惠及农村居民1.13万人。

【第三产业】 2012年，三水区第三产业发展迈出新步伐。全社会消费品零售总额148.88亿元，增长10.1%。其中，城镇零售额111.91亿元，增长9.4%；农村零售额36.97亿元，增长12%。分行业看，批发和零售业零售额122.38亿元，增长10.1%；住宿和餐饮业零售额26.5亿元，增长9.9%。民营经济稳步发展，全年完成批发零售贸易销售额196.8亿元，增长23.7%，完成消费品零售额148.25亿元，增长10.9%。

2012年，三水区旅游工作主要从“整合资源、加大宣传、提升品质”三方面着手，全力推动旅游产业升级和服务提升，全年各旅游单位、景点和设施旅游营业总收入18.63亿元，比上年增长4.9%；旅游接待总人数315.72万人，比上年增长4.4%。其中，接待过夜游客总人数为203.15万人次，比上年增长6.6%，在接待总人数中，国际游客为24.98万人次；国内游客为178.17万人次。年内旅行社组团出游人数为12.33万人次，比上年增1.2%。其中，省内外游11.25万人次，增长3.5%；出境游1.08万人次，与上年基本持平。

平价商店挂牌成立。5月18日，举行2012年首批平价商店揭牌仪式，14家商店被授予平价商店称号。至此，全区建成平价商店27家。其中，中心城区建成平价商店21家，初步构建出“15分钟平价生活圈”。为强化平价商店管理，同步出台了《平价商店建设和规范化管理规定》《三水区农副产品平价商店考核暂行办法》等平价商店配套制度。

【招商引资和对外经济】 2012年，三水区实施规划引领，编制完成全区发展战略规划和产业发展规划，积极开展产业链招商，实现招商引资工作逆市飘红。引入了美国亨氏、中国华电集团、佛吉亚等世界500强企业。全年累计引入签约项目89个，投资总额131.7亿元，与西门子建立战略合作伙伴关系。扎实推进项目落地，海尔冷柜等82个项目建成投产，日丰管等130个项目加快建设。水都饮料（食品）基地产能同比增长40%，税收同比增长100%。盘活闲置工业用地3569亩，促成55个项目限期开发。对78家企业进行培优扶持，推动6家企业在三水设立总部机构，引导45家企业投入75亿元增资扩产，新建成企业工程中心13家，发明专利申请量和授权量实现翻番，新增中国驰名商标3件、省著名商标7件、省名牌产品4个，申报国家新能源示范城市取得重大突破。

2012年，三水区合同外资金额5.07亿美元，同比增长6.94%；实际利用外资3.4亿美元，同比增长1%；进出口贸易总值22.02亿美元，同比增长5.9%。其中，出口12亿美元，同比增长9.8%；进口10亿美元，同比增长1.5%。在出口中，一般贸易出口10.47亿美元，增长10.9%，占出口总值87.2%，加工贸易出口1.54亿美元，增长2.3%，占出口总值12.8%；在进口中，一般贸易进口8.98亿美元，增长4%，占进口总值89.6%，加工贸易进口9775万美元，减少13.6%，占进口总值9.8%。

2012年，三水区外商投资企业进出口7.96亿美元，减少5.6%，占进出口总值36.2%。其中，出口4.75亿美元，减少4.8%，占出口总值39.6%；进口3.21亿美元，减少6.9%，占进口总值32.1%。内资企业进出口14.06亿美元，增长13.7%，占进出口总值63.8%。其中，出口7.25亿美元，增长21.9%，占出口总值60.4%；进口6.81亿美元，增长6.1%，占进口总值68%。

2012年机电产品出口5.35亿美元，增长25.2%，占出口总值44.6%。高新技术产品出口（与机电产品有交叉，下同）1.85亿美元，同比增长16.9%，占出口总值15.4%。对中国香港及东盟进出口增长显著，欧盟出口略有下降。对美国出口额为1.09亿美元，同比增长9.1%；对印度、巴西、欧盟、东盟（不包含新成员四国越南、老挝、柬埔寨和缅甸）及中国香港出口分别为3005万美元、3032万美元、2.31亿美元、3亿美元和1.09亿美元，同比分别为：减少10.8%、增长3.1%、减少7.5%、增长49.7%和减少5.2%。2012年自亚洲、欧盟和澳大利亚三大进口市场进口总额为9.51亿美元，占全区进口总额94.9%，比上年同期增加2727万美元。

2012年上半年重点项目动（竣）工仪式。6月28日，举行三水区2012年上半年重点项目动（竣）工仪式，并在西南佛塑工业园设立主会场、各镇街设立分会场。佛山市委书记李贻伟、副市长宋德平以及三水区相关领导参加了动工仪式。39个重点项目动（竣）工项目总投资超93亿元，涵盖产业发展、城市升级、民生工程等方面，其中26个项目来自于新能源、新材料、节能环保、机械装备等战略性新兴产业和先进制造业。李贻伟对三水招商引资所取得的成绩表示肯定，希望企业加强与院校的合作，生产出科技含量高、在行业中具有先进性和竞争力的产品。他还指出，三水动（竣）工项目大部分是高端制造业，符合三水作为佛山未来发展重要基地之一的定位。三水要有一类地区的精神和气质，增强使命感，在问题前面大胆开拓创新，敢于超越兄弟地区探索自己的发展道路。三水新城的发展思路正确，要加快建设。

【财政金融】 2012年，三水区完成财政三级库收入111.25亿元，增长3.6%（按可比口径，下同），其中，中央库收入46.06亿元，增长9%；省市库收入13.36亿元，增长19.6%；地方库收入51.83亿元，下降4%。地方公共财政预算收入24.63亿元，增长14.5%，其中，增值税和营业税收入8.2亿元，企业所得税2.03亿元；基金预算收入27.21亿元，同比减收5.26亿元，下降16.2%。地方公共财政预算支出29.77亿元，增长15.5%，其中，一般公共服务支出5.84亿元，增长15%；教育支出6.77亿元，增长21.7%；科学技术支出0.96亿元，增长94.5%；社会保障和就业支出3.03亿元，增长18.4%；医疗卫生支出1.36亿元，下降9.1%。

2012年末，三水区金融机构本外币各项存款余额488.62亿元，其中，城乡居民储蓄存款余额272.12亿元，分别比年初增长8%和8.5%；年末金融机构本外币各项贷款余额293.64亿元，比年初增长13.7%。

【固定资产投资】 2012年，三水区全社会固定资产投资完成额413.95亿元，比上年增长14.7%。其中，城乡固定资产投资345.01亿元，增长22.4%；房地产开发投资68.93亿元，同比下降12.8%。在总投资中，工业投资253.14亿元，增长19.5%。2012年新开工项目348个，全年共有318个项目竣工，新增固定资产250亿元。全年工业扩建改建项目116个，项目规模129.6亿元，本年完成投资106.13亿元，占全部工业投资42%；全区工业投资中亿元以上项目84个。房地产投资四年来首次出现负增长，全年完成投资68.93亿元，下降12.8%。商品住宅方面的开发投资54.08亿元，下降6.3%。其中，90平方米以下住宅投资15.61亿元，增长9%；144平方米以上住宅投资20.83亿元，下降7.7%。全年商品房施工面积337.55万平方米，增长11.3%，商品房竣工面积55.84万平方米，下降20.6%。

城市建设

【城市品位明显提升】 2012年，三水区坚持把建管并重作为重要路径，不断增强城市竞争力。三水新城建设稳步推进，获得“广东省现代服务业集聚区”称号。成功举办核心区概念规划与启动区城市设计国际竞赛，编制完成启动区和佛肇城际轨道交通三水站TOD片区控制性详细规划，“一年完成规划”目标基本实现，各项土地调整、收储工作初见成效。城市升级三年行动计划全面铺开，6条绿道、8个中心城区对外主要出入口景观改造提升等项目按时竣工，一环东路美化绿化成为全市样板工程，西南中心城区水浸黑点改造工程基本完成。北江新区基本完成土地征收，拆迁、市政建设等工作同步开展。整合资源成立区城管创文办，推行网格化管理模式，城市管理和创建国家文明城市工作不断加强。加快新型城镇化建设，大塘镇通过国家生态镇考核验收，白坭镇成功创建省生态镇，西南街道木棉村成为三水区首个全国文明村。全区绿地面积8.51平方公里，公园绿地面积3.21平方公里，建成区绿化覆盖率40.69%。2012年新建公租房1013套，590套竣工交付使用，顺利完成市下达任务。推进污水处理厂及管网和垃圾无害化处理设施建设，指导和督促各镇街开展生态镇创建工作。

三水新城城市设计国际竞赛发布会。4月6日，三水区召开三水新城城市设计国际竞赛发布会。本次竞赛经专家团两轮投票，最终确定广州市城市规划勘测设计研究院+法国AAUPC建筑规划事务所、铿晓设计咨询（上海）公司、威尔考特（上海）建筑规划设计有限公司和安诚大地工程顾问（上海）有限公司4家国内外的知名参赛单位。设计竞赛至6月8日止，参赛单位需提交三水新城核心区57平方公里的概念规划，启动区约4平方公里的城市设计方案和水轴的景观设计方案。

举行城市管理升级和创建国家文明城市誓师大会。7月6日，三水区在明富昌体育馆举行城市管理升级、创建国家文明城市誓师大会。区委书记苏伟波、区长陈英文为相关部门负责人授旗。为使城市管理和创文工作落到实处，三水区创新方式，将城管办和创文办合署办公，从22个部门抽调精干人员集中办公。同时，机关干部全部投入到“创文”一线工作，上街执勤劝导不文明行为，带头打造“模范效应”，形成全民参与的良好氛围。

【交通建设更加完善】 2012年，三水区油金大桥扩建工程主桥合龙，广四线（S118）三水范湖至大塘段改建工程除接地极路段外、六山线（X780）塘排至鸡山段改建工程、城市对外主要出入口景观改造提升工程、广三高速城区段两旁美化亮化工程均已完工验收。在建的12项（其中纳入区城市升级项目8项）交通工程项目进展顺利。2012年成立和改组公交公司2家，新增公交线路28条，优化调整原线路28条，新投入车辆262辆（其中LNG公交车208辆）。全区共有公交线路87条，公交车534辆，完成建设公交站亭30个、公交首末站3个。全年完成公路客运量2058万人次、公路客运周转量5.18亿人公里；完成公路货运量1602万吨、公路货运周转量7.48亿吨公里。

【国土资源管理规范】 2012年，三水区按照“以用为先、促进发展、分批分次、依法处置”的原则，对闲置土地进行分类处置，动工建设有55宗、面积2729亩，协议收回11宗、面积840.41亩。2012年共落实项目用地指标4680.19亩，其中上级下达新增建设用地指标3660.19亩，组织二调建设用地报批1020亩。抢抓政策机遇，迅速开展“三旧”改造项目历史用地手续的完善工作。全面推进农村集体土地所有权登记发证工作。至2012年底，全区7个镇街有696个村民小组完成发证，占总数的99.86%；完成发证4842宗，发证面积4.49万公顷；登记造册面积1186.53公顷，占应发面积的97.55%。

【积极推进水利工程建设】 2012年，三水区水利工程建设项目15宗（含城市升级项目），总投资约5.3亿元，实际完成工程投资约3亿元，堤围达标加固4.33公里，整治河涌44.4公里，新增泵站装机容量1.02万千瓦。完成30个自然村通自来水任务，已通自来水的自然村达587个，通水人口约22.17万人，通水率达94.56%。有效推进全区污水处理厂建设。全年污水管网建设长度超过15公里，除南山镇外，其他6个镇街均建有生活污水处理厂。基本实现水利工程规范化管理。全年共开展水政执法巡查156次，出动执法人员698人次、执法船9艘次、执法车211车次，查处水事违法案件

22宗。顺利完成第一次全国水利普查工作，为今后的水利工作提供了宝贵的资料。

社会各项事业和综合改革

【社保扩面进展顺利】 2012年，三水区城镇职工养老保险参保人数为16.97万人，失业保险参保人数为15.34万人，医疗保险参保人数为15.96万人，工伤保险参保人数为15.84万人，生育保险参保人数为15.96万人；参加新型农村合作医疗人数25.02万人，参加新型农村社会养老保险人数8.98万人；有121个自然村办理了全征地参保，参保率达88%。调整了企业离退休人员养老保险待遇和机关事业单位退休人员退休金标准，共办理459名原事业单位人员“事转企”业务。全年社会保险基金收入15.22亿元，同比增长6.3%，发放社会保险基金支出10.43亿元， 同比增长26.1%。全年全区共有城镇最低生活保障对象1080人、农村最低生活保障对象4493人，全年共发放最低保障资金1397万元；年末全区各类福利院床位数520张，收养505人。城镇各种社区服务设施137个，其中综合性社区服务中心18个。

【教育体系日趋完善】 2012年，三水区各类教育协调发展，现代教育体系和终身教育体系日趋完善。城乡间、学校间、群体间的教育差距不断缩小。以“百校结对”“强师工程”推动义务教育优质均衡发展。年末全区共有普通中学28所，在校学生3.19万人；小学36所，在校学生4.69万人；幼儿园55所，在园人数1.86万人。共有教职工7271人，其中，专任教师5783人。大中专院校及成人教育学校共9所，在校学生2.15万人，共有教职工1003人，其中，专任教师863人；中专和技校6所，在校人数8150人。2012年高考录取人数3032人，其中本科生1555人，大专生1477人。学龄儿童入学率及小学升学率均达到100%，初中升学率为99.3%，高中升学率为91.8%。2012学年，全区义务教育外来务工人员子女在校生达3.55万人，其中进入公办学校就读的有2.12万人，进入民办学校就读的有1.43万人。职业教育取得突破性发展，校企深度合作培养模式改革不断深化，与区产业集聚区内60多家企业建立了校企合作关系，开展了“中高职贯通教育培养体系”专题研究，并成立了三水区职业教育联盟，形成了“校区联动、校企合作、融合发展”的职业教育发展格局。荣获由教育部关心下一代工作委员会、教育部关工委全国青少年主题教育活动组织委员会授予的“第15届全国青少年‘五好小公民’主题教育活动先进集体”称号。区中心幼儿园获全国妇联、教育部、中央文明办联合颁发的“全国示范家长学校”称号。西南街道中心小学被评为首批“广东省餐饮服务食品安全示范单位”，是佛山市唯一一所获此殊荣的学校。

三水区职业教育联盟成立。11月23日，三水区职业教育联盟成立大会在三水区理工（技工）学校隆重召开。广东省教育厅高中与中职教育处副处长陈亚林，佛山市教育局副局长赵银生，三水区副区长胡英以及三水区教育局、区经促局、区人社局、区总工会、各镇街政府的领导嘉宾及职业院校师生代表、企业代表、行业协会代表、商会代表等近1500人参加大会。三水职教联盟第一届理事会共有71家成员单位，其中包括辖区内的职业院校5家；协会、商会4家；企业62家。三水职教联盟实行理事会制，理事会由各单位会员组成。联盟设理事大会、理事长会议和秘书处等机构，设立正副理事长、正副秘书长等职务。组建三水职教联盟，为实现校企和校际之间的相互融合，实现联盟内的资源共享、优势互补、互惠共赢搭建一个公共平台，将为三水建设“产业新城”和服务“产业转型升级”培养更多高素质劳动者和技能型人才。

【医疗卫生服务进一步加强】 2012年，三水区医疗卫生服务体系建设进一步加强。区妇幼保健院门诊大楼改造工程顺利竣工，区人民医院顺利通过省级“三级甲等综合医院”综合评审，完成区级首批8个医疗重点、特色专科建设任务。镇级医疗卫生服务网络进一步完善。至年底，完成西南街道、云东海街道、乐平镇、芦苞镇、大塘镇社区卫生服务中心（卫生院）改造或建设，南山卫生院和白坭社区卫生服务中心主体工程完工。医疗急救网络建设取得新突破。全面完成三水医疗急救中心及9个急救站的布局和标准验收，顺利实现区120与110并网调度，初步建立起全区统一调度、快速反应的医疗急救网络。至2012年底，全区有177家医疗机构，其中医院17家；疾病预防控制中心1个；专科疾病防治所1个；社区卫生服务中心（站）46个。卫生机构共有床位2032张，卫生技术人员3208人，开放病床总数2025张。全区门诊量425万人次，病床使用率74.3%；婴儿死亡率6.1‰，5岁以下儿童死亡率7.2‰，产妇住院分娩比例为100%。接受白内障手术累计3539人，为全区2.54万名65岁以上老年人进行了免费保健管理，为2.69万名儿童提供了免费保健服务，为5575名孕产妇提供了免费保健服务。全区适龄儿童（本地外地）各项基础和加强免疫接种率均保持在90%以上，共开展职业健康检查23万人次。

2012年，三水区出生人数4540人，出生率11.25‰；死亡人数2787人，死亡率6.91‰；自然增长人数1753人，自然增长率4.34‰；政策内出生4336人，计划生育率为95.51%。三水区顺利通过省、市两级年度考核，并获得“佛山市2012年度人口与计划生育先进单位”的称号。

2012年，深入开展药品领域“三打两建”工作。共出动执法人员2800多人次，检查企业共计1427家次，组织联合执法14次，摸排线索近100条，立案76宗，立案数比2011年同期增长300%以上，涉案货值7.82万元；已结案80宗（其中2011年立案6宗），移送公安部门案件8宗、线索3条。

【科技文化体育事业】 2012年，三水区登记科技成果数量10项，全部通过成果鉴定，获得科技奖励成果数5项，其中1项为省级科技奖励，4项为2012年评选出2011年的市级科学技术奖；专利申请量为927件，专利授权量为597件；现全区共有工程中心80家，新增13家；国家高新技术企业共有42家，新增8家，其中国家火炬计划重点高新技术企业有3家。

2012年，全区文化产业增加值34.47亿元，同比增长17%，其中，制造业25.92亿元；服务业8.55亿元。年末全区共有各类艺术表演团体（含民间团体）19个，文化馆1个，公共图书馆1个，博物馆1个。全区创作各类文艺作品410件，其中获国家、省、市奖20件，在地级市以上报刊、杂志发表350件。有线电视覆盖率为100%。全年累计刊播各类重大主题报道2500多篇；制作了《智汇三水》电视访谈节目30期、《对话民生》电台节目33期；制作播发有关“创文”新闻、专题1000多篇。成功举办了2012年新年音乐会；全年共组织放映农村公益数字电影900多场，受众人群高达9.37万人次。粤曲《瓜王赞》获得佛山市2011年度群众文艺“百花奖”曲艺类金奖；小品《神医与神棍》获得了戏剧曲艺舞台展演（戏剧专场）的银奖。陈镜辉书法作品入展全国书法作品展览首届王羲之奖，入展“首届‘张芝奖’全国书法大展”；贺显亮的国画《太行秋韵》荣获中国2012年广东省群众廉政书画作品展铜奖；三水区级非物质文化遗产名录达到18个。

2012年，三水区共向上级输送体育人才63人，其中，市体校41人，省队9人，省体校6人；共有2个项目，2人次获得国际赛第一名，8个项目28人获得全国赛前三名的佳绩。新增全民健身径道7条，新建十四小区灯光篮球场1个。成功举办了第十届“三联杯”乒乓球联赛，第四届羽毛球联赛、第十届足球联赛、第十届篮球联赛，区直机关篮球、羽毛球赛，体育网点校田径、跆拳道、武术、棋类、体操等多个项目的比赛，擦亮“四大联赛”的名片。

【安全生产】 2012年，三水区进一步巩固了全区安全生产监管基础。信息平台录入企业总数（含重点企业）由2011年的1555家增加至17338家。全区高危行业企业重点部位100%实现远程视频监控。全区工矿商贸企业职工伤亡事故发生1起，死亡1人，直接经济损失0.33万元，同期相比，事故起数下降50%，死亡人数持平，受伤人数下降100%，直接经济损失下降94%。

【环境保护】 2012年，三水区环境质量保持良好，饮用水源地水质均能达到《地表水环境质量标准（GB 3838-2002）》Ⅲ类水质标准。流经三水区西、北江干流水质均能达到《地表水环境质量标准（GB 3838-2002）》Ⅱ类水质标准值。新增地下水监测点位达到《地下水质量标准（GBT14848-1993）》的Ⅲ类标准。内河涌水质未能达到相应功能区要求，全区无劣Ⅴ类水体出现。空气自动监测站数据显示，中心城区基本上能达到国家环境空气质量二级标准。

2012年共审批总量减排建设项目387个，共受理建设项目验收申请195件，完成验收企业188家；共受理建设项目试产申请51件，完成试产企业48家；积极推进重点企业清洁生产工作，20家企业顺利通过了清洁生产评估工作。新审批了南山、乐平范湖、乐平南边3间污水处理厂，云东海扩建后的5000吨／日的污水处理项目投入运行，此外完善驿岗污水处理厂的管网建设，提高进水浓度，完成3间陶瓷企业的关停，初步核算减排量为二氧化硫1053.4吨、氮氧化物793.47吨；推广清洁能源替代工作，规范企业对生物质燃料的使用，并划定高污染燃料禁燃区。

加大对机动车环保标志发放力度，2012年共发出环保标志2.75万张。切实加大对区内黑烟车的查处力度，减少黑烟车对三水区形象和环境空气质量的影响，截至2012年底，抽查合格率为77.5%。完成验收监测的锅炉为123台，通过验收企业48家，验收锅炉52台，验收锅炉总蒸吨数286.3蒸吨。

【改革创新成效显著】 2012年，三水区坚持把顶层设计作为创新手段，有效激发可持续发展内生动力。大胆改革现行规划管理架构，根据主体功能区布局，设立南部、中部、北部规划直属局，使规划决策更加科学高效。成立三水区重点工程决策委员会，提高重点工程建设质量。设立区城乡规划重大事项决策联席会议，建立重大事项规划决策机制，推进城乡规划编制和审批的制度化、法制化、规范化。强化“区园联动”，促进“园镇融合”，并在事权、财权等方面尽最大可能给予倾斜，全面释放三水工业园区和乐平镇发展活力。深入推进“人才强区”战略，全面实施人才环境、队伍、政策、载体、服务“五位一体”综合建设，为经济社会转型升级提供智力支撑。深化财政综合管理改革，构建持续稳健的财政体系。统筹运营政府资源，组建区公有资产决策委员会，成立三水发展公司，整合三水公投公司，创新区土地储备中心运作机制，构建资产管理和资本运营新模式。获得国家开发银行100亿元授信额度，并与粤财控股进行战略合作。探索农村居管理体制和服务机制改革，构建村（社区）“政社归位、协同共治”的管理机制，并在8个村居进行试点，推动行政服务、公益服务和便民服务向基层延伸，提高市民自治水平。强化社会管理创新，新增社会组织18个，31个社会组织具备承接政府职能转移和购买服务资质。

开展“五好”领导班子创建工作。2012年，三水区被广东省委组织部列为全省6个县级创建精神状态好、能力素质好、团结协作好、服务群众好、廉洁自律好“五好”领导班子试点单位之一，创建工作从4月至10月底。全区从“四结合四贯穿”入手，全面铺开创建工作。一是结合佛山“都市发展区”和三水“产业新城、南国水都、广佛肇绿芯”发展新定位，把加快转型升级贯穿活动始终，增创科学发展新优势；二是结合大部制和简政强镇事权改革，把改革创新贯穿始终，探索科学发展新机制；三是结合城市升级、产业链招商、社会管理创新等中心工作，把执行落实贯穿始终，提升领导干部新形象；四是结合建设幸福广东、幸福佛山、幸福三水，把转变作风贯穿活动始终，形成改善民生福祉新举措。

三水区荣获广东省2012年度“金融稳定奖”。6月28日，广东省人民政府向三水区颁发2012年度“金融稳定奖”，以表彰三水区在促进金融发展、维护金融稳定方面所做的工作。这是三水区首次获得该奖项。近年来，三水区逐步构建起以银行机构、保险机构、证券机构为主体，小额贷款公司、融资担保公司为重要补充的金融体系，金融业与地方经济同步协调发展。“十一五”末，全区实现本外币存款405亿元，比2005年底增加96%；各项贷款余额208亿元，比2005年底增加1.6倍；保险、证券、融资担保等行业的业务额也快速增长。三水区“政银保”农业合作贷款项目，是全国首例经保监会批准实施的农业保证保险贷款项目，自实施以来有效破解了“三农”贷款难题。

三个功能片区规划直属局挂牌成立。2012年12月28日，按照三水区规划管理机构改革的部署，北部、中部、南部三个功能片区规划直属局正式挂牌成立，建立起区级“决策”、片区“执行”、各镇街“实施”的模式，标志着三水区城市规划管理体制改革取得阶段性的成果。区委书记苏伟波、区长陈英文出席仪式并分别为南部、中部规划直属局揭牌。该3个规划直属局是区发展规划统计局的派出机构，按照“规划编制上收，规划审批下移”的总体思路，享有区级规划审批权，负责片区的规划编制和实施管理，更加方便快捷地为群众和企业服务，推动各功能片区协调发展。

成立三水区行政审批业务受理督办中心。5月10日，三水区行政审批业务受理督办中心正式运营，较好地解决了群众反映的行政审批“入件难”等突出问题，使督办件从设立初期的井喷，到年底几乎是“零发生”，达到预期的效果。

成立三水区公共资源交易中心。6月27日，全省首个县（区）级公共资源交易中心在三水区行政服务中心正式挂牌成立。三水区公共资源交易中心是由原区纪委属下的区建设工程交易中心、区委区府办属下的区政府采购中心、区国土城建和水务局属下的区土地交易中心整合组建而成，归口区行政服务中心管理。区公共资源交易中心实行监督、管理、办理三权分离，从根本上扭转公共资源交易活动分散承办、多头监管、管办一体的局面。

各镇街介绍

【西南街道】 西南街道位于三水区中南部，地处西、北、绥三江汇流之处，是三水区的政治、经济、文化中心。辖区面积178平方公里，辖社区11个，行政村14个，自然村164个，常住总人口18.32万人。2012年，完成地区生产总值293.8亿元，增长10.1%；工业增加值200.5亿元，增长14.1%；固定资产投资93.1亿元，增长14.7%；税收入库41.38亿元，增长14.66%；公共财政预算收入4.87亿元，增长23.1%。

中国（三水）国际水都饮料食品基地领跑产业转型升级。2012年，投入6亿多元推进水都饮料（食品）员工社区建设及市政提升，吸引亨氏食品、石湾酒厂落户筑巢，再添亿元纳税大户企业2家。红牛完成二、三期扩建并投产，产能提升200%，税收增长100%；百威启动三期建设，其销售公司纳税突破1亿元。全年西南水都基地实现产能和效益逆势增长，产能提升40%，创税超过7亿元，增长100%。盛路天线向创建国家级天线行业检测实验室迈出坚实步伐，好帮手实施车联网电子信息省重点实验室项目，凤铝、科多盈电子等企业同步开展增资扩产，日美五金、方圆陶瓷成功申报“中国驰名商标”。

北江新区土地征收全面告捷。北江新区土地征收基本完成，拆迁工作同步开展，完成整个片区控规及城市重要节点概念规划。加速城区更新改造，落实城市升级三年行动计划，16项升级项目动工，累计完成投资12.29亿元。认定闲置土地44宗，用地面积1819.44亩，严肃查处违法用地。

城市管理引领改革顺利破题。2012年，设立11个社区城管站，实现城市管理权责、资源、人员向社区下移。以社区城管站为依托，开展门前三包、违障拆除、清理乱摆卖行为等专项行动。充分发挥城市管理和行政执法职能，受理投诉案件3333宗，办结率97.4%，城市市容面貌、管理秩序焕然一新。建成康华公共服务站、张边新三水人服务站、张边家庭服务中心，较好完成年度社会管理创新试点工作任务。

解决了一批市民关心问题。坚持以民为先，持续加大对教育、民政、医疗、治安等民生事业的投入。完成平安村居天、地、人三网建设；开展“三打两建”，打掉欺行霸市团伙22个，查处制假售假案件555宗，打击商业贿赂案件15宗，查处“保护伞”10人；坚持消防安全网格化管理，检查各类企业、场所9837家次，整改隐患1561项，整改率达100%；加大教育卫生事业投入，率先实现教师工资“两相当”，完成教育示范区前期规划设计工作，全体师生共获各级各类竞赛奖励4276项；提升社区卫生服务水平，建成“一中心三站点”的社区卫生服务体系，实施药物零差价制度，共为7万多人次提供便捷医疗服务；加强扶贫救济力度，对各类帮扶救助群体1.02万人发放分类救助金、救济金约2665.3万元；通过组建农业生产合作社，建立产销对接平台，帮扶就业等举措，超额完成区下达扶贫指标。扎实推进其他民生事业，加强农村劳动力及失业人员就业推荐服务，有效调解劳资纠纷，顺利完成西南乡镇渡口及老沙渡口撤销工作。

【云东海街道】 云东海街道紧接三水中心城区北部，属佛山市“2＋5”西南组团和三水新城重要组成部分。三水区于2011年底实施“北拓”战略，三水新城建设起步，云东海成为三水新城景观水轴“远山大湖绿岛临江”规划的重要节点。2012年，云东海街道以党的十八大精神为引领，注重源头预防，夯实基层基础，大力推进平安云东海建设，为三水新城更好更快发展营造了和谐稳定的社会环境。

生态保护建设继续发力。以城市升级三年行动计划为契机，着力提升城市品质，云东海景观恢复生态建设工程之北路沿湖路工程项目基本完成路灯安装及其他项目建设，绿化景观水平和市政建设水平全面提升。14.6公里绿道建设任务高质量完成；投资9000万元的云东海大道（西乐路）市政配套工程按计划全面推进。

重点项目征地工作同步推进。至年底，广佛肇城际轨道建设项目云东海段葛坑居民小组集体和居民全部签订拆迁补偿合同；居民已全部入住过渡期安置板房；居民小组新住宅用地土方平整已基本完成，新村基础设施工程建设正有序推进。杨梅中心组团征地签名工作正在开展；云东海湖东岸片区征地已经发布预公告及征地条件公示。

民生实事稳扎落实。参加“新农保”医保的居民数愈年增多，居民参保率达98%；农村财务网上监控中心设点试运行，辖区集体土地所有权登记发证工作全面完成，联合社区基塘村新农村示范村建设通过验收，辑罗片区新农村建设如期启动；高标准建成云东海社区卫生服务中心；有效应对“4·20”强对流天气突发性灾害事故，建立伏户村委会防灾减灾示范基地，国家综合减灾示范社区申报工作通过初审。

社会管理有效强化。“三打两建”工作圆满完成区下达的各项任务指标；社会矛盾纠纷调处化解连续三年实现辖区各类信访案件总量下降及到市、到省、到京非正常越级上访三个为零；司法所“三进”工作在年终评比考核中名列前茅；社会治安问题整治得力，各类刑事犯罪活动有效震慑；落实安全生产“一岗双责”文件，有效创建辖区企业安全生产管理体系标准化。

特色文化活动品牌繁荣发展。2012年“健力宝杯”三水云东海国际铁人三项赛于11月17～18日在云东海成功举办，广受各界好评。森林公园顺利通过国家AAAA级旅游区复核验收，孔圣园开笔礼等文化项目繁荣发展，刷亮经典儒家文化品牌。

政府内部建设不断提升。按照“精简、高效”的原则健全完善了机关内部管理制度和工作流程，确保规范化运作，进一步促进工作创新和效能提速。以“创先争优”活动为主线，深入开展“五好”班子创建活动和大规模干部教育培训，全面加强基层组织建设，实现“两新”组织党组织全覆盖。落实党政领导班子成员党风廉政建设“一岗双责”，和区检察院建立了共同开展预防职务犯罪工作机制，筑起反腐有力防线。

【白坭镇】 白坭镇是三水“南大门”。东南面与南海区相接，西南面紧靠西江，拥有约15公里的西江“黄金水道”，与高明区、高要市隔江相望，东距广州60公里、佛山城区24公里。毗邻西二环高速、佛山一环、广三高速、广肇高速、321和324国道，广明高速、白坭大道、桂丹路、塘九线跨境而过。镇内建有3000吨级的货运码头，邻近三水港外运码头、三水铁路货运站、广州白云国际机场。全镇面积66.46平方公里，辖富景社区和周村、岗头2个行政村。户籍人口2.5万人，外来人口约6万人。

2012年是白坭镇本届政府任期的开局年。白坭镇按照“强基础、优环境、促转型、谋发展”的工作主线，紧紧依靠全镇人民，同心同德传承发展、万众一心聚力干事，“转型升级镇街样本”“近悦远来·广佛肇特色名镇”建设开局良好。

经济实力不断增强。白坭始终坚持量质并举，全面推进产业转型升级计划，打出“引提关”组合拳，先进制造业基地建设取得新成效。积极推进产业链招商，成功引进上市公司江苏旷达、国家高新技术企业生之源数码等优质项目。汇金工业城逐渐成型，园区路网、污水处理厂等配套工程建设加快，收回恒益电厂、德力气体、富景花园等600多亩低效土地，为产业发展提供载体支撑。成立三水首个镇级青年商会，深入开展“企业服务年”活动，广顺电器、星光传动等一批项目动工建设，引导惠万家、通宝好运等企业投入2亿多元用于增资扩产及技术改造。恒益电厂纳税超7000万元，通宝华龙、新明珠建成区级工程技术研发中心，关停顺盛泡沫、特高特陶瓷以及一批税收贡献低、环境污染重、安全隐患大的企业，电子电器、机械装备、汽车配件等新产业成为经济“新引擎”，陶瓷建材产值占据白坭经济半壁江山的格局逐步改变。省重点项目中茂农业一期建成投产，垄上行、康喜莱专业合作社分别建成市级农民专业合作示范社和区级农业龙头企业，新增3个农民专业合作社，农业逐渐实现集约化、专业化、产业化发展。

城镇品质不断提升。白坭始终坚持产城互动，全面推进“东城西就”和城市升级三年行动计划，城镇化建设开创新局面。投入超3亿元实施“十大工程”，白坭大道绿化亮化、西江引水、南抱线改造等工程全面竣工，城区第二污水处理厂、凤果大道建设进展顺利。通过治水、治气、治撒漏多管齐下，空气质量持续好转，成功创建省生态镇。东部新城成为白坭环境再造示范点，西部核心城区的凯旋花园等商住社区升级城镇品质，白坭大道、黄金大道等3个重要交通节点通过改造实现华丽转身，三星农贸市场完成升级改造，岗头市场、新生市场建设有序推进。西岸名村建设全面启动，新增岗头、凤果、大滘沙3个村级污水处理系统，农村污水处理率提升到20.3%，新农村建设再树标杆。

社会管理不断创新。白坭始终坚持先行先试，勇于担当全区创新社会管理试验田的重任，构建“共建共治共享”新格局。启动农村综合体制和行政体制改革，建成村居公共服务站，富景社区成立全区首个村居人力资源社会保障公共服务平台。创新农村财务监管模式，全面推行以“出纳驻村、会计驻镇、集中会计核算、财政专项资金专户管理”的农村财务网上监管新模式。重视异地务工人员的服务和管理，以实施“书记项目”为契机探索建立“流动党员之家”的做法，受到《中国人事报》以及省、市主流媒体的高度关注，并获好评。建成全区首个“乡村学校少年宫”以及“家庭服务中心”，开展非户籍常住人口纳入社区服务管理试点工作取得初步成效。扎实开展佛山首批、三水首个“全国安全社区”创建试点，73个村组全面建成平安村居，购买中介服务完成90家企业安全生产管理标准化创建，筑牢安全生产、和谐发展根基。深入开展“三打两建”，破获一批大案要案。大力整顿农资市场，加大农产品质量日常监督抽检力度，农产品等食品安全监管体系逐步完善。推进劳动保障监察网格化管理，创新建立劳动关系信息员机制和企业劳动分级管理机制，积极打造和谐劳资关系，有效防控劳资纠纷。

民生事业不断进步。白坭始终坚持以人为本，全面保障和改善民生，扎实办好“民生十件实事”，民生事业取得新发展。进一步提高低保、五保供养水平和高龄津贴标准，“星光老人活动之家”实现全覆盖，城镇居民基本医疗保险覆盖率达到99.8%。进一步推动教育升级，完善异地务工人员子女积分入读管理制度，白坭中心小学建成全区首间省德育示范学校，按省一级标准建设的山水凯旋幼儿园投入使用。进一步提升基层医疗、公共卫生服务水平，社区卫生服务中心基本建成，荣获佛山市“爱国卫生工作先进集体”称号。进一步加快保障性安居工程建设，公租房建设顺利推进，汇金工业城人才公寓建设启动，为3户特困家庭完成危房改造。进一步推进文化惠民，编辑出版《白坭传奇》，成功举办多场村级龙舟赛以及文化欢乐周等群众喜闻乐见的文体活动，西江公园成为白坭文化的展示窗和群众的精神家园。进一步加大“慈善帮扶”力度，发放困难学生助学金18.8万元和重度残疾人托养补助29.76万元，率先在全区实现村居残疾人康复服务站全覆盖，圆满完成“规划到户、责任到人”三年对口帮扶和区内扶贫工作。进一步落实惠农政策，解放沙联围达标加固工程基本建成，全年新增“政银保”贷款73宗共897万元，基本完成农村集体土地所有权登记发证，补助27个村组“一事一议”资金366.52万元。

政府建设不断加强。白坭始终坚持依法行政，全面打造廉洁高效服务型政府，不断优化发展环境，政府建设得到新加强。打造“五好”领导班子，完善镇委会议、镇委镇政府联席会议、办公例会工作规则等集中决策机制以及“量入为出、科学理财”的财务制度。组织中层干部进行集中培训，“动真格”考核机关效能，提升干部队伍的凝聚力、战斗力和执行力。完善“能进能出、能上能下”的用人机制，实现机关中层干部公开选拔，年度考核常态化、规范化和制度化。组建镇公有资产决策委员会，整合白坭水厂，加快清理隔海公司、建筑公司等镇属资产历史遗留问题，构建资产管理和资本运营新模式。镇行政服务中心增设户政、出入境和车管业务办理窗口，拓展便民服务范围。开展廉政风险防范管理试点，地毯式排查机关部门岗位“风险点”，筑牢机关干部“廉政关”。

【乐平镇】 乐平镇位于三水区中部，与广州市花都区、佛山市南海区狮山镇接壤，辖区面积198.5平方公里，辖行政村14个和社区3个，自然村158个，户籍人口7.5万人，是广东省教育强镇、省卫生镇、省重点发展的中心镇、省安全农业产业的重要示范基地、省现代农业技术示范的重要基地、省社会主义新农村建设示范点、珠三角“农业科普”展示窗口和佛山最具规模的休闲农业观光生态园。交通便捷，区位优势显著。珠二环高速、佛山一环、省道盐南线、三水大道等高等级公路横贯境内，邻近三茂铁路货场和三水港，距离广州新白云国际机场、佛山中心城区约20分钟车程。旅游文化资源丰富。以“中国历史文化名村”——大旗头古村和侨鑫生态园最具代表性。2012年，大旗头古村因较完整的清代历史粤中民居风貌被住建部、文化部、财政部评为第一批中国传统村落。生态环境优越，受城市化和工业化影响小，土壤、水、空气质量较好，孕育了一批对环境要求极其严格的生态农业项目。主要有佛山乃至全省的特色农产品——“国家地理标志保护产品”乐平雪梨瓜，乐平“四宝”（韭菜花、甲鱼、瘦身鲩鱼、南边西瓜）和《珠江三角洲地区改革发展规划纲要（2008～2020年）》重点发展项目之一的佛山海峡两岸创意农业城。为南边西瓜提出“三水乐平西瓜”注册商标申请。

工业经济稳步提升。近年来，在三水区委、区政府“工业强区”“产城互动”的工作部署下，乐平坚持“工业强镇”发展战略，以辖区内的三水工业园区为依托，重点发展新能源、节能环保、汽车零部件、医疗器械、自动化机械及设备、电子电器等主导产业，产业集聚效应初步显现，尤其是作为国家战略性新兴产业的光伏产业，形成了较完整的产业链，晶硅太阳能电池片产能占全省70%，被列入广东省市共建战略新兴产业基地及广东省唯一的光伏产业基地。至年底，园区引进企业382家，规模以上工业企业共277家，合同引资额501.81亿元。国内外500强企业投资的项目23个，其中外资世界500强企业投资的项目8个，内资世界500强企业投资的项目7个，中国500强项目8个。为此，园区被纳入佛山国家高新技术产业开发区核心园，连续三年被省外经贸委评为吸引外资先进单位，被人民网评为中国最佳综合实力园区，被多家投资中介机构评为珠三角最具投资潜力开发区。2012年6月，辖区内的佛山高新区核心园（三水园）被赋予区一级财政和行政审批权，被重新列为区政府派出机构，除党建、组织人事、教育培训及社会事务等职能由乐平镇政府属地管理外，镇政府财政、土地利用规划、土地开发、土地征收、征用和拆迁补偿、统计、企业管理等有关部门及相关职能一并划入园区，实现了管理体制上的重大突破。2012年，在新一届区委、区政府的正确领导下，乐平坚持以建设宜商现代工业新城为目标，创新实干、攻坚克难，全年实现工农业总产值600.03亿元，同比增长14.26%。其中工业总产值585.82亿元，同比增长14.12%。地区生产总值193.5亿元，同比增长12.5%。全年完成社会固定资产投资99.6亿元，同比增长14.7%。税收超500万元企业43家，税收入库总额11.22亿元，同比增长10.03%。镇级一般预算收入2.08亿元，同比增长22%。

产业经济稳步提升。坚持发展第一要务，大力发展实体经济。围绕主导产业引入了宝钢、佛吉亚、飞驰客车等52个优质项目，投资总额约58亿元，投资密度创历史新高，飞驰客车项目实现了三水整车项目零的突破。光伏示范应用快速推进，成功申报20兆瓦国家金太阳光伏发电工程，引入全区首个分布式能源站——华电集团分布式能源站项目，佛山首个屋顶太阳能电站——广成铝业屋顶电站项目一期全面投入使用。全区首个国际检测中心——中标国际检测认证认可中心项目顺利落地。重点项目建设顺利推进，海尔冷柜等26个项目顺利投产，佳明重工挖掘机等25个项目加快建设。

总部经济有效推进，恒力泰、日丰管等企业在乐平设立总部或销售公司。深入挖潜用地空间，有效盘活闲置用地1320亩。传统产业转型升级步伐加快，累计新增高新技术企业3家、民营科技企业2家、工程研发中心3个。引导企业申报各级科技项目约80项，获区级以上各类扶持资金超1500万元，创历史新高。服务体系进一步完善，出台企业扶强培优、领导挂钩服务等一系列措施，进一步促进企业提升发展。

城镇建设步伐加快。坚持城镇统筹发展。完成园区发展战略规划和园镇总体规划修编。有序推进城市升级三年行动计划，累计投入约2亿元，推动乐平生活污水处理厂二期等14个项目动工建设。全面推进城区“三旧”改造，完善1915亩土地“三旧”改造历史用地手续，推动旧城区约200亩“三旧”改造。加快完善市政配套建设，完成宏业大道、乐强大道等一批重点市政项目。加快推进农民公寓二期、东辅道北段等工程建设。有效落实环境再造工程，全面完成广贺高速乐平段90亩生态景观林带造林工程，完成约26公里主干河涌的清理，东部片区主要出口河涌水环境有效提升。乐平涌综合整治、乐平绿道等工程建设顺利推进。加快农村环境建设，投入约1700万元，建成20个新农村示范村。投入约1500万元，完成25个自然村通自来水工程，农村人居环境进一步优化。

创新发展成效显著。坚持大胆改革，创新发展。顺利完成园镇体制改革，创新园区发展模式，积极争取承接88项行政审批事项，方便企业和群众办事。全面拓宽融资渠道，首发省内第一只政府融资平台信托基金，顺利融资2亿元。加快搭建资本运营新平台，完成园镇“科技金融”体系课题研究。积极引导社会资本参与经济建设，成功组建全区首只创投基金。创新农村社会管理，出台14项配套政策，收到良好效果。投入500多万元，加大对村民小组长考核力度，激发了基层活力。试点推行村企共建，范湖、三溪、大岗村委3个共建试点初见成效。顺利实施外来工子女积分入学制，逐步实现异地务工人员均等化服务。

社会民生有效落实。坚持大力发展民生事业。全年新增6条公交线、新建华盛广场公交首末站、园区穿梭巴士顺利投入运营。镇级社会保障服务中心、村级社会保障服务工作站建成投入使用。保障房建设有序推进，完成350套公租房建设。南边幼儿园、欣华医院、民办养老机构、生活污水处理厂二期建设等工作顺利开展。教育事业再创佳绩，南边、乐平中学重中上线率继续稳居全区镇街第一、二名。群众文化活动日益丰富，镇级图书馆投入使用、农家书屋工程顺利推进、首届体艺节圆满举行。律师进村居工作进一步深化，基层干部群众法律意识不断增强。平安村居建设全面完成，全镇158个自然村实现公共安全视频监控系统全覆盖。完成5个农贸市场升级改造，农产品交易环境进一步改善。“三打两建”成效明显，市场环境得到全面净化。消防隐患整治顺利完成，计生、安全生产、食品安全监管等考核全面达标。

政府自身建设进一步加强。坚持加强自身建设，不断提升行政效能。优化园镇运作机制，实现园镇融合发展。加强廉洁型、学习型政府建设，全面推动“五好”领导班子“六个一”工程的实施。强化村干部配置和监管，形成优秀干部下沉村居、问责制延伸至村组等新机制。建立重大事项决策专家咨询及风险评估机制，政府决策及风险防范能力全面加强。建立并实施廉情提醒机制，职务犯罪从源头上得到有效预防。建立政府信息直通车，政府日常运作效率及民众对政府决策信息的知晓度显著提升。畅通群众监督渠道，综合应用佛山行政投诉电子监察系统、12345行政服务热线、对话热线等平台，形成有效的网上行政投诉、咨询和通报机制，廉政、高效的政府形象得到进一步强化。

【芦苞镇】 芦苞镇位于三水区中北部，东接广州市花都区赤坭镇，南接三水区乐平镇，西南与肇庆市的四会市相连，北及西北与三水区大塘镇接壤。总面积105平方公里，辖90个自然村、6个行政村和1个社区，是佛山科学发展特色镇、广东省旅游特色镇、广东宜居示范城镇、国家卫生镇、国家级生态乡镇。2012年，芦苞镇实现地区生产总值60.87亿元，同比增长12.5％；工业总产值176.91亿元，增长14.7％；税收入库3.81亿元，增长31.83%；全社会固定资产投入63.92亿元，增长14.7%；招商引资项目18个，合同引资额24.02亿元。

工业发展态势良好。积极引导和扶持企业发展壮大，推动饮料、汽配等产业“强链、补链”。其中，华兴玻璃增资13亿元扩产100万吨轻量化玻璃瓶罐项目获批，多正化工致卓龙腾汽车零部件生产基地、依多科汽配生产项目顺利推进。通过“三旧”改造提升工业发展质量，试水工业地产，向存量要增量。友恒再生资源有限公司实现“二改二”，规划建设38万平方米的宝华生态产业城，首期超4万平方米的厂房和公租房顺利竣工，实现“零土地”招商。振宣精密科技、家家卫浴、升达电梯、南钢实业等企业共投入资金超2亿元进行增资扩产。同时，大力开展“企业服务年”活动，配合博德精工、多正化工做好上市工作。积极实施商标战略，“多正”商标荣获中国驰名商标称号。在全镇各村居建立人力资源信息平台，促成招工信息与求职信息有效对接。协助12家企业申请办理“保险贷”，拓宽中小企业融资渠道。盘活闲置工业用地近400亩，收回闲置用地310亩，新增投产企业9家，动工企业11家。

旅游产业蓬勃发展。三水温泉度假村开业以来接待游客超10万人次，有效带动周边饮食、购物行业的兴起。芦苞祖庙按照“修旧如旧、修旧胜旧”的原则进行修缮，景观效果不断提升。奥特莱斯项目建设和高尔夫球俱乐部股权重组工作稳步推进，并取得阶段性成果。旅游文化推介年成效明显，北帝诞、龙舟赛、饮食文化嘉年华等系列活动取得良好的经济、社会效益。随着交通路网不断完善，芦苞区位优势日益凸显，综合竞争力不断提高，文化、教育等项目争相落户。

农业工作亮点纷呈。芦苞涌生态隔离带欧边片7200亩现代农业园区全面竣工，独树岗泰国笋壳鱼、健叶无公害蔬菜、欧边卡玛优质花卉三大基地初成规模。芦苞宝森养殖场成功申报为区级农业龙头企业，一批农副产品深加工项目顺利推进。成功申请“政银保”农业贷款141笔，金额达2085万元，贷款规模为全区之最。开通“农信通”信息平台业务，为农民提供多方位服务。发放能繁母猪补贴、农机购置补贴等各级惠农强农政策资金共543万元，有效促进农业增效、农民增收。2012年，全镇农民人均纯收入达12860元，同比增长11.8%。

城乡建设步伐加快。完成白鸽桥涌（江塘坦村段）整治工程以及三水城市绿道芦苞段建设工程等市、区级城市升级项目。开展城区美化绿化工程，在芦苞涌芦苞二桥两侧，建成面积达10.5万平方米的花海生态公园。加快推进基础设施建设，芦苞一桥改建工程竣工通车，芦苞涌左岸城区段路面改造、城区排涝黑点整治和工业园区部分道路及下水道建设顺利完成。西气东输二线项目和省天然气管网一期项目芦苞段征用地块全线交付使用。同时，持续改善农村生活环境，建成省卫生村和社会主义新农村各9个，完成西河李洲村等4个自然村“一村一景”绿化工程以及四联欧边村等自然村“村村通自来水”工程。

城市管理规范有序。成立镇城市管理委员会，出台加强城市管理的实施意见，推行“网格化大城管”的管理模式，全面加强城管巡查工作。加大城市管理投入，充实城管队伍，购置道路清洗专用车、城管执法用车及执法装备一批，从人、财、物三方面提升城管水平。率先在全区完成户外广告牌清理工作，有效改善城区环境和形象，城市管理工作获得社会好评。

城乡配套日趋完善。新建新乐丰小学和龙坡中学教学楼各一座，引入社会资金按省一级标准新建芦苞中心幼儿园，将有效缓解各学龄学位紧张问题。开通4条旅游公交专线，改善居民出行环境。完善农村基础设施建设，实施独树岗大桥至长岐村的村道亮化工程，优化城乡居民生产和生活条件。平安建设成效显著。建设治安岗亭79个、治安关闸143个，启动天网电子监控系统建设，初步形成覆盖各村居及自然村的治安网络，率先在全区实现“平安村居”全覆盖。在全区首创建设“安全耕作区”8个，有效减少农资盗窃案件。“三打两建”成效明显，“三打”行动共核实线索209条，查处案件183宗，抓获犯罪嫌疑人员78人，社会大局持续稳定。严格落实“一岗双责”制度，强化安全生产监管责任，全年安全生产事故同比下降41.2%，受伤人数下降50.6%。

社会管理持续创新。以社区居委为试点，构建社区党组织、社区居委会和社区公共服务站“三位一体”的社会管理体制。加强教育管理工作，2012年中小学教学成绩取得明显进步。制定《流动人口计划生育基本公共服务均等化实施方案》和《外来务工人员子女入读公办中小学校管理办法》，加强流动人口服务管理，推动基本公共服务均等化。出台《村居干部绩效考核办法》，激发村居干部队伍活力。率先在全区启用农村财务网上监控平台，对全镇166套农村经济账目进行实时监控。完成农村集体土地确权，合理保护农民合法权益。

社会保障不断完善。积极开展农村富余劳动力再就业技术培训，共培训农民728人次。加强失地农民生活保障，为全镇9个村民小组办理全征地农村居民基本养老保险。落实双拥优抚安置工作和老龄工作等各项惠民政策，2012年共发放优抚对象补贴补助、高龄津贴近500万元。提高最低生活保障和五保供养金标准，累计发放低保金、五保金共137万元。创新老人服务社团建设，在独树岗、长岐和上塘分别成立老年人协会，新增星光老人之家10个。落实广东省扶贫开发“双到”政策，扶贫工作成效显著，荣获清远市“扶贫双到”先进单位称号。

干部队伍日益优化。深入推进“五好”领导班子创建活动，开展制度建设、警示教育、自查自纠、查缺补漏等工作，进一步强化管理，筑牢思想、制度、监督三条防线。积极开展培训工作，不断加强机关干部依法行政、创新管理等方面能力。创新实施“三四五”选拔法对机关中层职位实行竞争上岗，优化机关中层干部学历层次、年龄结构。

廉政建设不断加强。认真开展纪律教育学习月活动。对镇内各项管理制度逐一梳理，及时更新各项条款，弥补制度漏洞。加大建设工程、财务资金审批监督力度，全年完成工程招投标项目11宗，政府采购项目4宗，涉及资金近4000万元，实现零投诉。

机关效能有效提升。及时解答群众关注的热点难点问题，处理行政投诉电子监察系统、12345行政服务热线和《对话民生》栏目转来投诉件136件，办结答复136件，办结率100%。出台《芦苞镇机关作风和效能建设工作考评办法》，加强对机关效能督查考核，进一步转变机关作风，改善芦苞发展政务环境。

【大塘镇】 大塘镇位于三水区北部，分别与广州市花都区和清远市接壤，北江流经境内，省广四线、清龙线以及在建的珠外环高速公路贯境而过，是广东省可持续发展实验区、广东省城镇化技术集成应用试点单位和广东省蔬菜专业镇。全镇总面积98.23平方公里，下辖7个行政村和1个社区，99个自然村，户籍人口4.02万人，外来人口2.67万人。

2012年，大塘镇紧紧围绕三水区北部板块发展战略，突出“产业升级、城乡转型、民生改善、效能建设”四大重点，抢抓机遇，攻坚克难，实现了经济稳步增长、城乡统筹发展、社会和谐稳定。全镇实现地区生产总值73.8亿元，增长12.6%；工业增加值59亿元，增长14.6%；全社会固定资产投资总额59.1亿元，增长15.9%；税收入库3.2亿元，增长23.8%；农民人均纯收入10640元，增长10.6%。

产业发展迈上新台阶。2012年，大塘镇深入推进招商选资和项目落实，全年新签工业项目10个，合同引资额19.45亿元，包括菱王电梯等7个超亿元项目；新增动工项目12个、完工（含试投产）项目14个，促成9宗闲置工业用地开发建设，发展后劲持续增强。多措并举优化提升现有产业，推动佳利达纺织染等一批优势企业实现利税快速增长，引导汇兴隆等5家企业增资扩产，关停和外迁了大鹏家具等4家低效企业。积极扶持企业科技创新，新认定国家高新企业1家、广东省民营科技企业5家，申报区级工程技术中心2家，新增清洁生产企业4家，与佛山科学技术学院达成校企产学研战略合作。加强农田水利设施建设，农业园区东园2.5万亩工程和中心园主干道硬底化工程完工，莲洲电排站重建、梅村灌溉泵站改造工程动工，农业生产环境不断优化。加快农业产业化进程，新增区级农业龙头企业3家，引导农业企业和农民专业合作社开设农产品直销店15家，申报绿色食品认证8个，注册农产品商标5件。推进农业招商和科技兴农，引进工厂化蔬菜育苗等4个优质项目落户农业园区，建成农科示范基地170亩、花卉及水产大棚230亩，与农科院校建立科研成果转化合作项目3个。

城乡面貌呈现新变化。强化规划引领，完成新城区5.5平方公里控制性详细规划编制。紧扣城市升级三年行动计划，扎实推进新城区开发建设，望岗涌"一涌两岸"生态景观、三水大道大布沙段提升、20公里绿道网等一批重点项目完工，大布沙F线、广四线塘边村至大布沙段1.2公里改造工程动工，消防特勤中队建设以及新汽车客运站、星级酒店项目前期工作有序铺开，奥利花园一期开盘销售，耀逸名轩商住项目加快推进。想方设法盘活城镇"三旧"资源，半岛山庄地块完成挂牌出让，商业城"三旧"改造项目进展顺利。以全区城市管理工作考评为契机，充实城市管理队伍，加大对大布沙、大塘圩等重点区域环境综合整治力度，加强市政、绿化养护和环卫保洁，创建国家级生态乡镇工作通过省环保厅验收。切实改善农村人居和生态环境，投入722万元，完成10个新农村示范村创建工程、6个自然村"一村一景"工程以及130亩低效林相改造。加强城乡供水设施建设，北江以东片区供水管网与北江水厂实现并网，城乡饮用水条件进一步改善。

社会民生得到新改善。落实就业扶持政策，开发就业岗位1750个，培训农村富余劳动力250人，"新农保"、居民基本医疗保险、全征地农村居民养老保险覆盖面稳步扩大。大力帮扶困难群体，全年发放低保、医疗、慈善救助金263万元，改造或重建低保户危房6户，新增星光老年人活动点2个，引入社会资金建成公租房200套。投入1200多万元，推进大塘中学、中心小学校安工程建设和购置中小学教学设备，办学环境进一步优化。推动公共文化服务进村居、进园区，广场文化活动、群众体育运动蓬勃开展。投入123万元，完成永平、莘田及工业园区卫生服务站新（扩）建工程，医疗卫生服务网络日趋完善。健全人口计生优质服务和利益导向机制，圆满完成人口计生各项考核指标。积极推动公共服务向农村延伸覆盖，以永平村委会为试点推进基层体制改革，建成全镇首个村级公共服务站。推进平安村居建设，新建25个治安岗亭，7个村委会创建成为平安村居，社会治安持续好转。深入开展"三打两建"，落实领导包案，破获一批案件，净化了市场环境。深化安全生产、消防安全以及食品药品专项整治，没有发生重特大安全事故。

行政效能实现新提升。完善镇行政服务中心管理运作机制，主动承接上级下放事权，简化行政审批流程，新进驻出入境、车管、户籍等服务窗口，群众办事更便捷。开展政府采购、工程招投标工作专项检查，完成大塘建筑工程公司经济责任审计，强化对农村财务管理中介组织的监督，及时堵塞漏洞，整改存在问题。抓好机关干部挂钩联系村居、项目工作制度的完善和落实，出台重点工作督办、预警、问责实施办法，加强效能监督和绩效考评，促进工作作风深入转变。积极理顺和化解一批历史债权债务，为盘活镇属集体资产创造了有利条件。坚持依法行政，自觉接受人大监督和社会监督，28件人大代表议案和建议全部办结。农村财务网上监控平台建成，政务公开、电子政务不断完善，"六五"普法深入开展，档案、扶贫、统计、侨务、妇女儿童事业、残联等工作都取得了新的成效。

【南山镇】 南山镇位于三水区最北端，与肇庆市的四会市、清远市的清新县接壤，总面积为115.62平方公里，下辖4个社区和1个行政村，总常住人口2.7万人，户籍人口2.4万人（含归侨侨眷2636人）。南山镇于2008年10月13日经广东省政府同意，广东省民政厅批复设立，由迳口华侨经济区和原大塘镇六和村合并而成，于2009年5月18日正式挂牌成立。南山镇地理位置优越，对外交通便捷，大佛山交通网纵一路和珠外环贯镇而过，距新白云国际机场、广州火车站、三水港车程均在40分钟车程内。

南山镇具有良好的生态环境、独特的文化内涵、丰富的旅游资源，是佛山市著名的乡村旅游度假区。南山镇于2011年3月荣膺"中国绿色名镇"称号，是佛山市唯一获此殊荣的镇。

工业方面，中昌电子电脑、伊利乳业集团、三浦重工、顺发起重、扬子颜料等知名企业相继落户，并增资扩产。2012年底，成功引进了台资企业广东福贞金属包装有限公司，预计2013年7月建成投产，创税超3000万元。

旅游业方面，南山镇主打"生态旅游、文化旅游、农业旅游、工业旅游"四大乡村旅游王牌。生态旅游以九道谷漂流、大南山风景区、南丹山原生态旅游风景区和浪漫花海绿道为主；文化旅游以长寿文化、知青文化、龙形拳文化、越南归侨文化和客家文化为主，已建成知青会馆和龙形拳会馆；农业旅游以迳口十里水果长廊、万亩观光农业园、市农科所示范园为主；工业旅游以被授予“广东省工业旅游示范单位”称号的伊利乳业为主。旅游配套设施完善，有提供特色餐饮的“农家乐”16家，有三星级标准的升平酒店、凰侨山庄。

农业方面形成了自己的特色产业。2012年，打造了“优质蔬菜、优质瓜果、优质水产、优质禽畜”四大农业品牌，桂花鱼、果园鸡等均获得国家无公害农业产品称号。建成东洲农业园区、六和农业园区花鼓塱及大埗塘项目；引进南嘉洲农业有限公司、广州海通科技服务公司；打造近200亩富硒长寿蔬菜种植示范基地，并对种植业实行集约化经营。

社会事业方面，坚持以人为本，不断加大对教育、文化、卫生、就业和社会保障、社会综合治理方面的投入，如引进社会资金建成中山大学附属中学、南山实验幼儿园，推进侨房改造，完成镇卫生院升级改造，实施南山大道扩建工程和六和中心区域路灯安装等民生工程建设。基本实现养老、医疗保险全覆盖。

（陈玉虎　何　鹰）

附：2012年三水区党政主要领导名单

书　　记： 苏伟波
副 书 记： 陈英文　陈浩明
常　　委： 钟飞健　李仕清　何国辉　黄少文　陈必田　孔耀明　郝卫兵　李伟成　蔡　丹
区　　长： 陈英文
副 区 长： 钟飞健　蔡　丹　张卫红　霍　平　黎延坤　胡　英　杨日强
政务委员： 杨鉴岐　乐绍才　翁　良　彭建国　何小玲

现任三水区党政主要领导名单

书　　记： 苏伟波
副 书 记： 陈英文　郭长勇　陈浩明
常　　委： 钟飞健　李仕清　何国辉　黄少文　陈必田　孔耀明　李伟成
区　　长： 陈英文
副 区 长： 郭长勇　钟飞健　张卫红　霍　平　黎延坤　胡　英　杨日强
政务委员： 杨鉴岐　乐绍才　翁　良　彭建国　何小玲

（2013年5月三水区供稿）

第十篇

社会统计资料

FOSHAN YEARBOOK

2012 年佛山市主要经济指标

指标名称	计量单位	2012年	2012年比上年增长（%）
一、年末总户数	万户	114.06	0.6
二、年末户籍总人口	万人	377.65	0.8
其中：男	万人	187.88	0.7
女	万人	189.77	0.8
年平均人口	万人	376.21	0.9
人口出生率	‰	11.98	7.0
人口自然增长率	‰	5.98	-1.5
三、国内生产总值	亿元	6613.02	8.2
第一产业	亿元	130.53	2.3
第二产业	亿元	4113.34	9.2
第三产业	亿元	2369.16	6.6
人均国内生产总值	元	91259	7.7
第一产业比重	%	1.97	-
第二产业比重	%	62.20	-
第三产业比重	%	35.83	-
四、农林牧渔业总产值	亿元	258.02	1.6
五、规模以上工业	亿元	14653.96	12.2
其中：轻工业	亿元	6831.67	11.8
重工业	亿元	7822.29	12.6

续表

指标名称	计量单位	2012年	2012年比上年增长（%）
六、固定资产投资总额	亿元	2128.33	10.1
七、社会消费品零售总额	亿元	2019.50	11.6
八、地方公共财政预算收入	亿元	384.08	12.4
地方公共财政预算支出	亿元	433.96	11.6
九、出口总值	亿美元	401.50	2.7
其中：内资企业出口	亿美元	184.72	6.9
外资企业出口	亿美元	216.77	–0.6
实际外商直接投资	亿美元	23.50	9.1
十、金融部门存款余额(本外币)	亿元	10167.55	11.5
其中：城乡居民储蓄存款余额	亿元	5215.16	10.8
金融部门贷款余额	亿元	6391.47	13.8
十一、货物周转量	亿吨公里	216.83	8.2
旅客周转量	亿人公里	121.47	12.1
港口货物吞吐量	万吨	5253.01	–3.1
十二、移动电话用户	万户	1356.20	14.1
固定电话用户	万户	271.43	4.3
移动电话交换机总容量	万户	2273.62	44.3
本地交换机总容量	万门	1637.89	4.6
十三、旅游总收入	亿元	365.73	23.4
接待过夜总人数	万人次	1045.22	6.6
十四、小学学校数	所	411	–2.8
小学在校学生	万人	45.28	1.6
普通中学学校数	所	189	6.2
普通中学在校学生数	万人	31.86	–1.5

续表

指标名称	计量单位	2012年	2012年比上年增长（%）
高等学校在校学生	万人	6.13	5.9
初中毕业生升学率	%	98.72	–0.4
高中毕业生升学率	%	93.37	1.4
十五、卫生医疗机构	个	1215	–4.5
其中：医院	个	83	1.2
卫生机构病床数	张	25686	4.7
各类卫生技术人员数	万人	3.77	5.3
十六、在岗职工年人均工资	元	46203	13.6
农村居民人均纯收入	元	15684	13.1
十七、市区每百户居民拥有：			
彩色电视机	台	135.50	0.4
电冰箱	台	103.50	1.0
洗衣机	台	101.50	0.0
淋浴热水器	台	122.50	2.1
组合音响	套	63.00	0.0
空调器	台	272.50	9.2
摩托车	辆	68.00	–12.8
家用电脑	台	133.50	16.6
移动电话	部	264.00	4.1
十八、主要农业产品产量			
粮食	万吨	9.73	–0.1
其中：稻谷	万吨	6.29	–6.5
蔬菜	万吨	147.89	–1.7
水果	万吨	5.01	–0.2

续表

指标名称	计量单位	2012年	2012年比上年增长（%）
肉类总产量	万吨	27.18	–2.3
其中：猪肉	万吨	14.05	–0.3
水产品总产量	万吨	58.44	2.4
其中：塘鱼	万吨	57.17	2.2
十九、主要工业产品产量			
酱油	万吨	210.59	19.6
布	万米	57378.30	2.7
机制纸及纸板	万吨	40.77	–3.8
塑料制品	万吨	226.00	7.8
铝材	万吨	237.99	6.5
家用电冰箱	万台	871.70	8.4
家用电风扇	万台	3239.03	–8.3
房间空气调节器	万台	2226.56	–2.6
微波炉	万台	4982.23	9.1
电光学（灯泡）	万只	15.97	–7.1
照相机	万台	1175.85	8.5
发电量	亿千瓦小时	171.32	17.9

（市统计局）

2012年佛山市国民经济发展情况

项目 \ 数据 \ 市、区		佛山市	禅城区	南海区	顺德区	高明区	三水区
常住人口/万人		726.18	110.47	262.19	248.38	42.31	62.84
地区生产总值	绝对值/亿元	6613.02	1208.24	1966.18	2317.33	499.37	749.93
	比上年增长/%	8.2	8.0	8.0	8.0	11.0	11.4
人均地区生产总值	绝对值/元	91259	109373	75191	93494	118201	119626
	比上年增长/%	7.7	7.9	7.3	7.6	10.7	10.9
第一产业增加值	绝对值/亿元	130.53	0.57	43.42	41.22	15.98	28.22
	比上年增长/%	2.3	–3.1	3.3	0.3	1.4	3.8
第二产业增加值	绝对值/亿元	4113.34	504.58	1043.43	1246.47	382.98	564.71
	比上年增长/%	9.2	7.9	8.0	4.5	13.0	10.6
第三产业增加值	绝对值/亿元	2369.16	703.09	879.34	1029.64	100.41	157.01
	比上年增长/%	6.6	8.1	8.2	13.6	5.3	15.7
规模以上工业总产值	绝对值/亿元	14653.96	1940.38	4014.94	4914.61	1778.47	2005.56
	比上年增长/%	11.9	12.5	11.8	9.5	16.0	14.7
农林牧渔服务业总产值	绝对值/亿元	258.02	1.25	79.91	83.07	32.11	58.46
	比上年增长/%	1.6	–3.0	3.5	1.8	1.4	4.0
全社会固定资产投资	绝对值/亿元	2128.33	379.99	631.11	449.88	253.39	413.95
	比上年增长/%	10.1	8.0	8.0	8.1	14.7	14.7

续表

项目 \ 数据 \ 市、区		佛山市	禅城区	南海区	顺德区	高明区	三水区
外贸进口额	绝对值／亿美元	209.08	52.70	94.08	48.71	3.57	10.02
	比上年增长／%	-4.1	2.2	-7.7	-5.5	14.4	1.5
外贸出口额	绝对值／亿美元	401.50	97.84	103.72	171.47	16.46	12.00
	比上年增长／%	2.7	5.4	1.2	1.3	7.0	9.8
实际利用外资	绝对值／亿美元	21.54	3.95	7.06	6.50	0.66	3.36
	比上年增长／%	9.1	3.4	0.2	11.2	157.3	1.0
地方公共财政预算收入	绝对值 ／亿元	384.08	60.96	119.20	136.52	17.99	24.63
	比上年增长／%	12.39	10.32	12.11	11.85	16.25	14.53
地方公共财政预算支出	绝对值／亿元	432.96	54.38	129.77	147.26	21.41	29.77
	比上年增长／%	11.39	10.34	11.80	12.84	17.48	15.45
社会消费品零售总额	绝对值 ／亿元	2019.50	480.81	653.71	652.01	84.10	148.88
	比上年增长／%	11.6	9.4	12.2	13.2	9.3	10.1
城镇居民可支配收入	绝对值／元	34580	31504	36348	38754	23710	26236
	比上年增长／%	12.6	—	—	—	—	—
农村居民人均纯收入	绝对值／元	15684	16829	16673	16062	10743	13254
	比上年增长／%	13.1	13.7	12.6	13.5	13.3	13.3
城乡居民储蓄存款余额	绝对值／亿元	5215.16	1141.70	1836.78	1800.37	152.85	272.12
	比年初增长／%	10.8	9.1	11.5	11.2	11.4	8.5

（市统计局）

2011～2012年佛山市基本建设情况

项　目	单　位	2011年	2012年
公路通车里程	公里	4919.60	4902.97
其中：高速公路	公里	120.50	120.50
本地电话年末用户	万户	283.57	271.43
移动电话年末用户	万户	1188.70	1356.20
国际互联网用户	万户	167.89	218.74
电力消费量	万千瓦时	4856165.31	5069528.77
商品房屋实际销售面积	万平方米	873.68	802.17
商品房屋实际销售额	亿元	702.37	645.25

（市统计局）

2011～2012年佛山市社会事业教育情况

项　目	单　位	2011年	2012年
普通高校数	所	3	3
普通高校在校学生数	万人	4.46	4.58
中职和技校学校数	所	52	51
中职和技校在校学生数	万人	10.64	10.83
普通中学学校数	所	178	189
普通中学在校学生数	万人	32.34	31.86
普通高中毛入学率	%	107.77	111.61
小学学校数	所	423	411
小学在校学生数	万人	44.55	45.28
学前教育入园率	%	99.67	99.53
幼儿园数	所	782	793
在园幼儿数	万人	21.99	22.25

（市统计局）

2011～2012年
佛山市社会事业医疗文化体育情况

项　目	单　位	2011年	2012年
医院、卫生院数	个	107	108
医院、卫生院床位数	张	24167	25338
平均每千人口医院、卫生院床位数（常住）	张	3.34	3.49
文化馆数	个	6	6
公共图书馆数	个	6	6
博物馆数	个	7	9
人均体育运动面积	平方米/人	2.1	2.1

（市统计局）

第十一篇

文件·法规选编

佛山市城市升级三年行动计划

佛府〔2012〕1号

指导思想

城市代表一个地区参与国家和世界发展的竞争力，是工业化、信息化、城市化、市场化和国际化的承载平台。2002年佛山市行政区划调整后，通过编制和实施《佛山市土地利用总体规划》《佛山市城市发展概念规划》《佛山市城市总体规划》等规划，大力推进组团城市建设，不断优化城市空间布局，促进城市发展要素集聚，初步搭建起了现代化大城市的框架。但同时全市城乡建设突出存在着“拼土地、拼资源、拼成本”的现象，城市基础设施建设滞后，城市环境不善、城市管理水平粗放等问题，直接影响我市加快转型升级，建设幸福广东宏伟目标的实现。

为解决佛山市城市化进程中存在的各种问题，促进城市升级和环境再造，积极探索推进广东特色新型城市化道路，根据广东省委、省政府提高城市化发展水平工作会议的部署，经市委、市政府研究，决定实施全市城市升级三年行动计划。

制订行动计划的指导思想是：贯彻党的十七届五中全会关于推进城市化的重大战略部署，落实《珠江三角洲地区改革发展规划纲要（2008～2020年）》和省委、省政府关于提高我省城市化发展水平的意见，按照市第十一次党代会精神，从佛山实际出发，以城市升级为主线，以“民富市强，幸福佛山”为核心，以建设宜居宜商更富特色的城市为目标，把人民幸福作为城市发展的根本价值取向，力争通过三年的时间全面促进城市升级，推动佛山走出一条文明、宜居、承载力和可持续发展能力强的新型城市化道路。

工作目标

（一）总体目标

紧紧围绕城市升级和环境再造，推进佛山岭南特色新型城市化，提高城市化发展水平。通过实施组团中心提升、“三旧”改造、公共交通和市政基础设施、生态环境和宜居城乡、产业新城、城市管理智能化建设等六大工程，努力把佛山建设成为具备经济可持续发展、景色优美怡人、交通安全便捷、生活舒适方便、文化气息浓厚、社会和谐稳定、公共服务健全和人文关怀备至等八大要素的“理想城市”。

（二）分期目标

2012～2014年，以佛山市城市升级总体目标为导向，通过重点实施组团中心提升、交通基础设施建设、主要轴线和节点提升及城乡环境整治等四个方面的103个项目，推进城市绿化、亮化、美化、文化的“四化”建设，经过三年的努力，基本实现组团中心功能完善和品质提高、生态环境明显改善、主要轴线和节点更新改造初见成效、岭南文化特色鲜明、基础设施完善的阶段发展目标，城市总体形象和人居环境得到较大改善。

2015～2020年，在巩固和发展三年升级阶段成果的基础上，继续加快推进公共交通和市政基础设施完善、“三旧”改造促进土地的集约节约利用、产业转型提升和城市管理智能化，实现城市升级和环境再造，建设组团中心承载力强、城市品质高、特色鲜明、内涵丰富的更宜居更宜商更富特色家园。

主要任务

根据市委、市政府关于佛山新一轮发展的总体要求，围绕建设“民富市强，幸福佛山”的目标，依据我市的人文特色、自然禀赋和城市发展战略，在历史积累的基础上推进城市建设，坚持组团式城市的发展道路，全力实施“强中心”战略，大力推进六大工程的实施，确保佛山城市升级行动“一年见成效，三年大变样”。

（一）组团中心提升工程

提升城市规划编制和管理质量，运用先进理念和先进技术手段对现有重要城市规划进行评估和修编。2012年6月底前，要对不适应新时期生态绿色发展要求的规划按法定程序组织修改，探索建设具有岭南地方特色的城市规划与控制新体系。

加速推进城乡一体化发展，不断提升城市的集聚力、竞争力和辐射力。加快佛山新城开发建设，打造城市建设和产业发展转型升级典型样板，建设佛山“强中心”，编制城市中心区概念规划和中轴线城市设计。加快规划建设核心区佛山城市中轴线，推进佛山新城、“岭南天地”、“季华商务区”、“千灯湖金融高新区”等城市新地标建设，发挥组团中心的引领和带动作用，彰显现代化大城市风貌。依法保护好历史名城名镇名村，推进具有佛山特色步行街区工程，按照全市规划要求复兴一批拥有成片岭南建筑的风貌街区。开展市容市貌的综合整治，改善提升城市面貌。

（二）“三旧”改造工程

抓住集约节约用地试点示范省建设的有利时机，按照政府引导、市场运作原则和绿色生态宜居宜业要求，合理确定旧区改建用地容积率、绿地率、建筑高度、密度等开发强度控制要求，加快“三旧”改造特别是旧城区改造步伐。以建设节约型社会为目标，提高城市化进程中的节地、节能、节水水平。切实加强土地资源的管理，形成集约节约用地的发展模式，建立城市发展的动态监控机制，调控城市建设用地投放总量和建设时序。大力推行公共交通导向性土地开发模式，围绕公交站场枢纽规划建设集立体多功能于一体的新型城市综合体，促进城市土地集约利用，探索佛山建设“紧凑城市”模式与典型。

在调查摸底、标图建库的基础上，确保2012年底前完成旧城区改造用地详细规划和改造方案编制工作，并认真组织实施。推进旧城镇改造，注重按照较高标准建设基础设施，实现旧城镇在更高城市化水平上的复兴。将旧厂房改造作为产业转型升级和布局调整的有利契机，提高土地利用率，积极发展多层厂房。充分利用丰富的生态、文化资源，将旧村居更新为文化创意或旅游产业用地，按照城市的标准进行开发建设，提升公共服务设施、交通设施和市政设施配套。到2015年，按照广东省统一部署，把佛山市城中村逐步改造成城市宜居宜业社区。

（三）公共交通和市政基础设施工程

加快国家铁路、城际铁路、城市轨道的建设，研究实施有轨电车等新型交通系统，构筑连接省、市和组团相互之间多层次的轨道交通网络，使城市之间、组团之间联系更加紧密，进一步强化泛珠三角区域、广佛肇经济圈和我市组团之间轨道交通一体化的基础。完善公共交通体系，落实公交优先发展战略，构建以公交枢纽为节点、大运量公交网络为骨架、其他公交方式为补充的公共交通体系。同时，运用城市设计手段，编制佛山市城市慢行系统规划（包括立体廊道规划），建成多个示范性立体步道系统，使之成为佛山新的“城市名片”。优化城市路网结构，合理配置城市公共交通优先车道、专用车道，完善自行车、步行等慢行交通专用基础设施，提升城市交通系统的通行能力。注重解决市区“停车难”问题，分区域、分步骤建成全市路侧、路外停车系统。

加快市政交通基础设施建设，使市与区之间的联系更加紧密、市与镇街之间的对接更加顺畅便捷。加大推进道路交通枢纽中心、货运港口等客货运枢纽的建设力度，并完善枢纽周边的路网衔接。加快推进公交枢纽站场建设，建设一批功能齐全的公交换乘枢纽站、公交港湾式站亭和公交首末站场。全面推动大型港口建设。加快推进水利、能源等基础设施建设，建立合理高效的水资源配置和供水安全保障体系。

（四）生态环境和宜居城乡建设工程

编制并严格实施低碳城市五年规划，编制并实施大气污染整治规划，并逐步取得成效。

充分利用“沿江景观”和“水乡风貌”条件，打造优质的公共空间。划定我市绿线、蓝线，确定各组团的边界，加强对区域绿地、绿地系统、绿道控制区及其他公共开敞空间规划管制。构筑城乡一体化的区域（省立）、城市、社区三个层面多类型、多功能的绿道网系统。开展佛山市城市水系、佛山市城市森林生态和湿地保护体系景观规划研究编制与实施，塑造城际交界面、组团门户、滨水地区、森林公园等城市节点地区景观，重点打造西江和北江及其主要支流在内的滨江景观带，提升城市品位。

全面落实《佛山市创建宜居城乡工作实施方案》，将我市建成安居、康居、乐居、带有岭南特色的宜居城乡。突出规划引导，2015年底前完成全市建制镇规划以及全部村庄规划。综合整治村镇环境，推进水环境质量和以改善空气质量为重点的大气污染防治。科学编制建设保障房发展规划和年度实施计划，重点保障城市困难群体和低收入群体的居住需求，“十二五”期间，要实现现有城市人均住房建筑面积13平方米以下的困难家庭和低收入家庭住房全部得到保障。

统筹协调城市工程管线的规划建设，实施地下管线综合管沟建设示范工程，保障城市各类管线安全畅通运行。加强城市生活垃圾无害化处理设施建设，继续推进城镇污水设施和配套管网建设，加强污水处理厂污泥处理，实现污泥处理稳定化、无害化。全力推进城市防洪工程建设，完善城市防洪排涝体系，提高城市排水应急能力。提高城市消防基础设施建设和防震抗灾标准，完善城市地铁等地下设施的人防功能，增强城市综合防护能力。促进水源保护区水土保持和水源涵养，加强管理保障城市饮用水供水安全。推进大气污染联防联治，综合改善城市空气质量。开展内河涌整治工程，改善水环境质量。

（五）产业新城建设工程

依托佛山坚实的产业基础，大力开展产业新城建设，突出产业发展的集聚效应，形成“工业集中入园区，现代服务业集聚成片，传统服务业灵活分散布局”格局。积极探索服务经济模式，逐步形成高端积聚、高度协作和高效合理的产业一体化布局。

以“创建国家高新技术产业开发区”为基本目标，积极推进南海高新区建设，将南海高新区建设成为产业优势凸显、创新体系完善、高端要素汇聚、生态环境优越的创新型科技园区，形成高新区“三城四园两基地”布局，形成支撑区域跨越式发展的战略高地和“南海行政次中心”。积极推进佛山工业园区体系整合与基础设施建设，引导集约工业园区的进一步形成和发展，发挥产业集聚效应。

（六）城市管理智能化建设工程

积极开展省的智慧城市试点工作，加快城市智能基础建设，依托信息化技术手段，实现城市管理的智能化，提高城市运转效率和精细化管理水平。大力推进电信网、广播电视网和互联网的“三网融合”，加强智慧产业基地建设，推广物联网、云计算等信息技术在市政基础设施和公共服务设施中的应用。实施数字化城市管理，实现城市管理由被动管理型向主动服务型转变，由粗放定性型向集约定量型转变，由单一封闭管理向多元开放互动管理转变。通过数字城管系统、智能医疗、智能交通、智能教育、智能警务等多个系统的建设，进一步提高政府的管理效率，改进公众的生活方式以及改善和美化城市环境。

三年行动计划

三年行动计划以分期目标为指导，以项目为抓手，突出重点和亮点，以组团中心提升、交通基础设施建设、主要轴线和节点更新改造及城乡环境整治等四个方面项目为重点，紧紧围绕城市核心区、城市主干道、重要道路节点、重要滨水地区及门户等最需先期突破，且具控制性的区域来实施升级计划。项目要做到高起点规划、高标准实施、高效率推进，要充分体现佛山的文化特色、岭南特色、山水特色和生态特色。建设与整治并重，并注重与民生相结合，注重与“三旧”改造和产业升级相结合，注重与市创建全国文明城市工作相结合，突出实施效果的整体性和系统性，体现市区一盘棋的统筹效应。项目强调时效性和典型性，要切实按规划、用地、资金、时间进度和责任单位（责任人）

五落实的要求推进实施，通过三年努力，确保三年行动计划的项目取得预期效果。

（一）推进组团中心建设，提升城市功能承载力

加快城市文化中心、历史文化街区等项目建设，彰显岭南建筑特色；大力建设交通枢纽中心、商务中心等设施，改造提升组团中心重要滨水地区景观面貌，进一步完善改造城市交通和城市功能，增强组团中心集聚力和辐射力，丰富和提升城市内涵。

大力进行组团中心提升，打造具有区域服务能力的公共设施，建设城市中轴线。建设佛山新城文化中心（公共文化综合体）、佛山新城交通枢纽中心、佛山新城商务中心、“岭南天地”、“季华商务区”、南海区金融城广场及下沉隧道，推进顺德区德胜河“一河两岸”滨水区提升、高明区西江新城核心启动区项目、三水区云东海景观建设项目。

建设佛山地方特色建筑文化传承区和佛山特色步行街区，形成佛山特色空间体系，丰富城市特色文化内涵，促进佛山产业转型和现代服务业发展。推进祖庙—东华里（祖庙东华里特色步行街区）、莲花路—升平路片老城区改造（一期）、佛山新城公共文化综合体特色步行街区、南风古灶特色步行街区、南海千灯湖特色步行街区、平洲玉器城特色步行街区、陈村花卉世界特色步行街区、乐从沙滘特色步行街区等项目建设。

进行东平河滨水地区改造提升，用地功能以休闲、观光、文化为主体，以少量商业、展览为补充，适时推进佛山港的搬迁，充分利用原有港口的设施和设备，并适当增设一些公园的商业服务设施，进行滨河绿化和东平河北岸文化区提升。

开展组团中心交通改善工程。建设完善静态交通设施，优化重要区域交通组织，改善拥堵点和重要交叉口交通疏导方案，提升和改造重要交通节点（火车站、汽车站、公交枢纽等）的环境和景观，设置和更新交通标识标牌，建设和完善公共自行车系统及智能交通。

综合整治市容市貌。制定专项计划，针对城市卫生、街区形象、市政施工和户外广告等问题进行综合治理，完善城市标识系统，确保市容市貌的治理“一年一变样、三年大变样”。

（二）推进交通基础设施建设，完善公共交通体系

加快推进佛山市区域高快速路和城市内部主干道道路项目建设，进一步完善路网结构，提高道路通行能力。积极开展城际、城市轨道交通项目建设，同步规划和建设基于轨道的综合交通枢纽节点，构建以轨道交通为骨架的公共交通网络。同时，积极探索和推进中运量公共交通的建设和运营，加快形成结构合理的综合公共交通体系。

加快佛开高速扩建、广三高速扩建、肇花高速、海华大桥工程等高快速路项目建设，进一步完善佛山对外高快速路网结构，构建有效辐射周边区域的快速通道。

积极推进魁奇路东延线、西延线、禅西大道、佛陈大桥扩建、禅城至高明快速路等城市主干道道路建设，优化城市路网结构，提升城市道路交通服务水平。

大力开展佛肇城际线、广佛线（广佛地铁）南延线、南海区交通一号线项目建设，尽早启动城市轨道交通二、三号线建设，加快推进轨道交通网络的形成，引导和促进城市公共交通出行模式的转变。

（三）推进轴线和节点更新改造，构建岭南特色景观

通过对沿高速、沿铁路、沿江的生态景观林带建设，以及城市主要道路沿线、主要滨水地区、城市重要出入口、公园的绿化建设和景观整治，塑造城市重要交通走廊、滨水地区、城际交界面、门户、城市主要公园的带状和节点景观，构筑具有岭南特色的城市生态环境、绿道网和景观系统，提升人居环境和城市品质。循序渐进改造提升滨水地区、主干道沿线等主要轴线和门户地区、重要立交、公园等重要节点。

根据《关于建设生态景观林带构建区域生态安全体系的意见》的要求，建设沿铁路（武广铁路、广珠铁路、广珠城际线）、高速公路（广湛高速、广梧高速、二广高速）、北江、西江的森林生态景观和绿化景观带，形成多层次、多树种、多色彩的绿色长廊，构建绿色生态屏障，提升城市门户的绿色生态形象。在2012年前重点建设好广湛高速佛山境内段生态景观林带，并建成全省生态景观林带示范段。

按照《城市绿道网建设规划（2011 ~ 2020年）》，大力推进佛山市城市绿道和社区绿道建设，形成市域内成网络、高标准的城市绿道和社区绿道系统。

对佛山大道、岭南大道、季华路、魁奇路等城市主要道路沿线和重要节点，进一步提升绿化，整饰和改造主要建筑物、广告牌等构筑物，加强景观建设。

对城市主要公园、滨水地区进行景观提升，完善园林建筑和配套设施及小品设置，对部分节点、地段进行重点改造提升，增强视觉景观效果，丰富内涵。挖掘公共空间资源和特色文化底蕴，提高公共空间的可达性、趣味性和人文性。

开展佛山市对外主要道路衔接口的景观提升，扩建绿地，设置小品和标志性雕塑等。同时，通过装饰工程、绿化工程、市政工程、园建工程等，进行广佛地铁出入口绿化和景观提升，提升城市门户形象。

（四）推进城乡环境整治，改善城乡人居环境

立足于把我市建成安居、康居、乐居、带有岭南特色的宜居城乡，加强在内河涌整治、水环境保障、空气质量改善等方面环境整治工程建设，进一步改善人居环境。

主要建设项目：汾江河持续改善和深化治理，禅城区丰收涌，南海区新开平东片引水河涌、雅瑶水道，高明区三洲一涌、三洲主涌，三水区乐平涌等综合整治工程。

保障措施

行动计划按“统一规划、分步推进、市主统筹、属地实施”的原则进行。

（一）统一思想认识，加强组织领导

各区、佛山新城管委会及市有关部门要充分认识到此项工作的重要性和必要性，并要把此项工作作为今后三年甚至是长期的城市规划、建设和管理的中心工作。为高效推进佛山市城市升级三年行动计划，市委、市政府成立提高城市化水平领导小组，市政府成立由市长担任组长，市政府分管领导担任副组长，市政府副秘书长、各区区长、市委宣传部分管领导，佛山新城管委会、市监察局、国土规划局、住建管理局、交通运输局、水务局、发展改革局、财政局、农业局、环境保护局、文广新局、旅游局主要领导为成员的城市升级三年行动计划领导小组。

城市升级三年行动计划领导小组下设办公室（简称市升级办），设在市国土规划局。办公室成员由各区分管领导，佛山新城管委会、市监察局、市国土规划局、市住建管理局、市交通运输局、市水务局、市发展改革局、市财政局、市农业局、市环境保护局、市文广新局、市旅游局等部门分管领导组成。同时，领导小组下设组团中心提升工程、交通基础设施工程、绿化与景观工程、环境整治工程 4 个专责小组，对市、区相关工程进行指导、协调、督促等。市财政将市升级办和 4 个专责小组的工作经费纳入财政预算。各区政府和佛山新城管委会应成立由主要领导挂帅的工作机构，明确责任单位和责任人，落实实施计划和工作职责，组织开展属地的城市升级工作。

（二）制定工作计划，密切配合协调

市升级办负责组织审查实施方案，指导、协调和督促城市升级行动计划实施工作，参与检查、考核，定期召开领导小组会议及编制工作简报等。各项目具体负责单位要及时组建工作机构并保障人员到位，建立工作例会制度、信息沟通机制、协调督办机制和目标责任制，研究提出推进工作的主要思路、工作方案和具体措施，细化要求，量化指标，切实按照规划、用地、资金、时间进度和责任单位五个落实的要求，做好项目的评估、分类指导和监督管理工作，确保行动计划各项任务的落实。

（三）拓宽融资渠道，完善资金保障

各区及佛山新城要千方百计拓宽融资渠道，努力为城市升级工作提供强有力的资金保障。进一步加强对城市升级工作的资金倾斜力度，安排好各年度预算，保障公共财政的投入稳定增长。对建设资金有缺口的项目，坚持主体多元化、形式多样化、运作市场化导向，拓宽全方位、宽领域、多层次、多形式的融资渠道。

（下转第 412 页）

佛山市加强产业链招商三年行动计划

佛府函〔2012〕33号

产业链招商，是在新的历史条件下，市委、市政府围绕加快转变经济发展方式这一工作主线而作出的重大战略决策。

佛山工业能够从无到有、从小到大，在资源相对缺乏的地方成长起今天在国内外都享有盛名的家电、陶瓷、铝型材、家具等一大批产业集群，究其根源，就是善于捕捉市场机会，形成产业链。但同时必须看到，我市的众多产业仍处于价值链的低端，产业配套能力、自主创新能力和高端制造能力都有待加强，如不着力推动产业链延伸发展，促进产业调整升级，我们不仅将失去未来的发展动力，连传统的优势也将难以保持。

加强产业链招商，增强产业核心竞争力，是我市经济增长保持充足后劲的力量所在，也是我市在“十二五”期间乃至更长历史时期内再立潮头的关键。为推动产业链招商，促进产业裂变，实现经济做大做优做强，特制订本行动计划。

指导思想

深入贯彻落实佛山市第十一次党代会精神，以加快转变经济发展方式为工作主线，以推进“先进制造基地、产业服务中心、岭南文化名城、美丽幸福家园”为目标，以产业链招商为抓手，从满足构建产业链的需要出发，确定目标企业，完善和提升我市的产业链条，打造具有佛山特色和优势的产业集群，全面推进转型升级。

工作目标

（一）总体目标

产业链招商的总体目标是找准重点发展的战略性新兴产业进行“建链”，围绕现有产业链条的缺失环节进行“补链”，对现有优势产业链，从科技、金融、信息化提升以及品牌引领入手进行“强链”。通过有针对性的项目引进，推动产业、科技、信息化、文化、金融相融合，增强佛山产业的核心竞争力，实现经济做大做优做强。力争产业链招商三年大发展，在“十二五”期间形成产值万亿规模的九大产业链。

（二）分期目标

未来三年分别以“巩固、发展、提高”为主题，扎实推进产业链招商三年行动计划。

2012年，一方面围绕全市“服务年”活动，巩固已经落户佛山的企业，以商引商，将佛山丰富的企业家资源转化为招商资源，以现有项目为基础上下延伸产业链。策略上以“补链”为主，同时力争引进1～2家战略性新兴产业的核心企业，为“建链”打下支撑点。

另一方面加强产业链招商的基础工作。通过深入调研，研究和制定切合我市未来发展实际的产业链投资指导目录，建立和完善产业链招商工作机制。

当年争取全市招商引资内资部分完成投资额

400亿元，其中引进10亿元以上项目5个。外商直接投资部分完成合同外资金额39亿美元，实际使用外资金额23亿美元，引进世界500强和境外大型企业投资设立企业6家。研究开发机构新增50家，引进创新团体12个；推动企业与中科院、高校等科研机构开展技术合作或引进技术项目150项；推动我市专业镇与高校对接，争取全市共有10个专业镇实施“一校（院）一镇”战略，促进我市专业镇转型升级。

2013年，一方面围绕“建链”的支点性项目引进充实上下游配套项目。初步形成新一代信息技术、新能源、生物医药等战略性新兴产业链。

另一方面针对需要“补链”的平板显示、汽车制造和半导体照明产业，以及需要“强链”的装备制造、家用电器和新材料产业引进关键性项目，产业链招商全面展开、成果初现。

当年争取全市招商引资内资部分完成投资额450亿元，其中引进10亿元以上项目6个。外商直接投资部分完成合同外资金额和实际使用外资金额比上年增长3%，引进世界500强和境外大型企业投资设立企业7家。研究开发机构新增55家，引进创新团体14个；推动企业与中科院、高校等科研机构开展技术合作或引进技术项目160项；推动我市专业镇与高校对接，争取全市共有15个专业镇实施“一校（院）一镇”战略，促进我市专业镇转型升级。

2014年，建立和完善产业链招商的长效机制，实现“建链”“补链”“强链”的“715”目标。

即重点发展的战略性新兴产业，“建链”工作初显成效，各产业产值均超过700亿元（“十二五”末产值均达到或超过1000亿元）；

以“补链”为重点的产业，建立起全产业链条，各产业产值均超过1000亿元；

以“强链”为重点的传统优势产业，在世界范围内确立产业的领先优势，各产业总产值均在“十一五”末的基础上提升50%。

当年争取全市招商引资内资部分完成投资额500亿元，其中引进10亿元以上项目6个；外商直接投资部分完成合同外资金额和实际使用外资金额比上年增长3%，引进世界500强和境外大型企业投资设立企业8家。新增研究开发机构60家，引进创新团体16个；推动企业与中科院、高校等科研机构开展技术合作或引进技术项目170项；推动我市专业镇与高校对接，争取全市共有20个专业镇实施“一校（院）一镇”战略，促进我市专业镇转型升级。

工作重点

根据我市产业发展实际，我市将重点推进产业链招商的三大工程，即“补链”“建链”和“强链”。

（一）补链

“补链”就是要寻找产业链条中缺失的高附加值环节，紧抓“微笑曲线”的两端企业，将产业链延伸、补缺，做大规模，做优配套，以实现产业关联发展的需要。

“补链”的主攻对象是：相关产业我市已有数家能够支撑起整个产业链或在产业链中具重要地位的龙头企业，在这些产业链的某些环节已拥有较强的优势，但尚未形成完整的产业链条。

理论上讲我市的传统优势产业或多或少都存在着在某些环节需要补充、完善的内在需求，但从迫切度、效益和潜力等因素综合考虑，“补链”的重点方向为平板显示、汽车制造和半导体照明产业。

平板显示：依托奇美电子、彩虹OLED、中显OLED项目扩展新型显示器件的运用，引进1～2家大型显示器生产企业。针对平板显示器件产业链条的研发和终端使用展开招商，争取引进1～2家研发机构，2家终端产品生产商。以国家（佛山）显示器件产业园为载体，着力打造世界级液晶面板生产基地，将重点发展高世代TFT—LCD面板生产线、终端光显示产品、光显示配套产业，围绕玻璃基板、有机EL材料、ITO导电玻璃、驱动IC、OLED面板等核心环节招商。抓住全球新型显示器件新一代技术发展的机遇，积极引进重大项目，实现产业链向上、下游延伸，打造产业集群，使我市新型显示器件产业能整体保持与国际先进技术同步，并实现部分超越，取得产业领先优势。

汽车制造业：汽车与汽车零配件产业是我市近年发展较快，未来产值增长空间大的产业链。借助一汽大众汽车落户我市的有利时机，以其为核心扩

展产业链条，注重引进拥有高端技术的国外核心零部件生产企业，提高佛山汽车汽配产业链的规模和生产技术水平。目标引进1家汽车设计公司，10家大型精密汽车配件企业。依托一汽大众、福田汽车、陆地方舟、佛山照明、佛塑集团、华夏动力、精进能源、德方纳米、广顺电器、邦普公司等新能源汽车龙头企业，逐步发展形成新能源汽车产业集群，涵盖整车生产、电池电机电控关键零部件研发和生产、检测平台建设以及电池报废循环再利用等产业链。

半导体照明：以日本丰田合成、三星半导体、三安照明等国内外知名企业为招商重点，大力发展LED芯片，OLED、LED器件、LED封装技术，增强产业的科技创新和技术转化能力，形成从芯片、封装到应用较为完整的产业链。

（二）建链

“建链”就是要对于在我市已有一定项目，但尚未形成支柱产业，通过引进该产业中具有核心地位的龙头企业，并以之为基础，辐射、延伸，从而建立全新的产业链条，培育有竞争优势的战略性新兴产业集群，为我市未来的发展积蓄动力。

“建链”的主攻对象是：目前仍处于起步阶段，但市场前景广阔、发展潜力巨大，而我市又有发展和承接优势的产业。

综合考虑，未来三年我市将以新一代信息技术（包含云计算、物联网、空间地理信息等）、新能源和生物医药等产业作为“建链”的重点方向。

新一代信息技术：新一代信息技术以浪潮集团、联想控股、神州数码为重点目标，围绕服务器、存储设备、系统集成、信息服务、数据中心运营、公共服务平台等领域的生产制造、设计研发开展招商。物联网以美国飞思卡尔半导体、大唐电信科技股份有限公司、中兴通讯股份有限公司为招商重点，围绕从传感器、RFID芯片设计到芯片制造、封装，并涵盖相关嵌入式软件、中间件、应用软件及解决方案的研究、开发、实施等环节开展招商。空间地理信息以中国卫星通信集团有限公司、北京北斗星通导航技术股份有限公司为重点招商目标，着力发展GPS、GIS等数字地理信息运用。

新能源：以通用电气、维斯塔斯、德尔塔、肖特、金风科技等为重点招商对象，着力引进国际大公司与具有国际水平的研发团队，开发高效率、高质量电池与组件产品，积极引进光伏辅料国外著名企业进驻。风电产业重点围绕整机集成设计、研发、组装以及零部件制造等核心环节招商。

生物医药：以诺华、赛诺菲巴斯德、华兰生物企业等为招商重点，围绕原料药深加工、药物研发、基因检测、中药现代化、生物制造产业化，引进先进技术、工艺，开展合资合作、设立研发制造基地。

（三）强链

“强链”就是通过注入科技、信息化和品牌元素，促进现有产业不断精细化，提升现有企业的质量效益，将传统优势产业打造为世界领先、具竞争优势的产业集群。

“强链”的主攻对象是：相关产业在我市的发展已相当成熟，不仅涌现出一定数量在全行业具影响力的龙头企业，而且配套发达，产业链条相对完善，整个产业已在世界范围内具有竞争力，但产业的技术和品牌未形成绝对领先优势，产业利润受硬性成本影响较大，后进地区容易赶超的产业。

综合考虑现实基础、产业规模等方面，未来三年我市“强链”的重点方向为装备制造、家用电器和新材料等产业。通过注入科技、信息化和品牌元素，激活经济存量，将传统产能提升为先进制造，推进现有产业链不断裂变、不断精细化，将传统优势产业打造为世界领先、具竞争优势的产业集群。

装备制造：以卡特彼勒、沈阳机床、中联重科、柳工股份、徐工股份等为重点招商目标，大力发展工程机械成套设备、高端数控设备、关键零部件制造、系统集成等领域，同时加强陶瓷机械、电气机械及设备、金属加工机械、塑料机械、包装印刷机械、起重运输设备、模具行业龙头企业招商。

家用电器：扶持与协助美的、格兰仕、志高等家电企业积极运用高新技术、信息技术提升产品竞争优势。加快家电产业向数字化、智能化、网络化、绿色化发展，引入家电设计研发等环节，扩大产业规模，提升总体效益。

新材料：重点围绕生物医用材料、纳米材料、超导材料、复合材料等领域的全球500强企业开展招商。针对金属材料加工与制品产业中企业规模小、产品价值低和同质化竞争严重的问题，提升产业链的活力和经济效益。

主要任务

行动计划以分期目标为指导，以项目为核心，围绕做大做优做强产业链，做到“五个着力”，以15项主要任务为抓手，确保取得预期的效果。

（一）夯实基础，着力完善产业链招商的长效机制

第一项 加强对各产业的调研和梳理。对现有产业及战略性新兴产业、先进制造业、现代服务业等进行全面的梳理，既了解我市现有的家底，又掌握未来的发展方向，在分析过程中，捕捉到属于佛山的机会，引进合适的项目。启动并全面铺开对汽车、电子信息、机械装备、食品饮料、家电、新材料等重点产业的调研分析，尽快形成新能源、生物医药、节能环保、新一代信息技术等行业的研究报告，与有关咨询机构合作研究制订招商工作路线图。

第二项 加强项目发掘、包装、推介。以对各行业的研究为基础，发现我市现有产业的薄弱环节或可延伸、可发展的空间，在世界范围内筛选出最具合作潜力的伙伴，了解其投资布局及投资策略，按照集约、节能、环保、效益的原则，通过准确定位与丰富内涵，最大限度地激发国内外投资者的兴趣，从而引入新项目或新技术，促进产业链的完善和提高附加值创造能力。

第三项 加强三级招商队伍的协调互补。把市、区、镇各级招商队伍有效组合起来，合理分工、合作发展，减少内部竞争，提高整体招商效果。市级招商机构充分发挥接触面广，信息来源多，熟悉产业分布等优势，作为招商引资信息收集平台，将投资信息及时提供给适宜项目发展的区、镇街和工业园区招商引资机构，重点做好项目谈判、土地落实、政策优惠、项目签约、跟踪服务等后期工作。区级招商引资机构密切配合、前后衔接、上下互动，形成互补协作的招商工作格局。

（二）创新方式，着力提高产业链招商的实效

第四项 以龙头大项目为支点。针对“补链”“建链”和“强链”的重点产业制定相应的鼓励、扶持政策，瞄准产业链中高通用性和高附加值的产业环节，对该环节中的龙头企业进行定向招商。项目引进来后，结合各区产业基础和发展定位，合理安排，充分发挥龙头大项目的辐射、带动、聚合作用。

第五项 推进民营企业对接外资。我市民营经济发达，民营企业数量众多，掌握的资金、厂房、土地、劳动力、市场等资源丰富。各级政府应充分发挥这一优势，推动民营企业在做强、做专的同时，将其掌握的市场、劳动力等资源与跨国公司的管理、技术、品牌等优质资源对接合作，使之在国际竞争中找到更有利的位置，既拓展招商引资新空间，又促进产业转型升级和经济持续增长。

第六项 开展多种形式的招商活动。围绕招商的重点区域和重点方向，根据招商目标的企业性质、技术特点、规模层次，把走出去和请进来相结合，集团出击和小分队点对点招商相结合，市区联动，既打造一个扩大城市影响力的大平台，各区又进一步细化，形成各有侧重和主题的专业推介。

第七项 建立和完善招商项目评估体系。各区根据实际建立完善的项目评估机制，按照项目性质、投资额度、投入产出率、税收贡献、技术先进性、能耗、环境等重点指标给予评分，并根据评分高低予以相应的政策优惠和资金支持。

（三）优化服务，着力营造环境强化增资扩产

第八项 亲商安商促进企业增资。佛山有丰富的企业存量资源，企业有增资的内在需要，说明其发展得比较好，需要进一步扩大产能，或需向上下延伸产业链。对此，我们需要进一步完善服务体系，及时了解和帮助企业解决生产经营中遇到的各种问题和困难，亲商、安商、稳商。未来三年，我市将从土地供应、人力资源保障、技术创新服务、能源供给、融资服务等多方面入手，安排专人负责协助办理，以优质服务为有增资意向的企业提供保障，促其尽快实现增资，实现以商引商。其中2012年有步骤地推进100个技术改造示范项目，促进带动超过500亿元的增资扩产。

第九项 加强产业链公共平台建设。根据产业链发展的特点，建立产业链招商行业性支持体系，包括技术创新中心、产品检测中心、现代物流网络、信息化网络、职业技术教育，等等。建立完善工业性服务平台建设，尤其是加强公共创新平台建设，解决产业发展共性技术难题和薄弱环节，引进组建一批产业公共服务平台。扶持专业镇转型升级，促进专业镇产业链演变为产业集群。加快推动产学研创新联盟的建设，完善院市合作长效机制。推动发展佛山与中关村的战略合作平台，开展与德国弗劳恩霍夫协会等国外著名科研机构的科技创新合作，充分利用、整合国际科技服务资源，推动佛山产业向高端化发展。

第十项 以现代服务业提升软环境。加大培育和发展现代服务业，既进一步完善现代服务业产业链，又通过服务外包、产业关联、资本深化和空间集聚等方面降低制造业成本，为制造业的产业链升级提供动力机制。积极吸引跨国企业研发中心落户佛山，引进一批大型国际金融企业的分支机构，鼓励中外金融机构在佛山设立管理总部或地区性总部，提升我市制造业与科技、信息和金融相融合，促进产业裂变。吸引国外企业来佛山开发具有创新性、示范性和规模效应的文化产业项目，支持制造业的文化嵌入。吸引为工业产业服务的全球著名第三方物流公司进驻，提高物流配套的国际化水平。

（四）活化资源，着力打造有竞争力的招商团队

第十一项 发挥专业化中介招商作用。吸引具有高度专业化的优秀招商中介机构与我市合作，尤其重点加强与北京、上海、广州等一线城市有实力的招商中介机构合作，引进国内、国际知名的招商机构。广纳四方资源为我所用，打造一支熟悉国家法规、熟悉国内外产业发展、熟悉佛山资源优势、熟悉沟通谈判的综合型高素质队伍，以整体配合作战，提高产业链招商的水平。利用各类企业和中介机构等所拥有的信息渠道和产业资讯，探索购买服务、政商互动、合作共建等多种形式，引进优质项目。

第十二项 设立海外招商代表处。聘请相关业内资深外籍人士为“投资促进名誉顾问”，将我市推介给行业领先企业，协助当地企业到佛山考察和发展，协助我市开展专项推介活动。加强在欧洲、日本及中国台湾的驻点招商，与有关机构签订委托招商代理协议，利用日本和台湾地区的制造企业在我市较好的投资基础，通过驻点招商代表处定期提供当地经济信息、产业动向，引荐符合我市产业发展规划的先进制造业项目落户。

（五）合理布局，着力提升产业链招商的承接载体

第十三项 打造产业链招商的主载体。加快推进新规划的国家级高新区建设，同时提升现有工业园区，合理设置专业园区，明确产业定位、发展方向和准入标准，按照规模化、特色化、市场化、集约化要求，结合产业链延伸的需求，适度超前做好基础设施和功能设施配套，做到人无我有、人有我优，使之成为承接战略性新兴产业和推进自主创新的主载体。将重点园区建设用地优先纳入土地利用总体规划，在用地指标上给予倾斜，在财税、融资等方面重点支持，引导优势产业、优势资源向园区集聚，促进产业集约发展。

第十四项 打造都市型产业基地。将“三旧”改造与城市升级、产业转型紧密结合，积极推广天安数码城、瀚天科技城等的成功经验，鼓励引导旧厂房、低效工业区整体改造、连片开发，规划建设一批都市型产业基地，拓展招商载体的新空间。加强佛山新城、广东金融高新区、广东工业设计城、华南智慧新城、国家环境服务业华南集聚区等现代服务业载体建设，着力打造广东新光源产业基地、广东太阳能产业基地、广东新材料产业基地、广东物联网应用产业基地、广东新能源汽车产业基地，为新兴产业发展提供高端载体。

第十五项 推动中欧高技术产业服务城的建设。重点推进佛山新城中欧高技术产业服务城的建设，吸引欧洲（德国）高水平的科研机构和高技术服务企业入驻，充分依托欧洲（德国）先进的研发设计、知识产权保障、检验检测、信息技术、科技成果转化等高技术产业服务，促进入城的高技术服务企业和制造企业融合发展，推动佛山制造业转型升级。

保障措施

（一）统一思想，增强主动

各区政府、各职能部门要充分认识产业链招商对我市未来发展的重要战略意义，提高认识，将思想统一到市委、市政府的战略部署上来。产业链招商是一个系统工程，涉及的各个部门，都不是配

合的角色，而是各个不同环节的主力军。各区、各职能部门要增强产业链招商的主体意识，主动服务于全市的招商工作。市各职能部门在日常工作安排上，要将产业链招商作为本部门常规的、重要的工作，市委、市政府也将把推进产业链招商，作为考核各区和各职能部门工作成绩的核心指标之一。

（二）加强领导，分工推进

完善产业链招商领导协调机制。市和各区建立产业链招商三年行动计划领导小组。市政府成立由市长担任组长，市政府分管领导担任副组长，市政府副秘书长、各区区长、佛山新城管委会，市发展改革局、经济和信息化局、科技局、公安局、财政局、人力资源社会保障局、国土规划局、环境保护局、外经贸局、卫生局、外事侨务局、旅游局、金融局、台湾事务局、贸促会、国税局、地税局、工商局，佛山海关、供电局，国家外汇管理局佛山中心支局主要领导为成员的产业链招商三年行动计划领导小组。

领导小组研究制定招商引资的相关规划、政策和方案，加强对市有关部门和各区的统筹协调，检查督促市各部门和各区招商引资工作的落实，协调重大项目的布局。建立在谈项目进展情况定期汇报制度，将重点项目的洽谈、落户、投产等情况通报作为领导小组工作会议的固定议程。

在市、区产业链招商三年行动计划领导小组框架下，各区相应形成涵盖发改、经信、科技、国土规划、环保、外经贸、税务、工商、海关、供电、外汇管理等各有关职能部门的产业链招商的要素跟进机制。重点围绕引入项目的要素进行专题研究，在依法依规的同时，各成员单位根据各自职能分工，协调跟进相关项目的立项、注册、土地供应、建设、环保、税务、口岸通关、能源供应等方面的要素配套，领导小组各成员单位要确保本部门职能范围内事项的落实和兑现，确保项目顺利落户。

（三）加大投入，保障资金

建立佛山重点招商项目引导资金。市级财政预算每年安排一定资金，获得市级引导资金支持的重点项目所在的区应按照1∶4的比例安排配套扶持资金，用于支持现代服务业、战略性新兴产业和先进制造业的引入和发展。

建立和完善招商激励机制。各区在学习借鉴先进地区成功经验的基础上，采取洽谈费、扶持资金、服务费和奖励金等多种形式的激励手段，抓紧制订和更新奖励政策，调动社会力量参与招商引资工作的积极性，形成社会化招商的总体氛围，在竞争激烈的招商大环境下取得主动。

（四）扩大宣传，营造氛围

充分利用海内外各种商协会，大力宣传我市的产业链招商。积极与香港贸发局、投资推广署等专业机构合作，以产业链招商为主题，策划目的明确、受众清晰的推介活动。在新闻媒体、门户网站开辟产业链招商三年行动计划专栏或专题，唤起各个层面对产业链招商的理解和支持，形成良好的招商氛围。

二〇一二年三月二十一日

关于促进金融服务实体经济若干意见的通知

佛府办〔2012〕39号

为贯彻落实中央金融工作会议精神，推动金融有效服务实体经济，促进金融、科技、产业深度融合，缓解中小微企业融资难、融资贵，将佛山市建设成为特色鲜明、体系完善的产业金融先进城市，结合我市实际，提出如下意见：

做强做大地方金融机构

第一条 全力支持农信联社改制和农商行发展。2012年内全面完成各区农信联社改制为农村商业银行工作。各区研究实施专门扶持政策，集中资源，支持农信联社（农商行）业务发展，并协调解决农信联社（农商行）发展中的政策瓶颈，营造公平竞争环境。

第二条 大力发展新型（准）金融机构。提高新型（准）金融机构覆盖面，2013年末，争取实现村镇银行在各区覆盖，小额贷款公司在特大镇街覆盖；培育大型小额贷款公司、融资性担保公司，“十二五”期内，重点培育注册资本5亿元以上小额贷款公司10家、融资性担保公司5家；加强行业监管，2012年上半年出台小额贷款公司、融资性担保公司监管细则，试行机构评级管理制度；2012年上半年内成立小额贷款行业协会。

第三条 试点设立科技金融机构。2012年内，支持银行机构设立科技贷款专营机构，试点设立可贷款、可投资的科技小额贷款公司。

第四条 鼓励支柱企业、大型企业、上市公司投资金融业，各区选取若干家企业重点支持，向产业金融集团的方向发展。

第五条 积极引入证券公司、信托公司、保险公司、基金管理公司、期货公司、融资租赁公司等金融机构总部落户佛山，壮大地方金融机构体系。

搭建金融服务平台

第六条 高标准、高水平建设广东金融高新区，建设与全球金融业同步发展的现代金融后援产业集群以及创新型金融机构聚集发展区。加大招商力度，推动金融后援、金融外包服务、股权投资、融资租赁、民间微小金融机构在金融高新区聚集。设立股权投资功能集聚区，并建设成为国内有影响力的股权投资信息发布中心。积极参与“新三板”试点。争取国家有关部委支持，将金融·科技·产业融合创新洽谈会打造为国家知名的金融洽谈会。成立千灯湖金融控股公司。争取上级支持，给予佛山小型民营金融机构一条街的优惠政策。力争到2015年，累计引进金融后援服务类项目超过70个，金融服务及外包服务增加值达200亿元。

第七条 金融对接产业扶持计划。各区、特大镇街根据产业转型升级需要，制定重点扶持产业、重点扶持企业计划，设立科技融资担保公司或专项扶持基金，引入金融机构合作，对重点扶持企业在贷款、发债、上市等方面给予增信、补贴、风险补偿、奖励等扶持。

第八条 金融支持产、学、研合作。市人民政府牵头与中国科学院共同设立引导基金，重点投资中国科学院院士合作项目的孵化、成果转化。

第九条 推广“商圈”融资模式。推动以专业市场、产业园区或者行业为单位组织企业商圈，对接金融机构融资。推动银行机构以专业市场、产业园区或者行业为专门目标，创新融资模式与产品。发展特色小额贷款公司，以专业市场、产业园区或者行业为专门服务对象。

第十条 发挥商会、协会等民间组织在引导民间资金投向方面的积极作用。支持以商会、协会等民间组织为平台，集结民间资金，以互助基金、股权投资基金、行业小额贷款公司、融资性担保公司等为载体，服务成员企业和实体经济。

第十一条 运用形式多样的融资保证方式，缓解企业抵押难。进一步推动企业股权、知识产权质押融资，引入评估等中介机构合作，给予贴息、风险补偿等政策扶持，并配套交易办法；落实在建工程抵押登记、贷款二次抵押登记、份额抵押登记；支持保险公司推出贷款保证保险、短期贸易信用保险等险种；探索林权和集体产权物业抵（质）押贷款；推动企业在香港市场人民币融资；推动企业以租赁方式融资。

支持企业上市与发债

第十二条 积极推动企业上市。每年争取5～8家企业上市，3年内推动5家以上科技型中小企业登陆创业板，争取列入“新三板”试点；创新培育上市企业梯队各项机制：实施市领导联系重点镇街、区领导联系重点拟上市企业制度，完善“绿色通道证”服务制度，强化部门联动制度，完善企业上市扶持政策。

第十三条 实施股权投资基金发展计划。到“十二五”期末，实现150家以上股权投资基金落户佛山，募集资金300亿元以上；重点引入国内外知名的大型股权投资基金，支持股权投资基金做强做大；落实各项扶持政策，切实解决股权投资基金在税收、工商登记等方面的实际问题，实施定期项目对接制度；2012年内成立股权投资行业协会。

第十四条 积极推动中小企业发行债券。推动中小企业区域集优债发行平台落户佛山，将其建设成为辐射珠江三角洲乃至全省的区域集优债发行平台，并利用该平台形成交易市场；扩大中小企业区域集优债的发行规模，进一步降低发行条件和发行成本，完成20亿元的阶段规模目标；创新发行高收益债券、在香港市场发行人民币债券。

加大财政与国资引导扶持力度

第十五条 加大财政支持力度。增加财政投入，通过设立国资担保公司和小额贷款公司或引导基金、担保基金、专项扶持资金等方式，以增信、补贴、风险补偿、投资等手段，引导社会资金，撬动金融机构贷款，放大财政扶持效果。

第十六条 加大金融机构招商以及对金融业支持。对于金融机构入驻（设立）、机构升格以及资金投放增长突出、金融创新效果显著的机构，给予奖励、土地、租金、人才、业务等政策支持。具体由各区研究实施。

第十七条 加强国有资产资本运作，布局金融领域。加快国有资产重组、整合，成立国有资产控股集团，强化资本运作，盘活国有资产；将政府融资平台改造成可持续发展的投融资平台，并运用BT、BOT、债券、信托、资产证券化等方式引导社会资金参与基础设施项目建设；支持国有资本布局金融领域，控股、参股农信联社（农商行）、新型（准）金融机构，发起设立再担保机构。

建立保障落实机制

第十八条 提供高效政务服务。相关职能部门要为金融机构、企业融资在办理工商、税务、外汇、抵（质）押登记、信息查询、法律诉讼、处置抵（质）押资产等方面提供高效、便捷服务。

第十九条 创建良好金融生态环境。加强征信平台建设，提高各部门之间企业、个人信用信息的共享水平，逐步构建中小企业信用信息数据库；严厉打击非法集资、高利贷、金融诈骗、地下钱庄等活动，维护金融秩序；由银行业协会定期公布贷款

失信企业名单，并研究实施银行业联合制裁措施；进一步加强诚信佛山、金融安全、金融知识的宣传，创造良好舆论氛围。

第二十条 加强配合与执行。各区、市相关部门要紧密协作，共同推动。各区人民政府依据本意见，结合区实际，制定具体实施方案；市相关部门依据本意见和部门职能，具体落实；市金融局要加强统筹、协调与指导。各区人民政府、相关部门贯彻落实本意见的职责分工另行通知。

二〇一二年五月四日

（上接第403页）

佛山市城市升级三年行动计划

（四）落实各方责任，加强监督检查

各区、各部门应严格按照任务目标和职责分工，积极落实好本部门、本辖区内的提升工作。市监察局会同市升级办等相关部门对各区及市有关单位落实升级工作任务定期进行检查、监督。各区及市有关单位根据市政府要求，向市升级办报送工作进展情况，由市升级办汇总后报市政府。各区政府、各部门要明确任务，逐级落实目标责任制，创新政绩考核机制，将项目建设年度任务完成情况纳入领导干部考核指标体系，对未完成建设任务的项目责令改正和限期完成目标任务。

（五）加强宣传引导，确保舆论导向

市、区级新闻媒体、政府门户网站要开辟城市升级行动计划活动专栏或专题，广泛深入宣传开展城市升级的重大意义，宣传城市升级工作的进展和前景。要切实做到宣传多样、生动活泼，真正让城市升级工作深入人心，通过营造城市升级工作良好的舆论氛围，进一步振奋全市人民精神。

二〇一二年二月八日

佛山市促进产业转型升级提高经济质量与效益实施方案

佛府办函〔2012〕82号

根据《关于推进市政府近期五项重点工作督办落实的通知》(佛府办函〔2011〕539号)文件精神，为扎实有效地推进我市经济质量与效益、创新招商引资机制、促进产业转型升级、实施总部经济战略等各项工作，特制定本方案。

总体工作思路

2012～2015年，以科学发展观为统领，围绕《珠江三角洲地区改革发展规划纲要(2008～2020年)》和“四化融合，智慧佛山”发展规划，以提升经济效益和质量、推动产业转型升级为主线，创新招商引资机制，实施总部经济发展战略，做大做强工业集聚洼地，培育壮大战略性新兴产业和现代服务业，全面推动佛山产业转型升级，引领经济效益和质量提升。

主要任务及分工

实施“两转一提、招商带动、总部集聚”等三大战略任务，开拓产业转型升级新路径，走出经济质量与效益双提升的好路子。

(一)实施“两转一提”战略，促进产业结构转型升级

以“两转一提”(推动产业转型和企业转型，提高经济质量和效益)为核心，推动我市产业结构向“微笑曲线”两端提升，以行业和企业两个提升，带动经济发展质量和效益提高。

推动传统产业转型再造。制定实施佛山市传统产业转型提升实施方案，鼓励企业参与技术路线图的制订，做好已制定路线图的实施示范工作，积极主动推广经验，推动产业链集群式创新。利用“三旧”改造，推动传统产业改造提升发展载体建设。推动产学研合作，开发推广行业共性技术、关键技术。推动工业设计与生产制造相融合，提高产品附加值。

近期工作重点：

1. 市经济和信息化局、科技局加快制订机械装备、纺织服装、陶瓷、金属材料加工与制品等4个传统优势行业转型升级重点突破实施方案。

2. 市科技局积极推进中科院佛山产业技术创新与育成中心建设，推进我市与中关村的合作项目，加强与德国弗劳恩霍夫研究所的技术合作。

3. 各区政府要抓好《佛山市通过“三旧”改造促进工业提升发展的若干意见》的贯彻落实，加快推动区内示范项目建设，市经济和信息化、财政、国土规划、住建管理等部门要做好市级专项扶持资金的配套工作。

4. 各区政府要推动工业设计与传统企业生产的对接。鼓励机械装备、纺织服装、陶瓷、金属材料加工与制品等传统产业通过创意设计提高产品附加值，提升产品核心竞争力。

加快培育战略性新兴产业集群。围绕光电产业、新材料、新能源、新医药、节能环保、新能源汽车、物联网、云计算等重点产业领域，抓好战略性新兴产业项目，用好战略性新兴产业专项资金，支持重大项目和基地建设取得重大突破，促进战略性新兴产业见规模、成气候。

近期工作重点：

1. 市发展改革局积极推动省现代产业500强项目建设，建立全市战略性新兴产业项目库。切实落实《佛山市新能源汽车示范推广实施方案》，积极推进第一批广东省战略性新兴产业基地（新能源汽车产业）和第二批战略性新兴产业发展专项资金新能源汽车项目申报。引导做好国家金太阳示范工程实施工作，为相关区光伏发电项目做好项目申报及相关配套工作。

2. 市科技局认真组织实施好省战略性新兴产业发展（LED产业）专项资金、粤港招投标项目、院市合作项目、产学研及科技发展专项。抓好我市“广东省绿色照明示范城市”建设工作。

3. 各区政府要加快推进一批重点项目和产业基地建设。南海区重点推进广东新光源产业化基地、中科院南海医药科技产业中心、广东新材料基地（里水）等战略性新兴产业基地建设，加快推进金谷·光电产业社区、翰天科技电子城、日本中小企业园等都市型产业载体建设，打造全省战略性新兴产业基地。顺德区抓好新型钢材和光电显示材料项目建设，抓好美的光伏示范工程、中源光伏示范工程、碧桂园昇辉LED项目、彩虹南方产业基地，建设彩虹AMOLED研发及产业化项目等建设，积极培育物联网产业，重点建设好广东物联网应用产业基地和广东华南物联网研究院。三水区加快推进爱康太阳能公司与中山大学共建省级光伏工程中心及实验室，与中科院广州能源所共建能源环境育成中心，大力推进海尔“智能家居”工程等一批项目建设。

加快推动现代服务业发展。坚持现代服务业与特色制造业融合发展，完善现代服务业发展规划体系。推进现代服务业集聚区建设。鼓励企业主辅分离发展现代服务业，强化与穗港澳服务业合作。

近期工作重点：

1. 市发展改革局及各区政府推进市100个服务业重点项目建设，切实加强组织协调及跟踪工作，确保项目顺利实施。

2. 禅城、南海、顺德区政府加快推进省首批认定的广东金融高新技术服务区、广东工业设计城、1506创意城（佛山创意产业园）、乐从大型专业市场、西樵纺织综合性生产服务业集聚区5个现代服务业聚集区建设。

3. 市经济和信息化局加快推进《关于鼓励制造业企业主辅分离发展服务业的指导意见和扶持办法》，重点鼓励扶持我市亿元以上制造企业主辅分离发展服务业，促其成为服务业发展的新突破点。

积极发展都市型现代农业。

近期工作重点：

1. 市农业局、科技局、经济和信息化局要强化农业科技支撑，提升农业专业化水平。加快工业化技术在农业领域中的应用推广，积极争取财政补助政策支持，积极发展农业电子商务，探索发展数字农业、智能农业，加大职业农民的培训力度。

2. 市农业局要搭建农业发展平台，提升农业产业化水平。重点建设广东南海万顷洋园艺新世界、三水乐平创意农业城等现代农业核心园区，依托各类农业园区，积极推进市级“智慧菜篮子”基地建设，推行农业标准化生产规程，推动农业品牌化发展，实现从田地到餐桌的全程质量监控，保障农产品消费安全。

3. 市农业局、发展改革局、经济和信息化局要做大做强农业经营主体，提升农业市场化水平。重点扶持一批经济效益好、辐射带动能力强的农业龙头企业做大做强，推动有条件的涉农龙头企业转制上市，扶大扶强一批辐射带动农业能力强的农民专业合作社。改造提升现有的农产品物流市场，加强冷链等农产品现代物流配套设施建设，大力扶持南鱼北运、供港澳鱼等物流项目，鼓励在主要农产品生产基地建立小型冷库，发展冷链物流。

（二）实施“招商带动”战略，创新招商引资机制

牢固树立“招商引资，效益优先”观念，加强产业链招商，完善招商引资激励机制，建立全市五区优质项目流转机制，抓紧建立重点项目部门协同机制，创新招商引资新模式，引入更多效益更好的项目来支持佛山未来的发展。各区政府要创新载体招商新模式，实施系列投资促进活动，抓好项目落地跟踪服务。

近期工作重点：

1. 各区政府要根据招商形式需要，完善调整招商引资中介机构扶持与奖励办法，针对专业化中介机构的成长特点，从洽谈费、扶持资金、服务费和奖励金等多种形式的资金支持入手，吸引具有高度专业化的优秀招商中介机构与我市合作，利用各类企业和中介机构等所拥有的信息渠道和产业资讯，探索购买服务、政商互动、合作共建等多种形式，引进优质项目。

2. 市外经贸局要协调各区建立全市五区优质项目流转机制。市充分发挥统筹协调作用，在公平、合理竞争的基础上，全市一盘棋，统筹兼顾，建立全市五区项目流转机制。对于某个优质项目，如果某区的条件不合适，通过市统一协调，将项目流转到其他合适的区，千方百计把优质项目留在市内。

3. 市外经贸局要协调市各职能部门，抓紧建立重点项目部门协同机制。重点围绕引入外资优质项目需要的要素进行专题研究，在严格依法的同时，主动为优质项目提供立项、土地、规划、建设、环保、卫生、税务、口岸通关、能源供应等方面的配套服务，确保优质项目顺利落户。

4. 市经济和信息化局要加强与国内龙头骨干企业的对接洽谈，研究制定在工业结构的新形势下引进提高经济质量与效益的重点项目的招商改革方案，集中精力、集中资源引进一批对工业发展有重大推动作用的项目。

5. 市科技局要加强与海内外科研机构的交流合作，着重引进有发展潜力的高端人才创业项目以及大批科技含量高、市场前景广的中小型科技项目，充分运用现有孵化器、产业载体等创新资源，努力培养一批拥有强力发展后劲的高科技企业，共同构建科技与产业新高地。密切与联合国工业发展组织的联系，用好科技孵化基金，充分利用其全球产业平台进行招才引智工作，引进国外先进制造技术和创新团队，解决制约产业发展的瓶颈问题。

（三）实施“总部集聚”战略，推动产业载体建设

重点引进龙头企业地区总部或职能型总部机构。积极壮大本土企业总部经济，引导生产制造优势突出的制造企业向研发设计和品牌营销两端延伸。引导重点企业建设总部楼宇，形成总部经济集聚点，发挥以点带面的辐射效应。

近期工作重点：

1. 各区政府要加快制定扶持总部经济发展的政策措施。引导具一定规模的本土企业及总部要素机构向企业总部基地集聚发展。吸引市外具有一定规模的企业总部或大型企业的总部要素机构向佛山总部基地集聚。

2. 市国土规划局实施积极的土地支持政策，加强总部企业用地保障。加快园区产业转型升级，完善配套设施，引导具备条件的工业园区改造成为综合工贸园区，鼓励商贸流通企业、生产环节外迁企业将管理、物流、销售总部留驻综合工贸园，鼓励企业在符合工业用地结构调整有关规定的前提下，经批准允许企业利用原工业用地自行改造升级发展总部经济。

3. 各区政府要抓好一批总部项目载体建设，抓好对总部企业的招商引资工作。禅城区重点打造季华路总部经济核心轴，发展新IT、金融服务、商务咨询、总部办公、现代商贸等产业，打造世纪互联都市型产业园、欧洲工业园、佛山新媒体产业园、佛山时尚产业园、LOFT都市智巢等项目。南海区高规格建设广东金融高新区，吸引大型金融机构的区域总部或业务总部进驻。推进正在广佛国际商贸城建设的坚美、伟业、华昌等企业总部大厦，鼓励和支持设立总部的企业建设各种总部载体。顺德区做好对总部企业奖励申报的核算工作，争取在年内完成对已认定总部经济扶持政策的兑现，支持本土优势企业扎根顺德设立总部。推进总部集聚区规划建设，出台《顺德区推进总部集聚区规划建设工作方案》，成立区总部集聚区规划建设领导小组，全面启动总部集聚区规划建设工作。开展对总部企业的招商活动，吸引国内大型企业在顺德设立综合性或职能型总部。高明区加快广东溢达纺织有限公司企业总部项目的建设，促进中兴软创“中兴（佛山）智慧城”等总部项目的落实。

二〇一二年三月六日

佛山市企业注册登记改革方案

佛府函〔2012〕99号

根据省第十一次党代会，以及全国和省关于加快转变政府职能、深化行政审批制度改革工作的相关精神，为改革当前我市企业注册登记准入门槛较高、行政性干预过多的现状，切实减轻企业负担，构建符合现代市场经济发展客观规律的企业注册登记制度，制定本方案。

指导思想

以《珠江三角洲地区改革发展规划纲要（2008～2020年）》为指导，全面贯彻落实《国家工商行政管理总局关于支持广东加快转型升级、建设幸福广东的意见》有关规定，秉承“省部合作，先行先试”精神，坚持改革创新、循序渐进，积极推动企业登记管理改革。

主要目标

改革现行企业主体资格准入门槛高、效率低的注册登记制度，结合佛山实际，构建企业主体资格与经营资格相分离、审批和监管相统一的登记管理制度，逐步实现与国际商事登记制度接轨。

基本原则

（一）职能转变原则

通过厘清企业登记机关及审批机关与企业的关系，激活企业的自治功能，强化企业的法律责任、社会责任。

（二）公开公正原则

实行各类企业平等准入，企业登记信息及相关行政许可信息通过信用信息公示平台及时、全面向社会公众公开公示。

（三）宽进严管原则

改革以市场需求为导向，降低市场主体准入门槛、提高市场主体准入效率。严把市场主体退出关，维护市场交易安全，充分保障企业、投资人、债权人利益。

（四）权责统一原则

坚持权责对等、协调统一原则。各审批机关充分厘清审批与监管职责的关系，改变以审批替代监督管理、重审批轻监督管理的传统模式，实现企业监管总体效能的全面提升。

（五）循序渐进原则

分层分类、突出重点推行改革。坚持由易到难、以点带面，积极稳妥推进改革，根据具体内容，依据不同层级及主体组织实施。

主要内容

（一）实行主体资格与经营资格相分离的行政许可制度

改革营业执照“证照合一”制度，将营业执照彰显的主体资格功能与经营资格功能进行分离，使营业执照成为企业主体资格凭证，具备证明企业资格存在及公示其登记信息的功能。

1. 依企业申请，企业登记机关直接核发可证明企业主体资格的企业法人营业执照、分支机构营业执照。属于一般经营项目的，经营范围依据企业申请项目按照《国民经济行业分类》规定核准；属于许可经营项目的，经营范围核定为许可经营项目须经审批后持有效许可证或批准文件经营。对佛山市审批权限范围内的许可经营项目，企业主体资格登记与经营资格许可各自独立进行，经营资格许可不再作为企业主体资格注册登记的前置条件。

2. 对有关审批事项实行告知承诺制，作为实行企业主体资格与经营资格相分离的登记制度的积极、稳妥的手段，缓解改革后登记制度与我国现行法律法规相冲突的问题。

3. 建立行政审批和监督管理高度统一的登记管理制度。按照“谁审批，谁监管”的原则，企业营业执照主体资格登记事项的监管职责，由企业登记机关履行。经营项目及经营场所涉及审批的，由各审批机关依据法律法规的规定，履行各自职责范围内的监管职责。

（二）统一和规范全市企业登记项目行政审批程序，创新审批方式，优化审批流程

积极依托市审改办建立的联合审批平台，实行企业许可经营项目的“串联审批制”向“联合审批制”转变，提高许可经营项目审批效率。

建立行政许可窗口标准化服务规范制度、行政许可窗口工作人员优质服务规范，推行“首办责任制”，做到“咨询服务一口清，发放资料一手清，受理审查一次清”。简化行政审批程序，按照公开透明、便民高效的要求，依法进一步简化审批程序，创新服务方式。

（三）实行注册资本认缴登记制度，提高注册资本使用效率

企业登记机关只登记有限责任公司的注册资本，不登记有限责任公司的实收资本，也不收取验资证明文件。股东实际缴付注册资本的，公司向股东出具《出资证明书》。有限责任公司缴付出资并取得法定验资机构的验资证明文件后，到企业登记机关办理备案。交易相对人或社会公众通过信用信息公示平台对股东出资情况进行查询。股东未依公司章程约定实际缴付注册资本的，承担相应法律责任。公司发生债务纠纷或依法解散清算时，股东以其认缴的出资额为限承担民事法律责任。

特别法律法规对公司注册资本实缴有特殊规定的，从其规定。

按照循序渐进原则，为避免出现恶意欺诈和投机的现象，分步实施注册资本认缴登记。

（四）实行住所与经营场所各自独立的登记管理方式

1. 企业住所的功能是企业公示送达法律文件、确定司法管辖、承担法律责任和履行法律义务的地址。

2. 放宽对企业住所（含经营场所，下同）权属证明的限制，企业登记时，企业登记机关不审查场所的面积、法定用途及使用功能。在一定范围内试行“一址多照”“一照多址”，允许符合具体条件的地址登记为多户企业住所和经营场所，允许在企业营业执照上分别标明住所和经营场所。

3. 经营场所可以和住所地址不一致。经营场所和住所地址不一致的，以登记行政管辖为标准，跨登记行政管辖区域的，企业应当将经营场所按分支机构有关规定申请登记；登记行政管辖区域内的，由企业自行选择向企业登记机关申报登记经营场所或将经营场所按分支机构有关规定申请登记。企业应申报相关具体经营场所信息并对其经营场所的真实性及合法性负责。

4. 须经审批机关批准设立的企业，其经营场所由审批机关批准文件核定。

（五）改革现行企业年度检验制度，建立企业年报备案制度

1. 优化企业年检制度，施行企业年报备案制度。企业年度报告备案制度，是企业依本办法按年度提交年度报告等材料，在佛山市企业信用信息公示平台上备案并公示的企业自律管理制度。

2. 企业年报备案由企业在指定的网上申报平台上自助完成年报备案工作。企业应当在规定时限内自行登录网上平台填报年度报备有关内容，包括其登记事项变化、企业登记事项的变化情况、注册资本的情况、实收资本情况、资产负债等情况。

3. 企业须对所备案年度报告的真实性、合法性负责。企业登记机关不审查企业年度报备的内容，企业须对所备案年度报告的真实性、合法性负责。企业涉嫌虚构年度报告内容的，企业登记机关可依法定程序进行查处。

（六）改革现行企业主体资格退出机制，建立

企业申请退出与企业除名并行制度

1. 现行企业主体资格退出制度是依企业申请，由登记机关进行注销登记核准后，该企业主体资格灭失。企业除名制度是指企业登记机关将相关企业从公示名录中剔除，记入企业除名名录的管理措施。

2. 工商登记机关对连续两年未按本办法进行年度报告备案的、审批机关作出擅自从事许可经营项目的行政处罚并来函要求登记机关予以除名等情形，企业登记机关可采取除名决定。

3. 被采取除名决定的企业不免除企业及其投资人、高管人员的法律责任，如有纠纷和债务，仍可依法予以追诉。

4. 被采取除名决定的企业符合下列条件之一的，可在企业被除名未满两年申请恢复：证明除名事由不存在的；企业登记机关认为可以恢复的其他情形。

5. 对未依法进行企业年度报告备案的企业，企业登记机关有权对其进行处罚，处罚后允许企业申请补申报。对连续两年不进行年度报告备案的企业，企业登记机关可予以除名。

6. 通过信息信用公示平台对除名、恢复等予以公告，通过信用公告公示督促企业依法经营。

（七）改革现行行政许可登记公示制度，构建统一的企业登记许可及信用信息公示平台，推进社会诚信体系建设

建立全市统一的企业联合审批平台及信用信息公示平台。通过企业联合审批平台，实现登记许可信息共享，审批同步；许可部门按照“谁审批、谁监管”原则，获取监管对象信息，明确监管对象，履行监管职责。企业信用信息公示平台为公众提供企业基本登记信息、备案信息、年报信息、审批和监管信息、企业及其相关人员违法违规记录等信用信息。

（八）积极扶持和培育专业中介机构发展，加强和完善专业中介机构的建设和管理

进一步发挥具有专业知识和专业技能的检验、检测、认证、评估、评价、审计、验资等中介机构的社会服务作用，通过政府购买服务积极扶持和培育专业中介机构发展，逐步将相应实质性审查职能转移给中介机构，引导中介机构采用特殊的普通合伙企业进行经营，强化中介机构的经营风险责任，引导行业自律。建立和完善专业中介机构管理制度，保证中介机构的独立性、客观性、公正性，消除行政干预，打破行业垄断和制度性垄断。

工作要求

（一）加强领导，形成合力

佛山市行政体制改革试点工作领导小组负责统一领导、组织本次企业注册登记改革，市各有关部门明确目标任务，落实责任分工，抓好组织实施。同时，加大人力、物力和经费投入，保障改革工作需要。

（二）建立平台，共享信息

企业联合审批及信用信息公示平台要成为建设社会诚信体系建设的重要信息平台。各级人民政府、各有关部门要将履行审批和监管职责的信息进行公开、公示，自觉接受社会公众监督，同时也要建立地区间、部门间情况通报和信息反馈、数据共享等制度。

（三）争取支持，保障推行

改革需积极争取省政府及上级职能部门政策支持和相应的司法保障支撑，以保证登记和管理制度改革顺利进行。对突破现有法律框架的改革的行政履职风险，建立相应的纪检监察和司法保障制度。各级人民政府要为企业登记管理改革提供经费及人员等各项保障。

（四）制定办法，完善实施

由佛山市行政体制改革试点工作领导小组牵头制定配套的改革实施办法，全市各相关部门根据该办法制定相关实施细则、实施方案，分步实施、稳步推进企业登记管理改革。全市各相关部门应根据该办法规定按各自职责制定相关配套制度、办事指南和监管措施等，确保改革工作的落实和成效。

（五）积极探索，勇于实践

既要大胆改革创新，又能积极防范改革风险，把企业登记管理改革与推动科学发展、促进和谐佛山建设与全面建设小康社会事业紧密结合，形成良性的互动态势。

（六）加强督查，务求实效

各级政府、各有关部门要加强对改革事项落实情况的检查力度，建立健全责任追究制度。对在改革中搞部门保护主义、失职渎职、推诿扯皮的，要明晰责任、严肃处理。要强化对企业登记、经营行为的监督检查，对违法违规行为务必依法追究相关责任。

（七）加强宣传，引导舆论

各级政府、各有关部门要广泛开展企业登记管理改革相关措施的宣传活动并充分发挥新闻媒体的舆论宣传及监督作用，提升行政机关依法行政、依法监管水平，提高市场主体依法生产经营的自觉性和自律意识。

（八）总结提炼，物化成果

及时总结企业登记管理改革的有益经验，以企业登记管理改革研究报告、经验论著等为载体，物化企业登记管理改革的成果，提高我市社会管理软实力，有效促进各类市场经济主体发展壮大和社会经济繁荣发展，推动产业转型升级，建设幸福佛山。

二○一二年九月二十八日

佛山市医疗卫生服务体系升级行动计划

（2012 ~ 2015 年）

佛府办函〔2012〕507 号

改革开放以来，佛山市的医疗卫生事业有了长足发展，居民主要健康指标达到中等发达国家水平。2011 年全市孕产妇死亡率、婴儿死亡率、5 岁以下儿童死亡率分别是 13.58／10 万、3.39‰、4.62‰。全市有医疗卫生机构 1272 个，实有病床 24526 张，每千常住人口执业医师数和床位数分别为 1.73 人、3.39 张。社区卫生服务机构 372 个，基本实现社区卫生服务全覆盖。

但是，佛山市医疗卫生事业的发展仍存在不少困难和问题，医疗资源总体不足和结构不合理问题并存。执业医师占全省总量的 6.97%，而门诊急诊量占全省总量的 11.48%。儿科资源明显不足，每千儿童儿科执业医师数、床位数分别为 0.64 人、2.29 张。医疗资源分布不均衡，高明区、三水区较薄弱。优质医疗资源不足、基层医疗卫生服务能力较弱、病人流向不合理、多元化办医格局尚未形成等突出问题，制约着佛山市医疗卫生事业的科学发展。医疗卫生事业的现状与全市经济社会的快速发展和人民群众日益增长的医疗服务需求不相适应，“看病难、看病贵”问题一定程度上存在。

为提升城市竞争力，打造幸福佛山，加快推进佛山市医疗卫生服务体系升级，有效缓解群众“看病难、看病贵”问题，制定《佛山市医疗卫生服务体系升级行动计划（2012 ~ 2015 年）》。

指导思想和工作目标

（一）指导思想

以邓小平理论、“三个代表”重要思想和科学发展观为指导，贯彻落实省第十一次党代会和市委十一届三次全会精神，根据国家和省深化医药卫生体制改革有关政策，着眼于实现人人享有基本医疗卫生服务的目标，坚持政府主导，部门协作，社会参与，努力构建与我市经济社会发展水平相适应的现代医疗卫生服务体系。

（二）工作目标

通过全力实施医疗卫生服务体系升级行动计划，争取到 2015 年，佛山市每千人口医师数和床位数分别达到 2.03 人、4.27 张。医疗卫生服务能力和技术水平在省内领先，部分医疗专科品牌在全国具有一定的影响力。促进医疗保健产业和医疗旅游业发展。满足人民群众不同层次的医疗服务需求，提升群众的满意度和幸福感。

主要任务

按照市委、市政府关于佛山新一轮发展的总体要求，围绕建设“民富市强、幸福佛山”的目标，根据我市的医疗卫生发展规划和城市发展战略，在现有医疗卫生事业发展基础上，坚持扩资源和强基层并举，改存量，加增量，创新体制机制，着力推进“七大工程”，确保全市医疗卫生服务体系升级行动“一年见成效，三年大变样”。

（一）优质资源扩充工程

通过盘活、优化现有资源，提高优质医疗资源的服务能力。

优化医疗资源布局。结合我市“1+2+5+X”城市组团发展战略，做强区域医疗中心。落实《佛山市“十二五”医疗机构设置规划》确立的医疗机构建设项目，合理布局优质资源，有效解决优质医疗资源不足问题。将市妇幼保健院搬迁至佛山新城建设成一所三级规模的妇女儿童医院。

加快医院改建进程。通过改建，着力解决市一医院、市中医院、市二医院和各区医疗机构业务用房不足和停车位紧张问题，缓解病人停车难的问题。

增强优质医疗资源辐射带动作用。健全各级各类医疗机构功能和职责，优化各类医院布局和结构，引导优质医疗资源下基层。充分发挥三级医院的资源优势，采取转让、托管、联营、合作等方式，促进基层医疗机构与三级医院的合作，成为三级医院的下伸机构。重点推进市一医院、市中医院、市二医院、市妇幼保健院等优质医疗资源对基层的辐射带动作用。

按标准配备人力资源。各医院按实际开放床位数和医疗业务量，根据相应的医院等级评审标准要求，配备足够数量的医生、护士和其他卫生技术人员，切实满足医疗业务工作需要。所有一级以上综合医院应能提供儿科急诊服务，二级以上综合医院独立设置儿科，切实解决儿科医疗资源不足问题。根据公立医院承担的公共卫生服务职能、任务及国家有关标准，增加公立医院的公共服务岗位数，支持儿科发展。

（二）多元化办医工程

通过引入社会资源，发挥市场在医疗服务资源配置中的作用，形成多元化办医格局，提供多样化医疗服务，满足群众不同层次的医疗服务需求，激活医疗服务市场。

引入社会资本和优秀管理团队。制定扶持民营医疗机构发展政策，规范医疗机构设置合理，鼓励社会资本提供多样化的医疗服务，满足人民群众多元化的医疗服务需求。通过引进社会资本和优秀管理团队，建设5~8个二级以上规模的、有专科特色的、高水平的医疗机构。重点引入儿科、老年病专科、心理咨询、老年护理、临终关怀、康复、医疗美容等我市相对匮乏的专科资源。积极引进优秀管理团队如国内著名高等医学院校到我市举办高水平的医疗机构，或对我市医疗机构以托管的方式进行经营管理。鼓励社会资本以多种形式与我市优质品牌医院合作举办高水平医疗机构。鼓励社会资本以各种形式参与公立医院改革和建设。

引进港澳台资医院。根据国家CEPA相关政策，大力引进医疗技术先进、管理水平高、医疗团队优秀的港澳台医院投资者到我市举办高水平的医院，为我市群众带来国际化的医疗服务。

打造中医药强市。充分挖掘我市中医药历史文化资源，探索推动院企合作、产学研合作，把我市打造成为在国内有影响、岭南中医文化特色突出的中医药强市，促进我市产业转型升级和第三产业发展。重点发挥市中医院、省中西医结合医院（南海区中医院）这两所广东省中医名院的辐射带动作用，带动区级中医院的建设与发展，提升基层医疗机构中医药服务水平。推进中医“治未病”预防保健服务和康复医学服务。研究在市中医院骨伤科研究所和中医药研究所的基础上成立省级中医药研究院的可行性。在市中医院设立佛山市中医临床（护理）技能操作培训中心，提高中医临床（护理）工作人员的操作技能水平。以市中医院针灸科、皮肤科、治未病中心等科室为基础，建立一所集医学美容、美体及中医养生为一体的佛山市中医医学美容、美体、养生中心。实施佛山市优秀中医临床人才研修项目和开展佛山市名（中）医评选，提升我市中医药服务整体水平。

（三）基层服务提升工程

完善基层医疗卫生服务网络。晋升为二级医院的镇街医院要逐步将社区卫生服务功能剥离，由政府另行设置社区卫生服务中心。完善基层医疗卫生服务网络布点，对于边远、人口稀少且居住分散的农村地区，通过设立流动社区卫生服务站，采取巡回医疗和电话预约诊疗等方式为居民提供服务。

推进基层医疗卫生机构标准化和内涵建设。制定我市社区卫生服务机构建设标准，明确规定业务用房、设施设备、科目设置、人员配备、信息化建设、经费补助等要求。统一机构外观形象，全市社区卫生服务机构统一使用卫生部规定的标识标牌。加强内涵建设，规范社区卫生服务机构管理，完善绩效考核机制，积极开展示范社区卫生服务中心创建工作，3 年内至少有 15% 的社区卫生服务中心创建成为省级以上示范社区卫生服务中心。

推进家庭医生责任制和平价医疗服务。建立健全全科医生制度，推行基层医疗卫生机构全科医生与居民建立契约服务关系，由全科医生团队为签约居民提供主动、连续、综合、全程的健康服务。拓展上门访视、家庭出诊、家庭护理、家庭病床等服务。争取到“十二五”期末，基本建立家庭医生责任制，让全科医生成为居民健康“守门人”。推动“平价医院、平价诊室、平价药包”建设，切实减轻居民医药费用负担。

（四）管理创新工程

加强医院内涵建设。研究建立以病人满意为导向，以业务工作量为基础，以医疗服务质量和医疗安全为核心，以公益性为根本的公立医院考评新机制。引入第三方参与公立医院评估，考核评估结果与医院领导的任命和收入挂钩。完善绩效考核制度，落实按劳分配和同工同酬政策，充分调动医务人员积极性。优化流程，简化环节，改善环境，推行“先诊疗、后结算”、预约诊疗等便民利民措施，方便群众就医，提高群众就医满意度。积极推进优质护理，倡导志愿者、社工服务。大力弘扬“广东医生”精神，营造“珍爱生命、崇尚科学、乐于奉献、团结进取”的医院文化。推进医院各项服务工作的规范化、文明化、温馨化，打造一批行业文化建设精品、文明优质服务品牌，构建和谐医患关系。

探索建立公立医院管办分开新机制。坚持公立医院的公益性质，把维护人民健康权益放在第一位，按照政事分开、管办分开、医药分开的原则。推进体制机制创新，建立协调、统一、高效的公立医院管理体制，研究建立适合佛山实际的公立医院管理机构，对公立医院实行精细化管理，调动医务人员积极性，提高公立医院运行效率。

推行医疗组团联网运营新机制。加强新型医疗服务体系建设，整合资源，最大限度地发挥现有医疗资源的综合效用，促进全市医疗卫生事业均衡发展，提高全行业医疗服务水平。充分发挥三级医院的资源优势，通过整合、托管、协作等多种方式开展医疗机构组团联网运营，将三级医院的管理、技术、服务等延伸到基层，使优质医疗资源聚集式扩张，让群众在家门口便捷地享受到三级医院的优质医疗服务。通过联网组团运行机制、价格调控和医保配套政策等，探索建立“双向转诊”机制，将普通门诊和康复期病人引导到组团内基层医疗机构。

构建多层次的人才培育平台。建立由市区两级卫生、人力资源和社会保障、财政、编制部门组成的卫生人才培育工作联席会议制度，建立健全医务人员招录培训机制。完善全科医师规范化培训制度，推进全科医师转岗培训，将全科医生培养逐步规范为“5 + 3”模式，力争到“十二五”期末达到每万居民拥有 3 名全科医生。完善住院医师规范化培训制度。依托市内三级医院和省内高等医学院校，建立住院医师规范化培训基地，对新招录医师实施统一集中培训。统筹组织基层医疗机构医务人员对口到市内三级医院进修培训。制定政策，促进高层次卫生人才引进和基层人才留用，鼓励高级职称退休医生到基层执业或设立个体诊所。积极推行医师多点执业，让群众更加便利地享受到优质医师资源。

加强重点专科和特色专科建设。从政策、经费、人才、技术等各方面支持和培育一批国内先进、省内领先的重点专科和特色专科，带动全市医疗技术水平的发展。加大对重点专科、特色专科建设的支持。实施重点专科“孵化工程”，从现有的省级和市级重点、特色专科中选取 2 ~ 5 个专科作为上一级重点专科培育对象，对入选为重点专科培育对象的专科，给予必要经费补贴支持，促其建设达到国家级、省级水平。

（五）医疗保障升级工程

充分利用和发挥医保制度在医疗卫生体系建设中的功能和作用，通过建立和完善医保制度引导病人合理分流，促进医疗资源合理利用，提高医疗卫生体系整体效能，有效缓解群众“看病难、看病贵”问题。

引入市场机制。按照“政府主导、市场参与、民主管理、机制创新”的原则，引入市场参与，发挥商业保险公司专业优势，实现政府、市场资源互补，全面提升保障水平、服务水平和监管水平。鼓励商业保险公司开发与基本医保对接的大病保险或补充保险产品，有效提高重大疾病保障水平，缓解群众“看病贵”问题。

引导医保病人首诊在基层医疗卫生机构。鼓励和引导医保病人到基层医疗卫生机构就诊，在部分组团联网运营医院先行试行基层医疗卫生机构首诊制，推动实施双向转诊制度。通过医保政策调控和政府财政补贴等方式，降低病人在基层医疗单位就医的个人付费，增强群众基层就医的意愿。完善差别支付机制，支付比例进一步向基层医疗卫生机构倾斜。

积极推行医保付费制度改革。积极推行按人头付费、按病种付费、总额预付等支付方式改革，加强付费总额控制，逐步建立医疗保险对统筹区域内医疗费用增长的制约机制。选择部分医院开展单病种付费和日间手术等试点工作，提高医院床位利用率，方便病人就医以及减轻病人费用负担。

（六）公共卫生服务提升工程

坚持预防为主方针，提升公共卫生服务能力，对影响居民健康的主要卫生问题实施干预，着力减少主要健康危害因素，保护群众“不得病、少得病”。

实施基本和重大公共卫生服务项目。由基层医疗卫生机构向居民免费提供国家基本公共卫生服务项目，由专业机构组织实施重大公共卫生服务项目，不断提高项目覆盖面、工作质量、居民知晓率和满意度。逐步提高常住人口人均基本公共卫生服务经费补助标准，制定完善基本公共卫生服务绩效考核方案。适时增加我市公共卫生服务项目。

加强重大疾病防控工作。组织实施艾滋病、结核病、梅毒、职业病、慢性病等重大疾病防治规划。加强免疫规划工作，实现消除麻疹目标，并维持消除麻疹状态。深入开展健康教育和健康促进工作，大力推进全民健康生活方式行动和中医“治未病”工程，3年内创建1个国家级慢性非传染性疾病综合防控示范区。探索建立市慢性病防治中心，将高血压、糖尿病、肿瘤、重性精神病等慢性病患者纳入常态化管理，提供医疗、预防、保健、康复等系统化服务，逐步形成职能清晰、功能完善、高效统一的慢性病防治体系。落实针对高危人群和重点人群的干预措施，有效预防和控制重大疾病和突发公共卫生事件。深化和提升爱国卫生运动，全面开展健康村居创建工作。

加强公共卫生服务体系建设。建立完善覆盖城乡居民的公共卫生服务体系和工作网络，强化基层公共卫生职能，加强公共卫生机构和人才队伍建设。加强卫生监督机构建设，健全基层卫生监督网络，提高卫生监督综合执法能力。加强卫生应急体系建设，3年内创建1～2个省级以上卫生应急综合示范区。提高疾病监测，流行病学调查、现场处置和实验室检验能力，市疾控中心综合实力达到省内先进水平。推进科技创新，在重大疾病防治研究及适宜技术推广方面取得新突破。

（七）智能卫生建设工程

坚持以人的健康信息为主线，着力从市民数字健康服务、数字化公共卫生、数字化医院、数字化社区卫生、数字化绩效监评等应用入手，打造“佛山健康e园”（即一个中心、两个平台、十六个信息系统）三年提升工程，率先完成居民健康卡、电子健康档案和电子病历的融合、应用和共享，全面实现居民健康信息“一卡通”和“六有一共享”的数字健康服务，圆满完成卫生部赋予我市居民健康卡建设试点任务。到2015年底，全市居民电子诊疗可及率达到90%以上，居民电子健康档案建档率达到75%以上。

建设基于居民电子健康档案的佛山区域卫生信息平台。建立市（禅城、高明、三水区）、区（南海、顺德区）两级医疗卫生数据中心（库），加强佛山区域卫生数据标准规范和信息系统安全建设，有效实现全市居民数字健康服务、医疗服务协同和卫生业务联动。2014年建成市、区两级区域卫生信息平台，2015年实现居民健康卡全覆盖。

建设基于疫情和突发事件防控处置的公共卫生信息系统和基于基本医疗、基本公共卫生服务的社区卫生信息系统。以有效应对突发疫情、公共卫生事件的预警防控和应急救援处置，提高疾病预防和控制水平。2014年基本实现全市社区卫生服务机构的智能化服务、管理和绩效监评，加强基层能力建设，提高基层服务水平。

建设以电子病历和管理为重点的数字化医院信

息系统和以绩效监评为核心的综合管理信息系统。快速推动医院信息系统的建设、改造和整合，实现医疗卫生信息数据的报送。到2015年底，全市三级医院基本实现数字化医院的建设目标。建立和完善政府对公立医院在社会、经济、医疗、安全、管理以及为市民服务等方面的绩效监督、管理和评价，有效监测医改工作进展，有效评价医改实施成效。

保障措施

（一）加强组织领导

医疗卫生服务体系升级行动工作是市委、市政府加强社会建设、公共事业改革、构建“幸福佛山”的一项民生工程，意义重大，任务艰巨，时间紧迫，各级党委和政府要高度重视。市政府成立由市长担任组长，市政府分管副市长担任副组长，市政府副秘书长、各区区长、市委宣传部分管领导，市发展改革局、人力资源社会保障局、编办、财政局、监察局、卫生局、国土规划局、住建管理局、经济和信息化局、旅游局、佛山新城管委会主要领导为成员的医疗卫生服务体系升级领导小组。

领导小组下设办公室，设在市卫生局。办公室成员由各区分管领导，市发展改革局、人力资源社会保障局、编办、财政局、监察局、卫生局、国土规划局、住建管理局、经济和信息化局、旅游局、佛山新城管委会等部门分管领导和专职工作人员组成。

各区政府应成立由主要领导挂帅的工作机构，明确责任单位和责任人，落实实施计划和工作职责，组织开展辖区的医疗卫生服务体系升级工作。

（二）保证财政投入

各级政府要安排专项资金用于医疗卫生服务体系升级建设，将所需资金纳入财政预算，确保到位。要落实政府办医责任，落实政府对公立医院的基本建设和设备购置、重点学科发展、公共卫生服务、信息化建设等投入政策。加大基层医疗卫生投入，落实各级政府对基层医疗卫生综合改革补偿责任，严格按照当地公益一类事业单位平均收入水平保障基层医疗卫生机构在编人员的待遇。

（三）完善配套措施

为推进我市医疗卫生服务体系升级行动计划，要专门制定人才培育、重点专科建设、全科医生制度、社区卫生服务机构建设标准、医院组团联网运营、智能卫生建设方案、扶持民营医疗机构、医保付费制度改革、完善公立医院考评机制等配套政策和细化落实措施。

（四）加强督导考评

各区、各部门应严格按照任务目标和职责分工，积极落实好本部门、本辖区内的相关工作。市监察局会同相关部门制定相应的考核措施，定期对各区及市有关单位落实升级工作任务进行检查、监督和评估。各区政府、各部门要明确任务，逐级落实目标责任制，创新政绩考核机制，将升级工作年度任务完成情况纳入领导干部考核指标体系，确保医疗卫生服务体系升级行动计划如期完成。

二〇一二年九月十八日